Bundesgesetz über Gesundheits- und Krankenpflegeberufe (Gesundheits- und Krankenpflegegesetz – GuKG)

mit den hiezu erlassenen Verordnungen, Gesetzesmaterialien, weiteren Erläuterungen und Verweisen

Auf Basis der 5. Auflage des Kurzkommentars von Dr. Helmut Schwamberger

bearbeitet von

Dr. Reinhard Biechl
Amt der Tiroler Landesregierung

Stand: 1. August 2011

VERLAG ÖSTERREICH

Wien 2011

Bibliografische Information Der Deutschen Bibliothek
Die Deutsche Bibliothek verzeichnet diese Publikation in der
Deutschen Nationalbibliografie; detaillierte bibliografische
Daten sind im Internet über http://ddb.de abrufbar.

6. aktualisierte Auflage

Alle Rechte vorbehalten.

Alle Angaben in diesem Fachbuch erfolgen trotz sorgfältiger Bearbeitung ohne
Gewähr. Eine Haftung der Autoren oder des Verlages ist ausgeschlossen.

ISBN 978-3-7046-5485-4

© Verlag Österreich GmbH, 2011
1010 Wien, Bäckerstraße 1
Tel.: +43-1-610 77-0, Fax: +43-1-610 77-502
e-mail: order@verlagoesterreich.at
http://www.verlagoesterreich.at

Satz: Lasersatz Weismayer, Wien

Inhaltsverzeichnis

I. Vorwort zur 6. Auflage 11

II. Abkürzungsverzeichnis 13

**III. Gesundheits- und Krankenpflegegesetz –
GuKG, BGBl. I Nr. 108/1997 i.d.F.
BGBl. I Nr. 95/1998, BGBl I. Nr. 116/1999,
BGBl. I Nr. 65/2002, BGBl. I Nr. 6/2004,
BGBl. I Nr. 69/2005, BGBl. I Nr. 90/2006,
BGBl. I Nr. 6/2007, BGBl. I Nr. 57/2008,
BGBl. I Nr. 101/2008, BGBl. I Nr. 130/2009,
BGBl. I Nr. 61/2010 und BGBl. I Nr. 74/2011** . . . 19

1. Hauptstück 25
1. Abschnitt – Allgemeine Bestimmungen 25
§ 1   Gesundheits- und Krankenpflegeberufe . 25
§ 2   Allgemeines 26
§ 2a   Umsetzung von Gemeinschaftsrecht . . 26
§ 3   Geltungsbereich 29
§ 3a   Sozialbetreuungsberufe – Basisversorgung 41
§ 3b   Personenbetreuung 48
§ 3c   Persönliche Assistenz 55

2. Abschnitt – Berufspflichten 58
§ 4   Allgemeine Berufspflichten 58
§ 5   Pflegedokumentation 62
§ 6   Verschwiegenheitspflicht 65
§ 7   Anzeigepflicht 68
§ 8   Meldepflicht 69
§ 9   Auskunftspflicht 71
§ 10   Berufsausweis 73

2. Hauptstück – Gehobener Dienst für Gesundheits- und Krankenpflege 75
1. Abschnitt – Allgemeines 75
§ 11   Berufsbild 75

Inhaltsverzeichnis

§ 12	Berufsbezeichnungen	78

2. Abschnitt – Tätigkeitsbereiche 81

§ 13	Tätigkeitsbereiche	81
§ 14	Eigenverantwortlicher Tätigkeitsbereich	82
§ 14a	Lebensrettende Sofortmaßnahmen	88
§ 15	Mitverantwortlicher Tätigkeitsbereich	89
§ 16	Interdisziplinärer Tätigkeitsbereich	120
§ 17	Erweiterte und spezielle Tätigkeitsbereiche	122
§ 18	Kinder- und Jugendlichenpflege	129
§ 19	Psychiatrische Gesundheits- und Krankenpflege	131
§ 20	Intensivpflege, Anästhesiepflege, Pflege bei Nierenersatztherapie	134
§ 21	Pflege im Operationsbereich	138
§ 22	Krankenhaushygiene	139
§§ 23 bis 25	Lehraufgaben	141
§ 26	Führungsaufgaben	143

3. Abschnitt – Berufsberechtigung 145

§ 27	Berufsberechtigung	145
§ 28	Qualifikationsnachweise – Inland	148
§ 28a	EWR-Berufszulassung	154
§ 29	EWR-Qualifikationsnachweise – allgemeine Gesundheits- und Krankenpflege	165
§ 30	EWR-Qualifikationsnachweise – Spezial-, Lehr- und Führungsaufgaben	168
§ 31	Qualifikationsnachweise – außerhalb des EWR	170
§ 32	Nostrifikation	172
§ 33	Ergänzungsausbildung und -prüfung	181
§ 34	Fortbildung bei Ausbildung im Ausland	183
§ 35	Berufsausübung	186
§ 36	Freiberufliche Ausübung des gehobenen Dienstes für Gesundheits- und Krankenpflege	198

Inhaltsverzeichnis

§ 37	Berufssitz	201
§ 38	Werbebeschränkung	203
§ 39	Vorübergehende Erbringung von Dienstleistungen	204
§ 40	Entziehung der Berufsberechtigung	209

4. Abschnitt – Ausbildung 211

§ 41	Ausbildung in der allgemeinen Gesundheits- und Krankenpflege	211
§ 42	Ausbildungsinhalt der allgemeinen Gesundheits- und Krankenpflege	214
§ 43	Praktische Ausbildung in der allgemeinen Gesundheits- und Krankenpflege	215
§ 44	Verkürzte Ausbildung für Pflegehelfer	218
§ 45	Verkürzte Ausbildung für Sanitätsunteroffiziere	219
§ 46	Verkürzte Ausbildung nach einer speziellen Grundausbildung	220
§ 47	Verkürzte Ausbildung für Hebammen	221
§ 48	Verkürzte Ausbildung für Mediziner	223
§§ 49 bis 50	Schulen für Gesundheits- und Krankenpflege	224
§ 51	Schulleitung	228
§ 52	Schulordnung	229
§ 53	Schülervertretung	231
§ 54	Aufnahme in eine Schule für Gesundheits- und Krankenpflege	233
§ 55	Aufnahmekommission	236
§ 56	Ausschluss von der Ausbildung	240
§ 57	Ausbildungsverordnung	243
§ 58	Prüfungen	244
§ 59	Diplomprüfungskommission	246
§ 60	Anrechnung von Prüfungen und Praktika	248
§ 61	Diplom	250
§ 62	Prüfungsverordnung	251

Inhaltsverzeichnis

5. Abschnitt – Fort-, Weiter- und Sonderausbildungen ... 252

§ 63	Fortbildung	252
§ 64	Weiterbildungen	253
§ 65	Sonderausbildungen	254
§ 65a	Gleichhaltungsverordnung	259
§ 65b	Individuelle Gleichhaltung	262
§ 65c	Akkreditierungsbeirat	266
§ 66	Sonderausbildung in der Kinder- und Jugendlichenpflege	268
§ 67	Sonderausbildung in der psychiatrischen Gesundheits- und Krankenpflege	269
§ 68	Sonderausbildungen in der Intensivpflege, in der Anästhesiepflege und in der Pflege bei Nierenersatztherapie	271
§ 68a	Spezielle Sonderausbildung in der Kinderintensivpflege	274
§ 69	Sonderausbildung in der Pflege im Operationsbereich	276
§ 70	Sonderausbildung in der Krankenhaushygiene	277
§ 71	Sonderausbildung für Lehraufgaben	278
§ 72	Sonderausbildung für Führungsaufgaben	279
§ 73	Weiterbildungs- und Sonderausbildungsverordnung	280

6. Abschnitt – Spezielle Grundausbildungen ... 281

§ 74	Spezielle Grundausbildungen	281
§§ 75 bis 77	Grundausbildung in der Kinder- und Jugendlichenpflege	282
§§ 78 bis 80	Grundausbildung in der psychiatrischen Gesundheits- und Krankenpflege	283
§ 81	Ausbildungs- und Prüfungsverordnung	285

Inhaltsverzeichnis

3. Hauptstück – Pflegehilfe 286
1. Abschnitt – Allgemeines 286
§ 82   Berufsbild 286
§ 83   Berufsbezeichnung 287
§§ 84
und 84a Tätigkeitsbereich 289

2. Abschnitt – Berufsberechtigung 300
§ 85   Berufsberechtigung 300
§ 86   Qualifikationsnachweis – Inland 302
§ 87   Qualifikationsnachweis – EWR 303
§ 88   Qualifikationsnachweis – außerhalb
        des EWR 305
§ 89   Nostrifikation 306
§ 90   Berufsausübung 307
§ 91   Entziehung der Berufsberechtigung .. 309

3. Abschnitt – Ausbildung 311
§ 92   Ausbildung in der Pflegehilfe 311
§ 93   Ausbildungsinhalt 313
§ 94   Verkürzte Ausbildung für Mediziner .. 314
§§ 95 und 96 Pflegehilfelehrgänge 316
§ 97   Lehrgangsleitung 319
§ 98   Aufnahme in einen Pflegehilfelehrgang . 320
§ 99   Ausschluss von der Ausbildung 321
§ 100   Prüfungen 322
§ 101   Prüfungskommission 324
§ 102   Anrechnung von Prüfungen und Praktika 325
§ 103   Zeugnis 327
§ 104   Ausbildungs- und Prüfungsverordnung 327

4. Abschnitt – Fort- und Weiterbildungen 328
§ 104a Weiterbildungen 328
§ 104b Weiterbildungsverordnung 329
§ 104c Fortbildung 330

Inhaltsverzeichnis

4. Hauptstück 331
§ 105 Strafbestimmungen 331
§§ 106 bis Schluss- und Übergangsbestimmun-
116a gen 332
§ 117 Inkrafttreten 349
§ 118 Vollziehung 351
Art. II BGBl. I Nr. 108/1997 (MTF-SHDG) 353
Art. III BGBl. I Nr. 108/1997 (Ausbildungsvorbehaltsgesetz) 355
Art. IV BGBl. I Nr. 108/1997 (ÄrzteG) 357

IV. Anhang 359
A) Gesundheits- und Krankenpflege-Ausbildungs-
verordnung – GuK-AV, BGBl. II Nr. 179/1999
i.d.F. BGBl. II Nr. 296/2010 359
B) Gesundheits- und Krankenpflege-Ausweisver-
ordnung – GuK-AusweisV 2006, BGBl. II
Nr. 454/2006 i.d.F. BGBl. II Nr. 245/2010 495
C) Gesundheits- und Krankenpflege-EWR-Qualifi-
kationsnachweis-Verordnung 2008 – GuK-
EWRV 2008, BGBl. II Nr. 193/2008 i.d.F.
BGBl. II Nr. 167/2009 499
D) Pflegehilfe-Ausbildungsverordnung – Pflh-AV,
BGBl. II Nr. 371/1999 i.d.F. BGBl. II Nr. 295/2010 . 517
E) Gesundheits- und Krankenpflege-Spezialauf-
gaben-Verordnung – GuK-SV, BGBl. II
Nr. 452/2005 571
F) Gesundheits- und Krankenpflege-Lehr- und
Führungsaufgaben-Verordnung – GuK-LFV,
BGBl. II Nr. 453/2005 i.d.F. BGBl. II Nr. 456/
2006, BGBl. II Nr. 59/2009 und BGBl. II
Nr. 244/2010 635
G) Gesundheits- und Krankenpflege-Basisversor--
gungs-Ausbildungsverordnung – GuK-BAV,
BGBl. II Nr. 281/2006 i.d.F. BGBl. II
Nr. 246/2010 661

Inhaltsverzeichnis

- H) Gesundheits- und Krankenpflege-Weiterbildungsverordnung – GuK-WV, BGBl. II Nr. 453/2006 i.d.F. BGBl. II Nr. 359/2010 671
- I) Gesundheits- und Krankenpflege-Teilzeitausbildungsverordnung – GuK-TAV, BGBl. II Nr. 455/2006 685
- J) FH-Gesundheits- und Krankenpflege-Ausbildungsverordnung – FH-GuK-AV, BGBl. II Nr. 200/2008 693
- K) Allgemeiner Teil EB-RV 719
- L) Auszug aus AB 729
- M) Sonstige gesetzliche Bestimmungen 731
  1. Zivilrechtliche Haftung 731
  2. Strafrechtliche Haftung 732
  3. Heimaufenthaltsgesetz (Auszug) 735
  4. Hausbetreuungsgesetz – HBeG 739
  5. § 159 GewO 1994 i.d.F. BGBl. I Nr. 57/2008 744

V. Literaturhinweise 747

VI. Stichwortverzeichnis 757

I. Vorwort zur 6. Auflage

Seit dem Erscheinen der 5. Auflage des Kommentars zum Gesundheits- und Krankenpflegegesetz (GuKG) im Jahre 2008 wurde das GuKG durch die GuKG-Novelle 2009, durch Art. 9 des Bundesgesetzes zur Stärkung der ambulanten öffentlichen Gesundheitsversorgung und durch Art. 5 des Qualitätssicherungsrahmengesetzes geändert. Von den Durchführungsverordnungen zum GuKG wurden die GuK-AV, die GuK-AusweisV 2006, die GuK-EWRV 2008, die Pflh-AV, die GuK-LFV, die GuK-BAV und die GuK-WV geändert. Auch die Höchstgerichte und die Literatur haben sich seither immer wieder mit den Fragen der Auslegung des GuKG auseinandergesetzt.

Zudem wurden vom BMG in weiteren Erlässen Interpretationen vorgenommen.

Das war der Anlass, den Kommentar des GuKG auf den neuesten Stand zu bringen und dabei eine umfassende Überarbeitung vorzunehmen. Diese aktualisierte und ergänzte Auflage gibt den Stand vom 1. August 2011 wieder. Durch diese 6. Auflage sollten den am GuKG interessierten Personen der aktuelle Gesetzestext und weitere Informationen geboten werden.

Abschließend wird angemerkt, dass die Ausgabe nunmehr von *Dr. Reinhard Biechl* betreut wird.

Innsbruck, im August 2011　　　　　　　　　*Helmut Schwamberger*
　　　　　　　　　　　　　　　　　　　　　　　Reinhard Biechl

II. Abkürzungsverzeichnis

AB	Ausschußbericht, Bericht des Gesundheitsausschusses über die Regierungsvorlage eines Bundesgesetzes, mit dem das Bundesgesetz über Gesundheits- und Krankenpflegeberufe (Gesundheits- und Krankenpflegegesetz – GuKG) erlassen wird, sowie das Krankenpflegegesetz, das Ausbildungsvorbehaltsgesetz und das Ärztegesetz 1984 geändert werden, 777 der Beilagen zu den Sten. Prot. des Nationalrates XX. GP
AB 1998	Bericht des Gesundheitsausschusses über den Antrag 745/A, betreffend ein Bundesgesetz, mit dem das Gesundheits- und Krankenpflegegesetz, das Ärztegesetz 1984 und das Krankenanstaltengesetz geändert werden, 1269 d.B. des NR XX. GP
AB 1999	Bericht des Gesundheitsausschusses über die Regierungsvorlage (1777 der Beilagen); Bundesgesetz, mit dem das Hebammengesetz und das Gesundheits- und Krankenpflegegesetz geändert werden, 1982 der Beilagen zu den Sten. Prot. NR XX. GP
AB 2005	Bericht des Gesundheitsausschusses über die Regierungsvorlage (941 der Beilagen): Bundesgesetz, mit dem das Gesundheits- und Krankenpflegegesetz und das MTF-SHDG geändert werden (GuKG-Novelle 2005), 959 der Beilagen zu den Sten. Prot. XXII. GP
AB 2009	Bericht des Gesundheitsausschusses über die Regierungsvorlage (316 der Beilagen): Bundesgesetz, mit dem das Gesundheits- und Krankenpflegegesetz geändert wird (GuKG-Novelle 2009), 403 der Beilagen zu den Stenographischen Protokollen des Nationalrates XXIV. GP
ABGB	Allgemeines Bürgerliches Gesetzbuch
ABl.	Amtsblatt
Abs.	Absatz
AMG	Arzneimittelgesetz, BGBl. Nr. 185/1983, zuletzt geändert durch BGBl. I Nr. 146/2009
Anm.	Anmerkung
Art.	Artikel
ÄrzteG	Ärztegesetz 1984 – Ärztegesetz 1984, BGBl. Nr. 373, zuletzt geändert durch BGBl. I Nr. 95/1998
ÄrzteG 1998	Ärztegesetz 1998 – Bundesgesetz über die Ausübung des ärztlichen Berufes und die Standesvertretung der Ärzte –

Abkürzungsverzeichnis

	Ärztegesetz 1998, BGBl. I Nr. 169/1998, i.d.F. BGBl. I Nr. 61/2010
ASVG	Allgemeines Sozialversicherungsgesetz, BGBl. Nr. 189/1955 zuletzt geändert durch BGBl. I Nr. 52/2011
AÜG	Arbeitskräfteüberlassungsgesetz, BGBl. Nr. 196/1988, i.d.F. BGBl. I Nr. 24/2011
AVG	Allgemeines Verwaltungsverfahrensgesetz 1991, BGBl. Nr. 51, zuletzt geändert durch BGBl. I Nr. 111/2010
BGBl.	Bundesgesetzblatt
BM	Bundesministerium
BMAGS	Bundesministerium für Arbeit, Gesundheit und Soziales
BMFG	Bundesministerium für Gesundheit und Frauen
BMG	Bundesministerium für Gesundheit
BMGFJ	Bundesministerium für Gesundheit, Familie und Jugend
BMGK	Bundesministerium für Gesundheit und Konsumentenschutz
BMGSK	Bundesministerium für Gesundheit, Sport und Konsumentenschutz
BMGU	Bundesministerium für Gesundheit und Umweltschutz
BMSG	Bundesministerium für Soziale Sicherheit und Generationen
BMsV	Bundesministerium für soziale Verwaltung
B-VG	Bundes-Verfassungsgesetz von 1920, Fassung von 1929, BGBl. Nr. 1/1930, zuletzt geändert durch BGBl. I Nr. 60/2011
bzw.	beziehungsweise
DRdA	Das Recht der Arbeit
DSG 2000	Datenschutzgesetz 2000, BGBl. I Nr. 165/1999, i.d.F. BGBl. I Nr. 135/2009
EB	Erläuternde Bemerkungen
EB 1999	Erläuterungen zur Regierungsvorlage eines Bundesgesetzes, mit dem das Hebammengesetz und das Gesundheits- und Krankenpflegegesetz geändert werden, 1777 der Beilagen zu den Sten. Prot. NR XX. GP
EB 2003	Erläuterungen zur Regierungsvorlage eines Bundesgesetzes, mit dem das Gesundheits- und Krankenpflegegesetz und das Bundesgesetz über die Regelungen des medizinisch-technischen Fachdienstes und der Sanitätshilfsdienste geändert werden (GuKG-Novelle 2003), 71 der Beilagen zu den Sten. Prot. NR XXII. GP
EB 2005	Erläuterungen zur Regierungsvorlage eines Bundesgesetzes, mit dem das Gesundheits- und Krankenpflegegesetz und das MTF-SHD-G geändert werden (GuKG-Novelle 2005), 941 der Beilagen zu den Sten. Prot. NR XXII. GP

Abkürzungsverzeichnis

EB 2007	Erläuterungen zur Regierungsvorlage eines Bundesgesetzes, mit dem das Gesundheits- und Krankenpflegegesetz (u.a.) geändert werden (Gesundheitsberufe-Rechtsänderungsgesetz 2007 – GesBRÄG 2007), 435 und zu 435 der Beilagen zu den Sten. Prot. NR XXIII. GP
EB 2009	Erläuterungen zur Regierungsvorlage eines Bundesgesetzes, mit dem das Gesundheits- und Krankenpflegegesetz geändert wird (GuKG-Novelle 2009) 316 der Beilagen zu den Sten. Prot. NR XXIV. GP
EB-RV	Erläuterungen zur Regierungsvorlage eines Bundesgesetzes mit dem das Bundesgesetz über Gesundheits- und Krankenpflegeberufe (Gesundheits- und Krankenpflegegesetz – GuKG) erlassen wird, sowie das Krankenpflegegesetz, das Ausbildungsvorbehaltsgesetz und das Ärztegesetz 1984 geändert werden, 709 der Beilagen zu den Sten. Prot. des Nationlrates XX. GP
EEG	Eingetragene Erwerbsgesellschaft
Erk.	Erkenntnis
Erl.	Erläuterungen
etc.	etcetera
EuGH	Europäischer Gerichtshof
EWG	Europäische Wirtschaftsgemeinschaft
EWR	Europäischer Wirtschaftsraum; Abkommen BGBl. Nr. 909/1993
f., ff.	und folgende(r)
FN	Fußnote
FS	Festschrift
GesBRÄG 2007	Gesundheitsberufe-Rechtsänderungsgesetz 2007, BGBl. I Nr. 57/2008
GewO 1994	Gewerbeordnung 1994, BGBl. Nr. 194, zuletzt geändert durch BGBl. I Nr. 111/2010
GP	Gesetzgebungsperiode
HebG	Hebammengesetz, BGBl. Nr. 310/1994, zuletzt geändert durch BGBl. I Nr. 74/2011
HeimAufG	Heimaufenthaltsgesetz, BGBl. I Nr. 11/2004, zuletzt geändert durch BGBl. I Nr. 18/2010
HS-QSG	Hochschul-Qualitätssicherungsgesetz, BGBl. I Nr. 74/2011
i.d.F.	in der Fassung
iFamZ	Interdisziplinäre Zeitschrift für Familienrecht
i.S.	im Sinne
i.V.m.	in Verbindung mit

Abkürzungsverzeichnis

JBl.	Juristische Blätter
KA	Krankenanstalt
KAG/KAKuG	Krankenanstalten- und Kuranstaltengesetz, BGBl. Nr. 1/1957, zuletzt geändert durch BGBl. I Nr. 69/2011
KrankenpflegeG	Krankenpflegegesetz, BGBl. Nr. 102/1961, i.d.F. BGBl. I Nr. 46/1999 – siehe auch MTF-SHD-G
LH	Landeshauptmann
lit.	litera
MTD-Gesetz	Bundesgesetz über die Regelung der gehobenen med.-technischen Dienste, BGBl. Nr. 460/1992, zuletzt geändert durch BGBl. I Nr. 74/2011
MTF-SHD-G	Bundesgesetz über die Regelung des medizinisch-technischen Fachdienstes und der Sanitätshilfsdienste, BGBl. Nr. 102/1961, i.d.F. BGBl. I Nr. 61/2010
m.w.N.	mit weiteren Nachweisen
NF	Neue Folge
Nr.	Nummer
NR	Nationalrat
OGH	Oberster Gerichtshof
ÖÄZ	Österreichische Ärztezeitung
ÖJZ	Österreichische Juristen-Zeitung
ÖZPR	Österreichische Zeitschrift für Pflegerecht
Psychologengesetz	Psychologengesetz, BGBl. Nr. 360/1990
Psychotherapiegesetz	Psychotherapiegesetz, BGBl. Nr. 361/1990
RdM	Recht der Medizin
RV	Regierungsvorlage
Rz.	Randzahl
S.	Seite
Slg.	Sammlung
Sten.Prot.	Stenographische Protokolle
StGB	Strafgesetzbuch, BGBl. Nr. 60/1974, i.d.F. BGBl. I Nr. 66/2011
StGG	Staatsgrundgesetz über die allgemeinen Rechte der Staatsbürger, RGBl. Nr. 142/1867, zuletzt geändert durch BGBl. Nr. 684/1988
SZ	Sammlung Zivil des OGH
VfGH	Verfassungsgerichtshof
vgl.	vergleiche
VwGH	Verwaltungsgerichtshof

Abkürzungsverzeichnis

WHO	Weltgesundheitsorganisation
Z.	Ziffer
zB	zum Beispiel
ZfV	Zeitschrift für Verwaltung
Zl.	Zahl

III. Bundesgesetz über Gesundheits- und Krankenpflegeberufe (Gesundheits- und Krankenpflegegesetz – GuKG)

BGBl. I Nr. 108/1997, i.d.F. BGBl. I Nr. 95/1998,
BGBl. I Nr. 116/1999, BGBl. I Nr. 65/2002,
BGBl. I Nr. 6/2004, BGBl. I Nr. 69/2005,
BGBl. I Nr. 90/2006, BGBl. I Nr. 6/2007,
BGBl. I Nr. 57/2008, BGBl. I Nr. 101/2008,
BGBl. I Nr. 130/2009, BGBl. I Nr. 61/2010
und BGBl. I Nr. 74/2011

1. Hauptstück

1. Abschnitt
Allgemeine Bestimmungen

§ 1	Gesundheits- und Krankenpflegeberufe
§ 2	Allgemeines
§ 2a	Umsetzung von Gemeinschaftsrecht
§ 3	Geltungsbereich
§ 3a	Sozialbetreuungsberufe – Basisversorgung
§ 3b	Personenbetreuung
§ 3c	Persönliche Assistenz

2. Abschnitt
Berufspflichten

§ 4	Allgemeine Berufspflichten
§ 5	Pflegedokumentation
§ 6	Verschwiegenheitspflicht
§ 7	Anzeigepflicht
§ 8	Meldepflicht
§ 9	Auskunftspflicht
§ 10	Berufsausweis

Inhaltsübersicht GuKG

2. Hauptstück
Gehobener Dienst für Gesundheits- und Krankenpflege

1. Abschnitt
Allgemeines

§ 11	Berufsbild
§ 12	Berufsbezeichnungen

2. Abschnitt
Tätigkeitsbereiche

§ 13	Tätigkeitsbereiche
§ 14	Eigenverantwortlicher Tätigkeitsbereich
§ 14a	Lebensrettende Sofortmaßnahmen
§ 15	Mitverantwortlicher Tätigkeitsbereich
§ 16	Interdisziplinärer Tätigkeitsbereich
§ 17	Erweiterte und spezielle Tätigkeitsbereiche
§ 18	Kinder- und Jugendlichenpflege
§ 19	Psychiatrische Gesundheits- und Krankenpflege
§ 20	Intensivpflege, Anästhesiepflege, Pflege bei Nierenersatztherapie
§ 21	Pflege im Operationsbereich
§ 22	Krankenhaushygiene
§§ 23 bis 25	Lehraufgaben
§ 26	Führungsaufgaben

3. Abschnitt
Berufsberechtigung

§ 27	Berufsberechtigung
§ 28	Qualifikationsnachweise – Inland
§ 28a	EWR-Berufszulassung
§ 29	EWR-Qualifikationsnachweise – allgemeine Gesundheits- und Krankenpflege
§ 30	EWR-Qualifikationsnachweise – Spezial-, Lehr- und Führungsaufgaben

§ 31	Qualifikationsnachweise – außerhalb des EWR
§ 32	Nostrifikation
§ 33	Ergänzungsausbildung und -prüfung
§ 34	Fortbildung bei Ausbildung im Ausland
§ 35	Berufsausübung
§ 36	Freiberufliche Ausübung des gehobenen Dienstes für Gesundheits- und Krankenpflege
§ 37	Berufssitz
§ 38	Werbebeschränkung
§ 39	Vorübergehende Erbringung von Dienstleistungen
§ 40	Entziehung der Berufsberechtigung

4. Abschnitt
Ausbildung

§ 41	Ausbildung in der allgemeinen Gesundheits- und Krankenpflege
§ 42	Ausbildungsinhalt der allgemeinen Gesundheits- und Krankenpflege
§ 43	Praktische Ausbildung in der allgemeinen Gesundheits- und Krankenpflege
§ 44	Verkürzte Ausbildung für Pflegehelfer
§ 45	Verkürzte Ausbildung für Sanitätsunteroffiziere
§ 46	Verkürzte Ausbildung nach einer speziellen Grundausbildung
§ 47	Verkürzte Ausbildung für Hebammen
§ 48	Verkürzte Ausbildung für Mediziner
§§ 49 bis 50	Schulen für Gesundheits- und Krankenpflege
§ 51	Schulleitung
§ 52	Schulordnung
§ 53	Schülervertretung
§ 54	Aufnahme in eine Schule für Gesundheits- und Krankenpflege
§ 55	Aufnahmekommission
§ 56	Ausschluss von der Ausbildung

Inhaltsübersicht GuKG

§ 57	Ausbildungsverordnung
§ 58	Prüfungen
§ 59	Diplomprüfungskommission
§ 60	Anrechnung von Prüfungen und Praktika
§ 61	Diplom
§ 62	Prüfungsverordnung

5. Abschnitt
Fort-, Weiter- und Sonderausbildungen

§ 63	Fortbildung
§ 64	Weiterbildungen
§ 65	Sonderausbildungen
§ 65a	Gleichhaltungsverordnung
§ 65b	Individuelle Gleichhaltung
§ 65c	Akkreditierungsbeirat
§ 66	Sonderausbildung in der Kinder- und Jugendlichenpflege
§ 67	Sonderausbildung in der psychiatrischen Gesundheits- und Krankenpflege
§ 68	Sonderausbildungen in der Intensivpflege, in der Anästhesiepflege und in der Pflege bei Nierenersatztherapie
§ 68a	Spezielle Sonderausbildung in der Kinderintensivpflege
§ 69	Sonderausbildung in der Pflege im Operationsbereich
§ 70	Sonderausbildung in der Krankenhaushygiene
§ 71	Sonderausbildung für Lehraufgaben
§ 72	Sonderausbildung für Führungsaufgaben
§ 73	Weiterbildungs- und Sonderausbildungsverordnung

6. Abschnitt
Spezielle Grundausbildungen

§ 74	Spezielle Grundausbildungen

GuKG   Inhaltsübersicht

§§ 75 bis 77	Grundausbildung in der Kinder- und Jugendlichenpflege
§§ 78 bis 80	Grundausbildung in der psychiatrischen Gesundheits- und Krankenpflege
§ 81	Ausbildungs- und Prüfungsverordnung

3. Hauptstück
Pflegehilfe

1. Abschnitt
Allgemeines

§ 82	Berufsbild
§ 83	Berufsbezeichnung
§§ 84 und 84a	Tätigkeitsbereich

2. Abschnitt
Berufsberechtigung

§ 85	Berufsberechtigung
§ 86	Qualifikationsnachweis – Inland
§ 87	Qualifikationsnachweis – EWR
§ 88	Qualifikationsnachweis – außerhalb des EWR
§ 89	Nostrifikation
§ 90	Berufsausübung
§ 91	Entziehung der Berufsberechtigung

3. Abschnitt
Ausbildung

§ 92	Ausbildung in der Pflegehilfe
§ 93	Ausbildungsinhalt
§ 94	Verkürzte Ausbildung für Mediziner
§§ 95 und 96	Pflegehilfelehrgänge
§ 97	Lehrgangsleitung
§ 98	Aufnahme in einen Pflegehilfelehrgang

Inhaltsübersicht GuKG

§ 99	Ausschluss von der Ausbildung
§ 100	Prüfungen
§ 101	Prüfungskommission
§ 102	Anrechnung von Prüfungen und Praktika
§ 103	Zeugnis
§ 104	Ausbildungs- und Prüfungsverordnung

4. Abschnitt
Fort- und Weiterbildungen

§ 104a	Weiterbildungen
§ 104b	Weiterbildungsverordnung
§ 104c	Fortbildung

4. Hauptstück

§ 105	Strafbestimmungen
§§ 106 bis 116a	Schluss- und Übergangsbestimmungen
§ 117	Inkrafttreten
§ 118	Vollziehung

1. Hauptstück

1. Abschnitt
Allgemeine Bestimmungen

Gesundheits- und Krankenpflegeberufe

§ 1. Gesundheits- und Krankenpflegeberufe sind:
1. der gehobene Dienst für Gesundheits- und Krankenpflege und
2. die Pflegehilfe.

Anmerkungen:

1. EB-RV:

Das neue Gesetz regelt – im Gegensatz zu den bisherigen Bestimmungen – nur die pflegerischen Berufe im engen Sinn. Die Gesundheits- und Krankenpflegeberufe umfassen den bisherigen Krankenpflegefachdienst und den Beruf der Pflegehelferin/des Pflegehelfers.

Der Krankenpflegefachdienst erhält die neue Bezeichnung „gehobener Dienst für Gesundheits- und Krankenpflege", weiters wird der Terminus „Pflegehilfe" für den Beruf der Pflegehelferin/des Pflegehelfers geschaffen.

Da der Aufgabenbereich der Pflege neben der Wiederherstellung der Gesundheit des Menschen auch deren Aufrechterhaltung und Förderung umfaßt, soll auch der Aspekt der Gesundheitspflege in die Bezeichnung der Berufsgruppe integriert werden.

Die Bezeichnung „gehobener Dienst" wurde nach umfassenden Diskussionen mit zahlreichen VertreterInnen dieser Berufsgruppe gewählt, um die Pflege als eigenständigen und eigenverantwortlichen Beruf im Gesundheitswesen zu verankern. In diesem Zusammenhang wird klargestellt, daß der Terminus „gehobener Dienst" nicht Berufen mit einem bestimmten Ausbildungsniveau vorbehalten ist und daher eine Ausbildungsreform in der Krankenpflege in Richtung Matura keinesfalls präjudiziert.

2. Die bisherige Gliederung des Krankenpflegefachdienstes in allgemeine Krankenpflege, Kinderkranken- und Säuglingspflege und psychiatrische Krankenpflege wird damit in ein **anderes System** übergeführt. Siehe die ,,Erweiterten und speziellen Tätigkeitsbereiche" in §§ 17 ff.

Allgemeines

§ 2. (1) Bei allen personenbezogenen Bezeichnungen gilt die gewählte Form für beide Geschlechter. Die weibliche Form von ,,Krankenpfleger" lautet ,,Krankenschwester".

(2) Soweit in diesem Bundesgesetz auf Bestimmungen anderer Bundesgesetze verwiesen wird, sind diese in ihrer jeweils geltenden Fassung anzuwenden.

Anmerkung:

EB-RV:
Zur klaren, verständlichen und für den Anwender gut lesbaren sprachlichen Gestaltung wird im gesamten Gesetzestext die männliche Form für alle personenbezogenen Bezeichnungen verwendet.

Die weibliche Form ,,**Krankenschwester**" ist auch auf alle zusammengesetzten Wörter, insbesondere ,,Gesundheits- und Krankenschwester" anzuwenden.

Lediglich in den Bestimmungen über Berufsbezeichnungen und über Diplome bzw. Zeugnisse ist sowohl die weibliche als auch die männliche Form ausdrücklich angeführt.

Auch **Abs. 2** dient – ebenso wie Abs. 1 – einer sprachlich-legistischen Vereinfachung und damit der Verständlichkeit und Lesbarkeit für den Normanwender.

Umsetzung von Gemeinschaftsrecht

§ 2a. Durch dieses Bundesgesetz werden
1. die Richtlinie 2005/36/EG über die Anerkennung von Berufsqualifikationen, ABl. Nr. L 255 vom 30.09.2005

GuKG § 2a

S. 22, zuletzt geändert durch die Verordnung (EG) Nr. 1137/2008 zur Anpassung einiger Rechtsakte, für die das Verfahren des Artikels 251 des Vertrags gilt, an den Beschluss 1999/468/EG des Rates in Bezug auf das Regelungsverfahren mit Kontrolle, ABl. Nr. L 311 vom 21.11.2008 S. 1;
2. das Abkommen zwischen der Europäischen Gemeinschaft und ihren Mitgliedstaaten einerseits und der Schweizerischen Eidgenossenschaft andererseits über die Freizügigkeit, ABl. Nr. L 114 vom 30.04.2002 S. 6, BGBl. III Nr. 133/2002, in der Fassung des Protokolls im Hinblick auf die Aufnahme der Tschechischen Republik, Estland, Zypern, Lettland, Litauen, Ungarn, Malta, Polen, Slowenien und Slowakei als Vertragsparteien infolge ihres Beitritts zur Europäischen Union, ABl. Nr. L 89 vom 28.03.2006 S. 30, BGBl. III Nr. 162/ 2006;
3. die Richtlinie 2003/109/EG betreffend die Rechtsstellung der langfristig aufenthaltsberechtigten Drittstaatsangehörigen, ABl. Nr. L 16 vom 23.01.2004 S. 44;
4. die Richtlinie 2004/38/EG über das Recht der Unionsbürger und ihrer Familienangehörigen, sich im Hoheitsgebiet der Mitgliedstaaten frei zu bewegen und aufzuhalten, zur Änderung der Verordnung (EWG) Nr. 1612/68 und zur Aufhebung der Richtlinien 64/221/EWG, 68/360/EWG, 72/194/EWG, 73/148/EWG, 75/34/EWG, 75/35/EWG, 90/364/EWG und 93/96/EWG, ABl. Nr. L 158 vom 30.04.2004 S. 77, in der berichtigten Fassung, ABl. Nr. L 229 vom 29.06.2004 S. 35;
5. die Richtlinie 2004/83/EG über Mindestnormen für die Anerkennung und den Status von Drittstaatsangehörigen oder Staatenlosen als Flüchtlinge oder als Personen, die anderweitig internationalen Schutz benötigen, und über den Inhalt des zu gewährenden Schutzes, ABl. Nr. L 304 vom 30.09.2004 S. 12, in der berichtigten Fassung, ABl. Nr. L 204 vom 05.08.2005 S 24;

in österreichisches Recht umgesetzt.

Anmerkungen:

1. § 2a wurde durch das GesBRÄG 2007 neu in das Gesetz aufgenommen.

Durch die GuKG-Novelle 2009 wurde die Z 1 neu erlassen und die Z 5 neu eingefügt.

2. EB 2007:

Gemäß Artikel 63 der Richtlinie 2005/36/EG haben die Mitgliedstaaten im Zuge der Erlassung der innerstaatlichen Umsetzungsmaßnahmen durch einen Hinweis in diesen Vorschriften Bezug auf die Richtlinie zu nehmen. Zur Klarstellung wird im neu eingefügten § 2a auf alle durch das vorliegende Bundesgesetz umgesetzten EU-Rechtsakte Bezug genommen. Näheres zur Umsetzung ist den Allgemeinen Erläuterungen sowie den Anmerkungen zu den jeweiligen Bestimmungen zu entnehmen.

3. EB 2009:

Es erfolgen folgende Anpassungen an das Gemeinschaftsrecht:

Die Zitierung der Richtlinie 2005/36/EG über die Anerkennung von Berufsqualifikationen in § 2a Z 1 wird an die letzte Änderung dieser Richtlinie angepasst.

Weiters wird in den Umsetzungshinweis des § 2a die Richtlinie 2004/83/EG über Mindestnormen für die Anerkennung und den Status von Drittstaatsangehörigen oder Staatenlosen als Flüchtlinge oder als Personen, die anderweitig internationalen Schutz benötigen, und über den Inhalt des zu gewährenden Schutzes aufgenommen. Artikel 27 Abs. 3 dieser Richtlinie sieht eine Gleichbehandlung des von dieser Richtlinie begünstigten Personenkreises mit eigenen Staatsangehörigen hinsichtlich der Anerkennung von ausländischen Hochschul- und Berufsabschlüssen, Prüfungszeugnissen und sonstigen Befähigungsnachweisen vor. Dementsprechend wird im § 28a Abs. 3 Z 3 der Anwendungsbereich der Richtlinie 2005/36/EG im Hinblick auf die Anerkennung von Berufsqualifikationen auch auf Drittstaatsangehörige

GuKG **§ 3**

oder Staatenlose, denen durch eine österreichische Asylbehörde oder den Asylgerichtshof die Flüchtlingseigenschaft im Sinne der Genfer Flüchtlingskonvention oder der Status eines/einer subsidiär Schutzberechtigten zuerkannt wurde, erweitert.

Geltungsbereich

§ 3. (1) Die Gesundheits- und Krankenpflegeberufe dürfen nur nach Maßgabe dieses Bundesgesetzes ausgeübt werden.

(2) Auf die Ausübung dieser Berufe findet die Gewerbeordnung 1994, BGBl. Nr. 194, keine Anwendung.

(3) Hilfeleistungen in der Nachbarschafts-, Familien- und Haushaltshilfe sowie die der Gewerbeordnung 1994 unterliegenden Tätigkeiten der Fußpfleger, Kosmetiker und Masseure werden durch dieses Bundesgesetz nicht berührt.

(4) Durch dieses Bundesgesetz werden das
1. **Apothekengesetz, RGBl. Nr. 5/1907,**
2. **Ärztegesetz 1998 – ÄrzteG 1998, BGBl. I Nr. 169,**
3. **Zahnärztegesetz – ZÄG, BGBl. I Nr. 126/2005,**
4. **Hebammengesetz – HebG, BGBl. Nr. 310/1994,**
5. **Kardiotechnikergesetz – KTG, BGBl. I Nr. 96/1998,**
6. **Medizinischer Masseur- und Heilmasseurgesetz – MMHmG, BGBl. I Nr. 169/2002,**
7. **MTF-SHD-G, BGBl. Nr. 102/1961,**
8. **MTD-Gesetz, BGBl. Nr. 460/1992,**
8a. **Musiktherapiegesetz – MuthG, BGBl. I Nr. 93/2008,**
9. **Psychologengesetz, BGBl. Nr. 360/1990,**
10. **Psychotherapiegesetz, BGBl. Nr. 361/1990,**
11. **Sanitätergesetz – SanG, BGBl. I Nr. 30/2002,**

nicht berührt.

Anmerkungen:

1. Abs. 4 hat durch die GuKG-Novelle 2003 eine neue Fassung erhalten. Neben Kurzbezeichnungen von Gesetzen wurden das MMHmG (Z. 6) und das SanG (Z. 11) neu in den Katalog aufgenommen. Abs. 5 wurde durch die GuKG-Novelle 2005 neu eingefügt. Er wurde jedoch durch das GesBRÄG 2007 wieder aufgehoben. Siehe nunmehr § 3a. Abs. 4 Z 3 wurde durch BGBl. I Nr. 90/2006 geändert, weil statt des Dentistengesetzes nunmehr das ZÄG in Geltung steht.

Abs. 4 Z 8a wurde durch die GuKG-Novelle 2009 neu eingefügt.

2. EB-RV:

§ 3 normiert ausdrücklich, daß dieses Bundesgesetz die Ausbildung und die Berufsausübung der Gesundheits- und Krankenpflegeberufe **ausschließlich und abschließend regelt**. Sofern in anderen gesetzlichen Bestimmungen verwandte Begriffe wie „Krankenbetreuung", „Altenbetreuung", Heimhilfe" und ähnliche verwendet werden (vgl. zB § 3 Abs. 2 Zivildienstgesetz 1986, in der Fassung der Novelle BGBl. Nr. 788/1996), wird keinesfalls eine Berufsberechtigung im Bereich der Gesundheits- und Krankenpflege begründet.

Im § 3 wird korrespondierend zu § 2 Abs. 1 Z 11 Gewerbeordnung 1994, § 2 Abs. 6 Ärztegesetz 1984 und § 2 Abs. 3 Hebammengesetz klargestellt, daß die Ausübung der Gesundheits- und Krankenpflegeberufe nur den Bestimmungen des vorliegenden Entwurfes unterliegt und die Gewerbeordnung 1994 nicht anzuwenden ist.

Die im **Abs. 3** angeführten „**Hilfeleistungen in der Nachbarschafts-, Familien- und Haushaltshilfe**" sind nicht berufsmäßig ausgeübte Tätigkeiten, die üblicherweise von Angehörigen oder Freunden zur Hilfestellung für kranke oder behinderte Menschen durchgeführt werden. Die Grenze dieser „Hilfeleistungen" liegt dort, wo die Fähigkeiten eines Laien typischerweise ihr Ende finden, wobei aber im Einzelfall subjektive Kenntnisse und Fertigkeiten zu berücksichtigen sind. Während diese nur im privaten Bereich erfolgenden Hilfstätigkeiten erlaubt sind und nicht im Widerspruch zu diesem Gesetz stehen, dürfen Angehörige von Sozialberufen, wie Heimhilfen, FamilienhelferInnen, BehindertenbetreuerInnen, AltenbetreuerInnen usw., keinesfalls den Gesundheits- und Krankenpflegeberufen vorbehaltene Tätigkeiten ausüben.

Im **Abs. 4** wird klargestellt, daß die Berufsgesetze der anderen Gesundheitsberufe durch das Gesundheits- und Krankenpflegegesetz nicht berührt werden. Diese Bestimmung ist lediglich eine **interpretative Hilfe** für die in diesem Gesetz normierten berufsrechtlichen Bestimmungen der Gesundheits- und Krankenpflegeberufe.

3. Hinsichtlich des Berufs des **Medizinischen Masseurs und des Heilmasseurs** hat das MMHmG eine neue gesetzliche Grundlage geschaffen. Siehe näher dazu *Schwamberger*, Medizinischer Masseur- und Heilmasseurgesetz (2003).

4. Die Tätigkeit und der Beruf des **Sanitäters** wurden im Sanitätergesetz – SanG neu geregelt. Hiezu siehe näher *Schwamberger*, Sanitätergesetz, 3. Aufl. (2009).

5. Zu den genannten **Gesundheitsberufen** siehe näher
a) *Schwamberger*, Apothekengesetz mit Kommentar (1991)
   Serban/Heisler, Apothekengesetz und Apothekenbetriebsordnung 2005 (2005)
b) *Schwamberger*, Ärztegesetz 1998 (1998)
   Aigner/Kierein/Kopetzki, Ärztegesetz 19983 (2007)
   Emberger/Wallner (Hg.), Ärztegesetz 1998 mit Kommentar2 (2008)
c) *Schwamberger*, Hebammengesetz (1995)
d) *Schwamberger*, Krankenpflegegesetz (1993)
e) *Schwamberger*, MTD-Gesetz4 (2006)
f) *Kierein/Pritz/Sonneck*, Psychologengesetz, Psychotherapiegesetz (1991)

6. Die im **Abs. 3** angeführten „**Hilfeleistungen in der Nachbarschafts-, Familien- und Haushaltshilfe**" sind nicht berufsmäßig ausgeübte Tätigkeiten, sondern Tätigkeiten, die üblicherweise von Angehörigen oder Freunden zur Hilfestellung für kranke oder behinderte Menschen durchgeführt werden. Die Grenze dieser „Hilfeleistungen" liegt dort, wo die Fähigkeiten eines Laien typischerweise ihr Ende finden, wobei aber im Einzelfall subjektive Kenntnisse und Fertigkeiten zu berücksichtigen sind. Diese nur im privaten Bereich erfolgenden Hilfstätigkeiten sind vom Anwendungsbereich des GuKG ausgeklammert und stehen nicht im Widerspruch zu diesem Gesetz.

7. Zu den **Abgrenzungen zu den Altenbetreuungsberufen** siehe OGH vom 30.1.2001, 10 ObS 357/00y:

Während die Pflegeberufe nach dem GuKG vorrangig der Unterstützung der ärztlichen Tätigkeit und somit der Pflege von Personen, die medizinischer Hilfe bedürfen, dienen, dienen die „reinen Pflegeberufe", wie etwa die Altenhilfe und Familienhilfe, vor allem der Erleichterung der Altersbeschwerden beziehungsweise – bei Familienpflege – einer besonderen Notsituation. Solche „reinen Pflegedienste" umfassen einfache Leistungen, wie zum Beispiel Hilfestellungen im psychosozialen Bereich, im hauswirtschaftlichen Bereich, soweit sie zur Aufrechterhaltung des Haushaltes der alten Menschen erforderlich sind, aber auch Hilfestellung zur Förderung des körperlichen Wohlbefindens. Während die „reinen Pflegedienste" in kompetenzrechtlicher Hinsicht gemäß Art 15 Abs 1 B-VG in Gesetzgebung und Vollziehung Landessache sind, sind die im GuKG geregelten Pflegeberufe wegen ihres Berufsbildes in Gesetzgebung und Vollziehung Bundessache gemäß Art 10 Abs 1 Z 12 B-VG.

8. Information betreffend die Abgrenzung von Laientätigkeiten und Vorbehaltstätigkeiten der Pflege und Medizin
I. Laientätigkeiten

Die Berufsbilder der Gesundheits- und Krankenpflegeberufe umfassen die gesetzlich festgelegten Tätigkeitsbereiche (§§ 11, 14 ff., 82, 84 f. Gesundheits- und Krankenpflegegesetz [GuKG], BGBl. I Nr. 108/1997, idgF.). Soweit allerdings kein medizinisches bzw. pflegerisches Fachwissen für die Durchführung dieser Tätigkeiten erforderlich ist, fallen diese nicht in den **Vor-**

behaltsbereich der Gesundheits- und Krankenpflegeberufe und dürfen auch von Laien durchgeführt werden.

Hilfeleistungen in der Nachbarschafts-, Familien- und Haushaltshilfe sind von den pflegerischen Vorbehaltstätigkeiten ausgenommen (§ 3 Abs. 3 GuKG). Diese Hilfeleistungen dürfen nicht berufsmäßig ausgeübt werden. Sie werden üblicherweise von Angehörigen, Nachbarn, Freunden und Hausgehilfen zur Hilfestellung für kranke und behinderte Menschen durchgeführt.

Unter **Laien** in diesem Zusammenhang sind Personen zu verstehen, die nicht Angehörige eines gesetzlich geregelten Gesundheitsberufs oder eines Sozialbetreuungsberufs nach der Vereinbarung gemäß Art. 15a B-VG zwischen dem Bund und den Ländern über Sozialbetreuungsberufe, BGBl. I Nr. 55/2005, sind.

Die **Grenze der Laientätigkeit** liegt dort, wo medizinisches bzw. pflegerisches Fachwissen Voraussetzung für die fachgerechte Durchführung der Tätigkeit ist bzw. auf Grund dieses Fachwissens Selbst- und Fremdgefährdung vermieden werden kann. Die Umstände des Einzelfalls können bewirken, dass die gleiche Tätigkeit als Laientätigkeit oder aber als Tätigkeit, die den Angehörigen der Gesundheitsberufe vorbehalten ist, zu qualifizieren ist. Subjektive Kenntnisse und Fertigkeiten des Laien können zwar von Vorteil sein, ändern aber grundsätzlich nichts an der Einstufung einer Tätigkeit als Vorbehalts- oder Laientätigkeit.

Sofern nicht Umstände vorliegen, die medizinische oder pflegerische Kenntnisse und Fertigkeiten erfordern, zählen in diesem Sinne auch folgende Tätigkeiten zu den Laientätigkeiten:

- Unterstützung bei der oralen Nahrungs- und Flüssigkeitsaufnahme sowie bei
- der Arzneimittelaufnahme,
- Unterstützung bei der Körperpflege,
- Unterstützung beim An- und Auskleiden,
- Unterstützung bei der Benützung von Toilette oder Leibstuhl einschließlich Hilfestellung
- beim Wechsel von Inkontinenzprodukten und
- Unterstützung beim Aufstehen, Niederlegen, Niedersetzen und Gehen.

Kann ein Patient, der zwar im Hinblick auf seine Einsichts- und Urteilsfähigkeit selbstbestimmt ist, die Selbstdurchführung einer ärztlichen oder pflegerischen Tätigkeit, z.B. in Folge eines motorischen Defizits, ohne fremde Hilfe und Handreichung nicht selbst vornehmen, so darf die **Hilfestellung des Betroffenen bei der Selbstanwendung** auch durch Laien erfolgen, sofern kein medizinisches oder pflegerisches Fachwissen erforderlich ist. In diesem Fall gilt daher die **Substitution der eigenen Tätigkeit** von selbstbestimmten Patienten als Laientätigkeit.

II. Delegation von ärztlichen und pflegerischen Tätigkeiten an Laien

Eine **Delegation von ärztlichen Tätigkeiten** an Laien ist nur im Rahmen der §§ 50a und 50b Ärztegesetz 1998, BGBl. I Nr. 169, idgF, zulässig.

Die Möglichkeit der Weiterdelegation von ärztlichen Tätigkeiten durch Angehörige des gehobenen Dienstes für Gesundheits- und Krankenpflege an Laien ist gemäß § 50b ÄrzteG 1998 iVm § 15 Abs. 7 GuKG geregelt. Die **Delegation von pflegerischen Tätigkeiten** an Laien unterliegt den §§ 3b und 3c GuKG.

Die Delegation fällt in allen Fällen hinsichtlich der **Anordnung** in den Verantwortungsbereich des Delegierenden. Die Verantwortung der **sachgemäßen Durchführung** der delegierten ärztlichen bzw. pflegerischen Tätigkeiten liegt beim ausführenden Laien. Übernimmt ein Laie die Durchführung einer ärztlichen bzw. pflegerischen Tätigkeit, obwohl er weiß oder bei gehöriger Aufmerksamkeit hätte wissen müssen, dass er die Tätigkeit nicht entsprechend der im Einzelfall gebotenen Sorgfalt durchführen kann, so muss er auch dieses Verhalten verantworten (Einlassungs- bzw. **Übernahmsfahrlässigkeit**).

Die Delegation einer ärztlichen bzw. pflegerischen Tätigkeit darf nur nach **Anleitung und Unterweisung** im erforderlichen Ausmaß durch den Arzt bzw. den Angehörigen des gehobenen Dienstes für Gesundheits- und Krankenpflege erfolgen.

Darüber hinaus hat sich der Arzt bzw. das diplomierte Gesundheits- und Krankenpflegepersonal zu ver**gewissern**, dass der Laie über die erforderlichen Fähigkeiten verfügt. Der Laie muss weiters ausdrücklich auf die Möglichkeit der **Ablehnung der Übernahme** der Tätigkeit hingewiesen worden sein.

Im Fall einer **Weiterdelegation** von ärztlichen Tätigkeiten durch diplomiertes Pflegepersonal an Laien obliegt – vorbehaltlich einer anders lautenden ärztlichen Anordnung – der diplomierten Pflegeperson
- die Auswahl der Person, an die die Tätigkeit übertragen wird,
- die Auswahl der konkreten delegierten Tätigkeit,
- die Anleitung und Unterweisung des Laien,
- die Vergewisserung über den Kenntnisstand des Laien und
- die begleitende Kontrolle der Durchführung der Tätigkeit.

Es sind folgende Fälle der Delegation von ärztlichen bzw. pflegerischen Tätigkeiten an Laien geregelt:

II.1. Delegation ärztlicher Tätigkeiten an Angehörige etc.

Der Arzt kann im Einzelfall unter den im Gesetz normierten Voraussetzungen einzelne ärztliche Tätigkeiten an
- Angehörige des Patienten,
- Personen, in deren Obhut der Patient steht (z.B. Kindergärtner oder Lehrer), oder
- Personen, die zum Patienten in einem örtlichen und persönlichen Naheverhältnis stehen,

übertragen, sofern sich der Patient nicht in einer Einrichtung befindet, die der medizinischen oder psychosozialen Behandlung, Pflege oder Betreuung dient (**§ 50a ÄrzteG 1998**). Die delegierten ärztlichen Tätigkeiten dürfen nicht berufsmäßig ausgeübt werden.

Eine Weiterdelegation von ärztlich angeordneten Tätigkeiten durch diplomierte Pflegepersonen an Laien gemäß § 50a ÄrzteG 1998 einschließlich der entsprechenden Anleitung und Unterweisung ist nach geltender Rechtslage nicht vorgesehen, wird allerdings derzeit diskutiert.

II.2. Delegation an Personenbetreuer und persönliche Assistenz

Eine Delegation von ärztlichen und pflegerischen Tätigkeiten an Personenbetreuer und im Rahmen der persönlichen Assistenz ist nur im Einzelfall und unter den gesetzlich normierten Voraussetzungen zulässig (§ 50b Abs. 4 bis 6 ÄrzteG 1998, § 3b Abs. 3 bis 6 GuKG, § 3c Abs. 2 bis 5 GuKG).

Diese Regelungen sehen insbesondere eine **räumliche, persönliche und zahlenmäßige** Limitierung der Delegierbarkeit vor, bei der Personenbetreuung sind zusätzlich eine **inhaltliche und zeitliche Limitierung** sowie die Vorgabe, dass diese Tätigkeiten **nicht überwiegend** erbracht werden (§ 159 Abs. 3 GewO 1994, BGBl. Nr. 194, idgF.), normiert.

II.2.1. Delegation von ärztlichen Tätigkeiten

Folgende ärztliche Tätigkeiten dürfen im Einzelfall durch Ärzte an **Personenbetreuer** übertragen werden:
- Verabreichung von Arzneimitteln,
- Anlegen von Bandagen und Verbänden,
- Verabreichung von subkutanen Insulininjektionen und subkutanen Injektionen von blutgerinnungshemmenden Arzneimitteln,
- Blutentnahme aus der Kapillare zur Bestimmung des Blutzuckerspiegels mittels Teststreifens,
- einfache Wärme- und Lichtanwendungen sowie
- weitere einzelne ärztliche Tätigkeiten, sofern diese einen zu den in den genannten Tätigkeiten vergleichbaren Schwierigkeitsgrad sowie vergleichbare Anforderungen an die erforderliche Sorgfalt aufweisen,

(§ 50b Abs. 1 und 2 ÄrzteG 1998).

Die ärztlichen Tätigkeiten, deren Durchführung im Rahmen der **persönlichen Assistenz** übertragen werden darf, sind im ÄrzteG 1998 nicht aufgelistet, da je nach Behinderungsgrad und -schwere unterschiedliche ärztliche Tätigkeiten anfallen können. Daher darf der Arzt im Rahmen seiner Anordnungsverantwortung grundsätzlich jede ärztliche Tätigkeit, zu deren Ausführung die persönliche Assistenz befähigt ist, im Einzelfall an die persönliche Assistenz übertragen (§ 50b Abs. 3 ÄrzteG 1998).

II.2.2. Weiterdelegation von ärztlichen Tätigkeiten durch diplomiertes Pflegepersonal

Folgende ärztliche Tätigkeiten dürfen im Einzelfall nach Maßgabe ärztlicher Anordnung durch Angehörige des gehobenen

Dienstes für Gesundheits- und Krankenpflege an Personenbetreuer und im Rahmen der persönlichen Assistenz weiterdelegiert werden:
- Verabreichung von Arzneimitteln,
- Anlegen von Bandagen und Verbänden,
- Verabreichung von subkutanen Insulininjektionen und subkutanen Injektionen von blutgerinnungshemmenden Arzneimitteln,
- Blutentnahme aus der Kapillare zur Bestimmung des Blutzuckerspiegels mittels Teststreifens,
- einfache Wärme- und Lichtanwendungen

(§ 50b ÄrzteG 1998 iVm § 15 Abs. 7 GuKG).

Dies bedeutet, dass sonstige im Rahmen des § 50b ÄrzteG 1998 angeordnete ärztliche Tätigkeiten nicht durch das diplomierte Pflegepersonal an Personenbetreuer und die persönliche Assistenz weiterdelegiert werden dürfen, sondern diese direkt vom Arzt an den Laien anzuordnen sind.

II.2.3. Delegation von pflegerischen Tätigkeiten

Die pflegerischen Tätigkeiten, deren Durchführung an **Personenbetreuer** bzw. im Rahmen der **persönlichen Assistenz** übertragen werden darf, sind in den §§ 3b und 3c GuKG nicht aufgelistet, da je nach dem Grad und der Schwere der Betreuungs- und Pflegebedürftigkeit unterschiedliche pflegerische Tätigkeiten anfallen können. Daher darf die diplomierte Pflegeperson im Rahmen ihrer Anordnungsverantwortung grundsätzlich jegliche pflegerische Tätigkeit im Einzelfall an den Personenbetreuer oder die persönliche Assistenz übertragen.

Sofern Umstände vorliegen, die aus medizinischer Sicht für die Durchführung dieser Tätigkeiten durch Laien eine Anordnung durch Angehörige des gehobenen Dienstes der Gesundheits- und Krankenpflege erforderlich machen und damit nicht mehr Laientätigkeit sind (siehe Pkt. I), zählen auch folgende Tätigkeiten zu diesen pflegerischen Tätigkeiten:
- Unterstützung bei der oralen Nahrungs- und Flüssigkeitsaufnahme sowie bei der Arzneimittelaufnahme,
- Unterstützung bei der Körperpflege,

- Unterstützung beim An- und Auskleiden,
- Unterstützung bei der Benützung von Toilette oder Leibstuhl einschließlich Hilfestellung beim Wechsel von Inkontinenzprodukten und
- Unterstützung beim Aufstehen, Niederlegen, Niedersetzen und Gehen

(§ 3b Abs. 2 GuKG).

III. Unterstützung bei der Basisversorgung

Während nach der Vereinbarung gemäß Art. 15a B-VG über Sozialbetreuungsberufe Diplom- und Fach-Sozialbetreuer mit den Schwerpunkten Altenarbeit, Familienarbeit und Behindertenarbeit in ihrer Ausbildung die Pflegehilfeausbildung integriert haben und damit neben dem entsprechenden Sozialbetreuungsberuf auch Angehörige des Gesundheitsberufs Pflegehilfe sind, sind **Diplom- bzw. Fachsozialbetreuer mit dem Schwerpunkt Behindertenbegleitung und Heimhelfer** nach dieser Vereinbarung zur Durchführung unterstützender Tätigkeiten bei der Basisversorgung berechtigt (§ 3a Abs. 1 GuKG).

Zur Durchführung unterstützender Tätigkeiten bei der Basisversorgung sind auch weitere Berufsangehörige, die behinderte Menschen betreuen, unter folgenden Voraussetzungen berechtigt:

- Tätigkeit im Rahmen eines Dienstverhältnisses zu Trägern von Einrichtungen der Behindertenbetreuung, die behördlich bewilligt sind oder der behördlichen Aufsicht unterliegen,
- Betreuung von behinderte Menschen in einer Gruppe von höchstens zwölf Klienten,
- in multiprofessionellen Teams, deren Aufgabe die ganzheitliche Begleitung und Betreuung der behinderten Menschen ist,
- Absolvierung des Ausbildungsmodul „Unterstützung bei der Basisversorgung" gemäß GuK-BAV, BGBl. II Nr. 281/2006, idgF.,
- keine überwiegende Durchführung der Tätigkeiten der Basisversorgung,

GuKG **§ 3**

- keine Tätigkeit im Rahmen der Personenbetreuung oder der Persönlichen Assistenz

(§ 3a Abs. 3 bis 6 GuKG).

Die unterstützenden Tätigkeiten bei der Basisversorgung umfassen
- Unterstützung bei der Körperpflege,
- Unterstützung beim An- und Auskleiden,
- Unterstützung bei der Nahrungs- und Flüssigkeitsaufnahme,
- Unterstützung im Zusammenhang mit Ausscheidungen,
- Unterstützung und Förderung der Bewegungsfähigkeit,
- Unterstützung beim Lagern und
- Unterstützung bei der Einnahme und Anwendung von Arzneimitteln

zur Unterstützung von Angehörigen der Gesundheits- und Krankenpflegeberufe bzw. von Ärzten nach deren Anleitung und unter deren Aufsicht.

Im Sinne der Ausführungen in Pkt. I können diese Tätigkeiten allerdings auch Laientätigkeiten sein, sofern nicht Umstände vorliegen, die medizinisches oder pflegerisches Fachwissen erfordern. In diesem Fall dürfen diese Tätigkeiten auch ohne entsprechende Anordnung, Anleitung und Aufsicht wie von jedem Laien auch von den genannten Berufsangehörigen durchgeführt werden.

III.1. Abgrenzung Sozialbetreuungsberufe und Personenbetreuung bzw. persönliche Assistenz

Im Hinblick auf den Kreis der betreuten Personen können Überschneidungen der Tätigkeitsfelder der unter Pkt. III genannten Berufsangehörigen und der unter Pkt. II genannten Laien auftreten. Bei der Berufsausübung einschließlich der Delegierbarkeit ärztlicher und pflegerischer Tätigkeiten unterliegen diese allerdings unterschiedlichen rechtlichen Grundlagen:

III.1.1. Behindertenbegleitung/-betreuung und persönliche Assistenz

Sowohl Diplom- und Fach-Sozialbetreuer mit dem Schwerpunkt Behindertenbegleitung und andere Berufsangehörige im

Rahmen der Behindertenbetreuung als auch Personen, die im Rahmen der persönlichen Assistenz tätig sind, begleiten und unterstützen Menschen mit Behinderung.

Bei der Berufsausübung unterliegen dabei
- **Diplom- und Fach-Sozialbetreuer** den landesgesetzlichen Regelungen betreffend Sozialbetreuungsberufe,
- **andere Berufsangehörige in der Behindertenbegleitung** neben allfälligen einschlägigen Berufsregelungen insbesondere den Vorgaben des § 3a Abs. 3 bis 6 GuKG und
- Personen im Rahmen der **persönlichen Assistenz** den Vorgaben des § 3c GuKG und § 50b ÄrzteG 1998 unter besonderem Hinweis auf die räumlichen, persönlichen und zahlenmäßigen Limitierungen.

III.1.2. Heimhilfe und Personenbetreuung

Sowohl Heimhelfer als auch Personenbetreuer unterstützen betreuungsbedürftige Personen.

Bei der Berufsausübung unterliegen dabei
- **Heimhelfer** den landesgesetzlichen Regelungen betreffend Sozialbetreuungsberufe und
- **Personenbetreuer** neben den gewerberechtlichen Regelungen, insbesondere § 159 GewO 1994, den Vorgaben des § 3b GuKG und § 50b ÄrzteG 1998 unter besonderen Hinweis auf die räumlichen, persönlichen, zahlenmäßigen, inhaltlichen und zeitlichen Limitierungen sowie die Vorgabe, dass die delegierten medizinischen Tätigkeiten nicht überwiegend erbracht werden dürfen.

IV. Verabreichung von Arzneimitteln

Im Zusammenhang mit der **Verabreichung, Anwendung und Verwaltung von Arzneimitteln** besteht besonderer Klärungsbedarf hinsichtlich der Delegierbarkeit und der Befugnisse sowohl der einzelnen Gesundheits- und Sozialbetreuungsberufe als auch von Laien.

Da der einschlägige Durchführungserlass des ehemaligen Bundesministers für soziale Sicherheit und Generationen zur Frage der Verabreichung von Arzneimitteln, vom 14.2.2001, GZ

21.251/5-VIII/D/13/00, auch an die zwischenzeitlich neu geschaffenen bzw. geänderten gesetzlichen Regelungen anzupassen ist, ist seitens des ho. Ressorts in Aussicht genommen, diesen in der Folge im Rahmen einer gesonderten Information zu aktualisieren (BMG 92251/0013-II/A/2/2011 vom 2.3.2011).

Sozialbetreuungsberufe – Basisversorgung

§ 3a. (1) Angehörige von Sozialbetreuungsberufen nach der Vereinbarung gemäß Artikel 15a Bundes-Verfassungsgesetz (B-VG) zwischen dem Bund und den Ländern über Sozialbetreuungsberufe, BGBl. I Nr. 55/2005, die
1. nicht zur Ausübung der Pflegehilfe berechtigt sind und
2. das Ausbildungsmodul gemäß Anlage 2 Punkt 2 der Vereinbarung über Sozialbetreuungsberufe absolviert haben,

sind zur Durchführung unterstützender Tätigkeiten bei der Basisversorgung gemäß Anlage 2 Punkt 3 der Vereinbarung über Sozialbetreuungsberufe berechtigt.

(2) Der Bundesminister für Gesundheit, Familie und Jugend hat durch Verordnung nähere Bestimmungen über die Durchführung des Ausbildungsmoduls gemäß Abs. 1 Z 2, insbesondere über Lehrkräfte, Prüfungen und Zeugnisse, festzulegen.

(3) Darüber hinaus sind Personen, die im Rahmen eines Dienstverhältnisses zu Trägern von Einrichtungen der Behindertenbetreuung, die behördlich bewilligt sind oder der behördlichen Aufsicht unterliegen, behinderte Menschen in multiprofessionellen Teams, deren Aufgabe die ganzheitliche Begleitung und Betreuung der behinderten Menschen ist, in einer Gruppe von höchstens zwölf behinderten Menschen betreuen, nach Maßgabe der Abs. 4 bis 6 zur Durchführung unterstützender Tätigkeiten bei der Basisversorgung an den von ihnen betreuten Personen berechtigt.

(4) Personen gemäß Abs. 3 dürfen die unterstützenden Tätigkeiten bei der Basisversorgung nur durchführen, sofern sie

1. das Ausbildungsmodul gemäß Abs. 1 Z 2 absolviert haben,
2. diese Tätigkeiten nicht überwiegend durchführen,
3. nicht im Rahmen der Personenbetreuung gemäß § 3b oder der Persönlichen Assistenz gemäß § 3c tätig sind und
4. zur Ausübung dieser Tätigkeiten nicht ohnehin als Angehörige eines Gesundheits- und Krankenpflegeberufs oder eines Sozialbetreuungsberufs berechtigt sind.

(5) Personen gemäß Abs. 3 dürfen die unterstützenden Tätigkeiten bei der Basisversorgung nur nach schriftlicher Anordnung eines Angehörigen des gehobenen Dienstes für Gesundheits- und Krankenpflege oder eines Arztes durchführen.

(6) Personen gemäß Abs. 3 sind verpflichtet,
1. die Durchführung der angeordneten Tätigkeiten ausreichend und regelmäßig zu dokumentieren und die Dokumentation den Angehörigen der Gesundheitsberufe, die die betreute Person pflegen und behandeln, zugänglich zu machen, sowie
2. der anordnenden Person unverzüglich alle Informationen zu erteilen, die für die Anordnung von Bedeutung sein könnten, insbesondere Veränderung des Zustandsbilds der betreuten Person oder Unterbrechung oder Beendigung der Betreuungstätigkeit.

Anmerkungen:

1. § 3a wurde durch das GesBRÄG 2007 neu in das Gesetz aufgenommen. Er entspricht dem bisherigen § 3 Abs. 5.

Die Abs. 3 bis 6 wurden durch die GuKG-Novelle 2009 neu eingefügt.

2. Die Erläuterungen zum aufgehobenen § 3 Abs. 5 können nunmehr für § 3a herangezogen werden.

3. EB 2005 (zu § 3 Abs. 5 alt)

Auf Grund der Vereinbarung zwischen dem Bund und den Ländern gemäß Artikel 15a B-VG über Sozialbetreuungsberufe sollen die Berufsbilder und Berufsbezeichnungen von Sozialbetreuungsberufen harmonisiert, einheitliche Qualitäts- und Ausbildungsstandards festgelegt sowie Doppelgleisigkeiten in diesem Bereich beseitigt werden. Während die Sozialbetreuer/innen auf Fach- und Diplomniveau mit Schwerpunkt Alten-, Familien- oder Behindertenarbeit im Rahmen ihrer Ausbildung die Pflegehilfeausbildung gemäß GuKG integriert haben und damit auch die Berufsberechtigung in der Pflegehilfe erwerben, ist in den Ausbildungen zum/zur Diplom- bzw. Fach-Sozialbetreuer/in mit Schwerpunkt Behindertenbegleitung bzw. zum/zur Heimhelfer/in nur eine Vermittlung von Basisinformationen in detailliert umschriebenen pflegerischen Sachgebieten vorgesehen, da der sozialbetreuerische Arbeitsschwerpunkt dieser Berufsangehörigen keine qualifizierte krankenpflegerische Kompetenz erfordert.

Für diese Personen, die im Rahmen ihrer Ausbildung nicht die Qualifikation in der Pflegehilfe erwerben, sieht die genannte Vereinbarung allerdings ein Ausbildungsmodul vor, in dem die notwendigen Kenntnisse und Fertigkeiten für die Unterstützung bei der Basisversorgung vermittelt werden und dessen Absolvierung zur Unterstützung bei der Durchführung bestimmter grundpflegerischer Tätigkeiten sowie bei der Verabreichung von Arzneimitteln befähigen soll. Bei der Durchführung dieser Tätigkeiten, die in der Anlage 2 der Vereinbarung taxativ aufgezählt sind, werden die Angehörigen der entsprechenden Sozialbetreuungsberufe nur in Unterstützung der Angehörigen der Gesundheits- und Krankenpflegeberufe und der Ärzte/innen tätig.

In Umsetzung dieser Vereinbarung wird der Bund verpflichtet, allfällig erforderliche Änderungen im Gesundheits- und Krankenpflegerecht sowie im Ärzterecht zu normieren. Durch den neu geschaffenen § 3 Abs. 5 GuKG soll dieser Umsetzungsverpflichtung aus gesundheits- und krankenpflegerechtlicher Sicht nachgekommen werden. Da mit der Absolvierung dieses Ausbildungsmoduls berufsrechtliche Implikationen verbunden sind,

§ 3a **GuKG**

soll dieses Modul einheitlichen Qualitätsstandards unterliegen, insbesondere soll auch sichergestellt werden, dass die Ausbildungsqualität gesichert ist und dass Transparenz betreffend die erworbenen Berechtigungen besteht. In diesem Sinne sind durch Verordnung der Bundesministerin für Gesundheit und Frauen nähere Bestimmungen insbesondere betreffend die fachliche Qualifikation der Lehrkräfte, das Abhalten von Prüfungen sowie die Ausstellung von Zeugnissen festzulegen. Allfällige weitere erforderliche Umsetzungsschritte werden innerhalb der in der Vereinbarung vorgesehenen Implementierungsfrist realisiert werden.

4. Die Vereinbarung über die Sozialbetreuungsberufe, BGBl. I Nr. 55/2005, ist mit 26. Juli 2005 in Kraft getreten. Siehe folgende landesgesetzliche Regelungen:
- Oö Sozialberufegesetz – OöSBG, Oö LGBl 2008/63 i.d.F. Oö LGBl 2009/92
- Wiener Sozialbetreuungsberufegesetz – W SBBG, Wr LGBl 2008/4
- Burgenländisches Sozialbetreuungsberufegesetz – Bgld SBBG, Bgld LGBl 2007/74 i.d.F. Bgld LGBl 2008/21 und 2011/24
- Steiermärkisches Sozialbetreuungsberufegesetz – StSBBG, Stmk LGBl 2008/4 i.d.f. Stmk LGBl 2010/2
- Kärntner Sozialbetreuungsberufegesetz, K LGBl 2007/53 i.d.F. Krnt LGBl 2009/10
- (Vlbg) Gesetz über Sozialbetreuungsberufe, Vlbg LGBl 2007/26
- NÖ Sozialbetreuungsberufegesetz 2007 – NÖ SBBG 2007, NÖ LGBl 9230-0
- Salzburger Sozialbetreuungsberufegesetz – Sbg SBBG, Sbg LGBl 2009/34 i.d.F. Sbg LGBl 2010/51
- Tiroler Sozialbetreuungsberufegesetz – TSBBG, Tir LGBl 2009/9

5. Abgrenzungsprobleme

Während die Sozialbetreuer/innen auf Fach- und Diplomniveau mit Schwerpunkt Alten-, Familien- oder Behindertenarbeit im Rahmen ihrer Ausbildung die Pflegehilfeausbildung gemäß GuKG integriert haben und damit auch die Berufsberechtigung in der Pflegehilfe erwerben, ist in den Ausbildungen zum/zur Diplombzw. Fach-Sozialbetreuer/in mit Schwerpunkt Behindertenbegleitung bzw. zum/zur Heimhelfer/in nur eine Vermittlung von Basisinformationen in detailliert umschriebenen pflegerischen Sachgebieten vorgesehen, da der sozialbetreuerische Arbeitsschwerpunkt dieser Berufsangehörigen keine qualifizierte krankenpflegerische Kompetenz erfordert. Siehe EB zur Vereinbarung über Sozialbetreuungsberufe, 779 dB NR XXII. GP. Soweit die Pflegehilfe-Ausbildung inkludiert ist, ist auch die Ausübung dieser Tätigkeit im Umfang der Vorschriften des GuKG kein Problem. Für Personen, die im Rahmen ihrer Ausbildung nicht die Qualifikation in der Pflegehilfe erwerben, sieht die genannte Vereinbarung ein Ausbildungsmodul vor, in dem die notwendigen Kenntnisse und Fertigkeiten für die Unterstützung bei der Basisversorgung vermittelt werden und dessen Absolvierung zur Unterstützung bei der Durchführung bestimmter grundpflegerischer Tätigkeiten sowie bei der Verabreichung von Arzneimitteln befähigen soll. Bei der Durchführung dieser Tätigkeiten, die in der Anlage 2 der Vereinbarung taxativ aufgezählt sind, werden die Angehörigen der entsprechenden Sozialbetreuungsberufe nur in Unterstützung der Angehörigen der Gesundheits- und Krankenpflegeberufe und der Ärzte/innen tätig. Unterstützung bedeutet, dass keine eigenverantwortliche pflegerische Tätigkeit durchgeführt werden darf.

Durch den neuen Abs 5 in § 3 (nunmehr § 3a) GuKG wird dieser Vorgabe der genannten Vereinbarung Rechnung getragen. Die Angehörigen der Sozialbetreuungsberufe ohne integrierte Pflegehelferausbildung sind demnach (nur) zur Durchführung unterstützen der Tätigkeiten bei der Basisversorgung berechtigt. Der Umfang ergibt sich aus Anlage 2 Z. 3 der Vereinbarung über Sozialbetreuungsberufe und umfasst insbes. die Unterstützung bei der Körperpflege, beim An- und Auskleiden und bei der Nahrungs- und Flüssigkeitsaufnahme sowie die Unterstützung im Zusammenhang mit Ausscheidungen, beim Lagern und bei der

Einnahme und Anwendung von Arzneimitteln, aber auch die Unterstützung und Förderung der Bewegungsfähigkeit.

6. AB 2009 (Teil):

Nach der derzeitigen Rechtslage sind entsprechend der Vereinbarung gemäß Art. 15a B-VG über Sozialbetreuungsberufe nur Angehörige der Sozialbetreuungsberufe, die nicht zur Ausübung der Pflegehilfe berechtigt sind und das Ausbildungsmodul „Unterstützung bei der Basisversorgung" absolviert haben (Heimhelfer/innen, Diplom- und Fach-Sozialbetreuer/innen, Behindertenbegleitung), zur Durchführung unterstützender Tätigkeiten bei der Basisversorgung berechtigt.

Auf Grund der teamorientierten Organisation und des Personaleinsatzes im Behindertenbereich, insbesondere im Bereich des betreuten Wohnens von Behinderten, ist es allerdings erforderlich, dass auch weiteren Betreuungskräften in Behinderteneinrichtungen, die behördlich bewilligt sind bzw. der behördlichen Aufsicht unterliegen, unter bestimmten Voraussetzungen die Durchführung dieser unterstützenden Tätigkeiten ermöglicht wird, ohne dass diese eine gesamte Ausbildung im entsprechenden Sozialbetreuungsberuf absolvieren müssen. Die behördliche Bewilligung bzw. Aufsicht ergibt sich aus bundes- oder landesgesetzlichen Regelungen, wie z.B. das Wiener Behindertengesetz, LGBL. Nr. 16/1986, idF. LGBl. Nr. 30/2007. Die zahlenmäßige Limitierung der Größe der Gruppe der betreuten Menschen in den in Frage kommenden Einrichtungen ist aus Gründen der Qualitätssicherung unabdingbar. Bei einer Gruppengröße von maximal zwölf Personen sind die Überschaubarkeit der Gruppe gegeben, die fachgerechte Betreuung gewährleistet und das Fehlerrisiko, das mit der Anzahl der betreuten Personen steigt, minimiert. In diesem Sinne kann die Durchführung von unterstützenden Tätigkeiten bei der Basisversorgung durch Personen, die die erforderlichen medizinischen und pflegerischen Kenntnisse und Fertigkeiten lediglich im Rahmen des 140stündigen Ausbildungsmoduls erworben haben, qualitätsgesichert nur im Rahmen der Betreuung von einem überschaubaren Personenkreis, der mit höchstens zwölf behinderten Menschen festgesetzt wird, vorgenommen werden.

Daher wird im Rahmen des § 3a GuKG auch für diese Personen die Möglichkeit geschaffen, die Berechtigung zur Durchführung unterstützender Tätigkeiten bei der Basisversorgung zu erwerben, wenn sie das Ausbildungsmodul „Unterstützung bei der Basisversorgung" in der Dauer von 140 Stunden absolviert haben. Eine entsprechende Anpassung der Gesundheits- und Krankenpflege-Basisversorgungs-Ausbildungsverordnung (GuK-BAV), BGBl. II Nr. 281/2006, wird durch den Bundesminister für Gesundheit zu erfolgen haben.

In der Vereinbarung gemäß Art. 15a B-VG über Sozialbetreuungsberufe ist das Tätigwerden der von der Vereinbarung erfassten Sozialbetreuungsberufe im Rahmen der Unterstützung bei der Basisversorgung geregelt. Die genannte Vereinbarung bzw. die umsetzenden landesrechtlichen Regelungen sind nicht für die von der Erweiterung des § 3a GuKG betroffenen Personen anwendbar. Aus Gründen der Qualitätssicherung werden daher im GuKG entsprechende Berufsausübungsregelungen für die in der Begleitung und Betreuung behinderter Menschen tätigen Personen bei der Durchführung von Tätigkeiten der Basisversorgung geschaffen. Diese Regelungen gewährleisten auch die erforderliche begleitende Kontrolle durch die anordnende Person im Sinne eines Case-Managements. In diesem Sinne wird auch § 14 GuKG entsprechend angepasst.

7. Siehe auch die Gesundheits- und Krankenpflege-Basisversorgungs-Ausbildungsverordnung – GuK-BAV, BGBl. II Nr. 281/2006 i.d.F. BGBl. II Nr. 246/2010 (Anhang G).

8. Zur **Unterstützung bei der Basisversorgung** und **Abgrenzung** der **Sozialbetreuungsberufe** zur Personenbetreuung bzw. persönliche Assistenz siehe Punkt III und zur Frage der **Delegierbarkeit** im Zusammenhang mit der **Verabreichung, Anwendung und Verwaltung von Arzneimitteln** siehe Punkt IV des Erlasses des BMG vom 2.3.2011, GZ. 92251/0013-II/A/2/2011, unter Anm. 8 zu § 3.

Personenbetreuung

§ 3b. (1) Personen, die betreuungsbedürftige Menschen
1. als Betreuungskräfte nach den Bestimmungen des Hausbetreuungsgesetzes, BGBl. I Nr. 33/2007, oder
2. im Rahmen des Gewerbes der Personenbetreuung nach den Bestimmungen der Gewerbeordnung 1994,

unterstützen, sind befugt, einzelne pflegerische Tätigkeiten an der betreuten Person im Einzelfall nach Maßgabe der Abs. 2 bis 6 durchzuführen, sofern sie zur Ausübung dieser Tätigkeiten nicht ohnehin als Angehöriger eines Gesundheits- und Krankenpflegeberufs oder eines Sozialbetreuungsberufs berechtigt sind.

(2) Zu den pflegerischen Tätigkeiten gemäß Abs. 1 zählen auch
1. die Unterstützung bei der oralen Nahrungs- und Flüssigkeitsaufnahme sowie bei der Arzneimittelaufnahme,
2. die Unterstützung bei der Körperpflege,
3. die Unterstützung beim An- und Auskleiden, 4. die Unterstützung bei der Benützung von Toilette oder Leibstuhl einschließlich Hilfestellung beim Wechsel von Inkontinenzprodukten und
5. die Unterstützung beim Aufstehen, Niederlegen, Niedersetzen und Gehen,

sobald Umstände vorliegen, die aus medizinischer Sicht für die Durchführung dieser Tätigkeiten durch Laien eine Anordnung durch einen Angehörigen des gehobenen Dienstes für Gesundheits- und Krankenpflege erforderlich machen.

(3) Tätigkeiten gemäß Abs. 1 dürfen nur
1. an der jeweils betreuten Person im Rahmen deren Privathaushalts,
2. auf Grund einer nach den Regeln über die Einsichts- und Urteilsfähigkeit gültigen Einwilligung durch die betreute Person selbst oder durch die gesetzliche Vertretung oder den Vorsorgebevollmächtigten,

GuKG **§ 3b**

3. nach Anleitung und Unterweisung im erforderlichen Ausmaß durch einen Angehörigen des gehobenen Dienstes für Gesundheits- und Krankenpflege,
4. nach schriftlicher, und, sofern die Eindeutigkeit und Zweifelsfreiheit sichergestellt sind, in begründeten Fällen auch nach mündlicher Anordnung durch einen Angehörigen des gehobenen Dienstes für Gesundheits- und Krankenpflege, bei unverzüglicher, längstens innerhalb von 24 Stunden erfolgender nachträglicher schriftlicher Dokumentation, unter ausdrücklichem Hinweis auf die Möglichkeit der Ablehnung der Übernahme der Tätigkeit,

im Einzelfall ausgeübt werden, sofern die Person gemäß Abs. 1 dauernd oder zumindest regelmäßig täglich oder zumindest mehrmals wöchentlich über längere Zeiträume im Privathaushalt der betreuten Person anwesend ist und in diesem Privathaushalt höchstens drei Menschen, die zueinander in einem Angehörigenverhältnis stehen, zu betreuen sind. In begründeten Ausnahmefällen ist eine Betreuung dieser Menschen auch in zwei Privathaushalten zulässig, sofern die Anordnung durch denselben Angehörigen des gehobenen Dienstes für Gesundheits- und Krankenpflege oder durch mehrere Angehörige des gehobenen Dienstes für Gesundheits- und Krankenpflege, die vom selben Anbieter von Hauskrankenpflege entsandt worden sind, erfolgt.

(4) Der Angehörige des gehobenen Dienstes für Gesundheits- und Krankenpflege hat sich im erforderlichen Ausmaß zu vergewissern, dass die Person gemäß Abs. 1 über die erforderlichen Fähigkeiten verfügt. Dies ist ebenso wie die Anleitung und Unterweisung und die Anordnung gemäß § 5 zu dokumentieren.

(5) Die Anordnung ist nach Maßgabe pflegerischer und qualitätssichernder Notwendigkeiten befristet, höchstens aber für die Dauer des Betreuungsverhältnisses, zu erteilen. Sie ist schriftlich zu widerrufen, wenn dies aus Gründen der Qualitätssicherung oder auf Grund der Änderung des Zustandsbildes der betreuten Person erforderlich ist; in begrün-

deten Fällen und, sofern die Eindeutigkeit und Zweifelsfreiheit sichergestellt sind, kann der Widerruf mündlich erfolgen. In diesen Fällen ist dieser unverzüglich, längstens innerhalb von 24 Stunden, schriftlich zu dokumentieren.

(6) Personen gemäß Abs. 1 sind verpflichtet,
1. die Durchführung der angeordneten Tätigkeiten ausreichend und regelmäßig zu dokumentieren und die Dokumentation den Angehörigen der Gesundheitsberufe, die die betreute Person pflegen und behandeln, zugänglich zu machen, sowie
2. der anordnenden Person unverzüglich alle Informationen zu erteilen, die für die Anordnung von Bedeutung sein könnten, insbesondere Veränderung des Zustandsbilds der betreuten Person oder Unterbrechung der Betreuungstätigkeit.

Anmerkungen:

1. § 3b wurde durch das GesBRÄG 2007 neu in das Gesetz aufgenommen.

2. EB 2007:
2.1. Zur Personenbetreuung ist Folgendes festzuhalten:

Betreuungskräfte nach den Bestimmungen des Hausbetreuungsgesetzes oder Personenbetreuer/innen im Sinne der Gewerbeordnung 1994 dürfen einzelne pflegerische Tätigkeiten an der betreuten Person nur im Einzelfall unter den im Gesetz detailliert festgelegten Voraussetzungen durchführen, um dadurch dem Erfordernis für eine 24 Stunden Rund-um-die-Uhr-Betreuung genüge zu tun.

Vorweg ist klarzustellen, dass Heimhilfen, die als Personenbetreuer/innen im Sinne der Gewerbeordnung Tätigkeiten vorzunehmen beabsichtigen, dies nur dann dürfen, wenn sie die für die Personenbetreuung normierten Voraussetzungen erfüllen. Als Heimhilfen ist ihnen nur die unselbstständige Tätigkeit gestattet.

Die Durchführung der genannten Tätigkeiten durch Laien ist nur dann zulässig, wenn sie kein Fachwissen erfordern bzw. keine

GuKG § 3b

gesundheitliche Gefahr für die betreuten Menschen wie auch die Betreuer/innen darstellen. Diese Tätigkeiten sind den Gesundheits- und Krankenpflegeberufen aus Gründen der Qualitätssicherung vorbehalten, sobald Umstände vorliegen, die aus ärztlicher oder pflegerischer Sicht die Durchführung dieser Tätigkeiten durch Laien nicht zulassen. Die Beurteilung, ob im Einzelfall diese Umstände vorliegen, obliegt bei Fragestellungen aus pflegerischer Sicht (§ 14 GuKG) einer diplomierten Pflegeperson, bei ärztlichen Fragestellungen einem/einer Arzt/Ärztin.

2.2. In diesem Sinne fällt beispielsweise unter die vom medizinischen Laien durchführbare Unterstützung bei der oralen Nahrungs- und Flüssigkeitsaufnahme (§ 3b Abs. 2 Z 1) die mundgerechte Zu- und Vorbereitung der Nahrung sowie die Unterstützung in Form manueller Hilfestellung, um der betreuten Person die selbstständige Nahrungsaufnahme zu erleichtern, sowie die manuelle Hilfestellung bei der Flüssigkeitsaufnahme in erforderlicher Trinkmenge unter Verwendung geeigneter Trinkbehelfe. Liegt bei der betreuten Person eine Ess- oder Schluckstörung vor oder treten Veränderungen bei der Nahrungs- und Flüssigkeitsaufnahme auf, die eine Beeinträchtigung der am Schluckakt beteiligten Strukturen oder deren Zusammenwirken nahelegen und die Nahrungs- oder Flüssigkeitsaufnahme schmerzlos oder schmerzhaft erschweren, so sind dies Anzeichen, die einer weiteren Abklärung bedürfen und medizinische Interventionen nach sich ziehen müssen. Für die betreute Person bedeutet die Nahrungs- und Flüssigkeitsaufnahme bei bestehender Schluckstörung eine nicht unbeträchtliche Gefahr der Aspiration und daher eine potentiell lebensbedrohliche Situation, die eine rasche und kompetente Vorgehensweise des Ersthelfers unverzichtbar macht.

2.3. Hinsichtlich der ,,Unterstützung bei der Arzneimittelaufnahme" ist klarzustellen, dass es sich hiebei selbstredend nicht um die ärztliche Tätigkeit der Verabreichung von Arzneimitteln (vgl. §§ 15 Abs. 5 Z 1 bzw. 84 Abs. 4 Z 1 GuKG) handelt, sondern etwa um die Hilfestellung bei der Zuführung eines Arzneimittels zum Mund bei einem/einer schwer tremorbeeinträchtigten Patienten/in (,,Hilfe zur Selbsthilfe").

2.4. Die von medizinischen Laien durchführbare Unterstützung bei der Körperpflege (§ 3b Abs. 2 Z 2) umfasst eine Hilfestellung, die der betreuten Person die Durchführung der Körperpflege erleichtert, welche die betreute Person nicht oder nicht mehr vollständig selbständig durchführen kann. Die Hilfestellung beinhaltet ebenso die Anwendung kosmetischer Produkte zur Aufrechterhaltung eines für die betreute Person altersentsprechenden Hautturgors, sofern die betreute Person der Anwendung sowie dem kosmetischen Produkt zustimmt oder dieses bereits vor Inanspruchnahme der Betreuung verwendet hat. Umstände, die aus medizinischer oder pflegerischer Sicht die Durchführung dieser Tätigkeit durch Laien nicht zulassen, liegen insbesondere bei Hautveränderungen vor, die vom altersentsprechenden Hautbild bzw. Hautzustand der betreuten Person abweichen oder die eine medizinische oder pflegerische Intervention nach sich ziehen oder diese erfordern, um den Ausbruch oder das Fortschreiten einer Erkrankung zu verhüten bzw. die Heilung zu fördern. Sind somit im Rahmen der Körperpflege Haut- oder Schleimhautveränderungen erkennbar, die von dem für die betreute Person typischen Zustand insofern abweichen, als diese die Schutzfunktion der Haut beeinträchtigen (z.B. dermatologischer Formenkreis), durch äußere oder innere Noxen (z.B. Druck- und Scherkräfte, arteriosklerotische oder diabetische Angiopathien, Neoplasien) die Hautschichten schädigen oder das Eindringen von Krankheitserregern begünstigen (z.B. offene Wunden), bedarf dies einer weiteren Abklärung und muss medizinische oder pflegerische Interventionen nach sich ziehen.

2.5. Die Unterstützung bei der Benützung von Toilette oder Leibstuhl (§ 3b Abs. 2 Z 4) durch medizinische Laien umfasst jene Hilfestellung bzw. Sicherung, die der mobilen betreuten Person ermöglicht, selbständig die Toilette, Zimmertoilette oder den Leibstuhl aufzusuchen, zu benutzen und zu verlassen. Auch der Wechsel von Inkontinenzprodukten (z.B. Inkontinenzhosen, Einlagen etc.) im Rahmen der Toilettenbenutzung ist grundsätzlich zulässig. Nicht zulässig ist die Verwendung der Leibschüssel, da diese bei immobilen Personen angewendet wird, seitens der

GuKG **§ 3b**

Betreuungsperson spezielle Techniken bei der Anwendung erfordern und bei unsachgemäßer Anwendung ein nicht unbeträchtliches Gefahrenpotential für die Haut der betreuten Person durch Druck- und Scherkräfte darstellt.

2.6. Was die Beobachtung des Zustandsbilds der betreuten Person und die Verständigung bzw. Beiziehung von Ärzten/innen oder Einrichtungen, die mobile Dienste anbieten, im Falle erkennbarer Verschlechterung desselben betrifft, so fällt dies bereits derzeit in den gesetzlich umschriebenen Aufgabenbereich der Personenbetreuer/innen (vgl. § 5 Abs. 2 HBeG, § 160 Abs. 2 Z 1 GewO).

2.7. Klarzustellen ist, dass nur einzelne pflegerische Tätigkeiten ausgeübt werden dürfen. Die im Gesetz getroffenen Beschränkungen insbesondere inhaltlicher, personeller, zeitlicher und räumlicher Natur, wie der Privathaushalt der betreuten Person, die rechtsgültige Einwilligung, die Bindung an die Anordnung, die Anleitung und Unterweisung durch das diplomierte Pflegepersonal, die Schriftlichkeit der Anordnung, die begleitende Kontrolle, die Kontinuität des Betreuungsverhältnisses, die Betreuung von höchstens drei Menschen, die zeitliche Limitierung etc., sind aus Gründen des Patientenschutzes und zur Qualitätssicherung erforderlich. Dadurch soll ausgeschlossen werden, dass in Einrichtungen wie Krankenanstalten, Pflegeheimen und dgl., wo mehrere Personen gleichzeitig betreut werden, die Ausübung pflegerischer Tätigkeiten durch Laien erfolgt. Nur unter der Voraussetzung der im Gesetz festgelegten Schranken ist die Durchführung einzelner pflegerischer Tätigkeiten durch Laien vertretbar. Die professionelle Pflege und Betreuung, die das gesamte Spektrum an Fachwissen, Kenntnissen und Fertigkeiten erfordert, bleibt weiterhin den Angehörigen der Gesundheits- und Krankenpflege vorbehalten. Sobald an mehreren Menschen pflegerische Maßnahmen erforderlich sind, setzt dies eine entsprechende Qualifikation voraus.

In diesem Sinn setzt die Betreuung von bis zu höchstens drei Menschen in einem Privathaushalt voraus, dass diese Menschen zueinander in einem Angehörigenverhältnis stehen. Der Angehörigenbegriff ist jener des § 72 StGB und umfasst daher auch Lebensgefährten/innen. Dadurch soll eine den unterschiedlichsten familiären Situationen gerecht werdende Regelung geschaffen werden. Beispielhaft soll diese Regelung auf zwei betreuungsbedürftige Personen mit einem/einer im gemeinsamen Haushalt lebenden Angehörigen sowie auf Paare, die in Lebensgemeinschaft leben, aber zwei getrennte Haushalte führen, anwendbar sein.

Ob die Anordnung solcher Tätigkeiten im Einzelfall tatsächlich zulässig ist, hängt von der Einschätzung des/der Betreuers/in und insbesondere dessen/deren faktischen Fähigkeiten durch das diplomierte Pflegepersonal im Rahmen der Anordnungsverantwortung ab.

2.8. Zentral sind auch die Regelungen über die Dokumentationspflicht sowie die Informationspflicht.

2.9. Die erforderliche begleitende Kontrolle im Sinne eines Case-und-Care-Managements durch den gehobenen Dienst für Gesundheits- und Krankenpflege ergibt sich insbesondere aus dessen für den Pflegeprozess im Sinne des § 14 GuKG gegebenen Verantwortung, der Befristung der Anordnung sowie der Informationspflicht des/der Betreuers/in.

3. Siehe auch die Anmerkungen zu §§ 3a und 3c.

4. Zur **Abgrenzung** von **Vorbehaltstätigkeiten gegenüber Laientätigkeiten**, insbesondere zur **Delegation** von ärztlichen und pflegerischen Tätigkeiten bzw. **Weiterdelegation** von ärztlichen Tätigkeiten an Personenbetreuer, zur **Abgrenzung Sozialbetreuungsberufe** und **Personenbetreuer** sowie zur Frage der **Delegierbarkeit** im Zusammenhang mit der **Verabreichung, Anwendung und Verwaltung von Arzneimitteln** siehe Erlass des BMG vom 2.3.2011, GZ. 92251/0013-II/A/2/2011, unter Anm. 8 zu § 3.

5. Zur 24-Stunden-rund-um-die-Uhr-Betreuung, Checkliste, siehe Hausreither/Lust, RdM 2008, 115 ff.

Persönliche Assistenz

§ 3c. (1) Einzelne pflegerische Tätigkeiten an Menschen mit nicht nur vorübergehenden körperlichen Funktionsbeeinträchtigungen oder Beeinträchtigung der Sinnesfunktionen, die geeignet sind, diesen Menschen eine gleichberechtigte und selbstbestimmte Lebensführung zu verwehren, dürfen von Angehörigen des gehobenen Dienstes für Gesundheits- und Krankenpflege im Einzelfall nach Maßgabe der Abs. 2 bis 5 Laien angeordnet und von diesen ausgeübt werden. Dies gilt nicht
1. im Rahmen institutioneller Betreuung, wie in Krankenanstalten, Wohn- und Pflegeheimen sowie
2. bei einem Betreuungsverhältnis des Laien zu mehr als einer Person.

(2) Eine Anordnung gemäß Abs. 1 ist nur zulässig, sofern
1. eine nach den Regeln über die Einsichts- und Urteilsfähigkeit gültige Einwilligung durch die betreute Person selbst oder durch die gesetzliche Vertretung oder den Vorsorgebevollmächtigten vorliegt,
2. eine Anleitung und Unterweisung durch einen Angehörigen des gehobenen Dienstes für Gesundheits- und Krankenpflege erfolgt ist,
3. ein Angehöriger des gehobenen Dienstes für Gesundheits- und Krankenpflege unter ausdrücklichem Hinweis auf die Möglichkeit der Ablehnung der Übernahme der Tätigkeit diese Tätigkeit schriftlich, in begründeten Fällen und, sofern die Eindeutigkeit und Zweifelsfreiheit sichergestellt sind, mündlich bei unverzüglicher, längstens innerhalb von 24 Stunden, erfolgender schriftlicher Dokumentation, anordnet.

(3) Der Angehörige des gehobenen Dienstes für Gesundheits- und Krankenpflege hat sich im erforderlichen Ausmaß zu vergewissern, dass die Person gemäß Abs. 1 über die erforderlichen Fähigkeiten verfügt. Dies ist ebenso wie die Anleitung und Unterweisung und die Anordnung gemäß § 5 zu dokumentieren.

§ 3c   **GuKG**

(4) Die Anordnung ist nach Maßgabe pflegerischer und qualitätssichernder Notwendigkeiten befristet, höchstens aber für die Dauer des Betreuungsverhältnisses, zu erteilen. Sie ist schriftlich zu widerrufen, wenn dies aus Gründen der Qualitätssicherung oder auf Grund der Änderung des Zustandsbildes der betreuten Person erforderlich ist; in begründeten Fällen und, sofern die Eindeutigkeit und Zweifelsfreiheit sichergestellt sind, kann der Widerruf mündlich erfolgen. In diesen Fällen ist dieser unverzüglich, längstens innerhalb von 24 Stunden, schriftlich zu dokumentieren.

(5) Die Person gemäß Abs. 1 ist verpflichtet, der anordnenden Person unverzüglich alle Informationen zu erteilen, die für die Anordnung von Bedeutung sein könnten, insbesondere Veränderung des Zustandsbilds der betreuten Person oder Unterbrechung der Betreuungstätigkeit.

Anmerkungen:

1. § 3c wurde durch das GesBRÄG 2007 neu in das Gesetz aufgenommen.

2. EB 2007:

2.1. Zur **persönlichen Assistenz** ist Folgendes festzuhalten:

Auch die Begleitung und Unterstützung von Menschen mit nicht nur vorübergehenden körperlichen Funktionsbeeinträchtigungen oder Beeinträchtigungen der Sinnesfunktionen zur Ermöglichung einer gleichberechtigten und selbstbestimmten Lebensführung durch Laien erfordert die Übertragungsmöglichkeit im Einzelfall.

Der neu geschaffene § 3c GuKG trägt diesem Bedarf unter Wahrung der erforderlichen Qualitätsstandards und des Patientenschutzes Rechnung:

In diesem Sinne ist nicht der Erwerb einer Berechtigung zur Durchführung pflegerischer Tätigkeiten durch die genannten Laien vorgesehen, sondern es soll eine befristete Einzelermächtigung zur Durchführung einzelner pflegerischer Tätigkeiten ausschließlich an einer betreuten Person ermöglicht werden.

Diese Ermächtigung ist einerseits vom konkreten Willen der betreuten Person bzw. ihrer gesetzlichen Vertretung oder ihres/ihrer Vorsorgebevollmächtigten und andererseits von der entsprechenden Anleitung sowie Anordnung eines/einer Angehörigen des gehobenen Dienstes für Gesundheits- und Krankenpflege abhängig. Die Ermächtigung kann nicht für die intramurale Behandlung, Pflege und Betreuung erteilt werden, sodass eine pflegerische Tätigkeit dieser Laienbetreuer/innen insbesondere in Krankenanstalten und Pflegeheimen jedenfalls ausgeschlossen ist. **Die persönliche Assistenz darf somit nicht im Rahmen institutioneller Betreuung, wie in Krankenanstalten, Wohn- und Pflegeheimen erfolgen. Klarzustellen ist, dass auch betreutes Wohnen als institutionelle Betreuung zu werten ist und daher in derartigen Einrichtungen eine Tätigkeit im Rahmen persönlicher Assistenz ebenso ausgeschlossen ist.** Zur Regelung, dass eine Anordnung u.a. nur zulässig ist, sofern eine nach den Regeln über die Einsichts- und Urteilsfähigkeit gültige Einwilligung durch die betreute Person selbst oder durch die gesetzliche Vertretung oder den Vorsorgebevollmächtigten vorliegt, ist klarzustellen, dass die gültige Einwilligung im Wesentlichen davon abhängt, ob eine allfällige Beeinträchtigung einer Sinnesfunktion es ausschließt, über die erforderlichen Entscheidungsgrundlagen zu verfügen.

Die Anordnung ist nach Maßgabe der pflegerischen und qualitätssichernden Erfordernisse zu befristen und kann jederzeit widerrufen werden, wobei hiefür sowohl Gründe im Bereich des/der Betreuers/in als auch im Zustandsbild des/der Betreuten in Frage kommen.

Die Regelungen über die persönliche Assistenz enthalten zwar keine zeitliche Limitierung wie bei der Personenbetreuung, es ist aber jedenfalls davon auszugehen, dass die vorgesehene Möglichkeit der Anordnung einzelner pflegerischer Tätigkeiten an Laien die Regelmäßigkeit des Betreuungsverhältnisses voraussetzt.

2.2. Für den **Pflegeprozess** ist ebenfalls die Normierung einer **Informationspflicht** des/der Betreuers/in über alle Umstände, die für die Anordnung relevant sein können, unabdingbar. Diese umfasst insbesondere alle erkennbaren Veränderungen und nicht nur Verschlechterungen (vgl. § 5 Abs. 2 HBeG, § 160 Abs. 2 Z 1 GewO) des Zustandsbilds der betreuten Person sowie allfällige Unterbrechungen der Betreuungstätigkeit, etwa auf Grund eines Krankenanstalten- oder Kuraufenthalts der betreuten Person oder aber eines Wechsels der Betreuungsperson bzw. des Endes der Betreuungstätigkeit.

2.3. Die erforderliche **begleitende Kontrolle** im Sinne eines Case-und-Care-Managements durch den gehobenen Dienst für Gesundheits- und Krankenpflege ergibt sich insbesondere aus dessen für den Pflegeprozess im Sinne des § 14 GuKG gegebenen Verantwortung, der Befristung der Anordnung sowie der Informationspflicht des/der Persönlichen Assistenten/in.

3. Zur **Abgrenzung** von **Vorbehaltstätigkeiten gegenüber Laientätigkeiten**, insbesondere zur **Delegation** von ärztlichen und pflegerischen Tätigkeiten bzw. **Weiterdelegation** von ärztlichen Tätigkeiten im Rahmen der persönlichen Assistenz, zur **Abgrenzung Sozialbetreuungsberufe** und **Personen, die im Rahmen der persönlichen Assistenz tätig sind,** sowie zur Frage der **Delegierbarkeit** im Zusammenhang mit der **Verabreichung, Anwendung und Verwaltung von Arzneimitteln** siehe Erlass des BMG vom 2.3.2011, GZ. 92251/0013-II/A/2/2011, unter Anm. 8 zu § 3.

4. Zur Persönlichen Assistenz, Checkliste, siehe Hausreither/Lust, RdM 2008, 143 ff.

2. Abschnitt
Berufspflichten

Allgemeine Berufspflichten

§ 4. (1) Angehörige der Gesundheits- und Krankenpflegeberufe haben ihren Beruf ohne Unterschied der Person gewissenhaft auszuüben. Sie haben das Wohl und die Gesundheit

der Patienten, Klienten und pflegebedürftigen Menschen unter Einhaltung der hiefür geltenden Vorschriften und nach Maßgabe der fachlichen und wissenschaftlichen Erkenntnisse und Erfahrungen zu wahren. Jede eigenmächtige Heilbehandlung ist zu unterlassen.

(2) Sie haben sich über die neuesten Entwicklungen und Erkenntnisse der Gesundheits- und Krankenpflege sowie der medizinischen und anderer berufsrelevanter Wissenschaften regelmäßig fortzubilden.

(3) Sie dürfen im Falle drohender Gefahr des Todes oder einer beträchtlichen Körperverletzung oder Gesundheitsschädigung eines Menschen ihre fachkundige Hilfe nicht verweigern.

Anmerkungen:

1. EB-RV:
Die im Abs. 1 normierten **allgemeinen Berufspflichten** basieren auf der Berufsethik aller Gesundheitsberufe, die Tätigkeiten am kranken bzw. pflegebedürftigen Menschen ausüben und damit eine spezielle, über das durchschnittliche Maß hinausgehende Verantwortung für den Menschen übernehmen.

Das **Verbot der eigenmächtigen Heilbehandlung** korrespondiert mit den für alle Normadressaten geltenden § 110 StGB. Eine ausdrückliche Normierung auch im Verwaltungsgesetz ist auf Grund der Besonderheit der beruflichen Tätigkeiten in der Gesundheits- und Krankenpflege erforderlich.

Aus **Abs. 2** ergibt sich bereits explizit die Verpflichtung aller Angehörigen der Gesundheits- und Krankenpflegeberufe, sich durch entsprechende **ständige Fort- und Weiterbildung** Kenntnisse über den jeweiligen Stand der berufsrelevanten Wissenschaften anzueignen. Diese Bestimmung ist im Zusammenhang mit der in § 63 verankerten Fortbildungsverpflichtung zu sehen. Im übrigen ist auch auf die Sorgfaltspflichten zu verweisen, die sich aus § 6 StGB und § 1299 ABGB ergeben.

Abs. 3 ist eine berufsrechtliche lex specialis zu § 95 StGB (Unterlassung der Hilfeleistung) für Angehörige der Gesundheits-

und Krankenpflegeberufe und verpflichtet diese zur Gewährung fachkundiger Hilfe in den angeführten Gefahrensituationen. Die allfällige strafrechtliche Verantwortung bleibt unberührt.

2. Zur „**eigenmächtigen Heilbehandlung**" siehe § 110 Strafgesetzbuch, der wie folgt lautet:

„§ 110 (1) Wer einen anderen ohne dessen Einwilligung, wenn auch nach den Regeln der medizinischen Wissenschaft, behandelt, ist mit Freiheitsstrafe bis zu sechs Monaten oder mit Geldstrafe bis zu 360 Tagessätzen zu bestrafen.

(2) Hat der Täter die Einwilligung des Behandelten in der Annahme nicht eingeholt, daß durch den Aufschub der Behandlung das Leben oder die Gesundheit des Behandelten ernstlich gefährdet wäre, so ist er nach Abs 1 nur zu bestrafen, wenn die vermeintliche Gefahr nicht bestanden hat und er sich dessen bei Aufwendung der nötigen Sorgfalt (§ 6) hätte bewußt sein können.

(3) Der Täter ist nur auf Verlangen des eigenmächtig Behandelten zu verfolgen."

3. Heilbehandlung ist jede, auch nicht schulmedizinische, Behandlung zu diagnostischen, therapeutischen, prophylaktischen oder schmerzlindernden Zwecken. Voraussetzung einer rechtswirksamen Einwilligung ist **ausreichende Aufklärung** über Risken der Behandlung.

§ 110 Abs 2 enthält als Rechtfertigungsgrund einen Fall der mutmaßlichen Einwilligung und eine diesbezügliche Irrtumsregelung. Die Rechtfertigung gilt nur in einem Entscheidungsnotstand, nicht aber, wenn der Patient schon entschieden und die Einwilligung abgelehnt hat oder trotz Möglichkeit dazu gar nicht gefragt worden ist.

(Fuchs/Klippl, Strafgesetzbuch (1994), 95, Anm. zu § 110.) Siehe hiezu näher auch *Schmoller*, § 110, in *Triffterer*, StGB Kommentar, System und Praxis (1997); *Kienapfel*, BT I4 § 110.

4. Zum Begriff der eigenmächtigen Heilbehandlung, insbesondere auch der Aufklärungspflicht, siehe etwa *Missliwetz/El-*

linger, Recht für Ärzte und Medizinstudenten2 (1995), 152 f.; *Schwamberger*, Ärztegesetz 1984 (Stand 1.1.1995), (1995), insbesondere § 22 und die Anmerkungen hiezu; *Gaisbauer*, Zur Beweislast für Einwilligung des Patienten und Erfüllung der ärztlichen Aufklärungspflicht, JBl. 1994, 352 ff.; *Engljähringen*, Ärztlicher Behandlungsvertrag, ÖJZ 1993, 488 ff.; *Brandstetter*, Das strafrechtliche Risiko des Arztes, ecolex 1993, 658 ff.; *Kopetz*, Einwilligung in medizinische Behandlung, RdM 1994, 13; *Steiner*, Geschäftsfähigkeit und Heilbehandlung, RdM 1994, 7 ff.; *Brandstetter/Zahrl*, Die strafrechtliche Haftung des Arztes, RdM 1994, 17 ff.; *Holzer/Posch/Schick*, Arzt und Arzneimittelhaftung in Österreich (1991), *Aigner/Emberger/Fössl/Emberger*, Die Haftung des Arztes (1991), m.w.N.; *Heid/Rudolf*, Rechtsprechungsübersicht: Ärztehaftung, ecolex 1993, 658 ff.; *Juen*, Arzthaftungsrecht2 (2005); *Emberger/Wallner* (Hg.), Ärztegesetz 1998 mit Kommentar2 (2008), 205 ff.; *Gaisbauer*, Wer stimmt Behandlungen Minderjähriger zu?, RdM 1995, 64; *Aigner/Kletecka/Kletecka-Pulker/Memmer*, Handbuch Medizinrecht (2011), insbes. I/71 ff.; alle m.w.N. vor allem zu Entscheidungen des OGH. Siehe auch V. Literaturhinweise.

5. Hinsichtlich der Personalbesetzung von geburtshilflichen Stationen hat das BMSG (GZ: 21.200/8-VIII/D/13/00 vom 10.08.2003) Folgendes ausgeführt:

Es besteht derzeit allgemein die Tendenz, geburtshilfliche Stationen mit gynäkologischen Stationen zusammenzulegen und in diesen Fällen **gemischte Teams** bestehend aus Hebammen und diplomierten Gesundheits- und Krankenpflegepersonen einzusetzen.

Aus rechtlicher Sicht ist bei einer derartigen Konstellation der Einsatz beider Berufsgruppen erforderlich.

Es muss gewährleistet sein, dass die jeweiligen berufsrechtlichen Vorgaben der einzelnen Gesundheitsberufe eingehalten werden und dass das jeweils erforderliche Personal während Tag- und Nachtzeiten vorhanden ist.

6. Die Anwendbarkeit des GuKG richtet sich ausschließlich nach dem Inhalt der Tätigkeit, nicht aber danach, in welcher Organisationseinheit (zB extramural oder intramural) diese ausgeübt wird.

Pflegedokumentation

§ 5. (1) **Angehörige der Gesundheits- und Krankenpflegeberufe haben bei Ausübung ihres Berufes die von ihnen gesetzten gesundheits- und krankenpflegerischen Maßnahmen zu dokumentieren.**

(2) **Die Dokumentation hat insbesondere die Pflegeanamnese, die Pflegediagnose, die Pflegeplanung und die Pflegemaßnahmen zu enthalten.**

(3) **Den betroffenen Patienten, Klienten oder pflegebedürftigen Menschen oder deren gesetzlichen Vertretern ist auf Verlangen Einsicht in die Pflegedokumentation zu gewähren.**

(4) **Bei freiberuflicher Berufsausübung (§ 36) sind die Aufzeichnungen sowie die sonstigen der Dokumentation dienlichen Unterlagen mindestens zehn Jahre aufzubewahren.**

Anmerkungen:

1. EB-RV:
Erstmals wird auch für die Angehörigen der Gesundheits- und Krankenpflegeberufe eine **Dokumentationspflicht** normiert, die für alle Formen der Berufsausübung, sowohl im intra- als auch im extramuralen Bereich, gilt. Die gesetzliche Normierung der Pflegedokumentation trägt der Professionalisierung, die in der Gesundheits- und Krankenpflege in den letzten Jahren auf internationaler Ebene und auch in Österreich stattgefunden hat, Rechnung. Eine eigenständige Pflegedokumentation ist unverzichtbar für Maßnahmen der Qualitätssicherung, die auch im Krankenanstaltengesetz verankert sind, und trägt zur Verbesserung der Pflegequalität im intra- und extramuralen Bereich bei.

Mit dieser Bestimmung wird für den Bereich der Krankenanstalten dem § 10 Krankenanstaltengesetz Rechnung getragen. In diesem Zusammenhang wird auch auf die bereits in einigen Pflegeheimgesetzen der Länder normierte Pflicht zur Pflegedokumentation hingewiesen. Eine korrespondierende bundesgesetzliche Bestimmung als Berufspflicht für Gesundheits- und Krankenpflegeberufe trägt somit auch zur Qualitätssicherung in Pflegeheimen bei.

Zur Erstellung einer umfassenden interdisziplinär geführten Patientendokumentation und zur ganzheitlichen Erfassung der PatientInnen oder KlientInnen muß auch der Pflegeprozeß – abgestimmt auf den Behandlungsprozeß – aufgezeichnet werden. Die Dokumentation hat daher – entsprechend den Bestimmungen über den eigenverantwortlichen Tätigkeitsbereich – die Pflegeanamnese, die Pflegediagnose, die Pflegeplanung und die Pflegemaßnahmen zu enthalten.

Abs. 4 regelt die Aufbewahrungspflicht der Pflegedokumentation im Zuge der freiberuflichen Berufsausübung. Die Dauer der Aufbewahrung wird analog § 22a Abs. 2 Ärztegesetz 1984 mit zehn Jahren festgelegt.

Nähere Bestimmungen über die Weiterführung der Dokumentation bei Ableben oder Beendigung der freiberuflichen Berufsausübung der Berufsangehörigen bleiben einer späteren Regelung vorbehalten. Hiezu wären in den kommenden Jahren Erfahrungswerte zu sammeln.

2. Der **ordnungsgemäßen Dokumentation** kommt auch in Zusammenhang mit der Beweisführung in Haftungsfällen immer größere Bedeutung zu. Siehe hiezu auch die Dokumentationspflicht nach § 51 Ärztegesetz 1998, § 9 Hebammengesetz, § 10 KAKuG, § 11a MTD-Gesetz, § 5 SanG.

Die Verankerung der **Dokumentationspflicht** in Verbindung mit der Auskunftspflicht stellt auch eine Verbesserung der Stellung des Patienten und seiner Rechte dar. Siehe auch Art. 21 und 22 der Patientencharta.

3. Die Verpflichtung zur Dokumentation dient der Qualitätssicherung und der Nachvollziehbarkeit der gesetzten Maßnahmen und nicht dem Therapieverlauf entsprechender Auffälligkeiten. Die Verpflichtung zur Dokumentation ist aus Gründen der Qualitätssicherung und der Nachvollziehbarkeit der Anwendungen von großer Bedeutung.

4. Die Dokumentation erfüllt verschiedene Zwecke. Zum einen dient sie der **Beweissicherung**, was in allfälligen Haftungsfällen von wesentlicher Bedeutung ist. Weiters ist ein Zweck die **Rechenschaftslegung**, etwa gegenüber Kostenträgern. Schließlich dient sie auch der **Gedächtnisstütze** im Verlaufe der Zeit. Sie ist auch ein wesentliches Instrument der **Therapiesicherung** und der Qualitätssicherung.

5. Die Dokumentation kann auf Papier, in Karteiform oder EDV-unterstützt geführt werden. Falls die Dokumentation EDV-unterstützt geführt wird, ist insbesondere auch darauf zu achten, dass die **Lesbarkeit** für den gesamten Aufbewahrungszeitraum gesichert ist.

6. Siehe auch die Dokumentationspflicht nach dem **HeimAufG**. Näher hiezu *Schwamberger*, Patienten- und Klientenschutz (2004), 96; *Zierl/Wall/Zeinhofer*, Heimrecht[3] (2011), I/172 ff.

7. Siehe hiezu etwa auch *Verworner*, Pflegedokumentation, in Österr. Krankenpflege-Zeitschrift 1/97, 18 ff.; *Mazal*, Dokumentation und Qualitätsmanagement, RdM 1997, 97; *Schwamberger*, Organisationsverantwortung und Schnittstellenmanagement – Krankenanstaltenrechtliche und berufsrechtliche Aspekte, RdM 2002, 68 ff.; *Aigner/Kletecka/Kletecka-Pulker/Memmer*, Handbuch Medizinrecht (2011), insbes. I/155 ff.

8. Dokumentation in Ambulanz und OP

Gemäß Abs. 1 haben Angehörige der Gesundheits- und Krankenpflegeberufe bei Ausübung ihres Berufes die von ihnen gesetzten gesundheits- und krankenpflegerischen Maßnahmen zu dokumentieren.

Gemäß Abs. 2 hat die Dokumentation insbesondere die Pflegeanamnese, die Pflegediagnose, die Pflegeplanung und die Pflegemaßnahmen zu enthalten.

Pflegeanamnese, Pflegediagnose, Pflegeplanung und Pflegemaßnahmen fallen in den eigenverantwortlichen Tätigkeitsbereich gemäß § 14 GuKG. Diese Tätigkeiten sind selbstredend nur dann durchzuführen und zu dokumentieren, wenn sie aus pflegerischer Sicht erforderlich sind.

Aus fachlicher Sicht ist für die ambulante Betreuung und Behandlung von PatientInnen in der Regel keine Pflegeanamnese erforderlich. Die Betroffenen verlassen meist nach erfolgter Behandlung die Krankenanstalt. Nur wenn tatsächlich pflegerische Tätigkeiten vorgenommen werden, müssten diese entsprechend dokumentiert werden.

Der Sinn einer Pflegeanamnese generell ist es, Pflegebedürfnisse zu erheben, mittels der Pflegediagnose die Pflegebedürfnisse festzustellen und Pflegeziele in der Pflegeplanung festzulegen. Dies ist im ambulanten Bereich in der Regel nicht erforderlich, da nur vereinzelt durch Pflegemaßnahmen Pflegeziele erreicht und evaluiert werden können.

Dies gilt in gleicher Weise für den Operationssaal. Angehörige des gehobenen Dienstes für Gesundheits- und Krankenpflege instrumentieren während einer Operation, Pflegemaßnahmen fallen hierbei nur vereinzelt an, wobei sie in diesem Fall selbstredend lege artis durchzuführen und entsprechend zu dokumentieren sind. (BMGF-92251/0028-I/B/6/2006 vom 17.1.2007).

Verschwiegenheitspflicht

§ 6. (1) Angehörige der Gesundheits- und Krankenpflegeberufe sind zur Verschwiegenheit über alle ihnen in Ausübung ihres Berufes anvertrauten oder bekannt gewordenen Geheimnisse verpflichtet.

(2) Die Verschwiegenheitspflicht besteht nicht, wenn

1. die durch die Offenbarung des Geheimnisses betroffene Person den Angehörigen eines Gesundheits- und Krankenpflegeberufes von der Geheimhaltung entbunden hat oder
2. die Offenbarung des Geheimnisses für die nationale Sicherheit, die öffentliche Ruhe und Ordnung, das wirtschaftliche Wohl des Landes, die Verteidigung der Ordnung und zur Verhinderung von strafbaren Handlungen, zum Schutz der Gesundheit und der Moral oder zum Schutz der Rechte und Freiheiten anderer notwendig ist oder
3. Mitteilungen des Angehörigen eines Gesundheits- und Krankenpflegeberufes über den Versicherten an Träger der Sozialversicherung und Krankenfürsorgeanstalten zum Zweck der Honorarabrechnung, auch im automationsunterstützten Verfahren, erforderlich sind.

Anmerkungen:

1. EB-RV:

Die **Verpflichtung zur Verschwiegenheit** ist allen Gesundheitsberufen immanent und ist daher auch als Wesenselement der Gesundheits- und Krankenpflegeberufe zu sehen. Dem **Vertrauensverhältnis** zwischen pflegender Person und PatientIn oder KlientIn kommt entscheidende Bedeutung zu. Dieses bildet die Basis für die Ausübung des Berufes.

Diese Bestimmung entspricht dem in § 1 Datenschutzgesetz verfassungsgesetzlich gewährleisteten Recht auf Datenschutz, welches auch im Verhältnis zwischen Privatpersonen gilt, sowie dem in Art. 8 EMRK verfassungsgesetzlich gewährleisteten Recht auf Achtung des Privatlebens.

Abs. 2 umschreibt die Tatbestände, bei denen die Verschwiegenheitspflicht nicht besteht. Eine Verpflichtung zur Offenbarung des Geheimnisses ist aber aus dieser Bestimmung jedenfalls nicht ableitbar.

Während in **Z 1** die betroffene Person ausdrücklich von der Geheimhaltung entbinden muß, führt bereits das Vorliegen eines

Tatbestandes gemäß **Z 2** unmittelbar zur Aufhebung der Verschwiegenheitspflicht.

Z 2 zählt entsprechend Art. 8 Abs. 2 EMRK die Gründe für eine Einschränkung der Geheimhaltungspflicht taxativ auf. Die Offenbarung des Geheimnisses muß weiters im Sinne der dort genannten Gründe nicht bloß „gerechtfertigt", sondern im Sinne eines „zwingenden sozialen Bedürfnisses" „erforderlich" sein.

Im Abs. 2 Z. 3 wurde durch die GuKG-Novelle 2005 ein redaktionelles Versehen richtig gestellt.

2. Beachte in diesem Zusammenhang auch andere **Vorschriften über die Verschwiegenheitspflicht**, wie z.B.

a) § 121 StGB (Verletzung von Berufsgeheimnissen),
b) § 1 DSG 2000 (Grundrecht auf Datenschutz),
c) Art. 20 Abs 3 B-VG (Amtsverschwiegenheit),
d) § 9 KAKuG (Verschwiegenheitspflicht),
e) § 11c MTD-Gesetz.

3. § 9 KAKuG lautet:

„(1) Für die bei Trägern von Krankenanstalten und in Krankenanstalten beschäftigten Personen sowie für die Mitglieder von Ausbildungskommissionen (§ 8 Abs. 4) und für die Mitglieder von Kommissionen gemäß § 8c besteht Verschwiegenheitspflicht, sofern ihnen nicht schon nach anderen gesetzlichen oder dienstrechtlichen Vorschriften eine solche Verschwiegenheitspflicht auferlegt ist. Die Verpflichtung zur Verschwiegenheit erstreckt sich auf alle den Gesundheitszustand betreffenden Umstände sowie auf die persönlichen, wirtschaftlichen und sonstigen Verhältnisse der Pfleglinge, die ihnen in Ausübung ihres Berufes bekannt geworden sind, bei Eingriffen gemäß § 62a auch auf die Person des Spenders und des Empfängers.

(2) Durchbrechungen der Verschwiegenheitspflicht bestimmen sich nach den dienst- oder berufsrechtlichen Vorschriften. Im Übrigen besteht die Verschwiegenheitspflicht nicht, wenn die Offenbarung des Geheimnisses nach Art und Inhalt durch ein öffentliches Interesse, insbesondere durch Interessen der öffentlichen Gesundheitspflege oder der Rechtspflege gerechtfertigt ist.

(3) Durch die Landesgesetzgebung sind Vorschriften über die Ahndung von Zuwiderhandlungen gegen die Verschwiegenheitspflicht zu erlassen."

4. Die Ausnahmebestimmung nach Abs 2 Z 1 erfordert eine klare und nachvollziehbare **Zustimmung**. Eine bestimmte Form ist nicht vorgesehen.

5. Anders als etwa im § 7 Abs 2 Z 2 Hebammengesetz ist ein Ausnahmetatbestand der Interessen der öffentlichen Gesundheitspflege oder der Rechtspflege nicht vorgesehen.

6. Siehe auch *Aigner/Kletecka/Kletecka-Pulker/Memmer*, Handbuch Medizinrecht (2011), insbes. I/191 ff.;
Schwamberger, Einige gesundheitsrechtlich relevante Aspekte des Datenschutzgesetzes 2000, RdM 1999, 131.

Anzeigepflicht

§ 7. (1) Angehörige der Gesundheits- und Krankenpflegeberufe sind verpflichtet, der Sicherheitsbehörde unverzüglich Anzeige zu erstatten, wenn sich in Ausübung ihres Berufes der Verdacht ergibt, daß durch eine gerichtlich strafbare Handlung der Tod oder die schwere Körperverletzung eines Menschen herbeigeführt wurde.

(2) Die Anzeigepflicht besteht nicht, wenn die Anzeige in den Fällen schwerer Körperverletzung eine Tätigkeit der Gesundheits- und Krankenpflege beeinträchtigte, deren Wirksamkeit eines persönlichen Vertrauensverhältnisses bedarf. In diesem Fall hat der Angehörige des Gesundheits- und Krankenpflegeberufes die betroffene Person über bestehende anerkannte Opferschutzeinrichtungen zu informieren.

Anmerkungen:

1. § 7 hat durch die Novelle BGBl. I Nr. 116/1999 eine neue Fassung erhalten.

2. Mit dieser Bestimmung wurden die Bestimmungen des GuKG analog dem Ärztegesetz 1998 vor der 2. ÄrzteG-Novelle 2001 angepaßt. § 37 Abs. 3 Jugendwohlfahrtsgesetz 1989 i.d.F. BGBl. I Nr. 53/1999 bleibt unberührt.

3. Die im Abs. 2 vorgesehene Durchbrechung der Anzeigepflicht geht von der Überlegung aus, daß Grundlage jeder effektiven Beratungs- und Betreuungstätigkeit ein persönliches Vertrauensverhältnis zur betroffenen Person ist. Beachte auch § 78 Abs. 2 Z. 1 StPO i.d.F. BGBl. Nr. 526/1993 sowie § 54 Abs. 4 bis 6 Ärztegesetz 1998 (siehe hiezu *Schwamberger*, Ärztegesetz 1998 (1998), 116 ff.)

4. Die ärztliche Anzeigepflicht in § 54 ÄrzteG 1998 wurde durch die Novelle BGBl. I Nr. 110/2001 (2. ÄrzteG-Novelle 2001) neu geregelt.

Meldepflicht

§ 8. (1) Angehörige der Gesundheits- und Krankenpflegeberufe sind ermächtigt, persönlich betroffenen Personen, Behörden oder öffentlichen Dienststellen Mitteilung zu machen, wenn sich in Ausübung ihres Berufes der Verdacht ergibt, daß
  1. **durch eine gerichtlich strafbare Handlung der Tod oder die Körperverletzung eines Menschen herbeigeführt wurde oder**
  2. **ein Minderjähriger oder eine sonstige Person, die ihre Interessen nicht selbst wahrzunehmen vermag, mißhandelt, gequält, vernachlässigt oder sexuell mißbraucht wurde,**

sofern das Interesse an der Mitteilung das Geheimhaltungsinteresse überwiegt.

(2) Im Falle des Abs. 1 Z 2 sind Angehörige der Gesundheits- und Krankenpflegeberufe verpflichtet,
  1. **an den zuständigen Jugendwohlfahrtsträger bei Minderjährigen oder**

2. an das Pflegschaftsgericht bei sonstigen Personen, die ihre Interessen nicht selbst wahrzunehmen vermögen, Meldung zu erstatten, sofern dies zur Verhinderung einer weiteren erheblichen Gefährdung des Wohls der betroffenen Person erforderlich ist.

Anmerkungen:

1. § 8 hat durch die Novelle BGBl. I Nr. 116/1999 eine neue Fassung erhalten. Hiemit erfolgte eine Anpassung an die Regelungen im § 54 Ärztegesetz 1998. Die Regelung im § 54 ÄrzteG 1998 wurde jedoch durch die Novelle BGBl. I Nr. 110/2001 (2. ÄrzteG-Novelle 2001) wieder geändert. Eine Anpassung des GuKG an die Neuregelung im ÄrzteG 1998 ist aber nicht erfolgt.

2. Die Neuregelung trägt der aktuellen, auf medizinischer wie auch juristischer Ebene geführten Diskussion Rechnung, wonach bei Verdacht der Mißhandlung, des Quälens, der Vernachlässigung oder des sexuellen Mißbrauchs dem Wohl betroffener Minderjähriger, sofern eine Gefährdung des Wohles der betroffenen Person zu befürchten ist, durch Verständigung des zuständigen Jugendwohlfahrtsträgers in vielen Fällen eher gedient ist als durch die Anzeige an die Strafverfolgungsbehörden, zumal dem Jugendwohlfahrtsträger im Rahmen des § 78 Abs. 1 und 2 Z 1 StPO die Beurteilung obliegt, ob – neben allenfalls gebotenen therapeutischen und jugendwohlfahrtsrechtlichen Maßnahmen – eine Anzeige an die Strafverfolgungsbehörden in Betracht zu ziehen ist. Unter „Vernachlässigung" ist dabei die Außerachtlassung der lebensnotwendigen Bedürfnisse des Minderjährigen zu verstehen.

Auch hier hat sich das ÄrzteG nicht primär am Strafverfolgungsinteresse zu orientieren. Vielmehr muß Ansatzpunkt des ärztlichen Berufsrechtes der Schutz des Kindeswohls sein. In jenen Fällen, in denen das Wohl des Minderjährigen die Einschaltung Dritter erfordert, ist daher Meldung an den Jugendwohlfahrtsträger zu erstatten.

Soweit Meldungen nicht im Interesse des Kindeswohls liegen, etwa weil im Einzelfall auch ohne Einschaltung der Behörde eine im Kindeswohl gelegene Lösung im (familiären) Umfeld des Kindes erzielt werden kann und daher eine Gefährdung des Kindeswohls nicht (mehr) zu befürchten ist, eine Meldung unter Umständen sogar kontraproduktiv wäre, ist von einer Meldung Abstand zu nehmen.

Analoges gilt für das Mißhandeln, Quälen, Vernachlässigen oder den sexuellen Mißbrauch sonstiger Personen, die ihre Interessen – etwa wegen Gebrechlichkeit, Krankheit oder Schwachsinnes – nicht selbst wahrzunehmen vermögen. In solchen Fällen, wenn eine Gefährdung des Wohles der betreffenden Person zu befürchten ist, besteht die Verpflichtung, das Pflegschaftsgericht zu informieren.

Die in genannten anerkannten Opferschutzeinrichtungen sind Einrichtungen, die auf der Basis des Sicherheitspolizeigesetzes vom Gewaltpräventionsbeirat im Bundesministerium für Inneres fachlicherseits anerkannt worden sind und allenfalls auch gefördert werden, etwa die sogenannten Interventionsstellen.

Auskunftspflicht

§ 9. (1) Angehörige der Gesundheits- und Krankenpflegeberufe haben
 1. den betroffenen Patienten, Klienten oder pflegebedürftigen Menschen,
 2. deren gesetzlichen Vertretern oder
 3. Personen, die von den betroffenen Patienten, Klienten oder pflegebedürftigen Menschen als auskunftsberechtigt benannt wurden,
alle Auskünfte über die von ihnen gesetzten gesundheits- und krankenpflegerischen Maßnahmen zu erteilen.

(2) Sie haben anderen Angehörigen der Gesundheitsberufe, die die betroffenen Patienten, Klienten oder pflegebedürftigen Menschen behandeln oder pflegen, die für die Behand-

lung und Pflege erforderlichen Auskünfte über Maßnahmen gemäß Abs. 1 zu erteilen.

Anmerkungen:

1. EB-RV:
Diese Bestimmung ist im Zusammenhang mit der **Verschwiegenheitspflicht und der Dokumentationspflicht** zu sehen. Die Auskunftspflicht ist eine der Grundlagen für das notwendige Vetrauensverhältnis zwischen PatientIn oder KlientIn und der Pflegeperson.

Den im Abs. 1 angeführten Personen ist über sämtliche pflegerische Maßnahmen Auskunft zu erteilen.

Hiebei obliegt es der sozialen und menschlichen Verantwortung der Pflegeperson zu entscheiden, in welcher Form die notwendigen Informationen gegeben werden. Dabei ist auf die geistigen Fähigkeiten der Patientin oder Klientin/des Patienten oder Klienten Bedacht zu nehmen, wobei von der Pflegeperson erwartet werden kann, die gesetzten Maßnahmen auch in einfachen Worten darzulegen.

Die im Abs. 2 normierte Auskunftspflicht gegenüber anderen Angehörigen von Gesundheitsberufen trägt zur funktionierenden interdisziplinären Zusammenarbeit im Gesundheitswesen bei und entspricht der im Gesundheitsbereich typischen multiprofessionellen Teambetreuung des Patienten. Die Auskunft ist jedoch auf das für die Behandlung und Pflege des betroffenen Menschen erforderliche Ausmaß zu beschränken.

2. Einen **therapeutischen Vorbehalt**, wie er im Bereich der ärztlichen Aufklärungspflicht noch akzeptiert wird, gibt es in diesem Bereich nicht. Die Auskunftspflicht besteht umfassend und ohne Einschränkung.

3. Siehe auch die **Verpflichtung zu Dienstbesprechungen** im § 6 Abs 1 lit. c KAKuG.

Berufsausweis

§ 10. (1) Angehörigen der Gesundheits- und Krankenpflegeberufe, die in Österreich zur Berufsausübung berechtigt sind, ist auf Antrag von der auf Grund
1. des Hauptwohnsitzes,
2. dann des Berufssitzes,
3. dann des Dienstortes und
4. schließlich des in Aussicht genommenen Ortes der beruflichen Tätigkeit

zuständigen Bezirksverwaltungsbehörde ein mit einem Lichtbild versehener Berufsausweis auszustellen.

(2) Der Berufsausweis hat insbesondere zu enthalten:
1. Vor- und Zunamen,
2. Geburtsdatum,
3. Staatsangehörigkeit,
4. Berufsbezeichnung,
5. Ausweisnummer.

(3) Der Bundesminister für Arbeit, Gesundheit und Soziales hat nähere Bestimmungen über Form und Inhalt der Berufsausweise durch Verordnung festzulegen.

Anmerkungen:

1. Durch die GuKG-Novelle 2003 wurde die bisher dem Landeshauptmann zukommende Zuständigkeit zur Ausstellung eines Berufsausweises auf die Bezirksverwaltungsbehörde übertragen. Durch die GuKG-Novelle 2005 wurden Abs. 1 und 2 neu gefasst. Siehe hiezu näher die Anm. zu § 35 und § 90.

2. EB 2003:

Im Rahmen des Verwaltungsreformgesetzes 2001 wurde unter anderem die Zuständigkeit im Zusammenhang mit der freiberuflichen Berufsausübung sowie der Entziehung der Berufsberechtigung vom Landeshauptmann auf die Bezirksverwaltungsbehörde übertragen.

Auf Wunsch der Länder, der sich auch mit der seitens des Bundes angestrebten Verwaltungsvereinfachung und -vereinheitlichung im Sinne des „One-Stop-Shop"-Prinzips deckt, wird nunmehr auch die Übertragung der Zuständigkeit für die Ausstellung von Berufsausweisen an die Bezirksverwaltungsbehörden normiert. Damit können Doppelgleisigkeiten vermieden und die Verbindung verschiedener Verfahren im Sinne der Verwaltungsökonomie und der Parteienfreundlichkeit realisiert werden.

Hinsichtlich der zum Zeitpunkt des In-Kraft-Tretens der gegenständlichen Novelle anhängigen Verfahren normiert § 116a, dass diese nach bisheriger Rechtslage und damit vom Landeshauptmann fortzusetzen und abzuschließen sind.

3. EB-RV: Wie bereits im bisherigen Krankenpflegegesetz vorgesehen, können auch Angehörige der Gesundheits- und Krankenpflegeberufe, die zur freiberuflichen Berufsausübung berechtigt oder in der Hauskrankenpflege tätig sind, mit Lichtbild versehene Berufsausweise erhalten.

Das Recht auf Ausstellung eines Berufsausweises steht sowohl Angehörigen des gehobenen Dienstes für Gesundheits- und Krankenpflege als auch PflegehelferInnen zu.

Der Berufsausweis hat die persönlichen Daten zu enthalten und gibt im Sinne der Rechtssicherheit Auskunft über eine allfällige Berechtigung zur freiberuflichen Berufsausübung. Im Falle der Entziehung der Berufsberechtigung ist der Berufsausweis einzuziehen bzw. bei der Wiedererteilung der Berechtigung wieder auszufolgen.

4. Siehe die GuK-AusweisV 2006, BGBl. II Nr. 454/2006 i.d.F. BGBl. II Nr. 245/2010 (Anhang B).

5. Die **Bezirksverwaltungsbehörden** sind die Bezirkshauptmannschaften und die Organe der Städte mit eigenem Statut.

6. Der zuständige Bundesminister (Abs. 3) ist gemäß dem Bundesministeriengesetz 1986 idF BGBl. I 2009/3 derzeit der Bundesminister für Gesundheit.

GuKG **§ 11**

7. Zum Begriff des **Hauptwohnsitzes** siehe § 1 Abs. 7 und 8 Meldegesetz, BGBl. Nr. 9/1992, idF BGBl. I Nr. 28/2001. Diese lauten:

„(7) Der Hauptwohnsitz eines Menschen ist an jener Unterkunft begründet, an der er sich in der erweislichen oder aus den Umständen hervorgehenden Absicht niedergelassen hat, diese zum Mittelpunkt seiner Lebensbeziehungen zu machen; trifft diese sachliche Voraussetzung bei einer Gesamtbetrachtung der beruflichen, wirtschaftlichen und gesellschaftlichen Lebensbeziehungen eines Menschen auf mehrere Wohnsitze zu, so hat er jenen als Hauptwohnsitz zu bezeichnen, zu dem er das überwiegende Naheverhältnis hat.

(8) Für den Mittelpunkt der Lebensbeziehungen eines Menschen sind insbesondere folgende Kriterien maßgeblich: Aufenthaltsdauer, Lage des Arbeitsplatzes oder der Ausbildungsstätte, Ausgangspunkt des Weges zum Arbeitsplatz oder zur Ausbildungsstätte, Wohnsitz der übrigen, insbesondere der minderjährigen Familienangehörigen und der Ort, an dem sie ihrer Erwerbstätigkeit nachgehen, ausgebildet werden oder die Schule oder den Kindergarten besuchen, Funktionen in öffentlichen und privaten Körperschaften."

2. Hauptstück
Gehobener Dienst für Gesundheits- und Krankenpflege

1. Abschnitt
Allgemeines

Berufsbild

§ 11. (1) Der gehobene Dienst für Gesundheits- und Krankenpflege ist der pflegerische Teil der gesundheitsfördernden, präventiven, diagnostischen, therapeutischen und rehabilitativen Maßnahmen zur Erhaltung oder Wiederherstellung der Gesundheit und zur Verhütung von Krankheiten.

§ 11 GuKG

(2) Er umfaßt die Pflege und Betreuung von Menschen aller Altersstufen bei körperlichen und psychischen Erkrankungen, die Pflege und Betreuung behinderter Menschen, Schwerkranker und Sterbender sowie die pflegerische Mitwirkung an der Rehabilitation, der primären Gesundheitsversorgung, der Förderung der Gesundheit und der Verhütung von Krankheiten im intra- und extramuralen Bereich.

(3) Die in Abs. 2 angeführten Tätigkeiten beinhalten auch die Mitarbeit bei diagnostischen und therapeutischen Verrichtungen auf ärztliche Anordnung.

Anmerkungen:

1. EB-RV:

Das **Berufsbild des gehobenen Dienstes für Gesundheits- und Krankenpflege** umfaßt alle auf pflegerisch-wissenschaftlichen Erkenntnissen begründeten Tätigkeiten, die unmittelbar am Menschen oder mittelbar für den Menschen ausgeführt werden.

Als ein integrierender Bestandteil des Gesundheitssystems wirkt die Pflege im Rahmen der Gesundheitsmaßnahmen sowohl bei der Förderung der Gesundheit und der Verhinderung von Krankheiten als auch bei der Pflege bei körperlichen und mentalen Erkrankungen sowie der Betreuung behinderter Personen aller Altersstufen und bei der Rehabilitation mit.

Die **qualifizierte Pflege** unterstützt die PatientInnen oder KlientInnen bei der Wiedererlangung oder Stabilisierung ihrer Gesundheit. Im Gesamtrahmen aller gesundheitsbezogenen Maßnahmen arbeiten die Angehörigen des gehobenen Dienstes für Gesundheits- und Krankenpflege mit anderen Gesundheitsberufen und -diensten zusammen, um die gesellschaftspolitischen Erfordernisse der Förderung von Gesundheit, der Vermeidung von Krankheiten, der Betreuung kranker und behinderter Menschen und der Rehabilitation sicherzustellen.

Die **gesetzliche Verankerung von Gesundheitsförderung, Prävention und Rehabilitation im Berufsbild der Pflege** ist notwendig geworden, weil in einem modernen Gesundheitswesen diesen Bereichen der gleiche Stellenwert wie dem kurativen Bereich zukommen sollte.

Im Vorfeld und in der Nachsorge von pflegerischen und therapeutischen Maßnahmen hat das Gesundheits- und Krankenpflegepersonal eine wichtige Rolle einzunehmen. Dies wird auch von der Weltgesundheitsorganisation (WHO) für die Mitgliedsländer empfohlen. Im Rahmen des gesundheitspolitischen Programms „Gesundheit für alle bis zum Jahr 2000" wird die Bedeutung personeller Ressourcen für die Gestaltung eines bedarfsgerechten Gesundheitswesens mit besonderer Bedeutung der primären Gesundheitsversorgung betont.

2. Hinsichtlich **der Abgrenzung zu den anderen Gesundheitsberufen** beachte etwa die Berufsbilder in
a) § 2 Ärztegesetz 1998 (siehe näher *Schwamberger*, Ärztegesetz 1998 [1998], 24 ff.);
b) § 2 MTD-Gesetz (siehe näher *Schwamberger*, MTD-Gesetz4, [2006]);
c) § 2 Hebammengesetz (siehe näher *Schwamberger*, Hebammengesetz [1995], 14 ff).

3. Aus der Umschreibung des Berufsbildes ergibt sich das weite Spektrum der Einsatzmöglichkeit der Gesundheits- und Krankenpflegepersonen, sowohl im intramuralen Bereich (Krankenhäuser, Pflegeheime, Kuranstalten usw.) als auch im extramuralen Bereich (Hauskrankenpflege, Gesundheits- und Sozialsprengel, Beratungsstellen usw.).

4. Zum Begriff der „**ärztlichen Anordnung**" siehe näher die Anm. zu § 15.

5. Das Leistungsprofil der Psychotherapeutin ist von einer diplomierten Krankenschwester auch nicht nach Absolvierung einer Sonderausbildung nach § 65 GuKG zu erbringen. Die Ausbildung zur Psychotherapeutin stellt daher nicht eine Fortbildungsmaßnahme einer Krankenschwester dar, sondern eine Ausbildung in einem neuen Betätigungsfeld (VwGH 2004/15/0143 vom 12.11.2006).

Berufsbezeichnungen

§ 12. (1) Personen, die nach den Bestimmungen dieses Bundesgesetzes zur Ausübung der allgemeinen Gesundheits- und Krankenpflege berechtigt sind (§ 27), sind berechtigt, die Berufsbezeichnung „Diplomierte Gesundheits- und Krankenschwester"/„Diplomierter Gesundheits- und Krankenpfleger" zu führen.

(2) Personen, die nach den Bestimmungen dieses Bundesgesetzes zur Ausübung der Kinder- und Jugendlichenpflege berechtigt sind (§ 27), sind berechtigt, die Berufsbezeichnung „Diplomierte Kinderkrankenschwester"/„Diplomierter Kinderkrankenpfleger" zu führen.

(3) Personen, die nach den Bestimmungen dieses Bundesgesetzes zur Ausübung der psychiatrischen Gesundheits- und Krankenpflege berechtigt sind (§ 27), sind berechtigt, die Berufsbezeichnung „Diplomierte psychiatrische Gesundheits- und Krankenschwester"/„Diplomierter psychiatrischer Gesundheits- und Krankenpfleger" zu führen.

(4) Personen, die
1. eine Sonderausbildung gemäß §§ 65 bis 72,
2. eine Weiterbildung gemäß § 64 oder
3. eine Sonderausbildung gemäß § 57b Krankenpflegegesetz

erfolgreich absolviert haben, sind berechtigt, nach der Berufsbezeichnung gemäß Abs. 1 bis 3 die absolvierte Fachrichtung in Klammer als Zusatzbezeichnung anzufügen. Personen, die eine Sonderausbildung für Lehraufgaben erfolgreich absolviert haben, können auch die Zusatzbezeichnung „Lehrerin für Gesundheits- und Krankenpflege"/„Lehrer für Gesundheits- und Krankenpflege" führen.

(5) Staatsangehörige eines Vertragsstaates des Abkommens über den Europäischen Wirtschaftsraum (EWR-Staatsangehörige) oder der Schweizerischen Eidgenossenschaft, die auf Grund dieses Bundesgesetzes zur Ausübung des gehobenen Dienstes für Gesundheits- und Krankenpflege berechtigt sind (§ 27), dürfen die im Heimat- oder Herkunftsstaat gültigen rechtmäßigen Ausbildungsbezeichnungen bzw. deren Abkürzung führen, sofern

1. diese nicht mit der Berufsbezeichnung gemäß Abs. 1 identisch sind und nicht mit einer Bezeichnung verwechselt werden können, die in Österreich eine zusätzliche Ausbildung voraussetzt und
2. neben der Ausbildungsbezeichnung Name und Ort der Lehranstalt oder des Prüfungsausschusses, der diese Ausbildungsbezeichnung verliehen hat, angeführt werden.

(6) Die Führung

1. einer Berufs- oder Ausbildungsbezeichnung gemäß Abs. 1 bis 5 durch hiezu nicht berechtigte Personen,
2. anderer verwechselbarer Berufs- und Ausbildungsbezeichnungen durch hiezu nicht berechtigte Personen oder
3. anderer als der gesetzlich zugelassenen Berufsbezeichnungen

ist verboten.

Anmerkungen:

1.1. Die Abs. 1 bis 4 wurden durch das GesBRÄG 2007 neu gefasst.

1.2. Im **Abs. 5** wurde durch die GuKG-Novelle 2005 eine Ergänzung hinsichtlich der Schweizer Eidgenossenschaft aufgenommen. Mit der GuKG-Novelle 2003 wurde das Freizügigkeitsabkommen der Europäischen Gemeinschaft bzw. deren Mitgliedstaaten mit der Schweizerischen Eidgenossenschaft hinsichtlich der berufsrechtlichen Anerkennung der Angehörigen der Gesundheits- und Krankenpflegeberufe umgesetzt. Im Rahmen der

GuKG-Novelle 2005 erfolgt eine entsprechende Ergänzung hinsichtlich der Führung der Berufsbezeichnungen. Die Regelungen werden mit In-Kraft-Treten dieses Abkommens rückwirkend mit 1. Juni 2002 in Kraft gesetzt (EB 2005).

2. EB-RV (Teil):
Auch in der Berufsbezeichnung wird der Aspekt der Gesundheitsförderung berücksichtigt.

Die Schaffung neuer Berufsbezeichnungen soll eine Entwicklung in die Wege leiten, die das Berufsansehen des Pflegepersonals hebt und fördert. Mit Inkrafttreten des Gesetzes sind ausschließlich die neuen Berufsbezeichnungen zu führen.

Im **Abs. 5** erfolgt die Umsetzung des Artikel 5 der Richtlinie 77/452/EWG und des Artikel 11 der Richtlinie 92/51/EWG, wobei klargestellt wird, unter welchen Voraussetzungen Staatsangehörige einer Vertragspartei des EWR-Abkommens ihre im Heimat- oder Herkunftsstaat erworbenen Ausbildungsbezeichnungen oder deren Abkürzungen zu führen berechtigt sind. Im **Abs. 6** wird ein umfassender Schutz der Berufsbezeichnung normiert.

3. Siehe auch die Übergangsbestimmungen in den §§ 106 ff.

4. EB 2007:
Die derzeitigen Bestimmungen betreffend das Führen der gesetzlichen Berufsbezeichnungen in den Gesundheits- und Krankenpflegeberufen setzt an der Absolvierung der entsprechenden inländischen Ausbildung und nicht an der Berufsberechtigung an. Diese Systematik erscheint insbesondere aus EU-rechtlicher Sicht, aber auch auf Grund des innerstaatlichen Berufsrechts bedenklich: Gemäß Artikel 52 der Richtlinie 2005/36/EG „führen, sofern in einem Aufnahmemitgliedstaat das Führen der Berufsbezeichnung im Zusammenhang mit einer der betreffenden beruflichen Tätigkeiten reglementiert ist, die Angehörigen der übrigen Mitgliedstaaten, die nach Titel III (Niederlassungsfreiheit) einen reglementierten Beruf ausüben dürfen, die

entsprechende Berufsbezeichnung des Aufnahmemitgliedstaats". Diese gemeinschaftsrechtliche Vorgabe erfüllt der derzeitige Wortlaut der §§ 12 und 83 nicht ausreichend.

Auch aus innerstaatlicher gesundheits- und berufspolitischer Sicht sollte das Führen der Berufsbezeichnung an das Vorliegen der Voraussetzungen für die Berechtigung zur Berufsausübung, das sind neben dem Qualifikationsnachweis die Eigenberechtigung, die gesundheitliche Eignung, die Vertrauenswürdigkeit sowie die erforderlichen Sprachkenntnisse (§§ 27 und 85) geknüpft sein. Der derzeitige Wortlaut der §§ 12 und 83 würde hingegen das Führen der gesetzlichen Berufsbezeichnung auch Personen gestatten, denen die Berufsberechtigung gemäß §§ 40 bzw. 91 entzogen wurde, was aus gesundheitspolitischer Sicht jedenfalls nicht wünschenswert ist.

Die Neuformulierung der §§ 12 und 83 tragen den angeführten gemeinschaftsrechtlichen sowie innerstaatlichen gesundheitspolitischen Vorgaben Rechnung.

2. Abschnitt
Tätigkeitsbereiche

§ 13. (1) Die Tätigkeitsbereiche des gehobenen Dienstes für Gesundheits- und Krankenpflege umfassen
 1. **eigenverantwortliche,**
 2. **mitverantwortliche und**
 3. **interdisziplinäre**

Tätigkeiten.

(2) Der Tätigkeitsbereich kann nach Absolvierung einer Sonderausbildung gemäß §§ 66 bis 72 oder einer speziellen Grundausbildung gemäß §§ 75 und 78 erweitert oder spezialisiert werden.

Anmerkung:

EB-RV:

Diese Bestimmung gibt eine Übersicht über die Tätigkeitsbereiche des gehobenen Dienstes für Gesundheits- und Krankenpflege.

§ 14 GuKG

Eigenverantwortlicher Tätigkeitsbereich

§ 14. (1) Die Ausübung des gehobenen Dienstes für Gesundheits- und Krankenpflege umfaßt die eigenverantwortliche Diagnostik, Planung, Organisation, Durchführung und Kontrolle aller pflegerischen Maßnahmen im intra- und extramuralen Bereich (Pflegeprozeß), die Gesundheitsförderung und -beratung im Rahmen der Pflege, die Pflegeforschung sowie die Durchführung administrativer Aufgaben im Rahmen der Pflege.

(2) Der eigenverantwortliche Tätigkeitsbereich umfaßt insbesondere:

1. Erhebung der Pflegebedürfnisse und des Grades der Pflegeabhängigkeit des Patienten oder Klienten sowie Feststellung und Beurteilung der zur Deckung dieser Bedürfnisse zur Verfügung stehenden Ressourcen (Pflegeanamnese),
2. Feststellung der Pflegebedürfnisse (Pflegediagnose),
3. Planung der Pflege, Festlegung von pflegerischen Zielen und Entscheidung über zu treffende pflegerische Maßnahmen (Pflegeplanung),
4. Durchführung der Pflegemaßnahmen,
5. Auswertung der Resultate der Pflegemaßnahmen (Pflegeevaluation),
6. Information über Krankheitsvorbeugung und Anwendung von gesundheitsfördernden Maßnahmen,
7. psychosoziale Betreuung,
8. Dokumentation des Pflegeprozesses,
9. Organisation der Pflege,
10. Anleitung und Überwachung des Hilfspersonals sowie Anleitung, Unterweisung und begleitende Kontrolle von Personen gemäß §§ 3a bis 3c,
11. Anleitung und Begleitung der Schüler im Rahmen der Ausbildung und
12. Mitwirkung an der Pflegeforschung.

GuKG **§ 14**

Anmerkungen:

1.1. Abs. 2 Z 10 wurde durch das GesBRÄG 2007 hinsichtlich der Personen gemäß §§ 3b und 3c ergänzt. Mit der GuKG-Novelle 2009 erfolgte in dieser Bestimmung die Ergänzung hinsichtlich der Personen gemäß § 3a (siehe diesbezüglich die Anm. 6 zu § 3a).

1.2. EB-RV:
Die **Umschreibung des eigenverantwortlichen Tätigkeitsbereiches** basiert im wesentlichen auf dem Positionspapier zur Gesundheits- und Krankenpflege.

Dieser Bereich umfaßt Maßnahmen, die PatientInnen oder KlientInnen bei der Ausübung ihrer Lebensaktivität unterstützen bzw. für diese übernommen werden, wenn sie wegen Krankheit, Alter, geistiger oder körperlicher Behinderung oder sozialer Umstände dazu selbst nicht in der Lage sind.

Die Ausübung des gehobenen Dienstes für Gesundheits- und Krankenpflege beinhaltet die patienten- bzw. klientenorientierte Pflege nach dem Pflegeprozeß, der mit der Einschätzung der Pflegebedürfnisse beginnt und mit der Auswertung der Resultate der Pflegemaßnahmen endet.

Analog zu den Bezeichnungen im medizinischen Behandlungsprozeß sind im **Abs. 2** die einzelnen Stufen des Pflegeprozesses entsprechend der bereits in der Fachliteratur gebräuchlichen Terminologie aufgelistet.

Pflegeanamnese ist die Sammlung von Informationen über die Patientin/den Patienten, die als Grundlage für die Pflegeplanung dient. Diese umfaßt die Personalien, Diagnosen und Therapien sowie die entsprechenden Verordnungen, den körperlichen Zustand, individuelle Bedürfnisse der Patientin/des Patienten und ihrer/seiner Angehörigen, das Ausmaß der Pflegebedürftigkeit und die Fähigkeit zur Mitarbeit.

Pflegediagnose ist die Feststellung und Einschätzung der patientenbezogenen Probleme und pflegerischen Bedürfnisse insbesondere im Hinblick auf die Problemursachen. Sie liefert die Grundlage zur Auswahl von Pflegehandlungen und zum Erreichen erwarteter Pflegeziele und schafft Rahmenbedingungen zur Anwendung der Pflegeplanung.

Die **Pflegeplanung** beinhaltet die generelle und individuelle Problemstellung, die Festlegung der Pflegeziele und die Ausarbeitung der Pflegemaßnahmen.

Zur Durchführung der Pflegemaßnahmen ist selbstredend auch die Beschaffung und Verwendung von Verbandsmaterial und anderen pflegerischen Hilfsmitteln zu zählen. Klarzustellen ist allerdings, daß der Verkauf und Vertrieb derartiger Hilfsmitteln an die gewerberechtlichen Normen gebunden ist.

Pflegeevaluation ist die Bewertung der geleisteten Pflege sowie der erreichten Fortschritte im Hinblick auf die angestrebten Ziele. Durch kontinuierliche Pflegeevaluation wird es der Pflegeperson ermöglicht, die Effektivität der gesetzten pflegerischen Maßnahmen in Bezug auf die Bedürfnisse der Patientin/des Patienten zu steuern.

Pflegedokumentation ist die Niederschrift aller Stufen des Pflegeprozesses (siehe auch § 5).

Im Gegensatz zur Ausbildung der SchülerInnen im Rahmen der Lehraufgaben, für die eine Sonderausbildung verpflichtende Voraussetzung ist, zählt die in Z 11 genannte Anleitung und Begleitung im Rahmen der Ausbildung zum eigenverantwortlichen Tätigkeitsbereich. Hiezu zählen wie bisher insbesondere die Tätigkeiten von Lehrschwestern/Lehrpflegern.

Zum richtigen Verständnis des Begriffes „**Eigenverantwortlichkeit**" ist klarzustellen, daß die Angehörigen des gehobenen Dienstes für Gesundheits- und Krankenpflege bei der Ausübung der Tätigkeiten, die ihr Berufsbild umfaßt, eigenverantwortlich handeln. Der rechtliche Begriff der Eigenverantwortlichkeit bedeutet die **fachliche Weisungsfreiheit** jedes zur Berufsausübung berechtigten Angehörigen des gehobenen Dienstes für Gesundheits- und Krankenpflege im Rahmen seines Berufsbildes, freilich unbeschadet allfälliger grundlegender Anordnungen im Rahmen der Organisation des Pflegedienstes. Mit dem Wort „eigenverantwortlich" wird aber auch zum Ausdruck gebracht, daß Angehörige des gehobenen Dienstes für Gesundheits- und Krankenpflege für den Schaden, den sie infolge nicht fachgemäßer Behandlung verursacht haben, selbst haften.

Hingewiesen wird in diesem Zusammenhang auch auf die **strafrechtliche Einlassungs- und Übernahmsfahrlässigkeit**. Entsprechend diesem Grundsatz muß jede Person, die eine Tätigkeit übernimmt, erkennen, ob sie die dafür erforderlichen Kenntnisse und Fähigkeiten besitzt, und danach handeln.

Die Eigenverantwortlichkeit ist nicht als verzichtbares Recht, sondern als eine unverzichtbare Pflicht bei der Berufsausübung zu sehen.

1.3. EB 2007:
Die im Zusammenhang mit der neu geschaffenen Delegationsmöglichkeit von pflegerischen Tätigkeiten an Laienbetreuer/innen gemäß §§ 3b und 3c GuKG anfallenden Tätigkeiten des gehobenen Dienstes für Gesundheits- und Krankenpflege werden im § 14 GuKG ausdrücklich verankert.

2. Die Aufzählung der Tätigkeiten im Abs 2 ist **nicht taxativ**, sondern nur demonstrativ.

3. Siehe auch die Aufgabe der Anordnung freiheitsbeschränkender Maßnahmen nach **§ 5 HeimAufG** durch Angehörige des gehobenen Dienstes für Gesundheits- und Krankenpflege. Beachte etwa *Zierl/Wall/Zeinhofer*, Heimrecht[3] (2011), I/152 ff.; *Schwamberger*, Patienten- und Klientenschutz im Gesundheits- und Heimbereich (2004), 86 ff.

4. Aromatherapie und Aromapflege
Unter **Aromatherapie** ist die Anwendung von Aromaölen und Aromastoffen zur Therapie bzw. unterstützenden Therapie bei Erkrankungen zu verstehen und ist somit eine **ärztliche Tätigkeit**, die an Angehörige des gehobenen Dienstes für Gesundheits- und Krankenpflege delegiert werden kann und daher in den mitverantwortlichen Tätigkeitsbereich gemäß § 15 GuKG fällt.

Aromapflege ist hingegen die Anwendung von Aromaölen und Aromastoffen zur Steigerung des **Wohlbefindens** der PatientInnen und fällt als pflegerische Tätigkeit in den **eigenverantwortlichen Tätigkeitsbereich** des gehobenen Dienstes für Gesundheits- und Krankenpflege gemäß § 14 GuKG. In der Weiterbildung „Komplementäre Pflege – Aromapflege" gemäß GuK-WV wird ausdrücklich auf den Unterschied zwischen Aromatherapie und Aromapflege hingewiesen. Diese Weiterbildung steht ausschließlich Angehörigen des gehobenen Dienstes für Gesundheits- und Krankenpflege offen.

Die Aromatherapie kann von Angehörigen des gehobenen Dienstes für Gesundheits- und Krankenpflege an PflegehelferInnen (weiter)delegiert und unter Anleitung und Aufsicht durchgeführt werden (§ 84 Abs. 4 Z 1 GuKG).

Die Durchführung der Aromapflege ist zwar im Gesundheits- und Krankenpflegegesetz nicht explizit als Tätigkeit der Pflegehilfe angeführt, kann jedoch unter § 84 Abs. 2 und 3 GuKG subsumiert werden.

Hingewiesen wird ausdrücklich darauf, dass das **Mischen von Aromaölen** zu medizinischen und pflegerischen Zwecken (Aromatherapie, Aromapflege) zweifellos einen **Herstellungsschritt nach arzneimittelrechtlichen Vorschriften** darstellt (Herstellung von Arzneimitteln). Diese Tätigkeit ist grundsätzlich öffentlichen Apotheken bzw. Anstaltsapotheken oder Betrieben gemäß § 63 des Arzneimittelgesetzes (pharmazeutische Unternehmen) vorbehalten und darf nicht durch Angehörige des gehobenen Dienstes für Gesundheits- und Krankenpflege vorgenommen werden (BMGF-21251/0041-III/B/10/2006 vom 9.1.2007).

5. Zur **Dokumentation in Ambulanz und OP** siehe auch Anm. 8 zu § 5.

6. Evaluierung der Pflegeplanung

Gemäß § 14 Abs. 1 Gesundheits- und Krankenpflegegesetz (GuKG), BGBl. I Nr. 108/1997, in der geltenden Fassung, umfasst der Tätigkeitsbereich des gehobenen Dienstes für Gesundheits- und Krankenpflege unter anderem die eigenverantwortliche Diagnostik, Planung, Organisation, Durchführung und Kontrolle aller pflegerischen Maßnahmen im intra- und extramuralen Bereich (Pflegeprozess).

Die Pflegeevaluation als einer der Schritte des Pflegeprozesses beinhaltet gemäß § 14 Abs. 2 Z 5 GuKG die Auswertung der Resultate der Pflegemaßnahmen. Die Evaluation ist die systematische Bewertung der geleisteten Pflegemaßnahmen im Hinblick auf die Zielformulierung und zeigt das Ausmaß der Zielerreichung.

Hinsichtlich des Zeitpunkts und der Zeitintervalle der Pflegeevaluierung sehen die berufsrechtlichen Regelungen keine näheren Bestimmungen vor.

Aus fachlicher Sicht ergibt sich der Zeitpunkt der Evaluierung ausschließlich auf Grund der Festlegung der pflegerischen Ziele gemäß § 14 Abs. 2 Z 3 GuKG und der damit in Verbindung stehende Formulierung von Fern- und/oder Nahzielen. Von den in den Fern- und/oder Nahzielen formulierten Zeitintervallen bis zur geplanten Zielerreichung leiten sich die Kontrollintervalle sowie der Zeitpunkt der Evaluierung ab.

Eine regelmäßige Evaluierung (im Sinne starrer Zeitintervalle bzw. Evaluierungszeitpunkte) – unabhängig von gesetzten Zeitgrenzen auf der Grundlage definierter Pflegeziele – widerspricht einer ganzheitlichen und auf individuelle Bedürfnisse abgestellten Pflege und ist somit aus fachlicher Sicht abzulehnen (BMG 92251/0050-I/B/6/2010 vom 15.7.2010).

7. Feststellung des Behandlungsbedarfs (in Krankenanstalten) ist eine ärztliche Tätigkeit

Insbesondere auch im Hinblick auf das OGH-Erkenntnis vom 11.5.2010, 4 Ob 36/10 kann darüber, ob und welcher Behandlungsbedarf besteht, nur von einer Ärztin bzw. einem Arzt entschieden werden.

So ist etwa in § 2 Abs. 2 Z 1 und 2 ÄrzteG 1998 festgelegt, dass die Ausübung des ärztlichen Berufes jede auf medizinisch-wissenschaftlichen Erkenntnissen begründete Tätigkeit umfasst, die unmittelbar am Menschen oder mittelbar für den Menschen ausgeführt wird, insbesondere die Untersuchung auf das Vorliegen oder Nichtvorliegen von körperlichen und psychischen Krankheiten oder Störungen, von Behinderungen oder Missbildungen und Anomalien, die krankhafter Natur sind, sowie die Beurteilung dieser Zustände bei Verwendung medizinisch-diagnostischer Hilfsmittel.

§ 3 Abs. 1 leg. cit. normiert, dass die selbstständige Ausübung des ärztlichen Berufes ausschließlich Ärztinnen und Ärzten für Allgemeinmedizin und approbierten Ärztinnen und Ärzten sowie Fachärztinnen und Fachärzten vorbehalten ist (Tätigkeitsvorbehalt). Nach § 3 Abs. 2 leg. cit. besteht die selbstständige Ausübung des ärztlichen Berufes in der eigenverantwortlichen Ausführung der im § 2 Abs. 2 und 3 umschriebenen Tätigkeiten, gleichgültig, ob solche Tätigkeiten freiberuflich oder im Rahmen eines Dienstverhältnisses ausgeübt werden.

Daher kann diese Entscheidung weder von Angehörigen des gehobenen Dienstes für Gesundheits- und Krankenpflege eigenverantwortlich im Sinne des § 14 GuKG vorgenommen werden, noch ist diese Tätigkeit im Sinne des § 49 Abs. 3 ÄrzteG 1998 in Verbindung mit § 15 GuKG durch die Ärztin bzw. den Arzt delegierbar (BMG-71100/0009-I/B/12/2010 vom 14.1.2011).

Lebensrettende Sofortmaßnahmen

§ 14a. (1) Die Ausübung des gehobenen Dienstes für Gesundheits- und Krankenpflege umfasst die eigenverantwortliche Durchführung lebensrettender Sofortmaßnahmen, solange und soweit ein Arzt nicht zur Verfügung steht. Die Verständigung eines Arztes ist unverzüglich zu veranlassen.

(2) Lebensrettende Sofortmaßnahmen im Sinne des Abs. 1 sind insbesondere
   1. **die manuelle Herzdruckmassage und die Beatmung mit einfachen Beatmungshilfen,**
   2. **die Durchführung der Defibrillation mit halbautomatischen Geräten und**
   3. **die Verabreichung von Sauerstoff.**

Anmerkungen:

1. Dieser Paragraph wurde durch die GuKG-Novelle 2003 in das Gesetz aufgenommen. Durch die GuKG-Novelle 2009 wurde der Abs. 2 neu erlassen. Inhaltlich erfolgte durch diese jedoch lediglich eine Ergänzung der demonstrativen Aufzählung der lebensrettenden Sofortmaßnahmen um eine neue Z 1 (siehe dazu auch die EB 2009 in Anm. 2 zu § 84a).

2. EB 2003:
Im Rahmen der verpflichtenden **Leistung notwendiger Erster Hilfe** ist für Angehörige des gehobenen Dienstes für Gesundheits- und Krankenpflege ein erhöhter Sorgfaltsmaßstab heranzuziehen. Im Sinne des Wohls der Patientinnen ist es – abgesehen von den Fällen des rechtfertigenden Notstandes – unabdingbar, dass die Durchführung notwendiger Maßnahmen im Rahmen der Notfallmedizin entgegen der Bestimmung des § 15 ohne schriftliche ärztliche Anordnung eigenverantwortlich zulässig ist. Als Beispiel ist neben der Defibrillation mit halbautomatischen Geräten die Verabreichung von medizinischem Sauerstoff zu nennen.

Selbstredend sind im Rahmen der Ausbildung etwa im Unterrichtsfach „Erste Hilfe, Katastrophen- und Strahlenschutz" die notwendigen Kenntnisse und Fertigkeiten zu vermitteln.

Eine regelmäßige Fortbildung ist nicht nur im Bereich der Frühdefibrillation, sondern auch in weiteren Gebieten (zB Herz-Lungen-Wiederbelebung) auf Grund der rasanten Entwicklung im Bereich der Notfallmedizin notwendig, welche für Angehörige des gehobenen Dienstes für Gesundheits- und Krankenpflege eine Berufspflicht darstellt.

3. Siehe näher hiezu *Schwamberger*, Änderungen im Gesundheits- und Krankenpflegebereich, RdM 2004/82, 133.

Mitverantwortlicher Tätigkeitsbereich

§ 15. (1) Der mitverantwortliche Tätigkeitsbereich umfaßt die Durchführung diagnostischer und therapeutischer Maßnahmen nach ärztlicher Anordnung.

§ 15 GuKG

(2) Der anordnende Arzt trägt die Verantwortung für die Anordnung (Anordnungsverantwortung), der Angehörige des gehobenen Dienstes für Gesundheits- und Krankenpflege trägt die Verantwortung für die Durchführung der angeordneten Tätigkeit (Durchführungsverantwortung).

(3) Im mitverantwortlichen Tätigkeitsbereich hat jede ärztliche Anordnung vor Durchführung der betreffenden Maßnahme schriftlich zu erfolgen. Die erfolgte Durchführung ist durch den Angehörigen des gehobenen Dienstes für Gesundheits- und Krankenpflege durch deren Unterschrift zu bestätigen.

(4) Die ärztliche Anordnung kann in medizinisch begründeten Ausnahmefällen mündlich erfolgen, sofern auch dabei die Eindeutigkeit und Zweifelsfreiheit sichergestellt sind. Eine Übermittlung der schriftlichen Anordnung per Telefax oder im Wege automationsunterstützter Datenübertragung ist zulässig, sofern die Dokumentation gewährleistet ist. Die schriftliche Dokumentation der ärztlichen Anordnung hat unverzüglich, längstens aber innerhalb von 24 Stunden zu erfolgen.

(5) Der mitverantwortliche Tätigkeitsbereich umfaßt insbesondere:
1. Verabreichung von Arzneimitteln,
2. Vorbereitung und Verabreichung von subkutanen, intramuskulären und intravenösen Injektionen,
3. Vorbereitung und Anschluß von Infusionen bei liegendem Gefäßzugang, ausgenommen Transfusionen,
4. Blutentnahme aus der Vene und aus den Kapillaren,
5. Setzen von transurethralen Blasenkathetern zur Harnableitung, Instillation und Spülung,
6. Durchführung von Darmeinläufen und
7. Legen von Magensonden.

(6) Im Rahmen des mitverantwortlichen Tätigkeitsbereiches sind Angehörige des gehobenen Dienstes für Gesundheits- und Krankenpflege berechtigt, nach Maßgabe ärztlicher Anordnungen gemäß Abs. 1 bis 4 folgende Tätigkeiten weiter zu übertragen und die Aufsicht über deren Durchführung wahrzunehmen:

1. an Angehörige der Pflegehilfe sowie an Teilnehmer eines Pflegehilfelehrganges im Rahmen der praktischen Ausbildung Tätigkeiten gemäß § 84 Abs. 4,
2. an Schüler einer Schule für Gesundheits- und Krankenpflege im Rahmen der praktischen Ausbildung Tätigkeiten des mitverantwortlichen Tätigkeitsbereiches,
3. an Rettungssanitäter gemäß SanG Tätigkeiten im Rahmen des Krankenanstaltenpraktikums der Ausbildung zum Notfallsanitäter und
4. an Notfallsanitäter mit allgemeiner Notfallkompetenz Arzneimittellehre gemäß SanG Tätigkeiten im Rahmen des Krankenanstaltenpraktikums der Ausbildung in der allgemeinen Notfallkompetenz Venenzugang und Infusion.

(7) Im Rahmen des mitverantwortlichen Tätigkeitsbereichs sind Angehörige des gehobenen Dienstes für Gesundheits- und Krankenpflege berechtigt, nach Maßgabe ärztlicher Anordnungen gemäß Abs. 1 bis 4 folgende Tätigkeiten im Einzelfall an Personen gemäß § 3b und § 3c weiter zu übertragen:
1. Verabreichung von Arzneimitteln,
2. Anlegen von Bandagen und Verbänden,
3. Verabreichung von subkutanen Insulininjektionen und subkutanen Injektionen von blutgerinnungshemmenden Arzneimitteln,
4. Blutentnahme aus der Kapillare zur Bestimmung des Blutzuckerspiegels mittels Teststreifens,
5. einfache Wärme- und Lichtanwendungen.

§ 3b Abs. 3 bis 6 und § 3c Abs. 2 bis 5 sind anzuwenden.

Anmerkungen:

1.1 Abs. 6 wurde durch die GuKG-Novelle 2003 neu in das Gesetz eingefügt.

1.2. Abs. 7 wurde durch das GesBRÄG 2007 neu in das Gesetz aufgenommen.

§ 15 GuKG

2. EB-RV:
Auf Grund der bisherigen Rechtsunsicherheit in diesem Bereich wird nunmehr umfassend gesetzlich klargestellt, welche ärztlichen Tätigkeiten an diplomierte Pflegepersonen delegiert werden dürfen.

Bei der Umschreibung dieses Tätigkeitsbereiches wurden die Erfordernisse der täglichen Praxis – vor allem in Krankenanstalten – berücksichtigt.

Zum Begriff „**ärztliche Anordnung**" wird klargestellt, daß darunter keine generelle Delegation durch die behandelnde Ärztin/den behandelnden Arzt zu verstehen ist, vielmehr hat die Vornahme der diagnostischen oder therapeutischen Maßnahmen nach eingehender Untersuchung und Beurteilung des Zustandes der Patientin/des Patienten durch die Ärztin/den Arzt zu erfolgen. Zusätzlich hat sich die Ärztin/der Arzt zu vergewissern, daß die betreffende Pflegeperson die erforderlichen Kenntnisse und Fertigkeiten zur Durchführung der angeordneten Tätigkeit besitzt.

Die **Anordnungsverantwortung** bleibt also bei der Ärztin/beim Arzt, die/der Angehörige des gehobenen Dienstes für Gesundheits- und Krankenpflege trägt die Durchführungsverantwortung. Sie/er hat auf Grund der Diagnose der Ärztin/des Arztes die angeordnete Maßnahme eigenverantwortlich durchzuführen. Dies bedeutet, daß bei Auftreten von Fragestellungen, die den Wissen- bzw. Ausbildungsstand des gehobenen Dienstes für Gesundheits- und Krankenpflege überschreiten, umgehend die anordnende Ärztin/der anordnende Arzt zu befassen ist.

Korrespondierend dazu steht die **Einlassungs- und Übernahmsfahrlässigkeit**, die – wie bereits in den Erläuterungen zu § 14 umschrieben – auch das diplomierte Pflegepersonal zu verantwortungsvollem Handeln verpflichtet.

Um allfällige Haftungsprobleme zu vermeiden, hat jede ärztliche Anordnung schriftlich vor Durchführung der entsprechenden Maßnahme durch die diplomierte Pflegeperson zu erfolgen. So muß zB bei der Verordnung von Arzneimitteln sowohl Menge, Dosis, Verabreichungsart als auch Zeitpunkt der Verabreichung von der anordnungsberechtigten Ärztin/vom anordnungsberechtigten Arzt schriftlich in der Patientendokumentation festgehalten werden. Die bisher praktizierte sogenannte „Bedarfsmedikation" kann daher nicht mehr zur Anwendung kommen. Die Gegenzeichnung durch die diplomierte Pflegeperson nach Durchführung der entsprechenden Maßnahme ist einerseits für die Vollständigkeit und Transparenz der Krankengeschichte erforderlich, andererseits erfolgt dadurch eine klare Trennung der Verantwortungsbereiche.

Ein Absehen vom Erfordernis der Schriftlichkeit ist nur in medizinisch begründeten Ausnahmefällen nach Abs. 4 und nach den allgemeinen Rechtsgrundsätzen über Notstand möglich. „Medizinisch begründete Ausnahmefälle" sind, da es sich um eine Ausnahmeregelung handelt, restriktiv zu interpretieren.

Die Aufzählung der Tätigkeiten im Abs. 5 hat lediglich **demonstrativen Charakter**, da eine abschließende gesetzliche Festlegung zu unlösbaren Schwierigkeiten im beruflichen Alltag führen würde, dies insbesondere im Hinblick auf die laufende Fort- und Weiterentwicklung der medizinischen Wissenschaft und der Pflegewissenschaft.

Das **Verabreichen von Arzneimitteln** ist grundsätzlich eine ärztliche Tätigkeit, die im Rahmen des mitverantwortlichen Tätigkeitsbereiches an diplomiertes Pflegepersonal delegiert werden kann. Die Verwendung pflegender Substanzen, beispielsweise zur Verhinderung des Wundliegens, fällt jedoch in den eigenverantwortlichen Tätigkeitsbereich des gehobenen Dienstes für Gesundheits- und Krankenpflege.

Bereits die bisherige Rechtslage (vgl. § 54 Abs. 2 und 3 Krankenpflegegesetz in Verbindung mit § 22 Abs. 3 und 4 ÄrzteG) ermöglichte in Einzelfällen die Delegation der in Z 2 genannten ärztlichen Tätigkeiten an diplomiertes Pflegepersonal. Die Neugestaltung dieser Rechtslage wurde im Zuge der Erarbeitung des Positionspapiers, im Rahmen des Begutachtungsverfahrens und auch in weiteren Gesprächen umfassend diskutiert, wobei die ursprünglich äußerst kontroversiellen Meinungen auf die nunmehr getroffene Regelung vereinigt werden konnten. In diesem Zusammenhang wird ausdrücklich klargestellt, daß die erforder-

§ 15 GuKG

lichen Kenntnisse und Fertigkeiten für den neuen Tätigkeitsbereich des diplomierten Pflegepersonals selbstverständlich im Rahmen der Ausbildung zu vermitteln sein werden.

Der Ärztin/Dem Arzt obliegt es wie bisher, im Rahmen der **Anordnungsverantwortung** festzulegen, welches Arzneimittel durch Injektionen verabreicht werden soll. Dabei kann es sich lediglich um jene Arzneimittel handeln, bei denen nicht im Hinblick auf schwere Nebenwirkungen eine Verabreichung unmittelbar durch die Ärztin/den Arzt geboten ist. Dies bedeutet, daß die Ärztin/der Arzt bei der Entscheidung über die Delegierung dieser Tätigkeiten die möglichen Folgen und Risken abzuwägen hat. Ausgeschlossen von einer Delegierung wäre beispielsweise die Verabreichung von Zytostatika, deren Anwendung ein erhöhtes Risiko beinhaltet. Auch kann die erstmalige Applikation eines Arzneimittels nach diesen Kriterien eine Delegierung ausschließen. Diplomierte Pflegepersonen, die die erforderlichen Kenntnisse und Fertigkeiten zur Durchführung dieser Tätigkeiten im Rahmen ihrer Ausbildung oder durch spezielle Schulungen noch nicht erworben haben, dürfen keinesfalls zu diesen Tätgkeiten herangezogen werden.

Zu der in **Z 4** angeführten **Blutentnahme aus der Vene** wird klargestellt, daß beispielsweise im Rahmen von Blutspendediensten eine Zuweisung der einzelnen spendentauglichen Blutspender durch die verantwortliche Ärztin/den verantwortlichen Arzt an die diplomierte Pflegeperson das Erfordernis der ärztlichen Anordnung erfüllt, wenn diese vor Durchführung der Blutentnahme schriftlich dokumentiert wird.

Zum Setzen von transurethralen Blasenkathetern wird folgendes erläutert: Amputierte, polytraumatisierte und querschnittgelähmte PatientInnen müssen auf Grund ihrer Querschnittlähmung bzw. sonstiger Bewegungsunfähigkeit katheterisiert werden. Gerade beim Querschnittgelähmten kommt es immer wieder zu Problemen und die Gefahr, die Blase zu verletzen oder gar zu durchstoßen, ist sehr groß. Dennoch soll es im Einzelfall diplomierten Krankenpflegepersonen ermöglicht werden, diese Tätigkeit, welche insbesondere in Rehabilitationszentren vermehrt durchzuführen ist, vorzunehmen.

3. **Abs. 4** hat durch die Novelle BGBl. I Nr. 95/1998 eine neue Fassung erhalten.

4. AB 1998 (zu Abs. 4):

Diese Bestimmung trägt den Anforderungen der Praxis Rechnung, zumal eine schriftliche ärztliche Anordnung im bisher normierten Umfang sich als weder aus fachlicher Sicht erforderlich, noch im Berufsalltag in allen Situationen umsetzbar erwiesen hat. Die mündliche Anordnung darf nur in medizinisch begründeten Ausnahmefällen erfolgen. Zur Sicherstellung der Zweifelsfreiheit und der Eindeutigkeit bieten sich beispielsweise die mündliche Wiederholung der erteilten Anordnung und die Rückbestätigung durch den anordnenden Arzt an.

5.1. EB 2003 (zu Abs. 6):

Zur Erleichterung von internen Arbeitsabläufen im intra- wie auch im extramuralen Bereich wird entsprechend bereits üblicher Vorgehensweise die gesetzliche Möglichkeit geschaffen, dass Angehörige des gehobenen Dienstes für Gesundheits- und Krankenpflege bei entsprechender ärztlicher Anordnung im Rahmen des mitverantwortlichen Tätigkeitsbereichs die Durchführung der angeordneten Tätigkeiten an PflegehelferInnen, Gesundheits- und KrankenpflegeschülerInnen, TeilnehmerInnen von Pflegehilfelehrgängen sowie Auszubildende nach dem Sanitätergesetz weiter zu übertragen und die entsprechende Aufsicht wahrzunehmen berechtigt sind.

Hiezu ist Folgendes klarzustellen:

Die ärztliche Anordnung erfolgt an die diplomierte Pflegeperson, dies bedeutet, dass der Arzt/die Ärztin die Anordnungs- und Auswahlverantwortung selbstverständlich nur hinsichtlich der diplomierten Pflegeperson trägt.

Seitens der Angehörigen des gehobenen Dienstes für Gesundheits- und Krankenpflege sind einerseits nur jene ärztlichen Tätigkeiten weiter delegierbar, die vom eigenen Tätigkeitsbereich gemäß § 15 GuKG erfasst sind. Andererseits dürfen nur Tätigkeiten weiter übertragen werden, die dem Tätigkeitsbereich bzw. dem Ausbildungsstand der Personen entsprechen, an die weiter delegiert wird. Im Falle einer Weiterdelegation besteht somit die in § 15 Abs. 2 normierte Durchführungsverantwortung der diplomierten Pflegeperson in der Auswahl der Person, an die die Durchführung der Tätigkeit übertragen wird, einschließlich der Vergewisserungsverpflichtung über den Kenntnis- und Ausbildungsstand des/der Betroffenen sowie in der Wahrnehmung der Aufsicht über die Durchführung.

Im Rahmen der Z 1 sind somit ausschließlich Tätigkeiten gemäß § 84 Abs. 4 delegierbar, wobei bei TeilnehmerInnen eines Pfleghilfelehrgangs insbesondere der Ausbildungsstand zu berücksichtigen ist.

Auch eine Weiterdelegation gemäß Z 2 hat auf den Ausbildungsstand des/der betroffenen Schülers/in abzustellen.

Von einer Weiterdelegation gemäß Z 3 sind Personen erfasst, die eine Berechtigung zur Ausübung von Tätigkeiten als RettungssanitäterIn besitzen und im Rahmen der Ausbildung zum/zur NotfallsanitäterIn ein Praktikum in einer fachlich geeigneten Krankenanstalt absolvieren. Dieses Praktikum dient dem Kennenlernen der Schnittstellen im Bereich der Notfallmedizin (Unfallambulanz, Chirurgie etc.). Bei der Weiterdelegation von ärztlichen Tätigkeiten ist selbstverständlich ebenfalls der Ausbildungsstand der Betroffenen zu berücksichtigen.

Die Weiterdelegation gemäß Z 4 betrifft NotfallsanitäterInnen mit allgemeiner Notfallkompetenz Arzneimittellehre (NKA) im Rahmen der Ausbildung zum/zur NotfallsanitäterIn mit allgemeiner Notfallkompetenz Venenzugang und Infusion (NKV). Da nur Tätigkeiten weiter delegierbar sind, die vom Tätigkeitsbereich der diplomierten Pflegeperson erfasst sind, sind hinsichtlich des Legens von Verweilkanülen nur Angehörige des gehobenen Dienstes für Gesundheits- und Krankenpflege mit Berechtigung zur Ausübung der Intensivpflege, der Anästhesiepflege oder der Pflege bei Nierenersatztherapie zur Weiterdelegation berechtigt.

Die entsprechenden ergänzenden Bestimmungen in den Ausbildungsregelungen sowie den Berufsregelungen der Pflegehilfe sind in § 43 Abs. 2, § 84 Abs. 4 und § 92 Abs. 3 normiert.

5.2. EB 2007 (zu Abs. 7):
In Artikel 10 wird auch die Delegation einzelner ärztlicher Tätigkeiten an Laienbetreuer/innen im Ärztegesetz 1998 verankert. Für eine praxisnahe Realisierbarkeit dieser Regelung wird das in § 15 Abs. 6 GuKG bewährte **Rechtsinstitut der Weiterdelegation von übertragenen ärztlichen Tätigkeiten** durch Angehörige des gehobenen Dienstes für Gesundheits- und Krankenpflege sowohl für die Personenbetreuung wie auch die persönliche Assistenz ermöglicht.

Diese **Weiterdelegation** einschließlich der Einschulung und Unterweisung soll allerdings nur bestimmte ärztliche Tätigkeiten umfassen, die im Rahmen der Betreuung zu Hause laufend anfallen können und deren Übertragung durch diplomiertes Pflegepersonal fachlich und organisatorisch gerechtfertigt erscheint. Was das Anlegen von Bandagen und Verbänden betrifft, so ist in diesem Zusammenhang darauf hinzuweisen, dass auch das Anlegen von Kompressionsverbänden, wie industriell gefertigte Kompressionsstrümpfe (z.B. Anti-Thrombose-Strümpfe) und manuell angelegte Kompressionsverbände mittels Kurz- oder Langzugbinden bzw. -bandagen zum Zwecke der Thromboseprophylaxe als therapeutische Maßnahme unter diese Tätigkeit fällt.

Allfällige weitere ärztliche Tätigkeiten können im Rahmen des **§ 50b ÄrzteG 1998** ausschließlich direkt vom/von der behandelnden Arzt/Ärztin an den Laien übertragen werden.

Für eine Weiterdelegation im Sinne des § 15 Abs. 7 GuKG ist jedenfalls die ärztliche Anordnung maßgebend: Diese kann auf Grund der fachlichen Beurteilung der in Frage kommenden Tätigkeit, des Zustands der betreuten Person sowie der Kenntnisse und Fertigkeiten des/der Laienbetreuers/in die Möglichkeit der Weiterdelegation berücksichtigen bzw. ausschließen.

Für eine Weiterdelegation durch die diplomierte Pflegeperson gelten ebenso die qualitätssichernden Einschränkungen der §§ 3b und 3c.

5.3. Zur Delegation von ärztlichen Tätigkeiten nach § 50a Ärztegesetz 1998 siehe z.B. *Schwamberger*, Patienten- und Klientenschutz im Gesundheits- und Heimbereich (2004), 147 ff.

6.1. Die Aufzählung der Tätigkeiten im Abs 5 ist **nicht taxativ**, sondern nur demonstrativ. Siehe auch die Aufgaben der Durchführung freiheitsbeschränkender Maßnahmen nach § 5 HeimAufG.

6.2. § 15 Abs. 5 GuKG enthält eine demonstrative Aufzählung der in den mitverantwortlichen Tätigkeitsbereich fallenden Tätigkeiten. Dies bedeutet, dass die angeführten Tätigkeiten nicht abschließend, sondern nur beispielhaft sind.

In diesem Sinne sind **weitere ärztliche Tätigkeiten** unter den mitverantwortlichen Tätigkeitsbereich subsumierbar, sofern

- sie vom Berufsbild des gehobenen Dienstes für Gesundheits- und Krankenpflege erfasst sind,
- sie einen vergleichbaren Schwierigkeitsgrad wie die in § 15 Abs. 5 GuKG angeführten aufweisen,
- die entsprechenden Kenntnisse und Fertigkeiten in der Grundausbildung vermittelt bzw. durch entsprechende Fortbildungen erworben werden und
- sie nicht in den „Kernbereich" des Berufsbildes eines anderen (nichtärztlichen) Gesundheitsberufs bzw. in den erweiterten Tätigkeitsbereich gemäß § 17 ff. GuKG fallen.

Hinsichtlich der Häufigkeit nosokomialer Infektionen sind bei suprapubischen Kathetern und Gastrotubes keine signifikanten Unterschiede zu transurethralen Kathetern oder PEG-Sonden bekannt. Auch der zeitliche Aufwand sowie die hygienischen Maßnahmen bei der pflegerischen Versorgung sind als gleichwertig einzustufen.

Aus **fachlicher Sicht** ist der **Wechsel eines suprapubischen Katheters und Gastrotubes nicht** unter den mitver-antwortlichen Tätigkeitsbereich gemäß § 15 Z 5, 6 und 7 GuKG subsummierbar, da diesen eine anatomisch-physiologisch präformierte Körperöffnung (Mund, Ösophagus, Rectum, Urethra) gemein ist.

Bei suprapubischen Kathetern und PEG-Sonden (in weiterer Folge Gastrotubes) werden die Zugänge operativ, also unter Umgehung der anatomisch-physiologisch präformierten Körperöffnungen angelegt. Die hierbei beteiligten anatomischen Strukturen (Bauchdecke und Magenwand bzw. Bauchdecke und

Blasenwand) werden nicht adaptiert und bleiben wegen der Notwendigkeit einer physiologischen Beweglichkeit voneinander unabhängig. Zwar kommt es zwischen diesen anatomischen Strukturen zu geringfügigen Verwachsungen, eine Perforation dieser im Rahmen des Wechsels ist jedoch nicht auszuschließen und muss deshalb von einem Arzt/einer Ärztin durchgeführt werden (BMGFJ-21251/0062-III/B/4/2007 vom 15.2. 2008).

6.3. Eine **Verweilkanüle** ist ein Gefäßzugang, der über längere Zeit in einem Gefäß „verweilt", um eine Infusions-therapie etc. durchführen zu können, sodass dem/der PatientIn nicht für jede Verabreichung einer Infusion oder intravenösen Injektion ein neuer Gefäßzugang gesetzt werden muss. Bei Verweilkanülen handelt es sich um Kunststoffkanülen, die mit einem Trokar versehen sind, der nach der Punktion des Gefäßes entfernt wird und die weiche, elastische Kunststoffkanüle im Gefäß verbleibt.

Der **Shunt** ist eine operativ hergestellte artieriell-venöse Verbindung z.B. zur Durchführung der Nierenersatztherapie. Die Punktion eines Shunts ist dem entsprechend nicht das Legen einer Verweilkanüle in die Vene, sondern im Rahmen der Nierenersatztherapie in die operativ hergestellte Gefäßverbindung oder Gefäßprothese. Vor allem bei Gore-Tex-Shunts besteht durch die regelmäßigen Punktionen ein Risiko für Infektionen und Thrombenbildung (= Blutpfropfbildung), die zu einem Verschluss und damit zur Unbrauchbarkeit des Shunts führen können.

Zur Frage, ob die Punktion eines Shunts in den Tätigkeitsbereich der Pflege bei Nierenersatztherapie gemäß § 20 GuKG fällt, ist von folgenden fachlichen Grundlagen auszugehen:

Die für die Durchführung dieser Tätigkeiten erforderlichen Kenntnisse und Fertigkeiten werden im Rahmen der Sonderausbildung in der Pflege bei Nierenersatztherapie vermittelt.

Die Durchführung dieser Tätigkeit bedarf jedenfalls einer vorhergehender Untersuchung des Shunts durch eine/n Arzt/Ärztin, damit mögliche Veränderungen im Bereich des Shunts festgestellt, Komplikationen bei der Punktion vermieden sowie Kontraindikationen für eine Punktion diagnostiziert werden können. Bei beiden Shunt-Arten (chirurgische Verbindung einer Vene und

Arterie oder operativ eingesetzte künstliche Gefäßprothese) sind für eine Punktion besondere Kenntnisse über Komplikationen etc. erforderlich, um DialysepatientInnen keinen Schaden zuzufügen. Auf die Gefahren bei der Übernahme dieser ärztlichen Tätigkeit ist nochmals ausdrücklich hinzuweisen.

Unter Wahrung dieser fachlichen Erfordernisse ist diese Tätigkeit unter § 20 Abs. 3 in Verbindung mit Abs. 4 GuKG zu subsumieren und kann daher von Angehörigen des gehobenen Dienstes für Gesundheits- und Krankenpflege, die zur Ausübung der Pflege bei Nierenersatztherapie berechtigt sind, durchgeführt werden (BMGF vom 20.3.2006, Zl. 92251/0013-I/B/6/2006).

7.1. Durchführungserlass zu § 15 GuKG, insbesondere zur Frage der Verabreichung von Arzneimitteln, BMSG vom 14.02.2001, GZ: 21.251/5-VIII/D/13/00:

Auf Grund wiederholter Anfragen teilt das Bundesministerium für soziale Sicherheit und Generationen unbeschadet § 14 GuKG und unvorgreiflich weiterer Klarstellungen zu § 15 GuKG Folgendes mit:

A. „Verabreichung von Arzneimitteln" durch Angehörige der Gesundheits- und Krankenpflegeberufe gemäß §§ 15 und 84 GuKG und durch Heimhilfen, Behindertenbetreuer, Alten(fach)betreuer etc.

Vorweg ist darauf hinzuweisen, dass hinsichtlich der Verabreichung von Arzneimitteln Fragen der Urteilsfähigkeit und Handlungsfähigkeit gesondert zu beachten sind. Da diese Fragestellungen außerhalb des GuKG liegen, wird darauf im gegebenen Zusammenhang nicht näher eingegangen.

Sämtliche Fragen im Zusammenhang mit der Verabreichung von Arzneimitteln erfordern zunächst die Klarstellung der Begrifflichkeit. Aus der Unterscheidung zwischen Verabreichung und Selbstanwendung von Arzneimitteln wird in der Folge die Berechtigung zur Durchführung dieser Tätigkeit bzw. zur Hilfestellung bei dieser Tätigkeit abgeleitet.

I. Zum Begriff „Verabreichung von Arzneimitteln" und Selbstanwendung:

GuKG **§ 15**

Gemäß § 2 Abs. 2 ÄrzteG 1998 umfasst die Ausübung des ärztlichen Berufes jede auf medizinisch-wissenschaftlichen Erkenntnissen begründete Tätigkeit, die unmittelbar am Menschen oder mittelbar für den Menschen ausgeführt wird. Unter anderem sind dies insbesondere die Untersuchung auf das Vorliegen von körperlichen und psychischen Krankheiten oder Störungen, von Behinderungen oder Missbildungen und Anomalien, die krankhafter Natur sind (Z 2) und die Verordnung von Heilmitteln, Heilbehelfen und medizinisch-diagnostischen Hilfsmitteln (Z 7). Als Heilmittel sind u.a. Arzneimittel zu qualifizieren, wobei der Begriff des „Arzneimittels" durch das Arzneimittelgesetz abschließend definiert wird.

Sowohl die der Verordnung von Arzneimitteln vorangehende Untersuchung als auch die Verordnung von Arzneimitteln sind auf medizinisch-wissenschaftlichen Erkenntnissen begründete Tätigkeiten, die grundsätzlich dem Arzt/der Ärztin vorbehalten sind (vgl. insbesondere §§ 199 Abs. 1 und 2 iVm 2 Abs. 2 und 3 Abs. 4 ÄrzteG 1998).

Im Rahmen der Verordnung von Heilmitteln (Arzneimitteln) hat der Arzt/die Ärztin zunächst die auf medizinisch-wissenschaftlichen Erkenntnissen begründete – und damit grundsätzlich ihm/ihr obliegende – Entscheidung zu treffen, ob
- nach allfälliger Anleitung der Patient/die Patientin im konkreten Fall unter Bedachtnahme auf die Zusammensetzung und Wirkung des Arzneimittels geistig und körperlich
- dies unbeschadet allfälliger Behinderungen – geeignet ist, eine Selbstanwendung im Sinne von „selbstbestimmt" vorzunehmen oder – die Anwendung der Arzneimittel auf medizinisch-wissenschaftlichen Erkenntnissen begründeter Tätigkeiten bedürfen und daher durch einen Arzt/eine Ärztin zu erfolgen hat.

Gemäß § 49 Abs. 3 ÄrzteG 1998 kann der Arzt/die Ärztin im Einzelfall ärztliche Tätigkeiten an Angehörige anderer Gesundheitsberufe übertragen, sofern diese vom Tätigkeitsbereich des entsprechenden Gesundheitsberufes umfasst sind.

§ 15 GuKG

Dieser Bestimmung des ÄrzteG 1998 entsprechend ermöglicht das Gesundheits- und Krankenpflegegesetz (GuKG) in seinen §§ 15 und 84 die Übertragung ärztlicher Tätigkeiten an Angehörige der Gesundheits- und Krankenpflegeberufe, u.a. auch die Verabreichung von Arzneimitteln.

Die vom Arzt/von der Ärztin delegierte Verabreichung von Arzneimitteln im Sinne des GuKG ist daher eine auf medizinischwissenschaftlichen Erkenntnissen begründete Tätigkeit und somit eine ärztliche Tätigkeit, die gemäß § 49 Abs. 3 ÄrzteG 1998 unter den normierten Voraussetzungen an Angehörige der Gesundheits- und Krankenpflegeberufe delegiert werden darf (vgl. weiters die in § 15 Abs. 5 GuKG demonstrativ und in § 84 Abs. 4 GuKG taxativ genannten Tätigkeiten).

Der Arzt/Die Ärztin hat die Durchführung ärztlicher Tätigkeiten nach Maßgabe des entsprechenden Berechtigungsumfanges unter Wahrung seiner/ihrer Anordnungsverantwortung jeweils an den gehobenen Dienst für Gesundheits- und Krankenpflege oder an Pflegehelfer/Pflegehelferinnen anzuordnen.

Da eine „Weiterdelegation" angeordneter ärztlicher Tätigkeiten durch Angehörige des gehobenen Dienstes für Gesundheits- und Krankenpflege an Angehörige der Pflegehilfe im GuKG nicht vorgesehen ist, ist in der ärztlichen Anordnung zum Ausdruck zu bringen, durch welche Berufsgruppe oder allenfalls auch – soweit aus medizinischer Sicht erforderlich – durch welche Person die angeordnete Tätigkeit durchgeführt werden darf. Kann die angeordnete Tätigkeit sowohl durch Angehörige des gehobenen Dienstes für Gesundheits- und Krankenpflege als auch durch Pflegehelfer/Pflegehelferinnen durchgeführt werden, so ist der gesetzmäßige Einsatz des jeweiligen Gesundheitsberufes in jedem Fall sicherzustellen, wobei eine derartige Anordnung begleitende organisatorische Maßnahmen ergänzend zu den ärztlichen Anordnungen voraussetzt. Der Einzelfall muss jedenfalls hinreichend determiniert sein.

Gemäß § 49 Abs. 2 ÄrzteG 1998 hat der Arzt/die Ärztin seinen/ihren Beruf unmittelbar, allenfalls in Zusammenarbeit mit anderen Ärzten/innen auszuüben. Zur Mithilfe (d.h. im Sinne eines unterstützenden, nicht auf medizinisch-wissenschaftlichen Kenntnissen begründeten Tätigwerdens) kann er/sie sich jedoch Hilfspersonen bedienen, wenn diese nach seinen/ihren genauen Anordnungen und unter seiner/ihrer ständigen Aufsicht handeln. Hilfsperson kann demnach jedermann sein, zumal das ÄrzteG 1998 in seinem § 49 Abs. 2 nicht hinsichtlich der beruflichen Qualifikation der Hilfsperson differenziert.

Dies bedeutet, dass insbesondere auch Angehörige der Berufe der Heimhilfe, Behindertenhilfe etc. unter den Begriff ,,Hilfsperson" zu subsumieren sind.

Dem behandelnden Arzt/Der behandelnden Ärztin steht es frei, sich bei der Durchführung ärztlicher Tätigkeiten auch der Unterstützung durch einen Angehörigen eines Gesundheitsberufes als ,,Hilfsperson" im Sinne des § 49 Abs. 2 ÄrzteG 1998 zu bedienen; dies unabhängig davon, ob dessen Berufsbild bzw. Tätigkeitsbereich auch diese Tätigkeit mitumfasst.

Die Delegation ärztlicher Tätigkeiten an Hilfspersonen, unabhängig von deren Qualifikation, ist jedoch nicht zulässig, da unter Mithilfe nur ein unterstützendes Tätigwerden bei ärztlichen Verrichtungen verstanden werden kann. Dem Arzt ist es also – vorbehaltlich entsprechend anders lautender Rechtsgrundlagen – nicht gestattet, Tätigkeiten, die ihm durch das Gesetz ausdrücklich vorbehalten sind, an nichtärztliche Personen zu delegieren (vgl. 1587 BlgNR XIII. GP, 3). Dies trifft auch dann zu, wenn die Hilfsperson im Übrigen über eine sonstige qualifizierte Ausbildung verfügt.

Zusammenfassend ist daher festzuhalten, dass es dem Arzt/ der Ärztin im Rahmen seiner Verantwortung obliegt, festzustellen, ob die Anwendung von Arzneimitteln zu erfolgen hat:
1. durch Selbstanwendung im Sinne von ,,selbstbestimmt",
2. durch einen Arzt/eine Ärztin unter allfälliger Mithilfe einer Hilfsperson gemäß § 49 Abs. 2 ÄrzteG 1998 oder
3. gemäß § 49 Abs. 3 ÄrzteG 1998 im Einzelfall durch einen Angehörigen eines anderen Gesundheitsberufes, sofern diese Tätigkeit vom Tätigkeitsbereich des entsprechenden Gesundheitsberufes umfasst sind. Angehörige eines ande-

ren Gesundheitsberufes sind insbesondere Angehörige der Gesundheits- und Krankenpflegeberufe. Bei diesen ist im Rahmen der ärztlichen Anordnung klarzustellen, ob die Tätigkeit durch Angehörige des gehobenen Dienstes der Gesundheits- und Krankenpflege oder durch Pflegehelfer/Pflegehelferinnen zu erfolgen hat, bzw. Angehörige beider Berufsgruppen diese Tätigkeit durchführen dürfen, sofern durch geeignete organisatorische Maßnahmen die Zuständigkeit zur Durchführung der Tätigkeit sichergestellt ist.

II. Selbstanwendung, Verwaltung der Heilmittel, Hilfestellung bei der Anwendung, Substitution der eigenen Leistung:

In jenen Fällen, in denen der Arzt/die Ärztin im Rahmen seiner/ihrer Verantwortung entscheidet, dass eine Selbstanwendung im Sinne von ,,selbstbestimmt" möglich ist, ist bezüglich der Zulässigkeit der Beiziehung anderer Personen insbesondere hinsichtlich

    a) der ,,Verwaltung" von Heilmitteln,
    b) der Hilfestellung bei der Selbstanwendung sowie
    c) der Substitution der eigenen Leistung

vor allem durch Behindertenbetreuer, Heimhilfe und Altenhelfer (in der Folge ,,Dritte") zu differenzieren. Dabei ist das Selbstbestimmungsrecht der PatientInnen, verbunden mit der Notwendigkeit von Fachwissen in Verbindung mit der ärztlichen Verordnung maßgeblich für die jeweilige Vorgangsweise.

IIa. ,,Verwaltung" von Arzneimitteln:

Das Einordnen von Arzneimitteln in (Tages- oder Wochen-) Dispenser durch ,,Dritte" ist rechtskonform, wenn der Patient/die Patientin sein/ihr Selbstbestimmungsrecht tatsächlich ausüben kann und diese Leistung als Unterstützung in Anspruch nimmt. Es liegt in der Verantwortung des Patienten/der Patientin, im Rahmen seines/ihres Selbstbestimmungsrechts das Einfüllen in den Dispenser zu übertragen, da eine jederzeitige Anleitung und Aufsicht möglich ist, wobei er/sie die Herrschaft über die zur Selbstanwendung verordneten Arzneimittel besitzen muss.

Kann der Patient/die Patientin hinsichtlich der zur Selbstanwendung verordneten Arzneimitteln sein/ihr Selbstbestimmungsrecht nicht persönlich ausüben, so ist eine ,,Verwaltung" von Arzneimitteln durch ,,Dritte" nur auf Grund einer nach den Regeln über die Geschäftsfähigkeit gültigen Ermächtigung durch den Patienten/die Patientin selbst oder durch die nach den Regeln der Pflege und Erziehung eines Minderjährigen bzw. die Personensorge zuständige Person zulässig. Hiebei bedarf es jedoch unter Hinweis auf den erhöhten Sorgfaltsmaßstab und die damit verbundene Einlassungsfahrlässigkeit neben einer Abwägung der subjektiven Kenntnisse und der Zumutbarkeit insbesondere einer Rückkoppelung mit dem behandelnden Arzt durch den ,,Dritten".

IIb. Hilfestellung bei der Selbstanwendung im Sinne von ,,selbstbestimmt":

– mit notwendigen auf objektiv medizinisch-wissenschaftlich begründeten Erkenntnissen beruhenden Kenntnisse, die typischerweise der Arzt/die Ärztin auf Grund des Fächerkanons der Ausbildung erwirbt:

In diesem Zusammenhang ist zu differenzieren, inwieweit für die Anwendung des Arzneimittels spezielles medizinisches Wissen notwendig ist, welches auf Grund dessen Breite und Intensität typischerweise ein Arzt/eine Ärztin erwirbt. In diesen Fällen muss der Patient/die Patientin im Rahmen der Verordnung durch den Arzt/die Ärztin regelmäßig eingeschult (zB Insulininjektionen einschließlich Blutzuckermessung) werden.

Ist bei der Anwendung von Arzneimitteln aber auch von Medizinprodukten (zB Steuerung des Dialysegerätes) medizinisches Wissen erforderlich, welches typischerweise grundsätzlich nur ein Arzt/eine Ärztin erwirbt, wird die Selbstanwendung im Sinne von ,,selbstbestimmt" dadurch eingeschränkt, dass eine Hilfestellung zur Selbstanwendung nur durch Personen zulässig ist, die dieses spezifische Fachwissen besitzen.

Neben ÄrztInnen sind u.a. Angehörige der Gesundheits- und Krankenpflegeberufe gemäß geltender Rechtslage berechtigt und auf Grund ihrer Ausbildung befähigt, Arzneimittel zu verabreichen. Demnach haben sie auch das erforderliche Fachwissen zur

Hilfestellung bei jeglicher Selbstanwendung. Eine ärztliche Anordnung ist daher in diesem Fall nicht erforderlich, allerdings kommt der Einlassungsfahrlässigkeit dabei besondere Bedeutung zu.

Bedarf die Hilfestellung eines pflegerischen Fachwissens, fällt die Tätigkeit in den eigenverantwortlichen Tätigkeitsbereich des gehobenen Dienstes für Gesundheits- und Krankenpflege gemäß § 14 GuKG bzw. in den Tätigkeitsbereich der Pflegehilfe gemäß § 84 Abs. 2 und 3 GuKG und ist somit diesen Berufen vorbehalten. Ausgenommen hievon sind gemäß § 3 Abs. 3 GuKG Hilfeleistungen in der Nachbarschafts-, Familien- und Haushaltshilfe.

Im Rahmen der Berufsausübung ist eine Hilfestellung zur Selbstanwendung mit entsprechendem medizinischem bzw. pflegerischem Fachwissen durch Nichtangehörige von Gesundheitsberufen („Dritte") auf der Basis geltenden Rechts nicht zulässig.

Den Grenzen der eigenverantwortlichen Ausübung des jeweiligen Berufes kommt im gegebenen Zusammenhang besondere Bedeutung zu. Jeder Berufsangehörige muss daher unter Bedachtnahme auf die Einlassungsfahrlässigkeit und den gebotenen Sorgfaltsmaßstab prüfen, ob die Hilfestellung nicht bereits entsprechendes Fachwissen und daher entsprechend qualifiziertes Personal erfordert.

– ohne spezielle Fachkenntnisse:

Bedarf es zur Anwendung des entsprechenden Arzneimittels keines medizinischen bzw. pflegerischen Fachwissens, kann der Patient/die Patientin im Rahmen seines/ihres Selbstbestimmungsrechts jegliche natürliche Person zur Hilfestellung bei der Selbstanwendung im Sinne von „selbstbestimmt" ersuchen. Voraussetzung ist auch hier, dass der Patient/die Patientin in der Lage ist, sein/ihr Selbstbestimmungsrecht auszuüben bzw. eine Ermächtigung der nach den Regeln der Pflege und Erziehung von Minderjährigen bzw. Personenpflege zuständigen Person vorliegt. Gleiches gilt auch für den Fall der Hilfestellung im Sinne einer Substitution der eigenen Leistung.

B. Bedarfsmedikation

Eine Anordnung, die eine ärztliche Diagnose durch Angehörige der Gesundheits- und Krankenpflegeberufe erfordert, ist nicht zulässig.

In Einzelfällen kann es jedoch zulässig sein, dass der Arzt/die Ärztin an das Pflegepersonal Anordnungen erteilt, die sich zwar nicht auf objektiv messbare Parameter stützen, aber auf Grund anderer klarer Vorgaben (zB Äußerung des Patienten über Kopfschmerzen, Einschlafschwierigkeiten) eindeutig, zweifelsfrei und nachvollziehbar sind.

Form und Inhalt der ärztlichen Anordnung sowie deren Zulässigkeit sind von der Art der Einrichtung (zB Krankenanstalt, Pflegeheim etc.), der Qualifikation des ärztlichen und Gesundheits- und Krankenpflegepersonals sowie der Art der delegierten Tätigkeit und dem konkreten Patienten/der konkreten Patientin abhängig. Die Anordnung hat so konkret zu sein, wie dies nach der medizinischen Wissenschaft und Erfahrung notwendig ist.

Es kann daher keine Globalantwort hinsichtlich des Determinationsgrades und Zulässigkeit der einzelnen ärztlichen Anordnung gegeben werden. Vielmehr liegt es in der Anordnungsverantwortung des Arztes/der Ärztin im Einzelfall abzuwägen, ob im konkreten Fall eine Übertragung der Tätigkeit gemäß § 49 Abs. 3 ÄrzteG 1998 zulässig ist.

C. Anordnung durch Turnusärztinnen

§ 15 Abs. 2 GuKG weist die Verantwortung für die Anordnung dem ,,anordnenden Arzt"/der ,,anordnenden Ärztin" zu; § 49 Abs. 3 ÄrzteG 1998, BGBl. I Nr. 169, eröffnet korrelierend ,,dem Arzt" die Übertragung ärztlicher Tätigkeiten im Einzelfall.

Durch die bloße Verwendung des Wortes ,,Arzt" sind grundsätzlich auch Turnusärzte/Turnusärztinnen mitumfasst (§ 1 Z 1 ÄrzteG 1998). Demnach dürfen Turnusärzte/Turnusärztinnen, sofern sie vom/von der Ausbildungsverantwortlichen auf Grund des Standes der Ausbildung hiezu ermächtigt worden sind, entsprechende Anordnungen erteilen.

Dem Gesundheits- und Krankenpflegepersonal kommt im Sinne des Vertrauensgrundsatzes keine Verpflichtung zu, zu überprüfen, ob der Arzt/die Ärztin anordnungsbefugt ist. Im Rahmen der Organisation des ärztlichen Dienstes ist vielmehr sicherzustellen, dass Anordnungen nur durch entsprechend qualifizierte und ermächtigte Turnusärzte/Turnusärztinnen erfolgen. Im Rahmen der allgemeinen zivil- und strafrechtlichen Haftung haftet aber das Gesundheits- und Krankenpflegepersonal in jenen Fällen, bei denen die Fehlerhaftigkeit der Anordnung aufgefallen ist oder offensichtlich hätte auffallen müssen.

D. Hinweis

Das GuKG normiert nur die berufsrechtliche Ermächtigung, nicht jedoch auch die Verpflichtung der Gesundheits- und Krankenpflegeberufe, alle berufsrechtlich zulässigen Handlungen zu setzen. In welchem Maß das Gesundheits- und Krankenpflegepersonal verpflichtet ist, entsprechende Anordnungen eines Arztes/einer Ärztin Folge zu leisten, ergibt sich aus dem Dienstvertrag sowie aus der konkreten Weisungslage.

7.2. Zur **Verabreichung von Arzneimitteln** hat das BMG (GZ. 92251/0050-I/B/6/2010 vom 15.7.2010) Folgendes ausgeführt:

Bei der Verabreichung von Arzneimitteln handelt es sich um eine ärztliche Tätigkeit, die nach Maßgabe des § 49 Abs. 3 Ärztegesetz 1998, BGBl. I Nr. 169, in der geltenden Fassung, im Einzelfall an Angehörige anderer Gesundheitsberufe übertragen werden kann, sofern diese vom Tätigkeitsbereich des jeweiligen Gesundheitsberufs umfasst ist, wobei die ärztliche Aufsicht entfällt, sofern die Regelungen der entsprechenden Gesundheitsberufe bei der Durchführung übertragener ärztlicher Tätigkeiten keine ärztliche Aufsicht vorsehen.

In diesem Sinne fällt gemäß § 15 Abs. 5 Z 1 bzw. 84 Abs. 4 Z 1 GuKG die Verabreichung von Arzneimitteln unter

– den mitverantwortlichen Tätigkeitsbereich des gehobenen Dienstes für Gesundheits- und Krankenpflege, im Rahmen dessen ärztlich angeordnete Tätigkeiten eigenverantwortlich, das heißt ohne ärztliche Aufsicht, durchgeführt werden dürfen, bzw.

– die taxativ aufgezählten ärztlichen Tätigkeiten, die im Einzelfall an Pflegehelfer/innen delegierbar sind und von diesen unter Aufsicht eines/einer Arztes/Ärztin bzw. eines /einer Angehörigen des gehobenen Dienstes für Gesundheits- und Krankenpflege durchgeführt werden dürfen.

Die Verabreichung von Arzneimitteln impliziert, dass der/die richtige Patient/in das richtige Arzneimittel in der richtigen Konzentration und Dosierung mittels richtiger Applikationsform zum richtigen Zeitpunkt einnimmt.

Die ärztliche Anordnung hat schriftlich unter Wahrung der gesetzlich normierten Voraussetzungen (siehe insbesondere §§ 15 und 84 GuKG bzw. §§ 49 Abs. 3 und 51 ÄrzteG 1998) nach Maßgabe der einschlägigen Dokumentationsregelungen (z.B. im Krankenanstaltenrecht bzw. in den Pflegeheimgesetzen der Länder) zu erfolgen. Dies ist durch allfällige organisatorische Maßnahmen sicherzustellen, wobei der genauen Ausgestaltung der Stand der Wissenschaft und Erfahrung zugrunde zu legen ist.

Die Arzneimittelverschreibung erfolgt auf der Grundlage einer ärztlichen Anamnese und Diagnose, die regelmäßig im Rahmen einer persönlichen ärztlichen Visitation des/der Patienten/-in erstellt werden. Auf dieser Grundlage ist auch eine dem Zustand des/der Patient/-in entsprechende Applikationsform anzuordnen und schriftlich festzulegen.

Eine Abänderung der Applikationsform durch das Pflegepersonal ohne Rücksprache mit dem/der anordnenden Arzt/Ärztin wäre nicht von der schriftlichen ärztlichen Anordnung gedeckt und ist daher nicht zulässig. Der gehobene Dienst für Gesundheits- und Krankenpflege ist verpflichtet, Zweifel im Zusammenhang mit der Verordnung und Verabreichung von Arzneimitteln dem/der anordnenden Arzt/Ärztin umgehend rückzukoppeln. Dem gegenüber steht die Verpflichtung des/der Arztes/Ärztin, diese Informationen im Rahmen seiner/ihrer Anordnungsverantwortung zu berücksichtigen.

7.3. Zur **Verabreichung von Arzneimitteln** siehe auch Punkt IV des Erlasses des BMG vom 2.3.2011, GZ 92251/0013-II/A/2/2011, unter Anm. 8 zu § 3.

8. Legen von Verweilkanülen
8.1. Die Frage des Legens von peripheren Venenverweilkathetern ist im § 15 GuKG nicht ausdrücklich geregelt. Daher ist es notwendig das Gesetz auszulegen, da eine Nicht-Regelung

nicht automatisch ein Verbot der Ausübung der Tätigkeit bedeutet. Andernfalls müsste eine Fortentwicklung von Methoden und Tätigkeiten auch im kleinem Umfang zu Gesetzesänderungen führen. Der mitverantwortliche Tätigkeitsbereich ist grundsätzlich so umschrieben, dass er die Durchführung diagnostischer und therapeutischer Maßnahmen nach ärztlicher Anordnung erfasst. Die in Abs. 5 GuKG genannten Tätigkeiten sind nur insbesondere angeführt d.h., dass sie nur beispielshaften Charakter haben. Aus dieser Texierung ergibt sich, dass auch andere Maßnahmen als die im Abs. 5 Z. 1–7 genannten Tätigkeiten vom mitverantwortlichen Tätigkeitsbereich umfasst sein können. Damit kann aber auch davon ausgegangen werden, dass das Setzen eines Gefäßzuganges zur Verabreichung von Infusionen grundsätzlich delegierbar ist. Selbstverständlich setzt eine solche Anordnung des Arztes und die Durchführung durch das Pflegepersonal aber voraus, dass das diplomierte Pflegepersonal über die entsprechenden Fähigkeiten verfügt, so einen Venenverweilkatheder für Infusionen zu legen. Siehe hiezu näher *Schwamberger*, Entwicklungen im Bereich des Gesundheits- und Krankenpflegerechts, RdM 2004/82, 135; *Mazal*, Verwirrung um Pflege, RdM 2004/81, 129; *Mazal*, Periphere Verweilkanülen durch DGKP?, RdM 2005/82, 129.

8.2. Anfragebeantwortung BMGF v. 29.07.2005, Zl. BMGF-92251/0049-I/B/6/2005:

Gemäß § 15 GuKG umfasst der mitverantwortliche Tätigkeitsbereich des gehobenen Dienstes für Gesundheits- und Krankenpflege die Durchführung diagnostischer und therapeutischer Maßnahmen nach schriftlicher ärztlicher Anordnung, wobei der/die anordnende Arzt/Ärztin die Verantwortung für die Anordnung und der/die Angehörige des gehobenen Dienstes für Gesundheits- und Krankenpflege die Verantwortung für die Durchführung der angeordneten Tätigkeit trägt.

§ 15 Abs. 5 GuKG enthält eine demonstrative Aufzählung der in den mitverantwortlichen Tätigkeitsbereich fallenden Tätigkeiten. Dies bedeutet, dass die angeführten Tätigkeiten nicht abschließend, sondern nur beispielhaft sind. In diesem Sinne sind weitere ärztliche Tätigkeiten unter den mitverantwortlichen Tätigkeitsbereich subsumierbar, sofern sie vom Berufsfeld des gehobenen Dienstes für Gesundheits- und Krankenpflege erfasst sind, einen vergleichbaren Schwierigkeitsgrad aufweisen, die entsprechenden Kenntnisse und Fertigkeiten in der Grundausbildung vermittelt bzw. durch entsprechende Fortbildungen erworben werden und nicht in den ,,Kernbereich" des Berufsbildes eines anderen (nichtärztlichen) Gesundheitsberufes fallen.

Das Legen von Verweilkanülen ist nicht in der beispielhaften Aufzählung des § 15 Abs. 5 GuKG enthalten und wird derzeit auch weder in der Grundausbildung des gehobenen Dienstes für Gesundheits- und Krankenpflege noch in der Sonderausbildung in der Intensivpflege, in der Anästhesiepflege bzw. in der Pflege bei Nierenersatztherapie vermittelt.

Allerdings bestehen aus fachlicher Sicht keine Bedenken dagegen, dass diese Tätigkeit vom gehobenen Dienst für Gesundheits- und Krankenpflege durchgeführt wird, sofern die entsprechenden Kenntnisse und Fertigkeiten durch das diplomierte Pflegepersonal erworben worden sind. Insbesondere ist dabei darauf Bedacht zu nehmen, dass diese Tätigkeit einem höheren Sorgfalts- und Gefährdungsgrad als die in § 15 Abs. 5 Z. 3 GuKG genannte Tätigkeit (,,Vorbereitung und Anschluss von Infusionen bei liegendem Gefäßzugang") unterliegt.

Ein Ergebnis, dass das Legen von Verweilkanülen (neben Ärzten/innen) ausschließlich Intensivpflegern/-schwestern vorbehalten sein soll, wäre aus fachlicher Sicht nicht gerechtfertigt, zumal diese medizinische Maßnahme nicht auf den Intensivbereich beschränkt ist, sondern aus der Sicht des Berufsbildes des gehobenen Dienstes für Gesundheits- und Krankenpflege in den mitverantwortlichen Tätigkeitsbereich fällt.

Ausdrücklich ist darauf hinzuweisen, dass selbstverständlich die Anordnungsverantwortung ausschließlich beim/bei der Arzt/Ärztin verbleibt und Angehörige des gehobenen Dienstes für Gesundheits- und Krankenpflege – da diese Tätigkeiten derzeit nicht in der Pflegeausbildung vermittelt werden – einerseits im Zusammenhang mit der Durchführungsverantwortung eine Ein-

§ 15 GuKG

lassungsfahrlässigkeit trifft und anderseits im Rahmen der Fortbildungspflicht (§ 4 Abs. 2 GuKG) zum Erwerb der entsprechenden Kenntnisse und Fertigkeiten verpflichtet sind.

9. Zur Frage der **ärztlichen Anordnung** siehe etwa auch § 2 MTD-Gesetz (näher hiezu *Schwamberger*, MTD-Gesetz4 [2006]); hiezu siehe auch *Mazal*, Heranziehung von Hilfspersonen durch Ärzte – berufsrechtliche Aspekte, RdM 1996, 35 ff., *Payer-Allmer*, Die rechtliche Handlungskompetenz in der Pflege und ihre Bedeutung für die Professionalisierung des Berufsbildes im Zusammenhang mit dem neuen Gesundheits- und Krankenpflegegesetz, Österr. Krankenpflege-Zeitschrift 6-7/97, 22 ff.; *Mazal*, Erleichterung der Anordnungsbefugnis im GuKG, RdM 1998, 97; *Schwamberger*, MMHmG (2003), 65 f.; *Sladecek/Marzi/Schmiedbauer*, Recht für Gesundheitsberufe[5] (2010); *Aigner/Kletecka/Kletecka-Pulker/Memmer*, Handbuch Medizinrecht (2011), insbes. III/28; *Drda/Fleisch/Höftberger*, Recht für Mediziner (2003), 16, alle m.w.N.

10. Zum **extramuralen Bereich** zählen jedenfalls die Einrichtungen der Hauskrankenpflege. Weiters können Einrichtungen der Übergangspflege (§ 19 Abs 2 Z 7 GuKG), der ambulanten Dienste im Sinne des § 3 Z 2 UbG sowie die freiberufliche Berufsausübung (§ 36 GuKG) darunter verstanden werden.

11. Spezielle Schulungen für die Bewältigung der Aufgaben im mitverantwortlichen Tätigkeitsbereich können im Wege der Fortbildung (§ 63) und der Weiterbildung (§ 64) erfolgen. Möglich ist aber auch eine Schulung in der Krankenanstalt, in der die Pflegeperson tätig ist, im Rahmen der Fortbildung des Personals. Beachte hiezu § 11d KAKuG betreffend die Verpflichtung des Trägers der KA, die regelmäßige Fortbildung des nichtärztlichen Personals sicherzustellen.

12. Siehe die entsprechende Regelung im § 49 (3) Ärztegesetz 1998 (vgl. *Schwamberger*, Ärztegesetz 1998, 107 ff.; *Aigner/Kierein/Kopetzki*, Ärztegesetz 19983 [2007], 92 ff.).

13. Siehe auch § 7 Abs. 7 Blutsicherheitsgesetz; näher hiezu *Schwamberger*, Blutsicherheitsgesetz und Blutspenderverordnung (1999), insbes. 20 ff.

14. Im mitverantwortlichen Tätigkeitsbereich kommt der **Dokumentation** aus Gründen der klaren Zuordnung der Haftung eine besondere Bedeutung zu. Siehe auch die Dokumentationspflicht nach § 6 HeimAufG.

15. Subkutane Infusionen – Zulässigkeit der Delegation an Angehörige des diplomierten Pflegepersonals; Erlass, Zl. BMGF-92251/0017-I/B/6/2005:
Nach umfassender fachlicher und rechtlicher Prüfung teilt das Bundesministerium für Gesundheit und Frauen aus gegebenem Anlass Folgendes mit:
1. **Aus fachlicher Sicht** ist zur Frage der Verabreichung von subkutanen Infusionen festzuhalten wie folgt:
Indikation für Hypodermoclysis:
- Therapie der leichten bis mäßigen Dehydratation
- Erhöhter Flüssigkeitsbedarf, welcher per os nicht abgedeckt werden kann (z.B. Fieber, Durchfall, Erbrechen, Schluckstörungen bei neurologischen Erkrankungen, wie Schlaganfall oder Morbus Parinson, mangelnde Compliance bei akuter Verwirrtheit, Vigilanzstörungen etc.)
- Flüssigkeitszufuhr in der Terminalphase (wenn ethisch und palliativmedizinisch vertretbar), eventuell mit Analgetika

Krontraindikationen:
- Notfallsituationen, wie Schock, Sepsis, schwere Elektrolytstörungen, schwere Dehydratation (Indikatoren dafür: über 300 mMol/kg, Na über 150 mMol/l), wenn rasche Zufuhr größerer Flüssigkeitsvolumina notwendig ist
- Koagulopathien, therapeutische Antikoagulation
- Schwere Herzinsuffizienz
- Hypervolämie
- Vernarbte oder ekzematöse Infusionsstelle

– Bei Aszites Einstichstelle nicht im Abdominalbereich

Auf folgende Komplikationen muss hingewiesen werden (nur vereinzelte Kasuistiken):
– lokales Ödem
– Schmerzen
– Fluid Overload
– Gewebsnekrose
– Zellulitis
– Abszess
– Sepsis

Die fachliche Beurteilung der subkutanen Infusionen wurde von der Österreichischen Palliativgesellschaft und der Österreichischen Gesellschaft für Geriatrie und Gerontologie erarbeitet. Die Österreichische Gesellschaft für Kinder- und Jugendheilkunde (Prof. Dr. Wilhelm Müller) schließt die Anwendung von subkutanen Infusionen für Kinder und Jungendliche auch in Palliativfällen aus.

2. **Aus rechtlicher Sicht** ist festzuhalten:

Gemäß § 15 Gesundheits- und Krankenpflegegesetz – GuKG, BGBl. I Nr. 108/1997 idgF, umfasst der mitverantwortliche Tätigkeitsbereich des gehobenen Dienstes für Gesundheits- und Krankenpflege die Durchführung diagnostischer und therapeutischer Maßnahmen nach schriftlicher ärztlicher Anordnung, wobei der/die anordnende Arzt/Ärztin die Verantwortung für die Anordnung und der/die Angehörige des gehobenen Dienstes für Gesundheits- und Krankenpflege die Verantwortung für die Durchführung der angeordneten Tätigkeit trägt.

§ 15 Abs. 5 GuKG enthält eine demonstrative Aufzählung der in den mitverantwortlichen Tätigkeitsbereich fallenden Tätigkeiten. Dies bedeutet, dass die angeführten Tätigkeiten nicht abschließend, sondern nur beispielhaft sind. In diesem Sinne sind weitere ärztliche Tätigkeiten unter den mitverantwortlichen Tätigkeitsbereich subsumierbar, sofern sie vom Berufsbild des gehobenen Dienstes für Gesundheits- und Krankenpflege erfasst sind, einen vergleichbaren Schwierigkeitsgrad aufweisen, die entsprechenden Kenntnisse und Fertigkeiten in der Grundausbildung vermittelt bzw. durch entsprechende Fortbildungen erworben werden und nicht in den „Kernbereich" des Berufsbildes eines anderen (nichtärztlichen) Gesundheitsberufes fallen.

Subkutane Infusionen sind nicht in der beispielhaften Aufzählung des § 15 Abs. 5 GuKG enthalten. Da die Verabreichung subkutaner Infusionen – wie oben ausgeführt – grundsätzlich dem Stand der medizinischen und pflegerischen Wissenschaft entspricht, sind die entsprechenden Lehrinhalte im Curriculum für die Ausbildung in der Gesundheits- und Krankenpflege aufzunehmen bzw. im Rahmen von Fortbildungen gemäß §§ 4 Abs. 2 und 63 GuKG durch die Berufsangehörigen zu erwerben.

Eine Änderung des GuKG im Hinblick auf eine ausdrückliche Verankerung der Verabreichung subkutaner Infusionen im mitverantwortlichen Tätigkeitsbereich erscheint nicht geboten.

Zusammenfassend ist festzuhalten, dass bei entsprechender Indikation aus fachlicher und rechtlicher Sicht die Delegation von subkutanen Infusionen an Angehörige des gehobenen Dienstes für Gesundheits- und Krankenpflege grundsätzlich zulässig ist. Auf die Verantwortung des Arztes/der Ärztin im Hinblick auf die Anordnung ist besonders aufmerksam zu machen. Die für die Durchführung erforderlichen Kenntnisse und Fertigkeiten sind vom diplomierten Pflegepersonal – sofern diese nicht in der Ausbildung vermittelt worden sind – im Rahmen der Fortbildungspflicht gemäß §§ 4 Abs. 2 und 63 GuKG zu erwerben.

16. Schreiben eines EKG

16.1. Das Schreiben eines EKG ist vom **Aufgabenbereich des diplomierten Pflegepersonals umfasst**. So muss zum Beispiel auf einer internen Abteilung oder in einer Ambulanz jede dipl. Pflegeperson in der Lage sein, in Akutsituationen unverzüglich oder zur laufenden Überwachung ein EKG zu schreiben um es dem Arzt zur Diagnostik vorzulegen.

Das Schreiben eines EKG umfasst das richtige Anlegen der Elektroden und das Schreiben der entsprechenden Ableitungen. Dabei handelt es sich um ein standardisiertes Verfahren, welches für entsprechend vorgebildetes Personal wie dem gehobenen Dienst für Gesundheits- und Krankenpflege leicht erlernbar ist.

§ 15   **GuKG**

Diese Tätigkeit ist auch im Praxiskatalog des vom ÖBIG erstellten Curriculum für die Ausbildung in der allgemeinen Gesundheits- und Krankenpflege vorgesehen.
Obwohl in der demonstrativen Aufzählung des § 15 GuKG Abs. 5 das Schreiben eines EKG nicht angeführt ist, kann diese Tätigkeit darunter subsumiert werden, weil es sich dabei um die Durchführung einer diagnostischen Maßnahme nach ärztlicher Anordnung handelt, die keinen besonderen Schwierigkeitsgrad darstellt.

16.2. Auch wenn die Mitwirkung bei Untersuchungen auf dem Gebiet der Kardio-Pulmonalen-Funktionsdiagnostik im Berufsbild der Biomedizinischen AnalytikerInnen enthalten ist, stellt das Schreiben eines EKG durch Dipl. Pflegepersonal keinen Eingriff in deren Kernkompetenz dar. Aus der Anführung einer Tätigkeit in einem Berufsbild kann noch nicht die ausschließliche Kompetenz abgeleitet werden. Vielmehr sind im Gesundheitsbereich oft überschneidende Kompetenzen notwendig, um einen entsprechenden Ablauf zu gewährleisten.

17. Das **Anlegen eines Gipsverbandes** kann aus fachlicher Sicht unter folgenden Voraussetzungen vom dipl. Gesundheits- und Krankenpflegepersonal durchgeführt werden:
– ärztliche Anordnung: dem Arzt obliegt die Beurteilung, ob das Anlegen eines Gipsverbandes aufgrund der vorliegenden Erkrankung und des Schwierigkeitsgrades an eine dipl. Gesundheits- und Krankenpflegeperson delegiert werden kann; er trägt somit die Auswahlverantwortung;
– ausreichende Kenntnisse und Fertigkeiten des dipl. Pflegepersonals durch entsprechende Einschulung/Fortbildung;
– nachfolgende Kontrolle durch den Arzt.

18. Entfernen von Wunddrainagen
Es ist davon auszugehen, dass das Legen und Entfernen von Drains und Laschen jeweils chirurgische Interventionen darstellen, die mit einer Wundkontrolle einhergehen und deshalb jeden-

falls dem Arzt vorbehalten sind. Eine Möglichkeit der Beiziehung von Hilfspersonen iSd § 49 Ärztegesetz 1998 steht aber offen.

19. Zur Mitwirkung an der **Schmerztherapie** siehe Anm. 6 zu § 20.

20. Durchführung einer Bronchialtoilette

In Krankenanstalten werden in der Regel bei PatientInnen mit Tracheostoma Trachealkanülen von Angehörigen des gehobenen Dienstes für Gesundheits- und Krankenpflege gewechselt und gereinigt, Ausnahme ist der erste Wechsel der Kanüle, der durch einen Arzt/eine Ärztin vorgenommen wird. Für diese Tätigkeit ist aus fachlich-pflegerischer Sicht keine Sonderausbildung in der Intensivpflege erforderlich, zumal die Pflege von PatientInnen mit Tracheostoma einschließlich Kanülenwechsel in der Grundausbildung unterrichtet wird.

Dem Arzt/Der Ärztin obliegt es zu entscheiden, ob mit dem Wechsel der Kanüle Komplikationen (Blutungen, Probleme beim Einführen der Kanüle bei Tumoren im Tracheostomabereich etc.) verbunden sind oder der Kanülenwechsel problemlos durchgeführt werden und somit an Angehörige des gehobenen Dienstes für Gesundheits- und Krankenpflege delegiert werden kann. Zusätzlich hat sich der Arzt/die Ärztin vor dem Delegieren des Kanülenwechsels zu vergewissern, dass die betreffende Pflegeperson die erforderlichen Kenntnisse und Fertigkeiten zur Durchführung dieser Tätigkeit besitzt (BMGF-92251/0019- I/B/6/2005 vom 19.10.2006).

21. Zur **Aromatherapie** und **Aromapflege** siehe Anm. 4 zu § 14.

22. Delegation von Laserbehandlungen

Beim Einsatz von Lasern der Klasse 4 bei Gesichtsbehandlungen handelt es sich um minimalinvasive operative Eingriffe, die in den ärztlichen Vorbehaltsbereich fallen.

Gemäß § 49 Abs. 3 ÄrzteG 1998, BGBl. I Nr. 169, in der geltenden Fassung, dürfen ärztliche Tätigkeiten im Einzelfall an Angehörige anderer Gesundheitsberufe übertragen werden, sofern diese vom Tätigkeitsbereich des entsprechenden Gesundheitsberufes umfasst sind. Dabei trägt der/die Arzt/Ärztin die Verantwortung für die Anordnung. Die ärztliche Aufsicht kann entfallen, sofern die Regelungen der entsprechenden Gesundheitsberufe bei der Durchführung übertragener ärztlicher Tätigkeiten keine ärztliche Aufsicht vorsehen. Eine eigenständige Behandlung durch nichtärztliches Personal ist daher nicht zulässig.

Was die Anordnung dieser Tätigkeit an Angehörige des gehobenen Dienstes für Gesundheits- und Krankenpflege im Sinne des zitierten § 49 Abs. 3 ÄrzteG 1998 betrifft, so ist auf Folgendes hinzuweisen:

Gemäß § 15 Gesundheits- und Krankenpflegegesetz (GuKG), BGBl. I Nr. 108/1997, in der geltenden Fassung, umfasst der mitverantwortliche Tätigkeitsbereich des gehobenen Dienstes für Gesundheits- und Krankenpflege die Durchführung diagnostischer und therapeutischer Maßnahmen nach schriftlicher ärztlicher Anordnung, wobei der/die anordnende Arzt/Ärztin die Verantwortung für die Anordnung und der/die Angehörige des gehobenen Dienstes für Gesundheits- und Krankenpflege die Verantwortung für die Durchführung der angeordneten Tätigkeit trägt.

§ 15 Abs. 5 GuKG enthält eine demonstrative Aufzählung der in den mitverantwortlichen Tätigkeitsbereich fallenden Tätigkeiten. Dies bedeutet, dass die angeführten Tätigkeiten nicht abschließend, sondern nur beispielhaft sind. In diesem Sinne sind weitere ärztliche Tätigkeiten unter den mitverantwortlichen Tätigkeitsbereich subsumierbar, sofern sie vom Berufsbild des gehobenen Dienstes für Gesundheits- und Krankenpflege erfasst sind, einen vergleichbaren Schwierigkeitsgrad aufweisen, die entsprechenden Kenntnisse und Fertigkeiten in der Grundausbildung vermittelt, bzw. durch entsprechende Fortbildungen erworben werden und nicht in den „Kernbereich" des Berufsbildes eines anderen (nichtärztlichen) Gesundheitsberuf bzw. in den erweiterten Tätigkeitsbereich gemäß §§ 17 ff. GuKG fallen.

Was die Anwendung von medizinischen Laserprodukten zur Behandlung von Akne, Couperose (Teleangiektasien) bzw. im

GuKG **§ 15**

Anti-Aging-Bereich betrifft, so weist diese Tätigkeit einen vergleichbaren Schwierigkeitsgrad wie die in § 15 Abs. 5 GuKG angeführten Tätigkeiten auf und fällt auch nicht in den „Kernbereich" des Berufsbildes eines anderen (nichtärztlichen) Gesundheitsberufs. Die erforderlichen Kenntnisse und Fertigkeiten werden derzeit zwar nicht im Rahmen der Ausbildung des gehobenen Dienstes für Gesundheits- und Krankenpflege vermittelt, sie können aber in einschlägigen Fort- und Weiterbildungen erworben werden.

Dies bedeutet, dass die Durchführung dieser ärztlichen Tätigkeiten vom/von der Arzt/Ärztin gemäß § 49 Abs. 3 ÄrzteG 1998 in Verbindung mit § 15 GuKG an Angehörige des gehobenen Dienstes für Gesundheits- und Krankenpflege angeordnet werden darf. Voraussetzung für die Übernahme der Tätigkeit durch einen/eine Angehörige/n des gehobenen Dienstes für Gesundheits- und Krankenpflege ist, dass er/sie über die erforderlichen Kenntnisse und Fertigkeiten verfügt.

Die Durchführung dieser unter den ärztlichen Vorbehaltsbereich fallenden Tätigkeiten durch Personen, die das reglementierte Gewerbe der Kosmetik (Schönheitspflege) ausüben, ist hingegen ausgeschlossen.

Hinsichtlich der Frage der Haftung ist auf die allgemeinen zivil- und allenfalls strafrechtlichen Haftungsregelungen zu verweisen.

Was die sonstigen gewerberechtlichen Fragen im Zusammenhang mit ihrer Tätigkeit betrifft, darf darauf hingewiesen werden, dass Angelegenheiten des Gewerbes in die Zuständigkeit des Bundesministeriums für Wirtschaft, Familie und Jugend fallen (BMG 92250/0024-I/B/6/2009 vom 25.1.2010).

23. Zur **Abgrenzung** von **Vorbehaltstätigkeiten gegenüber Laientätigkeiten**, insbesondere zur **Delegation** von ärztlichen und pflegerischen Tätigkeiten bzw. **Weiterdelegation** von ärztlichen Tätigkeiten durch diplomiertes Pflegepersonal an Laien, siehe Erlass des BMG vom 2.3.2011, GZ. 92251/0013-II/A/2/2011, unter Anm. 8 zu § 3.

§ 16   GuKG

24. Zur Nichtdelegierbarkeit der Feststellung des Behandlungsbedarfes (in Krankenanstalten) siehe Erlass des BMG vom 14.1.2011, GZ. 71100/0009-I/B/12/2010, unter Anm. 7 zu § 14."

Interdisziplinärer Tätigkeitsbereich

§ 16. (1) **Der interdisziplinäre Tätigkeitsbereich umfaßt jene Bereiche, die sowohl die Gesundheits- und Krankenpflege als auch andere Berufe des Gesundheitswesens betreffen.**

(2) **Im interdisziplinären Tätigkeitsbereich haben Angehörige des gehobenen Dienstes für Gesundheits- und Krankenpflege das Vorschlags- und Mitentscheidungsrecht. Sie tragen die Durchführungsverantwortung für alle von ihnen in diesen Bereichen gesetzten pflegerischen Maßnahmen.**

(3) **Der interdisziplinäre Tätigkeitsbereich umfaßt insbesondere:**
1. **Mitwirkung bei Maßnahmen zur Verhütung von Krankheiten und Unfällen sowie zur Erhaltung und Förderung der Gesundheit,**
2. **Vorbereitung der Patienten oder pflegebedürftigen Menschen und ihrer Angehörigen auf die Entlassung aus einer Krankenanstalt oder Einrichtung, die der Betreuung pflegebedürftiger Menschen dient, und Hilfestellung bei der Weiterbetreuung,**
3. **Gesundheitsberatung und**
4. **Beratung und Sorge für die Betreuung während und nach einer physischen oder psychischen Erkrankung.**

Anmerkungen:

1. EB-RV:
Da das **Zusammenwirken zwischen Angehörigen aller Gesundheitsberufe** sowohl im intra- als auch im extramuralen Bereich zu den Grundsäulen eines funktionierenden Gesundheitssystems zählt, kommt der gesetzlichen Regelung des interdisziplinären Tätigkeitsbereiches besondere Bedeutung zu.

GuKG **§ 16**

Im **interdisziplinären Tätigkeitsbereich** sind die Angehörigen des gehobenen Dienstes für Gesundheits- und Krankenpflege gleichberechtigte Teammitglieder, wobei sie das Vorschlags- und Mitentscheidungsrecht sowie die Durchführungsverantwortung für alle pflegerischen Maßnahmen tragen.

Die „**Schnittstellen**" in der gesundheitlichen Betreuung sind von besonderer Bedeutung für die Qualität und Kontinuität. Es ist daher wichtig, daß Angehörige des gehobenen Dienstes für Gesundheits- und Krankenpflege die notwendige Koordination und Beratung etwa bei der Entlassung aus Krankenanstalten in häusliche Pflege leisten. Sie üben diese Aufgaben auf der Grundlage ihrer berufsspezifischen Kenntnisse und in Zusammenarbeit auch mit Angehörigen anderer Berufe aus, etwa mit diplomierten SozialarbeiterInnen.

Die **Gesundheitsberatung** erhält im Rahmen der Gesundheitsförderung eine immer wichtigere Rolle. Die Pflegepersonen sollen mit ihren Erfahrungen und ihrem Wissen aus der Pflege dazu beitragen, Informationen über positive und negative Auswirkungen von Verhaltensweisen sowie über Möglichkeiten der Betreuung zu erteilen.

2. Andere **Berufe des Gesundheitswesens** sind etwa
a) Ärzte (Ärztegesetz 1998)
b) gehobene medizinisch-technische Dienste (§ 1 MTD-Gesetz)
   – physiotherapeutischer Dienst
   – medizinisch-technischer Laboratoriumsdienst
   – radiologisch-technischer Dienst
   – Diätdienst und ernährungsmedizinischer Beratungsdienst
   – ergotherapeutischer Dienst
   – logopädisch-phoniatrisch-audiologischer Dienst
   – orthoptischer Dienst
c) Hebammen (§ 2 HebG)
d) Psychologen (§ 1 Psychologengesetz)
e) Psychotherapeuten (§ 1 Psychotherapiegesetz)
f) Kardiotechniker (Kardiotechnikergesetz)

g) Medizinische Masseure und Heilmasseure (MMHmG)
h) Sanitäter – Rettungssanitäter, Notfallsanitäter (SanG)

3. Bei der Abgrenzung der Tätigkeitsbereiche kann es zu Überschneidungen mit anderen Berufsbildern und damit zu Abgrenzungsproblemen kommen. Siehe als Beispiel etwa *Schwamberger,* Ernährungsberatung, RdM 1995, 87.

Erweiterte und spezielle Tätigkeitsbereiche

§ 17. (1) Der erweiterte Tätigkeitsbereich umfaßt die Ausübung von Spezial-, Lehr- oder Führungsaufgaben.
(2) Spezialaufgaben sind:
1. **Kinder- und Jugendlichenpflege**
2. **Psychiatrische Gesundheits- und Krankenpflege**
3. **Intensivpflege**
4. **Anästhesiepflege**
5. **Pflege bei Nierenersatztherapie**
6. **Pflege im Operationsbereich**
7. **Krankenhaushygiene.**

(3) Lehraufgaben sind insbesondere:
1. **Lehrtätigkeit in der Gesundheits- und Krankenpflege**
2. **Leitung von Gesundheits- und Krankenpflegeschulen**
3. **Leitung von Sonderausbildungen**
4. **Leitung von Pflegehilfelehrgängen.**

(4) Führungsaufgaben sind insbesondere:
1. **Leitung des Pflegedienstes an einer Krankenanstalt**
2. **Leitung des Pflegedienstes an Einrichtungen, die der Betreuung pflegebedürftiger Menschen dienen.**

(5) Voraussetzung für die Ausübung von Lehr- und Führungsaufgaben ist
1. **eine rechtmäßige zweijährige vollbeschäftigte Berufsausübung im gehobenen Dienst für Gesundheits- und Krankenpflege oder entsprechend länger bei Teilzeitbeschäftigung und**

GuKG **§ 17**

2. die erfolgreiche Absolvierung der entsprechenden Sonderausbildung gemäß §§ 71 und 72.

(6) Voraussetzung für die Ausübung von Spezialaufgaben gemäß Abs. 2 Z 1 und 2 ist die erfolgreiche Absolvierung der entsprechenden Sonderausbildung gemäß §§ 66 bis 72 oder speziellen Grundausbildung gemäß § 75 oder § 78. Personen, die ausschließlich eine spezielle Grundausbildung erfolgreich absolviert haben, sind nicht zur Ausübung der allgemeinen Gesundheits- und Krankenpflege berechtigt.

(7) Voraussetzung für die Ausübung von Spezialaufgaben gemäß Abs. 2 Z 3 bis 7 ist

1. eine Berufsberechtigung im gehobenen Dienst für Gesundheits- und Krankenpflege und
2. die erfolgreiche Absolvierung der entsprechenden Sonderausbildung gemäß §§ 68 bis 70 innerhalb von fünf Jahren ab Aufnahme der Tätigkeit.

(8) Die erfolgreiche Absolvierung einer Sonderausbildung in der Intensivpflege berechtigt auch zur Ausübung der Anästhesiepflege.

Anmerkungen:

1. Abs. 7 hat durch die GuKG-Novelle 2003 eine neue Fassung erhalten.

2. EB-RV: Neben dem allgemeinen Tätigkeitsbereich, zu dem alle Angehörigen des gehobenen Dienstes für Gesundheits- und Krankenpflege berechtigt sind, werden die Spezial-, Lehr- oder Führungsaufgaben in einen erweiterten Tätigkeitsbereich verwiesen, der nur nach Absolvierung der entsprechenden Sonderausbildung ausgeübt werden darf. Dies ist eine unabdingbare Voraussetzung für die zukünftige Qualitätssicherung im Bereich des Gesundheitswesens.

Die Verlagerung der **Lehr- und Führungsaufgaben** in den erweiterten Tätigkeitsbereich trägt der gestiegenen Bedeutung der Wahrnehmung dieser Aufgaben durch Angehörige des gehobenen Dienstes für Gesundheits- und Krankenpflege Rechnung.

§ 17   **GuKG**

Klargestellt wird, daß unter Lehraufgaben nicht die im § 14 Z 11 genannten Tätigkeiten des eigenverantwortlichen Tätigkeitsbereiches zu verstehen sind (vgl. auch Erläuterungen zu § 14).

Die Aufzählung der **Spezialaufgaben** in Abs. 2 ist abschließend und beinhaltet jene Bereiche, in denen im Sinne der Qualitätssicherung eine verpflichtende zusätzliche Ausbildung unabdingbar ist.

Die angeführten speziellen Tätigkeitsbereiche stellen an die Berufsangehörigen Anforderungen, die über die in der Grundausbildung vermittelten Kenntnisse und Fertigkeiten hinausgehen und daher zusätzlich erlernt werden müssen.

Andere Tätigkeiten, wie zB geriatrische Pflege, Hauskrankenpflege oder Pflege onkologischer Patienten, sind von den allgemeinen Tätigkeitsbereichen (§§ 14 bis 16) umfaßt. Spezielle Kenntnisse in diesen Bereichen können im Rahmen von Weiterbildungen (§ 64) vertieft werden.

Unter **Lehraufgaben** fallen sowohl die Tätigkeiten als Lehrkraft in der Gesundheits- und Krankenpflege als auch die Leitung von den entsprechenden Ausbildungseinrichtungen.

Führungsaufgaben im Sinne dieses Gesetzes, für die eine verpflichtende Sonderausbildung erforderlich ist, sind ausschließlich die Leitung des Pflegedienstes an Krankenanstalten sowie in Pflegeheimen und ähnlichen Einrichtungen. Für die Leitung von nachgeordneten Organisationseinheiten (zB Stationsleitung) ist die Absolvierung einer Sonderausbildung nicht verpflichtend. Entsprechende Weiterbildungen in diesem Bereich können selbstverständlich angeboten werden. Weiters steht es dem Dienstgeber frei, diesen Personen auch die Sonderausbildung für Führungsaufgaben anzubieten.

Die **Ausübung von Lehr- und Führungsaufgaben** setzt neben der erfolgreichen Absolvierung der entsprechenden Sonderausbildung auch eine mindestens zweijährige Berufsausübung im gehobenen Dienst für Gesundheits- und Krankenpflege voraus, da diese Aufgaben sinnvollerweise nur von Personen mit entsprechender Berufserfahrung ausgeübt werden sollten.

Für den Bereich der Spezialaufgaben, ausgenommen Kinder- und Jugendlichenpflege sowie psychiatrische Gesundheits- und Krankenpflege, wurden die Voraussetzungen insofern gelockert, als diese innerhalb eines Zeitraumes von fünf Jahren vor erfolgreicher Absolvierung der Sonderausbildung bereits ausgeübt werden dürfen. Da es sich bei diesen Bereichen um hochspezialisierte, psychisch und körperlich überdurchschnittlich anspruchsvolle Tätigkeiten handelt, wird es im Sinne der Kostenersparnis für zweckmäßig erachtet, die spezielle Eignung der Pflegepersonen in einem Probezeitraum festzustellen.

Die **Kinder- und Jugendlichenpflege** sowie **psychiatrische Gesundheits- und Krankenpflege** fällt nicht unter diese gelockerte Bestimmung, da für diese beiden Bereiche weiterhin spezielle Grundausbildungen angeboten werden und die Möglichkeit eines Wechsels zwischen den verschiedenen Bereichen der Krankenpflege ohne entsprechende Ausbildung abzulehnen ist.

Darüber hinaus wird darauf hingewiesen, daß – entsprechend der bisherigen Rechtslage – AbsolventInnen einer speziellen Grundausbildung auch nicht berechtigt sind, vor Absolvierung der verkürzten Ausbildung in der allgemeinen Gesundheits- und Krankenpflege tätig zu sein.

Da die **Sonderausbildung in der Intensivpflege** in weiten Teilen die Sonderausbildung in der Anästhesiepflege abdeckt (siehe § 68), werden die AbsolventInnen dieser Sonderausbildung auch zur Berufsausübung im Bereich der Anästhesiepflege zugelassen. Durch diese Regelung wird einerseits die Qualitätssicherung nicht beeinträchtigt und andererseits ein flexiblerer Personaleinsatz ermöglicht und damit Kosten gespart.

Neben den Sonderausbildungen in der Kinder- und Jugendlichenpflege und in der psychiatrischen Gesundheits- und Krankenpflege wird die Möglichkeit der Absolvierung der bisherigen Ausbildungen in Form von speziellen Grundausbildungen beibehalten.

3. EB 2003:

Durch die geänderte Formulierung des § 17 Abs. 7 erfolgt eine Klarstellung betreffend die Voraussetzungen für die Ausübung der Spezialaufgaben Intensivpflege, Anästhesiepflege, Pflege bei Nierenersatztherapie, Pflege im Operationsbereich und Krankenhaushygiene.

4. Siehe auch die Übergangsbestimmungen in § 108 und § 109.

5. Die Absolvierung einer Sonderausbildung für Spezialaufgaben berechtigt alle Angehörigen eines gehobenen Dienstes für Gesundheits- und Krankenpflege zur Ausübung des entsprechenden erweiterten Tätigkeitsbereiches. Sie führen eine diesbezügliche Berufs-Zusatzbezeichnung (§ 12 GuKG).

Pflegekräfte mit Allgemeindiplom und **Sonderausbildung für Intensivpflege** dürfen daher auf allen Intensivstationen, also unabhängig von der Altersstruktur der Patienten, tätig sein. So lange der Patient auf der Intensivstation – im Regelfall wird dies wohl nur für eine befristete Zeitspanne sein -betreut wird, können ausgebildete Pflegepersonen für Intensivpflege Patienten auch umfassend betreuen; ab Verlegung auf die „Normalstation" gelten wiederum die allgemeinen Bestimmungen über die jeweilige, von der Ausbildung abhängige Berufsberechtigung.

6. Siehe nunmehr § 68a betreffend die spezielle Sonderausbildung in der Kinderintensivpflege.

7. Personen, die die **psychiatrische Krankenpflegeausbildung** haben, dürfen in ihrem speziellem Fachbereich Patienten aller Alters- und Entwicklungsstufen betreuen (siehe § 19 Abs. 1 GuKG: Betreuung und Pflege von Menschen mit psychischen Störungen und neurologischen Erkrankungen aller Alters- und Entwicklungsstufen).

8. Gemäß Abs. 7 ist Voraussetzung für die Ausübung von Spezialaufgaben, ausgenommen die Kinder- und Jugendlichenpflege und die psychiatrische Gesundheits- und Krankenpflege, neben der Berufsberechtigung im gehobenen Dienst für Gesundheits- und Krankenpflege die erfolgreiche Absolvierung der entsprechenden Sonderausbildung **innerhalb von fünf Jahren nach Aufnahme der Tätigkeit.**

Zweck dieser Regelung ist es, vor der verpflichtenden Absolvierung der entsprechenden Sonderausbildung, die die fachliche Qualifikation für die Ausübung der Spezialaufgabe vermittelt, die Eignung der Pflegeperson für diese Tätigkeiten festzustellen, nicht aber personelle Probleme zu lösen. Des Weiteren bietet diese Regelung auch die fachlich und organisatorisch sinnvolle Möglichkeit, die Sonderausbildung berufsbegleitend bzw. im Dienstverhältnis zu absolvieren.

Unter diesem Gesichtspunkt ist auch die **5-Jahresfrist** zu berechnen, wobei jedenfalls einer missbräuchlichen Vorgangsweise durch Wechsel des Tätigkeitsfeldes innerhalb der fünf Jahre, um die verpflichtende Absolvierung der Sonderausbildung zu umgehen, vorzubeugen ist.

Klargestellt wird, dass die Verpflichtung zur Absolvierung der entsprechenden Sonderausbildung innerhalb von fünf Jahren ab erstmaliger Aufnahme der Tätigkeit besteht. Bei Wechsel auf ein anderes Tätigkeitsfeld bzw. Berufsunterbrechung, beispielsweise auf Grund eines Karenzurlaubes, wird zwar die 5-Jahresfrist für den Zeitraum, in dem die Spezialaufgabe nicht ausgeübt wird, unterbrochen, sie läuft aber bei der Wiederaufnahme von Tätigkeiten der entsprechenden Spezialaufgabe unter Anrechnung sämtlicher Zeiträume, in denen die Spezialaufgabe ausgeübt wurde, weiter. Durch Unterbrechung und späterer Wiederaufnahme der Tätigkeit beginnt somit die Frist nicht neu zu laufen.

Die Ansicht, wonach durch Unterbrechung und späterer Wiederaufnahme der Tätigkeit die Frist neu zu laufen begänne, würde sowohl dem Wortlaut der Regelung widersprechen als auch dem Ziel der Regelung, nämlich die Sicherung der Qualität der Pflege in den Bereichen, die eine spezielle Qualifikation erfordern, unterlaufen und ist daher entschieden abzulehnen (BMGF-92251/0019-I/B/6/2005 vom 19.10.2006).

9. Berechtigung zur Durchführung der Peritonealdialyse

Vorweg ist darauf hinzuweisen, dass die Dialysebehandlung eine ärztliche Tätigkeit darstellt.

Gemäß § 49 Abs. 3 ÄrzteG 1998 kann der/die Arzt/Ärztin im Einzelfall an Angehörige anderer Gesundheitsberufe ärztliche Tätigkeiten übertragen, sofern diese vom Tätigkeitsbereich des entsprechenden Gesundheitsberufs umfasst sind.

Die Pflege bei Nierenersatztherapie ist nach den Bestimmungen des Gesundheits- und Krankenpflegegesetzes (GuKG), BGBl. I Nr. 108/1997, in der geltenden Fassung, als Spezialaufgabe des gehobenen Dienstes für Gesundheits- und Krankenpflege normiert und umfasst die Pflege bei Nierenersatztherapie die Beobachtung, Betreuung, Überwachung, Pflege, Beratung und Einschulung von chronisch niereninsuffizienten Patienten/-innen vor, während und nach der Nierenersatztherapie sowie die Vorbereitung und Nachbetreuung bei Nierentransplantationen.

Gemäß § 17 Abs. 7 GuKG ist Voraussetzung für die Ausübung der Pflege bei Nierenersatztherapie eine Berufsberechtigung im gehobenen Dienst für Gesundheits- und Krankenpflege und die erfolgreiche Absolvierung der entsprechenden Sonderausbildung gemäß § 68 GuKG innerhalb von fünf Jahren nach Aufnahme der Tätigkeit.

Eine berufsmäßige Ausübung des gehobenen Dienstes für Gesundheits- und Krankenpflege setzt eine entsprechende Ausbildung, im Rahmen derer die erforderlichen Kenntnisse und Fertigkeiten durch den/die Berufsangehörigen erworben werden, voraus. Hinsichtlich der Durchführung der Spezialaufgaben können die erforderlichen Kenntnisse und Fertigkeiten nicht in ausreichendem Maß im Rahmen der Grundausbildung vermittelt werden, sodass hiefür die Absolvierung einer Zusatzausbildung in Form der entsprechenden Sonderausbildungen erforderlich ist.

Von der berufsmäßigen Ausübung der Gesundheitsberufe, deren Qualifikation der Qualitätssicherung im Gesundheitswesen Rechnung trägt, ist die Übertragung einzelner ärztlicher Tätigkeiten an Angehörige des/der Patienten/-innen zu unterscheiden:

Gemäß § 50a ÄrzteG 1998 kann der/die Arzt/Ärztin im Einzelfall an

1. Angehörige des/der Patienten/-in,
2. Personen, in deren Obhut der/die Patient/in, oder

GuKG **§ 18**

3. Personen, die zum/zur Patienten/-in in einem örtlichen und persönlichen Naheverhältnis stehen,

übertragen, sofern sich der/die Patient/-in nicht in einer Einrichtung, die der medizinischen oder psychosozialen Behandlung, Pflege oder Betreuung dient, befindet. Zuvor hat der/die Arzt/Ärztin der Person, an die die Übertragung erfolgen soll, die erforderliche Anleitung und Unterweisung zu erteilen und sich zu vergewissern, dass diese über die erforderlichen Fähigkeiten verfügt. Der/Die Arzt/Ärztin hat auf die Möglichkeit der Ablehnung der Übertragung der in Frage kommenden ärztlichen Tätigkeiten gesondert hinzuweisen. Sonstige familien- und pflegschaftsrechtlich gebotene Maßnahmen sowie § 49 Abs. 3 ÄrzteG 1998 bleiben unberührt. Eine berufsmäßige Ausübung der nach dieser Regelung übertragenen ärztlichen Tätigkeiten, auch im Rahmen nicht medizinischer Betreuung, ist untersagt.

Ein derartiges Tätigwerden von Angehörigen des/der Patienten/-in bzw. sonstigen Personen, die in einem Naheverhältnis zum/zur Patienten/-in stehen, basiert somit auf dem persönlichen Nahebezug zur betreuten Person.

Im Gegensatz dazu zielt die Berufsausübung im gehobenen Dienst für Gesundheits- und Krankenpflege nicht nur auf die Durchführung einzelner medizinischer Tätigkeiten an einer einzelnen Person, sondern auf die Ausübung der in das Berufsbild fallenden Tätigkeiten an einer Vielzahl von kranken bzw. pflegebedürftigen Menschen ab. Dies erfordert eine hohe Professionalität sowie entsprechend fundiertes theoretisches und praktisches Fachwissen.

Ein Abgehen von diesen Grundsätzen durch Aufweichen der berufsrechtlichen Qualifikationserfordernisse ist aus Gründen des Patientenschutzes und der Qualitätssicherung abzulehnen (BMG 92251/0015-I/B/6/2009 vom 5.3.2009)."

Kinder- und Jugendlichenpflege

§ 18. (1) Die Kinder- und Jugendlichenpflege umfaßt die Betreuung und Pflege bei Erkrankungen im Kindes- und Jugendalter.

§ 18 GuKG

(2) Hiezu zählen insbesondere:
1. Pflege und Betreuung bei körperlichen und psychischen Erkrankungen im Kindes- und Jugendalter,
2. Pflege und Ernährung von Neugeborenen und Säuglingen,
3. Pflege und Betreuung behinderter, schwerkranker und sterbender Kinder und Jugendlicher,
4. pflegerische Mitwirkung an der Förderung der Gesundheit und der Verhütung von Krankheiten im Kindes- und Jugendalter und
5. pflegerische Mitwirkung an der primären Gesundheitsversorgung und an der Rehabilitation bei Kindern und Jugendlichen.

Anmerkungen:

1. EB-RV:

Entsprechend den internationalen Vorgaben wird der Tätigkeitsbereich der Kinderkrankenpflege bis zum 18. Lebensjahr ausgeweitet. Die bisherige Bezeichnung ,,Kinderkranken- und Säuglingspflege" wird dementsprechend in ,,**Kinder- und Jugendlichenpflege**" abgeändert. Durch die Einbeziehung des Jugendlichenalters in das Tätigkeitsspektrum ist eine kontinuierliche pflegerische Betreuung vom Säuglingsalter bis zum Erwachsenenalter durch speziell dafür ausgebildetes Pflegepersonal gewährleistet.

Eine spezialisierte fachliche Betreuung in der wichtigen Übergangszeit vom Kind zum Erwachsenen entspricht den neuesten wissenschaftlichen Erkenntnissen auf medizinischem und pädagogischem Gebiet. Das Jugendlichenalter ist ein wichtiger Zeitraum zur Verankerung eines vorsorgeorientierten Gesundheitsverhaltens. Auch der Früherkennung und frühestmöglichen Behandlung von Erkrankungen kommt in diesen Altersstufen eine wichtige Rolle zu, damit Folgeschäden weitestgehend vermieden werden.

Das Jugendlichenalter stellt auch aus Sicht der Rehabilitation einen wichtigen Lebensabschnitt dar, da durch geeignete rehabilitative Maßnahmen erkrankten Jugendlichen ein Einstieg in das Berufsleben ermöglicht werden kann. Qualifiziertes Gesundheits- und Krankenpflegepersonal leistet bei der Betreuung dieser Zielgruppe einen wesentlichen Beitrag. In diesem Zusammenhang ist darauf hinzuweisen, daß die Ärzte-Ausbildungsordnung diesen Erkenntnissen durch Aufnahme der Jugendbetreuung in die Ausbildung zum Facharzt für Kinder- und Jugendheilkunde bereits Rechnung trägt.

2. Durch die GuKG-Novelle 2003 wurde Abs. 2 Z. 2 geringfügig geändert. Die Einschränkung auf „gesunde" Neugeborene und Säuglinge wurde beseitigt.

Psychiatrische Gesundheits- und Krankenpflege

§ 19. (1) Die psychiatrische Gesundheits- und Krankenpflege umfaßt die Betreuung und Pflege von Menschen mit psychischen Störungen und neurologischen Erkrankungen aller Alters- und Entwicklungsstufen sowie die Förderung der psychischen Gesundheit.

(2) Hiezu zählen insbesondere:
1. **Beobachtung, Betreuung und Pflege sowie Assistenz bei medizinischen Maßnahmen sowohl im stationären, teilstationären, ambulanten als auch im extramuralen und komplementären Bereich von Menschen mit akuten und chronischen psychischen Störungen, einschließlich untergebrachten Menschen, Menschen mit Abhängigkeitserkrankungen und geistig abnormen Rechtsbrechern (§ 21 StGB) sowie von Menschen mit Intelligenzminderungen,**
2. **Beobachtung, Betreuung und Pflege von Menschen mit neurologischen Erkrankungen und sich daraus ergebenden psychischen Begleiterkrankungen,**
3. **Beschäftigung mit Menschen mit psychischen Störungen und neurologischen Erkrankungen,**

4. Gesprächsführung mit Menschen mit psychischen Störungen und neurologischen Erkrankungen sowie deren Angehörigen,
5. psychosoziale Betreuung,
6. psychiatrische und neurologische Rehabilitation und Nachbetreuung und
7. Übergangspflege.

Anmerkungen:

1. EB-RV:
Zur Bezeichnung ,,Psychiatrische Gesundheits- und Krankenpflege" wird auf die Erläuterungen zu § 12 Abs. 4 verwiesen.

Der Tätigkeitsbereich der psychiatrischen Gesundheits- und Krankenpflege wird an die neuen Maßstäbe in der psychiatrischen Versorgung angepaßt und umfaßt auch Tätigkeiten im Rahmen der Pflege und Erhaltung der psychischen Gesundheit. Diese betrifft einerseits die somatische und psychische sowie soziale Ebene als auch die stationäre und ambulante Versorgung von psychisch Kranken und geistig Behinderten.

In psychiatrischen Krankenhäusern und Abteilungen werden psychisch Kranke aller Altersstufen und aller Schweregrade mit allen psychischen Krankheiten und Störungen behandelt und betreut. Zusätzlich ist in psychiatrischen Krankenanstalten, zumindest noch zum gegenwärtigen Zeitpunkt, eine nicht unbeträchtliche Anzahl von geistig Behinderten zu betreuen. Es werden dort alle nach dem jeweiligen Wissensstand zur Verfügung stehenden therapeutischen, pflegerischen und betreuenden Maßnahmen angewendet.

Eine umfassende psychiatrische Pflege umfaßt neben der Assistenz bei medizinischen Maßnahmen vor allem auch die Beschäftigung und regelmäßige Gesprächsführung mit den Betroffenen.

Zunehmend findet psychiatrische Behandlung und Betreuung auch außerhalb des stationären Bereichs statt, und zwar in ambulanten Betreuungseinrichtungen und teilstationären (Tages- und

Nachtklinik) sowie komplementären Einrichtungen, wie psychosozialen Stationen, therapeutischen Beschäftigungseinrichtungen und therapeutischen bzw. geschützten Wohneinrichtungen. Eine psychosoziale Betreuung ist auch außerhalb von stationären Einrichtungen zur Vorbereitung der Entlassung im Rahmen der Übergangspflege sowie im Rahmen der nachgehenden Betreuung notwendig. In allen diesen Einrichtungen ist die Mitarbeit von psychiatrischen Pflegepersonen wesentlich.

Psychiatrische Behandlung und Betreuung findet aber auch in Sonderkrankenanstalten für Abhängigkeitserkrankungen statt, wobei auf Grund der dort üblichen längeren Aufenthaltsdauer ein besonderer Schwerpunkt auf die Gesprächsführung und die Beschäftigung mit den Betroffenen gelegt werden muß.

Psychiatrische Behandlung und Betreuung findet auch in jenen Einrichtungen der Justiz statt, in denen geistig abnorme Rechtsbrecher untergebracht sind. Auch in diesem Bereich kommen die üblichen Standards der psychiatrischen Krankenpflege zur Anwendung.

Klarzustellen ist, daß insbesondere im Bereich von neurologischen Krankenanstalten und Abteilungen und geriatrischen Einrichtungen sowie im Rahmen von Konsiliar- und Liasondiensten je nach Sachlage sowohl psychiatrische Gesundheits- und Krankenschwestern/-pfleger als auch allgemeine Gesundheits- und Krankenschwestern/-pfleger tätig werden dürfen. Vergleichbares gilt für pflegerische Tätigkeiten bei Kindern und Jugendlichen einerseits durch Kinderkrankenschwestern/-pfleger und andererseits durch allgemeine Gesundheits- und Krankenschwestern/-pfleger.

2. Die steigende Bedeutung der extramuralen Einrichtungen im Bereich der Betreuung psychisch Kranker ergibt sich auch aus dem Subsidiaritätsgrundsatz in § 3 Z 2 **Unterbringungsgesetz**. Siehe hiezu näher *Hopf/Aigner*, Unterbringungsgesetz (1993), insbes. 9 ff., sowie *Kopetzki*, Grundriß des Unterbringungsrechts (1997), Rz. 128 ff., *Thanner/Vogl*, UbG (2006), 47 ff.

3. Es stellt nicht schlechthin jede „Beobachtung, Betreuung und Pflege" eines Abhängigkeitskranken eine Tätigkeit des gehobenen Gesundheits- und Krankenpflegedienstes im Sinne des GuKG 1997 (hier: der psychiatrischen Gesundheits- und Krankenpflege) dar. Es können darunter nur Tätigkeiten fallen, die ein bestimmtes Qualifikations- und Ausbildungsniveau aufweisen. Es wäre demnach Aufgabe der Behörde gewesen, zunächst – unter Beiziehung eines entsprechenden Sachverständigen – zu ermitteln, welche Maßnahmen die „Begleitung" einer drogenabhängigen Person bei einem sogenannten „kalten Entzug" überhaupt erfordert und welche Fähigkeiten die Begleitpersonen aufweisen müssen. Erst nach entsprechenden Feststellungen hätte in rechtlicher Sicht beurteilt werden können, ob die Tätigkeiten der Begleitpersonen ein Niveau aufgewiesen haben, demzufolge sie als solche des gehobenen Gesundheits- und Krankenpflegedienstes zu qualifizieren sind (VwGH vom 22.6.2010, Zl. 2007/11/0122).

Intensivpflege, Anästhesiepflege, Pflege bei Nierenersatztherapie

§ 20. (1) Die Intensivpflege umfaßt die Beobachtung, Betreuung, Überwachung und Pflege von Schwerstkranken sowie die Mitwirkung bei Anästhesie und Nierenersatztherapie.

(2) Die Anästhesiepflege umfaßt die Beobachtung, Betreuung, Überwachung und Pflege von Patienten vor, während und nach der Narkose sowie die Mitwirkung bei Narkosen.

(3) Die Pflege bei Nierenersatztherapie umfaßt die Beobachtung, Betreuung, Überwachung, Pflege, Beratung und Einschulung von chronisch niereninsuffizienten Patienten vor, während und nach der Nierenersatztherapie sowie die Vorbereitung und Nachbetreuung bei Nierentransplantationen.

(4) Zu den Tätigkeitsbereichen gemäß Abs. 1 bis 3 zählen insbesondere:
   1. Mitwirkung an der Reanimation und Schocktherapie,
   2. Mitwirkung an sämtlichen Anästhesieverfahren,

GuKG § 20

3. Überwachung und Betreuung schwerstkranker und ateminsuffizienter Patienten mit invasiven und nichtinvasiven Methoden,
4. Mitwirkung an der Überwachung und Funktionsaufrechterhaltung der apparativen Ausstattung (Monitoring, Beatmung, Katheter und dazugehörige Infusionssysteme),
5. Blutentnahme aus liegenden Kathetern, wie Arterienkathetern,
6. Legen von Magen-, Duodenal- und Temperatursonden,
7. Durchführung und Überwachung der Eliminationsverfahren bei liegendem Katheter,
8. Mitwirkung an der Durchführung und Überwachung des extrakorporalen Kreislaufes und
9. Mitwirkung an der Schmerztherapie,

insbesondere bei Nierenersatztherapie und Entgiftungsverfahren, ausgenommen Setzen der hiefür erforderlichen Katheter.

Anmerkungen:

1. Abs. 4 Z 9 wurde durch die GuKG-Novelle 2003 neu in das Gesetz eingefügt.

2. EB-RV: Bei der Intensivpflege, Anästhesiepflege und Pflege bei Nierenersatztherapie handelt es sich um verwandte Fachdisziplinen, die jedoch unterschiedliche Schwerpunkte in der Pflege sowie verschiedene medizinisch-technische Voraussetzungen aufweisen und räumlich getrennt sind.

Diese Spezialaufgaben waren bisher nicht ausdrücklich im Gesetz verankert. Zur fachgemäßen Bewältigung dieser medizinisch und technisch immer anspruchsvolleren Tätigkeiten sind verpflichtende Sonderausbildungen in diesen Bereichen eine unabdingbare Voraussetzung für die Gewährleistung der nötigen Qualität.

§ 20   **GuKG**

Im Rahmen der Intensivpflege steht die Pflege bzw. Intensive Langzeitpflege sowie die Mobilisation bei Schwerstkranken und ateminsuffizienten PatientInnen im Vordergrund. Dabei hat das Intensivpflegepersonal auch bei Reanimations- und Schocktherapie, Bronchialtoilette und Intubation sowie bei Anästhesie und Akutdialyse mitzuwirken.

Das Anästhesiepflegepersonal wirkt an sämtlichen Anästhesieverfahren mit und sorgt für die prä- und postoperative Betreuung der PatientInnen. Weiters ist die Mitwirkung an der endotrachealen Absaugung sowie der Intubation erforderlich.

Im Rahmen der Pflege bei Nierenersatztherapie wirkt das Pflegepersonal an sämtlichen Dialyse- und Eliminationsverfahren mit, sorgt für die Überwachung und Betreuung der PatientInnen bei Nierenersatztherapie sowie für die Vor- und Nachbetreuung von Nierentransplantierten.

Die demonstrative Aufzählung der im Abs. 4 genannten – teilweise ärztlichen – Tätigkeiten bietet eine gesetzliche Grundlage für die aus dem Intensiv-, Anästhesie- und Dialysebereich nicht mehr wegzudenkende Mitwirkung des diplomierten Pflegepersonals und schafft erstmals Klarheit über die wahrzunehmenden Aufgaben.

3. EB 2003 (zu Abs. 4 Z 9):

Auf Grund der Weiterentwicklung der medizinischen Wissenschaft kommt der Schmerztherapie ein wesentlicher Stellenwert in der Intensivpflege, Anästhesiepflege und Pflege bei Nierenersatztherapie zu. Diese ist daher im Rahmen der gesetzlichen Umschreibung dieser Spezialaufgaben aufzunehmen. Zu den unter ,,Mitwirkung an der Schmerztherapie" fallenden Tätigkeiten zählen insbesondere der Wechsel von Infusionsbehältern, der Wechsel von Perfusorspritzen und Pumpenfüllungen sowie die Verabreichung von Bolusdosen in liegende periphere und zentrale Schmerzkatheter.

4. Zu Abs. 4 Z 8:

Es kann als zulässig angesehen werden, dass entsprechend dafür ausgebildete dipl. Gesundheits- und Krankenschwestern

GuKG § 20

(-pfleger) bei einer chronischen Dialyse Shunt-Punktionen durchführen, somit die beiden Punktionsnadeln zum Anschluss des Patienten an den extrakorporalen Kreislauf in die Vene einzuführen und nach beendeter Dialyse auch wieder zu entfernen.

Dem Arzt vorbehalten ist aber das Setzen von Venenkathetern.

5. Zur Frage der Punktion eines Shunts siehe BMGF- 92251/ 0013-I/B/6/2006 vom 20.3.2006, (Anm. 6.3. zu § 15).

6. Mitwirkung an der Schmerztherapie

Nach Abs. 4 Z 9 zählt zu den Tätigkeitsbereichen der Intensivpflege, der Anästhesiepflege und der Pflege bei Nierenersatztherapie unter anderem die **Mitwirkung an der Schmerztherapie.**

Aus fachlicher Sicht ist festzuhalten, dass Maßnahmen der „Mitwirkung an der Schmerztherapie" umfassend sein können. Eine Schmerztherapie kann oral, durch subkutane, intramuskuläre, intravenöse Injektionen, subkutane oder intravenöse Infusionen oder über liegende periphere oder zentrale Katheter erfolgen.

Sofern **Schmerzmittel oral, subkutan, intramuskulär oder intravenös** verabreicht werden, fällt diese Tätigkeit unter § 15 Abs. 5 Z 1, 2 bzw. 3 GuKG und darf daher nach ärztlicher Anordnung auch von Angehörigen des gehobenen Dienstes für Gesundheits- und Krankenpflege ohne Sonderausbildung verabreicht werden.

Der **Wechsel von Perfusorspritzen** ist im weitesten Sinne mit dem Anschließen einer („Mini")Infusion vergleichbar, dabei wird über einen bestimmten Zeitraum eine genau berechnete und eingestellte Menge an Infusionsflüssigkeit (Schmerzmittel, aber auch Nahrung) in den Körper eingebracht. Diese Tätigkeit ist ebenfalls von § 15 GuKG umfasst.

Das **Füllen von Schmerzpumpen**, wie PCA (patient controlled analgesia) – das Gerät wird in die Bauchdecke implantiert bzw. Analgeika werden mittels eines dünnen Katheters in das Rückenmark geleitet oder mittels tragbarer Infusionspumpe subkutan, intravenös oder epidural zugeführt –, fällt aus fachlicher Sicht ebenfalls in den mitverantwortlichen Tätigkeitsbereich und kann daher nach Maßgabe des § 15 GuKG durch Angehörige des gehobenen Dienstes für Gesundheits- und Krankenpflege ohne Sonderausbildung in der Intensiv- oder Anästhesiepflege durchgeführt werden.

Eine Verabreichung von Schmerzmitteln (u.a. Bolusdosen) über einen **liegenden Epiduralkatheter, Periduralkatheter, interskalenären Plexuskatheter etc.** fällt hingegen ausschließlich unter § 20 Abs. 4 GuKG und darf daher nach ärztlicher Anordnung nur von Personen mit einer Berufsberechtigung in der Intensivpflege, Anästhesiepflege oder Pflege bei Nierenersatztherapie durchgeführt werden.

In der Praxis wird eine angeordnete Schmerztherapie z.B. nach Operationen oder bei PalliativpatientInnen auch auf ,,Normalstationen" von Angehörigen des gehobenen Dienstes für Gesundheits- und Krankenpflege durchgeführt, sofern die Verabreichungsform unter § 15 Abs. 5 Z 1, 2 und 3 GuKG fällt (BMGF-92251/0019-I/B/6/2005 vom 19.10.2006).

Pflege im Operationsbereich

§ 21. (1) Die Pflege im Operationsbereich umfaßt die Vorbereitung, Mitwirkung und Nachbetreuung bei operativen Eingriffen.

(2) Hiezu zählen insbesondere:
1. **Instrumentieren in allen operativen Fachrichtungen,**
2. **Mitwirkung bei der Planung und Organisation des Operationsbetriebes,**
3. **Desinfektion, Sterilisation und Wartung der bei der Operation benötigten Instrumente und**
4. **prä- und postoperative Betreuung der Patienten im Operationsbereich.**

Anmerkung:

EB-RV:
Zentraler Tätigkeitsbereich bei der Pflege im Operationsbereich ist das Instrumentieren.

Bei der Planung und Organisation des Operationsbetriebes ist das Zusammenwirken aller Beteiligten unabdingbar.

Die Desinfektion, Sterilisation und Wartung der Instrumente ist durch das diplomierte Pflegepersonal im Operationsbereich eigenverantwortlich zu übernehmen.

Bei der Betreuung der PatientInnen vor und nach der Operation ist keine klare Trennung der pflegerischen Tätigkeitsbereiche möglich. In diesem Bereich kommt sowohl allgemeines Pflegepersonal als auch Pflegepersonal mit Sonderausbildung im Operationsbereich bzw. Intensivpflegepersonal zum Einsatz.

Krankenhaushygiene

§ 22. (1) Die Krankenhaushygiene umfaßt die Mitwirkung bei allen Maßnahmen, die der Erkennung, Verhütung und Bekämpfung von Krankenhausinfektionen und der Gesunderhaltung dienen.

(2) Hiezu zählen insbesondere:
1. **Ermittlung des Hygienestatus in pflegerischen, diagnostischen, therapeutischen und versorgungstechnischen Bereichen,**
2. **Mitwirkung bei der Erstellung von Hygieneplänen, Hygienestandards und Hygienerichtlinien,**
3. **Mitwirkung bei der Beschaffung von Desinfektionsmitteln und bei der Beschaffung und Aufbereitung von Produkten, sofern durch diese eine Infektionsgefahr entstehen kann,**
4. **Beratung des Personals in allen für die Wahrung der Hygiene wichtigen Angelegenheiten und**
5. **Mitwirkung bei allen Planungen für Neu-, Zu- und Umbauten.**

Anmerkungen:

1. EB-RV:

Mit der Novelle zum Krankenanstaltengesetz, BGBl. Nr. 801/1993, wurde im § 8a Abs. 2 normiert, daß der/dem Krankenhaus-

§ 22 **GuKG**

hygienikerIn oder Hygienebeauftragten aus dem Kreis der diplomierten Pflegepersonen eine Hygienefachkraft zur Seite zu stellen ist, die für die Belange der Krankenhaushygiene zuständig ist. Folgende Aufgaben sind dem erweiterten Tätigkeitsbereich in der Krankenhaushygiene zuzurechnen:

- Zusammenarbeit mit der/dem KrankenhaushygienikerIn oder Hygienebeauftragten und dem Hygieneteam bei der Überwachung der Krankenhaushygiene und der krankenhaushygienischen Maßnahmen;
- Erfassung von Krankenhausinfektionen durch regelmäßige Besuche auf Stationen und Einsicht in alle wesentlichen klinischen und mikrobiologischen Unterlagen sowie deren Auswertung;
- Aufzeichnung von Daten bezüglich der Krankenhausinfektionen nach Häufigkeit, Art der Erkrankung, Erreger, Resistenzspektrum, Vorkommen in bestimmten Krankenhausbereichen;
- Mitwirkung bei epidemiologischen Untersuchungen;
- Überwachung pflegerischer Techniken zur Verhütung von Krankenhausinfektionen;
- Überwachung von Desinfektionen, Sterilisation, Versorgung und Entsorgung in verschiedenen Krankenhausbereichen;
- Mitwirkung in der Zentralsterilisation gemäß dem Medizinproduktegesetz;
- Anleitung und Schulung des Personals in der Erkennung, Verhütung und Bekämpfung von Krankenhausinfektionen;
- Zusammenarbeit mit den verantwortlichen Mitarbeitern der verschiedenen Krankenhausdienste bei der Sicherstellung der Krankenhaushygiene.

2. Siehe hiezu insbes. **§ 8a KAKuG**.

3. Zur Sterilisation von Medizinprodukten beachte §§ 93 f. Medizinproduktegesetz, BGBl. Nr. 657/1996. Siehe hiezu *Ecker/Füszl/Renhardt/Semp*, Medizinprodukterecht (2004), sowie *Schwamberger*, Medizinproduktegesetz, samt Verordnungen (1997).

Lehraufgaben

§ 23. Lehraufgaben umfassen
1. Lehrtätigkeit in der Gesundheits- und Krankenpflege und
2. Leitung von Gesundheits- und Krankenpflegeschulen, von Sonderausbildungen und von Pflegehilfelehrgängen.

Anmerkung:

EB-RV:
Eine detaillierte Regelung der im Rahmen der erweiterten Tätigkeitsbereiche wahrzunehmenden Lehraufgaben ist Voraussetzung für einen adäquaten Personaleinsatz und für die Sicherung der Ausbildungsqualität. Sowohl die Lehrtätigkeit als auch die Leitung der entsprechenden Schulen, der Sonderausbildungen und der Pflegehilfelehrgänge sind von diplomierten Gesundheits- und Krankenpflegepersonen wahrzunehmende Lehraufgaben.

§ 24. (1) Die Lehrtätigkeit in der Gesundheits- und Krankenpflege umfaßt die Planung, Durchführung und Auswertung des theoretischen und praktischen Unterrichts an Gesundheits- und Krankenpflegeschulen, an Pflegehilfelehrgängen, an sonstigen Ausbildungsgängen, in denen Gesundheits- und Krankenpflege gelehrt wird, sowie im Rahmen der Fort-, Weiter- und Sonderausbildung.

(2) Hiezu zählen insbesondere:
1. Erstellung des Lehr- und Stundenplanes,
2. Planung, Vorbereitung, Nachbereitung und Evaluierung des Unterrichts in fachlicher, methodischer und didaktischer Hinsicht,
3. Erteilen von Unterricht in den jeweiligen Sachgebieten,
4. Vorbereitung, Abhaltung und Evaluierung von Prüfungen und
5. pädagogische Betreuung der Auszubildenden.

§ 25 GuKG

Anmerkungen:

1. EB-RV:
Die Lehrtätigkeit im engeren Sinn umfaßt das Erteilen von Unterricht und alle damit im Zusammenhang stehenden Aufgaben sowohl fachlicher, methodischer und didaktischer als auch organisatorischer Art, wie die Planung des Unterrichts, die Erfolgskontrolle sowie die pädagogische Betreuung der Auszubildenden.

Die Ausbildung in der Gesundheits- und Krankenpflege stellt besondere Ansprüche an die Lehrenden, wobei insbesondere im theoretischen Unterricht ein breites Spektrum an Lehrinhalten abzudecken ist. Auf Grund der gestiegenen Anforderungen in der gesundheitlichen Betreuung sind neben erweiterten pflegerischen und medizinischen Kenntnissen auch sozial- und verhaltenswissenschaftliche Themenbereiche zu vermitteln.

2. Abs 2 Z 4 hat durch den Gesundheitsausschuß eine geringfügige Änderung erfahren.

§ 25. (1) Die Leitung von
1. **Gesundheits- und Krankenpflegeschulen,**
2. **Sonderausbildungen in der Gesundheits- und Krankenpflege und**
3. **Pflegehilfelehrgängen**

umfaßt die fachliche, pädagogische und organisatorische Leitung und die Dienstaufsicht im Rahmen der theoretischen und praktischen Ausbildung.

(2) Hiezu zählen insbesondere:
1. **Planung, Organisation, Koordination und Kontrolle der gesamten theoretischen und praktischen Ausbildung,**
2. **Sicherung der inhaltlichen und pädagogischen Qualität des Unterrichts in den einzelnen Sachgebieten,**
3. **Auswahl der Einrichtungen, an denen die praktische Ausbildung durchgeführt wird, sowie Kontrolle und Sicherung der Qualität der praktischen Ausbildung,**

4. **Auswahl der Lehr- und Fachkräfte,**
5. **Organisation, Koordination und Mitwirkung bei der Aufnahme in eine Schule für Gesundheits- und Krankenpflege,**
6. **Anrechnung von Prüfungen und Praktika und**
7. **Organisation, Koordination und Mitwirkung an kommissionellen Prüfungen.**

Anmerkung:

EB-RV:

Im § 25 sind die im Rahmen der Lehre wahrzunehmenden Leitungsaufgaben umschrieben. Diese umfassen die Leitung von Gesundheits- und Krankenpflegeschulen, Pflegehilfelehrgänge und Sonderausbildungen. Bei der Leitung der genannten Einrichtungen ist insbesondere die Verantwortung für die praktische Ausbildung und deren Koordination hervorzuheben, die einen wichtigen Beitrag zur Qualitätssicherung darstellt. Auch die Mitwirkung bei der Aufnahme in die Schule und im Rahmen der kommissionellen Prüfungen fällt in diesen Aufgabenbereich.

Führungsaufgaben

§ 26. (1) Die Leitung
1. **des Pflegedienstes an einer Krankenanstalt und**
2. **des Pflegedienstes an Einrichtungen, die der Betreuung pflegebedürftiger Menschen dienen, umfaßt die Verantwortung für die Qualität der Pflege und für die Organisation der pflegerischen Maßnahmen in der gesamten Einrichtung.**

(2) Hiezu gehören insbesondere:
1. **Überwachung, Sicherung und Verbesserung der Pflegequalität und der Pflegeorganisation,**
2. **Führung und Einsatz des Personals im Pflegebereich,**
3. **Organisation der Sachmittel und Überwachung des Sachmitteleinsatzes im Pflegebereich und**
4. **Zusammenarbeit mit anderen Einrichtungen, Organisationseinheiten und Berufsgruppen.**

§ 26 GuKG

Anmerkungen:

1. EB-RV:
Sowohl die Leitung des Pflegedienstes an Krankenanstalten als auch an extra- und intramuralen Einrichtungen zur Betreuung pflegebedürftiger Menschen sind die grundlegenden Führungsaufgaben, die von diplomierten Pflegepersonen wahrzunehmen sind.

Die Wahrnehmung dieser Aufgaben durch entsprechend ausgebildetes Personal stellt einen wichtigen Beitrag zu einer verbesserten Pflegequalität und einer Optimierung des Ressourceneinsatzes dar.

Im Zuge der Vorarbeiten für das Gesetz wurde mehrfach auch eine verpflichtende Sonderausbildung für Stationsschwestern/pfleger gefordert. Diesem Anliegen konnte nicht Rechnung getragen werden, zumal aus kompetenzrechtlicher Sicht unter Bedachtnahme auf die krankenanstaltenrechtlichen Regelungen die Normierung von Ausbildungsvoraussetzungen für nachgeordnete Organisationseinheiten einer Krankenanstalt nicht möglich ist. Den Trägern der Krankenanstalten steht es aber frei, im Rahmen von Weiterbildungen Schulungsmaßnahmen für diese Personengruppe anzubieten bzw. in den organisationsrechtlichen Landesvorschriften entsprechende Anforderungen zu normieren. Selbstredend besteht auch die Möglichkeit, für diese nachgeordneten Organisationseinheiten ein erhöhtes Anforderungsprofil in Form einer Sonderausbildung anzustreben.

2. Die Erbringung von **Führungsaufgaben** (z.B. Pflegedienstleistung) auf **Werkvertragsbasis** erscheint nicht zulässig. Der Auftragnehmer erbringt nämlich die Leistungen als selbständiger Unternehmer und ist weder persönlich noch wirtschaftlich in die Unternehmensorganisation des Auftragsgebers eingliedert. Er ist weiters an keine Dienstzeiten gebunden und kann sich bei der Erbringung der Leistungen durch gleichqualifizierte Personen vertreten lassen. Auf Grund einer solchen vertraglichen Gestaltung im Werkvertrag scheint die Übernahme von Führungsaufgaben im Sinne des § 26 GuKG nicht möglich zu sein. Diese Bestimmung des GuKG verlangt von der Leitung des Pflegdienstes die Verantwortung für die Qualität der Pflege und für die Organisation der pflegerischen Maßnahmen in der gesamten Einrichtung. Die Erfüllung dieser Aufgaben ist ohne Eingliederung in die Organisation der Betreuungseinrichtung und bei freier Diensteinteilung bzw. mangelnder Pflicht zu persönlichen Leistungserbringung schwer möglich, da der Aufsicht über die Pflege auf Grund der mangelnden Anwesenheitspflicht sowie der mangelnden Weisungsbefugnisse auf Grund der Nichteinbindung in die Organisation der Pflegeeinrichtung nicht nachgekommen werden kann.

**3. Abschnitt
Berufsberechtigung**

§ 27. (1) **Zur Ausübung des gehobenen Dienstes für Gesundheits- und Krankenpflege sind Personen berechtigt, die**
  1. **eigenberechtigt sind,**
  2. **die für die Erfüllung der Berufspflichten erforderliche gesundheitliche Eignung und Vertrauenswürdigkeit besitzen,**
  3. **einen Qualifikationsnachweis (§§ 28 bis 31) erbringen und**
  4. **über die für die Berufsausübung erforderlichen Kenntnisse der deutschen Sprache verfügen.**

(2) Nicht vertrauenswürdig ist,
  1. **wer wegen einer oder mehrerer mit Vorsatz begangener strafbarer Handlungen zu einer mehr als einjährigen Freiheitsstrafe verurteilt wurde, solange die Verurteilung nicht getilgt ist und**
  2. **wenn nach der Eigenart der strafbaren Handlung und nach der Persönlichkeit des Verurteilten die Begehung der gleichen oder einer ähnlichen strafbaren Handlung bei Ausübung des gehobenen Dienstes für Gesundheits- und Krankenpflege zu befürchten ist.**

§ 27 GuKG

Anmerkungen:

1. EB-RV:
Einleitend wird klargestellt, daß eine Verleihung der Berufsberechtigung nicht vorgesehen ist, sondern daß bei Vorliegen der im § 27 angeführten Voraussetzungen die Berufsberechtigung besteht. Das Vorliegen der Voraussetzungen ist erforderlichenfalls nachzuweisen, andernfalls ist die Berufsberechtigung zu entziehen (siehe § 40).

Die volle Eigenberechtigung geht bei der Bestellung eines Sachwalters gemäß § 273 ABGB verloren.

Unter „körperlicher Eignung" ist die erforderliche physische Fähigkeit zu verstehen, den gehobenen Dienst für Gesundheits- und Krankenpflege entsprechend den beruflichen Anforderungen fachgerecht ausüben zu können. Die körperliche Eignung ist insbesondere bei schweren körperlichen Gebrechen, die eine ordnungsgemäße Verrichtung der berufsspezifischen Tätigkeiten verhindern, nicht gegeben.

Die „geistige Eignung" umfaßt neben der Intelligenz auch eine grundsätzliche psychische Stabilität sowie die Fähigkeit, entsprechende Strategien zur persönlichen Bewältigung der psychischen Anforderungen des Berufes, insbesondere im Umgang mit PatientInnen bzw. inter- und multidisziplinären Strukturen, entwickeln und Sorge für die eigene Psychohygiene tragen zu können. Die geistige Eignung ist insbesondere bei psychischen Störungen, wie Alkohol-, Medikamenten- oder Drogenabhängigkeit, Neurosen, Psychopathien, Psychosen, Depressionen und Persönlichkeitsstörungen, und bei Fehlen der Geschäftsfähigkeit nicht gegeben.

Die gesundheitliche Eignung ist erforderlichenfalls durch ein ärztliches Zeugnis nachzuweisen.

Die Ausübung der Gesundheits- und Krankenpflege ist an die sprachliche Kommunikation mit sämtlichen in Betracht kommenden Berufsangehörigen sowie mit den PatientInnen, KlientInnen und sonstigen pflegebedürftigen Personen gebunden. Die Beherrschung der deutschen Sprache ist daher für die Berufsausübung unabdingbar.

GuKG **§ 27**

Die Europäische Union sieht eine ausreichende Beherrschung der Sprache des jeweiligen Gastlandes – je nach Art der betreffenden Tätigkeit – als Standespflicht an. Ein Mitgliedstaat ist jedoch nicht berechtigt, von einem Begünstigten, der im Besitz eines in einem anderen Mitgliedstaat ausgestellten Diploms ist, für die Ausübung einer beruflichen Tätigkeit den Nachweis von Sprachkenntnissen oder die erfolgreiche Ablegung einer Sprachprüfung zu verlangen.

Gemäß Artikel 15 Abs. 3 der Richtlinie 77/452/EWG sind die Mitgliedstaaten verpflichtet, dafür Sorge zu tragen, daß die Begünstigten die Sprachkenntnisse erwerben, die sie für die Ausübung ihrer Berufstätigkeit im Aufnahmestaat brauchen.

Abs. 1 Z 4 wird daher bei Staatsangehörigen eines EWR-Mitgliedstaates, die nicht über für die Berufsausübung notwendige Sprachkenntnisse verfügen, lediglich dann als nicht erfüllt anzusehen sein, wenn allfällige vom Aufnahmestaat gesetzte Angebote zum Spracherwerb unentschuldigt und grundlos nicht in Anspruch genommen werden.

Abschließend ist darauf hinzuweisen, daß es einerseits dem Dienstgeber obliegt festzustellen, ob die/der BewerberIn über die entsprechenden Sprachkenntnisse verfügt, und es andererseits in die Eigenverantwortlichkeit jeder/jedes Berufsangehörigen fällt, sich die nötigen Sprachkenntnisse anzueignen.

Da als Konsequenz der mangelnden Vertrauenswürdigkeit eine Entziehung der Berufsberechtigung möglich ist, muß es sich letztlich im Interesse aller Beteiligten um eine genaue Einzelfallprüfung handeln, die sämtliche Umstände berücksichtigt.

2.1. Durch die Novelle BGBl. I Nr. 90/2006 wurde im Abs. 1 Z 2 der Begriff „körperliche und geistige Eignung" durch den Begriff „gesundheitliche Eignung" ersetzt.

2.2. Ein zum Nachweis der erforderlichen gesundheitlichen Eignung allenfalls erforderliches **ärztliches Zeugnis** muß nicht ein amtsärztliches Zeugnis sein.

§ 28   **GuKG**

3. Siehe auch **VwGH vom 24.3.1999, Zl. 98/11/0104**, betreffend Belastbarkeit in Stresssituationen (Anm. 6 zu § 56).

4. Die in Abs 2 gewählte Definition der **Vertrauenswürdigkeit** ist eine Standardformulierung. Das Strafrecht kennt lediglich die Unterscheidung zwischen Fahrlässigkeit und Vorsatz. Eine graduelle Abstufung der Fahrlässigkeit ist nicht bekannt. Dennoch ist festzuhalten, daß aus berufsrechtlicher Sicht auch als nicht vertrauenswürdig gilt, wenn jemand eine strafbare Handlung nur fahrlässig begangen hat, sich aber aus den Umständen ein derart grobes Verschulden ergibt, daß zum Vorsatz lediglich die willentliche Begehung fehlt.

5. Bei der **Verläßlichkeit** handelt es sich um einen unbestimmten Gesetzesbegriff. Dieser räumt der Behörde zwar kein Ermessen ein, gibt ihr aber immerhin einen gewissen Spielraum in der Ermittlung der konkreten Lösung (vgl. etwa VfSlg. 3267/1957, 5107/1965, 7163/1973; siehe auch *Antoniolli/Koja*, Allgemeines Verwaltungsrecht2 (1986), 240 ff.).

Bei der Auslegung sind in erster Linie das jeweils anzuwendende Gesetz, aber auch andere verwandte Gesetze heranzuziehen. Als verwandte Gesetze könnten etwa das ÄrzteG 1998, das Apothekengesetz, das MTD-Gesetz und das Hebammengesetz herangezogen werden.

6. Zur Entziehung der Berufsberechtigung siehe § 40.

Qualifikationsnachweis – Inland

§ 28. (1) Als Qualifikationsnachweis gilt ein Diplom über eine mit Erfolg abgeschlossene Ausbildung an
1. **einer Schule für Gesundheits- und Krankenpflege nach den Bestimmungen dieses Bundesgesetzes oder**
2. **einer Schule für Kinder- und Jugendlichenpflege nach den Bestimmungen dieses Bundesgesetzes oder**
3. **einer Schule für psychiatrische Gesundheits- und Krankenpflege nach den Bestimmungen dieses Bundesgesetzes oder**

4. einer Krankenpflegeschule, einer Kinderkrankenpflegeschule oder einer Ausbildungsstätte für die psychiatrische Krankenpflege nach den Bestimmungen des Krankenpflegegesetzes.

(2) Einem Qualifikationsnachweis gemäß Abs. 1 Z 1 ist eine Urkunde über einen an einer österreichischen fachhochschulischen Einrichtung erfolgreich abgeschlossenen Fachhochschul- Bachelorstudiengang gemäß Fachhochschul-Studiengesetz – FHStG, BGBl. Nr. 340/1993, in der allgemeinen Gesundheits- und Krankenpflege gleichgehalten, sofern dieser

1. unter der Leitung eines Angehörigen des gehobenen Dienstes für Gesundheits- und Krankenpflege, der zur Ausübung von Lehraufgaben in der Gesundheits- und Krankenpflege berechtigt ist, steht und
2. der Verordnung gemäß Abs. 3 entspricht.

(3) Der Bundesminister für Gesundheit, Familie und Jugend hat für Ausbildungen gemäß Abs. 2 nähere Bestimmungen über die Kompetenzen, die im Rahmen des Fachhochschul- Bachelorstudienganges erworben werden müssen, einschließlich der Mindestanforderungen an die Ausbildungen durch Verordnung festzulegen. Vor Erlassung der Verordnung ist die gesetzliche Interessenvertretung der Dienstnehmer aus dem Bereich der Gesundheits- und Krankenpflege zu hören.

(4) Der Fachhochschulrat hat

1. bei der Bearbeitung der Anträge auf Akkreditierung, Änderung, Verlängerung oder bei Widerruf der Akkreditierung von Fachhochschul-Bachelorstudiengängen für die Ausbildung in der allgemeinen Gesundheits- und Krankenpflege zwei vom Bundesminister für Gesundheit, Familie und Jugend nominierte Sachverständige zur Beurteilung der Übereinstimmung der Anträge bzw. der Fachhochschul-Bachelorstudiengänge mit den Anforderungen der Verordnung gemäß Abs. 3 heranzuziehen,
2. bei der Entscheidung über Anträge auf Akkreditierung, Änderung, Verlängerung oder bei Widerruf der

Akkreditierung von Fachhochschul-Bachelorstudiengängen für die Ausbildung in der allgemeinen Gesundheits- und Krankenpflege das Einvernehmen des Bundesministers für Gesundheit, Familie und Jugend einzuholen,
3. eine Abschrift der Entscheidung über die Akkreditierung, Änderung, Verlängerung oder den Widerruf der Akkreditierung eines Fachhochschul-Bachelorstudienganges für die Ausbildung in der allgemeinen Gesundheits- und Krankenpflege dem Bundesminister für Gesundheit, Familie und Jugend zu übermitteln und
4. einen jährlichen Bericht über den Stand der Entwicklungen betreffend Ausbildungen in der allgemeinen Gesundheits- und Krankenpflege im Fachhochschulbereich im abgelaufenen Kalenderjahr einschließlich Informationen über die einzelnen Studienbetriebe und den kurz-, mittel- und längerfristigen Bedarf bis 1. März eines jeden Jahres dem Bundesminister für Gesundheit, Familie und Jugend zu erstatten.

Bei Änderungen von Fachhochschul-Bachelorstudiengängen, die die Anforderungen der Verordnung gemäß Abs. 3 nur geringfügig betreffen, kann der Fachhochschulrat von der Einholung von Sachverständigengutachten absehen, sofern der Bundesminister für Gesundheit, Familie und Jugend zustimmt. *(Anm.: Abs. 4 in dieser Fassung gilt bis 29. Februar 2012)*

(4) Die Agentur für Qualitätssicherung und Akkreditierung Austria hat

1. bei der Bearbeitung der Anträge auf Akkreditierung, Verlängerung oder bei Widerruf der Akkreditierung von Fachhochschul-Bachelorstudiengängen für die Ausbildung in der allgemeinen Gesundheits- und Krankenpflege zwei vom Bundesminister für Gesundheit nominierte Sachverständige zur Beurteilung der Übereinstimmung der Anträge bzw. der Fachhochschul-Bachelorstudien-

GuKG **§ 28**

gänge mit den Anforderungen der Verordnung gemäß Abs. 3 heranzuziehen,
2. *bei der Entscheidung über Anträge auf Akkreditierung, Verlängerung oder bei Widerruf der Akkreditierung von Fachhochschul-Bachelorstudiengängen für die Ausbildung in der allgemeinen Gesundheits- und Krankenpflege das Einvernehmen des Bundesministers für Gesundheit einzuholen,*
3. *eine Abschrift der Entscheidung über die Akkreditierung, Verlängerung oder den Widerruf der Akkreditierung eines Fachhochschul-Bachelorstudienganges für die Ausbildung in der allgemeinen Gesundheits- und Krankenpflege dem Bundesminister für Gesundheit zu übermitteln und*
4. *einen jährlichen Bericht über den Stand der Entwicklungen betreffend Ausbildungen in der allgemeinen Gesundheits- und Krankenpflege im Fachhochschulbereich im abgelaufenen Kalenderjahr einschließlich Informationen über die einzelnen Studienbetriebe und den kurz-, mittel- und längerfristigen Bedarf bis 1. März eines jeden Jahres dem Bundesminister für Gesundheit zu erstatten.*

Der Bundesminister für Gesundheit ist berechtigt, die Agentur für Qualitätssicherung und Akkreditierung Austria im Rahmen der kontinuierlichen begleitenden Aufsicht über akkreditierte Fachhochschul-Bachelorstudiengänge mit der Evaluierung der Einhaltung der in der Verordnung gemäß Abs. 3 festgelegten Anforderungen zu beauftragen (§ 3 Abs. 3 Z 5 und 8 Hochschul-Qualitätssicherungsgesetz-HS-QSG, BGBl. I Nr. 74/ 2011). Bei der Evaluierung sind zwei vom Bundesminister für Gesundheit nominierte Sachverständige beizuziehen. (Anm.: Abs. 4 in der Fassung des Art. 5 des Qualitätssicherungsrahmengesetzes tritt mit 1. März 2012 in Kraft)

(5) **Die Urkunde gemäß Abs. 2 hat**
1. **die Berufsbezeichnung „Diplomierte Gesundheits- und Krankenschwester"/„Diplomierter Gesundheits- und Krankenpfleger" und**

§ 28 **GuKG**

2. **den Hinweis „Diplom gemäß Anhang V Nr. 5.2.2. der Richtlinie 2005/36/EG über die Anerkennung von Berufsqualifikationen**
zu enthalten.

Anmerkungen:

1. § 28 hat durch das GesBRÄG 2007 eine neue Fassung erhalten. Durch die GuKG-Novelle 2009 wurde der Abs. 4 Z 1 sprachlich geringfügig geändert, als das Wort „einzuholen" durch das Wort „heranzuziehen" ersetzt wurde, was nach den EB 2009 der sprachlichen Bereinigung dienen soll.

2. Siehe die FH-GuK-AV, BGBl. II Nr. 200/2008 (Anhang J).

3. Zu den Ausbildungen nach dem Krankenpflegegesetz siehe *Schwamberger,* Krankenpflegegesetz (1993).

4. EB 2007:
4.1. Angesichts des der soziodemographischen Entwicklung entsprechenden steigenden Bedarfs an Pflege- und Betreuungspersonal kristallisieren sich neben den Gesundheits- und Krankenpflegeberufen **neue Betreuungsstrukturen** (Sozialbetreuungsberufe, Personenbetreuung, persönliche Assistenz) heraus. Diese erfordert eine interdisziplinäre Zusammenarbeit, deren Erfolg einerseits maßgeblich von einer klaren Aufgabenverteilung auf den verschiedenen Kompetenzebenen bestimmt ist und andererseits wesentlich auch von der gegenseitigen Akzeptanz der mit den unterschiedlichen Kompetenzniveaus ausgestatteten Berufsangehörigen abhängt.

Zweifelsohne sind es die Angehörigen des gehobenen Dienstes für Gesundheits- und Krankenpflege, die auf der obersten Kompetenzebene aus pflegerischer Sicht steuernd, planend und koordinierend das multiprofessionelle Pflege- und Betreuungsteam im Sinne eines optimalen Patientenschutzes lenken müssen.

Dies bedingt auch eine **Weiterentwicklung** der derzeitigen Gesundheits- und Krankenpflegeausbildung.

Dies auch auf Grund der steigenden Zahl pflegebezogener Bildungsangebote im tertiären Bildungsbereich (vgl. *Deutmeyer/Thiekötter*, Studienführer Pflege und Gesundheit in Österreich, Verlag facultas wuv, Wien 2007). Angesichts dieser zahlreichen pflegebezogenen Studien mit hohen Studierendenzahlen, die zu keiner Berufsberechtigung in der Gesundheits- und Krankenpflege führen, ist die Schaffung der Möglichkeit von fachhochschulischen Ausbildungen für die allgemeine Gesundheits- und Krankenpflege dringend notwendig.

4.2. Zusätzlich zu den derzeitigen Ausbildungsmöglichkeiten sollen daher in Zukunft auch **Fachhochschul-Bachelorstudiengänge**, die den durch Verordnung der Bundesministerin für Gesundheit, Familie und Jugend festzulegenden Mindestanforderungen an die Ausbildung entsprechen, zu einer Berufsberechtigung in der Gesundheits- und Krankenpflege führen.

Damit wird der im Regierungsübereinkommen der 23. GP festgelegten Zielsetzung, eine bessere Vergleichbarkeit der Ausbildung auf europäischer Ebene herbeizuführen, entsprochen. Diese neue Ausbildungsform ist mit dem Bologna-Prozess kompatibel. Darüber hinaus wird für die Gesundheits- und Krankenpflegeausbildung das in der EU mehrheitlich vorhandene tertiäre Ausbildungsniveau mit einem hohen Grad an Durchlässigkeit eröffnet und die Ausbildung damit aus der oft kritisierten und wenig attraktiven Bildungssackgasse herausgeführt.

Hervorzuheben ist, dass es sich bei den vorgesehenen Regelungen lediglich um die Schaffung einer Möglichkeit von Fachhochschul- Bachelorstudiengängen handelt, die es den Trägern der Ausbildungseinrichtungen, insbesondere den Ländern offen lässt, die bisherige Ausbildungsform weiterhin beizubehalten oder Pilotprojekte im Fachhochschulbereich, wie von einigen Ländern angestrebt, durchzuführen.

4.3. Neben der verpflichtenden Evaluierung gemäß FHStG sind auch die derzeitigen Ausbildungsformen in der Gesundheits-

§ 28a GuKG

und Krankenpflege zu evaluieren, um weitere Reformschritte setzen zu können.

5. **Abs. 4** erhält durch Art. 5 (Änderung des Gesundheits- und Krankenpflegegesetzes) des Qualitätssicherungsrahmengesetzes, BGBl. I Nr. 74/2011, eine neue Fassung, die nach der Bestimmung des neu in das Gesetz aufgenommenen § 117 Abs. 12 mit 1. März 2012 in Kraft tritt. Die **EB** zum Qualitätssicherungsrahmengesetz (1222 der Beilagen zu den Sten. Prot. des NR XXIV. GP) führen dazu aus:

Die Schaffung des HS-QSG sowie die Änderung des Fachhochschul-Studiengesetzes, insbesondere der Wegfall des Fachhochschulrates und die Übergabe der Kompetenzen hinsichtlich der Akkreditierungsverfahren auf das Board der Agentur für externe Qualitätssicherung und Akkreditierung, haben auch Auswirkungen auf die gesundheitsrechtlichen Anforderungen an gesundheitsberufliche Ausbildungen im Fachhochschulbereich. Es ist daher notwendig, die erforderlichen Adaptierungen des Gesundheits- und Krankenpflegegesetzes, des Hebammengesetzes und des MTD-Gesetzes gemeinsam mit dem Qualitätssicherungsrahmengesetz zu behandeln.

EWR-Berufszulassung

§ 28a. (1) Qualifikationsnachweise im gehobenen Dienst für Gesundheits- und Krankenpflege, die einem Staatsangehörigen eines Vertragsstaats des Abkommens über den Europäischen Wirtschaftsraum (EWR-Vertragsstaat) oder der Schweizerischen Eidgenossenschaft von einem EWR-Vertragsstaat oder der Schweizerischen Eidgenossenschaft ausgestellt wurden, sind nach den Bestimmungen der Richtlinie 2005/36/EG über die Anerkennung von Berufsqualifikationen anzuerkennen.

(2) Einem Qualifikationsnachweis gemäß Abs. 1 gleichgestellt ist ein einem Staatsangehörigen eines EWR-Vertragsstaats oder der Schweizerischen Eidgenossenschaft außerhalb des Europäischen Wirtschaftsraums oder der Schweize-

rischen Eidgenossenschaft ausgestellter Ausbildungsnachweis im gehobenen Dienst für Gesundheits- und Krankenpflege (Drittlanddiplom), sofern sein Inhaber
1. in einem EWR-Vertragsstaat oder der Schweizerischen Eidgenossenschaft zur Ausübung des entsprechenden gehobenen Dienstes für Gesundheits- und Krankenpflege berechtigt ist und
2. eine Bescheinigung des Staates gemäß Z 1 darüber vorlegt, dass er drei Jahre den entsprechenden gehobenen Dienst für Gesundheits- und Krankenpflege im Hoheitsgebiet dieses Staates ausgeübt hat.

(3) Personen, die nicht Staatsangehörige eines EWR-Vertragsstaats oder der Schweizerischen Eidgenossenschaft sind (Drittstaatsangehörige) und
1. über einen Aufenthaltstitel mit einem Recht auf Niederlassung gemäß §§ 45 bzw. 49 Niederlassungs- und Aufenthaltsgesetz (NAG), BGBl. I Nr. 100/2005, verfügen,
2. als Angehörige von gemeinschaftsrechtlich aufenthaltsberechtigten Staatsangehörigen eines EWR-Vertragsstaats oder der Schweizerischen Eidgenossenschaft oder Österreichern zum Aufenthalt berechtigt sind und über eine Aufenthaltskarte gemäß § 54 NAG oder eine Daueraufenthaltskarte gemäß § 54a NAG verfügen oder
3. durch eine österreichische Asylbehörde oder den Asylgerichtshof den Status eines Asylberechtigten gemäß § 3 Asylgesetz 2005, BGBl. I Nr. 100, oder den Status eines subsidiär Schutzberechtigten gemäß § 8 Asylgesetz 2005 oder einen entsprechenden Status nach den vor Inkrafttreten des Asylgesetzes 2005 geltenden asylrechtlichen Bestimmungen zuerkannt erhalten haben,

sind Staatsangehörigen eines EWR-Vertragsstaats in Bezug auf die Anwendung der Richtlinie 2005/36/EG gleichgestellt.

(4) Der Bundesminister für Gesundheit, Familie und Jugend hat Staatsangehörigen eines EWR-Vertragsstaats oder

der Schweizerischen Eidgenossenschaft und Drittstaatsangehörigen gemäß Abs. 3, denen ein Qualifikationsnachweis gemäß §§ 29 oder 30 ausgestellt wurde, auf Antrag die Zulassung zur Berufsausübung im entsprechenden gehobenen Dienst für Gesundheits- und Krankenpflege zu erteilen.

(5) Der Antragsteller hat
1. einen Nachweis der Staatsangehörigkeit sowie bei Drittstaatsangehörigen gemäß Abs. 3 einen Nachweis des Aufenthaltstitels,
2. den Qualifikationsnachweis, den Nachweis über die Berufsberechtigung im Herkunftsstaat und gegebenenfalls den Nachweis über erworbene Berufserfahrung,
3. einen Nachweis der für die Erfüllung der Berufspflichten erforderlichen gesundheitlichen Eignung,
4. einen Nachweis der für die Erfüllung der Berufspflichten erforderlichen Vertrauenswürdigkeit und
5. einen Nachweis eines Wohnsitzes oder Zustellungsbevollmächtigten in Österreich

vorzulegen. Nachweise gemäß Z 3 und 4 dürfen bei ihrer Vorlage nicht älter als drei Monate sein. Über eine Änderung des Wohnsitzes oder des Zustellungsbevollmächtigten (Z 5) hat der Antragsteller die Behörde umgehend zu benachrichtigen.

(6) Der Bundesminister für Gesundheit, Familie und Jugend hat innerhalb eines Monats den Empfang der Unterlagen zu bestätigen und mitzuteilen, welche Unterlagen fehlen. Die Entscheidung über die Zulassung zur Berufsausübung hat
1. in Fällen, in denen auf Grund der Richtlinie 2005/36/EG eine automatische Anerkennung vorgesehen ist (§ 29 Abs. 1 Z 1 bis 3), innerhalb von drei Monaten und
2. in Fällen, in denen auf Grund der Richtlinie 2005/36/EG keine automatische Anerkennung vorgesehen ist (§ 29 Abs. 1 Z 4 bis 6 und § 30), innerhalb von vier Monaten

nach vollständiger Vorlage der erforderlichen Unterlagen zu erfolgen.

GuKG **§ 28a**

(7) In Fällen, in denen auf Grund der Richtlinie 2005/36/EG keine automatische Anerkennung vorgesehen ist (§ 29 Abs. 1 Z 4 bis 6 und § 30) und im Rahmen des Verfahrens wesentliche Unterschiede zwischen der nach diesem Bundesgesetz erforderlichen und der im Herkunftsstaat erworbenen Qualifikation festgestellt wurden, die die Vorschreibung von Ausgleichsmaßnahmen (Anpassungslehrgang oder Eignungsprüfung) erfordern, ist der Antragsteller berechtigt, bis zum Nachholen der fehlenden Ausbildungsinhalte ein Aussetzen des Verfahrens zu beantragen. Das Verfahren ist auf Antrag fortzusetzen. Bei einer Aussetzung des Verfahrens von länger als sechs Monaten sind bei Antragstellung auf Fortsetzung des Verfahrens zusätzlich zu den ergänzenden Qualifikationsnachweisen und Nachweisen über Berufserfahrung
  1. neue Nachweise gemäß Abs. 5 Z 3 und 4 und
  2. bei Änderungen aktualisierte Nachweise gemäß Abs. 5 Z 1 und 5

vorzulegen. Unterbleibt ein Antrag auf Fortsetzung des Verfahrens, ist das Zulassungsverfahren nach Ablauf von zwei Jahren ab Einbringung des Aussetzungsantrags ohne weiteres Verfahren formlos einzustellen.

(8) In Fällen, in denen auf Grund wesentlicher Unterschiede zwischen der nach diesem Bundesgesetz erforderlichen und der im Herkunftsstaat erworbenen Qualifikation die Zulassung zur Berufsausübung an die Bedingung der erfolgreichen Absolvierung einer Ausgleichsmaßnahme geknüpft wird, ist die Erfüllung der vorgeschriebenen Ausgleichsmaßnahme vom Bundesminister für Gesundheit im Berufszulassungsbescheid einzutragen. Die Berechtigung zur Ausübung des gehobenen Dienstes für Gesundheits- und Krankenpflege entsteht erst mit Eintragung.

§ 28a   **GuKG**

Anmerkungen:

1. § 28a wurde durch das GesBRÄG 2007 neu in das Gesetz aufgenommen. Abs. 3 Z 3 und der Abs. 8 wurden durch die GuKG-Novelle 2009 neu eingefügt. Weiters wurde durch diese Novelle im Abs. 7 das Wort „Ausgleichsmaßnahmen" durch die Wortfolge „Ausgleichsmaßnahmen (Anpassungslehrgang oder Eignungsprüfung)" ersetzt. Abs. 3 Z 2 wurde durch Art. 9 Z. 1 des Bundesgesetz zur Stärkung der ambulanten öffentlichen Gesundheitsversorgung, BGBl. I Nr. 61/2010, neu erlassen.

2. EB 2007:

2.1. Die Umsetzung der Richtlinie 2005/36/EG über die Anerkennung von Berufsqualifikationen, die insbesondere die Regelungen des allgemeinen und sektorellen Anerkennungssystems, die bisher einerseits in den Richtlinien 89/48 EWG und 92/51/EWG und andererseits in den sektorellen Einzelrichtlinien – für die allgemeine Krankenpflege Richtlinien 77/452/EWG und 77/453/EWG – gesondert geregelt waren, zusammenführt, erfordert eine umfassende Neugestaltung der bisherigen §§ 29 und 30.

2.2. Der neu eingefügte § 28a normiert den **Anwendungsbereich der Richtlinie 2005/36/EG** im Hinblick auf die Anerkennung von Qualifikationsnachweisen im gehobenen Dienst für Gesundheits- und Krankenpflege.

Dem entsprechend fallen neben den Staatsangehörigen eines EWR-Vertragsstaats oder der Schweizerischen Eidgenossenschaft von einem EWR-Vertragsstaat oder der Schweizerischen Eidgenossenschaft ausgestellten Ausbildungsnachweisen im gehobenen Dienst für Gesundheits- und Krankenpflege (Abs. 1) nunmehr auch die gemäß Artikel 3 Abs. 3 der Richtlinie gleichgestellten Drittlanddiplome (Abs. 2) in den Anwendungsbereich der Richtlinie 2005/36/EG.

In **Abs. 3** wird den gemeinschaftsrechtlichen Vorgaben
– der Richtlinie 2003/109/EG betreffend die Rechtsstellung der langfristig aufenthaltsberechtigten Drittstaatsangehörigen sowie

– der Richtlinie 2004/38/EG über das Recht der Unionsbürger und ihrer Familienangehörigen, sich im Hoheitsgebiet der Mitgliedstaaten frei zu bewegen und aufzuhalten,

Rechnung getragen, wonach auch die durch diese Richtlinien begünstigten Drittstaatsangehörigen vom europäischen System zur Anerkennung von Berufsqualifikationen profitieren.

2.3. Ziel der **Richtlinie 2003/109/EG** ist die Festlegung der Bedingungen, unter denen ein Mitgliedstaat einem Drittstaatsangehörigen, der sich rechtmäßig in seinem Hoheitsgebiet aufhält, die Rechtsstellung eines langfristig Aufenthaltsberechtigten erteilen oder entziehen kann, sowie der mit dieser Rechtsstellung verbundenen Rechte. In Artikel 11 dieser Richtlinie wird die Gleichbehandlung von langfristig Aufenthaltsberechtigten mit eigenen Staatsangehörigen auf bestimmten Gebieten normiert. Von dieser Gleichbehandlung ist gemäß Abs. 1 lit. c auch die „Anerkennung der berufsqualifizierenden Diplome, Prüfungszeugnisse und sonstigen Befähigungsnachweise gemäß den einschlägigen nationalen Verfahren" erfasst.

2.4. Was den **aufenthaltsrechtlichen Status** der langfristig aufenthaltsberechtigten Drittstaatsangehörigen im Sinne der Richtlinie 2003/109/EG in Österreich betrifft, sieht § 45 Niederlassungs- und Aufenthaltsgesetz (NAG), BGBl. I Nr. 100/2005, vor, dass Drittstaatsangehörige, die in den letzten fünf Jahren ununterbrochen zur Niederlassung berechtigt waren, ein Aufenthaltstitel „Daueraufenthalt-EG" erteilt werden kann. Für den Fall der Mobilität innerhalb der Gemeinschaft fallen unter den Kreis der gemäß Richtlinie 2003/109/EG begünstigten Drittstaatsangehörigen auch Personen mit einem Aufenthaltstitel „Daueraufenthalt – EG" eines anderen Mitgliedstaats, die über einen Aufenthaltstitel gemäß § 49 NAG verfügen.

2.5. Die **Richtlinie 2004/38/EG** regelt die Bedingungen, unter denen Unionsbürger und ihre Familienangehörigen das Recht auf Freizügigkeit und Aufenthalt bzw. Daueraufenthalt innerhalb des Hoheitsgebiets der Mitgliedstaten genießen. Artikel 24 enthält eine allgemeine Gleichbehandlungsregelung mit eigenen Staatsangehörigen im Anwendungsbereich des Vertrags, die sich auch auf Familienangehörige erstreckt, die nicht die Staatsangehörigkeit eines Mitgliedstaats besitzen und das Recht auf Aufenthalt bzw. Daueraufenthalt genießen, wobei lediglich Ausnahmen betreffend Sozialhilfe und Studienbeihilfe oder sonstige Berufsausbildungsbeihilfen normiert sind.

Was den **aufenthaltsrechtlichen Status von Familienangehörigen** im Sinne der Richtlinie 2004/38/EG in Österreich betrifft, sieht § 52 NAG für diese ein Niederlassungsrecht vor, das in Form einer Anmeldebescheinigung (§ 53 iVm § 9 Abs. 1 Z 1 NAG) oder mittels einer Daueraufenthaltskarte (§ 54 iVm § 9 Abs. 1 Z 2 NAG) bescheinigt wird.

Drittstaatsangehörige, die über einen der genannten Aufenthaltstitel oder Daueraufenthaltskarte nach dem NAG verfügen und einen Qualifikationsnachweis im gehobenen Dienst für Gesundheits- und Krankenpflege im Sinne der Richtlinie 2005/36/EG erworben haben, sind somit hinsichtlich der Anerkennung ihres Qualifikationsnachweises EWR-Staatsangehörigen gleichgestellt.

2.6. Die **Abs. 4 bis 7** regeln das **Berufszulassungsverfahren** nach den Bestimmungen der Richtlinie 2005/36/EG, das wie bisher durch den/die Bundesminister/in für Gesundheit, Familie und Jugend durchzuführen ist. Hinzuweisen ist, dass aus dem erweiterten Anwendungsbereich der Richtlinie (Abs. 2 und 3) eine entsprechenden Verschiebung der Verfahren von den durch den/die Landeshauptmann/-frau durchzuführenden Nostrifikationen (§ 32) auf die durch den/die Bundesminister/in für Gesundheit, Familie und Jugend durchzuführenden Berufszulassungsverfahren resultiert (siehe dazu auch die finanziellen Erläuterungen).

2.7. Die gemäß **Abs. 5** vorzulegenden Unterlagen entsprechen den Vorgaben des Anhangs VII der Richtlinie 2005/36/EG, wobei entsprechend der für Nostrifikationen geltenden Regelung des § 32 Abs. 2 Z 2 für die Sicherstellung der Zustellbarkeit von Erledigungen der Nachweis eines Wohnsitzes oder eines/einer Zustellbevollmächtigten in Österreich normiert ist.

2.8. Die in **Abs. 6** normierten Fristen für die Empfangsbestätigung (ein Monat) sowie für die Erledigung (drei bzw. vier Mona-

GuKG **§ 28a**

te) sind durch Artikel 51 Abs. 1 und 2 der Richtlinie 2005/36/EG vorgegeben und daher gemäß Artikel 11 Abs. 2 B-VG als lex specialis zum Allgemeinen Verwaltungsverfahrensgesetz 1991 – AVG im Materiengesetz zu regeln.

2.9. In **Abs. 7** wird abweichend von den allgemeinen Verwaltungsvorschriften für jene Antragsteller/innen, denen auf Grund wesentlicher Unterschiede der von ihnen absolvierten Ausbildung Ausgleichmaßnahmen vorgeschrieben werden müssten, die zusätzliche Möglichkeit geschaffen, ein Aussetzen des Verfahrens bis zum Nachholen der fehlenden Ausbildungsinhalte zu beantragen. Eine entsprechende Verfahrensbestimmung im Zusammenhang mit der individuellen Gleichhaltung gemäß § 65b hat sich bereits im Sinne einer erweiterten Wahlmöglichkeit der Parteien als auch im Sinne der Verwaltungsökonomie sehr bewährt.

3. Die **EB** zum Bundesgesetz zur Stärkung der ambulanten öffentlichen Gesundheitsversorgung (779 der Beilagen zu den Sten. Prot. des NR XXIV. GP) führen zu **Abs. 3 Z 2** aus:

Im Rahmen des Fremdenrechtsänderungsgesetz 2009 (FrÄG 2009), BGBl. I Nr. 122, wurden unter anderem die Umsetzungsbestimmungen der Richtlinie 2004/38/EG über das Recht der Unionsbürger und ihrer Familienangehörigen, sich im Hoheitsgebiet der Mitgliedstaaten frei zu bewegen und aufzuhalten, im Niederlassungs- und Aufenthaltsgesetz (NAG) nachgeschärft. Was den unter die Richtlinie 2004/38/EG fallenden Personenkreis betrifft, so wurden durch das FrÄG 2009 die entsprechenden Begrifflichkeiten näher an die Richtlinie angepasst, in diesem Sinne wird der Begriff „freizügigkeitsberechtigt" durch den Begriff „gemeinschaftsrechtlich aufenthaltsberechtigt" ersetzt. Hinsichtlich des aufenthaltsrechtlichen Status von Familienangehörigen im Sinne der Richtlinie 2004/38/EG, die nicht die Staatsangehörigkeit eines EWR-Mitgliedstaates oder der Schweizerischen Eidgenossenschaft besitzen, unterscheidet das NAG nunmehr zwischen der Dokumentation zur Bescheinigung des Aufenthaltsrechts für mehr als drei Monate (§ 54 NAG) und der

Dokumentation zur Bescheinigung des Daueraufenthaltsrechts (§ 54a NAG). An diese aufenthaltsrechtlichen Änderungen werden die entsprechenden Regelungen in den Berufsgesetzen angepasst.

4. Zu Abs. 3 Z 3 siehe **EB 2009** in Anm. 3 zu § 2a.

5. EB 2009 (zu Abs. 8):
Die Bestimmungen betreffend EWR-Berufszulassung (§§ 28a und 87) sind aus Gründen der Rechtssicherheit und zur Qualitätssicherung an folgende bewährte Regelung des Nostrifikationsverfahrens anzupassen:
§ 33 Abs. 3 und § 89 Abs. 5 normieren, dass die Erfüllung der im Nostrifikationsbescheid auferlegten Bedingungen (erfolgreiche Absolvierung der Ergänzungsausbildung) im Nostrifikationsbescheid einzutragen ist und der/die Nostrifikant/in erst dann zur Berufsausübung berechtigt ist. Im Sinne der Rechtssicherheit werden entsprechende Regelungen auch in die Bestimmungen über die EWRBerufszulassungen aufgenommen, wobei ebenfalls die Eintragung jener Behörde obliegt, die den Bescheid erlassen hat (§ 28a Abs. 8 und § 87 Abs. 7). In diesem Zusammenhang wird klargestellt, dass es sich bei der Eintragung der Erfüllung der Ausgleichsmaßnahme um einen Formalakt und nicht um einen Bescheid handelt, zumal das Berufszulassungsverfahren mit Eintritt der Rechtskraft des Berufszulassungsbescheides abgeschlossen ist. In § 117 wird eine entsprechende Inkrafttretensbestimmung normiert, um klarzustellen, für welche Berufszulassungsbescheide die Eintragung der erfüllten Ausgleichsmaßnahme verpflichtend ist.

6. Information betreffend Kompensationsmaßnahmen im Rahmen der EWR-Berufszulassung in nichtärztlichen Gesundheitsberufen
Folgende Ausbildungsverordnungen in den nichtärztlichen Gesundheitsberufen normieren auch Regelungen betreffend die Durchführung von Kompensationsmaßnahmen im Rahmen der

GuKG § 28a

EWR-Berufszulassung (Anpassungslehrgang, Eignungsprüfung):
- Gesundheits- und Krankenpflege-Ausbildungsverordnung (GuK-AV), BGBl. II Nr. 179/1999,
- Pflegehilfe-Ausbildungsverordnung (Pflh-AV), BGBl. II Nr. 371/1999,
- Kardiotechniker-Ausbildungsverordnung (KT-AV), BGBl. II Nr. 335/2001,
- Medizinischer-Masseur- und Heilmasseur-Ausbildungsverordnung (MMHm-AV), BGBl. II Nr. 250/2003,
- Sanitäter-Ausbildungsverordnung (San-AV), BGBl. II Nr. 420/2003,
- Gesundheits- und Krankenpflege-Spezialaufgaben-Verordnung (GuK-SV), BGBl. II Nr. 452/2005.

Diese Regelungen enthalten neben speziellen Bestimmungen über Anpassungslehrgänge und Eignungsprüfungen einen Verweis darauf, dass für die Durchführung der Kompensationsmaßnahmen die konkret angeführten Bestimmungen bzw. generell die übrigen Bestimmungen der jeweiligen Ausbildungsverordnung anzuwenden sind (vgl. § 63 GuK-AV, § 53 Pflh-AV, § 30 KT-AV, § 23 MMHm-AV, § 112 San-AV, § 45 GuK-SV).

Diese Verweise haben im Hinblick auf die Anwendbarkeit der Bestimmungen betreffend „Teilnahmeverpflichtung" zu Unklarheiten geführt.

Die Richtlinie 2005/36/EG über die Anerkennung von Berufsqualifikationen normiert, dass für den Fall des Vorliegens wesentlicher Unterschiede zwischen der Ausbildung bzw. dem Berufsbild des/der Antragstellers/-in und der entsprechenden österreichischen Ausbildung im Rahmen der EWR-Berufszulassung eine Kompensationsmaßnahme in Form eines Anpassungslehrgangs oder einer Eignungsprüfung vorgeschrieben werden kann, die wie folgt umschrieben sind:

„**Anpassungslehrgang**" ist die Ausübung eines reglementierten Berufs, die in dem Aufnahmemitgliedstaat unter der Verantwortung eines/einer qualifizierten Berufsangehörigen erfolgt und gegebenenfalls mit einer Zusatzausbildung einhergeht. Der

Lehrgang ist Gegenstand einer Bewertung. Die Einzelheiten des Anpassungslehrgangs und seiner Bewertung sowie die Rechtsstellung des/der beaufsichtigten zugewanderten Lehrgangsteilnehmers/-in werden von der zuständigen Behörde des Aufnahmemitgliedstaats festgelegt.

„**Eignungsprüfung**" ist eine ausschließlich die beruflichen Kenntnisse des/der Antragstellers/-in betreffende und von den zuständigen Behörden des Aufnahmemitgliedstaats durchgeführte Prüfung, mit der die Fähigkeit des/der Antragstellers/-in, in diesem Mitgliedstaat einen reglementierten Beruf auszuüben, beurteilt werden soll. Zur Durchführung dieser Prüfung erstellen die zuständigen Behörden ein Verzeichnis der Sachgebiete, die auf Grund eines Vergleichs zwischen der in ihrem Staat verlangten Ausbildung und der bisherigen Ausbildung des/der Antragstellers/-in von dem Diplom oder den sonstigen Ausbildungsnachweisen, über die der Antragsteller verfügt, nicht abgedeckt werden. Bei der Eignungsprüfung muss dem Umstand Rechnung getragen werden, dass der/die Antragsteller/-in in seinem/ihrem Heimatmitgliedstaat oder dem Mitgliedstaat, aus dem er/sie kommt, über eine berufliche Qualifikation verfügt. Die Eignungsprüfung erstreckt sich auf Sachgebiete, die aus dem Verzeichnis ausgewählt werden und deren Kenntnis eine wesentliche Voraussetzung für die Ausübung des Berufs im Aufnahmemitgliedstaat ist. Diese Prüfung kann sich auch auf die Kenntnis der sich auf die betreffenden Tätigkeiten im Aufnahmemitgliedstaat beziehenden berufsständischen Regeln erstrecken. Die Durchführung der Eignungsprüfung im Einzelnen sowie die Rechtsstellung des/der Antragstellers/-in im Aufnahmemitgliedstaat, in dem er/sie sich auf die Eignungsprüfung vorzubereiten wünscht, werden von den zuständigen Behörden des betreffenden Mitgliedstaats festgelegt.

Diese gemeinschaftsrechtlichen Vorgaben sind in den einschlägigen Berufsgesetzen (GuKG, KTG, MMHmG, SanG) sowie Ausbildungsverordnungen (GuK-AV, Pflh-AV, GuK-SV, KT-AV, MMHm-AV, San-AV) in innerstaatliches Recht umgesetzt.

Hinsichtlich „**Teilnahmeverpflichtung**" ist Folgendes klarzustellen:

Auf Grund der entsprechenden Regelungen in den Ausbildungsverordnungen ist die „Teilnahmeverpflichtung" als Verpflichtung der Ausbildungsteilnehmer/innen zur Teilnahme an der in den jeweiligen Anlagen angeführten theoretischen und praktischen Ausbildung im entsprechenden Stundenausmaß normiert.

Diese Regelungen sind auf die Kompensationsmaßnahmen im Rahmen der EWR-Berufszulassung unter Bedachtnahme auf die gemeinschaftsrechtlichen Vorgaben der Richtlinie 2005/36/EG differenziert anzuwenden:

Für die Absolvierung des **Anpassungslehrgangs** besteht eine Teilnahmeverpflichtung vergleichbar der Absolvierung der **praktischen Ausbildung**. Eine Verpflichtung zur Teilnahme am theoretischen Unterricht besieht nur in jenen Fällen, in denen entsprechend der bescheidmäßigen Entscheidung über die Berufszulassung der Anpassungslehrgang mit einer **Zusatzausbildung** einherzugehen hat.

Die **Eignungsprüfung** besteht auf Grund der gemeinschaftsrechtlichen Vorgaben hingegen ausschließlich in der Ablegung einer Prüfung in jenen Sachgebieten, die entsprechend der bescheidmäßigen Entscheidung über die Berufszulassung von der bisherigen Ausbildung des/der Antragstellers/-in nicht abgedeckt sind und deren Kenntnis eine wesentliche Voraussetzung für die Ausübung des Berufs im Aufnahmemitgliedstaat ist. Im Rahmen der Eignungsprüfung besteht daher **keine Verpflichtung zur Teilnahme am Unterricht** in den jeweiligen Sachgebieten. Der Rechtsträger der Ausbildung kann allerdings Personen, die eine Eignungsprüfung abzulegen haben, die Möglichkeit einer freiwilligen Teilnahme am Unterricht zum Zweck der Prüfungsvorbereitung einräumen (BMGFJ-92250/0035-I/B/6/2008 vom 6.10.2008).

EWR-Qualifikationsnachweise – allgemeine Gesundheits- und Krankenpflege

§ 29. (1) Als Qualifikationsnachweise in der allgemeinen Gesundheits- und Krankenpflege sind folgende Qualifikationsnachweise gemäß § 28a Abs. 1 und 2 nach den Bestimmungen der Richtlinie 2005/36/EG anzuerkennen:

§ 29 GuKG

1. Ausbildungsnachweise der Krankenschwestern und Krankenpfleger, die für die allgemeine Pflege verantwortlich sind, gemäß Anhang V Nummer 5.2.2. der Richtlinie 2005/36/EG;
2. Ausbildungsnachweise der Krankenschwestern und Krankenpfleger, die für die allgemeine Pflege verantwortlich sind, einschließlich einer Bescheinigung gemäß Artikel 23 Abs. 1, 2, 3, 4, 5 oder 6 der Richtlinie 2005/36/EG;
3. polnische bzw. rumänische Ausbildungsnachweise der Krankenschwestern und Krankenpfleger, die für die allgemeine Pflege verantwortlich sind, einschließlich einer Bescheinigung gemäß Artikel 33 Abs. 2 oder 3 bzw. Artikel 33a der Richtlinie 2005/36/EG;
4. Ausbildungsnachweise der Krankenschwestern und Krankenpfleger, die für die allgemeine Pflege verantwortlich sind, gemäß Artikel 10 lit. b der Richtlinie 2005/36/EG;
5. Ausbildungsnachweise von spezialisierten Krankenschwestern und Krankenpflegern, die keine Ausbildung für die allgemeine Pflege absolviert haben, gemäß Artikel 10 lit. f der Richtlinie 2005/36/EG;
6. Drittlanddiplome in der allgemeinen Gesundheits- und Krankenpflege gemäß § 28a Abs. 2.

(2) Der Bundesminister für Gesundheit, Familie und Jugend hat durch Verordnung nähere Bestimmungen über die gemäß Abs. 1 Z 1 bis 6 anzuerkennenden Qualifikationsnachweise festzulegen.

Anmerkungen:

1. § 29 hat durch das GesBRÄG 2007 eine neue Fassung erhalten.

2. EB 2007:

§ 29 Abs. 1 normiert die nach den Bestimmungen der Richtlinie 2005/36/EG anzuerkennenden **Qualifikationsnachweise in**

der allgemeinen Gesundheits- und Krankenpflege, für die – wie bisher – die Mindestanforderungen an die Ausbildung gemeinschaftsrechtlich festgelegt sind:

Z 1: Ausbildungsnachweise in der allgemeinen Gesundheits- und Krankenpflege, die im Anhang V Nummer 5.2.2. der Richtlinie 2005/36/EG angeführt sind, entsprechen den EU-rechtlich vorgegebenen Mindestanforderungen an die Ausbildung und unterliegen gemäß Artikel 21 Abs. 1 der Richtlinie der automatischen Anerkennung.

Z 2: Ausbildungsnachweise in der allgemeinen Gesundheits- und Krankenpflege gemäß Artikel 23 der Richtlinie 2005/36/EG sind im Rahmen der erworbenen Rechte bei Vorliegen der entsprechenden Bescheinigungen über Berufspraxis und/oder Gleichstellung im Herkunftsstaat automatisch anzuerkennen.

Z 3: polnische bzw. rumänische Ausbildungsnachweise in der allgemeinen Gesundheits- und Krankenpflege gemäß Artikel 33 Abs. 2 oder 3 bzw. 33a der Richtlinie 2005/36/EG sind im Rahmen der erworbenen Rechte bei Vorliegen der entsprechenden Bescheinigungen über Berufspraxis bzw. die Absolvierung der Zusatzqualifikation im Herkunftsstaat automatisch anzuerkennen.

Z 4: Ausbildungsnachweise in der allgemeinen Gesundheits- und Krankenpflege, die unter die Regelungen über erworbene Rechte fallen (Z 2 und 3), aber nicht das Erfordernis der Berufspraxis erfüllt wird, sind im Rahmen des allgemeinen Anerkennungssystems gemäß Artikel 10 lit. b der Richtlinie 2005/36/EG anzuerkennen. Sie unterliegen damit nicht der automatischen Anerkennung, sondern einer inhaltlichen Prüfung.

Z 5: Ausbildungsnachweise als spezialisierte Krankenschwestern/pfleger können nunmehr gemäß Artikel 10 lit. f der Richtlinie 2005/36/EG im Rahmen des allgemeinen Anerkennungssystems als Qualifikationsnachweise in der allgemeinen Gesundheits- und Krankenpflege anerkannt werden. Sie unterliegen nicht der automatischen Anerkennung, sondern einer inhaltlichen Prüfung.

Z 6: In einem Drittland erworbene und in einem Mitgliedstaat anerkannte Ausbildungsnachweise sind im Rahmen des allgemeinen Anerkennungssystems gemäß Artikel 10 lit. g der Richtlinie 2005/36/EG anzuerkennen, sofern eine dreijährige Berufspraxis im Erstaufnahmestaat bescheinigt wird. Sie unterliegen damit nicht der automatischen Anerkennung, sondern einer inhaltlichen Prüfung.

Nähere Bestimmungen über die im Rahmen der Richtlinie 2005/36/EG anzuerkennenden Qualifikationsnachweise in der allgemeinen Gesundheits- und Krankenpflege sind im Verordnungsweg zu erlassen (Abs. 2). Hiezu wird auf die Gesundheits- und Krankenpflege-EWR-Qualifikationsnachweis-Verordnung 2008 (GuK-EWRV 2008) verwiesen.

3. Siehe die GuK-EWRV 2008, BGBl. II Nr. 193/2008 i.d.F. BGBl. II Nr. 167/2009 (Anhang C).

EWR-Qualifikationsnachweise – Spezial-, Lehr- und Führungsaufgaben

§ 30. (1) Als Qualifikationsnachweise
1. **in der Kinder- und Jugendlichenpflege,**
2. **in der psychiatrischen Gesundheits- und Krankenpflege,**
3. **in der Intensivpflege,**
4. **in der Anästhesiepflege,**
5. **in der Pflege bei Nierenersatztherapie,**
6. **in der Pflege im Operationsbereich,**
7. **in der Krankenhaushygiene,**
8. **für Lehraufgaben und**
9. **für Führungsaufgaben**

sind Qualifikationsnachweise gemäß § 28a Abs. 1 und 2 nach den Bestimmungen der Richtlinie 2005/36/EG anzuerkennen, sofern sie einem Zeugnis oder Diplom gemäß Art. 11 lit. b bis e der Richtlinie 2005/36/EG entsprechen und eine Ausbildung abschließen, die der entsprechenden österreichischen Ausbildung gleichwertig ist.

(2) Die Zulassung zur Berufsausübung in Spezial-, Lehr- und Führungsaufgaben gemäß § 28a Abs. 4 ist an die Bedingung der erfolgreichen Absolvierung eines höchstens dreijäh-

rigen Anpassungslehrgangs oder einer Eignungsprüfung zu knüpfen, wenn sich die absolvierte Ausbildung unter Berücksichtigung der im Rahmen der Berufserfahrung erworbenen Kenntnisse wesentlich von der entsprechenden österreichischen Ausbildung unterscheidet. Im Rahmen der Berufszulassung in der Kinder- und Jugendlichenpflege und in der psychiatrischen Gesundheits- und Krankenpflege steht dem Antragsteller die Wahl zwischen dem Anpassungslehrgang und der Eignungsprüfung zu.

(3) Ein Anpassungslehrgang gemäß Abs. 2 ist die Ausübung der entsprechenden Spezial-, Lehr- oder Führungsaufgaben in Österreich unter der Verantwortung eines qualifizierten Angehörigen des entsprechenden gehobenen Dienstes für Gesundheits- und Krankenpflege, hat mit einer Zusatzausbildung einherzugehen, sofern diese fachlich erforderlich ist, und ist zu bewerten.

(4) Eine Eignungsprüfung gemäß Abs. 2 ist eine ausschließlich die beruflichen Kenntnisse und Fertigkeiten des Antragstellers betreffende Prüfung, mit der die Fähigkeit des Antragstellers, in Österreich die jeweiligen Spezial-, Lehr- oder Führungsaufgaben auszuüben, beurteilt wird.

(5) Nähere Vorschriften über die Zulassung zu sowie Durchführung und Bewertung von Anpassungslehrgang und Eignungsprüfung hat der Bundesminister für Gesundheit, Familie und Jugend durch Verordnung festzulegen.

Anmerkungen:

1. § 30 hat durch das GesBRÄG 2007 eine neue Fassung erhalten.

2. EB 2007:

2.1. § 30 normiert – wie bisher – die nach den Bestimmungen des Titels III Kapitel I der Richtlinie 2005/36/EG anzuerkennenden **Ausbildungsnachweise in Spezial-, Lehr- und Führungsaufgaben** der Gesundheits- und Krankenpflege. Diese unterliegen dem allgemeinen Anerkennungssystem und damit einer inhaltlichen Prüfung, wobei bei wesentlichen Ausbildungsunterschieden die Möglichkeit der Vorschreibung eines Anpassungslehrgangs oder einer Eignungsprüfung möglich ist. Gemäß Artikel 14 Absatz 3 Unterabsatz 2 der Richtlinie 2005/36/EG gilt der Grundsatz der freien Wahl der Antragsteller/innen zwischen Anpassungslehrgang und Eignungsprüfung für Fälle der Anerkennung in der spezialisierten Krankenpflege, die im Aufnahmestaat die vorhergehende Absolvierung der Grundausbildung in der Krankenpflege voraussetzt, nicht. Auf Grund der Regelungen des § 17 ist somit von den in § 30 erfassten Fällen die Wahlmöglichkeit des/der Antragsteller/in zwischen Anpassungslehrgang und Eignungsprüfung nur für die Berufszulassung in der Kinder- und Jugendlichenpflege und in der psychiatrischen Gesundheits- und Krankenpflege normiert.

2.2. Die in **Abs. 5** vorgesehenen näheren Vorschriften im Verordnungsweg sind bereits im Rahmen der Gesundheits- und Krankenpflege-Ausbildungsverordnung, BGBl. II Nr. 179/1999, (§§ 63 ff GuK-AV), im Rahmen der Gesundheits- und Krankenpflege- Spezialaufgaben-Verordnung, BGBl. II Nr. 452/2005, (§§ 45 ff GuK-SV) sowie im Rahmen der Gesundheits- und Krankenpflege-Lehr- und Führungsaufgaben-Verordnung, BGBl. II Nr. 453/2005, (§ 5 GuK-LFV) erlassen.

Qualifikationsnachweis – außerhalb des EWR

§ 31. Eine im Ausland erworbene Urkunde über eine erfolgreich absolvierte Ausbildung im gehobenen Dienst für Gesundheits- und Krankenpflege, die nicht unter §§ 28a ff fällt, gilt als Qualifikationsnachweis, wenn
1. die Gleichwertigkeit der Urkunde mit einem österreichischen Diplom gemäß § 32 (Nostrifikation) festgestellt oder die Urkunde den vor Inkrafttreten dieses Bundesgesetzes geltenden Regelungen des Krankenpflegegesetzes als gleichwertig anerkannt wurde und
2. die im Nostrifikationsbescheid vorgeschriebenen Bedingungen erfüllt sind.

GuKG § 31

Anmerkungen:

1. § 31 hat durch das GesBRÄG 2007 eine neue Fassung erhalten.

2. EB 2007:
Auf Grund des in § 28a normierten erweiterten Anwendungsbereichs des gemeinschaftsrechtlichen Anerkennungssystems ist die Regelung des § 31 betreffend Nostrifikation entsprechend einzuschränken.

Da die auf Grund des Artikel 3 Abs. 3 der Richtlinie 2005/36/EG **gleichgestellten Drittlanddiplome** – das sind in einem Drittland erworbene und in einem Mitgliedstaat anerkannte Ausbildungsnachweise, sofern eine dreijährige Berufspraxis im Erstaufnahmestaat bescheinigt wird – nunmehr gemäß § 28a Abs. 2 nach den Bestimmungen der Richtlinie 2005/36/EG anzuerkennen sind, hat die bisherige Regelung betreffend Drittlanddiplome (§ 32a) zu entfallen. Ein Übergangsrecht für anhängige Verfahren wird nicht normiert, da die gemeinschaftsrechtlichen Vorgaben ein Inkrafttreten der einschlägigen Regelungen mit 20. Oktober 2007 (siehe Ausführungen im Allgemeinen Teil sowie zu § 117) normieren.

Hinsichtlich der **Anerkennung sonstiger Drittlanddiplome**, die nicht in den Anwendungsbereich der Richtlinie 2005/36/EG fallen, ist die auf dem EG-Vertrag basierende einschlägige Judikatur des Europäischen Gerichtshofs zu beachten (z.B. Urteil vom 14.9.2000 in der Rechtssache C-238/98, Hugo Fernando Hocsman gegen Ministre de l'Emploi et de la Solidarité). Demnach ist Artikel 43 des EG-Vertrags dahingehend auszulegen, dass, wenn ein/e Gemeinschaftsangehörige/r in einem Fall, der nicht durch eine Richtlinie über die gegenseitige Anerkennung der Diplome geregelt ist, die Zulassung zur Ausübung eines Berufs beantragt, dessen Aufnahme vom Besitz eines Diploms oder einer beruflichen Qualifikation abhängt, die zuständigen Behörden des betreffenden Mitgliedstaats sämtliche Diplome, Prüfungszeugnisse und sonstigen Befähigungsnachweise sowie die einschlägige Erfahrung des/der Betroffenen in der Weise berücksichtigen müssen, dass sie die durch diese Nachweise und diese Erfahrung belegten Fachkenntnisse mit den nach dem nationalen Recht vorgeschriebenen Kenntnissen und Fähigkeiten vergleichen. Dem entsprechend ist im Rahmen der Nostrifikation von Drittlanddiplomen, die EWR-Staatsangehörigen oder gleichgestellten Drittstaatsangehörigen ausgestellt wurden, die innerhalb der Gemeinschaft erworbene weitere berufliche Qualifikation einschließlich Berufserfahrung zu berücksichtigen. Dies wird nunmehr in § 32 Abs. 6 ausdrücklich normiert.

Nostrifikation

§ 32. (1) Personen, die eine im Ausland staatlich anerkannte Ausbildung im gehobenen Dienst für Gesundheits- und Krankenpflege absolviert haben und beabsichtigen, in Österreich eine Tätigkeit im gehobenen Dienst für Gesundheits- und Krankenpflege auszuüben, sind berechtigt, die Anerkennung ihrer außerhalb Österreichs erworbenen Urkunden über eine mit Erfolg abgeschlossene Ausbildung im entsprechenden gehobenen Dienst für Gesundheits- und Krankenpflege beim Landeshauptmann jenes Landes, in dessen Bereich
   1. **der Hauptwohnsitz,**
   2. **dann der in Aussicht genommene Wohnsitz,**
   3. **dann der in Aussicht genommene Berufssitz,**
   4. **dann der in Aussicht genommene Dienstort und**
   5. **schließlich der in Aussicht genommene Ort der beruflichen Tätigkeit**

gelegen ist, zu beantragen.

(2) Der Antragsteller hat folgende Nachweise vorzulegen:
   1. **den Reisepaß,**
   2. **den Nachweis eines Hauptwohnsitzes oder eines Zustellungsbevollmächtigten in Österreich,**
   3. **den Nachweis, daß die im Ausland absolvierte Ausbildung in Inhalt und Umfang der entsprechenden österreichischen vergleichbar ist,**
   4. **den Nachweis über die an der ausländischen Ausbildungseinrichtung besuchten Lehrveranstaltungen,**

GuKG **§ 32**

über die abgelegten Prüfungen und über allfällige wissenschaftliche Arbeiten und
5. die Urkunde, die als Nachweis des ordnungsgemäßen Ausbildungsabschlusses ausgestellt wurde und die zur Berufsausübung in dem Staat, in dem sie erworben wurde, berechtigt.

(3) Die in Abs. 2 angeführten Unterlagen sind im Original oder in beglaubigter Abschrift samt Übersetzung durch einen gerichtlich beeidigten Übersetzer vorzulegen.

(4) Von der Vorlage einzelner Urkunden gemäß Abs. 2 Z 3 und 4 kann abgesehen werden, wenn innerhalb angemessener Frist vom Antragsteller glaubhaft gemacht wird, daß die Urkunden nicht beigebracht werden können, und die vorgelegten Urkunden für eine Entscheidung ausreichen.

(5) Für Flüchtlinge gemäß Artikel 1 der Konvention über die Rechtsstellung der Flüchtlinge, BGBl. Nr. 55/1955, die sich erlaubterweise auf dem Gebiet der Republik Österreich aufhalten oder um die österreichische Staatsbürgerschaft angesucht haben, entfällt die Verpflichtung zur Vorlage des Reisepasses gemäß Abs. 2 Z 1.

(6) Der Landeshauptmann hat zu prüfen, ob die vom Antragsteller im Ausland absolvierte Ausbildung hinsichtlich des Gesamtumfanges und der Ausbildungsinhalte der österreichischen Ausbildung gleichwertig ist. Einschlägige Berufserfahrungen können bei der Beurteilung der praktischen Ausbildung berücksichtigt werden, sofern diese die fehlenden Fachgebiete inhaltlich abdecken. Im Rahmen der Nostrifikation sind von Staatsangehörigen eines EWR-Vertragsstaats oder der Schweizerischen Eidgenossenschaft oder Drittstaatsangehörigen gemäß § 28a Abs. 3 im Europäischen Wirtschaftsraum oder in der Schweizerischen Eidgenossenschaft erworbene Berufserfahrung und weitere Ausbildung in der Gesundheits- und Krankenpflege zu berücksichtigen. Zur Beurteilung der auslän- dischen Ausbildung ist im Falle des Abs. 4 jedenfalls ein Sachverständigengutachten einzuholen.

§ 32 GuKG

(7) Bei Erfüllung sämtlicher Voraussetzungen gemäß Abs. 2 bis 6 hat der Landeshauptmann die Gleichwertigkeit der ausländischen Ausbildung bescheidmäßig festzustellen.

(8) Sofern die Gleichwertigkeit nicht zur Gänze vorliegt, ist die Nostrifikation an eine oder beide der folgenden Bedingungen zu knüpfen:
1. erfolgreiche Ablegung einer oder mehrerer kommissioneller Ergänzungsprüfungen,
2. erfolgreiche Absolvierung eines Praktikums oder mehrerer Praktika an einer Schule für Gesundheits- und Krankenpflege.

Anmerkungen:

1. Abs. 1 und Abs. 2 Z 1 haben durch die GuKG-Novelle 2003 eine neue Fassung erhalten. **Abs. 6** zweiter Satz wurde durch das GesBRÄG 2007 neu in das Gesetz eingefügt.

2. EB-RV:
Die Nostrifikationsbestimmungen entsprechen den Bestimmungen im MTD-Gesetz und im Hebammengesetz und sind analog den hochschulrechtlichen Bestimmungen gestaltet. Sie sollen zur Erleichterung der Vollzugspraxis beitragen, da sich in der Praxis häufig Probleme betreffend die von den Parteien vorzulegenden Unterlagen ergeben haben. Die neue Bestimmung dient der Vermeidung kostenintensiver Ermittlungsverfahren, zumal entsprechend der Judikatur des Verwaltungsgerichtshofes nunmehr ausdrücklich im Gesetz klargestellt wird, daß die Beweislast bzw. die Pflicht zur Beschaffung sämtlicher Unterlagen bei den AntragstellerInnen liegt.

Die Zuständigkeit für die Durchführung der Nostrifikationsverfahren wurde mit der Novelle zum Krankenpflegegesetz, BGBl. Nr. 872/1992, auf den Landeshauptmann übertragen. Dies wird beibehalten. Die Möglichkeit der Berufung an den Bundesminister für Arbeit, Gesundheit und Soziales bleibt weiterhin offen.

Erstmals wird auch für Sonderausbildungen eine Nostrifikationsmöglichkeit vorgesehen, da nunmehr die Tätigkeit in Spezial-, Lehr- und Führungsaufgaben an die erfolgreiche Absolvierung der entsprechenden Sonderausbildung gebunden ist. Personen, die eine gleichwertige Ausbildung bereits im Ausland absolviert haben, sollen die Möglichkeit erhalten, diese in Österreich anerkennen zu lassen.

Abs. 4 bietet die Möglichkeit, von der Vorlage einzelner Urkunden abzusehen. Es müssen allerdings aus dem Gesamtzusammmenhang der übrigen Unterlagen eindeutig die erforderlichen Entscheidungsgrundlagen ableitbar sein. Jedenfalls darf sich die Entscheidung nicht ausschließlich auf bloße Behauptungen der Antragstellerin/des Antragstellers stützen, auch wenn sie als eidesstattliche Erklärung abgegeben werden.

Für die Feststellung der Gleichwertigkeit der ausländischen Ausbildung sind die zum Zeitpunkt der Bescheiderlassung geltenden österreichischen Ausbildungsvorschriften als Vergleichsmaßstab heranzuziehen. Ausdrücklich ist darauf hinzuweisen, daß Entscheidungskriterium für eine Nostrifizierbarkeit nicht eine deckungsgleiche Übereinstimmung der Stundenzahlen und Detailinhalte ist, sondern die Fähigkeit der Antragstellerin/des Antragstellers, für die Berufsausübung in gleicher Weise vorgebildet zu sein wie mit dem entsprechenden österreichischen Ausbildungsabschluß. Dadurch wird es ermöglicht, eine Anerkennung solcher ausländischer Ausbildungsabschlüsse vorzunehmen, die nachgewiesenermaßen eine ausgezeichnete Qualität der Berufsausbildung garantieren, obwohl sie mit dem österreichischen Ausbildungssystem etwa im Hinblick auf den Aufbau schwer vergleichbar sind.

Im Rahmen des Nostrifikationsverfahrens kann ein Sachverständigengutachten über die Qualität der ausländischen Ausbildung eingeholt werden. Dieses ist unter Einhaltung der allgemeinen Richtlinien für die Erstellung von Sachverständigengutachten zu gestalten. Das Sachverständigengutachten hat eine ausreichende und schlüssige Begründung zu enthalten, Befunderhebung und eine entsprechende fachliche Beurteilung durch die Gutachterin/den Gutachter müssen nachvollziehbar sein.

Ist ein ausreichender Vergleich auf Grund der Aktenlage nicht möglich, da zB entsprechende Nachweise nicht beigebracht werden können, so besteht die Möglichkeit, einen Stichprobentest durchzuführen, um nähere Auskünfte über die Inhalte der ausländischen Ausbildung zu erhalten. Dieser Test ist keine Prüfung, weshalb die Prüfungsbestimmungen nicht anzuwenden sind, sondern vielmehr eine Maßnahme im Rahmen des Ermittlungsverfahrens. Dabei können von der Antragstellerin/vom Antragsteller Auskünfte über Ausbildungsinhalte und Angaben über die verwendete Literatur eingeholt sowie beispielhafte Befragungen über wesentliche Bereiche des erworbenen Wissens durchgeführt werden, falls die sonstige Beweislage erhebliche Zweifel daran offen läßt.

Kann die grundsätzliche Nostrifizierbarkeit im Rahmen des Ermittlungsverfahrens nicht erhoben werden, ist der Antrag nach Durchführung des Parteiengehörs jedenfalls abzuweisen.

Eine Nostrifikation ist für Staatsangehörige des Europäischen Wirtschaftsraumes, die im Besitz eines Qualifikationsnachweises gemäß §§ 29 oder 30 sind, nicht erforderlich.

3.1. EB 2003:

Die bisher in § 32 Abs. 1 bzw. § 89 Abs. 1 festgelegte Aktivlegitimation für die Nostrifikation im gehobenen Dienst für Gesundheits- und Krankenpflege bzw. in der Pflegehilfe entspricht hinsichtlich des Erfordernisses eines Hauptwohnsitzes oder einer Bewerbung um eine entsprechende Anstellung nicht mehr den aktuellen rechtlichen Rahmenbedingungen:

Einerseits wurde im Rahmen der GuKG-Novelle BGBl. I Nr. 116/1999 das bis zu diesem Zeitpunkt für die freiberufliche Berufsausübung normierte Erfordernis der zweijährigen Berufsausübung im Rahmen eines Dienstverhältnisses gestrichen, so dass die Berechtigung zur freiberuflichen Ausübung des gehobenen Dienstes für Gesundheits- und Krankenpflege mit Erwerb der Berufsberechtigung in Österreich besteht. Darüber hinaus wurde im Rahmen des Verwaltungsreformgesetzes 2001, BGBl. I Nr. 65/2002, das bisherige Bewilligungsverfahren betreffend die freiberufliche Berufsausübung beim Landeshauptmann in ein Meldeverfahren bei der Bezirksverwaltungsbehörde umgewandelt. Dies bedeutet, dass sich MigrantInnen nach erfolgter Nostrifikation freiberuflich niederlassen können, sobald das entsprechende Meldeverfahren bei der Bezirksverwaltungsbehörde abgeschlossen ist.

Andererseits ergeben sich aus den zwischen Europäischen Gemeinschaft und ihren Mitgliedstaaten einerseits und den mittel- und osteuropäischen Ländern andererseits abgeschlossenen Europa-Abkommen völkerrechtliche Verpflichtungen, die eine Adaptierung dieser Bestimmung erfordern:

Bei diesen Abkommen, die mit Ungarn (ABl. L 347, 31.12.93, S. 2), Polen (ABl. L 348, 31.12.93, S. 2), der Tschechischen Republik (ABl. L 360, 31.12.94, S. 2), der Slowakischen Republik (ABl. L 359, 31.12.94, S. 2), Bulgarien (ABl. L 358, 31.12.94, S. 3), Rumänien (ABl. L 357, 31.12.94, S. 2), Estland (ABl. L 68, 9.3.98, S. 3), Lettland (ABl. L 26, 2.2.98, S. 3), Litauen (ABl. L 51, 20.2.98, S. 3) und Slowenien (ABl. L 51, 26.2.99, S. 3) abgeschlossen wurden, handelt es sich um Assoziationsabkommen, denen neben den jeweiligen Drittstaaten sowohl die Europäische Gemeinschaft als auch deren Mitgliedstaaten als Vertragsparteien angehören. Diese Europa-Abkommen, die beinahe identisch in ihrer Struktur und ihrem Inhalt sind, enthalten neben allgemeinen Zielen und Absichtserklärungen über einen politischen, wirtschaftlichen und kulturellen Dialog auch eine Reihe von konkreten Rechten und Pflichten der Vertragsparteien, insbesondere für den Bereich der Verwirklichung der gemeinschaftsrechtlichen Grundfreiheiten. Die Abkommen binden sowohl die Gemeinschaft als auch die Mitgliedstaaten und können insofern unmittelbare Wirkung entfalten, als sie unter Berücksichtigung ihres Wortlautes und im Hinblick auf den Sinn und Zweck der Abkommen eine klare und eindeutige Verpflichtung enthalten, deren Erfüllung oder deren Wirkungen nicht vom Erlass eines weiteren Aktes abhängen.

Während die Abkommen auf dem Gebiet der Freizügigkeit der Arbeitnehmer sehr einschränkende Regelungen enthalten, so dass die Zulassung zum Arbeitsmarkt von der jeweiligen Situation auf dem Arbeitsmarkt und im Einklang mit den geltenden Rechtsvorschriften und Verfahren abhängig sind und damit weiterhin die arbeitsmarktbehördlichen sowie die fremdengesetzlichen Regelungen anzuwenden sind, sehen sie für den Bereich der Dienstleistungs- und Niederlassungsfreiheit, unter die auch die freiberufliche Ausübung der Gesundheits- und Krankenpflege fällt, eine unmittelbar anwendbare Inländergleichbehandlung für die Aufnahme und die Ausübung von freiberuflichen Tätigkeiten vor. Dies bedeutet, dass Staatsangehörige einer Vertragspartei sich unter den gleichen Bedingungen in Österreich niederlassen bzw. grenzüberschreitend tätig werden können wie EWR-Staatsangehörige. Eine Diskriminierung auf Grund der Staatsangehörigkeit ist somit nicht zulässig, wobei klargestellt wird, dass mangels anderer völkerrechtlicher oder gemeinschaftsrechtlicher Regelungen die im GuKG normierten Qualifikationserfordernisse, insbesondere die Nostrifikationsbestimmungen, anzuwenden sind.

Allerdings haben die Nostrifikationsbestimmungen nicht Beschränkungen zu enthalten, die die Ausübung des Niederlassungsrechts und des Rechts auf freien Dienstleistungsverkehr tatsächlich unmöglich machen könnten. Insbesondere für den grenzüberschreitenden Dienstleistungsverkehr wäre diesbezüglich der Nachweis eines Hauptwohnsitzes oder einer Bewerbung um eine Anstellung in Österreich für die Beantragung der Nostrifikation ein sachlich nicht gerechtfertigtes Hindernis.

Eine entsprechend diesen rechtlichen Rahmenbedingungen festgelegte Aktivlegitimation für die Nostrifikation ist bereits im Rahmen des Medizinischer Masseur- und Heilmasseurgesetzes – MMHmG, BGBl. I Nr. 169/2002, normiert.

In § 32 Abs. 1 bzw. § 89 Abs. 1 erfolgt für die Nostrifikation im gehobenen Dienst für Gesundheits- und Krankenpflege bzw. in der Pflegehilfe eine entsprechende Anpassung an die innerstaatlichen sowie völkerrechtlichen Rahmenbedingungen, wobei die Festlegung der örtlichen Zuständigkeit als lex specialis zum AVG normiert ist.

Im Hinblick auf die Sicherstellung einer ordnungsgemäßen Vollziehung und der Zustellbarkeit der Rechtsakte der Behörde

GuKG **§ 32**

wird für Personen, die keinen Hauptwohnsitz in Österreich begründet haben, die Namhaftmachung eines Zustellbevollmächtigten im Sinne der §§ 8a ff Zustellgesetz, BGBl. Nr. 200/1982, in der geltenden Fassung, normiert.

3.2. Zu **Abs. 6** siehe auch Anmerkung 2 zu § 31.

4. Für die Nostrifikation ist der Nachweis der notwendigen Sprachkenntnisse nicht erforderlich, jedoch ist dies bei der Berufsberechtigung in § 27 Abs 1 Z 4 als Voraussetzung festgelegt. Auch eine allfällige Ergänzungsprüfung ist in deutscher Sprache abzulegen. Siehe auch Anm. 1 zu § 33.

5. Zum **Begriff des Hauptwohnsitzes** siehe § 1 Abs. 7 und 8 Meldegesetz, BGBl. Nr. 9/1992, idF BGBl. I Nr. 28/2001. Diese lauten:

„(7) Der Hauptwohnsitz eines Menschen ist an jener Unterkunft begründet, an der er sich in der erweislichen oder aus den Umständen hervorgehenden Absicht niedergelassen hat, diese zum Mittelpunkt seiner Lebensbeziehungen zu machen; trifft diese sachliche Voraussetzung bei einer Gesamtbetrachtung der beruflichen, wirtschaftlichen und gesellschaftlichen Lebensbeziehungen eines Menschen auf mehrere Wohnsitze zu, so hat er jenen als Hauptwohnsitz zu bezeichnen, zu dem er das überwiegende Naheverhältnis hat.

(8) Für den Mittelpunkt der Lebensbeziehungen eines Menschen sind insbesondere folgende Kriterien maßgeblich: Aufenthaltsdauer, Lage des Arbeitsplatzes oder der Ausbildungsstätte, Ausgangspunkt des Weges zum Arbeitsplatz oder zur Ausbildungsstätte, Wohnsitz der übrigen, insbesondere der minderjährigen Familienangehörigen und der Ort, an dem sie ihrer Erwerbstätigkeit nachgehen, ausgebildet werden oder die Schule oder den Kindergarten besuchen, Funktionen in öffentlichen und privaten Körperschaften."

6. Als **Sachverständige** können nach Abs 6 etwa Leiter von Gesundheits- und Krankenpflegeschulen herangezogen werden.

Zur Frage der Sachverständigen siehe z.B. ausführlich *Attlmayr*, Das Recht des Sachverständigen im Verwaltungsverfahren (1997).

7. Nostrifikation gem. § 32 Abs. 3 – gerichtlich beeidigte Übersetzer/innen:

Zweck der Regelung des § 32 Abs. 3 GuKG ist es insbesondere, die Qualität der Übersetzung sowie die Vertrauenswürdigkeit des/der Übersetzers/in sicherzustellen. Soweit es sich um einen/eine Übersetzer/in handelt, der in einem anderen EWR-Vertragsstaat gerichtlich beedigt wurde, wird – auch im Sinne einer gemeinschaftsrechtskonformen Auslegung – davon ausgegangen, dass diese Anforderungen erfüllt sind.

Es sind daher gemäß § 32 Abs. 3 GuKG auch Übersetzungen von in anderen EWR-Vertragsstaaten gerichtlich beeidigten Übersetzer/innen als gleichwertig zu betrachten (Schreiben BMGF-92253/0-I/B/6/03 vom 01.06.2004).

8. Der gehobene Dienst für Gesundheits- und Krankenpflege umfasst die allgemeine Gesundheits- und Krankenpflege, die Kinder- und Jugendlichenpflege und die psychiatrische Gesundheits- und Krankenpflege. Eine Anerkennung einer außerhalb Österreichs erworbenen Urkunde im gehobenen Dienst für Gesundheits- und Krankenpflege kann schon nach dem Wortlaut des § 32 Abs. 1 GuKG 1997 nur im „entsprechenden" gehobenen Dienst für Gesundheits- und Krankenpflege, das heißt in der allgemeinen Gesundheits- und Krankenpflege, in der Kinder- und Jugendlichenpflege oder der psychiatrischen Gesundheits- und Krankenpflege erfolgen. Demnach ist ein bescheidmäßiger Abspruch in der Sache bloß über eine Teilkomponente der Pflege unzulässig.

Sofern die Gleichwertigkeit der Ausbildung nicht zur Gänze vorliegt, ist die Nostrifikation an die in Z 1 und Z 2 des § 32 Abs. 8 GuKG 1997 näher genannten Bedingungen zu knüpfen. Der Wortlaut dieser Bestimmung lässt erkennen, dass diesbezüglich der Behörde kein Ermessen eingeräumt ist, sondern dass bei nicht zur Gänze gegebener Gleichwertigkeit die Nostrifikation zwingend an diese Bedingungen zu knüpfen ist. In diesem Zusammenhang hat der Gesetzgeber auch die Relevanz von praktischen Ausbildungszeiten anerkannt, indem er in der Z 2 des § 32 Abs. 8 leg.cit. als eine der Bedingungen die erfolgreiche Absolvierung eines Praktikums oder mehrerer Praktika an einer Schule für Gesundheits- und Krankenpflege vorsieht. Diese Bestimmung kann, worauf auch Abs. 6 des § 32 leg.cit. hinweist, nach welchem einschlägige Berufserfahrungen zu berücksichtigen sind, nur dahin ausgelegt werden, dass im Rahmen der Prüfung der Voraussetzungen für die Nostrifizierung nicht nur Lehrveranstaltungen und abgelegte Prüfungen bzw. allfällige wissenschaftliche Arbeiten relevant sind, sondern dass auch die im Rahmen einer praktischen Tätigkeit erworbenen Kenntnisse und Fähigkeiten von Bedeutung sind (VwGH vom 15.9.2009, Zl. 2007/11/0086).

9. § **32a** wurde durch das GesBRÄG aufgehoben.

Ergänzungsausbildung und -prüfung

§ 33. (1) Über die Zulassung der Nostrifikanten zur ergänzenden Ausbildung gemäß § 32 Abs. 8 entscheidet die Aufnahmekommission gemäß § 55 Abs. 1.

(2) Hinsichtlich
1. **des Ausschlusses von der Ausbildung,**
2. **der Durchführung der Prüfungen,**
3. **der Zusammensetzung der Prüfungskommission,**
4. **der Wertung der Prüfungsergebnisse und**
5. **der Voraussetzungen, unter denen Prüfungen wiederholt werden können,**

gelten die Regelungen über die Ausbildung an einer Schule für Gesundheits- und Krankenpflege.

(3) Die Erfüllung der auferlegten Bedingungen gemäß § 32 Abs. 8 ist vom Landeshauptmann im Nostrifikationsbescheid einzutragen. Die Berechtigung zur Ausübung des gehobenen Dienstes für Gesundheits- und Krankenpflege entsteht erst mit Eintragung.

§ 33 GuKG

(4) Personen, deren außerhalb Österreichs erworbene Urkunden über eine mit Erfolg abgeschlossene Ausbildung im entsprechenden gehobenen Dienst für Gesundheits- und Krankenpflege gemäß § 32 Abs. 8 unter Bedingungen bescheidmäßig nostrifiziert wurde, können innerhalb von zwei Jahren ab Erlassung des Nostrifikationsbescheides im Rahmen eines Dienstverhältnisses als Pflegehelfer die erforderliche Ergänzungsausbildung absolvieren. Diese Frist ist nicht verlängerbar.

Anmerkungen:

1.1. EB-RV:

Die Eintragung der Ergänzungsprüfungen durch den Landeshauptmann dient der Sicherstellung, daß die Ergänzungsausbildungen nur in anerkannten Ausbildungsstätten absolviert werden. Der Landeshauptmann hat die Möglichkeit, sich hiezu zB der Landessanitätsdirektorin oder des -direktors bzw. einer allfälligen Stellvertretung zu bedienen.

Klarzustellen ist, daß im Zuge des Nostrifikationsverfahrens eine im Ausland abgeschlossene Ausbildung als der entsprechenden österreichischen Ausbildung gleichwertig anerkannt wird. In diesem Zusammenhang ist zu betonen, daß der Nostrifikationsbescheid lediglich eine Aussage über die Gleichwertigkeit der ausländischen Ausbildung, jedoch keine Aussage über sonstige für die Berufsausübung erforderliche Voraussetzungen trifft. In diesem Zusammenhang wird auf die erläuternden Bemerkungen zu § 27 (Berufsberechtigung) hingewiesen und neuerlich klargestellt, daß für eine berufliche Tätigkeit, die unmittelbar am Menschen durchgeführt wird, den für die Berufsausübung erforderlichen Sprachkenntnissen selbstverständlich wesentliche Bedeutung zukommt. Die Notwendigkeit der Beherrschung einerseits der fachspezifischen Ausdrücke und andererseits der fließenden Sprachbeherrschung im Hinblick auf die Kommunikation mit den PatientInnen oder KlientInnen ist dabei als zentral anzusehen, da diese als Grundvoraussetzung für eine sinnvolle Zusammenarbeit vor allem mit Ärztinnen/Ärzten anzusehen ist.

Es fällt daher einerseits in die Verantwortlichkeit des Dienstgebers, festzustellen, ob die BewerberInnen über die entsprechenden Sprachkenntnisse verfügen, andererseits obliegt es der Eigenverantwortlichkeit jeder Berufswerberin/jedes Berufswerbers, sich die nötigen Sprachkenntnisse anzueignen bzw. den Beruf erst bei Vorliegen entsprechender Sprachkenntnisse auszuüben.

Im gegebenen Zusammenhang ist darauf hinzuweisen, daß die Ergänzungsprüfungen in deutscher Sprache und ohne Beiziehung einer Dolmetscherin/eines Dolmetschers abzulegen sind.

Im **Abs.** 4 wird die bisherige Möglichkeit beibehalten, daß NostrifikantInnen, denen bereits ein Nostrifikationsbescheid ausgestellt wurde, im Rahmen eines Dienstverhältnisses als PflegehelferIn ihre Ergänzungsausbildung absolvieren können. In zahlreichen Fällen weisen die NostrifikantInnen einen Ausbildungsstand auf, der nicht den Anforderungen für eine Tätigkeit zu Fortbildungszwecken gemäß § 34 genügt, für die aber ein Einsatz in der Pflegehilfe für die Zeit der Ergänzungsausbildung aus fachlicher Sicht durchaus zielführend erscheint.

1.2. Im **Abs. 1** wurde durch das GesBRÄG 2007 das Zitat geändert.

2. Die **Eintragung im Nostrifikationsbescheid** durch den Landeshauptmann hat auf dem Originalbescheid zu erfolgen; sie ist Bestandteil des Nostrifikationsverfahrens und daher weder gesondert gebührenpflichtig noch verwaltungsabgabenpflichtig.

3. Die Frage, wer für den Landeshauptmann die Eintragung vornimmt, ist eine Angelegenheit der Geschäftseinteilung und der Geschäftsordnung des Amtes der Landesregierung.

Fortbildung bei Ausbildung im Ausland

§ 34. (1) Personen, die eine außerhalb Österreichs erworbene Urkunde über eine mit Erfolg abgeschlossene Ausbildung besitzen, die einer Ausbildung im gehobenen Dienst für Gesundheits- und Krankenpflege gleichwertig ist, dürfen eine

Tätigkeit im entsprechenden gehobenen Dienst für Gesundheits- und Krankenpflege unter Anleitung und Aufsicht eines Angehörigen des gehobenen Dienstes für Gesundheits- und Krankenpflege zu Fortbildungszwecken bis zur Dauer eines Jahres ausüben, sofern ihnen vom Landeshauptmann eine entsprechende Bewilligung erteilt wurde.

(2) Der Antragsteller hat Nachweise gemäß § 32 Abs. 2 Z 1, 3 und 5 vorzulegen.

(3) Die Bewilligung ist unter Bedachtnahme auf die Kenntnisse und Fertigkeiten, die in der Ausbildung vermittelt worden sind, zu erteilen. Fehlendes Wissen in grundlegenden berufsspezifischen Fächern oder mangelnde Kenntnisse der deutschen Sprache schließen eine Tätigkeit zu Fortbildungszwecken aus.

(4) Die Bewilligung ist auf die Ausübung einer Tätigkeit gemäß Abs. 1
1. an einer bestimmten Krankenanstalt oder
2. an einer bestimmten sonstigen unter ärztlicher oder pflegerischer Leitung oder Aufsicht stehenden Einrichtung, die der Vorbeugung, Feststellung oder Heilung von Krankheiten oder der Betreuung pflegebedürftiger Menschen dient, oder
3. bei einem bestimmten freiberuflich tätigen Arzt

zu beschränken.

(5) Krankenanstalten, Einrichtungen oder Ärzte gemäß Abs. 4 haben nachzuweisen, daß
1. sie über fachliche Einrichtungen und Ausstattungen, die das Erreichen des Fortbildungszieles gewährleisten, verfügen und
2. für eine kontinuierliche fachspezifische Anleitung und Aufsicht mindestens ein Angehöriger des gehobenen Dienstes für Gesundheits- und Krankenpflege, der die notwendige Berufserfahrung sowie die fachliche und pädagogische Eignung besitzt, in einem Dienst- oder anderen Vertragsverhältnis zu dieser Einrichtung steht.

GuKG **§ 34**

(6) Eine Bewilligung gemäß Abs. 1 kann um ein Jahr verlängert werden. Eine weitere Fortbildung ist jeweils frühestens nach Ablauf von fünf Jahren für die Dauer von jeweils höchstens einem Jahr möglich.
(7) Gegen Bescheide des Landeshauptmannes gemäß Abs. 1 und 6 ist eine Berufung nicht zulässig.

Anmerkungen:

1. EB-RV:
Es ist klarzustellen, daß es sich bei dieser Bestimmung um eine Tätigkeit zur Fortbildung und nicht zur Ausbildung handelt. Das heißt, daß eine berufliche Tätigkeit zur Fortbildung nur dann möglich ist, wenn im Ausland eine entsprechend qualitativ hochwertige Ausbildung vermittelt und diese mit Erfolg abgeschlossen wurde. Fehlendes Wissen in grundlegenden Fächern schließt jedenfalls eine Tätigkeit zu Fortbildungszwecken aus.

Auch bei einer Tätigkeit lediglich zu Fortbildungszwecken sind die für die Berufsausübung notwendigen Sprachkenntnisse unabdingbar.

Die zeitliche Beschränkung auf maximal zwei Jahre dient der Vermeidung von Mißbräuchen und Umgehungsversuchen von Nostrifikationen.

Eine ein- bzw. zweijährige Tätigkeit zu Fortbildungszwecken erscheint ausreichend, wobei darauf hingewiesen wird, daß Staatsangehörigen eines EWR-Mitgliedstaates auf Grund der Freizügigkeit der Arbeitnehmer und des freien Dienstleistungsverkehrs die Möglichkeit zur Berufsausübung in Österreich gegeben ist.

Im durchzuführenden Verwaltungsverfahren sind neben dem Reisepaß jene Dokumente vorzulegen, denen die berufliche Qualifikation zu entnehmen ist.

Erstmals wird im Sinne der Qualitätssicherung und analog zu § 16 ÄrzteG die Tätigkeit zur Fortbildung an eine bestimmte qualifizierte Einrichtung gebunden. Diese muß insbesondere über die für die Fortbildung erforderliche Ausstattung und über das zur Anleitung und Aufsicht befähigte Personal verfügen.

§ 35 GuKG

2. Bei Personen, die über eine Bewilligung nach § 34 verfügen, handelt es sich **nicht um auszubildende Personen**. Vielmehr verfügen sie bereits über eine abgeschlossene Ausbildung. Dies ist auch bei der Berufsausübung und beim Kostenersatz zu beachten. Ohne entsprechende Ausbildung dürfte eine Bewilligung durch den Landeshauptmann nicht erfolgen. Im Ermittlungsverfahren können die Fertigkeiten etwa durch Gutachten (zB. der entsprechenden Akademie) festgestellt werden.

3. Da der Zweck der Fortbildung im Vordergrund steht, trifft den veranwortlichen Arzt eine besondere Anleitungs- und Überwachungspflicht.

Berufsausübung

§ 35. (1) Eine Berufsausübung im gehobenen Dienst für Gesundheits- und Krankenpflege kann
  1. **freiberuflich,**
  2. **im Dienstverhältnis zu einer Krankenanstalt,**
  3. **im Dienstverhältnis zum Träger sonstiger unter ärztlicher oder pflegerischer Leitung oder Aufsicht stehender Einrichtungen, die der Vorbeugung, Feststellung oder Heilung von Krankheiten oder der Nachsorge, der Behindertenbetreuung, der Betreuung pflegebedürftiger Menschen oder der Gewinnung von Blut oder Blutbestandteilen dienen oder die andere Gesundheitsdienste und soziale Dienste anbieten,**
  4. **im Dienstverhältnis zu freiberuflich tätigen Ärzten,**
  4a. **im Dienstverhältnis zu Gruppenpraxen gemäß § 52a ÄrzteG 1998,**
  5. **im Dienstverhältnis zu Einrichtungen oder Gebietskörperschaften, die Hauskrankenpflege anbieten**
  6. **im Dienstverhältnis zu einer physischen Person und**
  7. **im Dienstverhältnis zur Justizbetreuungsagentur gemäß Justizbetreuungsagenturgesetz, BGBl. I Nr. 101/ 2008**
erfolgen.

(2) Eine Berufsausübung im gehobenen Dienst für Gesundheits- und Krankenpflege ist auch im Wege der Arbeitskräfteüberlassung nach den Bestimmungen des Arbeitskräfteüberlassungsgesetzes – AÜG, BGBl. Nr. 196/1988, unter der Voraussetzung zulässig, dass Beschäftiger im Sinne des § 3 Abs. 3 AÜG

1. **nicht mehr als 15 v.H. des Pflegepersonals durch Arbeitskräfteüberlassung einsetzen sowie**
2. **die Pflegequalität und Pflegekontinuität nach Maßgabe der Struktur der Einrichtung und des Pflege- und Betreuungsbedarfs der Patienten, Klienten oder pflegebedürftigen Menschen gewährleisten.**

Anmerkungen:

1. EB-RV:

Die Berufsausübung des diplomierten Pflegepersonals wird nicht auf einen der im Abs. 1 aufgezählten Bereiche beschränkt, es soll vielmehr eine Durchlässigkeit zwischen intra- und extramuralem Bereich eröffnet werden. Insbesondere steht die Möglichkeit einer Kombination von freiberuflicher Berufsausübung und einer Berufsausübung im Rahmen eines Dienstverhältnisses offen.

Die Möglichkeiten der Berufsausübung in einem Dienstverhältnis sind taxativ aufgezählt.

Zum Begriff der Krankenanstalt ist auf das Krankenanstaltengesetz und die einschlägige Judikatur zu verweisen. Maßgebend für die Qualifikation einer Einrichtung als Krankenanstalt ist ihre Zweckwidmung, die objektiv nach der gesamten Ausstattung und Führung zu beurteilen ist. Nach VwGH 25. Juni 1986, VwSlg. NF 12186A ist maßgebend, ob im konkreten Fall – objektiv und unabhängig von der subjektiven Willensäußerung des Rechtsträgers der Einrichtung – die Bestimmung dieser Einrichtung in der ärztlichen Betreuung und in der besonderen Pflege von chronisch Kranken gelegen ist (vgl. auch VwGH 10. September 1986, Zl. 85/09/0125).

§ 35 GuKG

Es wird davon Abstand genommen, die in Z 3 genannten Einrichtungen, in denen eine berufliche Tätigkeit erfolgen kann, näher zu definieren, um einen möglichst großen Spielraum für die Ausübung der beruflichen Tätigkeiten offen zu lassen. Unter diese Bestimmung können daher auch Einrichtungen, wie Elternberatungsstellen, Beratungsstellen nach dem Familienberatungsförderungsgesetz usw., subsumiert werden.

Voraussetzung ist, daß diese Einrichtungen unter unmittelbarer ärztlicher oder pflegerischer Leitung oder Aufsicht stehen. Darunter ist zu verstehen, daß die Ärztin/der Arzt oder die diplomierte Pflegeperson, die/der die Leitung oder Aufsicht innehat, regelmäßig die nötige Kontrollfunktion wahrnimmt. Diese liegt auch dann vor, wenn die Ärztin/der Arzt bzw. die diplomierte Pflegeperson zwar nicht ständig anwesend ist, aber eine kontinuierliche Verlaufskontrolle über die angeordneten bzw. durchgeführten Maßnahmen gewährleistet ist.

Mit Abs. 1 Z 5 wird ausdrücklich der Pflege im extramuralen Bereich, die im Rahmen der Gesundheitsversorgung einen immer bedeutenderen Stellenwert einnimmt, Rechnung getragen. Festzuhalten ist, daß eine Tätigkeit in Einrichtungen, die Hauskrankenpflege anbieten und nicht unter ärztlicher oder pflegerischer Leitung oder Aufsicht stehen, die Bewilligung zur freiberuflichen Berufsausübung voraussetzt.

Im Abs. 1 Z 6 wird die Möglichkeit geschaffen, den gehobenen Dienst für Gesundheits- und Krankenpflege im Dienstverhältnis zu einer physischen Person auszuüben. Hiefür ist jedenfalls die Bewilligung zur freiberuflichen Berufsausübung erforderlich. Die fachliche Eigenverantwortung der Pflegeperson und die ärztliche Anordnungsbefugnis sind selbstredend auch im Rahmen eines derartigen Arbeitsverhältnisses gegeben.

2. Die in der RV vorgesehenen Regelungen über die eingetragene Erwerbsgesellschaft wurden vom Gesundheitsausschuß herausgenommen und nicht in das Gesetz aufgenommen. Der AB führt hiezu folgendes aus: Gegenwärtig erscheint es geboten, Erfahrungen ohne ausdrückliche gesetzliche Regelungen zur

Gründung von Erwerbsgesellschaften auf dem Gebiet des Gesundheitswesens zu sammeln. Sollte es erforderlich sein, sind gesamtheitliche Regelungen anzustreben. Einzelfallösungen erscheinen derzeit nicht zweckdienlich.

3.1. Abs. 1 Z. 3 hat durch die Novelle BGBl. I Nr. 95/1998 eine neue Fassung erhalten. **Abs. 1 Z. 7** wurde durch die Novelle BGBl. I Nr. 101/2008 in das Gesetz eingefügt und ist mit 1. Jänner 2009 in Kraft getreten. **Abs. 1 Z 4a** wurde durch Art. 9 Z. 2 des Bundesgesetzes zur Stärkung der ambulanten öffentlichen Gesundheitsversorgung, BGBl. I Nr. 61/2010, in das Gesetz eingefügt. Damit wird nach den EB zu dieser Bestimmung klargestellt, dass die Gesundheits- und Krankenpflegeberufe ihren Beruf auch im Dienstverhältnis zu Gruppenpraxen im Sinne des neuen § 52a ÄrzteG 1998 ausüben dürfen.

3.2. Abs. 2 hat durch die GuKG-Novelle 2005 eine neue Fassung erhalten.

3.3. EB 2005:

Die aktuellen personellen und strukturellen Gegebenheiten in der Gesundheitsversorgung erfordern einen flexibleren Einsatz von Pflegepersonal. Es ist daher erforderlich, die Berufsausübungsregelungen zu liberalisieren, allerdings unter Wahrung der aus gesundheitsrechtlicher und -politischer Sicht gebotenen Sicherstellung der Pflege- und Betreuungsqualität und -kontinuität.

In diesem Sinne wird durch den neuen § 35 Abs. 2 GuKG bzw. § 90 Abs. 2 GuKG die berufsrechtliche Zulässigkeit einer Berufsausübung der Gesundheits- und Krankenpflege im Wege der Arbeitskräfteüberlassung normiert, wobei klargestellt wird, dass hiebei die Regelungen des Arbeitskräfteüberlassungsgesetzes – AÜG, BGBl. Nr. 196/1988, anzuwenden sind. Aus gesundheitspolitischen Gründen ist es jedoch unabdingbar, für diese Form der Berufsausübung eine Einschränkung dahingehend vorzusehen, dass zur Sicherung der Pflege- und Betreuungsqualität und -kontinuität sowohl im intra- als auch extramuralen Bereich der Einsatz von Pflegepersonal durch Arbeitskräfteüberlassung auf höchstens ein Drittel je Einrichtung beschränkt wird sowie die Pflegequalität und Pflegekontinuität gewährleistet sind. Selbstverständlich gelten auch bei einer Berufsausübung im Wege der Arbeitskräfteüberlassung die berufsrechtlichen Regelungen sowohl für die Beschäftiger als auch für die überlassenen Arbeitskräfte uneingeschränkt.

Um eine Einhaltung der Berufsausübungsregelungen in der Gesundheits- und Krankenpflege sowohl durch die Berufsangehörigen selbst als auch durch die Einrichtungen sicherzustellen, werden allfällige Verstöße gegen §§ 35 und 90 in die Strafbestimmung des § 105 GuKG aufgenommen.

Auf Grund dieser Liberalisierung der Berufsausübungsregelungen der Gesundheits- und Krankenpflegeberufe ist eine Erweiterung des Adressatenkreises für Berufsausweise erforderlich, da die derzeitige Einschränkung der Antragslegitimation auf Personen, die freiberuflich oder in der Hauskrankenpflege tätig sind, sachlich nicht mehr gerechtfertigt ist.

3.4. AB 2005:

Der Gesundheitsaususschuss geht davon aus, dass unter Pflegequalität die Übereinstimmung zwischen der tatsächlich durchgeführten Pflege und dem im Hinblick auf das Pflegeziel zuvor für den/die einzelne/n Patienten/in, Klienten/in bzw. Bewohner/in entwickelten Pflegeprozess zu verstehen ist. Als Mindestanforderung an die Erhaltung der Pflegequalität ist der Standard der „angemessenen Pflege" anzuwenden *(Jasenka Korecic,* Pflegestandards Altenpflege, 2003, S 39 ff).

Aus verfassungsrechtlicher Sicht sind zwar organisationsrechtliche Regelungen in einem Bundesgesetz nicht möglich. Unter Bedachtnahme auf die Pflegequalität und -kontinuität geht der Gesundheitsausschuss allerdings davon aus, dass der für den Personaleinsatz im Wege der Arbeitskräfteüberlassung normierte Höchstanteil von 15 Prozent des Pflegepersonals sich nicht nur auf eine Einrichtung insgesamt, sondern auch auf deren einzelne Organisationseinheiten bzw. Suborganisationseinheiten erstreckt.

Insbesondere in der Hauskrankenpflege und Langzeitpflege ist über einen längeren Zeitraum der Einsatz von einem entsprechend hohen Prozentsatz an gleich bleibenden Pflegepersonen sicher zu stellen, die die Bedürfnisse, Eigenheiten und den Pflegebedarf der einzelnen Patienten/innen, Klienten/innen bzw. Bewohner/innen kennen. Nur dadurch kann eine kontinuierliche Evaluation des Pflegeprozesses gewährleistet und somit eine gleich bleibende Pflegequalität (Pflegekontinuität) erzielt werden.

Weiters wird klargestellt, dass es sich bei der gegenständlichen Regelung um eine berufsrechtliche Bestimmung handelt. Organisationsrechtliche Regelungen, durch die durch Gesetz beispielsweise das in öffentlichen Krankenanstalten eingesetzte Personal unter Wahrung der Rechte und Pflichten als Landesbedienstete Spitalgesellschaften (z.B. Oö. Gesundheits- und Spitals-AG) zugewiesen werden (vgl. das Oö. Landesbediensteten-Zuweisungsgesetz, LGBl. Nr. 81/2001), sind nicht vom Regelungsinhalt der vorliegenden Berufsausübungbestimmung erfasst; dies insbesondere da diese durch die gesetzliche Zuweisung Stammpersonal der entsprechenden Einrichtung sind. Die Normierung von Ausnahmeregelungen ist daher nicht erforderlich. Zu betonen ist vielmehr, dass die normierten 15 Prozent für alle Einrichtungen unabhängig vom jeweiligen Rechtsträger bestehen, Ausnahmen hievon wären aus verfassungsrechtlicher Sicht bedenklich.

4. AB 1998:
Durch die im Gesetzestext vorgenommene Ergänzung soll klargestellt werden, daß Angehörige der Gesundheits- und Krankenpflegeberufe in weiteren Gesundheits- und Sozialeinrichtungen sowie in Einrichtungen, die der Gewinnung von Blut und Blutbestandteilen dienen, ihren Beruf ausüben dürfen.

5. Zur freiberuflichen Ausübung siehe § 36.

6. Der Begriff „**Dienstverhältnis**" bedeutet, daß der Abschluß eines Werkvertrages nicht ausreichend ist.

7. Unter **Krankenanstalten** (Heil- und Pflegeanstalten) sind gemäß § 1 KAKuG Einrichtungen zu verstehen, die zur Feststellung und Überwachung des Gesundheitszustandes durch Untersuchung (Abs 1 Z 1), zur Vornahme operativer Eingriffe (Abs 1 Z 2), zur Vorbeugung, Besserung und Heilung von Krankheiten durch Behandlung (Abs 1 Z 3), zur Entbindung (Abs 1 Z 4) oder für Maßnahmen medizinischer Fortpflanzungshilfe (Abs 1 Z 5) bestimmt sind. Nach § 1 Abs 2 sind weiters als Krankenanstalten auch Einrichtungen anzusehen, die zur ärztlichen Betreuung und besonderen Pflege von chronisch Kranken bestimmt sind. Im § 2 KAKuG sind einzelne Arten von Krankenanstalten aufgezählt.

Zur Abgrenzung Krankenanstalt – Pflegeheim siehe VfGH vom 16. Oktober 1992, K II-2/91-53. Der VfGH ist der Ansicht, daß die Regelung der Errichtung, der Erhaltung und des Betriebes von Heimen für Personen, die wohl ständiger Pflege, aber bloß fallweiser ärztlicher Betreuung bedürfen (Pflegeheimen), gemäß Art. 15 Abs 1 B-VG in die Zuständigkeit der Länder fällt.

8. Eine **sonstige unter ärztlicher Leitung bzw. unter ärztlicher Aufsicht stehende Einrichtung** ist aufgrund des Wortlautes jedenfalls keine Krankenanstalt. Es muß sich jedoch um eine Einrichtung handeln, die der Vorbeugung, Feststellung oder Heilung von Krankheiten oder der Betreuung pflegebedürftiger Personen dienen. Damit kommen als solche Einrichtungen etwa Pflegeheime in Betracht, die unter ärztlicher Leitung bzw. unter ärztlicher Aufsicht stehen, aber keine Krankenanstalten sind. Weiters kommen als solche Einrichtungen Kuranstalten in Betracht, da auch diese Einrichtungen unter der Aufsicht eines geeigneten Arztes stehen müssen. Kuranstalten, die der Bewilligung der Landesregierung bedürfen, dienen insbesondere der Vorbeugung oder Heilung von Krankheiten. In diesem Zusammenhang ist darauf hinzuweisen, daß im KAKuG der Begriff ,,Krankenanstalt" mit ,,Einrichtung zur Vorbeugung, Besserung und Heilung von Krankheiten durch Behandlung" umschrieben ist. In dieser gesetzlichen Bestimmung ist daher der Begriff ,,Krankenanstalt" und der Begriff ,,Einrichtung" synonym verwendet. Daraus könnte geschlossen werden, daß eine ,,sonstige Einrichtung" im Sinne der Bestimmung des Abs 1 Z 2 Ähnlichkeit mit einer Krankenanstalt ausweisen muß. Solche Ähnlichkeiten weisen sicher Pflegeheime, die unter ärztlicher Aufsicht stehen, auf, aber auch Kuranstalten, die unter ärztlicher Aufsicht stehen. Wenn aber Einrichtung gleich verwendet wird wie der Begriff Anstalt, so kann auch der Anstaltsbegriff für die Auslegung herangezogen werden. Für den Anstaltsbegriff ist ein Bestand an Mitteln persönlicher und sachlicher Art wesentlich. Daher sind in den genannten Bereichen auch Anstaltsordnungen zur näheren Regelung vorgesehen.

9. Eine Erweiterung gegenüber dem bisher geltenden Krankenpflegegesetz stellt die **pflegerische Leitung** dar. Siehe hiezu auch § 26 Abs 1 Z 2.

10. Hinsichtlich der freiberuflich tätigen Ärzte beachte insbesondere die §§ 3, 4 und 31 Ärztegesetz 1998.

11. Die Einrichtungen, die Hauskrankenpflege anbieten, können verschiedene Rechtsformen haben wie zB Vereine, GmbH oder EEG. Die Rechtsform muß so gewählt sein, daß Dienstverhältnisse abgeschlossen werden können.

12. Gebietskörperschaften sind der Bund, die Länder und die Gemeinden.

13. Die ärztliche oder pflegerische Leitung muß klar geregelt sein, etwa durch einen Dienstvertrag, der jedoch nicht zwingend ist. Die Erfüllung der Aufsicht im notwendigen Umfang muß durch einen Arzt oder eine diplomierte Pflegeperson sichergestellt sein, wobei eine klare Regelung auch aus Haftungsgründen anzustreben ist.

14. Die Arbeitskräfteüberlassung an Dritte nach dem Arbeitskräfteüberlassungsgesetz, BGBl. 196/1988, zuletzt geändert durch Gesetz BGBl. I Nr. 24/2011, (also nicht die bloße Arbeitskräftevermittlung auf Provisionsbasis) für diplomiertes Pflegepersonal ist daher jetzt im vorgegebenen Rahmen zulässig. Siehe näher hiezu *Schwamberger*, Anmerkungen zur GuKG-Novelle 2005, RdM 2006; *Mazal*, Rechtsfragen des Anwendungsbereiches des AÜG, ZAS 2005/06, 244 ff.

15. Für die Arbeitskräfteüberlassung im Pflegebereich ist das AÜG anzuwenden. Hiebei ist darauf zu verweisen, dass nach § 1 Abs. 2 Z. 1 AÜG vom Geltungsbereich der Abschnitte II bis IV des AÜG die Überlassung von Arbeitskräften durch den Bund, ein Land, eine Gemeinde oder einem Gemeindeverband ausgenommen ist. Auf Grund der Änderung des § 1 Abs. 2 Z. 1 des AÜG durch die Novelle BGBl. I 2005/104 ist nunmehr aber auch die Überlassung von Arbeitskräften an Gebietskörperschaften und Gemeindeverbände möglich.

16. Überlasser im Sinne des § 3 Abs. 2 AÜG ist, wer Arbeitskräfte zur Arbeitsleistung an Dritte vertraglich verpflichtet. **Beschäftiger** ist, wer Arbeitskräfte eines Überlassers zur Arbeitsleistung für betriebseigene Aufgaben einsetzt (§ 3 Abs. 3 AÜG). Da es sich beim GuKG um eine berufsrechtliche Norm handelt kann grundsätzlich der Beschäftiger im intra- und extramuralen Bereich Pflegepersonen einsetzen. Ob in einem konkreten Fall bzw. Bereich etwa durch gesetzliche Bestimmungen (zB in einem Heimgesetz) oder aus anderen Gründen (zB durch Selbstbindung des Heimträgers) ein Einsatz überlassener Arbeitskräfte unzulässig ist, muss im Einzelfall geprüft werden.

17. Nicht als Arbeitskräfteüberlassung im Sinne des AÜG sind jene (organisationsrechtlichen) gesetzlichen Vorschriften anzusehen, die das in öffentlichen Krankenanstalten eingesetzte Personal unter Wahrung der Rechte und Pflichten als Landesbedienstete Spitalsgesellschaften zuweisen. Siehe zB auch §§ 2 und 3 TILAK-Gesetz, Tir LGBl. Nr. 62/2004. Siehe hiezu auch *Posch*, Fürsorgepflicht bei Überlassung im öffentlichen Dienst, JBl 2005, Heft 11, 703 ff.

Diese Bediensteten sind durch die gesetzliche Zuweisung **Stammpersonal** dieser Einrichtungen.

18. Faktisch wird man davon ausgehen müssen, dass durch die **Beschränkung auf 15 v.H. des Pflegepersonals** im Effekt eine organisationsrechtliche Regelung erzielt wird. So verweisen die AB zur GuGK-Novelle 2005 ausdrücklich darauf hin, dass der für den Personaleinsatz im Wege der Arbeitskräfteüberlassung normierte Höchstanteil von 15 Prozent des Pflegepersonals sich nicht nur auf eine Einrichtung insgesamt, sondern auch auf deren einzelne Organisationseinheiten bzw. Suborganisationseinheiten erstreckt. Dies erfordert aber im Einzelfall eine genaue Prüfung, was als Basis der Berechnung heranzuziehen ist, da die Organisation der in Frage kommenden Einrichtungen durchaus unterschiedlich ist. Bei der Beurteilung ist einerseits die Voraussetzung der Sicherstellung der Pflegequalität (§ 35 Abs. 2 Z. 2 GuKG) zu beachten, andererseits auch die Grundentscheidung des Gesetzgebers, Arbeitskräfteüberlassung im Pflegebereich eingeschränkt zu ermöglichen. Gerade in kleinen Einrichtungen wird der Spielraum für den Einsatz von überlassenem Personal aber nur sehr gering sein.

19. Die **Höchstgrenze für den Einsatz von überlassenen Arbeitskräften** wird mit 15 v.H. des Pflegepersonals festgesetzt. Diese Formulierung findet sich sowohl im § 35 betreffend die gehobene Gesundheits- und Krankenpflege als auch im § 90 betreffend die Pflegehilfe. Da es sich bei der Regelung um eine berufsrechtliche Regelung im Pflegebereich handelt ist unter Pflegepersonal nur das im gehobenen Gesundheits- und Krankenpflegedienst und in der Pflegehilfe tätige Personal zu verstehen, nicht aber die Angehörigen der Sozialbetreuungsberufe, MTD-Personen oder Medizinische Masseure. Die Bezugnahme auf das Pflegepersonal ist so zu verstehen, dass es sich um das Personal dieser Pflegegruppe handelt, also um 15 v.H. der zum Einsatz kommenden diplomierten Pflegepersonen und 15 v.H. der zum Einsatz kommenden PflegehelferInnen. Eine andere Berechnung würde zu Ergebnissen führen, die aus der Sicht der Pflegequalität und Pflegekontinuität nicht vertretbar erscheinen. Wenn in einer Organisationseinheit zwei diplomierte Pflegepersonen und 8

Pflegehelfer tätig sind so ergibt die Berechnung mit 15 v.H. für die diplomierten Personen eine Höchstgrenze für überlassene Arbeitskräfte von 0,3 und für die Pflegehelfer von 1,2 Personen. Vom gesamten Pflegepersonal gerechnet ergibt sich eine Zahl von 1,5 Pflegepersonen. Wenn nun alle 8 Pflegehelfer Stammpersonal sind so könnten nach einer solchen Berechnung 1,5 diplomierte Pflegepersonen im Wege der überlassenen Arbeit tätig sein. Das wären aber 75 v.H. des eingesetzten diplomierten Pflegepersonals. Dies ist aber im Sinne der Pflegequalität nicht vertretbar.

20. Der **Betreiber der Einrichtung** und damit Beschäftiger im Sinne des AÜG muss das Vorliegen der Voraussetzung prüfen. Um allfälligen späteren Vorwürfen zu entgehen ist zu empfehlen, diese Entscheidungen ausreichend zu dokumentieren, um sie auch im Nachhinein noch nachvollziehen zu können.

21. Nach § 6 AÜG gilt der Beschäftiger, also die intra- oder extramurale Einrichtung, die überlassene Arbeitskräfte einsetzt, auf die Dauer der Beschäftigung im Betrieb als **Arbeitgeber** im Sinne der Arbeitnehmerschutzvorschriften. Die Fürsorgepflichten des Arbeitsgebers obliegen auch dem Beschäftiger. Während der Überlassung gelten die für diese Berufsgruppe anzuwendenden arbeitszeitrechtlichen Vorschriften des Beschäftigungsbetriebes. Die überlassenen Arbeitskräfte sind in den organisatorischen Ablauf eingebunden. Für sie gelten die berufsrechtlichen Vorschriften wie etwa die Verschwiegenheitspflicht und die Dokumentationspflicht.

22. Wenn überlassene Arbeitskräfte zum Einsatz kommen ist grundsätzlich davon auszugehen, dass sie über die entsprechende Ausbildung und damit über das notwendige Können verfügen. Da aber nicht bekannt ist, wie die **Qualität der Arbeit** konkret ist bedarf es eines erhöhten Umfanges der Aufsicht bzw. der Beobachtung der Leistung. Dies gehört zur **Organisationsverantwortung**. Siehe näher *Schwamberger*, Organisationsverantwortung und Schnittstellenmanagement, RdM 2002/13; *Aigner*, Risiko und Recht der Gesundheitsberufe, RdM 2004/23. Dies obliegt etwa der Pflegedienstleitung, aber auch dem anordnenden Arzt, wenn er bemerkt, dass seine Anordnung fehlerhaft oder nicht korrekt umgesetzt wird. Auch der Umgang der überlassenen Arbeitskraft mit dem Patienten ist zu beobachten, da sein Verhalten auf das Vorliegen der Voraussetzung nach § 35 Abs. 2 Z. 2 GuKG wirkt.

23. Für **Schäden**, die die überlassene Arbeitskraft den Patienten zufügt, haftet jedenfalls der Beschäftiger. Es ist für den Patienten oder Klienten, der einen Vertrag über die Behandlung oder Betreuung mit einer Einrichtung abgeschlossen hat, nicht von Belang, ob eine überlassene Arbeitskraft oder eine Stammarbeitskraft den Schaden zugefügt hat. Die Arbeitskraft ist Erfüllungsgehilfe (Zur Erfüllungsgehilfenhaftung siehe *Aigner/Kletecka/Kletecka-Pulker/Memmer*, Handbuch Medizinrecht (2011), II/5; *Karner* in *Koziol/Bydlinski/Bollenberger* (Hrsg.), § 1313a, insbes Rz 4).

24. Bei der **Prüfung der Zulässigkeit des Einsatzes** von überlassenen Arbeitskräften sind (organisations)rechtliche Vorschriften zu beachten, die einen solchen Einsatz als unzulässig erscheinen lassen können. So ist eine Voraussetzung für die Erteilung der Betriebsbewilligung etwa nach § 4 Abs. 2 lit. e TirKAG, dass die nach dem Anstaltszweck, dem vorgesehenen Leistungsangebot und den allenfalls vorgesehenen Leistungsschwerpunkten erforderlichen Angehörigen des Krankenpflegefachdienstes in ausreichender Zahl zur Verfügung stehen müssen. Ob dies, wenn auch nur teilweise, durch überlassene Arbeitskräfte erfüllt werden kann, ist zumindest zum Zeitpunkt der Erteilung der Bewilligung fraglich bzw. bedenklich.

25. Siehe auch **§ 11a Abs. 3 KAKuG** über die Berechnung des überlassenen Personals in Krankenanstalten pro Abteilung oder sonstiger Organisationseinheit.

Freiberufliche Ausübung des gehobenen Dienstes für Gesundheits- und Krankenpflege

§ 36. (1) Die beabsichtigte Aufnahme einer freiberuflichen Ausübung des gehobenen Dienstes für Gesundheits- und Krankenpflege ist der auf Grund des in Aussicht genommenen Berufssitzes zuständigen Bezirksverwaltungsbehörde zu melden, wobei folgende Unterlagen vorzulegen sind:
1. ein Qualifikationsnachweis gemäß §§ 28 bis 31,
2. eine Strafregisterbescheinigung oder bei EWR-Staatsangehörigen ein gleichwertiger Nachweis des Heimat- oder Herkunftsstaates, die bzw. der nicht älter als drei Monate ist, und
3. ein ärztliches Zeugnis über die gesundheitliche Eignung, das nicht älter als drei Monate ist.

(2) Anlässlich der Meldung gemäß Abs. 1 hat die Bezirksverwaltungsbehörde das Vorliegen der Voraussetzungen für die Berufsausübung zu prüfen und die freiberufliche Berufsausübung unverzüglich, längstens binnen drei Monaten, zu untersagen, sofern eine oder mehrere Voraussetzungen nicht vorliegen. Im Falle der Untersagung der freiberuflichen Berufsausübung ist unverzüglich ein Verfahren betreffend die Entziehung der Berufsberechtigung gemäß § 40 einzuleiten.

(3) Gegen eine Untersagung gemäß Abs. 2 kann Berufung an den unabhängigen Verwaltungssenat des Landes erhoben werden.

(3a) Die freiberufliche Tätigkeit darf aufgenommen werden, sobald die Meldung gemäß Abs. 1 bei der Bezirksverwaltungsbehörde eingelangt ist.

(4) Die freiberufliche Ausübung des gehobenen Dienstes für Gesundheits- und Krankenpflege hat persönlich und unmittelbar zu erfolgen, allenfalls in Zusammenarbeit mit anderen Angehörigen von Gesundheitsberufen. Zur Unterstützung bei der Ausübung dieser beruflichen Tätigkeiten können Pflegehelfer herangezogen werden.

Anmerkungen:

1.1. Die Abs. 1 bis 3 wurden durch die Novelle BGBl. I 2002/65 neu gefasst. Abs. 4 ist unverändert geblieben.

1.2. Abs. 3a wurde durch die GuKG-Novelle 2005 neu eingefügt.

1.3. EB 2005:
Im Zusammenhang mit der im Rahmen des Verwaltungsreformgesetzes 2001, BGBl. I Nr. 65/2002, geänderten Vollziehungsregelungen betreffend die freiberufliche Ausübung des gehobenen Dienstes für Gesundheits- und Krankenpflege von einem Bewilligungsverfahren in ein Meldeverfahren ist es aus Gründen der Rechtssicherheit und Rechtsklarheit erforderlich klarzustellen, dass die freiberufliche Tätigkeit bereits zum Zeitpunkt der Meldung an die zuständige Bezirksverwaltungsbehörde und nicht erst nach Ablauf der Untersagungsfrist bzw. positiven Rückmeldung der Behörde aufgenommen werden darf. Eine Meldung gemäß § 36 Abs. 1 GuKG liegt allerdings nur bei Vorlage der vollständigen Unterlagen (Z 1 bis 3) vor. Im Fall einer (rechtskräftigen) Untersagung der freiberuflichen Berufsausübung ist diese selbstverständlich umgehend einzustellen.

1.4. Durch die Novelle BGBl. I Nr. 90/2006 wurde im Abs. 1 Z 3 der Begriff „körperliche und geistige Eignung" durch den Begriff „gesundheitliche Eignung" ersetzt.

2. EB-RV (zu Abs. 4)
Abs. 4 wird in Analogie zum ÄrzteG gestaltet, wobei bei der Heranziehung von PflegehelferInnen nicht Tätigkeiten delegiert werden dürfen, die dem gehobenen Dienst für Gesundheits- und Krankenpflege ausdrücklich vorbehalten sind. Klargestellt wird, daß diplomierte Pflegepersonen im Rahmen der freiberuflichen Berufsausübung zur Ausführung von nicht unter dieses Gesetz fallenden Tätigkeiten, wie Sekretariats- oder Reinigungsarbeiten, selbstverständlich auch andere Personen heranziehen dürfen.

3. Die EB zum Verwaltungsreformgesetz 2001 (772 der Beilagen zu den Sten. Prot. des NR XXI. GP) führen zu den Abs. 1 bis 3 aus:

§ 36 GuKG

Die gegenständliche Novelle dient der Umsetzung der Verwaltungsreform. In diesem Sinne fällt in Hinkunft die Vollziehung im Zusammenhang mit der freiberuflichen Ausübung des gehobenen Dienstes für Gesundheits- und Krankenpflege in erster Instanz an die Bezirksverwaltungsbehörde und in zweiter Instanz an den unabhängigen Verwaltungssenat.

Nach geltender Rechtslage erfordert die freiberufliche Berufsausübung eine Bewilligung des Landeshauptmannes. Auf Grund des Vertragsverletzungsverfahrens Nr. 98/2324 ist das Erfordernis der zweijährigen vollbeschäftigten Berufsausübung im Rahmen eines Dienstverhältnisses aufgehoben worden (Novelle BGBl. I Nr. 116/1999).

Da nunmehr bei Vorliegen der Berufsberechtigung auch die Voraussetzungen für die freiberufliche Berufsausübung gegeben sind, ist ein Bewilligungsverfahren aus verwaltungsökonomischer Sicht überschießend. Eine bloße Meldepflicht an die Bezirksverwaltungsbehörde mit der Normierung einer Untersagungsmöglichkeit ist somit ausreichend. Aus Gründen des Rechtsschutzes wird in § 36 Abs. 5 ein Rechtsmittel gegen die Untersagung an den unabhängigen Verwaltungssenat geschaffen.

Im Falle der Untersagung der freiberuflichen Berufsausübung ist, da die Berufsausübungsvoraussetzungen nicht gegeben sind, unverzüglich ein Verfahren betreffend die Entziehung der Berufsberechtigung gemäß § 40 einzuleiten, welche zur Vermeidung von konkurrierenden Zuständigkeiten ebenfalls der Bezirksverwaltungsbehörde mit einem Instanzenzug an den unabhängigen Verwaltungssenat übertragen wird. Im Sinne der Einheitlichkeit der Vollziehungszuständigkeiten wird auch die Entziehung der Berufsberechtigung in der Pflegehilfe der Bezirksverwaltungsbehörde mit einem Instanzenzug an den unabhängigen Verwaltungssenat übertragen.

Meldungen betreffend den Berufssitz ergehen ebenfalls an die Bezirksverwaltungsbehörde.

4. Das ärztliche Zeugnis über die gesundheitliche Eignung muss nicht ein amtsärztliches Zeugnis sein.

5. Bezirksverwaltungsbehörden sind die Bezirkshautmannschaften und die Organe der Städte mit eigenem Statut.

6. Eine freiberufliche Tätigkeit von Angehörigen der Pflegeberufe kommt zumindest in bettenführenden Krankenanstalten nicht in Betracht. Eine „Pool-Lösung" auf Werkvertragsbasis ist nicht zulässig (vgl. BMSG vom 23.1.2003, GZ 21.250/86-VI/G/13/02).
Dies gilt auf Grund der Bestimmungen des § 26 GuKG über die Pflegedienstleistung und die daraus resultierende Weisungsgebundenheit der Dienstnehmer sinngemäß auch für Pflegeheime.

Berufssitz

§ 37. (1) Berufssitz ist der Ort, an dem oder von dem aus eine freiberufliche Tätigkeit regelmäßig ausgeübt wird.

(2) Jeder freiberuflich tätige Angehörige des gehobenen Dienstes für Gesundheits- und Krankenpflege hat einen oder höchstens zwei Berufssitze in Österreich zu bestimmen.

(3) Jeder Berufssitz, dessen Änderung und Auflassung ist der örtlich zuständigen Bezirksverwaltungsbehörde anzuzeigen.

(4) Die freiberufliche Ausübung des gehobenen Dienstes für Gesundheits- und Krankenpflege ohne bestimmten Berufssitz ist verboten.

(5) Für die vorübergehende Erbringung von Dienstleistungen im gehobenen Dienst für Gesundheits- und Krankenpflege ist die Begründung eines Berufssitzes in Österreich nicht erforderlich.

Anmerkung:

1. In Abs. 3 wurde durch das Verwaltungsreformgesetz 2001 die Bezirksverwaltungsbehörde an Stelle des Landeshauptmannes als für die Anzeige zuständige Behörde festgelegt. Abs. 5 wurde durch die GuKG-Novelle 2003 neu in das Gesetz eingefügt.

§ 37 GuKG

2. EB-RV (Auszug):

Um bisher bestehende Rechtsunklarheiten zu beseitigen, wird der Berufssitz nunmehr ausführlicher geregelt. Abs. 1 enthält eine Begriffsdefinition.

Abs. 2 und 4 stellen klar, daß mindestens ein und höchstens zwei Berufssitze in Österreich bestimmt werden müssen bzw. dürfen. Dies entspricht der Regelung im Ärztegesetz 1984 und soll eine kontinuierliche Betreuung der PatientInnen, KlientInnen und pflegebedürftigen Menschen gewährleisten. Die Beschränkung auf zwei Berufssitze ergibt sich aber auch aus dem Gebot der Qualitätssicherung und ist damit sachlich gerechtfertigte Begrenzung des Rechts auf Freiheit der Erwerbsbetätigung.

Die Begründung und jede Änderung des Berufssitzes sowie die Auflassung sind anzuzeigen. Bei Verlegung des Berufssitzes in ein anderes Bundesland ist beispielsweise sowohl die Auflassung des ursprünglichen Berufssitzes anzuzeigen, als auch die Begründung des neuen Berufssitzes.

3. Bezirksverwaltungsbehörden sind die Bezirkshauptmannschaften und die Organe der Städte mit eigenem Statut.

4. EB 2003 (zu Abs. 5):

Das im neu geschaffenen § 37 Abs. 5 normierte Absehen vom Erfordernis der Begründung eines Berufssitzes in Österreich für die vorübergehende Erbringung von Dienstleistungen im gehobenen Dienst für Gesundheits- und Krankenpflege ist durch das Recht auf freien Dienstleistungsverkehr im Sinne des EG-Vertrags sowie im Sinne der Europa-Abkommen (siehe Erläuterungen zu § 32) geboten. Da allerdings das Recht auf freien Dienstleistungsverkehr nur subsidiär zum Niederlassungsrecht zur Anwendung kommt, ist dieses restriktiv zu interpretieren.

Hinsichtlich der weiteren Erfordernisse für die vorübergehende Erbringung von Dienstleistungen ist hinsichtlich der EWR-Staatsangehörigen auf die speziellen Regelungen des § 39 zu verweisen, während ansonsten die allgemeinen Berufsausübungsregelungen zur Anwendung kommen.

Werbebeschränkung

§ 38. Im Zusammenhang mit der freiberuflichen Berufsausübung und der Berufsausübung gemäß § 35 Abs. 1 Z 6 ist eine dem beruflichen Ansehen abträgliche, insbesondere jede vergleichende, diskriminierende oder unsachliche Anpreisung oder Werbung verboten.

Anmerkungen:

1. EB-RV:
Der Begriff „Werbebeschränkung" bedeutet, daß nicht generell jegliche Werbung verboten ist, sondern nur jene, die gegen gültige Wertvorstellungen verstößt und mit dem Berufsstand der Gesundheits- und Krankenpflege unvereinbar ist. Dadurch soll insbesondere das Gebot der Sachlichkeit bei der Verbreitung von einschlägigen Informationen gewahrt bleiben.

Durch die gewählte – unpersönliche – Formulierung wird der Kreis der NormadressatInnen weit gefaßt. Es sind sowohl die Pflegepersonen selbst als auch dritte Personen, die allenfalls mit Werbung betraut werden, von der Bestimmung erfaßt.

Diese Regelung entspricht den für andere Gesundheitsberufe bereits getroffenen Bestimmungen.

2. Zur Frage der Werbung siehe zB *Dostal*, Zur Werbung der Gesundheitsberufe, ecolex 1993, 680 ff.; *Stolzlechner*, Die Werbung der freien Berufe, insbes. des Anwalts, AnwBl. 1991, 513; *Kux*, Ein Unterschied bleibt, ÖÄZ 3/1993, 15; *Schneider*, Medizinrechtliche Werbe- und Gewinnverbote im Gemeinschaftsrecht, in *Kopetzki/Mayer* (Hrsg), Biotechnologie und Recht (2002), 217 ff.

3. Siehe auch die vergleichbaren Regelungen im § 20 HebG, § 7b MTD-Gesetz und § 53 Ärztegesetz 1998.

Vorübergehende Erbringung von Dienstleistungen

§ 39. (1) Staatsangehörige eines EWR-Vertragsstaats oder der Schweizerischen Eidgenossenschaft, die den gehobenen Dienst für Gesundheits- und Krankenpflege in einem anderen EWR-Vertragsstaat oder der Schweizerischen Eidgenossenschaft rechtmäßig ausüben, sind berechtigt, von ihrem ausländischen Berufssitz oder Dienstort aus im Rahmen des Dienstleistungsverkehrs vorübergehend Dienstleistungen der Gesundheits- und Krankenpflege in Österreich zu erbringen.

(2) Vor der erstmaligen Erbringung einer vorübergehenden Dienstleistung der Gesundheits- und Krankenpflege in Österreich, die einen vorübergehenden Aufenthalt im Bundesgebiet erfordert, hat der Dienstleistungserbringer dem Landeshauptmann jenes Bundeslandes, in dem die Dienstleistung erbracht werden soll, unter Beifügung folgender Urkunden schriftlich Meldung zu erstatten:

1. Nachweis über die Staatsangehörigkeit,
2. Bescheinigung der zuständigen Behörde des Heimat- oder Herkunftsstaats, aus der hervorgeht, dass der Dienstleistungserbringer den gehobenen Dienst für Gesundheits- und Krankenpflege rechtmäßig ausübt und dass ihm die Berufsausübung zum Zeitpunkt der Vorlage der Bescheinigung nicht, auch nicht vorübergehend, untersagt ist, und
3. Qualifikationsnachweis gemäß §§ 28a ff.

(3) Die Meldung gemäß Abs. 2 ist einmal jährlich zu erneuern, wenn der Dienstleistungserbringer beabsichtigt, während des betreffenden Jahres vorübergehend Dienstleistungen der Gesundheits- und Krankenpflege in Österreich zu erbringen. Bei wesentlichen Änderungen gegenüber dem in den Urkunden gemäß Abs. 2 Z 1 bis 3 bescheinigten Sachverhalt sind die entsprechenden ergänzenden Urkunden vorzulegen.

(4) Legt ein Dienstleistungserbringer bei der Meldung gemäß Abs. 2

GuKG **§ 39**

1. einen Qualifikationsnachweis in der allgemeinen Gesundheits- und Krankenpflege gemäß § 29 Abs. 1 Z 4 bis 6 oder
2. einen Qualifikationsnachweis für Spezial-, Lehr- oder Führungsaufgaben gemäß § 30

vor, hat der Landeshauptmann vor Aufnahme der vorübergehenden Dienstleistung zur Verhinderung einer schwerwiegenden Beeinträchtigung der Gesundheit des Dienstleistungsempfängers auf Grund mangelnder Berufsqualifikation des Dienstleistungserbringers dessen Qualifikation nachzuprüfen.

(5) Der Landeshauptmann hat innerhalb eines Monats nach vollständiger Meldung gemäß Abs. 2 den Dienstleistungserbringer über die Entscheidung betreffend die Nachprüfung der Berufsqualifikation gemäß Abs. 4 und deren Ergebnis bzw. bei Verzögerung der Entscheidung über die Gründe für die Verzögerung sowie über den Zeitplan für die Entscheidung zu unterrichten. Die Entscheidung betreffend die Nachprüfung gemäß Abs. 4 hat spätestens innerhalb von zwei Monaten nach vollständiger Vorlage der erforderlichen Unterlagen zu erfolgen.

(6) Ergibt die Nachprüfung gemäß Abs. 4, dass ein wesentlicher Unterschied zwischen der Qualifikation des Dienstleistungserbringers und der für die Ausübung der entsprechenden Tätigkeiten nach diesem Bundesgesetz erforderlichen Qualifikation besteht, der die Gesundheit des Dienstleistungsempfängers gefährden könnte, hat der Landeshauptmann dem Dienstleistungserbringer die Möglichkeit zu geben, innerhalb eines Monats ab Zustellung der Entscheidung im Rahmen einer Eignungsprüfung (§ 30 Abs. 4) die fehlenden Kenntnisse und Fertigkeiten nachzuweisen. Kann der Dienstleistungserbringer die fehlenden Kenntnisse und Fertigkeiten im Rahmen der Eignungsprüfung nicht nachweisen, hat der Landeshauptmann diesem die vorübergehende Erbringung von Dienstleistungen in der Gesundheits- und Krankenpflege mit Bescheid zu untersagen. Gegen diese Entscheidung ist kein ordentliches Rechtsmittel zulässig.

§ 39   GuKG

(7) Die Erbringung der vorübergehenden Dienstleistung darf
1. in Fällen des Abs. 4 nach positiver Entscheidung des Landeshauptmanns oder nach Ablauf der in Abs. 5 und 6 angeführten Fristen,
2. ansonsten nach vollständiger Meldung gemäß Abs. 2

aufgenommen werden.

(8) Die Dienstleistungserbringer
1. unterliegen bei Erbringung der Dienstleistung den für in Österreich zur Berufsausübung berechtigte Angehörige des gehobenen Dienstes für Gesundheits- und Krankenpflege geltenden Berufspflichten und
2. haben die Dienstleistung unter der entsprechenden Berufsbezeichnung gemäß § 12 zu erbringen.

(9) Personen, die in Österreich den gehobenen Dienst für Gesundheits- und Krankenpflege rechtmäßig ausüben, hat die auf Grund des Hauptwohnsitzes zuständige Bezirksverwaltungsbehörde zum Zweck der vorübergehenden Dienstleistungserbringung in einem anderen EWR-Vertragsstaat oder der Schweizerischen Eidgenossenschaft auf Antrag eine Bescheinigung darüber auszustellen, dass
1. der Betreffende den gehobenen Dienst für Gesundheits- und Krankenpflege in Österreich rechtmäßig ausübt und
2. ihm die Berechtigung zur Berufsausübung zum Zeitpunkt der Ausstellung der Bescheinigung nicht entzogen ist.

Anmerkung:

1. § 39 hat durch das GesBRÄG 2007 eine neue Fassung erhalten.

2. EB 2007:

2.1. Im Rahmen der derzeitigen Fassung des § 39 erfolgt die Umsetzung der besonderen Bestimmungen betreffend den **Dienst-**

leistungsverkehr des Artikel 11 der EU-Krankenpflegerichtlinie 77/452/EWG, die von der Richtlinie 2005/36/EG abgelöst und am 20. Oktober 2007 aufgehoben wird (siehe Allgemeiner Teil).

Im Rahmen der Richtlinie 2005/36/EG werden nunmehr in Titel II (Artikel 5 bis 9) die Regelungen betreffend die Dienstleistungsfreiheit für alle reglementierten Berufe getroffen, sodass diese im Rahmen des GuKG nunmehr nicht nur für die allgemeine Gesundheits- und Krankenpflege, sondern für alle Zweige des gehobenen Dienstes für Gesundheits- und Krankenpflege umzusetzen sind.

Abs. 1 normiert entsprechend Artikel 5 der Richtlinie 2005/36/EG die Zulässigkeit der Erbringung vorübergehender Dienstleistungen in der Gesundheits- und Krankenpflege, wobei der vorübergehende und gelegentliche Charakter im Einzelfall insbesondere anhand der Dauer, der Häufigkeit, der regelmäßigen Wiederkehr und der Kontinuität der Dienstleistung zu beurteilen ist.

Abs. 2 beinhaltet wie bisher die Verpflichtung zur Meldung der Dienstleistung an den/die Landeshauptmann/-frau sowie zur Vorlage der erforderlichen Nachweise durch den/die Dienstleistungserbringer/in, nunmehr nach den Vorgaben des Artikel 7 Abs. 1 und 2 der Richtlinie 2005/36/EG.

Im **Abs. 3** wird von der in Artikel 7 Abs. 1 und 2 der Richtlinie 2005/36/EG gebotenen Möglichkeit der Verpflichtung der Dienstleistungserbringer/innen zur jährlichen Erneuerung der Meldung bzw. zur neuerlichen Vorlage der Nachweise bei einer diesbezüglichen wesentlichen Änderung Gebrauch gemacht.

Abs. 4 regelt jene Fälle, in denen auf Grund des Artikel 7 Abs. 4 der Richtlinie 2005/36/EG eine Vorabprüfung der Qualifikation des/der Dienstleistungserbringers/in erfolgen kann. Für die als sektoreller Beruf geregelte allgemeine Gesundheits- und Krankenpflege ist dies – wie bisher – für jene Fälle, die der automatischen Anerkennung unterliegen, nicht zulässig. Hinsichtlich der nicht harmonisierten Zweige des gehobenen Dienstes für Gesundheits- und Krankenpflege sowie jener Fälle der allgemeinen Gesundheits- und Krankenpflege, in denen auf Grund der in Artikel 10 der Richtlinie 2005/36/EG neu geschaffenen subsidiären

Anwendung des allgemeinen Systems (vgl. § 29 Abs. 1 Z 4 bis 6) keine automatische Anerkennung erfolgt, ist eine Vorabprüfung der Qualifikation der Dienstleistungserbringer/innen zur Verhinderung einer schwerwiegenden Beeinträchtigung der Gesundheit der Dienstleistungsempfänger/innen durchzuführen.

Die **Abs. 5 und 6** enthalten die Bestimmungen über das entsprechende in Artikel 7 Abs. 4 der Richtlinie 2005/36/EG normierte Verfahren, wobei die Mitteilungen betreffend das Erfordernis und das Ergebnis der Nachprüfung der Qualifikation sowie betreffend die Ablegung der Eignungsprüfung keine Bescheide sind. Lediglich die Untersagung der Tätigkeit gemäß Abs. 6 vorletzter Satz hat mit Bescheid zu erfolgen, gegen den kein ordentliches Rechtsmittel zulässig ist, sondern der ausschließlich im Wege eines höchstgerichtlichen Verfahrens bekämpfbar ist.

Abs. 7 stellt klar, wann die vorübergehende Dienstleistung aufgenommen werden darf: In Fällen der automatischen Anerkennung ist dies nach Meldung unter Vorlage der erforderlichen Urkunden; in jenen Fällen, in denen eine Vorabprüfung der Qualifikation erfolgt, nach positiver Entscheidung bzw. bei Verschweigen der Behörde nach Ablauf der angeführten Fristen.

In **Abs. 8** werden die berufsrechtlichen Rahmenbedingungen, unter denen die Dienstleistungserbringer/innen tätig werden, klargestellt:

2.2. Gemäß Artikel 5 Abs. 3 der Richtlinie 2005/36/EG unterliegen diese den innerstaatlichen, insbesondere im GuKG normierten, **Berufspflichten**.

Gemäß Artikel 7 Abs. 3 letzter Satz bzw. Abs. 4 letzter Satz der Richtlinie 2005/36/EG erfolgt die Tätigkeit unter der Berufsbezeichnung des Aufnahmestaats, sofern diese der automatischen Anerkennung unterliegt bzw. eine Vorabprüfung der Qualifikation erfolgt.

Um in Österreich berufsberechtigten Angehörigen des gehobenen Dienstes für Gesundheits- und Krankenpflege die Dienstleistungserbringung in einem anderen Mitgliedstaat zu ermöglichen, haben diese einen Anspruch auf Ausstellung einer

Bescheinigung über die rechtmäßige Berufsausübung in Österreich sowie die Tatsache, dass ihm/ihr die Berufsberechtigung nicht entzogen wurde. Im Sinne des durch das Verwaltungsreformgesetz 2001, BGBl. I Nr. 65/2002, sowie die GuKG-Novelle 2005, BGBl. I Nr. 69, geschaffenen bei der Bezirksverwaltungsbehörde angesiedelten One-Stop-Shop-Prinzips für berufsrechtliche Verfahren (Berufsausweis, Meldung der Freiberuflichkeit, Entziehung der Berufsberechtigung) ist auch diese Bescheinigung von der zuständigen Bezirksverwaltungsbehörde auszustellen.

Entziehung der Berufsberechtigung

§ 40. (1) Die auf Grund des Berufssitzes oder Hauptwohnsitzes zuständige Bezirksverwaltungsbehörde hat die Berechtigung zur Berufsausübung zu entziehen, wenn die Voraussetzungen gemäß § 27 Abs. 1 bereits anfänglich nicht gegeben waren oder weggefallen sind.

(2) Anlässlich der Entziehung der Berufsberechtigung gemäß Abs. 1 sind
1. das Diplom gemäß § 28 oder der Zulassungsbescheid gemäß § 28a Abs. 4 oder der Nostrifikationsbescheid gemäß § 32 Abs. 7 und
2. der Berufsausweis (§ 10)

einzuziehen sowie die Landeshauptmänner und der Bundesminister für soziale Sicherheit und Generationen zu benachrichtigen.

(3) Wenn
1. die Voraussetzungen gemäß § 27 Abs. 1 vorliegen und
2. gegen die Wiederaufnahme der Berufsausübung keine Bedenken mehr bestehen,

ist die Berufsberechtigung auf Antrag der Person, der die Berufsberechtigung gemäß Abs. 1 entzogen wurde, durch die auf Grund des Hauptwohnsitzes zuständige Bezirksverwaltungsbehörde wieder zu erteilen. Die eingezogenen Unterlagen sind wieder auszufolgen sowie die Landeshauptmänner

§ 40   **GuKG**

und der Bundesminister für soziale Sicherheit und Generationen zu benachrichtigen.

(4) Gegen Bescheide gemäß Abs. 1 und 3 kann Berufung an den unabhängigen Verwaltungssenat des Landes erhoben werden.

Anmerkungen:

1.1. Dieser Paragraph hat durch das Verwaltungsreformgesetz 2001 eine neue Fassung erhalten. Abs. 4 wurde durch die GuKG-Novelle 2003 ergänzt.

1.2. Im **Abs. 2 Z. 1** wurde durch das GesBRÄG der Verweis geändert.

2. Nach dem Bundesministeriengesetz 1986 idF BGBl. I 2009/3 ist nunmehr der Bundesminister für Gesundheit zuständig.

3. Die Benachrichtigung der Landeshauptmänner und des BMG dient der umfassenden Information auf Landes- und Bundesebene.

4. EB-RV (Auszug)

Es wird auf die Erläuterungen zu § 27 verwiesen. In diesem Zusammenhang wird klargestellt, daß bei anfänglichem Fehlen der Voraussetzungen gemäß § 27 eine Berufsberechtigung zwar niemals vorgelegen ist, aus Gründen der Rechtssicherheit aber dennoch eine formelle Entziehung vorgesehen wird.

Die zuständige Behörde hat die Berufsberechtigung bei Fehlen der Eigenberechtigung, körperlichen oder geistigen Eignung, Vertrauenswürdigkeit oder Sprachkenntnissen zu entziehen, wobei das Diplom, der Zulassungsbescheid bzw. der Nostrifikationsbescheid sowie der Berufsausweis und der Berechtigungsbescheid zur freiberuflichen Berufsausübung einzuziehen sind.

Die Wiedererteilung der Berufsberechtigung bedarf eines Antrages der betroffenen Person. Eine Wiedererteilung von Amts wegen ist aus Gründen der Praktikabilität und Kostenersparnis abzulehnen.

5. Die Zurücknahme der Berufsberechtigung erfolgt in Form eines Bescheids, gegen den Berufung an den UVS erhoben werden kann. Parteistellung kommt nur der betreffenden Person, der die Berechtigung entzogen werden soll, zu.

6. EB 2003 (zu Abs. 4):

Im Rahmen des Verwaltungsreformgesetzes 2001 wurden die Regelungen betreffend Entziehung der Berufberechtigung neu gestaltet und die Zuständigkeit vom Landeshauptmann auf die Bezirksverwaltungsbehörde übertragen. Auf Grund eines redaktionellen Versehens wurde eine Berufungsmöglichkeit an den unabhängigen Verwaltungssenat nur hinsichtlich der Entscheidung über die Entziehung (Abs. 1), nicht aber hinsichtlich der Entscheidung über die Wiedererteilung der Berufsberechtigung (Abs. 3) normiert. Aus Rechtsschutzgründen ist ein entsprechendes Rechtsmittel auch gegen Bescheide gemäß § 40 Abs. 3 bzw. § 91 Abs. 3 vorzusehen.

Im Zusammenhang mit dieser Regelung ist auf Artikel 129a Abs. 2 B-VG hinzuweisen, wonach Bundesgesetze, in denen vorgesehen ist, dass die Entscheidungen in erster Instanz unmittelbar beim unabhängigen Verwaltungssenat angefochten werden können, nur mit Zustimmung der beteiligten Länder kundgemacht werden dürfen.

4. Abschnitt
Ausbildung

Ausbildung in der allgemeinen Gesundheits- und Krankenpflege

§ 41. (1) Die Ausbildung in der allgemeinen Gesundheits- und Krankenpflege dauert drei Jahre und dient der Vermittlung der zur Ausübung des Berufes erforderlichen theoretischen und praktischen Kenntnisse und Fertigkeiten.

(2) Die Ausbildung in der allgemeinen Gesundheits- und Krankenpflege hat mindestens 4 600 Stunden in Theorie und Praxis zu enthalten, wobei mindestens die Hälfte auf die praktische Ausbildung und mindestens ein Drittel auf die theoretische Ausbildung zu entfallen hat.

(3) Die Ausbildung in der allgemeinen Gesundheits- und Krankenpflege erfolgt an Schulen für allgemeine Gesundheits- und Krankenpflege.

(4) An oder in Verbindung mit einer Krankenanstalt kann für Personen, die die neunte Schulstufe erfolgreich abgeschlossen haben, eine Vorbereitungsausbildung abgehalten werden, die der Vertiefung der Allgemeinbildung und der Vorbereitung auf die Ausbildung im gehobenen Dienst für Gesundheits- und Krankenpflege dient und nach den schulrechtlichen Vorschriften zu führen ist.

(5) Die Ausbildung im gehobenen Dienst für Gesundheits- und Krankenpflege kann auch in Form einer Teilzeitausbildung absolviert werden, sofern die Qualität und Kontinuität der Ausbildung gewährleistet ist.

Anmerkungen:

1. EB-RV:

Entsprechend den EG-Richtlinien und im Hinblick auf die tatsächlichen Gegebenheiten der bisherigen Ausbildung wird die Dauer der fachspezifischen Ausbildung auf drei Jahre festgelegt.

In diesem Zusammenhang wird darauf hingewiesen, daß die bisherige Diktion, die von einer vierjährigen Ausbildung ausging, insbesondere im internationalen Behördenverkehr zu Verständnisschwierigkeiten geführt hat.

Im Abs. 2 wird das Mindestausmaß der Ausbildung sowie die erforderliche Aufteilung zwischen theoretischer und praktischer Ausbildung normiert. Das Mindestausmaß von 4 600 Stunden entspricht Artikel 1 Abs. 2 lit. b) der EG-Richtlinie 77/453/EWG und nimmt auf Erfahrungen aus der Praxis Rücksicht, wonach die bisher in der Ausbildungsverordnung vorgeschriebenen 5 200 Stunden bei Berücksichtigung der gesetzlichen Ruhe- und Ferienzeiten von den Krankenpflegeschulen kaum erreicht werden konnten.

Die Festlegung von Mindeststunden ermöglicht es der Leitung einer Gesundheits- und Krankenpflegeschule, über das Mindestmaß hinausgehende Ausbildungsinhalte schwerpunktmäßig anzubieten.

Der derzeitigen Rechtslage entsprechend, soll auch weiterhin die Möglichkeit bestehen, eine allgemeinbildende Vorbereitungsausbildung an oder in Verbindung mit einer Krankenanstalt abzuhalten. Diese kann das bisherige erste Ausbildungsjahr ersetzen und ist wie bisher nach den schulrechtlichen Vorschriften zu führen.

2. Abs 3 wurde durch den Gesundheitsausschuß aus Gründen der Klarstellung und Vereinheitlichung der Terminologie eingefügt.

3. Abs. 5 wurde durch die GuKG-Novelle 2005 neu eingefügt.

4. EB 2005:
Die bisherigen Erfahrungen haben gezeigt, dass ein Bedarf nach einer flexibleren Ausbildung im gehobenen Dienst für Gesundheits- und Krankenpflege, insbesondere im Hinblick auf die Vereinbarkeit von Familie, Ausbildung und Beruf besteht.

In diesem Sinne wird durch den neuen § 41 Abs. 5 GuKG die rechtliche Möglichkeit geschaffen, die Grundausbildung im gehobenen Dienst für Gesundheits- und Krankenpflege auch in Form einer Teilzeitausbildung durchzuführen, um einen erweiterten Interessentenkreis für die Pflegeausbildung zu gewinnen. Dabei wird im Hinblick auf die Wahrung der Ausbildungsqualität und die Erfüllung des Ausbildungsziels insbesondere darauf Bedacht zu nehmen sein, dass die Kontinuität der Ausbildung gewährleistet sowie die Diplomprüfung am Ende der Gesamtausbildung in einem abzuhalten ist und nicht gesplittet werden darf. Die erforderlichen Sonderregelungen für die Durchführung dieser Ausbildungen, insbesondere die zeitlichen Rahmenbedingungen und die Prüfungen, sind im Verordnungswege festzulegen.

§ 42 GuKG

Bei der Festlegung des Taschengeldes gemäß § 49 Abs. 5 GuKG kann für Personen, die eine Teilzeitausbildung absolvieren, eine entsprechende Reduktion vereinbart werden.

5. Siehe die Gesundheits- und Krankenpflege-Teilzeitausbildungsverordnung – **GuK-TAV**, BGBl. II Nr. 455/2006 (Anhang I).

Ausbildungsinhalt der allgemeinen Gesundheits- und Krankenpflege

§ 42. Die Ausbildung in der allgemeinen Gesundheits- und Krankenpflege beinhaltet insbesondere folgende Sachgebiete:
1. **Berufsethik und Berufskunde der Gesundheits- und Krankenpflege**
2. **Grundlagen der Pflegewissenschaft und Pflegeforschung**
3. **Gesundheits- und Krankenpflege**
4. **Pflege von alten Menschen**
5. **Palliativpflege**
6. **Hauskrankenpflege**
7. **Hygiene und Infektionslehre**
8. **Ernährung, Kranken- und Diätkost**
9. **Biologie, Anatomie und Physiologie**
10. **Allgemeine und spezielle Pathologie, Diagnose und Therapie, einschließlich komplementärmedizinische Methoden**
11. **Geriatrie, Gerontologie und Gerontopsychiatrie**
12. **Pharmakologie**
13. **Erste Hilfe, Katastrophen- und Strahlenschutz**
14. **Gesundheitserziehung und Gesundheitsförderung, einschließlich Arbeitsmedizin**
15. **Soziologie, Psychologie, Pädagogik und Sozialhygiene**
16. **Kommunikation, Konfliktbewältigung, Supervision und Kreativitätstraining**
17. **Strukturen und Einrichtungen des Gesundheitswesens, Organisationslehre**

18. **Elektronische Datenverarbeitung, fachspezifische Informatik, Statistik und Dokumentation**
19. **Berufsspezifische Rechtsgrundlagen.**

Anmerkung:

EB-RV:
Als unabdingbare Voraussetzungen für die spätere Ausübung der allgemeinen Gesundheits- und Krankenpflege sind umfassende Kenntnisse der Grundpflege, der allgemeinen und speziellen Gesundheits- und Krankenpflege, über Bau und Funktion des menschlichen Körpers, der Lehre von den Krankheiten, der Prävention, Diagnostik, Therapie und Rehabilitation sowie Grundzüge der Soziologie, Psychologie und Pädagogik erforderlich.

Entsprechend den Anforderungen der Professionalisierung in der Pflege, der Erweiterung des Tätigkeitsspektrums und einer zeitgemäßen Pflegepraxis liegt der Schwerpunkt der Ausbildung nunmehr auf den pflegerischen Sachgebieten. Zusätzlich werden die sozial- und verhaltenswissenschaftlichen Sachgebiete erweitert. Die Vermittlung der medizinischen Grundkenntnisse soll berufsspezifischer gestaltet werden.

Bei den Z 1 bis 8 handelt es sich um die pflegerischen Sachgebiete, Z 9 bis 13 umfassen die medizinischen Grundlagenfächer, Z 14 bis 16 die sozial- bzw. kommunikationswissenschaftlichen Fächer und Z 17 bis 19 beinhalten die sonstigen zu vermittelnden Sachgebiete, wie Organisationslehre, EDV und Rechtskunde.

Praktische Ausbildung in der allgemeinen Gesundheits- und Krankenpflege

§ 43. (1) Die praktische Ausbildung in der allgemeinen Gesundheits- und Krankenpflege ist an
1. **einschlägigen Fachabteilungen oder sonstigen Organisationseinheiten einer Krankenanstalt,**
2. **Einrichtungen, die der stationären Betreuung pflegebedürftiger Menschen dienen, und**

3. Einrichtungen, die Hauskrankenpflege, andere Gesundheitsdienste oder soziale Dienste anbieten,

durchzuführen, welche die zur praktischen Unterweisung notwendigen Voraussetzungen erfüllen, mit den für die Erreichung des Ausbildungszieles erforderlichen Lehr- und Fachkräften sowie Lehrmitteln ausgestattet sind und entsprechende Räumlichkeiten für die auszubildenden Personen aufweisen.

(2) Im Rahmen der praktischen Ausbildung sind Schüler berechtigt,
1. Tätigkeiten des eigenverantwortlichen und interdisziplinären Tätigkeitsbereiches unter Anleitung und Aufsicht der Lehr- und Fachkräfte sowie
2. Tätigkeiten des mitverantwortlichen Tätigkeitsbereiches nach Anordnung und unter Anleitung und Aufsicht eines Arztes oder nach Maßgabe des § 15 Abs. 6 Z 2 eines Angehörigen des gehobenen Dienstes für Gesundheits- und Krankenpflege

durchzuführen.

(3) **Die praktische Unterweisung der Schüler am Krankenbett und im Operationssaal darf erst nach Vollendung des 17. Lebensjahres erfolgen.**

(4) Schüler dürfen zu Tätigkeiten in Strahlenbereichen erst nach Vollendung des 18. Lebensjahres herangezogen werden.

(5) **Die Ausbildungszeit darf die jeweils gültige gesetzliche Arbeitszeit (Tages- und Wochenarbeitszeit) nicht überschreiten.**

Anmerkungen:

1. Abs. 2 hat durch die GuKG-Novelle 2003 eine neue Fassung erhalten.

2. EB-RV:
Erstmals wird gesetzlich festgelegt, in welchen Einrichtungen die praktische Ausbildung stattzufinden hat, wobei auch der extramurale Bereich in der praktischen Ausbildung berücksich-

GuKG **§ 43**

tigt wird. Dies soll den verstärkten Anforderungen an das diplomierte Pflegepersonal in der Hauskrankenpflege und ähnlichen Bereichen Rechnung tragen. Die im Abs. 1 normierten Qualitätsanforderungen sind zur Erreichung des Ausbildungszieles insbesondere auch bei extramuralen Einrichtungen zu gewährleisten.

Unter den im Abs. 1 Z 1 angeführten „sonstigen Organisationseinheiten einer Krankenanstalt" sind insbesondere Diagnostik- und Therapieeinrichtungen zu verstehen.

Da im Rahmen der praktischen Ausbildung zahlreiche Fertigkeiten zu vermitteln sind, wird im Abs. 2 die Voraussetzung für das Erlernen von Tätigkeiten des eigenverantwortlichen, mitverantwortlichen und interdisziplinären Tätigkeitsbereiches an PatientInnen geschaffen.

Abs. 3 entspricht der im Rahmen des Europäischen Übereinkommens über die theoretische und praktische Ausbildung von diplomierten Krankenpflegepersonen, BGBl. Nr. 53/1973, getroffenen Empfehlung: „Im allgemeinen sollen die SchülerInnen mit Kranken und mit dem Krankenhausbetrieb nicht vor Erreichung eines Alters, das je nach dem Land zwischen 17 und 19 Jahren liegt, in Berührung kommen."

Abs. 4 trägt § 30 Abs. 3 Strahlenschutzgesetz, BGBl. Nr. 227/1969, in der geltenden Fassung, Rechnung.

3. Zum Abs. 2 siehe die EB 2003 zu § 15 Abs. 6 (Anm. 5 zu § 15).

4. Abs 1 hat durch den Gesundheitsausschuß eine geringfügige Änderung erfahren.

5. Nach § 30 Abs 3 Strahlenschutzgesetz, BGBl. Nr. 227/1969, i.d.F. BGBl. I Nr. 13/2006, dürfen Personen, die das 18. Lebensjahr noch nicht vollendet haben, und Schwangere in Strahlenbereichen nicht tätig sein.

§ 44 GuKG

Verkürzte Ausbildung für Pflegehelfer

§ 44. (1) Personen, die
1. eine Berufsberechtigung in der Pflegehilfe gemäß diesem Bundesgesetz besitzen und
2. die Pflegehilfe in einem Dienstverhältnis durch zwei Jahre vollbeschäftigt oder entsprechend länger bei Teilzeitbeschäftigung ausgeübt haben,

sind berechtigt, eine verkürzte Ausbildung im gehobenen Dienst für Gesundheits- und Krankenpflege zu absolvieren.

(2) Die Ausbildung gemäß Abs. 1 dauert zwei Jahre und kann im Rahmen eines Dienstverhältnisses absolviert werden. Die Ausbildung kann auch berufsbegleitend erfolgen. In diesem Fall ist sie innerhalb von höchstens vier Jahren abzuschließen.

(3) Die Ausbildung beinhaltet insbesondere die in § 42 angeführten Sachgebiete unter Berücksichtigung der in der Pflegehilfeausbildung erworbenen theoretischen und praktischen Kenntnisse.

Anmerkungen:

1. EB-RV:

In den §§ 44 ff wird dem Grundgedanken einer Durchlässigkeit und Kompatibilität der Gesundheitsberufe durch die Möglichkeit von Auf- und Umschulungen unter Berücksichtigung der in der bereits absolvierten Ausbildung erworbenen Kenntnisse und Fertigkeiten Rechnung getragen.

§ 44 bietet BerufseinsteigerInnen bzw. -umsteigerInnen, die bereits eine Ausbildung als PflegehelferIn erworben haben, auch in einem höheren Alter die Möglichkeit, einen Beruf im Bereich des gehobenen Dienstes für Gesundheits- und Krankenpflege zu ergreifen.

Die Möglichkeit zur Absolvierung einer verkürzten Ausbildung sollen dazu beitragen, eine breitere Rekrutierungsbasis für den Beruf der Gesundheits- und Krankenpflege zu schaffen. Personen mit entsprechender Berufspraxis sind als wertvolle Personalressource für eine weiterführende Ausbildung in der

Gesundheits- und Krankenpflege anzusehen. Besonders Frauen mit familiären Belastungen, die zunächst nur eine kürzere Ausbildung absolviert haben bzw. absolvieren konnten, erhalten die Chance, sich – sofern die Ausbildung im Rahmen eines Dienstverhältnisses erfolgt – finanziell abgesichert weiterzuqualifizieren.

Selbstverständlich kann dieses Angebot nur jenen Personen eröffnet werden, die diese Berufspraxis bereits erworben haben.

Die mit der letzten Novelle zum Krankenpflegegesetz geschaffene Möglichkeit einer verkürzten Ausbildung auch für SanitätsgehilfInnen und OperationsgehilfInnen hat sich in der Praxis nicht bewährt bzw. wurde so gut wie nie in Anspruch genomen. Auch der damalige Grund – der akute Mangel an diplomiertem Krankenpflegepersonal – ist in der Zwischenzeit obsolet geworden.

2. Diese verkürzte Ausbildung steht auch Pflegehelfern offen, die ein Zeugnis über eine mit Erfolg abgeschlossene Ausbildung im Rahmen eines Lehrganges für die Ausbildung von Pflegehelfern nach den Bestimmungen des KrankenpflegeG erworben haben (siehe § 85 i.V.m. § 86 Z 2).

3. Abs. 1 hat durch die Novelle BGBl. I Nr. 90/2006 eine neue Fassung erhalten.

4. Abs. 2 hat durch die Novelle BGBl. I Nr. 95/1998 eine neue Fassung erhalten.

Verkürzte Ausbildung für Sanitätsunteroffiziere

§ 45. (1) Personen, die
1. **eine Ausbildung zum Sanitätsunteroffizier im Österreichischen Bundesheer mit Erfolg abgeschlossen haben,**
2. **die Prüfungen des zweiten Ausbildungsjahres in einem gehobenen Dienst für Gesundheits- und Krankenpflege mit Erfolg abgelegt haben (§ 58 Abs. 4) und**
3. **die für das erste und zweite Ausbildungsjahr in einem gehobenen Dienst für Gesundheits- und Krankenpflege vorgeschriebenen Mindestpraktika nachweisen,**

§ 46 GuKG

sind berechtigt, eine verkürzte Ausbildung in der allgemeinen Gesundheits- und Krankenpflege zu absolvieren.
(2) Die Ausbildung gemäß Abs. 1 dauert ein Jahr und kann im Rahmen eines Dienstverhältnisses absolviert werden.
(3) Die Ausbildung beinhaltet insbesondere die im § 42 angeführten Sachgebiete unter Berücksichtigung der im Österreichischen Bundesheer erworbenen Sanitätsausbildung.

Anmerkungen:

1. EB-RV:
Da Sanitätsunteroffiziere im Bundesheer bereits eine umfassendere Ausbildung erworben haben, kann die zusätzliche Ausbildung im gehobenen Dienst für Gesundheits- und Krankenpflege auf ein Jahr verkürzt werden, sofern die Prüfungen des zweiten Ausbildungsjahres mit Erfolg abgelegt und die Mindestpraktika nachgewiesen werden.

Das bisherige Erfordernis der Anerkennung als Stationsgehilfe durch den Landeshauptmann ist durch das Auslaufen dieses Berufes obsolet geworden, von einer anderen Form der zivilen Anerkennung der im Bundesheer erworbenen Sanitätsausbildung wird aus Gründen der Kostenersparnis bewußt Abstand genommen.

2. Siehe auch die Übergangsbestimmung im § 107.

3. Im Abs. 1 wurden durch die Novelle BGBl. I Nr. 90/2006 die Z. 4 und 5 aufgehoben.

Verkürzte Ausbildung nach einer speziellen Grundausbildung

§ 46. (1) Personen, die ein Diplom über eine spezielle Grundausbildung in der Kinder- und Jugendlichenpflege (§ 77) oder in der psychiatrischen Gesundheits- und Krankenpflege (§ 80) erworben haben, sind berechtigt, eine verkürzte Ausbildung in der allgemeinen Gesundheits- und Krankenpflege zu absolvieren.

(2) Die Ausbildung gemäß Abs. 1 dauert ein Jahr und kann im Rahmen eines Dienstverhältnisses absolviert werden. Die Ausbildung kann auch berufsbegleitend erfolgen. In diesem Fall ist sie innerhalb von höchstens zwei Jahren abzuschließen.

(3) Die Ausbildung beinhaltet die für die Ausübung der allgemeinen Gesundheits- und Krankenpflege erforderlichen Sachgebiete unter Berücksichtigung der in der absolvierten Ausbildung erworbenen theoretischen und praktischen Kenntnisse.

Anmerkungen:

1. EB-RV:
Da die bisherigen Ausbildungen in der Kinderkranken- und Säuglingspflege und in der psychiatrischen Krankenpflege in Form von speziellen Grundausbildungen neben den entsprechenden Sonderausbildungen beibehalten werden, soll auch weiterhin für diese Personen die Möglichkeit einer ergänzenden Ausbildung in der allgemeinen Pflege bestehen, um die Mobilität innerhalb der einzelnen Sparten des gehobenen Dienstes für Gesundheits- und Krankenpflege zu fördern.

Im Hinblick auf die bereits in der Grundausbildung vermittelten Kenntnisse und Fertigkeiten, die auch Teile der allgemeinen Pflege abdecken, ist eine ergänzende Ausbildung von einem Jahr ausreichend.

2. Abs. 2 hat durch die Novelle BGBl. I Nr. 95/1998 eine neue Fassung erhalten.

Verkürzte Ausbildung für Hebammen

§ 47. (1) Personen, die eine Ausbildung zur Hebamme
1. in Österreich, einem anderen EWR-Vertragsstaat oder der Schweizerischen Eidgenossenschaft erfolgreich abgeschlossen oder
2. in Österreich nostrifiziert

haben, sind berechtigt, eine verkürzte Ausbildung in der allgemeinen Gesundheits- und Krankenpflege und in der Kinder- und Jugendlichenpflege zu absolvieren.

(2) Die Ausbildung gemäß Abs. 1 dauert zwei Jahre.

(3) Die Ausbildung beinhaltet insbesondere die im § 42 angeführten Sachgebiete unter Berücksichtigung der absolvierten Hebammenausbildung.

Anmerkungen:

1. Abs. 1 Z. 1 wurde durch die GuKG-Novelle 2003 um die Schweizerische Eidgenossenschaft ergänzt und ist gem. § 117 Abs. 6 mit 1. Juni 2002 in Kraft getreten.

2. EB-RV:

Mit dem neuen Hebammengesetz wurde für diplomiertes Krankenpflegepersonal die Möglichkeit einer verkürzten Ausbildung zur Hebamme geschaffen.

Analog zu dieser Bestimmung sieht § 47 vor, daß Hebammen eine verkürzte Ausbildung in der Dauer von zwei Jahren im gehobenen Dienst für Gesundheits- und Krankenpflege absolvieren können.

Da die Hebammenausbildung für ein spezifisches Berufsfeld qualifiziert, ist für eine Ausübung des gehobenen Dienstes für Gesundheits- und Krankenpflege eine eigene Ausbildung notwendig, die auf Grund berufsspezifischer Vorkenntnisse verkürzt angeboten werden kann.

Da die Ausbildung zur Hebamme in der EU harmonisiert ist (Richtlinie 80/155/EWG), wird die verkürzte Ausbildung auch für ausländische Hebammen geöffnet. Klargestellt wird, daß für EWR-Staatsangehörige, die eine Hebammenausbildung im EWR absolviert haben, eine formelle Zulassung zur Berufsausübung gemäß Hebammengesetz als Voraussetzung für den Zugang zur verkürzten Ausbildung nicht erforderlich ist. Alle übrigen Hebammen müssen allerdings die vorrangegangene Nostrifikation ihrer Ausbildung nachweisen.

3. EB 2003 (zu Abs. 1):
Da auf Grund des Freizügigkeitsabkommens zwischen der Europäischen Gemeinschaft und ihren Mitgliedstaaten einerseits und der Schweizerischen Eidgenossenschaft andererseits die entsprechenden schweizerischen Diplome in die EG-Hebammenrichtlinie 80/154/EWG sowie in die EG-Ärzterichtlinie 93/16/EWG aufgenommen wurden und daher anzuerkennen sind, werden in den Regelungen betreffend die verkürzten Ausbildungen im gehobenen Dienst für Gesundheits- und Krankenpflege für Hebammen (§ 47) und Mediziner (§ 48) die schweizer Hebammendiplome und medizinischen Studienabschlüsse mit den entsprechenden EWR-Abschlüssen gleichgestellt.

4. Zum Beruf der Hebamme vergleiche das Hebammengesetz, insbes. auch §§ 23 ff. betreffend die Ausbildung (siehe näher *Schwamberger*, Hebammengesetz [1995]).

Verkürzte Ausbildung für Mediziner

§ 48. (1) Personen, die ein Studium der Medizin
1. in Österreich, einem anderen EWR-Vertragsstaat oder der Schweizerischen Eidgenossenschaft erfolgreich abgeschlossen oder
2. in Österreich nostrifiziert

haben, sind berechtigt, eine verkürzte Ausbildung in der allgemeinen Gesundheits- und Krankenpflege zu absolvieren.

(2) Die Ausbildung gemäß Abs. 1 dauert ein Jahr und sechs Monate.

(3) Die Ausbildung beinhaltet die für die Ausübung der allgemeinen Gesundheits- und Krankenpflege erforderlichen Sachgebiete unter Berücksichtigung der im Rahmen des Medizinstudiums erworbenen Kenntnisse und hat die für die Erreichung des Ausbildungszieles erforderlichen Mindestpraktika zu enthalten.

Anmerkung:

1. Abs. 1 Z. 1 wurde durch die GuKG-Novelle 2003 um die Schweizerische Eidgenossenschaft ergänzt und ist gem. § 117 Abs. 6 mit 1. Juni 2002 in Kraft getreten.

2. EB-RV:
Bisher war für Personen, die ein Studium der Medizin abgeschlossen hatten, der Zugang zur Pflege auf den Beruf der Pflegehelferin/des Pflegehelfers beschränkt.

Mit der neugeschaffenen Regelung über eine verkürzte Ausbildung im gehobenen Dienst für Gesundheits- und Krankenpflege für MedizinerInnen wird dem gestiegenen Interesse an der Pflege auch in Kreisen von MedizinerInnen Rechnung getragen.

In der eineinhalbjährigen Ausbildung steht die Pflege, insbesondere die erforderlichen Mindestpraktika, im Mittelpunkt, während die bereits erworbenen umfassenden theoretischen medizinischen Kenntnisse vollständig angerechnet werden.

Da die Ausbildung von ÄrztInnen in der EU harmonisiert ist (Richtlinie 93/16/EWG), wird die verkürzte Ausbildung auch für ausländische MedizinerInnen geöffnet. Klargestellt wird, daß für EWR-Staatsangehörige, die ein Medizinstudium im EWR absolviert haben, eine formelle Zulassung zur Berufsausübung als Voraussetzung für den Zugang zur verkürzten Ausbildung nicht erforderlich ist. Alle übrigen Mediziner müssen allerdings die vorrangegangene Nostrifikation ihrer Ausbildung nachweisen.

3. Siehe zu Abs. 1 die EB 2003 zu § 47 Abs. 1 (Anm. 3 zu § 47).

Schulen für Gesundheits- und Krankenpflege

§ 49. (1) Die Ausbildung im gehobenen Dienst für Gesundheits- und Krankenpflege hat an Schulen für Gesundheits- und Krankenpflege (Schulen für allgemeine Gesundheits- und Krankenpflege, Schulen für Kinder- und Jugendlichenpflege, Schulen für psychiatrische Gesundheits- und Krankenpflege) zu erfolgen.

GuKG **§ 49**

(2) Schulen für Gesundheits- und Krankenpflege dürfen nur an oder in Verbindung mit Krankenanstalten errichtet werden, welche
  1. die zur praktischen Unterweisung notwendigen Fachabteilungen oder sonstigen Organisationseinheiten besitzen,
  2. mit den für die Erreichung des Ausbildungszweckes erforderlichen Lehr- und Fachkräften sowie Lehrmitteln ausgestattet sind und
  3. entsprechende Räumlichkeiten für die auszubildenden Personen aufweisen.

(3) Schulen für Gesundheits- und Krankenpflege sind so zu führen, daß die Erreichung des Ausbildungszieles gewährleistet ist.

(4) Der Rechtsträger der Schule für Gesundheits- und Krankenpflege hat den Schülern Dienstkleidung zur Verfügung zu stellen.

(5) Die Schüler haben Anspruch auf ein monatliches Taschengeld, dessen Höhe nach Anhören der gesetzlichen Vertretung der Dienstnehmer vom Rechtsträger der Schule festzusetzen und zu leisten ist. Das Taschengeld ist im Krankheitsfalle für die Dauer von drei Monaten, längstens jedoch bis zum Ausscheiden aus der Schule weiterzuzahlen. Dieser Anspruch besteht nicht bei Absolvierung einer verkürzten Ausbildung gemäß §§ 44 bis 48.

Anmerkungen:

1. EB-RV:
Die Bezeichnung der Schulen wird der neuen Berufsbezeichnung angepaßt.

Als Voraussetzung für die Vermittlung der praktischen Fertigkeiten dürfen Schulen für Gesundheits- und Krankenpflege nur an oder in Verbindung mit Krankenanstalten errichtet werden, welche die zur praktischen Unterweisung notwendigen Fachabteilungen bzw. Organisationseinheiten besitzen.

„Lehrkräfte" im Sinne dieses Bundesgesetzes sind Personen, denen die Abhaltung des theoretischen Unterrichtes obliegt. Angehörige des gehobenen Dienstes für Gesundheits- und Krankenpflege haben zur Erfüllung dieser Aufgaben jedenfalls eine Sonderausbildung für Lehraufgaben nachzuweisen.

„Fachkräfte" im Sinne dieses Bundesgesetzes sind weitere, insbesondere im praktischen Unterricht eingesetzte Personen, wie Lehrschwestern/pfleger, die an der Ausbildung mitwirken.

Die Verpflichtung des Rechtsträgers der Schule, den SchülerInnen Dienstkleidung und ein monatliches Taschengeld zu gewähren (vgl. Abs. 4 und 5), wird grundsätzlich beibehalten. Daneben ist auf Leistungen, die auf Grund des Familienlastenausgleichsgesetzes 1967, wie Familienbeihilfe und Schülerfreifahrt, hinzuweisen.

Die Bezeichnung „Taschengeld" wurde gewählt, da es sich um eine vermögens- und leistungsunabhängige finanzielle Unterstützung der SchülerInnen handelt und diese Bezeichnung bereits im bisherigen Sprachgebrauch verwendet wurde.

Klargestellt wird, daß bei Absolvierung von verkürzten Ausbildungen in der Gesundheits- und Krankenpflege kein Anspruch auf Entschädigung besteht, da diese vielfach im Rahmen eines Dienstverhältnisses absolviert werden und die „Ausbildung im zweiten Bildungsweg" ohnedies eine zusätzliche Bildungsmöglichkeit eröffnet.

2. Der Klammerausdruck in Abs 1 wurde durch den Gesundheitsausschuß aus Gründen der Klarstellung eingefügt.

3. Wird die Schule in Verbindung mit einer Krankenanstalt errichtet, so empfiehlt sich der Abschluß einer entsprechenden Vereinbarung zwischen Träger der Schule und Träger der Krankenanstalt.

4. Der Ausbildungsvertrag zwischen Rechtsträger der Schule und Krankenpflegeschüler ist privatrechtlicher Natur, wobei sich der Rechtsträger zu einer bestimmten Ausbildung und der Schüler dazu verpflichtet haben, sich einer solchen Ausbildung zu unterziehen (vgl. OGH vom 14.3.2001, 9 ObA 335/00f).

5. Zu den Ausbildungskosten bzw. das Taschengeld siehe auch OGH vom 14.03.2001, 9 ObA 335/00f, Resch, Ersatz von Ausbildungskosten für nichtärztliches Personal, RdM 1994, 42 ff. sowie OGH vom 21.12.2000, 8 ObA 144/00k (Rückersatz von Ausbildungskosten).

6. Bei der Festlegung des Taschengeldes nach Abs. 5 kann für Personen, die eine Teilzeitausbildung absolvieren (§ 41 Abs. 5) eine entsprechende Reduktion vereinbart werden.

§ 50. (1) Eine Schule für Gesundheits- und Krankenpflege darf nur auf Grund einer Bewilligung des Landeshauptmannes geführt werden.

(2) Eine Bewilligung gemäß Abs. 1 ist zu erteilen, wenn nachgewiesen wird, daß
1. **die für die Abhaltung des theoretischen und praktischen Unterrichts erforderlichen Räumlichkeiten und Lehrmittel sowie Sozialräume zur Verfügung stehen,**
2. **die für die theoretische und praktische Ausbildung erforderlichen Lehr- und Fachkräfte, welche hiezu fachlich und pädagogisch geeignet sind und über die notwendige Berufserfahrung verfügen, vorhanden sind,**
3. **die Schule an einer Krankenanstalt gemäß § 49 Abs. 2 errichtet oder die Verbindung zu einer Krankenanstalt gemäß § 49 Abs. 2 gegeben ist und**
4. **die in § 43 genannten Voraussetzungen für die praktische Ausbildung erfüllt sind.**

(3) Der Landeshauptmann hat regelmäßig das Vorliegen der Voraussetzungen gemäß Abs. 1 zu überprüfen. Liegen diese nicht oder nicht mehr vor, ist die Bewilligung nach erfolglosem Verstreichen einer zur Behebung der Mängel gesetzten angemessenen Frist zurückzunehmen.

(4) Gegen Bescheide des Landeshauptmannes gemäß Abs. 1 bis 3 ist eine Berufung nicht zulässig.

Anmerkungen:

1. EB-RV:
Die Bewilligung zur Errichtung und Führung einer Schule für Gesundheits- und Krankenpflege wird vom Landeshauptmann erteilt. Dieser hat gemäß Abs. 3 auch eine Kontrollfunktion über diese Schulen.

Vor Erteilung einer Bewilligung ist das Vorliegen der Voraussetzungen gemäß Abs. 2 nachzuweisen. Diese Voraussetzungen sind auch nach Aufnahme des Schulbetriebes weiterhin zu überprüfen, um die Qualität der Ausbildung zu gewährleisten.

2. Siehe die Übergangsbestimmung im § 112, wonach bestehende Schulen keiner Bewilligung durch den Landeshauptmann bedürfen.

3. Im Abs. 4 wurde durch die GuKG-Novelle 2005 ein Redaktionsversehen beseitigt.

Schulleitung

§ 51. (1) Die fachspezifische und organisatorische Leitung einschließlich der Dienstaufsicht obliegt einem hiefür fachlich und pädagogisch geeigneten Direktor, der
  1. **die Berufsberechtigung zur Ausübung des gehobenen Dienstes für Gesundheits- und Krankenpflege besitzt,**
  2. **eine Sonderausbildung für Lehraufgaben erfolgreich absolviert hat und**
  3. **über eine mindestens dreijährige Berufserfahrung als Lehrkraft in der Gesundheits- und Krankenpflege verfügt.**

(2) Die medizinisch-wissenschaftliche Leitung einer Schule für Gesundheits- und Krankenpflege obliegt einem Arzt, der die hiefür erforderliche fachliche und pädagogische Eignung besitzt.

(3) Für den Direktor und für den medizinisch-wissenschaftlichen Leiter ist je ein Stellvertreter vorzusehen. Dieser

hat die jeweiligen Voraussetzungen gemäß Abs. 1 oder 2 zu erfüllen.

Anmerkungen:

1. EB-RV:

Die Funktionsteilung bei der Leitung der Schulen für Gesundheits- und Krankenpflege soll dazu beitragen, daß eine den Anforderungen der theoretischen und praktischen Ausbildung entsprechende optimale Führung erreicht wird.

Diese Regelung entspricht auch der jüngsten Entwicklung im Bereich der medizinisch-technischen Akademien und der Hebammenakademien.

Die in Abs. 1 genannte „Dienstaufsicht" umfaßt unter anderem die Aufsicht über die Einhaltung der Dienstzeiten an der Schule durch die Vortragenden und greift nicht unmittelbar in das gesondert geregelte Dienstrecht ein.

Das Vorsehen einer Stellvertretung ist insbesondere auch im Hinblick auf die Zusammensetzung der Aufnahme- und Prüfungskommission erforderlich.

2. Siehe auch die Aufgabe nach dem Bildungsdokumentationsgesetz, insbes. die Erhebungen und Berichte nach der Verordnung BGBl. II Nr. 492/2003.

Schulordnung

§ 52. (1) Der Direktor hat den im Rahmen der Ausbildung durchzuführenden Dienst- und Unterrichtsbetrieb durch eine Schulordnung festzulegen und für deren Einhaltung zu sorgen.

(2) Die Schulordnung hat insbesondere
  1. **die Rechte und Pflichten der Schulleitung und der Lehr- und Fachkräfte,**
  2. **das Verhalten sowie die Rechte und Pflichten der Schüler im internen Betrieb der Schule,**
  3. **Maßnahmen zur Sicherheit der Schüler in der Schule und**

§ 52 GuKG

4. Vorschriften zur Ermöglichung eines ordnungsgemäßen Schulbetriebes festzulegen.

(3) Die Schulordnung ist spätestens drei Monate vor Aufnahme des Schulbetriebes dem Landeshauptmann zur Genehmigung vorzulegen. Wird die Genehmigung innerhalb von drei Monaten nicht versagt, so gilt sie als erteilt.

(4) Die Genehmigung der Schulordnung ist gemäß Abs. 3 zu versagen, wenn sie
1. gegen gesetzliche Bestimmungen verstößt,
2. einem geordneten Schulbetrieb widerspricht,
3. die Sicherheit der Schüler in der Schule nicht gewährleistet oder
4. nicht zur Erreichung des Ausbildungszieles beiträgt.

(5) Die Schulordnung ist den Schülern sowie den Lehr- und Fachkräften nachweislich zur Kenntnis zu bringen.

Anmerkungen:

1. EB-RV:

Der interne Betrieb der Schule für Gesundheits- und Krankenpflege ist durch eine Schulordnung zu regeln. Folgende Mindestinhalte sind in der Schulordnung vorzusehen:
– Rechte und Pflichten der Schulleitung und des Lehrpersonals und
– Rechte und Pflichten der SchülerInnen.

Ein Verstoß gegen gesetzliche Bestimmungen gemäß Abs. 4 Z 1 liegt unter anderem bei Verstößen gegen dieses Gesetz, gegen andere Gesundheitsgesetze sowie gegen arbeitsrechtliche, strafrechtliche oder jugendschutzrechtliche Regelungen vor.

Die Information aller SchülerInnen über die Schulordnung soll insbesondere auch sicherstellen, daß die SchülerInnen über die Möglichkeit des Ausschlusses aus der Schule bei schwerwiegenden Verstößen gegen die Schulordnung in Kenntnis gesetzt sind (§ 56).

Die Schulordnung ist – wie bisher die Anstalts- und Unterrichtsordnung gemäß § 58 Krankenpflegegesetz – dem Landeshauptmann zur Genehmigung vorzulegen. Eine bescheidmäßige Erledigung ist außer in Fällen der Untersagung nicht erforderlich.

2. Bei der Erlassung der Schulordnung ist auch auf die Anstaltsordnung nach § 6 KAKuG Bedacht zu nehmen.

Schülervertretung

§ 53. (1) Der Vertretung der Schüler obliegt die Mitgestaltung und Mitbestimmung am Schulleben.

(2) Die Mitbestimmungsrechte der Vertretung der Schüler umfassen insbesondere das Recht auf Mitentscheidung bei der Aufnahme (§ 54) in die und beim Ausschluß (§ 56) der Schüler aus der Schule.

(3) Die Mitgestaltungsrechte gegenüber der Schulleitung und den Lehr- und Fachkräften umfassen insbesondere
 1. das Recht auf Anhörung,
 2. das Recht auf Information und Abgabe von Vorschlägen und Stellungnahmen über alle Angelegenheiten, die die Schüler allgemein betreffen,
 3. das Vorschlagsrecht bei der Gestaltung des Unterrichtes im Rahmen des Lehrplanes,
 4. das Vorschlagsrecht bei der Wahl der Unterrichtsmittel und
 5. das Recht auf Teilnahme an Konferenzen der Lehrund Fachkräfte, ausgenommen Beratungen und Beschlußfassungen über Angelegenheiten der Leistungsbeurteilung der Schüler sowie über Angelegenheiten, die ausschließlich die Lehr- und Fachkräfte betreffen.

(4) Alle Schüler der Schule für Gesundheits- und Krankenpflege sind aktiv und passiv wahlberechtigt.

(5) Die Schüler eines Ausbildungsjahrganges haben innerhalb von fünf Wochen nach Jahrgangsbeginn einen Jahrgangssprecher sowie einen Stellvertreter zu wählen. Die Leitung der Wahl obliegt einer vom Direktor bestimmten Lehrkraft.

§ 53 GuKG

(6) Die Jahrgangssprecher sowie deren Stellvertreter haben aus ihrer Mitte einen Schulsprecher sowie einen Stellvertreter zu wählen. Die Leitung der Wahl obliegt dem Direktor.

(7) Die Wahlen gemäß Abs. 5 und 6 haben in gleicher, unmittelbarer, geheimer und persönlicher Wahl zu erfolgen.

(8) Gewählt ist, auf wen mehr als die Hälfte der abgegebenen gültigen Stimmen entfallen. Kann die erforderliche Mehrheit von keinem Schüler erreicht werden, ist eine Stichwahl zwischen jenen beiden Schülern durchzuführen, die im ersten Wahlgang die meisten Stimmen erhalten haben. Bei Stimmengleichheit im zweiten Wahlgang entscheidet das Los.

(9) Die Funktionen gemäß Abs. 5 und 6 enden durch Zeitablauf, Ausscheiden aus dem Jahrgang oder der Schule, Rücktritt oder Abwahl. Die jeweilige Wahlleitung hat die Wahlberechtigten zur Abwahl und Neuwahl einzuberufen, wenn ein Drittel der Wahlberechtigten dies verlangt.

Anmerkungen:

1. EB-RV:

Zu einer Modernisierung der Ausbildung gehört die Verankerung von Bestimmungen, die die Mitbestimmung und Mitgestaltung von SchülerInnen an der Schule vorsehen. Diese Demokratisierung im Bereich der Pflegeausbildung erscheint im Zuge einer Neugestaltung und Verbesserung der Ausbildung unbedingt erforderlich.

Die Bestimmungen sollen gewährleisten, daß die SchülerInnen aktiv und innovativ an der Gestaltung des Schullebens mitwirken können.

Die Regelung erfolgt in Anlehnung an die im Schulbereich bewährten gesetzlichen Bestimmungen.

Klargestellt wird, daß bei der Wahl der Schülervertretung eine Briefwahl nicht zulässig ist.

2. Zu den Grundsätzen des Wahlrechts siehe Art. 26 Abs 1 B-VG. Näher hiezu *Mayer*, Das österreichische Bundes-Verfassungsrecht4 (2007), 194 ff.

Aufnahme in eine Schule für Gesundheits- und Krankenpflege

§ 54. (1) Personen, die sich um die Aufnahme in eine Schule für Gesundheits- und Krankenpflege bewerben, haben nachzuweisen:
1. die zur Erfüllung der Berufspflichten im gehobenen Dienst für Gesundheits- und Krankenpflege erforderliche gesundheitliche Eignung,
2. die zur Erfüllung der Berufspflichten erforderliche Vertrauenswürdigkeit (§ 27 Abs. 2) und
3. die erfolgreiche Absolvierung von zehn Schulstufen.

(2) Vom Nachweis gemäß Abs. 1 Z 3 kann die Aufnahmekommission (§ 55) in Einzelfällen absehen, wenn die Person, die sich um die Aufnahme bewirbt, das 18. Lebensjahr vollendet hat und ein solches Maß an Allgemeinbildung nachweist, das erwarten läßt, daß sie dem theoretischen und praktischen Unterricht zu folgen vermag.

(3) An einer Schule für Gesundheits- und Krankenpflege (§ 49) können auch Lehrgänge geführt werden, für deren Aufnahme neben den Voraussetzungen gemäß Abs. 1
1. die erfolgreiche Absolvierung der Reifeprüfung an einer allgemeinbildenden oder berufsbildenden höheren Schule oder
2. ein in Österreich anerkannter, der Reifeprüfung gleichwertiger Abschluß im Ausland oder
3. die erfolgreiche Absolvierung einer Studienberechtigungsprüfung

nachzuweisen sind.

(4) Im Rahmen eines Vermittlungs- oder Austauschprogrammes können Schüler einer anderen österreichischen oder ausländischen Ausbildungseinrichtung in der Krankenpflege für die Dauer des Programmes in eine Gesundheits- und Krankenpflegeschule aufgenommen werden, sofern die erforderliche Sach- und Personalausstattung gegeben und die Erreichung des Ausbildungszieles gewährleistet ist. Über die

§ 54 GuKG

Aufnahme entscheidet der Direktor der Schule für Gesundheits- und Krankenpflege.

Anmerkungen:

1. EB-RV:

Auf Grund von internationalen Verpflichtungen ist es erforderlich, als Zugangsvoraussetzung einheitlich, auch für die speziellen Grundausbildungen, die erfolgreiche Absolvierung von zehn Schulstufen zu normieren. Diese Grundvoraussetzung ist im Europäischen Übereinkommen über die theoretische und praktische Ausbildung von diplomierten Krankenpflegepersonen, BGBl. Nr. 53/1973, sowie in der Richtlinie 77/453/EWG verankert. Klargestellt wird in diesem Zusammenhang, daß das in § 41 Abs. 3 vorgesehene Vorbereitungsjahr als zehnte Schulstufe gilt.

Um insbesondere Personen, die sich nicht bereits im jugendlichen Alter für die Pflege entscheiden, die Möglichkeit einer Berufsausbildung in diesem Bereich nicht zu verwehren, wird die bisherige Normierung einer Höchstaltersgrenze bei der Aufnahme in eine Schule für Gesundheits- und Krankenpflege nicht beibehalten. Die Auswahl der am besten geeigneten BewerberInnen ergibt sich ohnehin durch die Entscheidung der Aufnahmekommission.

Die Ausnahmebestimmung des Abs. 2 soll dazu beitragen, im Einzelfall geeigneten und zur Pflege berufenen Personen, denen als Zugangsvoraussetzung lediglich die Absolvierung der zehnten Schulstufe fehlt, die Ausbildung zu ermöglichen. Von dieser Regelung erfaßt werden beispielsweise jene, die unmittelbar nach Erfüllung der Schulpflicht eine Lehre absolviert haben.

Zur Feststellung des in der Bestimmung geforderten ausreichenden Maßes an Allgemeinbildung sind insbesondere die Schulvorbildung, Schulzeugnisse, das Ergebnis des Aufnahmetests, der Lebenslauf und der Gesamteindruck heranzuziehen. Hinsichtlich der Rechtsnatur der Entscheidung über die Aufnahme wird auf die Erläuterungen zu § 55 verwiesen.

In Abs. 3 wird ausdrücklich auf die Möglichkeit hingewiesen, im Rahmen einer Schule für Gesundheits- und Krankenpflege einzelne Lehrgänge zu führen, für deren Aufnahme die Reifeprüfung vorausgesetzt wird. Diese Bestimmung soll zur Homogenität der Lehrgänge beitragen.

Lehrgänge im Sinne des Abs. 3 unterliegen allen Bestimmungen dieses Bundesgesetzes und sind daher keine Kollegs, die nach dem Schulorganisationsgesetz als Sonderformen von berufsbildenden höheren Schulen geführt werden können.

In Abs. 4 wird für SchülerInnen, die im Rahmen von Vermittlungs- und Austauschprogrammen, insbesondere im Rahmen der EU-Bildungsprogramme, Teile einer Krankenpflegeausbildung an einer Schule für Gesundheits- und Krankenpflege absolvieren wollen, eine gesetzliche Grundlage für die Aufnahme in die Schule geschaffen. Hiebei ist nicht ein Beschluß der Aufnahmekommission erforderlich, sondern die Aufnahme, die allerdings nur auf die Dauer des Programmes beschränkt ist, und durch die Direktorin/den Direktor zu erfolgen hat. Nähere Bestimmungen über die Ausbildungsmodalitäten bei AustauschschülerInnen sind in der Ausbildungsverordnung zu regeln.

2.1. Durch die Novelle BGBl. I Nr. 90/2006 wurde in Abs. 1 Z. 1 der Begriff „körperliche und geistige Eignung" durch den Begriff „gesundheitliche Eignung" ersetzt.

2.2. Die gesundheitliche Eignung ist durch ein ärztliches Zeugnis nachzuweisen. Ein amtsärztliches Zeugnis ist nicht erforderlich.

3. Zur Vertrauenswürdigkeit siehe § 27 und die Anmerkungen hiezu.

4. Nach § 54 Abs 1 GuKG 1997 ist ua die erfolgreiche Absolvierung von 10 Schulstufen für die Aufnahme in einer Schule für Gesundheitspflege und Krankenpflege erforderlich. Hievon kann jedoch in Einzelfällen ua dann abgesehen werden, wenn die Aufnahmewerberin das 18te Lebensjahr vollendet hat. Angesichts der schulischen Laufbahn der Tochter des Beihilfebeziehers hätte diese die Gesundheitspflegeschule und Krankenpflegeschule bereits vor dem tatsächlichen Ausbildungsbeginn besuchen können. Dies allerdings unter der Voraussetzung, dass die vorangegangene Ausbildung abgebrochen hätte werden müssen. Dass die Tochter des Beihilfebeziehers ihre vorangegangene Ausbildung nicht abbrach, kann ihr nicht zum Nachteil gereichen (VwGH vom 31.10.2001, Zl. 2000/15/0035).

Aufnahmekommission

§ 55. (1) Vom Rechtsträger der Schule ist eine Kommission einzurichten, die über Aufnahme (Begründung des Ausbildungsvertrages) der angemeldeten Personen entscheidet. Dieser gehören folgende Personen an:
  1. der Direktor der Schule für Gesundheits- und Krankenpflege oder dessen Stellvertreter als Vorsitzender,
  2. der medizinisch-wissenschaftliche Leiter der Schule für Gesundheits- und Krankenpflege oder dessen Stellvertreter,
  3. der leitende Sanitätsbeamte des Landes oder dessen Stellvertreter oder eine vom leitenden Sanitätsbeamten des Landes beauftragte fachlich geeignete Person,
  4. ein Vertreter des Rechtsträgers der Schule für Gesundheits- und Krankenpflege,
  5. ein fachkundiger Vertreter der gesetzlichen Interessenvertretung der Dienstnehmer aus dem Bereich der Gesundheits- und Krankenpflege und
  6. ein Schülervertreter.

(2) Die Kommission ist beschlußfähig, wenn alle Kommissionsmitglieder vom Direktor ordnungsgemäß geladen wurden und neben diesem oder dessen Stellvertretung mindestens drei weitere Mitglieder oder deren Stellvertreter anwesend sind. Die Kommission entscheidet mit einfacher Stimmenmehrheit. Bei Stimmengleichheit entscheidet die Stimme des Vorsitzenden.

(3) Vor Aufnahme in die Schule ist ein Aufnahmegespräch oder ein Aufnahmetest mit den Bewerbern durchzuführen.

(4) Die Auswahl der Bewerber hat unter Bedachtnahme auf die Erfordernisse des gehobenen Dienstes für Gesundheits- und Krankenpflege zu erfolgen, wobei insbesondere die Schulbildung, die Schulzeugnisse, die Ergebnisse des Aufnahmegespräches oder Aufnahmetests, der Lebenslauf und der Gesamteindruck der Bewerber zur Entscheidung heranzuziehen sind.

Anmerkungen:

1. Abs. 1 Z. 3 wurde durch die GuKG-Novelle 2003 ergänzt.

2. EB-RV:

In der Frage der Aufnahme- und Prüfungskommission wird eine dem Hebammengesetz entsprechende Regelung auf Grund eines Gutachtens des Bundeskanzleramtes-Verfassungsdienst vom 23. August 1993 zur Frage der Rechtsnatur der Aufnahmeund Prüfungskommissionen getroffen (vgl. GZ 602 020/5-V/4/93). Der Entwurf gestaltet – wie bisher – das Ausbildungsverhältnis als privatrechtliches Verhältnis zwischen Schule und SchülerInnen. Das Ernennungserfordernis der Kommissionsmitglieder durch den Landeshauptmann, das sowohl das Krankenpflegegesetz wie auch das MTD-Gesetz kennen, ist hier nicht mehr vorgesehen. Damit erfolgt eine dem privatrechtlichen Bereich zuzuzählende Konstruktion der Kommissionen, denen somit kein hoheitlicher Charakter zukommt.

Zur Gestaltung der Aufnahmekommission hat das Bundeskanzleramt-Verfassungsdienst festgehalten, daß die Aufnahme in eine Ausbildungseinrichtung grundsätzlich entweder auf einer behördlichen Entscheidung, also einem Hoheitsakt, oder auf der Entscheidung eines nicht behördlich tätigen (privaten) Rechtsträgers beruhen kann.

Der privatrechtlichen Gestaltung der Aufnahmekommission wurde aus folgenden Gründen der Vorzug gegeben:

Auf Grund der bereits im Krankenpflegegesetz gegebenen Möglichkeit, daß grundsätzlich auch Private bei Erfüllung der festgelegten Voraussetzungen Krankenpflegeschulen errichten und führen können, ist es erforderlich, zwischen dem Träger der Ausbildungseinrichtung und den Schülern ein Privatrechtsverhältnis zu konstruieren. Aus verfassungsrechtlicher Sicht würde es im Hinblick auf die in Art. 6 des Staatsgrundgesetzes normierte Erwerbsausübungsfreiheit, auf die in Art. 17 StGG vorgesehene Unterrichtsfreiheit und auf Art. 7 B-VG daher problematisch erscheinen, wenn die Auswahl der Auszubildenden gänzlich dem Betreiber der Ausbildungseinrichtung durch eine behördliche Entscheidung entzogen wäre.

Die Entscheidungen der Aufnahmekommission, deren Mitglieder gesetzlich festgelegt werden, ergehen nicht bescheidmäßig. Die Aufnahmekommission als Organ des Rechtsträgers der Ausbildungseinrichtung handelt vielmehr im Rahmen der Privatautonomie, die sich auf Grund des Privatrechtsverhältnisses zwischen Auszubildenden und Ausbildungseinrichtung ergibt.

Eingeschränkt wird die Privatautonomie des Betreibers der Ausbildungseinrichtung durch die gesetzliche Einrichtung einer Aufnahmekommission. Die Festlegung der Kommissionsmitglieder bezweckt, daß es zu keiner willkürlichen Diskriminierung von BerufsanwärterInnen durch eine Ausbildungseinrichtung kommt. Diese Einschränkung der Privatautonomie ist umso mehr erforderlich, als die Aufnahmekommission auch über den Ausschluß von SchülerInnen zu entscheiden hat. Aus verfassungsrechtlicher Sicht ist es nämlich erforderlich, daß – wenn ein Zeugnis über eine bestimmte Ausbildung Voraussetzung für die Berechtigung zur Ausübung eines bestimmten Berufes ist – dieser Abschluß grundsätzlich für jedermann erreichbar zu sein hat. Für private Ausbildungseinrichtungen mit Monopolcharakter ergibt sich schon aus der Rechtsprechung des OGH ein Kontrahierungszwang und damit eine Durchbrechung des Rechtsinstituts der Privatautonomie, wenn die faktische Übermacht eines Beteiligten – bei bloßer formaler Parität – ihm die Möglichkeit der „Fremdbestimmung" über andere gäbe und darum die Ausnützung dieser Monopolstellung gegen die guten Sitten verstieße. Allgemein als sittenwidrig werden Monopolmißbrauch und Diskriminierung angesehen (vgl. SZ 63/190, SZ 59/130).

GuKG **§ 55**

Um einem möglichen Mißbrauch der Monopolstellung vorzubeugen, gehören der Aufnahmekommission nicht nur VertreterInnen der Ausbildungseinrichtung, sondern auch der/die leitende SanitätsbeamtIn des Landes, die Interessenvertretung der Arbeitnehmer und die Schülervertretung an. Weiters soll auch bei der Aufnahmekommission dem Bestreben nach Mitbestimmung der Auszubildenden Rechnung getragen werden.

Die Kommissionsmitglieder ergeben sich aus der in Abs. 1 festgelegten personellen Zusammensetzung. Klargestellt wird in diesem Zusammenhang, daß als StellvertreterIn auch eine fachlich geeignete Pflegeperson oder Ärztin/Arzt, die dem Weisungsrecht des Landeshautpmannes unterliegt, durch die/den leitenden SanitätsbeamtIn beauftragt werden kann.

Wie bereits im Hebammengesetz festgelegt, ist eine formelle Bestellung – im Gegensatz zur bisherigen Regelung im Krankenpflegegesetz – nicht erforderlich. Dies bedeutet eine Kostenersparnis für die Länder.

Die Aufnahmekommission hat bei der Entscheidung über die Aufnahme die schulische und außerschulische Vorbildung, den Lebenslauf sowie den Gesamteindruck während des Aufnahmegespräches zu berücksichtigen, wobei letzterem sicherlich ausschlaggebende Bedeutung zukommen muß.

Erstmals wird ausdrücklich gesetzlich festgelegt, daß vor Aufnahme in die Schule ein Aufnahmegespräch oder ein Aufnahmetest durchzuführen ist, wobei selbstverständlich auch beide Maßnahmen angewandt werden können.

Nochmals ist klarzustellen, daß der Aufnahmekommission bei der Aufnahme in eine Schule für Gesundheits- und Krankenpflege kein Behördencharakter zukommt. Diese ist in dieser Funktion als Organ der Schule für Gesundheits- und Krankenpflege anzusehen. Die Entscheidung über die Aufnahme ergeht daher nicht bescheidmäßig und kann auch nicht mittels eines Rechtsmittels angefochten werden. Vielmehr handelt es sich hiebei um die Begründung des Ausbildungsvertrages.

3. EB 2003 (zu Abs. 1 Z 3):
Die bisher seitens der Landessanitätsdirektionen aus Praktikabilitätsgründen gewählte und in der Praxis bewährte Vorgangsweise bei der Besetzung der Aufnahmekommissionen und Prüfungskommissionen, wonach fachlich geeignete Personen aus dem Kreis der Ausbildungsstätten als VertreterInnen des leitenden Sanitätsbeamten des Landes beauftragt werden, ist aus verfassungsrechtlicher Sicht nicht ausreichend durch die derzeitige Formulierung „Stellvertreter" gedeckt. Der derzeitige Wortlaut umfasst nur jene Personen, die tatsächlich nach Landesorganisationsrecht Stellvertreter des leitenden Sanitätsbeamten sind. Um eine rechtliche Grundlage für die genannte bewährte Praxis, die auch aus Sicht des Rechnungshofes befürwortet wurde, zu schaffen, bedarf es der Ergänzung der entsprechenden Bestimmungen.

4. Zu den Überlegungen zur Konstruktion der Aufnahmekommission siehe auch die EB-RV zum HebG, Allg. Teil, abgedruckt bei *Schwamberger*, Hebammengesetz (1995), 126 ff., insbes. 133 f.

Ausschluß von der Ausbildung

§ 56. (1) Ein Schüler kann vom weiteren Besuch der Schule für Gesundheits- und Krankenpflege ausgeschlossen werden, wenn er sich aus folgenden Gründen während der Ausbildung zur Ausübung der allgemeinen Gesundheits- und Krankenpflege als untauglich erweist:
1. **mangelnde Vertrauenswürdigkeit gemäß § 27 Abs. 2 oder**
2. **mangelnde gesundheitliche Eignung oder**
3. **Fehlen einer Aufnahmevoraussetzung gemäß § 54 Abs. 1 oder**
4. **schwerwiegende Pflichtverletzungen im Rahmen der theoretischen oder praktischen Ausbildung oder**
5. **schwerwiegende Verstöße gegen die Schulordnung, die eine verläßliche Berufsausübung nicht erwarten lassen.**

(2) Über den Ausschluß (Auflösung des Ausbildungsvertrages) entscheidet die Aufnahmekommission.

(3) Vor Entscheidung über den Ausschluß ist dem Betroffenen Gelegenheit zur Rechtfertigung vor der Aufnahmekommission zu geben.

(4) Ein Nichterreichen des Ausbildungszieles nach Ausschöpfen der Wiederholungsmöglichkeiten von Prüfungen, Praktika und Ausbildungsjahren bewirkt ein automatisches Ausscheiden aus der Schule und bedarf keiner Entscheidung der Aufnahmekommission gemäß Abs. 2.

Anmerkungen:

1.1. EB-RV:
In Abs. 1 werden die Gründe für einen möglichen Ausschluß aus einer Schule für Gesundheits- und Krankenpflege taxativ aufgezählt. Die Entscheidung über den Ausschluß obliegt der Aufnahmekommission.

Eingeführt wird das Recht der betroffenen Schülerin/des betroffenen Schülers, sich zu den Gründen, die dem Ausschluß vorangehen, zu äußern. Diese Äußerung hat aus Gründen der Beweissicherung nach Möglichkeit schriftlich zu erfolgen.

Wie bereits zu § 55 umfassend dargelegt, ist das Ausbildungsverhältnis als privatrechtliches Verhältnis zwischen Schule und SchülerInnen gestaltet.

Die in Art. 18 StGG geregelte Freiheit der Berufswahl und -ausbildung umfaßt neben dem Recht, seinen Beruf zu wählen, auch die Freiheit, die dazu notwendige Ausbildung durchzumachen (VfSlg. 2030, 5440), wobei dieses Recht nicht absolut gewährleistet, sondern im Zusammenhang mit den übrigen Bestimmungen des StGG und sonstigen Verfassungsvorschriften zu verstehen ist. Den SchülerInnen steht dementsprechend nach der Aufnahme in eine Schule für Gesundheits- und Krankenpflege dem Ausbildungsvertrag entsprechend ein grundsätzliches Recht auf Abschluß ihrer Ausbildung zu, sofern nicht die im Gesetz angeführten Gründe für einen Ausschluß vorliegen.

Das Entscheidungsorgan über den Ausschluß ist keine Behörde, sondern ein Organ des Rechtsträgers der Schule. Der Ausschluß erfolgt daher nicht in Bescheidform. Der Ausschluß entspricht einer Auflösung des Ausbildungsvertrages „aus wichtigem Grund". Mangels Behördeneigenschaft der Aufnahmekommission steht den SchülerInnen gegen einen Ausschluß der Zivilrechtsweg offen.

Im Abs. 4 wird klargestellt, daß ein Nichterreichen des Ausbildungszieles nach Ausschöpfung der Wiederholungsmöglichkeiten von Prüfungen und Ausbildungsjahren bzw. der Diplomprüfung zu keinem Ausschluß führt, sondern ein automatisches Ausscheiden aus der Schule für Gesundheits- und Krankenpflege nach sich zieht. Hiefür ist kein Beschluß der Kommission gemäß § 56 Abs. 2 erforderlich.

1.2. Durch die Novelle BGBl. I Nr. 90/2006 wurde in Abs. 1 Z. 2 der Ausdruck „körperliche und geistige Eignung" durch den Ausdruck „gesundheitliche Eignung" ersetzt.

2. Zur **Vertrauenswürdigkeit** siehe § 27 und die Anmerkungen hiezu.

3. Der Nachweis der mangelnden gesundheitlichen Eignung wird in der Regel ein ärztliches Gutachten erfordern.

4. Zu den Prüfungen und **Praktika** siehe die §§ 57 ff.

5. Die negative Beurteilung in zwei theoretischen Ausbildungsfächern und das Fehlen von Prüfungen allein hätten den Ausschluss nicht gerechtfertigt, weil bei ungenügendem Erfolg in einem oder zwei Prüfungsgegenständen gemäß § 29 Abs. 3 der Ersten Krankenpflegeverordnung, BGBl. Nr. 634/1973, eine Wiederholungsprüfung bzw. – bei ungenügendem Erfolg in mehr als zwei Prüfungsgegenständen – nach § 29 Abs. 1 der zitierten Verordnung die Wiederholung des Ausbildungsjahres möglich wären. Entscheidend ist im Fall der Beschwerdeführerin das Zusammentreffen der ungenügenden Prüfungserfolge im Rahmen der theoretischen Ausbildung mit ihren mangelhaften Leistungen im Rahmen der praktischen Ausbildung, die nicht nur bei einem sondern bei drei der von ihr absolvierten Praktika zu Tage getreten sind (VwGH vom 24.3.1999, Zl. 98/11/0104).

6. Wenn dies auch für die von der belangten Behörde zu treffende Entscheidung keine ausschlaggebende Bedeutung hatte, durfte die belangte Behörde doch berücksichtigen, dass in auffallender Weise ein Zusammenfallen kurzer Krankenstände der Beschwerdeführerin mit festgesetzten Prüfungsterminen festzustellen war. Selbst wenn man den für die Beschwerdeführerin günstigsten Fall annimmt, dass die Krankenstände nicht vorgetäuscht, sondern auf (krankhafte) Prüfungsangst zurückzuführen und damit subjektiv nicht vorwerfbar waren, wäre jedenfalls auf mangelnde Belastbarkeit in Stresssituationen zu schließen. Mit belastenden Situationen müssen aber gerade im Krankenpflegefachdienst tätige Personen nicht selten fertig werden (VwGH vom 24.3.1999, Zl. 98/11/0104).

Ausbildungsverordnung

§ 57. (1) Der Bundesminister für Arbeit, Gesundheit und Soziales hat durch Verordnung nähere Bestimmungen über die Ausbildung in der allgemeinen Gesundheits- und Krankenpflege, insbesondere über
  1. **die Ausbildungsbedingungen,**
  2. **den Lehrbetrieb,**
  3. **den Lehrplan sowie den Mindestumfang des theoretischen und praktischen Unterrichts,**
  4. **die verkürzten Ausbildungen sowie Teilzeitausbildungen,**
  5. **die fachlichen Voraussetzungen und Aufgaben der Schulleitung und der Lehr- und Fachkräfte und**
  6. **den Ausschluß von der Ausbildung**

festzulegen.

(2) Die Verordnung gemäß Abs. 1 ist unter Bedachtnahme auf die Erkenntnisse und Erfahrungen insbesondere der Pflegewissenschaft sowie auf die Ausbildungs- und Berufsanforderungen zu erlassen.

§ 58 GuKG

Anmerkungen:

1. EB-RV:
Diese Bestimmung enthält eine umfassende Verordnungsermächtigung für den Bundesminister zur Regelung der Ausbildung in der Gesundheits- und Krankenpflege, wobei nicht nur die Ausbildungsinhalte, sondern auch die Ausbildungsbedingungen, der Ausschluß sowie die Entscheidungen der Aufnahmekommission Gegenstand der Verordnung sein werden.

Ebenso werden auch die Ausbildungsmodalitäten für SchülerInnen, die im Rahmen von Vermittlungs- und Austauschprogrammen vorübergehend in die Schule aufgenommen wurden, in der Verordnung zu regeln sein (siehe § 54 Abs. 4).

2. Nach dem Bundesministeriengesetz 1986 idF BGBl. I 2009/3 ist nunmehr der Bundesminister für Gesundheit zuständig.

3. Siehe die **GuK-AV**, BGBl. II Nr. 179/1999 i.d.F. BGBl. II Nr. 296/2010 (Anhang A), sowie die Gesundheits- und Krankenpflege-Teilzeitausbildungsverordnung – **GuK-TAV**, BGBl. II Nr. 455/2006 (Anhang I).

4. Durch die GuKG-Novelle 2005 wurden in Abs. 1 Z. 4 die Teilzeitausbildungen neu aufgenommen (siehe § 41 Abs. 5).

Prüfungen

§ 58. (1) Während der gesamten Ausbildungszeit haben sich die Lehr- und Fachkräfte laufend vom Ausbildungserfolg der Schüler zu überzeugen.

(2) Zur Beurteilung des Ausbildungserfolges haben die Lehrkräfte des entsprechenden Unterrichtsfaches oder Fachbereiches
   1. **im Rahmen der theoretischen Ausbildung Prüfungen abzunehmen und**
   2. **im Rahmen der praktischen Ausbildung laufende Überprüfungen durchzuführen.**

GuKG § 58

(3) Am Ende jedes Ausbildungsjahres ist ein Zeugnis über die absolvierten Unterrichtsfächer und Fachbereiche auszustellen.

(4) Zu den im zweiten Ausbildungsjahr abzuhaltenden Prüfungen sind auch Personen zuzulassen, die eine Ausbildung zum Sanitätsunteroffizier im Österreichischen Bundesheer mit Erfolg abgeschlossen haben.

(5) Am Ende des dritten Ausbildungsjahres ist eine Diplomprüfung vor der Diplomprüfungskommission (§ 59) abzulegen. Im Rahmen der Diplomprüfung ist zu beurteilen, ob sich der Schüler die für die Ausübung der Gesundheits- und Krankenpflege erforderlichen Kenntnisse und Fertigkeiten angeeignet hat und in der Lage ist, die berufliche Tätigkeit selbständig und fachgerecht auszuführen.

Anmerkung:

EB-RV:
Eine laufende Überprüfung des Ausbildungserfolges hat in Form von Orientierungsprüfungen, schriftlichen Tests und Beurteilung der Mitarbeit in den Unterrichtsstunden zu erfolgen.

Die in Abs. 2 angeführten Prüfungen im Rahmen der theoretischen Ausbildung können sowohl mündlich als auch schriftlich abgehalten werden. In der praktischen Ausbildung sind insbesondere die manuellen Fertigkeiten der SchülerInnen und die Umsetzung der theoretisch erlernten Kenntnisse in die Praxis zu überprüfen.

Das Ergebnis der theoretischen Prüfungen und praktischen Überprüfungen über die einzelnen Unterrichtsfächer und Fachbereiche ist in den Jahreszeugnissen festzuhalten.

Betreffend die Bestimmung in Abs. 4 wird auf die Erläuterungen zu § 45 verwiesen.

Die Ausbildung in der Gesundheits- und Krankenpflege schließt mit einer kommissionellen Diplomprüfung ab.

§ 59 GuKG

Diplomprüfungskommission

§ 59. (1) Der Diplomprüfungskommission gehören folgende Personen an:
1. der leitende Sanitätsbeamte des Landes oder dessen Stellvertreter oder eine vom leitenden Sanitätsbeamten des Landes beauftragte fachlich geeignete Person als Vorsitzender,
2. der Direktor der Schule für Gesundheits- und Krankenpflege oder dessen Stellvertreter,
3. der medizinisch-wissenschaftliche Leiter der Schule für Gesundheits- und Krankenpflege oder dessen Stellvertreter,
4. ein Vertreter des Rechtsträgers der Schule für Gesundheits- und Krankenpflege,
5. ein fachkundiger Vertreter der gesetzlichen Interessenvertretung der Dienstnehmer aus dem Bereich der Gesundheits- und Krankenpflege und
6. die Lehrkraft des betreffenden Diplomprüfungsfaches.

(2) Bei Verhinderung eines Kommissionsmitgliedes gemäß Abs. 1 Z 6 hat der Direktor der Schule für Gesundheits- und Krankenpflege für diesen einen Stellvertreter zu bestimmen.

(3) Die Kommission ist beschlußfähig, wenn alle Kommissionsmitglieder vom Direktor der Schule für Gesundheits- und Krankenpflege ordnungsgemäß geladen wurden und neben dem Vorsitzenden oder dessen Stellvertreter mindestens drei weitere Kommissionsmitglieder oder deren Stellvertreter anwesend sind.

(4) Die Kommission entscheidet mit einfacher Stimmenmehrheit. Bei Stimmengleichheit entscheidet die Stimme des Vorsitzenden.

Anmerkungen:

1. Abs. 1 Z. 1 wurde durch die GuKG-Novelle 2003 ergänzt. Siehe hiezu die EB 2003 zu § 55 Abs. 1 Z. 3 (Anm. 3 zu § 55).

2. EB-RV:

Bei der Diplomprüfungskommission handelt es sich (unter Berücksichtigung der höchstgerichtlichen Rechtsprechung) um keine Behörde. Deren Entscheidungen sind als Gutachten und nicht als Bescheide zu qualifizieren und sind weder durch Berufung noch durch Beschwerde anfechtbar noch unterliegen sie der Rechtskraft (vgl. VfSlg. 5924/1969; VwSlg. 7284 A/1968, 7350 A/1968, 7829 A/1970, 8842 A/1975).

Im Unterschied zur Aufnahmekommission ist bei der Diplomprüfungskommission keine Vertreterin/kein Vertreter der SchülerInnen als Mitglied angeführt. Das fachliche Wissen kann bei SchülerInnen nicht in dem Ausmaß vorhanden sein, wie es für die Beurteilung einer kommissionellen Prüfung erforderlich ist.

3. Anfragebeantwortung des BMGF vom 08.11.2006, Zl. 92251/0040-I/6/2006, betreffend **Anwesenheitspflichten bei Prüfungskommissionen** nach dem GuKG:

Aus den Regelungen ergibt sich unmissverständlich, dass bei Diplomprüfungen bzw. Abschlussprüfungen gemäß GuKG die Anwesenheit von mindestens vier Kommissionsmitgliedern für die Beschlussfähigkeit erforderlich ist.

Die Ausübung des Stimmrechts bei kommissionellen Prüfungen ist naturgemäß an die Anwesenheit der Kommissionsmitglieder bei der Prüfung gebunden. Ein Kommissionsmitglied muss die bei der Prüfung erbrachte Leistung persönlich beurteilen. Eine Meinungsbildung nur auf Grund von Berichten anderer Kommissionsmitglieder ist nicht mit den Anforderungen an die Beurteilung von kommissionellen Prüfungen vereinbar und stellt den kommissionellen Prüfungscharakter in Frage. Kommissionelle Prüfungen sind eine Maßnahme zur Qualitätssicherung der Ausbildung und sollen im Sinne des Patientenschutzes zu einer bestmöglichen Erreichung der Ausbildungsziele beitragen. Darüber hinaus soll die kommissionelle Prüfungsform der Objektivität, Einheitlichkeit, Transparenz und nicht zuletzt dem Rechtsschutzinteresse der Auszubildenden dienen.

Interne Regelungen der Prüfungskommission, die zur Vereinfachung und Beschleunigung des Prüfungsganges von der Anwesenheitspflicht der Kommissionsmitglieder bei sämtlichen Teilprüfungen der Diplomprüfung bzw. der Abschlussprüfung abgehen, entbehren einer gesetzlichen Grundlage.

Anrechnung von Prüfungen und Praktika

§ 60. (1) Prüfungen und Praktika, die in Österreich im Rahmen
 1. **einer Ausbildung zu einem Gesundheitsberuf oder**
 2. **eines Universitäts- oder Fachhochschulstudiums**

erfolgreich absolviert wurden, sind auf die entsprechenden Prüfungen und Praktika einer Ausbildung im gehobenen Dienst für Gesundheits- und Krankenpflege durch den Direktor insoweit anzurechnen, als sie nach Inhalt und Umfang gleichwertig sind.

(2) Prüfungen und Praktika, die im Ausland im Rahmen einer staatlich anerkannten Krankenpflegeausbildung erfolgreich absolviert wurden, sind auf die entsprechenden Prüfungen und Praktika einer Ausbildung im gehobenen Dienst für Gesundheits- und Krankenpflege durch den Direktor insoweit anzurechnen, als sie nach Inhalt und Umfang gleichwertig sind.

(3) Die Anrechnung gemäß Abs. 1 und 2 befreit von der Verpflichtung zur Ablegung der Prüfungen und zur Teilnahme am theoretischen und praktischen Unterricht in den jeweiligen Fächern.

(4) Eine Anrechnung von Prüfungen auf die Diplomprüfung ist nicht zulässig.

(5) Gegen Entscheidungen des Direktors gemäß Abs. 1 und 2 ist eine Berufung nicht zulässig.

Anmerkungen:

1. Abs. 1 hat durch die GuKG-Novelle 2003 eine neue Fassung erhalten.

GuKG § 60

2. EB-RV:
Die bereits im Krankenpflegegesetz vorgesehene Möglichkeit, Prüfungen verwandter österreichischer Ausbildungen auf die Krankenpflegeausbildung anzurechnen, wird einerseits auch auf Praktika ausgedehnt, andererseits besteht nunmehr die Möglichkeit der Anrechnung von im Rahmen gleichwertiger ausländischer Krankenpflegeausbildungen absolvierter Prüfungen und Praktika.

Voraussetzung für die Anrechnung ist die inhaltliche und umfangmäßige Gleichwertigkeit mit den entsprechenden Prüfungen bzw. Praktika in der österreichischen Gesundheits- und Krankenpflegeausbildung. Die Gleichwertigkeit ist von der Schülerin/dem Schüler nachzuweisen.

Die Anrechnung erfolgt durch die Direktorin/den Direktor im Einzelfall, wobei dieser/diesem hier Behördenfunktion zukommt. Eine Berufungsmöglichkeit wird allerdings explizit ausgeschlossen, da in diesem Fall das Interesse an einer raschen und unbürokratischen Entscheidung höher als das Rechtsschutzinteresse ist. Eine Berufungsmöglichkeit würde jedenfalls zu einer Verzögerung der Ausbildung und zu nicht absehbaren Kosten führen.

Die Bestimmung in Abs. 2 ist – im Hinblick auf die Richtlinie 77/453/EWG, mit der die Ausbildung in der allgemeinen Krankenpflege in der EU harmonisiert wurde – insbesondere für EWR-Staatsangehörige gedacht, die bereits eine Ausbildung in der allgemeinen Krankenpflege in einem EWR-Vertragsstaat begonnen haben. Die Richtlinie 77/452/EWG sieht lediglich die Anerkennung von abgeschlossenen Ausbildungen vor, es wird jedoch für zweckmäßig erachtet, zur Vermeidung der doppelten Ablegung inhaltlich gleichwertiger Prüfungen und Praktika eine über die genannte Richtlinie hinausgehende Anrechnungsmöglichkeit für Wiedereinsteiger bzw. Ausbildungsumsteiger aus einem anderen Mitgliedstaat zu schaffen.

Hervorzuheben ist, daß auf die kommissionelle Abschlußprüfung keine im Rahmen einer anderen Ausbildung abgelegten Prüfungen angerechnet werden können.

3. EB 2003 (zu Abs. 1):
Die derzeit geltende Regelung betreffend die Anrechnung von Prüfungen und Praktika auf die Ausbildung im gehobenen Dienst für Gesundheits- und Krankenpflege bzw. in der Pflegehilfe enthält keine Anrechnungsmöglichkeiten von Ausbildungen nach dem SanG, dem MMHmG, dem KTG sowie nach dem Psychologengesetz und Psychotherapiegesetz. Einer entsprechenden Erweiterung der taxativen Aufzählung wird zu Gunsten einer dynamischen Formulierung „im Rahmen einer Ausbildung zu einem Gesundheitsberuf" der Vorzug gegeben, um eine einem laufenden Anpassungsbedarf unterliegende Kasuistik zu verhindern und eine höhere Flexibilität bei der Anrechnung von bereits absolvierten Ausbildungen im Gesundheitsbereich zu erzielen. Durch das Kriterium der Gleichwertigkeit der anrechenbaren Prüfungen und Praktika ist jedenfalls die Qualität der Ausbildung beeinträchtigt.

4. Zur Ausbildung in den gehobenen medizinisch-technischen Diensten siehe **§§ 13 ff. MTD-Gesetz** (vgl. *Schwamberger*, MTD-Gesetz4 [2006]).

5. Zur Hebammenausbildung siehe §§ 23 ff. HebG (vgl. *Schwamberger*, Hebammengesetz [1995], 44 ff.).

6. Zur Ausbildung nach dem **MMHmG** siehe *Schwamberger*, Medizinischer Masseur- und Heilmasseurgesetz (2003).

7. Zur Ausbildung nach dem **SanG** siehe *Schwamberger*, Sanitätergesetz[3] (2009).

Diplom

§ 61. Personen, die die Diplomprüfung gemäß § 58 Abs. 5 mit Erfolg abgelegt haben, ist ein Diplom, in dem der Prüfungserfolg sowie die Berufsbezeichnung „Diplomierte Gesundheits- und Krankenschwester"/„Diplomierter Gesundheits- und Krankenpfleger" anzuführen sind, auszustellen.

Anmerkungen:

1. EB-RV: Diplome gemäß § 61 sind Diplome im Sinne des Artikel 3 der Richtlinie 77/452/EWG.
Im Diplom sind jedenfalls der Prüfungserfolg und die Berufsbezeichnung anzuführen.

2. Siehe Anlagen 19 und 20 der GuK-AV (Anhang A).

Prüfungsverordnung

§ 62. Der Bundesminister für Arbeit, Gesundheit und Soziales hat durch Verordnung nähere Vorschriften insbesondere über
  1. **die Art und Durchführung der Prüfungen,**
  2. **die Anrechnung von Prüfungen,**
  3. **die Wertung der Prüfungsergebnisse und Praktika,**
  4. **die Voraussetzungen, unter denen eine Prüfung oder ein Ausbildungsjahr wiederholt werden kann, sowie die Anzahl der Wiederholungsmöglichkeiten,**
  5. **die Antrittsvoraussetzungen für die Diplomprüfung und**
  6. **die Form und den Inhalt der auszustellenden Zeugnisse und des Diploms**

im Rahmen der Ausbildung in der allgemeinen Gesundheits- und Krankenpflege zu erlassen.

Anmerkungen:

1. EB-RV: Nähere Bestimmungen über die Abhaltung von Einzelprüfungen und der kommissionellen Diplomprüfung sowie insbesondere über die Wiederholungsmöglichkeiten und -modalitäten sind im Verordnungswege festzulegen.

2. Siehe die GuK-AV, BGBl. II Nr. 179/1999 i.d.F. BGBl. II Nr. 296/2010 (Anhang A).

§ 63 **GuKG**

3. Nach dem Bundesministeriengesetz 1986 idF BGBl. I Nr. 3/2009 ist nunmehr der **Bundesminister für Gesundheit** zuständig.

5. Abschnitt
Fort-, Weiter- und Sonderausbildungen

Fortbildung

§ 63. (1) Angehörige des gehobenen Dienstes für Gesundheits- und Krankenpflege sind verpflichtet, zur
  1. Information über die neuesten Entwicklungen und Erkenntnisse insbesondere der Pflegewissenschaft sowie der medizinischen Wissenschaft oder
  2. Vertiefung der in der Ausbildung erworbenen Kenntnisse und Fertigkeiten

innerhalb von jeweils fünf Jahren Fortbildungen in der Dauer von mindestens 40 Stunden zu besuchen.

(2) Über den Besuch einer Fortbildung ist eine Bestätigung auszustellen.

Anmerkung:

EB-RV:

Grundsätzlich wird darauf hingewiesen, daß alle Angehörigen des gehobenen Dienstes für Gesundheits- und Krankenpflege gemäß § 4 verpflichtet sind, sich bei Ausübung ihres Berufes laufend über den jeweiligen Stand der fachlichen und wissenschaftlichen Erkenntnisse und Erfahrungen zu informieren und danach zu handeln.

Zusätzlich normiert § 11d Krankenanstaltengesetz die Verpflichtung der Träger von Krankenanstalten, die regelmäßige Fortbildung des Krankenpflegepersonals sicherzustellen.

In § 63 wird nunmehr explizit eine an die Berufsangehörigen gerichtete Verpflichtung zur Fortbildung, und zwar in der Dauer von mindestens 40 Stunden innerhalb von jeweils fünf Jahren, geschaffen.

Als Fortbildungen im Sinne des § 63 gelten sämtliche fachspezifische Veranstaltungen, Kurse u. dgl., die die in Abs. 1 Z 1 und 2 umschriebenen Bildungsziele gewährleisten, um den Berufsangehörigen ein möglichst breites Spektrum an Fortbildungsmöglichkeiten zu bieten. Somit können auch betriebsinterne Fortbildungen zur Erfüllung der Fortbildungsverpflichtung herangezogen werden.

Die vom Veranstalter der Fortbildung auszustellende Bestätigung hat insbesondere über Inhalt und Dauer der Fortbildung Auskunft zu geben.

Die in § 57a Krankenpflegegesetz vorgesehene Anzeigepflicht von Fortbildungskursen an den Landeshauptmann entfällt.

Weiterbildungen

§ 64. (1) Angehörige des gehobenen Dienstes für Gesundheits- und Krankenpflege sind berechtigt, Weiterbildungen zur Erweiterung der in der Ausbildung erworbenen Kenntnisse und Fertigkeiten zu absolvieren. Diese haben mindestens vier Wochen zu umfassen.

(2) Weiterbildungen gemäß Abs. 1 können im Rahmen eines Dienstverhältnisses erfolgen.

(3) Die Abhaltung von Weiterbildungen gemäß Abs. 1 bedarf der Bewilligung des Landeshauptmannes. Die Bewilligung ist zu erteilen, wenn die organisatorischen und fachlichen Voraussetzungen für die Vermittlung der den Berufserfordernissen entsprechenden Kenntnisse und Fertigkeiten gewährleistet sind.

(4) Gegen Bescheide des Landeshauptmannes gemäß Abs. 3 ist eine Berufung nicht zulässig.

(5) Nach Abschluß einer Weiterbildung gemäß Abs. 1 ist eine Prüfung abzunehmen. Über die erfolgreich abgelegte Prüfung ist ein Zeugnis auszustellen.

(6) Die erfolgreiche Absolvierung einer Weiterbildung berechtigt zur Führung einer Zusatzbezeichnung gemäß § 12 Abs. 4.

Anmerkungen:

1. Im Abs. 6 wurde durch die GuKG-Novelle 2009 das Zitat „§ 12 Abs. 2" durch das Zitat „§ 12 Abs. 4" ersetzt.

2. EB-RV:

Weiterbildungen gemäß § 64 dienen der Erweiterung der Kenntnisse und Fertigkeiten, die grundsätzlich bereits in der Grundausbildung vermittelt wurden. Durch die Absolvierung von Weiterbildungen werden jedoch die Tätigkeitsbereiche nicht erweitert, es werden lediglich die persönlichen Kenntnisse und Fertigkeiten der Pflegeperson in einzelnen Bereichen vertieft.

Klargestellt wird, daß der Besuch von Weiterbildungen – im Gegensatz zu Sonderausbildungen – nicht verpflichtend ist.

Derartige Weiterbildungen können beispielsweise auf den Gebieten der Pflege von alten Menschen und chronisch Kranken, der Hauskrankenpflege, der arbeitsmedizinischen Assistenz, der onklogische Pflege, der kardiologischen Pflege und Pflege bei endoskopischen Eingriffen abgehalten werden.

Um eine Mindestqualifikation zu gewährleisten, müssen Weiterbildungen eine Mindestdauer von vier Wochen aufweisen. Veranstaltungen von geringerer Dauer sind als Fortbildungen zu werten.

Um eine Qualitätssicherung auch für diesen Bereich zu gewährleisten, erfordert die Abhaltung von Weiterbildungen eine Bewilligung des Landeshauptmannes. Mindestvoraussetzungen für die Abhaltung von Weiterbildungen werden im Verordnungswege (§ 73) festgelegt.

Weiterbildungen schließen mit der Abnahme einer Prüfung und der Ausstellung eines Zeugnisses ab.

AbsolventInnen von Weiterbildungen haben gemäß § 12 Abs. 2 die Möglichkeit, nach der Berufsbezeichnung die absolvierte Fachrichtung in Klammer als Zusatzbezeichnung anzufügen.

Sonderausbildungen

§ 65. (1) Angehörige des gehobenen Dienstes für Gesundheits- und Krankenpflege sind verpflichtet, eine Sonderaus-

bildung zu absolvieren, sofern sie in einem erweiterten Tätigkeitsbereich gemäß § 17 Abs. 1 tätig werden. Sonderausbildungen haben die zur Ausübung von
1. Spezialaufgaben oder
2. Lehraufgaben oder
3. Führungsaufgaben

erforderlichen theoretischen und praktischen Kenntnisse und Fertigkeiten zu vermitteln.

(2) entfällt.

(3) entfällt.

(4) Sonderausbildungen haben unter der Leitung eines diplomierten Gesundheits- und Krankenpflegers zu stehen, der zur Ausübung von Lehraufgaben berechtigt ist. Bei Sonderausbildungen gemäß Abs. 1 Z 1 und 3 ist zusätzlich die Berechtigung zur Ausübung von Führungsaufgaben oder der entsprechenden Spezialaufgaben erforderlich.

(5) Die Abhaltung von Sonderausbildungen gemäß Abs. 1 bedarf der Bewilligung des Landeshauptmannes. Die Bewilligung ist zu erteilen, wenn die Voraussetzungen für die Vermittlung der für Spezial-, Lehr- und Führungsaufgaben erforderlichen Kenntnisse und Fertigkeiten gewährleistet sind. § 50 Abs. 3 ist anzuwenden. Gegen diese Bescheide des Landeshauptmannes ist eine Berufung nicht zulässig.

(6) Prüfungen und Praktika, die im Rahmen
1. eines Universitäts- oder Fachhochschulstudiums,
2. einer Sonderausbildung oder Weiterbildung nach den Bestimmungen dieses Bundesgesetzes oder
3. einer sonstigen höheren Ausbildung

erfolgreich absolviert wurden, sind auf die entsprechenden Prüfungen und Praktika einer Sonderausbildung durch den Leiter der Sonderausbildung insoweit anzurechnen, als sie nach Inhalt und Umfang gleichwertig sind.

(7) Nach Abschluß einer Sonderausbildung gemäß Abs. 1 ist eine kommissionelle Prüfung abzunehmen. Über die erfolgreich abgelegte Prüfung ist ein Diplom auszustellen.

§ 65 GuKG

(8) Die erfolgreiche Absolvierung einer Sonderausbildung berechtigt zur Führung einer Zusatzbezeichnung gemäß § 12 Abs. 4.
(9) entfällt.

Anmerkungen:

1.1. Die Abs. 2 und 9 wurden durch die GuKG-Novelle 2003 aufgehoben, Abs. 6 hat eine neue Fassung erhalten.
1.2. Abs. 3 wurde durch die GuKG-Novelle 2005 aufgehoben.
1.3. EB 2005:
Bei den Sonderausbildungen gemäß §§ 65ff. GuKG handelt es sich um weiterführende Ausbildungen, die sowohl in Form einer Vollzeitausbildung im Anschluss an die Grundausbildung bzw. bei Berufsunterbrechung als auch im Dienstverhältnis, berufsbegleitend oder in Teilzeitform stattfinden können. Da die derzeitige Regelung des § 65 Abs. 3 GuKG, wonach Sonderausbildungen im Dienstverhältnis absolviert werden können, diesbezüglich zu Missverständnissen und Fehlinterpretationen führen könnte und daher entbehrlich ist, ist sie ersatzlos zu streichen.
1.4. Abs. 5 wurde durch die GuKG-Novelle 2009 geändert (Einfügung des Satzes „§ 50 Abs. 3 ist anzuwenden.").
1.5. EB 2009 (zu Abs. 5):
Derzeit besteht – im Gegensatz zu Schulen für Gesundheits- und Krankenpflege und Pflegehilfelehrgängen – weder die gesetzliche Grundlage für eine regelmäßige Überprüfung der Voraussetzungen von Sonderausbildung noch die Möglichkeit der Zurücknahme der Bewilligung bei Wegfall der Voraussetzungen. Die nunmehr geschaffene Verpflichtung zur Überprüfung von Sonderausbildungen und Möglichkeit der Zurücknahme der Bewilligung trägt jedenfalls den Erfordernissen der Qualitätssicherung der Ausbildung Rechnung.
1.6. Im Abs. 8 wurde durch die GuKG-Novelle 2009 das Zitat „§ 12 Abs. 2" durch das Zitat „§ 12 Abs. 4" ersetzt.

2. EB-RV:

Diese Bestimmung bietet einerseits die Grundlage für eine den pädagogischen und administrativen Anforderungen entsprechende Ausbildung der leitenden und lehrenden Pflegepersonen, andererseits für die zusätzliche Ausbildung von diplomierten Pflegepersonen in Spezialgebieten.

Die Möglichkeit bzw. Verpflichtung zur Absolvierung von Sonderausbildungen betrifft alle Angehörigen des gehobenen Dienstes für Gesundheits- und Krankenpflege, das bedeutet, auch Personen, die eine spezielle Grundausbildung absolviert haben.

Die Leitung von Sonderausbildungen obliegt einer diplomierten Pflegeperson, die jedenfalls gemäß § 17 Abs. 3 Z 3 zur Ausübung von Lehraufgaben berechtigt ist. Weiters ist für die Leitung einer Sonderausbildung für Spezial- oder Führungsaufgaben selbstredend auch die entsprechende Berufsberechtigung in diesem Bereich erforderlich.

Da die Absolvierung einer Sonderausbildung mit dem Erwerb einer Berufsqualifikation verbunden ist, bedarf die Abhaltung von Sonderausbildungen der Bewilligung des Landeshauptmannes. Im Sinne des Kompetenzabbaus wird keine Berufungsmöglichkeit gegen diese Bewilligungsbescheide vorgesehen.

Auch für den Bereich der Sonderausbildungen werden im Sinne von Flexibilität und Kostenersparnis Anrechnungsmöglichkeiten von Prüfungen und Praktika geschaffen. Voraussetzung für eine Anrechnung ist die inhaltliche und umfangmäßige Gleichwertigkeit. Insbesondere könnten etwa Teile eines Pädagogikstudiums auf die Sonderausbildung für Lehraufgaben oder Teile eines Wirtschaftsstudiums auf die Sonderausbildung für Führungsaufgaben angerechnet werden. Gleichfalls wäre an eine Anrechnung von Fächern aus dem Medizinstudium, aus einer Psychotherapie- oder Psychologieausbildung oder einer anderen höheren Ausbildung zu denken. Selbstverständlich ist eine gegenseitige Anrechnung bei verwandten Sonderausbildungen, wie etwa Intensivpflege, Anästhesiepflege und Pflege bei Nierenersatztherapie oder bei Lehr- und Führungsaufgaben, sowie von Weiterbildungen möglich. Hinsichtlich letzterer ist insbesondere die Berücksichtigung von Weiterbildungen auf der "mittleren" Führungsebene anzuführen.

Von einer Anrechnung ausländischer Prüfungen und Praktika wird aus Gründen der Qualitätssicherung Abstand genommen, da auf Grund der Divergenz zwischen den verschiedenen Bildungssystemen eine Überprüfung der Gleichwertigkeit kaum möglich ist.

Zur Vorgangsweise bei Anrechnungen wird auf die Erläuterungen zu § 60 verwiesen.

Die Sonderausbildung ist mit einer kommissionellen Prüfung abzuschließen. Die Zusammensetzung der Prüfungskommission sowie weitere Prüfungsmodalitäten werden im Rahmen der Sonderausbildungsverordnung (§ 73) geregelt werden.

Die AbsolventInnen erhalten ein Diplom und sind berechtigt, gemäß § 12 Abs. 2 nach der Berufsbezeichnung die absolvierte Fachrichtung in Klammer als Zusatzbezeichnung anzufügen.

3. EB 2003:

Zum Entfall des § 65 Abs. 2 wird festgehalten, dass sich die bisherige Möglichkeit des Besuchs von Sonderausbildungen in Lehr- und Führungsaufgaben gemäß MTD-Gesetz und HebG durch Angehörige des gehobenen Dienstes für Gesundheits- und Krankenpflege insbesondere auf Grund des unterschiedlichen Ausbildungsumfangs bzw. des mangelnden Angebots als nicht zweckmäßig und wenig praktikabel erwiesen hat.

Die Anrechnungsregelung des § 65 Abs. 6 wird den Erfahrungen der Praxis entsprechend auf im Ausland absolvierte Prüfungen und Praktika erweitert. Unter "höhere Ausbildung" im Sinne der Z 3 sind Ausbildungen auf postsekundärem bzw. tertiärem Bildungsniveau zu verstehen.

Auf Grund der zahlreichen Ausbildungsangebote im Bereich Lehr- und Führungsaufgaben ist es erforderlich, das derzeit bestehende Gleichhaltungssystem klarer zu gestalten. Darüber hinaus besteht die Notwendigkeit, ein ständiges Instrumentarium für die Gleichhaltung von Ausbildungen im Bereich Lehr- und Führungsaufgaben zu schaffen, um jene Ausbildungen, die nicht auf Grund der derzeit vorgesehenen Gleichhaltung im Verordnungswege berücksichtigt werden können, nicht auszuschließen. Dies soll mit dem neu zu schaffenden Akkreditierungsbeirat gewährleistet werden. Durch die Gleichhaltung im Verordnungswege in Kombination mit der individuellen Gleichhaltung soll ein lückenloses System geschaffen werden, das die Berücksichtigung sämtlicher gleichwertiger Ausbildungsangebote in diesem Bereich ermöglicht.

Der bisherige § 65 Abs. 9 wird daher durch umfangreichere und detailliertere Regelungen in den §§ 65a, 65b und 65c ersetzt.

4. Zu den Sonderausbildungen für gehobene medizinisch-technischen Dienste siehe §§ 31 ff. MTD-Gesetz, für die Hebammen § 38 HebG.

5. Das **Leistungsprofil der Psychotherapeutin** ist von einer diplomierten Krankenschwester auch nicht nach Absolvierung einer Sonderausbildung nach § 65 des Gesundheits- und Krankenpflegegesetzes zu erbringen. Die Ausbildung zur Psychotherapeutin stellt daher nicht eine Fortbildungsmaßnahme einer Krankenschwester, sondern **eine Ausbildung in einem neuen Betätigungsfeld** dar. Wenn die Behörde die Aufwendungen für die Ausbildung als Psychotherapeutin als Kosten einer Berufsausbildung beurteilt hat, ist es nicht als rechtswidrig zu erkennen (VwGH 2004/15/0143 vom 22.11.2006).

Gleichhaltungsverordnung

§ 65a. (1) Der Bundesminister für Gesundheit und Frauen hat durch Verordnung
  1. **Universitätslehrgänge gemäß Universitäts-Studiengesetz – UniStG, BGBl. I Nr. 48/1997, und gemäß Universitätsgesetz 2002, BGBl. I Nr. 120,**
  1a. **Universitätslehrgänge gemäß dem Bundesgesetz über die Errichtung des Universitätszentrums für Weiterbildung mit der Bezeichnung Donau-Universität Krems – DUK-Gesetz, BGBl. Nr. 269/1994, und gemäß**

dem Bundesgesetz über die Universität für Weiterbildung Krems – DUK-Gesetz 2004, BGBl. I Nr. 22,
2. Lehrgänge universitären Charakters gemäß UniStG,
3. ordentliche Studien gemäß UniStG und Universitätsgesetz 2002,
4. Fachhochschul-Studiengänge oder Lehrgänge zur Weiterbildung gemäß Fachhochschul-Studiengesetz – FHStG, BGBl. Nr. 340/1993, und
5. Studien gemäß Universitäts-Akkreditierungsgesetz – UniAkkG, BGBl. I Nr. 168/1999,

der Sonderausbildung für Lehraufgaben oder für Führungsaufgaben gemäß § 65 Abs. 1 gleichzuhalten, sofern sie die Vermittlung einer die Erfordernisse des gehobenen Dienstes für Gesundheits- und Krankenpflege berücksichtigenden ausreichenden Ausbildung gewährleisten. Zur Beurteilung der Gleichwertigkeit kann ein Gutachten des Akkreditierungsbeirates gemäß § 65c eingeholt werden.

(2) Dem Bundesminister für Gesundheit und Frauen sind
1. alle Änderungen von Studienplänen von Ausbildungen, die gemäß Abs. 1 gleichgehalten sind und
2. Studienpläne von Ausbildungen, die für eine Gleichhaltung gemäß Abs. 1 geeignet erscheinen,

innerhalb von vier Wochen nach deren In-Kraft-Treten zur Kenntnis zu bringen.

Anmerkungen:

1. Dieser Paragraph wurde durch die GuKG-Novelle 2003 neu in das Gesetz eingefügt. Abs. 1 Z. 1a wurde durch die GuKG-Novelle 2005 neu eingefügt, Z. 4 ergänzt.

2. EB 2003:

§ 65a normiert die bisher in § 65 Abs. 9 enthaltene Verordnungsermächtigung der Bundesministerin für Gesundheit und Frauen betreffend Gleichhaltung von Ausbildungen gemäß UniStG, Universitätsgesetz 2002, FHStG und UniAkkG mit Sonderausbildungen für Lehr- und Führungsaufgaben, wobei die fachliche Begutachtung durch den Akkreditierungsbeirat (§ 65c) vorgesehen ist. Weiters werden in Abs. 2 Ausbildungsanbieter gesetzlich verpflichtet, die Studienpläne und deren Änderungen jener Ausbildungen, die bereits im Verordnungswege gleichgehalten wurden bzw. hiefür in Betracht kommen, vorzulegen.

3. Siehe auch die Anmerkungen zu § 65, § 65b und § 65c.

4. EB 2005:
Da zum Zeitpunkt der Erlassung des GuKG im Jahre 1997 an der Donau-Universität Krems keine Weiterbildungen im Bereich der Pflege eingerichtet waren, die für eine Gleichhaltung mit den Sonderausbildungen für Lehraufgaben bzw. für Führungsaufgaben in Betracht kamen, wurde in die ursprüngliche Regelung über die Gleichhaltung (§ 65 Abs. 9 GuKG) nicht die für die Donau-Universität Krems geltende Rechtsgrundlage aufgenommen.

Auf Grund des zwischenzeitlich erweiterten Weiterbildungsangebots der Donau-Universität Krems ist eine Gleichhaltung auch für an dieser Universität eingerichtete Ausbildungen vorzusehen, wobei sowohl das aus dem Jahre 1994 stammende Bundesgesetz über die Errichtung des Universitätszentrums für Weiterbildung mit der Bezeichnung Donau-Universität Krems (DUK-Gesetz), BGBl. Nr. 269/1994, als auch das im Jahre 2004 in Korrespondenz zum neuen Universitätsgesetz 2002 neu erlassene Bundesgesetz über die Universität für Weiterbildung Krems (DUK-Gesetz 2004), BGBl. I Nr. 22, das hinsichtlich des studienrechtlichen Teils mit 1. Juli 2005 in Kraft tritt, in die §§ 65a und 65b GuKG aufzunehmen sind.

Darüber hinaus wird auch die durch die Novelle zum Fachhochschul- Studiengesetz BGBl. I Nr. 110/2003 neu geschaffene Ausbildungsform der Lehrgänge zur Weiterbildung im Fachhochschulbereich (§ 14a FHStG) in § 65a GuKG berücksichtigt.

Weiters wird auf Grund der ersten Erfahrungen des Akkreditierungsbeirats (§ 65c GuKG) im Zusammenhang mit der Vollziehung der individuellen Gleichhaltung gemäß § 65b GuKG eine Rechtsgrundlage für die Berücksichtigung von im Rahmen einschlägiger Berufserfahrung erworbener Kenntnisse und Fertigkeiten geschaffen.

5. Siehe die Gesundheits- und Krankenpflege-Lehr- und Führungsaufgaben- Verordnung (GuK-LFV), BGBl. II Nr. 453/2005, zuletzt geändert durch BGBl. II Nr. 244/2010 (abgedruckt im Anhang F).

Individuelle Gleichhaltung

§ 65b. (1) Personen, die zur Ausübung des gehobenen Dienstes für Gesundheits- und Krankenpflege berechtigt sind und eine oder mehrere
  1. **Ausbildungen gemäß UniStG, Universitätsgesetz 2002, DUK-Gesetz, DUK-Gesetz 2004, FHStG oder Uni-AkkG, die nicht gemäß § 65a gleichgehalten sind, oder**
  2. **Ausbildungen gemäß Akademien-Studiengesetzes 1999, BGBl. I Nr. 94, Hochschulgesetz 2005, BGBl. I Nr. 30/2006, oder dem Abschnitt IV des Schulorganisationsgesetzes, BGBl. Nr. 242/1962, in der Fassung vor der Novelle BGBl. I Nr. 91/2005,**
  3. *entfällt*
  4. *entfällt*

erfolgreich absolviert haben, sind berechtigt, die Gleichhaltung der von ihnen absolvierten Ausbildungen mit einer Sonderausbildung für Lehraufgaben oder für Führungsaufgaben beim Bundesminister für Gesundheit, Familie und Jugend zu beantragen.

(2) Der Antragsteller hat folgende Unterlagen im Original oder in beglaubigter Abschrift vorzulegen:
  1. **Qualifikationsnachweis im gehobenen Dienst für Gesundheits- und Krankenpflege,**
  2. **Nachweis über den erfolgreichen Abschluss einer Ausbildung gemäß Abs. 1 und**

3. Nachweis über die im Rahmen der Ausbildung gemäß Abs. 1 absolvierten Ausbildungsinhalte und wissenschaftlichen Arbeiten.

(3) Der Bundesminister für Gesundheit und Frauen hat zur Beurteilung der Gleichwertigkeit der absolvierten Ausbildung ein Gutachten des Akkreditierungsbeirates einzuholen. Im Rahmen des Gutachtens ist festzustellen,
   1. ob die absolvierte Ausbildung mit der Sonderausbildung für Lehraufgaben oder für Führungsaufgaben gemäß § 65 Abs. 1 gleichwertig ist oder
   2. ob und welche wesentlichen Unterschiede zur Sonderausbildung für Lehraufgaben oder für Führungsaufgaben gemäß § 65 Abs. 1 vorliegen.

(3a) Im Rahmen des Gutachtens gemäß Abs. 3 sind
   1. Prüfungen und Praktika, die im Rahmen einer Ausbildung gemäß Abs. 1 oder einer Sonderausbildung gemäß § 65 dieses Bundesgesetzes oder § 57b Krankenpflegegesetz oder einer Weiterbildung für basales und mittleres Pflegemanagement gemäß § 64 dieses Bundesgesetzes erfolgreich absolviert wurden, sowie
   2. im Rahmen der Berufserfahrung erworbene Kenntnisse und Fertigkeiten, sofern durch diese die für die Ausübung der Lehraufgaben oder Führungsaufgaben erforderlichen Kompetenzen erlangt wurden,

zu berücksichtigen.

(4) Sofern die Gleichwertigkeit festgestellt wurde, hat der Bundesminister für Gesundheit und Frauen die absolvierte Ausbildung der Sonderausbildung für Lehraufgaben oder für Führungsaufgaben gemäß § 65 Abs. 1 bescheidmäßig gleichzuhalten.

(5) Sofern keine Gleichwertigkeit festgestellt wurde, ist der Antragsteller berechtigt, bis zum Nachholen der fehlenden Ausbildungsinhalte ein Aussetzen des Verfahrens zu beantragen. Auf Antrag ist das Verfahren fortzusetzen und erforderlichenfalls nach neuerlicher Anhörung des Akkreditierungsbeirates abzuschließen.

Anmerkungen:

1. Dieser Paragraph wurde durch die GuKG-Novelle 2003 neu in das Gesetz eingefügt. **Abs. 1** hat durch das GesBRÄG 2007 eine neue Fassung erhalten. Durch die GuKG-Novelle 2009 wurden jedoch dessen **Z 3** und **4** aufgehoben. **Abs. 3a** wurde durch das GesBRÄG 2007 neu in das Gesetz aufgenommen. Durch die GuKG-Novelle 2009 wurde dessen **Z 1** um die Wortfolge „oder einer Sonderausbildung gemäß § 65 dieses Bundesgesetzes oder § 57b Krankenpflegegesetz oder einer Weiterbildung für basales und mittleres Pflegemanagement gemäß § 64 dieses Bundesgesetzes" ergänzt. Im **Abs. 5** wurde durch das GesBRÄG 2007 das Wort „erforderlichenfalls" neu eingefügt.

2. EB 2003:
Wie bereits ausgeführt wird neben der generellen Gleichhaltung im Verordnungswege nunmehr auch die Möglichkeit der individuellen Gleichhaltung im § 65b geschaffen. Dies soll eine Berücksichtigung jener Ausbildungen ermöglichen, die im Rahmen eines individuellen Diplomstudiums, im Rahmen mehrerer Hochschulausbildungen oder im Rahmen von Ausbildungen, die wesentliche Teile der Sonderausbildungsinhalte abdecken, absolviert wurden.

Die individuelle Gleichhaltung erfolgt im Bescheidwege, wobei zwingend die Einholung eines Gutachtens des Akkreditierungsbeirats zur Beurteilung der Gleichwertigkeit vorgesehen ist.

In § 65b Abs. 5 wird abweichend von den allgemeinen Verwaltungsverfahrensvorschriften die Möglichkeit geschaffen, dass im Falle mangelnder Gleichwertigkeit die Partei ein Aussetzen des Verfahrens bis zum Nachholen der fehlenden Ausbildungsinhalte beantragen kann. Dieses Abweichen von § 73 AVG ist im Sinne des Art. 11 Abs. 2 B-VG erforderlich, um einerseits zu vermeiden, dass über einen Verfahrensgegenstand im Rahmen von mehreren Einzelverfahren abgesprochen wird, sowie andererseits eine für die Partei unbürokratische sowie zeit- und kostensparende Möglichkeit der Erlangung einer letztendlich positiven Entscheidung durch zwischenzeitliches Nachholen der festgestellten fehlenden Ausbildungsinhalte zu schaffen. Da das Aussetzen des Verfahrens ausschließlich auf Antrag der Partei erfolgt, verbleibt selbstverständlich auch die Möglichkeit der Zurückziehung des Antrages bzw. der Anspruch auf Ausstellung eines negativen Bescheids, so dass durch Abs. 5 der Rechtsschutz der Partei in keinster Weise beeinträchtigt wird.

3. Siehe auch die Anmerkungen zu § 65, § 65a und § 65c.

4. EB 2007:

4.1. Im Rahmen der Vollziehung der durch die GuKG-Novelle 2003 geschaffenen Regelung des § 65b betreffend die individuelle Gleichhaltung mit den Sonderausbildungen für Lehraufgaben und für Führungsaufgaben durch den GuK-Akkreditierungsbeirat hat sich folgender Ergänzungsbedarf der gesetzlichen Grundlagen ergeben:

Neben den für die generelle Gleichhaltung gemäß § 65a angeführten Ausbildungen ist es erforderlich, im Rahmen der individuellen Gleichhaltung auch eine Anrechenbarkeit

- von an Pädagogischen Akademien und Hochschulen und an Akademien für Sozialarbeit absolvierten Ausbildungen,
- von Sonderausbildungen nach dem GuKG bzw. dem (ehemaligen) Krankenpflegegesetz sowie
- der einen Teil der Sonderausbildung für Führungsaufgaben abdeckenden Weiterbildung für basales und mittleres Pflegemanagement

zu ermöglichen (Abs. 1).

4.2. Weiters haben die bisherigen Gleichhaltungsverfahren den Bedarf ergeben, neben der bereits in der GuKG-Novelle 2005 umgesetzten **Anrechenbarkeit von qualifizierter Berufspraxis** auch die rechtliche Grundlage für eine Berücksichtigung von Prüfungen und Praktika, die im Rahmen einer nicht abgeschlossenen einschlägigen Ausbildung positiv absolviert wurden, zu schaffen (Abs. 3a).

4.3. Schließlich wird die bisher zwingend vorgesehene neuerliche Befassung des GuK-Akkreditierungsbeirats nach Aussetzen des Verfahrens gemäß Abs. 5 auf Grund der bisherigen Erfahrungen im Sinne der Verwaltungsökonomie und Verfahrensbeschleunigung auf eine fakultative auf die Erforderlichkeit abgestellte Befassung des Beirats geändert.

5. EB 2009:
Auf Grund der Erfahrungen des GuK-Akkreditierungsbeirats mit den durch die letzte GuKG-Novelle gemachten Änderungen des § 65b GuKG hat sich gezeigt, dass die neu geschaffene Antragslegitimation von Absolventen/-innen von Sonderausbildungen bzw. der Weiterbildung „Basales und mittleres Pflegemanagement" zu keinem befriedigenden Ergebnis geführt hat, da Personen, die lediglich eine dieser Ausbildungen absolviert haben, zwar antragslegitimiert sind, allerdings insbesondere auf Grund des nicht ausreichenden Gesamtausbildungsumfangs regelmäßig negativ zu entscheiden sind. § 65b ist daher dahingehend zu ändern, dass die Absolvierung von Sonderausbildungen bzw. der Weiterbildung „Basales und mittleres Pflegemanagement" nicht mehr antragslegitimierend, sondern diese bei der Gleichhaltung zu berücksichtigen sind.

6. Im Abs. 4 ist nunmehr das Bundesministerium für Gesundheit zuständig (Bundesministeriengesetz 1986 i.d.F. BGBl. I Nr. 3/2009).

Akkreditierungsbeirat

§ 65c. (1) Für Angelegenheiten der Gleichhaltung mit Sonderausbildungen für Lehraufgaben und für Führungsaufgaben gemäß §§ 65a und 65b ist ein Akkreditierungsbeirat beim Bundesministerium für Gesundheit und Frauen einzurichten.

(2) Mitglieder des Akkreditierungsbeirates sind:
1. **ein rechtskundiger Vertreter des Bundesministeriums für Gesundheit und Frauen als Vorsitzender,**
2. **ein fachkundiger Vertreter des Bundesministeriums für Gesundheit und Frauen,**

3. ein rechtskundiger Vertreter des Bundesministeriums für Bildung, Wissenschaft und Kultur,
4. ein fachkundiger Vertreter des Österreichischen Bundesinstituts für Gesundheitswesen,
5. vier Angehörige des gehobenen Dienstes für Gesundheits- und Krankenpflege, die auf Grund ihrer beruflichen und wissenschaftlichen Qualifikation besonders für diese Tätigkeit geeignet sind.

(3) Die Mitglieder gemäß Abs. 2 Z 4 und 5 sind vom Bundesminister für Gesundheit und Frauen für einen Zeitraum von fünf Jahren zu ernennen. Eine Wiederernennung ist möglich.

(4) Der Akkreditierungsbeirat hat eine Geschäftsordnung zu beschließen, die die Erfüllung der ihm übertragenen Aufgaben sicherstellt. Die Geschäftsordnung hat nähere Bestimmungen insbesondere über die Einberufung, den Ablauf, die Anwesenheit, die Vertretung und die Beschlussfassung zu enthalten und bedarf für ihre Wirksamkeit der Genehmigung durch den Bundesminister für Gesundheit und Frauen.

(5) Die Mitglieder des Akkreditierungsbeirates üben ihre Aufgaben gemäß Abs. 1 ehrenamtlich aus.

(6) Der Akkreditierungsbeirat kann neben den Aufgaben gemäß Abs. 1 auch Gutachten betreffend ausländische Ausbildungen für Lehraufgaben und für Führungsaufgaben erstellen.

Anmerkungen:

1. Dieser Paragraph wurde durch die GuKG-Novelle 2003 neu in das Gesetz eingefügt.

2. EB 2003:

Gemäß § 65c wird ein Akkreditierungsbeirat für Angelegenheiten der Gleichhaltung bei der Bundesministerin für Gesundheit und Frauen eingerichtet, der sich gemäß Abs. 2 aus zwei VertreterInnen des Bundesministeriums für Gesundheit und Frauen, einem/einer VertreterIn des Bundesministeriums für Bildung, Wissenschaft und Kultur, einem/einer VertreterIn des Österreichischen Bundesinstituts für Gesundheitswesen sowie vier weitere von der Bundesministerin für Gesundheit und Frauen zu ernennende Angehörige des gehobenen Dienstes für Gesundheits- und Krankenpflege, die auf Grund ihrer beruflichen und wissenschaftlichen Qualifikation besonders für diese Tätigkeit geeignet sind, zusammensetzt.

Während die in den §§ 65a und 65b gesetzlich vorgesehenen Tätigkeiten des Akkreditierungsbeirats ehrenamtlich erfolgen, besteht die Möglichkeit, den Akkreditierungsbeirat im Rahmen von Nostrifikations- und EWR-Berufszulassungsverfahren als Gutachter heranzuziehen.

3. Siehe auch die Anmerkungen zu § 65, § 65a und § 65b.

Sonderausbildung in der Kinder- und Jugendlichenpflege

§ 66. (1) Die Sonderausbildung in der Kinder- und Jugendlichenpflege dauert mindestens ein Jahr und umfaßt mindestens 1 600 Stunden theoretische und praktische Ausbildung.

(2) Sie beinhaltet insbesondere folgende Sachgebiete:
1. **Berufsethik und Berufskunde der Kinder- und Jugendlichenpflege**
2. **Gesundheits- und Krankenpflege von Kindern und Jugendlichen**
3. **Pflege von Kindern und Jugendlichen in Krisensituationen**
4. **Hauskrankenpflege bei Kindern und Jugendlichen**
5. **Ernährung, Kranken- und Diätkost**
6. **Spezielle Pathologie, Diagnose und Therapie, einschließlich komplementärmedizinische Methoden, bei Kindern und Jugendlichen**
7. **Neonatologie**
8. **Soziologie, Psychologie, Pädagogik und Sozialhygiene**
9. **Kommunikation, Konfliktbewältigung, Supervision und Kreativitätstraining**
10. **Berufsspezifische Rechtsgrundlagen.**

Anmerkung:

EB-RV:
Bei der Normierung der Ausbildungsinhalte ist davon auszugehen, daß die in dieser Sonderausbildung stehenden Personen bereits eine Ausbildung in der allgemeinen Gesundheits- und Krankenpflege abgeschlossen haben. Ziel der Sonderausbildung ist es daher, für die speziellen Anforderungen der Kinder- und Jugendlichenpflege auszubilden.

Dementsprechend ist im Rahmen dieser Sonderausbildung ein umfassendes Wissen über Diagnose und Therapie von pädiatrischen Erkrankungen in allen Altersstufen zu vermitteln. Spezielle Bereiche wie Kinderchirurgie sind ebenso einzuschließen wie psychische und neurologische Erkrankungen. Wissen über die Grundzüge der Entwicklungspsychologie ist zum besseren Verständnis der Erkrankungen notwendig. Insbesondere ist im Rahmen der Ausbildung auf die jeweils erforderlichen pflegerischen Maßnahmen einzugehen.

Weiters ist auch die Einführung in eine dem jeweiligen Entwicklungsstand des Kindes bzw. Jugendlichen angepaßte Gesprächsführung und die Vermittlung von Kenntnissen in psychosozialer Betreuung wesentlich.

Sonderausbildung in der psychiatrischen Gesundheits- und Krankenpflege

§ 67. (1) Die Sonderausbildung in der psychiatrischen Gesundheits- und Krankenpflege dauert mindestens ein Jahr und umfaßt mindestens 1 600 Stunden theoretische und praktische Ausbildung.

(2) Sie beinhaltet insbesondere folgende Sachgebiete:
1. **Pflege und Betreuung von Menschen mit psychischen Störungen**
2. **Pflege und Betreuung von Kindern und Jugendlichen mit psychischen Störungen und Entwicklungsstörungen**
3. **Pflege und Betreuung von Menschen mit organischen und psychischen Störungen im höheren Lebensalter**

4. Pflege und Betreuung von geistig abnormen Rechtsbrechern
5. Pflege und Betreuung von Menschen mit Abhängigkeitserkrankungen
6. Pflege und Betreuung bei neurologischen Krankheiten
7. Pflege, Betreuung und gezielte Förderung von Menschen mit Intelligenzminderung
8. Übergangspflege, reaktivierende Pflege und nachgehende psychiatrische Betreuung
9. Rehabilitation und Ergotherapie im psychiatrischneurologischen Bereich
10. Psychopathologie und psychiatrische Krankheitslehre
11. Neurologische Krankheitslehre 12.
Einführung in die Psychologie, einschließlich Entwicklungspsychologie
13. Einführung in die Methoden der Psychotherapie, Supervision und Soziotherapie
14. Gesprächsführung, psychosoziale Betreuung und Angehörigenarbeit
15. Krisenintervention
16. Spezielle rechtliche Grundlagen in der Psychiatrie, insbesondere der Unterbringung und der Sachwalterschaft.

Anmerkung:

EB-RV:

Der gesamte Umfang der psychiatrischen Krankenpflege (vgl. § 19) bedarf sowohl einer theoretischen Untermauerung als auch einer praktischen Anleitung.

Insbesondere ist bei der Ausbildung ein umfassendes Wissen über die Psychopatologie, die psychiatrische und neurologische Krankheitslehre sowie die diagnostischen und therapeutischen Verfahren im Bereiche der Psychiatrie und Neurologie zu vermitteln. Zum Verständnis psychiatrischer Krankheiten und psychischer Störungen sind auch Grundzüge der Psychologie, insbesondere der Entwicklungspsychologie notwendig. Weiters ist eine Einführung in die Methoden sowie Möglichkeiten und Grenzen der Psychotherapie, der Supervision und der Soziotherapie zu geben.

Da nach wie vor in den psychiatrischen Krankenanstalten und Abteilungen auch geistig Behinderte behandelt und betreut werden, insbesondere wenn zusätzliche psychiatrische Symptome im Vordergrund stehen, ist die Ausbildung auch im Hinblick auf die besonderen Probleme dieser Personengruppe zu erweitern.

Besonderes Augenmerk ist auf Unterweisung und praktische Übung in Kommunikationstechniken, insbesondere therapeutische Gesprächsführung, sowie auf Grundzüge der Beschäftigungs- und Arbeitstherapie zu legen. Es sind auch Grundfertigkeiten der Krisenintervention zu vermitteln.

Weiters ist eine umfassende Kenntnis der Arbeitsweise in extramuralen, ambulanten, teilstationären und komplementären Einrichtungen sowie der Besonderheiten der dortigen Betreuungs- und Pflegeaufgaben unabdingbar.

Sonderausbildungen in der Intensivpflege, in der Anästhesiepflege und in der Pflege bei Nierenersatztherapie

§ 68. (1) Die Sonderausbildungen in der
1. **Intensivpflege,**
2. **Anästhesiepflege und**
3. **Pflege bei Nierenersatztherapie**

umfassen eine gemeinsame Basisausbildung und eine darauf aufbauende spezielle Zusatzausbildung.

(2) Die Basisausbildung gemäß Abs. 1 dauert mindestens vier Monate und umfaßt mindestens 600 Stunden theoretische und praktische Ausbildung. Sie beinhaltet insbesondere folgende Sachgebiete:
1. **Pflege und Überwachung von Patienten mit invasiven und nichtinvasiven Methoden**
2. **Angewandte Hygiene**
3. **Enterale und parenterale Ernährung**
4. **Reanimation und Schocktherapie**

§ 68 GuKG

5. Spezielle Pharmakologie
6. Pathophysiologie und Korrektur von Störungen des Elektrolyt-, Flüssigkeits- und Säure-/Basenhaushalts
7. Biomedizinische Technik und Gerätelehre
8. Kommunikation und Ethik.

(3) Die spezielle Zusatzausbildung in der Intensivpflege dauert mindestens vier Monate und beinhaltet mindestens 600 Stunden theoretische und praktische Ausbildung. Sie beinhaltet neben einer Spezialisierung in den in Abs. 2 angeführten Sachgebieten insbesondere folgende Sachgebiete:
1. Spezielle Pflege von Patienten im Intensivbereich
2. Grundlagen der Intensivtherapie
3. Anästhesieverfahren.

(4) Die spezielle Zusatzausbildung in der Anästhesiepflege dauert mindestens drei Monate und umfaßt mindestens 400 Stunden theoretische und praktische Ausbildung. Sie beinhaltet neben einer Spezialisierung in den in Abs. 2 angeführten Sachgebieten insbesondere folgende Sachgebiete:
1. Spezielle Pflege von Patienten im Anästhesiebereich
2. Anästhesieverfahren.

(5) Die spezielle Zusatzausbildung in der Pflege bei Nierenersatztherapie dauert mindestens drei Monate und umfaßt mindestens 400 Stunden theoretische und praktische Ausbildung. Sie beinhaltet neben einer Spezialisierung in den in Abs. 2 angeführten Sachgebieten insbesondere folgende Sachgebiete:
1. Spezielle Pflege bei Nierenersatztherapie
2. Eliminationsverfahren.

Anmerkung:

EB-RV:
Die Sonderausbildungen in der Intensivpflege, in der Anästhesiepflege und in der Pflege bei Nierenersatztherapie besteht aus einer gemeinsamen Basisausbildung und einer für den jeweiligen Fachbereich spezifischen Zusatzausbildung.

Dieses Modell ist eine kostengünstige sowie praxis- und personalorientierte Form der Sonderausbildung, da in den Zusatzausbildungen das spezielle Wissen für den jeweiligen Fachbereich zeitsparender und ohne eine qualitative Einbuße erworben werden kann als in vollständig getrennten Sonderausbildungen.

In der Basisausbildung können diejenigen Lehrinhalte, die für alle drei Bereiche gelten, vermittelt werden. Darüber hinaus fördert eine derartige interdisziplinäre Führung der Basisausbildung einen Erfahrungsaustausch zwischen diesen verwandten Fachdisziplinen und somit die interdisziplinäre Zusammenarbeit.

Im Rahmen der Intensivpflege sind theoretische Kenntnisse und praktische Fertigkeiten in der Betreuung Schwerstkranker mit invasiven und nichtinvasiven Methoden erforderlich. Weiters sind Kenntnisse und Fertigkeiten in der Reanimation und Schocktherapie sowie über die spezielle Medikation (zB parenterale Ernährung, Katecholamine) und über die intensivmedizinische Geräteausstattung (zB Beatmungsgeräte, invasives Monitoring) und deren Aufbereitung zu vermitteln.

Für diplomierte Kinderkrankenschwestern/-pfleger kann eine spezielle Zusatzausbildung in der Intensivpflege durchgeführt werden, die auf die besonderen Bedürfnisse und Anforderungen der Kinderintensivpflege ausgerichtet ist. Derartige Zusatzausbildungen haben sich bereits in der jüngerer Vergangenheit bewährt und sind unter Abs. 3 zu subsumieren. Die detaillierte Ausgestaltung der Ausbildungsinhalte wird im Verordnungswege festgelegt.

Die Anästhesiepflege erfordert genaue Kenntnisse insbesondere über die spezielle Medikation (zB Muskelrelaxantien, Analgesie, Sedierung) und über die anästhesiologische Geräteausstattung (zB Narkosegeräte, invasives Monitoring, technische Systeme zur Thermoregulation, Geräte für blutsparende Maßnahmen) und deren Aufbereitung.

In der Pflege bei Nierenersatztherapie sind erweiterte Kenntnisse über spezielle Arzneimittel sowie über die Dialysegeräteausstattung und deren Aufbereitung erforderlich.

Spezielle Sonderausbildung in der Kinderintensivpflege

§ 68a. (1) Für die besonderen Bedürfnisse der Intensivpflege von Früh- und Neugeborenen, Kindern und Jugendlichen kann für Angehörige der Kinder- und Jugendlichenpflege eine spezielle Sonderausbildung in der Kinderintensivpflege durchgeführt werden.

(2) Die spezielle Sonderausbildung gemäß Abs. 1 umfasst
1. die gemeinsame Basisausbildung gemäß § 68 Abs. 2 und
2. eine darauf aufbauende spezielle Zusatzausbildung in der Kinderintensivpflege.

(3) Die spezielle Zusatzausbildung in der Kinderintensivpflege dauert mindestens drei Monate und umfasst mindestens 400 Stunden theoretische und praktische Ausbildung. Sie beinhaltet neben einer Spezialisierung in den in § 68 Abs. 2 angeführten Sachgebieten insbesondere folgende Sachgebiete:
1. Spezielle Pflege von Früh- und Neugeborenen, Kindern und Jugendlichen im Intensivbereich
2. Grundlagen der Intensivtherapie bei Früh- und Neugeborenen, Kindern und Jugendlichen.

(4) Die Absolvierung der speziellen Sonderausbildung in der Kinderintensivpflege berechtigt nur zur Ausübung der Intensivpflege von Früh- und Neugeborenen, Kindern und Jugendlichen.

(5) Die §§ 28a, 30 und 32 sind anzuwenden.

Anmerkungen:

1. § 68a wurde durch die GuKG-Novelle 2005 neu eingefügt. Abs. 5 wurde durch das GesBRÄG 2007 ergänzt.

2. EB 2005:
2.1. In der Medizin ist es bereits seit Jahrzehnten selbstverständlich, dass Kinder einer anderen Behandlung und Therapie bedürfen als Erwachsene und daher eine spezielle Ausbildung in der Pädiatrie erforderlich ist. In der Pflege wird diesem Erforder-

nis durch die Sonderausbildung bzw. spezielle Grundausbildung in der Kinder- und Jugendlichenpflege entsprochen. Dem Umstand, dass Kinder nicht „kleine Erwachsene" sind und daher von speziell ausgebildeten Personen betreut werden müssen, ist insbesondere auch bei der Pflege und Betreuung von intensivmedizinisch zu behandelnden Früh- und Neugeborenen sowie Kindern Rechnung zu tragen. Eine bedarfsorientierte Versorgung in diesen hochqualifizierten Bereichen erfordert eine ebenso hochqualifizierte spezielle Ausbildung. Hier sind besondere psychologische, pädagogische, soziale und pflegerisch-praktische Schlüsselqualifikationen erforderlich, um eine optimale Beobachtung, Betreuung, Überwachung und Pflege von intensivmedizinisch zu behandelnden Frühgeborenen, Neugeborenen und Kindern gewährleisten zu können.

2.2. Nach der bisherigen Rechtslage war eine derartige Spezialisierung nur im Wege der Absolvierung einer Weiterbildung im Anschluss an die Sonderausbildung in der (allgemeinen) Intensivpflege oder in Form einer Schwerpunktsetzung im Rahmen der Intensivpflegeausbildung möglich. Nunmehr wird für Angehörige der Kinder- und Jugendlichenpflege die ausdrückliche gesetzliche Möglichkeit der Absolvierung einer speziellen Zusatzausbildung in der Kinderintensivpflege in der Dauer von 400 Stunden aufbauend auf die gemeinsame Basisausbildung gemäß § 68 Abs. 2 GuKG geschaffen, die zur Ausübung der Intensivpflege von Früh- und Neugeborenen, Kindern und Jugendlichen berechtigt. Damit wird eine spezielle Qualifikation eingeschränkt auf diesen Bereich geschaffen. Durch Absolvierung einer Zusatzausbildung gemäß § 68 Abs. 3 bis 5 GuKG steht es diesem Personenkreis darüber hinaus offen, die Berechtigung zur Ausübung der (allgemeinen) Intensivpflege, der Anästhesiepflege bzw. der Pflege bei Nierenersatztherapie zu erwerben.

2.3. Auch wenn Absolventen/innen der Sonderausbildung in der (allgemeinen) Intensivpflege gemäß § 68 GuKG grundsätzlich auch weiterhin eine uneingeschränkte Berufsberechtigung in der Intensivpflege haben, wird aus fachlicher Sicht empfohlen, dass die Krankenanstaltenträger im Rahmen der Qualitätssicherung dafür Sorge tragen, für intensivmedizinische Spezialbereiche, insbesondere in der Neonatologie, speziell ausgebildetes Pflegepersonal gemäß § 68a GuKG einzusetzen. In diesem Zusammenhang ist festzuhalten, dass das Erfordernis der speziellen Sonderausbildung in der Kinderintensivpflege aus fachlicher Sicht auf Neugeborenenintensivstationen, Frühgeborenenintensivstationen und Kinderintensivstationen begrenzt ist.

2.4. Was Personen betrifft, die bereits vor In-Kraft-Treten dieser Regelung eine Sonderausbildung bzw. Weiterbildung in der Kinderintensivpflege nach dem Krankenpflegegesetz bzw. dem GuKG absolviert haben, sieht § 108a GuKG entsprechende Übergangsregelungen vor.

3. Im **Abs. 5** war die Aufnahme des Verweises auf § 28a erforderlich.

Sonderausbildung in der Pflege im Operationsbereich

§ 69. (1) Die Sonderausbildung in der Pflege im Operationsbereich dauert mindestens sieben Monate und umfaßt mindestens 1 000 Stunden theoretische und praktische Ausbildung.

(2) Sie beinhaltet insbesondere folgende Sachgebiete:
1. **Spezielle Pflege im Operationsbereich**
2. **Allgemeine und spezielle chirurgische Gebiete**
3. **Hygiene und Medizintechnik**
4. **Planung und Organisation im Operationsbereich**
5. **Kommunikation.**

Anmerkung:

EB-RV:

Im Zuge dieser Ausbildung sollen theoretisches Wissen und praktische Fertigkeiten vermittelt werden, das die betreffende Person befähigt, im Rahmen einer Operation sowohl vorbereitende Tätigkeiten als auch die Instrumentierung durchzuführen. Dabei sind selbstredend auch spezielle Kenntnisse der Hygiene zu vermitteln.

Im Rahmen dieser Ausbildung ist insbesondere auf die unterschiedlichen chirurgischen Disziplinen einzugehen.

Sonderausbildung in der Krankenhaushygiene

§ 70. **(1) Die Sonderausbildung in der Krankenhaushygiene dauert mindestens sechs Monate und umfaßt mindestens 800 Stunden theoretische und praktische Ausbildung.**
(2) Sie beinhaltet insbesondere folgende Sachgebiete:
1. **Epidemiologie, Mikrobiologie und Immunologie**
2. **Pflegerisch-organisatorische und pflegerisch-technische Maßnahmen zur Verhütung und Bekämpfung von Krankenhausinfektionen**
3. **Organisation und Betriebsführung**
4. **Kommunikation, Angewandte Pädagogik, Gesprächsführung und Konfliktbewältigung**
5. **Projektmanagement und Qualitätsmanagement in der Krankenhaushygiene**
6. **Gesetzliche Grundlagen der Krankenhaushygiene.**

Anmerkungen:

1. EB-RV:
Die moderne Krankenhaushygiene, wie sie von Hygienefachkräften wahrzunehmen ist, hat sich zu einem eigenständigen, umfassenden und teilweise sehr heterogenen Aufgabenbereich entwickelt. Dabei werden sowohl fachlich als auch organisatorisch höchste Anforderungen gestellt.

Hygienefachkräfte sind insbesondere an jener schwierigen Schnittstelle tätig, wo die hygienisch relevanten wissenschaftlichen Fachgebiete im Krankenhausalltag in praxisnahe konkrete Anwendungskonzepte überzuführen und in Teamarbeit gemeinsam mit den betroffenen Gliederungen der Krankenanstalt umzusetzen sind. Dieser Managementtätigkeit mit starkem fachlich-hygienischen Hintergrund kommt zentrale Bedeutung bei der Verhinderung nosokomialer Infektionen und der Einsparung der damit verbundenen Folgekosten zu.

Die hier geforderten umfassenden hyhienisch relevanten Kenntnisse und Fertigkeiten und die benötigten Managementfähigkeiten machen eine mindestens sechs Monate und mindestens 800 Stunden dauernde Ausbildung erforderlich.

Die in Abs. 2 angesprochenen Ausbildungsinhalte betreffen daher im einzelnen die hygienisch bedeutsamen wissenschaftlichen Erkenntnisse, die daraus abgeleiteten konkreten Konzepte zu ihrer Umsetzung, den rechtlichen Hintergrund, das Beschaffungswesen und die Aufbereitung, wie Reinigung, Desinfektion und Sterilisation der hygienisch relevanten Güter, als auch die Kenntnisse und Fähigkeiten im Projekt- und Qualitätsmanagement der Krankenhaushygiene.

2. Siehe die Bestimmungen über Hygiene im Krankenhaus in § 8a KAKuG.

Sonderausbildung für Lehraufgaben

§ 71. (1) Die Sonderausbildung für Lehraufgaben dauert mindestens ein Jahr und umfaßt mindestens 1 600 Stunden theoretische und praktische Ausbildung.

(2) Sie beinhaltet insbesondere folgende Sachgebiete:
1. **Gesundheits- und Krankenpflege, einschließlich Pflegeforschung**
2. **Berufskunde und Ethik**
3. **Pädagogik, Psychologie und Soziologie**
4. **Unterrichtslehre und Lehrpraxis**
5. **Kommunikation, Verhandlungsführung und Konfliktbewältigung**
6. **Management, Organisationslehre und Statistik**
7. **Rechtskunde.**

Anmerkung:
EB-RV:
Eine verpflichtende Ausbildung für die Ausübung von Lehraufgaben in der Gesundheits- und Krankenpflege ist auf Grund der vielfältigen Anforderungen in diesem Bereich unabdingbar.

Durch die Determinierung der Ausbildungsinhalte, die im Rahmen der Sonderausbildungen für Lehraufgaben zu vermitteln sind, erfolgt erstmals eine gesetzliche Vorgabe, die die pädagogischen und fachlich weiterführenden Qualifikationen des auf diesen Gebieten tätigen Personals umschreibt.

Für die Wahrnehmung von Lehraufgaben sind die berufsspezifischen Qualifikationen zu vertiefen und allgemeine und berufsspezifische Kompetenzen auf dem Gebiet der Pädagogik und verwandter Wissenschaften zu erwerben.

Sonderausbildung für Führungsaufgaben

§ 72. (1) Die Sonderausbildung für Führungsaufgaben dauert mindestens ein Jahr und umfaßt mindestens 1 600 Stunden theoretische und praktische Ausbildung.

(2) Sie beinhaltet insbesondere folgende Sachgebiete:
1. **Gesundheits- und Krankenpflege, einschließlich Pflegeforschung**
2. **Berufskunde und Ethik**
3. **Psychologie, Soziologie und Pädagogik**
4. **Kommunikation, Verhandlungsführung und Konfliktbewältigung**
5. **Management, Organisationslehre und Statistik**
6. **Betriebswirtschaftliche Grundlagen**
7. **Betriebsführung in Einrichtungen des Gesundheitswesens**
8. **Rechtskunde und Arbeitnehmerschutz.**

§ 73 GuKG

Anmerkung:

EB-RV:
Die Wahrnehmung von Führungsaufgaben erfordert ebenfalls sowohl eine Vertiefung der fachlichen Qualifikationen unter Einbeziehung der Pflegeforschung als auch den Erwerb von Managementkompetenzen sozial- und verhaltenswissenschaftlicher Natur.

Der optimale Ressourceneinsatz in der intra- und extramuralen Pflege erfordert eine breite pflegespezifische und managementbezogene Qualifizierung des Führungspersonals.

Insbesondere sind daher fundierte Kenntnisse in Management, Arbeitsorganisation, Personalplanung, Mitarbeiterführung, Betriebsführung und Soziologie Voraussetzung für die Berufsausübung in diesem Bereich.

Weiterbildungs- und Sonderausbildungsverordnung

§ 73. Der Bundesminister für Gesundheit und Frauen hat durch Verordnung nähere Vorschriften über
1. **den Lehrplan und die Abhaltung der Weiterbildungen und Sonderausbildungen unter Bedachtnahme auf einen geordneten und zweckmäßigen Ausbildungsbetrieb,**
2. **die Durchführung der Prüfungen, die Prüfungskommission, die Wertung des Prüfungsergebnisses und über die Voraussetzungen, unter denen eine Prüfung wiederholt werden kann,**
3. **die Form und den Inhalt der auszustellenden Zeugnisse und Diplome und**
4. **einheitliche Zusatzbezeichnungen gemäß § 12 Abs. 2 Z 2**

zu erlassen.

Anmerkungen:

1. Dieser Paragraph hat durch die GuKG-Novelle 2003 eine neue Fassung erhalten.

2. EB 2003:
Die bisherige Verordnungsermächtigung wird um den Auftrag zur Festlegung von einheitlichen Zusatzbezeichnungen für AbsolventInnen einer Weiterbildung erweitert, dies insbesondere zur Rechtsklarheit und -sicherheit für die Berufsangehörigen sowie für die KonsumentInnen.

3. Siehe die Gesundheits- und Krankenpflege-Spezialaufgaben- Verordnung – GuK-SV, BGBl. II Nr. 452/2005 (Anhang E) und die Gesundheits- und Krankenpflege-Lehr- und Führungsaufgaben- Verordnung – GuK-LFV, BGBl. II Nr. 453/2005 i.d.F. BGBl. II Nr. 456/2006, BGBl. II Nr. 59/2009 und BGBl. II Nr. 244/2010 (Anhang F), sowie die Gesundheits- und Krankenpflege – Weiterbildungsverordnung – GuK-WV, BGBl. II Nr. 453/2006 i.d.F. BGBl. II Nr. 359/2010 (Anhang H).

4. Das zuständige Bundesministerium ist numehr das Bundesministerium für Gesundheit (siehe Bundesministeriengesetz 1986 i.d.F. BGBl. I Nr. 3/2009).

6. Abschnitt
Spezielle Grundausbildungen

§ 74. (1) Die Ausbildungen in der Kinder- und Jugendlichenpflege und in der psychiatrischen Gesundheits- und Krankenpflege können auch im Rahmen einer speziellen Grundausbildung absolviert werden.

(2) Eine spezielle Grundausbildung gemäß Abs. 1 dauert drei Jahre und umfaßt mindestens 4 600 Stunden theoretische und praktische Ausbildung, wobei mindestens die Hälfte auf die praktische Ausbildung und mindestens ein Drittel auf die theoretische Ausbildung zu entfallen hat.

Anmerkung:

EB-RV:
Die speziellen Grundausbildungen in der Kinder- und Jugendlichenpflege und in der psychiatrischen Gesundheits- und Krankenpflege dauern wie bisher drei Jahre.

§ 75   GuKG

Die Möglichkeit der Absolvierung einer verkürzten Ausbildung für AbsolventInnen einer speziellen Grundausbildung ist nur in der allgemeinen Gesundheits- und Krankenpflege vorgesehen. Eine Normierung von verkürzten Ausbildungen in der jeweils anderen speziellen Grundausbildung erübrigt sich, da die entsprechende Berufsberechtigung durch Absolvierung der Sonderausbildung gemäß § 65 erworben werden kann.

Grundausbildung in der Kinder- und Jugendlichenpflege

§ 75. (1) Die spezielle Grundausbildung in der Kinderund Jugendlichenpflege erfolgt an Schulen für Kinder- und Jugendlichenpflege.

(2) Hinsichtlich der Errichtung und Organisation der Schulen für Kinder- und Jugendlichenpflege, der Aufnahme in und des Ausschlusses aus der Schule sowie der Prüfungen gelten die §§ 49 bis 56 und 58 bis 60.

Anmerkung:

EB-RV:

Auf Grund der Erweiterung des Tätigkeitsbereiches der bisherigen Kinderkranken- und Säuglingspflege erfolgt auch eine entsprechende Umbenennung der Schulen.

§ 76. (1) Die Ausbildung in der Kinder- und Jugendlichenpflege beinhaltet neben den in § 42 insbesondere die in § 66 Abs. 2 angeführten Sachgebiete.

(2) Hinsichtlich der praktischen Ausbildung gilt § 43 mit der Maßgabe, daß auch Tätigkeiten gemäß § 18 unter Anleitung und Aufsicht der Lehr- und Fachkräfte durchgeführt werden dürfen.

Anmerkung:

EB-RV:

In der speziellen Grundausbildung sind sowohl die Inhalte der Ausbildung in der allgemeinen Gesundheits- und Krankenpflege, natürlich in geringerem Umfang, als auch der Sonderausbildung in der Kinder- und Jugendlichenpflege zu berücksichtigen.

Die detaillierten Inhalte werden im Verordnungswege festgelegt.

In Abs. 2 wird die Voraussetzung für das Erlernen von Tätigkeiten im Rahmen der praktischen Ausbildung geschaffen (siehe auch Erläuterungen zu § 43).

§ 77. Personen, die die Diplomprüfung mit Erfolg abgelegt haben, ist ein Diplom, in dem die Berufsbezeichnung „Diplomierte Kinderkrankenschwester"/„Diplomierter Kinderkrankenpfleger" anzuführen ist, auszustellen.

Anmerkung:

EB-RV:
Zu der im Diplom anzuführenden Berufsbezeichnung ist auf die Erläuterungen zu § 12 hinzuweisen.

Grundausbildung in der psychiatrischen Gesundheits- und Krankenpflege

§ 78. (1) Die spezielle Grundausbildung in der psychiatrischen Gesundheits- und Krankenpflege erfolgt an Schulen für psychiatrische Gesundheits- und Krankenpflege.

(2) Hinsichtlich der Errichtung und Organisation der Schulen für die psychiatrische Gesundheits- und Krankenpflege, der Aufnahme in und des Ausschlusses aus der Schule sowie der Prüfungen gelten die §§ 49 bis 56 und 58 bis 60.

(3) Personen, die sich um die Aufnahme in eine Schule für die psychiatrische Gesundheits- und Krankenpflege bewerben, haben zusätzlich zu den in § 54 Abs. 1 genannten Voraussetzungen ein Lebensalter von mindestens 18 Jahren nachzuweisen.

§ 79 GuKG

Anmerkung:

EB-RV:
Zur Vereinheitlichung der Terminologie werden die bisherigen Ausbildungsstätten in Schulen für psychiatrische Gesundheits- und Krankenpflege umbenannt.

Diese Ausbildung kann wie bisher im Rahmen eines Dienstverhältnisses absolviert werden.

Die Festsetzung eines Mindestalters von 18 Jahren als zusätzliche Aufnahmevoraussetzung ist im Hinblick auf die erhöhte psychische Belastung, der bereits SchülerInnen insbesondere im Rahmen der praktischen Ausbildung ausgesetzt sind, erforderlich. Bei einem Alter von 18 Jahren kann davon ausgegangen werden, daß die eigene Persönlichkeit bereits so weit entwickelt ist, daß dieser Belastung standgehalten werden kann.

§ 79. (1) Die Ausbildung in der psychiatrischen Gesundheits- und Krankenpflege beinhaltet neben den in § 42 insbesondere die in § 67 Abs. 2 angeführten Sachgebiete.

(2) Hinsichtlich der praktischen Ausbildung gilt § 43 mit der Maßgabe, daß auch Tätigkeiten gemäß § 19 unter Anleitung und Aufsicht der Lehr- und Fachkräfte durchgeführt werden dürfen.

Anmerkung:

EB-RV:
Auch die spezielle Grundausbildung in der psychiatrischen Gesundheits- und Krankenpflege hat die Lehrinhalte der allgemeinen Gesundheits- und Krankenpflege in verkürzter Form zu enthalten.

Zusätzlich sind die auch in der entsprechenden Sonderausbildung enthaltenen Fächer abzudecken. Auf die Erläuterungen zu § 67 wird verwiesen.

Die detaillierten Inhalte werden im Verordnungswege festgelegt.

In Abs. 2 wird die Voraussetzung für das Erlernen von Tätigkeiten im Rahmen der praktischen Ausbildung geschaffen (siehe auch Erläuterungen zu § 43).

§ 80. Personen, die die Diplomprüfung mit Erfolg abgelegt haben, ist ein Diplom, in dem die Berufsbezeichnung „Diplomierte psychiatrische Gesundheits- und Krankenschwester"/„ Diplomierter psychiatrischer Gesundheits- und Krankenpfleger" anzuführen ist, auszustellen.

Anmerkung:
EB-RV:
Die im Diplom anzuführenden Berufsbezeichnung wird der modernen Diktion angepaßt und entspricht § 12 Abs. 4.

Ausbildungs- und Prüfungsverordnung

§ 81. Der Bundesminister für Arbeit, Gesundheit und Soziales hat durch Verordnung nähere Bestimmungen die speziellen Grundausbildungen, insbesondere über
   1. **den Lehrbetrieb, den Lehrplan, den Mindestumfang des theoretischen und praktischen Unterrichts und die fachlichen Voraussetzungen der Leitung und der Lehr- und Fachkräfte und**
   2. **die Art und Durchführung der Prüfungen, die Wertung der Prüfungsergebnisse, die Voraussetzungen, unter denen eine Prüfung wiederholt werden kann, die Anzahl der Wiederholungsmöglichkeiten und über die Form und den Inhalt des auszustellenden Zeugnisses**
festzulegen.

Anmerkungen:
1. EB-RV:
Nähere Bestimmungen über die speziellen Grundausbildungen, insbesondere über die Ausbildungsinhalte und Prüfungsmodalitäten, werden im Verordnungswege festgelegt.

§ 82 GuKG

2. Nach dem Bundesministeriengesetz 1986 idF BGBl. I Nr. 3/2009 ist nunmehr der **Bundesminister für Gesundheit** zuständig.

3. Hauptstück
Pflegehilfe

1. Abschnitt
Allgemeines

Berufsbild

§ 82. Die Pflegehilfe umfaßt die Betreuung pflegebedürftiger Menschen zur Unterstützung von Angehörigen des gehobenen Dienstes für Gesundheits- und Krankenpflege sowie von Ärzten.

Anmerkungen:

1. EB-RV:
Das **Berufsbild der Pflegehilfe** soll deutlich zum Ausdruck bringen, daß es sich hiebei um einen qualifizierten Beruf zur Unterstützung und Hilfe anderer Gesundheitsberufe, insbesondere des gehobenen Dienstes für Gesundheits- und Krankenpflege, bei der Betreuung von pflegebedürftigen Menschen handelt.

Die Pflegehelferin/der Pflegehelfer wird bei ihrer/seiner Tätigkeit von diplomiertem Pflegepersonal angeleitet.

2. Aus dem **Bericht des Gesundheitsausschusses** betreffend die Einführung des Berufs des Pflegehelfers, 1392 der Beilagen zu den Stenographischen Protokollen NR, XVII. GP:

,,In allen Bereichen des stationären und ambulanten Gesundheitswesens werden in Zukunft verstärkt ältere Menschen zu betreuen sein. Aus diesem Grund muß die Ausbildung aller einschlägigen Berufsgruppen auf die Besonderheiten der Hilfe und Pflege für ältere Menschen abgestimmt sein.

Es ist daher die Ausbildung sowohl der diplomierten Pflegekräfte als auch der Hilfsdienste insbesondere um folgende wichtige Bereiche zu ergänzen:

- Stärkung der „sozialen Kompetenz";
- Geriatrie;
- Gerontopsychiatrie.

Die Schaffung eines gesonderten Berufes bzw. einer gesonderten Ausbildung für die Gruppe der alten Menschen wird sowohl für den Krankenpflegefachdienst als auch für den Hilfsdienst für nicht zielführend erachtet.

Das Ziel soll vielmehr sein, besser ausgebildete Diplomschwestern und besser ausgebildete Hilfsdienste für eine Zusammenarbeit im Pflegeteam sowohl im stationären wie auch im ambulanten Bereich einzusetzen."

3. Zum Beruf des Pflegehelfers in §§ 43a ff. Krankenpflegegesetz siehe *Schwamberger*, Krankenpflegegesetz (1993), 59 ff.

Berufsbezeichnung

§ 83. (1) Personen, die nach den Bestimmungen dieses Bundesgesetzes zur Ausübung der Pflegehilfe berechtigt sind (§ 85), sind berechtigt, die Berufsbezeichnung „Pflegehelferin"/„Pflegehelfer" zu führen.

(1a) Personen, die eine Weiterbildung gemäß § 104a erfolgreich absolviert haben, sind berechtigt, nach der Berufsbezeichnung gemäß Abs. 1 die absolvierte Fachrichtung in Klammer als Zusatzbezeichnung anzufügen.

(2) EWR-Staatsangehörige und Staatsangehörige der Schweizerischen Eidgenossenschaft, die auf Grund dieses Bundesgesetzes zur Ausübung der Pflegehilfe berechtigt sind (§ 85), dürfen die im Heimat- oder Herkunftsstaat gültigen rechtmäßigen Ausbildungsbezeichnungen bzw. deren Abkürzung führen, sofern

1. diese nicht mit der Berufsbezeichnung gemäß Abs. 1 identisch sind und nicht mit einer Bezeichnung verwechselt werden können, die in Österreich eine zusätzliche Ausbildung voraussetzt und
2. neben der Ausbildungsbezeichnung Name und Ort der Lehranstalt oder des Prüfungsausschusses, die/der die-

§ 83 GuKG

se Ausbildungsbezeichnung verliehen hat, angeführt werden.

(3) Die Führung
1. einer Berufs- oder Ausbildungsbezeichnung gemäß Abs. 1, 1a und 2 durch hiezu nicht berechtigte Personen,
2. anderer verwechselbarer Berufs- und Ausbildungsbezeichnungen durch hiezu nicht berechtigte Personen oder
3. anderer als der gesetzlich zugelassenen Berufsbezeichnung

ist verboten.

Anmerkungen:

1. Abs. 1a wurde durch die GuKG-Novelle 2003 neu in das Gesetz eingefügt. Im **Abs. 2** wurde durch die GuKG-Novelle eine Ergänzung bezüglich der Schweizer Eidgenossenschaft vorgenommen.

Abs. 1 hat durch das GesBRÄG 2007 eine neue Fassung erhalten.

2. EB-RV:

Die Berufsbezeichnung des Krankenpflegegesetzes wird beibehalten. Festzuhalten ist, daß mit dem Wort „Hilfe" das soziale und ethische Engagement zum Ausdruck gebracht wird.

In Abs. 2 erfolgt die Umsetzung des Artikel 11 der Richtlinie 92/51/EWG, wobei klargestellt wird, unter welchen Voraussetzungen EWR-Staatsangehörige ihre im Heimat- oder Herkunftsstaat erworbenen Ausbildungsbezeichnungen oder deren Abkürzungen zu führen berechtigt sind.

3.1. EB 2003:

Im Rahmen der §§ 104a und 104b wird auch für PflegehelferInnen die gesetzliche Möglichkeit der Weiterbildung in bestimmten durch Verordnung festzulegenden Bereichen geschaffen. Derzeit sind folgende Bereiche für eine entsprechende Verordnung in Aussicht genommen: Geriatrische Pflege, Hauskrankenpflege, Palliativpflege und Validierende Pflege. Diese Weiterbildungen dienen der Erweiterung der Kenntnisse und Fertigkeiten, die grundsätzlich bereits in der Grundausbildung vermittelt wurden. Sie erweitern nicht den Tätigkeitsbereich, sondern zielen auf die Vertiefung der persönlichen Kenntnisse und Fertigkeiten des/der Pflegehelfers/in in einzelnen Bereichen ab. Wie für diplomierte Gesundheits- und Krankenpflegepersonen ist auch für PflegehelferInnen die Absolvierung einer Weiterbildung mit der Berechtigung zur Führung der entsprechenden Zusatzbezeichnung verbunden.

3.2. EB 2007 (Abs. 1)
Siehe Anmerkung 4 zu § 12.

4. Siehe auch die §§ 104a und 104b.

5. Siehe auch die Strafbestimmung im § 105 Abs 1 Z 3.

Tätigkeitsbereich

§ 84. (1) Der Tätigkeitsbereich der Pflegehilfe umfaßt
1. **die Durchführung von pflegerischen Maßnahmen gemäß Abs. 2 und 3 und**
2. **Mitarbeit bei therapeutischen und diagnostischen Verrichtungen gemäß Abs. 4**

einschließlich der sozialen Betreuung der Patienten oder Klienten und der Durchführung hauswirtschaftlicher Tätigkeiten.

(2) Die Durchführung von pflegerischen Maßnahmen **darf nur nach Anordnung und unter Aufsicht von Angehörigen des gehobenen Dienstes für Gesundheits- und Krankenpflege erfolgen. Im extramuralen Bereich haben Anordnungen schriftlich zu erfolgen. Eine Übermittlung der schriftlichen Anordnung per Telefax oder im Wege automationsunterstützter Datenübertragung ist zulässig, sofern die Dokumentation gewährleistet ist.**

§ 84 GuKG

(3) Die Durchführung von pflegerischen Maßnahmen umfaßt insbesondere:
1. Durchführung von Grundtechniken der Pflege,
2. Durchführung von Grundtechniken der Mobilisation,
3. Körperpflege und Ernährung,
4. Krankenbeobachtung,
5. prophylaktische Pflegemaßnahmen,
6. Dokumentation der durchgeführten Pflegemaßnahmen und
7. Pflege, Reinigung und Desinfektion von Behelfen.

(4) Im Rahmen der Mitarbeit bei therapeutischen und diagnostischen Verrichtungen dürfen im Einzelfall nach schriftlicher ärztlicher Anordnung und unter Aufsicht von Angehörigen des gehobenen Dienstes für Gesundheits- und Krankenpflege oder von Ärzten folgende Tätigkeiten durchgeführt werden:
1. Verabreichung von Arzneimitteln,
2. Anlegen von Bandagen und Verbänden,
3. Verabreichung von subkutanen Insulininjektionen und subkutanen Injektionen von blutgerinnungshemmenden Arzneimitteln einschließlich Blutentnahme aus der Kapillare zur Bestimmung des Blutzuckerspiegels mittels Teststreifens,
4. Durchführung von Sondenernährung bei liegenden Magensonden,
5. Maßnahmen der Krankenbeobachtung aus medizinischer Indikation, wie Messen von Blutdruck, Puls, Temperatur, Gewicht und Ausscheidungen sowie Beobachtung der Bewußtseinslage und der Atmung und
6. einfache Wärme- und Lichtanwendungen.

Eine Übermittlung der schriftlichen Anordnung per Telefax oder im Wege automationsunterstützter Datenübertragung ist zulässig, sofern die Dokumentation gewährleistet ist. Nach Maßgabe des § 15 Abs. 6 Z. 1 kann die Anordnung auch durch Angehörige des gehobenen Dienstes für Gesundheits- und Krankenpflege erfolgen.

GuKG **§ 84**

(5) Im Einzelfall kann die Aufsicht gemäß Abs. 2 und 4 in Form einer begleitenden in regelmäßigen Intervallen auszuübenden Kontrolle erfolgen, sofern
1. der Gesundheitszustand des jeweiligen pflegebedürftigen Menschen dies zulässt,
2. die Anordnung durch den Angehörigen des gehobenen Dienstes für Gesundheits- und Krankenpflege bzw. den Arzt schriftlich erfolgt und deren Dokumentation gewährleistet ist,
3. die Möglichkeit der Rückfrage bei einem Angehörigen des gehobenen Dienstes für Gesundheits- und Krankenpflege bzw. Arzt gewährleistet ist und
4. die Kontrollintervalle nach Maßgabe pflegerischer und ärztlicher einschließlich qualitätssichernder Notwendigkeiten durch den Angehörigen des gehobenen Dienstes für Gesundheits- und Krankenpflege bzw. durch den Arzt schriftlich festgelegt sind.

Anmerkungen:

1. Abs. 4 Z. 3 wurde durch die GuKG-Novelle 2003 ergänzt (Injektion von blutgerinnungshemmenden Arzneimitteln); der letzte Satz in Abs. 4 wurde neu eingefügt. Abs. 5 wurde durch die GuKG-Novelle 2009 neu erlassen.

2. EB-RV:
Wie beim gehobenen Dienst für Gesundheits- und Krankenpflege werden auch für die Pflegehilfe **verschiedene Tätigkeitsbereiche**, in denen Anordnungsbefugnisse und Verantwortungen unterschiedlich aufgeteilt sind, festgelegt.

Während die in Abs. 1 Z 1 und 2 genannten Tätigkeiten auf Anordnung durchzuführen sind, werden die Tätigkeiten in Z 3 von der Pflegehelferin/vom Pflegehelfer eigenverantwortlich vorgenommen. Zu der in Z 3 angeführten „sozialen Betreuung" zählen insbesondere der alltägliche Umgang mit den PatientInnen, KlientInnen und pflegebedürftigen Menschen, die Führung von

§ 84 GuKG

Gesprächen, die Förderung der Kommunikation im sozialen Umfeld und die Berücksichtigung individueller religiöser Bedürfnisse.

Pflegerische Maßnahmen dürfen von PflegehelferInnen nur nach Anordnung und unter Aufsicht von Angehörigen des gehobenen Dienstes für Gesundheits- und Krankenpflege vorgenommen werden, wobei die „Aufsicht" nicht die ständige unmittelbare Anwesenheit der diplomierten Pflegeperson erfordert. Dies bedeutet, daß die diplomierte Pflegeperson im intramuralen Bereich zumindest in der entsprechenden Organisationseinheit anwesend sein muß, die/der Pflegehelfer/in darf jedoch die angeordnete Maßnahme selbst durchführen, ohne daß die diplomierte Pflegeperson „danebensteht". Eine nachfolgende Kontrolle der durchgeführten Tätigkeit ist jedenfalls erforderlich.

Um ein sinnvolles Tätigwerden von PflegehelferInnen im extramuralen Bereich zu ermöglichen, kann sich die Aufsicht in diesem Bereich auch auf eine **nachfolgende Kontrolle** beschränken, sofern sich die anordnungsbefugte Person vorher von den Fähigkeiten und Fertigkeiten der Pflegehelferin/des Pflegehelfers überzeugt hat. In diesen Fällen muß jedoch die Anordnung schriftlich erfolgen.

Abs. 3 enthält eine demonstrative Aufzählung der pflegerischen Maßnahmen, die von PflegehelferInnen durchgeführt werden dürfen.

Bei therapeutischen Verrichtungen dürfen PflegehelferInnen nur nach schriftlicher ärztlicher Anordnung im Einzelfall und unter entsprechender Aufsicht in den in Abs. 4 taxativ aufgezählten Fällen tätig werden. Zur ärztlichen Anordnung wird auf die Erläuterungen zu § 15 verwiesen.

Die **Verabreichung von Arzneimitteln** sollte nur im Ausnahmefall an PflegehelferInnen delegiert werden, grundsätzlich sind Arzneimittel von ÄrztInnen bzw. von diplomierten Pflegepersonen im mitverantwortlichen Tätigkeitsbereich zu verabreichen.

Den Anforderungen der Praxis folgend, werden die Kenntnisse und Fertigkeiten zur Verabreichung von Insulininjektionen und zur Durchführung von Sondenernährung bei liegenden Magensonden bereits in die Grundausbildung aufgenommen und diese Tätigkeiten in Zukunft von Angehörigen der Pflegehilfe durchgeführt werden dürfen.

Die Tätigkeit von PflegehelferInnen basiert auf der Zusammenarbeit mit den anderen Gesundheitsberufen unter Zugrundelegung der Prinzipien der Teamarbeit und Delegation. Zu beachten ist hiebei allerdings, daß nur Tätigkeiten delegiert werden dürfen, die dem Berufsbild der Pflegehilfe entsprechen und die in der Ausbildung vermittelt wurden. Die allgemeinen Grundsätze der Anordnungs- und Durchführungsverantwortung finden selbstverständlich auch hier Anwendung.

3. Abs 1 wurde vom **Gesundheitsausschuß** geändert. Die in der RV vorgesehene Z 3 wurde als Zusatz „einschließlich ..." in das Gesetz aufgenommen. Der AB führt hiezu aus: Im Hinblick auf die kompetenzrechtlich gebotene Abgrenzung von Angelegenheiten des Gesundheitswesens im Sinne des Art. 10 Abs 1 Z 12 B-VG und Landesaufgaben erscheint die in der Regierungsvorlage gewählte Formulierung verfassungsrechtlich bedenklich. Die Änderung in der vorgeschlagenen Form dient der Klarstellung des Tätigkeitsbereichs der Pflegehilfe. Aus diesem Grund soll festgehalten werden, daß soziale Betreuung und hauswirtschaftliche Tätigkeiten nicht eigenständige Berufsbildinhalte sind (so mißverständlich die Regierungsvorlage) und dies lediglich aus Anlaß der in Z 1 und 2 genannten Tätigkeiten mitbesorgt werden können.

4. Abs. 1 Z. 2, Abs. 2 und 4 haben durch die Novelle BGBl. I Nr. 95/1998 eine neue Fassung erhalten. Abs. 5 wurde neu angefügt.

Die Änderungen dienen der Klarstellung der Tätigkeiten des Pflegehelfers/der Pflegehelferin, die nach der gegenwärtigen Rechtslage nicht in ausreichendem Maß den Anforderungen der Gesundheits- und Krankenpflege entsprechen. Allfällige Anordnungen des Arztes hinsichtlich diagnostischer und therapeutischer Verrichtungen werden sich auch danach bestimmen, ob diese Tätigkeiten in Krankenanstalten oder extramural erfolgen. Eine qualitativ hochwertige Betreuung erfordert auch, daß ausreichend Angehörige des gehobenen Dienstes für Gesundheits- und Krankenpflege zur Verfügung stehen. Die Möglichkeit, daß Pflegehelfer/Pflegehelferinnen im Einzelfall zeitlich begrenzt Tätigkeiten auch ohne entsprechende Aufsicht durchführen, trägt ebenso den Anforderungen der Praxis Rechnung. Absatz 5 ist eine Spezialnorm zu Absatz 2 und 4, die grundsätzlich ein Gebot der Aufsicht normieren. Die weiteren Entwicklungen der Gesundheits- und Krankenpflege insbesondere im extramuralen Bereich werden eine weitere Diskussion nach einem Beobachtungszeitraum erfordern (AB 1998).

Das GuKG ermöglicht unter bestimmten Voraussetzungen die Durchführung von diagnostischen und therapeutischen Verrichtungen bei der Behandlung von Kranken und der Betreuung von Gesunden durch Angehörige der Gesundheits- und Krankenpflegeberufe. Im Sinne des Berufsbildes des gehobenen Dienstes für Gesundheits- und Krankenpflege sowie unter Bedachtnahme auf das Berufsbild der Pflegehilfe, welches die Betreuung von pflegebedürftigen Menschen zur Unterstützung von Angehörigen des gehobenen Dienstes für Gesundheits- und Krankenpflege sowie von Ärzten umfaßt, ist einheitlich zur Klarstellung das Wort ‚Mitarbeit' zu verwenden.

Hinsichtlich Abs. 4 letzter Satz wird auf die Ausführungen zu § 15 Abs. 4 verwiesen.

5. Siehe auch die Anmerkungen zu § 15.

6. EB 2003 (zu Abs. 4 Z 3):

Entsprechend den Erfordernissen der Praxis ist die Verabreichung von subkutanen Injektionen von blutgerinnungshemmenden Arzneimitteln, wie zB Heparininjektionen, in den Tätigkeitsbereich des § 84 Abs. 4 aufzunehmen, zumal die Durchführung dieser Tätigkeit kaum mehr Risken birgt als die Verabreichung von Insulininjektionen und Kenntnisse über Wirkungen und Nebenwirkungen von blutgerinnungshemmenden Arznei-

GuKG **§ 84**

mitteln bereits derzeit im Unterrichtsfach Grundzüge der Pharmakologie vermittelt werden. Die Vermittlung der praktischen Kenntnisse und Fertigkeiten sollten im Rahmen der Unterweisung zur Verabreichung von Insulininjektionen erfolgen und kann somit in die bestehende Pflegehilfeausbildung integriert werden.

7. Zu Abs. 4 siehe auch die Anmerkungen zu § 15 Abs. 6, § 43 Abs. 2 und § 92 Abs. 3.

8. Unter **ärztlicher Anordnung** ist keine generelle Überweisung oder Zuweisung durch den (die) behandelnde (n) Arzt (Ärztin) bzw. den Angehörigen des gehobenen Dienstes für Gesundheits- und Krankenpflege zu verstehen, vielmehr hat die Anwendung der entsprechenden Maßnahme nach eingehender Untersuchung und Beurteilung der Zustände durch den (die) Arzt (Ärztin) zu erfolgen. Die Anordnungsverantwortung bleibt also beim Arzt (bei der Ärztin), der (die) Pflegehelfer(in) trägt die Durchführungsverantwortung; er (sie) hat auf Grund der Diagnose des Arztes (der Ärztin) die entsprechende Behandlung nach Anordnung durch den Arzt (die Ärztin) eigenverantwortlich durchzuführen.

Dies bedeutet aber, daß bei Auftreten von Fragestellungen, die den Wissens- bzw. Ausbildungsstand der jeweiligen Krankenpflegeperson überschreiten, umgehend der (die) anordnende Arzt (Ärztin) zu befassen ist.

9. Ärztliche Aufsicht bedeutet, daß die Aufsicht von einem Arzt im Sinne des Ärztegesetzes 1998 ausgeübt werden muß. In seiner allgemeinen sprachlichen Bedeutung bedeutet „Aufsicht" eine Kontrolltätigkeit mit dem Ziel, das Verhalten des Beaufsichtigten in Übereinstimmung mit einem feststehenden Richtmaß zu setzen und zu erhalten (vgl. Kopetzki, Turnusärzte und Famulanten (1990), 30 f.). Bei der ärztlichen Aufsicht handelt es sich um eine Fachaufsicht. Dabei ist einerseits der Aspekt des Patientenwohls zu berücksichtigen, anderseits die Qualitätssicherung der ärztlichen Leistung. Hinsichtlich des Problems der Aufsichtsin-

§ 84 GuKG

tensität ist davon auszugehen, daß es von der Art der Tätigkeit abhängt, ob der Arzt unmittelbar daneben stehen muß, oder ob es ausreicht, wenn er anwesend ist. Dies gilt sinngemäß auch für die Aufsicht durch Angehörige des gehobenen Dienstes für Gesundheits- und Krankenpflege.

10. Die **schriftliche Anordnung** ist wesentlicher Bestandteil der Dokumentation und insbes. aus Haftungsgründen wichtig.

11. EB 2009:
Durch die GuKG-Novelle BGBl. I Nr. 95/1998 wurde normiert, dass in einzelnen Ausnahmefällen und zeitlich begrenzt die Pflegehilfe auch ohne Aufsicht und mit nachfolgender Kontrolle tätig werden darf. Der Bericht des Gesundheitsausschusses AB 1269 Blg.NR 20. GP führt dazu Folgendes aus: „Die Möglichkeit, dass Pflegehelfer/innen im Einzelfall zeitlich begrenzt Tätigkeiten auch ohne entsprechende Aufsicht durchführen, trägt ebenso den Anforderungen der Praxis Rechnung. Abs. 5 ist eine Spezialnorm zu Abs. 2 und 4, die grundsätzlich ein Gebot der Aufsicht normieren. Die weiteren Entwicklungen der Gesundheits- und Krankenpflege insbesondere im extramuralen Bereich werden eine weitere Diskussion nach einem Beobachtungszeitraum erfordern."

Auf Grund der Vereinbarung gemäß Art. 15a B-VG über Sozialbetreuungsberufe wurden im Rahmen der landesrechtlichen Vorschriften einheitliche Regelungen betreffend Sozialbetreuungsberufe geschaffen. Der Großteil der Fach- und Sozialbetreuer/innen integriert der Pflegehilfe in die Ausbildungen, die Berufsbilder und die Tätigkeitsbereiche.

Im Rahmen des Gesundheitsberufe-Rechtsänderungsgesetzes 2007 wurde für die Personenbetreuung sowie für die Persönliche Assistenz die rechtliche Möglichkeit geschaffen, an diese Laien unter bestimmten Voraussetzungen im Einzelfall einzelne ärztliche und pflegerische Tätigkeiten zu übertragen.

Diese rechtlichen Entwicklungen im Bereich der Pflege und Betreuung sowie die tatsächlichen Gegebenheiten im Pflegealltag, insbesondere in der Hauskrankenpflege, erfordern eine entsprechende Anpassung der berufsrechtlichen Grundlagen der Gesundheits- und Krankenpflegeberufe. Einerseits ist der zentralen Rolle des gehobenen Diensts für Gesundheits- und Krankenpflege im Bereich der Planung, Koordination und Delegation der Pflege Rechnung zu tragen, andererseits ist der Pflegehilfe, die neben dem gehobenen Dienst für Gesundheits- und Krankenpflege für die professionelle Durchführung der Pflegemaßnahmen verantwortlich ist, ein flexiblerer Einsatz im Rahmen ihres Berufsbilds zu ermöglichen.

In diesem Sinne wird die Durchführung pflegerischer und ärztlicher Tätigkeiten durch Pflegehelfer/innen, die derzeit ausschließlich unter Aufsicht von Angehörigen des gehobenen Dienstes für Gesundheits- und Krankenpflege bzw. von Ärzten/-innen erfolgen darf und die Aufsicht nur in einzelnen Ausnahmefällen durch eine nachträgliche Kontrolle kompensiert werden darf (derzeit geltender § 84 Abs. 5), den tatsächlichen Gegebenheiten und Erfordernissen angepasst.

Zur Frage des Aufsichtsbegriffs ist festzuhalten, dass dieser unterschiedliche Ausgestaltungen von der „Draufsicht" bis zur nachträglichen Kontrolle haben kann. Für die Pflegehilfe, die in unterschiedlichen Settings tätig werden kann, hat sich – auch angesichts der im Jahre 1998 geschaffenen Regelung des § 84 Abs. 5 – der Bedarf einer entsprechenden gesetzlichen Differenzierung der Aufsicht besonders für den Bereich der Hauskrankenpflege und der Langzeitpflege ergeben.

Durch den geänderten § 84 Abs. 5 wird daher eine gesetzliche Grundlage für die Durchführung von Tätigkeiten der Pflegehilfe im Einzelfall mit begleitender in regelmäßigen Intervallen auszuübender Kontrolle bei Vorliegen folgender Rahmenbedingungen geschaffen:

- Zunächst ist im Rahmen des Pflegeassessments bzw. der ärztlichen Anamnese festzustellen, dass der Gesundheitszustand des jeweiligen pflegebedürftigen Menschen ein Tätigwerden des/der Pflegehelfers/-in mit begleitender Kontrolle zulässt.

- Eine entsprechende Anordnung für das Tätigwerden der Pflegehilfe mit begleitender Kontrolle hat ausnahmslos schriftlich zu erfolgen und ist entsprechend zu dokumentieren. Hinsichtlich der Übermittlung der schriftlichen Anordnung gilt § 84 Abs. 2 und 4 letzter Satz, nämlich dass diese auch per Telefax oder im Wege automationsunterstützter Datenübertragung zulässig ist. Ein Hausbesuch der anordnenden Person für jede einzelne Anordnung ist daher nicht erforderlich.
- Bei Problemen oder Fragen muss auch außerhalb der Kontrollintervalle eine Rückfragemöglichkeit beim gehobenen Dienst für Gesundheits- und Krankenpflege bzw. bei einem/einer Arzt/Ärztin gewährleistet sein.
- Schließlich müssen für die Durchführung der begleitenden Kontrolle im Vorhinein jene Zeitintervalle nach den pflegerischen und ärztlichen einschließlich qualitätssichernden Notwendigkeiten schriftlich im Pflegeplan festgelegt werden, in denen die Kontrolle der Durchführung der pflegerischen bzw. ärztlichen Maßnahmen von einem/einer Angehörigen des gehobenen Dienstes für Gesundheits- und Krankenpflege bzw. Arzt/Ärztin durchzuführen sind. Die Kontrollintervalle ergeben sich somit aus dem Pflegeplan.

Grundlage für die Durchführung pflegerischer Maßnahmen durch die Pflegehilfe muss ein vom gehobenen Dienst für Gesundheits- und Krankenpflege erstellter schriftlicher Pflegeplan sein, im Rahmen dessen die unter begleitender Kontrolle durch Pflegehelfer/innen durchzuführenden pflegerischen Maßnahmen entsprechend genau zu formulieren sind. Dies wird lege artis im Sinne der allgemeinen Berufspflichten gemäß § 4 GuKG so zu erfolgen haben, dass jede mit der Maßnahme betraute Person präzise und unmissverständlich nachvollziehen kann, wer wann welche Tätigkeit wie und gegebenenfalls mit welchen Materialien durchführen soll. Der Begriff „wer" umfasst einerseits generell die Frage, ob die jeweilige Tätigkeit von Angehörigen der Pflegehilfe oder von Angehörigen des gehobenen Dienstes für

Gesundheits- und Krankenpflege durchzuführen ist und eröffnet andererseits ebenso die Möglichkeit, ausschließlich bestimmte namentlich genannte Angehörige eines Gesundheits- und Krankenpflegeberufs auf Grund z.B. besonderer Eignung oder Erfahrung mit der Durchführung der genannten Tätigkeit zu betrauen.

12. In der Pflegehilfe nach dem GuKG gibt es auch einen eigenverantwortlichen Tätigkeitsbereich, nämlich die soziale Betreuung der Patienten und die Durchführung hauswirtschaftlicher Tätigkeiten. Zu der ,,sozialen Betreuung" zählen insbesondere der alltägliche Umgang mit den Patienten, Klienten und pflegebedürftigen Menschen, die Führung von Gesprächen, die Förderung der Kommunikation im sozialen Umfeld und die Berücksichtigung individueller religiöser Bedürfnisse (OGH vom 30.1.2001, 10 ObS 357/00y).

13. Die hier zu beurteilende Tätigkeit der Durchführung von Sondenernährung bei liegender Magensonde fällt in den Tätigkeitsbereich der Pflegehelfer bei der Mitarbeit bei therapeutischen Verrichtungen nach § 84 Abs 4 Z 4 GuKG und stellt daher keine Leistung der medizinischen Hauskrankenpflege dar. Gleiches gilt für die Verabreichung von Medikamenten mittels PEG-Sonde, weil nach § 84 Abs 4 Z 1 GuKG auch die Verabreichung von Arzneimitteln in den Tätigkeitsbereich der Pflegehilfe fällt (OGH vom 24.2.2009, 10 ObS 122/08a).

§ 84a. (1) Die Ausübung der Pflegehilfe umfasst auch die Durchführung lebensrettender Sofortmaßnahmen, solange und soweit ein Arzt nicht zur Verfügung steht. Die Verständigung eines Arztes ist unverzüglich zu veranlassen.

(2) Lebensrettende Sofortmaßnahmen im Sinne des Abs. 1 sind insbesondere
1. **die manuelle Herzdruckmassage und die Beatmung mit einfachen Beatmungshilfen,**
2. **die Durchführung der Defibrillation mit halbautomatischen Geräten und**
3. **die Verabreichung von Sauerstoff.**

§ 85 GuKG

Anmerkungen:

1. Dieser Paragraph wurde durch die GuKG-Novelle 2009 in das Gesetz aufgenommen.

2. EB 2009:

Die Anpassung des Tätigkeitsbereichs der Pflegehilfe an die zu § 84 angeführten rechtlichen und faktischen Rahmenbedingungen erfordert auch die Aufnahme der Berechtigung zur Durchführung lebensrettender Sofortmaßnahmen durch Angehörige der Pflegehilfe.

Bei den lebensrettenden Sofortmaßnahmen handelt es sich ausschließlich um die einfache und nicht um die durch Notfallmedikation erweiterte Reanimation. Im gegebenen Zusammenhang ist auf die Notwendigkeit regelmäßiger Fortbildung in lebensrettenden Sofortmaßnahmen hinzuweisen.

Unter „einfache Beatmungshilfen" werden Hilfsmittel verstanden, welche in den oberen Atemwegen zu liegen kommen. Zulässig sind insbesondere die Mund-zu-Mund-Beatmung, die Mund-zu-Nase-Beatmung und die Beutelmaskenbeatmung. Ausgeschlossen ist beispielsweise die Anwendung endotrachealer Tuben.

Aus Gründen der Rechtssicherheit erfolgt auch in § 14a die Klarstellung, dass die manuelle Herzdruckmassage und die Beatmung mit einfachen Beatmungshilfen zu den beispielhaft aufgezählten lebensrettenden Sofortmaßnahmen zählen.

2. Abschnitt
Berufsberechtigung

§ 85. (1) Zur Ausübung der Pflegehilfe sind Personen berechtigt, die
   1. **das 18. Lebensjahr vollendet haben,**
   2. **die für die Erfüllung der Berufspflichten erforderliche gesundheitliche Eignung und Vertrauenswürdigkeit (§ 27 Abs. 2) besitzen,**

GuKG § 85

3. einen Qualifikationsnachweis (§§ 86 bis 88) erbringen und
4. über die für die Berufsausübung notwendigen Kenntnisse der deutschen Sprache verfügen.

(2) Zur Ausübung der Pflegehilfe sind auch Personen berechtigt, die zur Ausübung eines gehobenen Dienstes für Gesundheits- und Krankenpflege berechtigt sind.

Anmerkungen:

1.1. EB-RV:
Hinsichtlich der körperlichen und geistigen Eignung, der Vertrauenswürdigkeit und der Sprachkenntnisse wird auf die Erläuterungen zu § 27 verwiesen.

Das Mindestalter von 18 Jahren ergibt sich einerseits aus dem Zugangsalter für die Ausbildung von 17 Jahren (vgl. Europäisches Übereinkommen über die theoretische und praktische Ausbildung von diplomierten Krankenpflegepersonen), andererseits aus der Erforderlichkeit eines bestimmten altersmäßigen Reifegrades für die Ausübung der Pflegehilfe.

Da sämtliche Ausbildungsinhalte der Pflegehilfe auch in der Ausbildung in einem gehobenen Dienst für Gesundheits- und Krankenpflege enthalten sind, steht die Berufsberechtigung in der Pflegehilfe auch Angehörigen des gehobenen Dienstes für Gesundheits- und Krankenpflege ohne den Nachweis weiterer Voraussetzungen zu.

Diese Bestimmung könnte insbesondere Personen zugute kommen, die nach Absolvierung einer speziellen Grundausbildung keinen ensprechenden Arbeitsplatz in ihrem Spezialbereich finden und die erforderliche verkürzte Ausbildung in der allgemeinen Gesundheits- und Krankenpflege nicht absolvieren können oder wollen. Weiters wurde auf jene Personen Bedacht genommen, die nach Berufsunterbrechung wieder in den Pflegeberuf einsteigen wollen und beispielsweise auf Grund der familiären Belastungen eine etwas weniger belastende berufliche Tätigkeit anstreben. Selbstverständlich steht es diesen Personen jederzeit

§ 86 GuKG

frei, wieder in den entsprechenden gehobenen Dienst für Gesundheits- und Krankenpflege zurückzukehren.

1.2. Durch die Novelle BGBl. I Nr. 90/2006 wurde im Abs. 1 Z 2 der Ausdruck ,,körperliche und geistige Eignung" durch den Ausdruck ,,gesundheitliche Eignung" ersetzt.

2. Die gesundheitliche Eignung kann durch ein ärztliches Zeugnis nachgewiesen werden. Ein amtsärztliches Zeugnis ist nicht erforderlich.

3. Zur Vertrauenswürdigkeit siehe die Anmerkungen zu § 27.

Qualifikationsnachweis – Inland

§ 86. Als Qualifikationsnachweis gilt ein Zeugnis über eine mit Erfolg abgeschlossene Ausbildung im Rahmen
1. **eines Pflegehilfelehrganges nach den Bestimmungen dieses Bundesgesetzes oder**
2. **eines Lehrganges für die Ausbildung von Pflegehelfern nach den Bestimmungen des Krankenpflegegesetzes.**

Anmerkungen:

1. EB-RV:
Qualifikationsnachweise sind neben dem im vorliegenden Entwurf geregelten Zeugnis auch Pflegehelferzeugnisse gemäß dem Krankenpflegegesetz.

Abschlußzeugnisse einer nach den schulrechtlichen Vorschriften geführten Schule, die über eine Bewilligung als Pflegehilfelehrgang verfügt, sind Qualifikationsnachweise gemäß Z 1 oder Z 2.

2. Zur Ausbildung nach dem Krankenpflegegesetz siehe §§ 43a ff.; näher hiezu *Schwamberger*, Krankenpflegegesetz (1993), 59 ff.

Qualifikationsnachweis – EWR

§ 87. (1) Qualifikationsnachweise in der Pflegehilfe, die einem Staatsangehörigen eines EWR-Vertragsstaats oder der Schweizerischen Eidgenossenschaft von einem EWR-Vertragsstaat oder der Schweizerischen Eidgenossenschaft ausgestellt wurden, sind nach den Bestimmungen der Richtlinie 2005/36/EG anzuerkennen.

(2) Der Bundesminister für Gesundheit, Familie und Jugend hat Staatsangehörigen eines EWR-Vertragsstaats oder der Schweizerischen Eidgenossenschaft bzw. Drittstaatsangehörigen gemäß § 28a Abs. 3, denen ein Qualifikationsnachweis gemäß Abs. 1 in der Pflegehilfe ausgestellt wurde, auf Antrag die Zulassung zur Berufsausübung in der Pflegehilfe zu erteilen. (2a) Der Landeshauptmann hat Staatsangehörigen eines EWR-Vertragsstaats oder der Schweizerischen Eidgenossenschaft bzw. Drittstaatsangehörigen gemäß § 28a Abs. 3, denen von einem EWR-Vertragsstaat oder der Schweizerischen Eidgenossenschaft ein Qualifikationsnachweis als

1. Diplom-Sozialbetreuer mit dem Schwerpunkt Altenarbeit, mit dem Schwerpunkt Familienarbeit oder mit dem Schwerpunkt Behindertenarbeit oder
2. Fach-Sozialbetreuer mit dem Schwerpunkt Altenarbeit oder mit dem Schwerpunkt Behindertenarbeit

(Artikel 1 Abs. 2 Z 1 lit. a, b oder c oder Z 2 lit. a oder b der Vereinbarung gemäß Artikel 15a B-VG über Sozialbetreuungsberufe) ausgestellt wurde, auf Antrag die Zulassung zur Berufsausübung in der Pflegehilfe zu erteilen.

(3) Die Zulassung zur Berufsausübung gemäß Abs. 2 und 2a ist an die Bedingung der erfolgreichen Absolvierung wahlweise eines Anpassungslehrganges oder einer Eignungsprüfung zu knüpfen, wenn sich die absolvierte Ausbildung unter Berücksichtigung der im Rahmen der Berufserfahrung erworbenen Kenntnisse wesentlich von der entsprechenden österreichischen Ausbildung unterscheidet.

(4) Ein Anpassungslehrgang gemäß Abs. 3 ist die Ausübung der Pflegehilfe in Österreich unter der Verantwortung eines qualifizierten Berufsangehörigen. Der Anpassungslehrgang hat mit einer Zusatzausbildung einherzugehen, sofern diese fachlich erforderlich ist. Der Anpassungslehrgang ist zu bewerten.

(5) Eine Eignungsprüfung gemäß Abs. 3 ist eine ausschließlich die beruflichen Kenntnisse und Fertigkeiten des Antragstellers betreffende Prüfung, mit der die Fähigkeiten des Antragstellers, in Österreich die Pflegehilfe auszuüben, beurteilt wird.

(6) § 28a Abs. 2, 3 und 5 bis 7 ist anzuwenden.

(7) In Fällen, in denen gemäß Abs. 3 die Zulassung zur Berufsausübung an die Bedingung der erfolgreichen Absolvierung einer Ausgleichsmaßnahme geknüpft ist, ist die Erfüllung der vorgeschriebenen Ausgleichsmaßnahme

1. in Fällen des Abs. 2 vom Bundesminister für Gesundheit und
2. in Fällen des Abs. 2a vom Landeshauptmann

im Berufszulassungsbescheid einzutragen. Die Berechtigung zur Ausübung der Pflegehilfe entsteht erst mit Eintragung.

(8) Nähere Vorschriften über die Zulassung, die Durchführung und Bewertung der Eignungsprüfung und des Anpassungslehrganges hat der Bundesminister für Arbeit, Gesundheit und Soziales durch Verordnung festzulegen.

Anmerkungen:

1.1. Abs. 1 bis 2a sowie Abs. 6 haben durch das GesBRÄG 2007 eine neue Fassung erhalten. Abs. 7 wurde durch das GesBRÄG 2007 aufgehoben, durch die GuKG-Novelle 2009 wurde jedoch ein neuer Abs. 7 wiederum eingefügt.

1.2. Zum neuen **Abs. 7** siehe hiezu die **EB 2009** in Anm. 5 zu § 28a.

1.3. Abs. 3 wurde durch die GuKG-Novelle 2003 ergänzt. Siehe hiezu die Anmerkungen zu § 29 Abs. 1 und 3a sowie § 30 Abs. 2 und 3.

2. EB 2007:
Hinsichtlich der Umsetzung der Richtlinien 2005/36/EG, 2003/109/EG und 2004/38/EG für die Berufszulassung in der Pflegehilfe (§ 87) sowie die Änderung der Nostrifikationsbestimmung (§ 88) wird auf die Ausführungen zu den §§ 28a, 30 und 31 verwiesen.

Die im Rahmen der letzten GuKG-Novelle BGBl. I Nr. 90/2006 geschaffene Regelung des § 87 Abs. 2a, wonach für Angehörige jener Sozialbetreuungsberufe, die auf Grund ihrer Qualifikation auch zur Berufsausübung in der Pflegehilfe berechtigt sind, die Berufszulassung in der Pflegehilfe vom/von der Landeshauptmann/-frau im Rahmen der mittelbaren Bundesverwaltung vollzogen wird, wird unter Bedachtnahme auf das umzusetzende Gemeinschaftsrecht beibehalten.

3. Nach dem Bundesministeriengesetz 1986 idF BGBl. I Nr. 3/2009 ist nunmehr der Bundesminister für Gesundheit zuständig.

4. Zu den **Kompensationsmaßnahmen im Rahmen der EWR-Berufszulassung in nichtärztlichen Gesundheitsberufen** siehe Erlass des BMGFJ vom 6.10.2008, GZ. 92250/0035-I/B/6/2008, unter Anm. 6 zu § 28a.

Qualifikationsnachweis – außerhalb des EWR

§ 88. Eine im Ausland erworbene Urkunde über eine erfolgreich absolvierte Ausbildung in der Pflegehilfe, die nicht unter § 87 fällt, gilt als Qualifikationsnachweis, wenn
1. **die Gleichwertigkeit der Urkunde mit einem österreichischen Zeugnis gemäß § 89 (Nostrifikation) festgestellt oder die Urkunde nach den vor Inkrafttreten dieses Bundesgesetzes geltenden Regelungen des Krankenpflegegesetzes als gleichwertig anerkannt wurde und**
2. **die im Nostrifikationsbescheid vorgeschriebenen Bedingungen erfüllt sind.**

§ 89 GuKG

Anmerkungen:

1. § 88 hat durch das GesBRÄG 2007 eine neue Fassung erhalten.

2. Siehe die EB 2007 in Anmerkung 2 zu § 87.

Nostrifikation

§ 89. (1) **Personen, die eine im Ausland staatlich anerkannte Ausbildung in der Pflegehilfe absolviert haben und beabsichtigen, in Österreich eine Tätigkeit in der Pflegehilfe auszuüben, sind berechtigt, die Anerkennung ihrer außerhalb Österreichs erworbenen Urkunden über eine mit Erfolg abgeschlossene Ausbildung in der Pflegehilfe beim Landeshauptmann jenes Landes, in dessen Bereich**
  1. der Hauptwohnsitz,
  2. dann der in Aussicht genommene Wohnsitz und
  3. dann der in Aussicht genommene Dienstort
gelegen ist, zu beantragen.

(2) **Hinsichtlich des Nostrifikationsverfahrens ist § 32 Abs. 2 bis 7 anzuwenden.**

(3) **Sofern die Gleichwertigkeit nicht zur Gänze vorliegt, ist die Nostrifikation an eine oder beide der folgenden Bedingungen zu knüpfen:**
  1. **erfolgreiche Ablegung einer oder mehrerer kommissioneller Ergänzungsprüfungen,**
  2. **erfolgreiche Absolvierung eines Praktikums oder mehrerer Praktika im Rahmen eines Pflegehilfelehrganges.**

(4) **Hinsichtlich**
  1. **der Zulassung von Nostrifikanten zur ergänzenden Ausbildung,**
  2. **des Ausschlusses von der Ausbildung,**
  3. **der Durchführung der Prüfungen,**
  4. **der Zusammensetzung der Prüfungskommission,**
  5. **der Wertung der Prüfungsergebnisse und**

6. der Voraussetzungen, unter denen Prüfungen wiederholt werden können,

gelten die Regelungen über die Ausbildung in der Pflegehilfe.

(5) Die Erfüllung der auferlegten Bedingungen ist vom Landeshauptmann im Nostrifikationsbescheid einzutragen. Die Berechtigung zur Ausübung der Pflegehilfe entsteht erst mit Eintragung.

Anmerkungen:

1. Abs. 1 hat durch die GuKG-Novelle 2003 eine neue Fassung erhalten. Siehe die EB 2003, Anm. 3 zu § 32.

2. EB-RV:
Für die Nostrifikation in der Pflegehilfe ist auf die Nostrifikationsbestimmungen der §§ 32 und 33 und die entsprechenden Erläuterungen zu verweisen.

3. Siehe auch die anderen Anmerkungen zu § 32.

Berufsausübung

§ 90. (1) Eine Berufsausübung in der Pflegehilfe kann im Dienstverhältnis
1. **zu einer Krankenanstalt,**
2. **zum Träger sonstiger unter ärztlicher oder pflegerischer Leitung oder Aufsicht stehender Einrichtungen, die der Vorbeugung, Feststellung oder Heilung von Krankheiten oder der Nachsorge, der Behindertenbetreuung, der Betreuung pflegebedürftiger Menschen oder der Gewinnung von Blut oder Blutbestandteilen dienen oder die andere Gesundheitsdienste und soziale Dienste anbieten,**
3. **zu freiberuflich tätigen Ärzten,**
3a. **zu Gruppenpraxen gemäß § 52a ÄrzteG 1998,**
4. **zu freiberuflich tätigen Angehörigen des gehobenen Dienstes für Gesundheits- und Krankenpflege,**

§ 90 GuKG

5. zu Einrichtungen oder Gebietskörperschaften, die Hauskrankenpflege anbieten und
6. im Dienstverhältnis zur Justizbetreuungsagentur gemäß Justizbetreuungsagenturgesetz, BGBl. I Nr. 101/2008,

erfolgen.

(2) Eine Berufsausübung in der Pflegehilfe ist auch im Wege der Arbeitskräfteüberlassung nach den Bestimmungen des AÜG unter der Voraussetzung zulässig, dass Beschäftiger im Sinne des § 3 Abs. 3 AÜG

1. nicht mehr als 15 v.H. des Pflegepersonals durch Arbeitskräfteüberlassung einsetzen sowie
2. die Pflegequalität und die Pflegekontinuität nach Maßgabe der Struktur der Einrichtung und des Pflege- und Betreuungsbedarfs der Patienten, Klienten oder pflegebedürftigen Menschen gewährleisten.

Anmerkungen:

1. EB-RV:

Auf die Erläuterungen zu § 35 wird verwiesen, wobei festgehalten wird, daß eine freiberufliche Berufsausübung in der Pflegehilfe auf Grund des Berufsbildes nicht möglich ist. Aus diesem Grund ist auch eine Tätigkeit als Gesellschafter in einer offenen Erwerbsgesellschaft sowie in einem Dienstverhältnis zu einer Privatperson ausgeschlossen.

Die Ausübung der Pflegehilfe ist daher nur in den in Z 1 bis 5 taxativ angeführten Dienstverhältnissen erlaubt.

Neu geschaffen wird die Möglichkeit, die Pflegehilfe im Dienstverhältnis zu freiberuflich tätigen diplomierten Pflegepersonen auszuüben. Dies soll zur Bewältigung der ständig wachsenden Anforderungen der Pflege im extramuralen Bereich beitragen.

2. Abs. 1 Z. 2 hat durch die Novelle BGBl. I Nr. 95/1998 eine neue Fassung erhalten. Siehe Anm. 4 zu § 35. **Abs. 1 Z. 6** wurde durch die Novelle BGBl. I Nr. 101/2008 neu in das Gesetz eingefügt und ist mit 1. Jänner 2009 in Kraft getreten. **Abs. 1 Z 3a**

wurde durch Art. 9 Z. 3 des Bundesgesetzes zur Stärkung der ambulanten öffentlichen Gesundheitsversorgung, BGBl. I Nr. 61/2010, in das Gesetz eingefügt. Damit wird nach den EB (779 der Beilagen zu den Sten. Prot. des NR XXIV. GP) zu dieser Bestimmung klargestellt, dass die Gesundheits- und Krankenpflegeberufe ihren Beruf auch im Dienstverhältnis zu Gruppenpraxen im Sinne des neuen § 52a ÄrzteG 1998 ausüben dürfen.

3. Abs. 2 wurde durch die **GuKG-Novelle 2005** neu aufgenommen. Siehe hiezu die **Anm. und die EB 2005 zu § 35**.

4. Die in Z 6 RV vorgesehene Regelung über die Erwerbsgesellschaften wurde vom Gesundheitsausschuß herausgenommen und nicht in das Gesetz aufgenommen. Der AB führt hiezu aus: Gegenwärtig erscheint es geboten, Erfahrungen ohne ausdrückliche gesetzliche Regelungen zur Gründung von Erwerbsgesellschaften auf dem Gebiet des Gesundheitswesens zu sammeln. Sollte es erforderlich sein, sind gesamtheitliche Regelungen anzustreben. Einzelfallösungen erscheinen derzeit nicht zweckdienlich.

Entziehung der Berufsberechtigung

§ 91. (1) Die auf Grund des Hauptwohnsitzes zuständige Bezirksverwaltungsbehörde hat die Berechtigung zur Berufsausübung zu entziehen, wenn die Voraussetzungen gemäß § 85 bereits anfänglich nicht gegeben waren oder weggefallen sind.

(2) Anläßlich der Entziehung der Berufsberechtigung gemäß Abs. 1 sind
   1. **das Zeugnis gemäß § 86 oder der Zulassungsbescheid gemäß § 87 Abs. 2 oder der Nostrifikationsbescheid gemäß § 89 und**
   2. **der Berufsausweis (§ 10)**

einzuziehen. Die Landeshauptmänner und der Bundesminister für soziale Sicherheit und Generationen sind zu benachrichtigen.

§ 91 GuKG

(3) Wenn
1. die Voraussetzungen gemäß § 85 vorliegen und
2. gegen die Wiederaufnahme der Berufsausübung keine Bedenken mehr bestehen,

ist die Berufsberechtigung auf Antrag der Person, der die Berufsberechtigung gemäß Abs. 1 entzogen wurde, durch die auf Grund des Hauptwohnsitzes zuständige Bezirksverwaltungsbehörde wieder zu erteilen. Die eingezogenen Unterlagen sind wieder auszufolgen sowie die Landeshauptmänner und der Bundesminister für soziale Sicherheit und Generationen zu benachrichtigen.

(4) Gegen Bescheide gemäß Abs. 1 und 3 kann Berufung an den unabhängigen Verwaltungssenat des Landes erhoben werden.

Anmerkungen:

1. Durch das Verwaltungsreformgesetz 2001 ist nunmehr die Bezirksverwaltungsbehörde für die Entziehung zuständig. Abs. 3 wurde neu gefasst, Abs. 4 neu eingefügt. Durch die GuGK-Novelle 2003 wurde Abs. 4 geändert. Siehe Anm. 6 zu § 40 (EB 2003).

2. Die Entziehung erfolgt durch Bescheid, der nunmehr beim UVS angefochten werden kann.

3. Die Benachrichtigung der Landeshauptmänner und des zuständigen Bundesministeriums dient der umfassenden Information auf Landes- und Bundesebene.

4. Nach dem Bundesministeriengesetz 1986 idF BGBl. I 2009/3 ist nunmehr der Bundesminister für Gesundheit zuständig.

5. Siehe auch die Anmerkungen zu § 40.

3. Abschnitt
Ausbildung

Ausbildung in der Pflegehilfe

§ 92. (1) Die Ausbildung in der Pflegehilfe dauert ein Jahr und umfaßt eine theoretische und praktische Ausbildung in der Dauer von insgesamt 1 600 Stunden, wobei jeweils die Hälfte auf die theoretische und praktische Ausbildung zu entfallen hat.

(2) Die Ausbildung in der Pflegehilfe kann auch
1. im Rahmen eines Dienstverhältnisses,
2. in Form einer Teilzeitausbildung oder
3. in Verbindung mit einer anderen Ausbildung

absolviert werden. In den Fällen der Z. 1 und 2 ist die kommissionelle Abschlußprüfung (§ 100 Abs. 3) spätestens innerhalb von zwei Jahren, im Fall der Z. 3 spätestens innerhalb von drei Jahren nach Beginn der Ausbildung abzulegen.

(3) Im Rahmen der praktischen Ausbildung sind Teilnehmer eines Pflegehilfelehrganges (§ 95) berechtigt,
1. **Tätigkeiten gemäß § 84 Abs. 3 unter Anleitung und Aufsicht der Lehr- und Fachkräfte und**
2. **Tätigkeiten gemäß § 84 Abs. 4 nach Anordnung und unter Anleitung und Aufsicht eines Arztes oder nach Maßgabe des § 15 Abs. 6 Z 1 eines Angehörigen des gehobenen Dienstes für Gesundheits- und Krankenpflege**

durchzuführen.

Anmerkungen:

1. Abs. 2 und 3 haben durch die GuKG-Novelle 2003 eine neue Fassung erhalten.

2. EB 2003 (zu Abs. 2):
Da die Kombinationsausbildungen gemäß § 92 Abs. 2 Z 3 in den meisten Fällen eine reguläre Dauer von zwei Jahren aufweisen, hat die Verpflichtung zur Absolvierung der kommissionellen Abschlussprüfung in der Pflegehilfe zu Folge, dass insbesondere

§ 92 **GuKG**

im Fall der Wiederholung eines Ausbildungsjahres der Abschluss der Pflegehilfeausbildung nicht innerhalb von zwei Jahren möglich ist. Die Frist für die Ablegung der Abschlussprüfung wird daher für Ausbildungen gemäß Z 3 auf drei Jahre verlängert.

Darüber hinaus wird ein redaktionelles Versehen betreffend den Verweis auf die kommissionelle Abschlussprüfung berichtigt.

3. Zu Abs. 3 siehe die Anm. 2 zu § 15 (EB 2003).

4. EB-RV:
Der Ausbildungsumfang wird gegenüber der bisherigen Regelung nicht verändert, wobei jedoch ausdrücklich festgehalten wird, daß die Ausbildung ein Jahr dauert.

Die Möglichkeit, die Pflegehilfeausbildung im Rahmen eines Dienstverhältnisses zu absolvieren, die bisher nur in Erlaßform festgelegt war, wird nunmehr gesetzlich normiert. Weiters wird die Möglichkeit eröffnet, die Ausbildung in Form einer Teilzeitausbildung zu absolvieren. Dies bietet beispielsweise Frauen, die nach der Karenzzeit eine Ausbildung in der Pflege anstreben, einen erleichterten Berufseinstieg.

Schließlich sollen auch die bewährten „Kombinationsausbildungen" in der Pflegehilfe und Altenbetreuung, Behindertenbetreuung, Heimhilfe oder ähnlichen sozialen Diensten eine rechtliche Grundlage erhalten.

5. Zum Begriff der Anordnung und Aufsicht siehe die Anmerkungen zu § 84.

6. Eine zweijährige Ausbildung im Kombinationsberuf „Altendienste/Pflegehilfe" (hier an einer Fachschule für Sozialberufe), die zusätzlich zu den Ausbildungsinhalten der bisherigen Schulen für Altendienste die Lehrpläne der in der Pflegehelferverordnung geregelten Pflegehilfeausbildung im vollen Umfang integriert, vermittelt eine Qualifikation sowohl für den pflegerischen als auch für den sozialen Bereich (OGH vom 30.1.2001, 10 ObS 357/00y).

7. Im Allgemeinen ist davon auszugehen, dass diplomierte Krankenpfleger und Krankenschwestern, nicht aber Pflegehelfer und Pflegehelferinnen höhere nichtkaufmännische Dienste leisten (OGH vom 30.1.2001, 10 ObS 357/00y m.w.N.).

Ausbildungsinhalt

§ 93. (1) Die Ausbildung in der Pflegehilfe beinhaltet insbesondere folgende Sachgebiete:
1. **Berufsethik und Berufskunde der Gesundheits- und Krankenpflege**
2. **Gesundheits- und Krankenpflege, einschließlich Pflege von alten Menschen, Palliativpflege und Hauskrankenpflege**
3. **Hygiene und Infektionslehre**
4. **Ernährung, Kranken- und Diätkost**
5. **Grundzüge der Somatologie und Pathologie**
6. **Grundzüge der Pharmakologie**
7. **Erste Hilfe, Katastrophen- und Strahlenschutz**
8. **Grundzüge der Mobilisation und Rehabilitation**
9. **Betriebs- und Haushaltsführung**
10. **Einführung in die Soziologie, Psychologie, Gerontologie und Sozialhygiene**
11. **Kommunikation, Konfliktbewältigung, Supervision und Kreativitätstraining**
12. **Strukturen und Einrichtungen des Gesundheitswesens**
13. **Berufsspezifische Rechtsgrundlagen.**

(2) Im Rahmen der Ausbildung sind insbesondere die geriatrischen, gerontologischen und gerontopsychiatrischen Aspekte zu berücksichtigen.

Anmerkung:

EB-RV:
Die Vermittlung der angeführten Ausbildungsinhalte soll den PflegehelferInnen für unterstützende Tätigkeiten in Zusammenarbeit vor allem mit diplomiertem Pflegepersonal qualifizieren.

Es sind insbesondere Kenntnisse der Grundpflege, der Hygiene und Infektionslehre einschließlich Desinfektion und Sterilisation erforderlich. Weiters hat auf Grund des Aufgabengebietes die Vermittlung von Kenntnissen der Gerontologie, Psychologie und Psychiatrie sowie der Mobilisation und Animation zu erfolgen.

Verkürzte Ausbildung für Mediziner

§ 94. (1) Personen, die ein Studium der Human- oder Zahnmedizin erfolgreich abgeschlossen haben, sind berechtigt, eine verkürzte Ausbildung in der Pflegehilfe zu absolvieren.

(2) Diese Ausbildung umfasst 80 Stunden theoretische und 600 Stunden praktische Ausbildung und beinhaltet die für die Ausübung der Pflegehilfe erforderlichen Sachgebiete unter Berücksichtigung der im Rahmen des Studiums erworbenen Kenntnisse.

Anmerkungen:

1. § 94 hat durch die GuKG-Novelle 2005 eine neue Fassung erhalten.

2. EB 2005
2.1. Gemäß dem derzeit geltenden § 94 Abs. 1 Z 2 GuKG waren bisher Personen, die eine Ausbildung als Stationsgehilfe/in gemäß Krankenpflegegesetz erfolgreich absolviert haben, berechtigt, eine verkürzte Ausbildung in der Pflegehilfe zu absolvieren. Diese Regelung entsprach der Bestimmung des § 43h des alten Krankenpflegegesetzes (nunmehr MTF-SHD-G), BGBl. Nr. 102/1961, sowie den entsprechenden Bestimmungen der Pflegehelferverordnung, BGBl. Nr. 175/1991, die aus folgenden Gründen geschaffen wurden:
2.2. Im Rahmen der Novelle zum Krankenpflegegesetz BGBl. Nr. 449/1990 wurde der Beruf des/der Pflegehelfers/in neu geschaffen und der Beruf des/der Stationsgehilfen/in (§ 44 lit. b

Krankenpflegegesetz) mit Ablauf des 31. Dezember 1995 aufgehoben. Für Personen, die eine Ausbildung als Stationsgehilfe/in absolviert hatten, war es erforderlich, eine erleichterte Möglichkeit zum Erwerb einer Berufsberechtigung in der Pflegehilfe im Wege einer Aufschulung im Rahmen einer verkürzten Ausbildung zu schaffen. Da der Großteil dieser Personen bereits jahrelang in der Pflege tätig war, zumal es sich beim/bei der Stationsgehilfen/in um einen ,,Anlernberuf" handelte, der die Absolvierung der Ausbildung innerhalb der ersten zwei Jahre nach Aufnahme der Tätigkeit ermöglichte (§ 52 Abs. 7 Krankenpflegegesetz), umfasste die Aufschulung zum/zur Pflegehelfer/in nur 160 Stunden theoretische Ausbildung. Da nicht ausgeschlossen werden konnte, dass zum Zeitpunkt des In-Kraft-Tretens des GuKG (1. September 1997) nicht alle Stationsgehilfen/innen zu Pflegehelfern/innen aufgeschult worden waren, wurde die Möglichkeit der verkürzten Ausbildung auch in das GuKG (§ 94 Abs. 1 Z 2) sowie in die Pflegehilfe-Ausbildungsverordnung – Pflh-AV, BGBl. II Nr. 371/1999, übernommen.

2.3. Im Hinblick darauf, dass der Beruf des/der Stationsgehilfen/in mit Ablauf des 31. Dezember 1995 ausgelaufen ist, ist davon auszugehen, dass nunmehr nach beinahe zehn Jahren die Aufschulungen von Stationsgehilfen/innen in der Pflegehilfe abgeschlossen sind. Eine Zulassung zu verkürzten Ausbildungen in der Pflegehilfe gemäß § 94 Abs. 1 Z 2 GuKG sollte daher nicht mehr in Betracht kommen. Im Rahmen eines Erlasses der Bundesministerin für Gesundheit und Frauen vom 8. September 2003, GZ 92.251/22-I/B/5/03, an die Landeshauptmänner wurde in Anbetracht dieser Tatsache bereits angekündigt, zur legistischen Klarstellung eine Aufhebung der Regelung über die verkürzte Ausbildung von Stationsgehilfen/innen in der Pflegehilfe vorzunehmen. Dies wird nunmehr in der vorliegenden Novelle realisiert. Da somit § 94 nur mehr die verkürzte Ausbildung für Mediziner/innen beinhaltet, ist diese Regelung samt Überschrift entsprechend zu adaptieren.

2.4. Weiters ist auch der Tatsache Rechnung zu tragen, dass bei den an den Medizinischen Universitäten einzurichtenden

Studien zwischen „Humanmedizinischen Studien" und „Zahnmedizinischen Studien" unterschieden wird und daher der bisher in § 94 verwendete Begriff „Studium der Medizin" nicht zweifelsfrei ist. Es wird daher klargestellt, dass sowohl Humanmediziner/innen als auch Zahnmediziner/innen Zugang zur verkürzten Ausbildung in der Pflegehilfe haben.

Pflegehilfelehrgänge

§ 95. (1) Die Ausbildung in der Pflegehilfe hat in Lehrgängen (Pflegehilfelehrgänge) zu erfolgen, die an oder in Verbindung mit
1. **allgemeinen Krankenanstalten oder**
2. **Krankenanstalten für chronisch Kranke oder Pflegeheimen oder**
3. **Einrichtungen oder Gebietskörperschaften, die Hauskrankenpflege anbieten,**

einzurichten sind, welche die zur praktischen Unterweisung notwendigen Voraussetzungen erfüllen, mit den für die Erreichung des Ausbildungszieles erforderlichen Lehr- und Fachkräften sowie Lehrmitteln ausgestattet sind und entsprechende Räumlichkeiten für die auszubildenden Personen aufweisen.

(2) Die praktische Ausbildung ist an
1. **einschlägigen Fachabteilungen oder sonstigen Organisationseinheiten einer Krankenanstalt,**
2. **Einrichtungen, die der stationären Betreuung pflegebedürftiger Menschen dienen, und**
3. **Einrichtungen, die Hauskrankenpflege, andere Gesundheitsdienste oder soziale Dienste anbieten,**

durchzuführen, welche die zur praktischen Unterweisung notwendigen Voraussetzungen erfüllen, mit den für die Erreichung des Ausbildungszieles erforderlichen Lehr- und Fachkräften sowie Lehrmitteln ausgestattet sind und entsprechende Räumlichkeiten für die auszubildenden Personen aufweisen.

Anmerkungen:

1. EB-RV:
In § 95 wird festgelegt, wo Pflegehilfelehrgänge zu führen sind und in welchen Bereichen die praktische Ausbildung stattzufinden hat.

Die Bewilligung von Pflegehilfelehrgängen obliegt dem Landeshauptmann, wobei die Voraussetzungen in § 96 festgelegt sind.

Diese Bestimmungen entsprechen inhaltlich der bisherigen Rechtslage.

In diesem Zusammenhang wird ausdrücklich festgehalten, daß auch Schulen, die eine Kombinationsausbildung für Pflegehilfe und soziale oder andere verwandte Dienste anbieten, einer Bewilligung des Landeshauptmannes bedürfen, um den AbsolventInnen die Berechtigung zur Ausübung der Pflegehilfe verleihen zu können.

2. Abs. 2 hat durch die Novelle BGBl. I Nr. 95/1998 eine neue Fassung erhalten. Durch die an § 43 angepaßte Bestimmung sollen der Pflegehilfe weitere Einrichtungen für die praktische Ausbildung eröffnet werden (AB 1998).

§ 96. (1) Die Abhaltung von Pflegehilfelehrgängen bedarf der Bewilligung des Landeshauptmannes. Die Bewilligung ist zu erteilen, wenn nachgewiesen wird, daß
1. **die für die Abhaltung des theoretischen Unterrichts erforderlichen Räumlichkeiten und Lehrmittel sowie Sozialräume zur Verfügung stehen,**
2. **die für die theoretische und praktische Ausbildung erforderlichen Lehr- und Fachkräfte, welche hiezu fachlich und pädagogisch geeignet sind und über die notwendige Berufserfahrung verfügen, vorhanden sind,**
3. **die Verbindung zu Einrichtungen gemäß § 95 Abs. 2 gegeben ist und**

§ 96   GuKG

    4. in den in § 95 Abs. 2 genannten Einrichtungen eine ausreichende Anzahl von Angehörigen des gehobenen Dienstes für Gesundheits- und Krankenpflege und sonstigen Fachkräften tätig ist, sodaß eine fachgerechte praktische Ausbildung unter Anleitung und Aufsicht gewährleistet ist.

    (2) Der Landeshauptmann hat regelmäßig das Vorliegen der Voraussetzungen gemäß Abs. 1 zu überprüfen. Liegen diese nicht oder nicht mehr vor, ist die Bewilligung nach erfolglosem Verstreichen einer zur Behebung der Mängel gesetzten angemessenen Frist zurückzunehmen.

    (3) Gegen Bescheide des Landeshauptmannes gemäß Abs. 1 und 2 ist eine Berufung nicht zulässig.

Anmerkungen:

1. EB-RV:

In § 95 wird festgelegt, wo Pflegehilfelehrgänge zu führen sind und in welchen Bereichen die praktische Ausbildung stattzufinden hat.

Die Bewilligung von Pflegehilfelehrgängen obliegt dem Landeshauptmann, wobei die Voraussetzungen in § 96 festgelegt sind.

Diese Bestimmungen entsprechen inhaltlich der bisherigen Rechtslage.

In diesem Zusammenhang wird ausdrücklich festgehalten, daß auch Schulen, die eine Kombinationsausbildung für Pflegehilfe und soziale oder andere verwandte Dienste anbieten, einer Bewilligung des Landeshauptmannes bedürfen, um den AbsolventInnen die Berechtigung zur Ausübung der Pflegehilfe verleihen zu können.

2. Dem Landeshauptmann obliegt die weitere Überprüfung der Lehrgänge, um die Qualität der Ausbildung zu gewährleisten.

Lehrgangsleitung

§ 97. (1) **Die fachspezifische und organisatorische Leitung einschließlich der Dienstaufsicht obliegt einem hiefür fachlich und pädagogisch geeigneten Direktor, der**
1. **die Berufsberechtigung zur Ausübung des gehobenen Dienstes für Gesundheits- und Krankenpflege besitzt,**
2. **eine Sonderausbildung für Lehraufgaben erfolgreich absolviert hat und**
3. **über eine mindestens dreijährige Berufserfahrung als Lehrkraft in der Gesundheits- und Krankenpflege verfügt.**

(2) Die medizinisch-wissenschaftliche Leitung eines Pflegehilfelehrganges obliegt einem Arzt, der die hiefür erforderliche fachliche und pädagogische Eignung besitzt.

(3) Für den Direktor und für den medizinisch-wissenschaftlichen Leiter ist je ein Stellvertreter vorzusehen. Dieser hat die jeweiligen Voraussetzungen gemäß Abs. 1 oder 2 zu erfüllen.

Anmerkung:

EB-RV:

Auch im Bereich der Pflegehilfeausbildung soll die Funktionsteilung bei der Leitung der Lehrgänge dazu beitragen, daß eine den Anforderungen der theoretischen und praktischen Ausbildung entsprechende optimale Führung erreicht wird.

Die Funktion der Direktorin/des Direktors wird einer diplomierten Pflegeperson, die die in Abs. 1 angeführten Voraussetzungen erfüllt, übertragen. Die bereits im Zuge der Novelle des Krankenpflegegesetzes, BGBl. Nr. 872/1992, diskutierte Übertragung dieser Funktion auf PflegehelferInnen ist auf Grund des Berufsbildes nicht möglich. Einerseits kann eine Leitungsfunktion nicht an Angehörige einer Berufsgruppe erteilt werden, die nur nach Anordnung und unter Aufsicht tätig werden dürfen, andererseits scheint die Eröffnung von Sonderausbildungen für Angehörige von Hilfsberufen nicht zielführend. Es muß Angehörigen der gehobenen Dienste vorbehalten bleiben, Leitungspositionen einzunehmen.

Aufnahme in einen Pflegehilfelehrgang

§ 98. (1) Personen, die sich um die Aufnahme in einen Pflegehilfelehrgang bewerben, haben nachzuweisen:
1. **ein Lebensalter von mindestens 17 Jahren,**
2. **die zur Erfüllung der Berufspflichten in der Pflegehilfe erforderliche gesundheitliche Eignung,**
3. **die zur Erfüllung der Berufspflichten erforderliche Vertrauenswürdigkeit (§ 27 Abs. 2) und**
4. **die positive Absolvierung der 9. Schulstufe.**

Vom Nachweis gemäß Z 4 kann in Einzelfällen abgesehen werden, wenn die Person, die sich um die Aufnahme bewirbt, ein solches Maß an Allgemeinbildung nachweist, das erwarten lässt, dass sie dem theoretischen und praktischen Unterricht zu folgen vermag.

(2) Über die Aufnahme der Bewerber (Begründung des Ausbildungsvertrages) entscheidet der Rechtsträger, der den Pflegehilfelehrgang veranstaltet, im Einvernehmen mit dem Direktor.

(3) Vor Aufnahme in den Pflegehilfelehrgang kann ein Aufnahmegespräch oder ein Aufnahmetest mit den Bewerbern durchgeführt werden.

(4) Die Auswahl der Bewerber hat unter Bedachtnahme auf die Erfordernisse der Pflegehilfe zu erfolgen, wobei insbesondere die Schulbildung, die Schulzeugnisse, die Ergebnisse des Aufnahmegespräches oder Aufnahmetests, der Lebenslauf und der Gesamteindruck der Bewerber zur Entscheidung heranzuziehen sind.

Anmerkungen:

1. Abs. 1 hat durch die GuKG-Novelle 2003 eine neue Fassung erhalten. Im Abs. 1 Z 2 wurde durch die Novelle BGBl. I

GuKG **§ 99**

Nr. 90/2006 der Begriff „körperliche und geistige Eignung" durch den Begriff „gesundheitliche Eignung" ersetzt.

2. EB 2003 (zu Abs. 1):
Vergleichbar mit § 54 Abs. 2 soll die Möglichkeit geschaffen werden, im Rahmen der Aufnahme in einen Pflegehilfelehrgang einzelne Härtefälle zu vermeiden und vom Erfordernis der schulischen Vorbildung abzusehen.

3. EB-RV:
Die Festsetzung eines Mindestlebensalters von 17 Jahren entspricht der Empfehlung im Rahmen des Europäischen Übereinkommens über die theoretische und praktische Ausbildung von diplomierten Krankenpflegepersonen, wonach SchülerInnen mit Kranken und mit dem Krankenhausbetrieb nicht vor Erreichung eines Alters, das je nach dem Land zwischen 17 und 19 Jahren liegt, in Berührung kommen sollen.

Die Entscheidung über die Aufnahme in einen Pflegehilfelehrgang erfolgt, wie bisher, durch den Rechtsträger des Lehrganges, nunmehr jedoch im Einvernehmen mit der Direktorin, um eine gewisse Objektivität und ein homogenes Ausbildungsniveau zu gewährleisten. Die Einrichtung einer Aufnahmekommission wäre aus fachlicher Sicht grundsätzlich wünschenswert, kann aber aus Kostengründen nicht realisiert werden.

Auf die Erläuterungen zu § 55 wird verwiesen.

4. Die gesundheitliche Eignung ist durch ein ärztliches Zeugnis nachzuweisen. Ein amtsärztliches Zeugnis ist nicht erforderlich.

5. Zur Vertrauenswürdigkeit siehe die Anmerkungen zu § 27.

Ausschluß von der Ausbildung

§ 99. (1) Ein Teilnehmer eines Pflegehilfelehrganges kann vom weiteren Besuch des Lehrganges ausgeschlossen werden, wenn er sich aus folgenden Gründen während der Ausbildung zur Ausübung der Pflegehilfe als untauglich erweist:

§ 100 GuKG

1. mangelnde Vertrauenswürdigkeit gemäß § 27 Abs. 2 oder
2. mangelnde gesundheitliche Eignung oder
3. Fehlen einer Aufnahmevoraussetzung gemäß § 98 Abs. 1 oder
4. schwerwiegende Pflichtverletzungen im Rahmen der theoretischen oder praktischen Ausbildung.

(2) Über den Ausschluß (Auflösung des Ausbildungsvertrages) entscheidet der Rechtsträger, der den Pflegehilfelehrgang veranstaltet, im Einvernehmen mit dem Direktor.

(3) Vor Entscheidung über den Ausschluß ist
1. der leitende Sanitätsbeamte zu hören und
2. dem Betroffenen Gelegenheit zur Rechtfertigung zu geben.

(4) Ein Nichterreichen des Ausbildungszieles nach Ausschöpfen der Wiederholungsmöglichkeiten bewirkt ein automatisches Ausscheiden aus dem Pflegehilfelehrgang und bedarf keiner Entscheidung des Rechtsträgers gemäß Abs. 2.

Anmerkung:

1. In Abs. 1 Z 2 wurde durch die Novelle BGBl. I Nr. 90/2006 der Begriff „körperliche und geistige Eignung" durch den Begriff „gesundheitliche Eignung" ersetzt.

2. Siehe die Anmerkungen zu § 56.

Prüfungen

§ 100. (1) Während der gesamten Ausbildungszeit haben sich die Lehr- und Fachkräfte laufend vom Ausbildungserfolg der Lehrgangsteilnehmer zu überzeugen.

(2) Zur Beurteilung des Ausbildungserfolges haben die Lehrkräfte des entsprechenden Unterrichtsfaches oder Fachbereiches
1. im Rahmen der theoretischen Ausbildung Prüfungen abzunehmen und

2. im Rahmen der praktischen Ausbildung Überprüfungen durchzuführen.

(3) Nach Abschluß der Gesamtausbildung ist eine Abschlußprüfung vor einer Prüfungskommission (§ 101) abzulegen. Im Rahmen der Abschlußprüfung ist zu beurteilen, ob sich der Lehrgangsteilnehmer die für die Ausübung der Pflegehilfe erforderlichen Kenntnisse und Fertigkeiten angeeignet hat und in der Lage ist, die berufliche Tätigkeit fachgerecht auszuführen.

(4) Personen, die zwei Ausbildungsjahre in einem gehobenen Dienst für Gesundheits- und Krankenpflege erfolgreich absolviert haben, sind ohne Absolvierung einer ergänzenden Ausbildung zur kommissionellen Abschlußprüfung gemäß Abs. 3 zuzulassen.

Anmerkung:

EB-RV:
Eine laufende Überprüfung des Ausbildungserfolges hat in Form von Orientierungsprüfungen, schriftlichen Tests und Beurteilung der Mitarbeit in den Unterrichtsstunden während der gesamten Ausbildung zu erfolgen.

Die in Abs. 2 angeführten Prüfungen im Rahmen der theoretischen Ausbildung können sowohl mündlich als auch schriftlich abgehalten werden. In der praktischen Ausbildung sind insbesondere die manuellen Fertigkeiten der LehrgangsteilnehmerInnen und die Umsetzung der theoretisch erlernten Kenntnisse in die Praxis zu überprüfen.

Die Ausbildung in der Pflegehilfe schließt mit einer kommissionellen Prüfung ab.

Auf Grund des Auslaufens des Stationsgehilfenberufes ist es in der Praxis notwendig geworden, Personen, die zwei Ausbildungsjahre in einem gehobenen Dienst für Gesundheits- und Krankenpflege erfolgreich absolviert haben und bisher die Berufsberechtigung zur Stationsgehilfin/zum Stationsgehilfen hatten, die Möglichkeit zum Umsteigen auf den Beruf der Pflegehilfe zu geben. Auf Grund der bereits in zwei Ausbildungsjahren erworbenen fundierten Pflegeausbildung kann davon ausgegangen werden, daß die für die Ausübung der Pflegehilfe erforderlichen Grundlagen erworben wurden, sodaß von einer ergänzenden Ausbildung abgesehen werden kann. Die individuellen Kenntnisse und Fertigkeiten sind allerdings im Rahmen der kommissionellen Abschlußprüfung nachzuweisen.

Für Personen, die lediglich ein Ausbildungsjahr in einem gehobenen Dienst für Gesundheits- und Krankenpflege absolviert haben, besteht keine Möglichkeit der verkürzten Ausbildung in der Pflegehilfe, da das erste Jahr der dreijährigen Diplomausbildung keine Inhalte vermittelt, die Teile der Pflegehilfeausbildung vollständig ersetzen und damit eine Verkürzung der Pflegehilfeausbildung rechtfertigen könnten.

Prüfungskommission

§ 101. (1) Der Prüfungskommission gemäß § 100 Abs. 3 gehören folgende Personen an:
  1. **der leitende Sanitätsbeamte des Landes oder dessen Stellvertreter oder eine vom leitenden Sanitätsbeamten des Landes beauftragte fachlich geeignete Person als Vorsitzender,**
  2. **der Direktor des Pflegehilfelehrganges oder dessen Stellvertreter,**
  3. **der medizinisch-wissenschaftliche Leiter des Pflegehilfelehrganges oder dessen Stellvertreter,**
  4. **ein Vertreter des Rechtsträgers, der den Pflegehilfelehrgang veranstaltet,**
  5. **ein fachkundiger Vertreter der gesetzlichen Interessenvertretung der Dienstnehmer aus dem Bereich der Gesundheits- und Krankenpflege und**
  6. **die Lehrkraft des betreffenden Prüfungsfaches.**

(2) Bei Verhinderung der Kommissionsmitglieder gemäß Abs. 1 Z 6 hat der Direktor des Pflegehilfelehrganges für diese einen Stellvertreter zu bestimmen.

(3) Die Kommission ist beschlußfähig, wenn alle Kommissionsmitglieder vom Direktor des Pflegehilfelehrganges ordnungsgemäß geladen wurden und neben dem Vorsitzenden oder dessen Stellvertreter mindestens drei weitere Kommissionsmitglieder oder deren Stellvertreter anwesend sind. Die Kommission entscheidet mit einfacher Stimmenmehrheit. Bei Stimmengleichheit entscheidet die Stimme des Vorsitzenden.

Anmerkungen:

1. Abs. 1 Z 1 hat durch die GuKG-Novelle 2003 eine neue Fassung erhalten. Siehe die EB 2003 zu § 55 Abs. 1 Z 3 (Anm. 3 zu § 55).

2. EB-RV:
Die Zusammensetzung der Prüfungskommission entspricht derjenigen im Bereich der Ausbildung im gehobenen Dienst für Gesundheits- und Krankenpflege. Auf die entsprechenden Erläuterungen zu § 59 wird verwiesen.

3. Siehe auch Anm. 3 zu § 59 betreffend Anwesenheitspflicht bei Prüfungskommissionen.

Anrechnung von Prüfungen und Praktika

§ 102. (1) Prüfungen und Praktika, die in Österreich im Rahmen
  1. **einer Ausbildung zu einem Gesundheitsberuf,**
  2. **eines Universitäts- oder Fachhochschulstudiums oder**
  3. **einer gesetzlich geregelten Ausbildung in einem Sozialberuf**

erfolgreich absolviert wurden, sind auf die entsprechenden Prüfungen und Praktika einer Pflegehilfeausbildung durch den Direktor insoweit anzurechnen, als sie nach Inhalt und Umfang gleichwertig sind.

(2) Prüfungen und Praktika, die im Ausland im Rahmen einer staatlich anerkannten Ausbildung in der Pflegehilfe erfolgreich absolviert wurden, sind auf die entsprechenden

§ 102   **GuKG**

Prüfungen und Praktika einer Pflegehilfeausbildung durch den Direktor insoweit anzurechnen, als sie nach Inhalt und Umfang gleichwertig sind.

(3) Die Anrechnung gemäß Abs. 1 und 2 befreit von der Verpflichtung zur Ablegung der Prüfungen und zur Teilnahme am theoretischen und praktischen Unterricht in den jeweiligen Fächern.

(4) Eine Anrechnung von Prüfungen auf die kommissionelle Abschlußprüfung ist nicht zulässig.

(5) Gegen Entscheidungen des Direktors gemäß Abs. 1 und 2 ist eine Berufung nicht zulässig.

Anmerkungen:

1. Abs. 1 hat durch die GuKG-Novelle 2003 eine neue Fassung erhalten. Siehe die EB 2003 zu § 60 Abs. 1 (Anm. 3 zu § 60).

2. EB-RV:
Die Möglichkeit der Anrechnung von Prüfungen und Praktika auf die Pflegehilfeausbildung wird erstmals vorgesehen. Dies soll insbesondere sachlich gerechtfertigte Erleichterungen für Berufs- und Ausbildungsumsteiger bringen.

Wie bei der Ausbildung im gehobenen Dienst für Gesundheits- und Krankenpflege können Prüfungen und Praktika bestimmter anderer österreichischer Ausbildungen und ausländischer Pflegehilfeausbildungen anerkannt werden. Auch hier ist Voraussetzung für die Anrechnung die inhaltliche und umfangmäßige Gleichwertigkeit, über die von der Direktorin/dem Direktor im Einzelfall zu entscheiden ist.

Zu Abs. 1 Z 5 ist festzuhalten, daß die Ausbildung und das Berufsrecht in Sozialberufen in die Zuständigkeit der Länder fallen und daher österreichweit unterschiedlich geregelt sind. Einige Sozialberufe, wie Heimhilfe, Altenhilfe, Behindertenbetreuung, Familienhilfe und ähnliche Berufe, weisen hinsichtlich des Tätigkeitsbereiches Ähnlichkeiten mit der Pflegehilfe auf. Eine Anrechnung von gleichwertigen Prüfungen etwa in den Unterrichtsfächern Haushaltsführung oder Grundlagen und Methoden der Sozialarbeit könnte daher bei AbsolventInnen derartiger Ausbildungen in Frage kommen. Auf Grund der Unterschiedlichkeit dieser Ausbildungen in den einzelnen Bundesländern kommt in diesen Fällen der Einzelfallprüfung besondere Bedeutung zu.

Zu den Abs. 3 bis 5 wird auf die Erläuterungen zu § 60 verwiesen.

3. Hinsichtlich der Ausbildungen nach Abs 1 Z 1-3 siehe die Anmerkungen zu § 60.

Zeugnis

§ 103. Personen, die die kommissionelle Abschlußprüfung gemäß § 100 Abs. 3 mit Erfolg abgelegt haben, ist ein Zeugnis, in dem der Prüfungserfolg sowie die Berufsbezeichnung „Pflegehelferin"/„ Pflegehelfer" anzuführen sind, auszustellen.

Anmerkung:

EB-RV:
Zeugnisse gemäß § 103 gelten als Prüfungszeugnisse im Sinne des Artikel 1 lit. b der Richtlinie 92/51/EWG.

Ausbildungs- und Prüfungsverordnung

§ 104. Der Bundesminister für Arbeit, Gesundheit und Soziales hat durch Verordnung nähere Bestimmungen über die Ausbildung in der Pflegehilfe, insbesondere über
1. **den Lehrbetrieb, den Lehrplan, den Mindestumfang des theoretischen und praktischen Unterrichts und die fachlichen Voraussetzungen der Leitung und der Lehr- und Fachkräfte,**
2. **die Art und Durchführung der Prüfungen, die Wertung der Prüfungsergebnisse, die Voraussetzungen, unter denen eine Prüfung wiederholt werden kann, die Anzahl der Wiederholungsmöglichkeiten und über die Form und den Inhalt des auszustellenden Zeugnisses und**

§ 104a GuKG

3. die Art und Dauer der verkürzten Ausbildungen gemäß § 94

festzulegen.

Anmerkung:

1. Nach dem Bundesministeriengesetz 1986 idF BGBl. I Nr. 3/2009 ist nunmehr der **Bundesminister für Gesundheit** zuständig.

2. EB-RV:

Diese Bestimmung enthält eine umfassende Verordnungsermächtung für den Bundesminister zur Regelung der Ausbildung, der Prüfungsmodalitäten sowie der verkürzten Ausbildungen.

3. Siehe die Pflegehilfe-Ausbildungsverordnung – Pflh-AV, BGBl. II Nr. 371/1999 i.d.F. BGBl. II Nr. 295/2010 (Anhang D).

4. Abschnitt
Fort- und Weiterbildungen

§ 104a. (1) Pflegehelfer sind berechtigt, Weiterbildungen zur Erweiterung der in der Ausbildung erworbenen Kenntnisse und Fertigkeiten zu absolvieren. Diese haben mindestens vier Wochen zu umfassen.

(2) Weiterbildungen gemäß Abs. 1 können im Rahmen eines Dienstverhältnisses erfolgen.

(3) Die Abhaltung von Weiterbildungen gemäß Abs. 1 bedarf der Bewilligung des Landeshauptmannes. Die Bewilligung ist zu erteilen, wenn die organisatorischen und fachlichen Voraussetzungen für die Vermittlung der den Berufserfordernissen entsprechenden Kenntnisse und Fertigkeiten gewährleistet sind.

(4) Gegen Bescheide des Landeshauptmannes gemäß Abs. 3 ist eine Berufung nicht zulässig.

(5) Nach Abschluss einer Weiterbildung gemäß Abs. 1 ist eine Prüfung abzunehmen. Über die erfolgreich abgelegte Prüfung ist ein Zeugnis auszustellen.

GuKG § 104b

(6) Die erfolgreiche Absolvierung einer Weiterbildung berechtigt zur Führung einer Zusatzbezeichnung gemäß § 83 Abs. 1a.

Anmerkung:

Dieser Paragraph wurde durch die GuKG-Novelle 2003 neu in das Gesetz aufgenommen. Siehe die EB 2003 zu § 83.

Weiterbildungsverordnung

§ 104b. Der Bundesminister für Gesundheit und Frauen hat unter Bedachtnahme auf Inhalt und Umfang der Pflegehilfeausbildung und die Erfordernisse der Berufsausübung durch Verordnung festzulegen, in welchen Bereichen eine Weiterbildung zulässig ist, und nähere Vorschriften über
   1. die Inhalte und die Abhaltung der Weiterbildungen unter Bedachtnahme auf einen geordneten und zweckmäßigen Ausbildungsbetrieb,
   2. die Durchführung der Prüfungen, die Wertung des Prüfungsergebnisses und über die Voraussetzungen, unter denen eine Prüfung wiederholt werden kann,
   3. die Form und den Inhalt der auszustellenden Zeugnisse und
   4. einheitliche Zusatzbezeichnungen gemäß § 83 Abs. 1a
zu erlassen.

Anmerkungen:

1. Dieser Paragraph wurde durch die GuKG-Novelle 2003 neu in das Gesetz aufgenommen. Siehe die EB 2003 zu § 83.

2. Siehe die Gesundheits- und Krankenpflege-Weiterbildungsverordnung – GuK-WV, BGBl. II Nr. 453/2006 i.d.F. BGBl. II Nr. 359/2010 (Anhang H).

§ 104c GuKG

Fortbildung

§ 104c. (1) Angehörige der Pflegehilfe sind verpflichtet, zur
1. **Information über die neuesten Entwicklungen und Erkenntnisse der Gesundheits- und Krankenpflege sowie**
2. **Vertiefung der in der Ausbildung erworbenen Kenntnisse und Fertigkeiten**

innerhalb von jeweils fünf Jahren Fortbildungen in der Dauer von mindestens 40 Stunden zu besuchen.

(2) Über den Besuch einer Fortbildung ist eine Bestätigung auszustellen.

Anmerkungen:

1. Dieser Paragraph wurde durch die GuKG-Novelle 2009 in das Gesetz aufgenommen.

2. EB 2009:

Durch die Entwicklungen im Bereich der Pflege und Betreuung, insbesondere durch die Einbeziehung der Sozialbetreuungsberufe, der Personenbetreuung und der Persönlichen Assistenz, haben sich die beruflichen Anforderungen auch an die Pflegehilfe erhöht. Zur Erfüllung dieser Anforderungen sind aktuelles Fachwissen und Informationen über sich ändernde fachliche Grundlagen unabdingbar.

Wenn auch für die Gesundheits- und Krankenpflegeberufe eine allgemeine Fortbildungspflicht gemäß § 4 Abs. 2 normiert ist, erscheint es im Sinne der Qualitätssicherung zielführend, auch für Angehörige der Pflegehilfe eine quantifizierte Fortbildungsverpflichtung zu normieren.

In diesem Zusammenhang ist auch auf die in der Vereinbarung gemäß Art. 15a B-VG über Sozialbetreuungsberufe vorgesehene Fortbildungsverpflichtung für Angehörige von Sozialbetreuungsberufen hinzuweisen, die in den Ländergesetzen entsprechend festgeschrieben sind.

Dementsprechend sind von Fach- und Diplom-Sozialbetreuer/innen Fortbildungen im Ausmaß von mindestens 32 Stunden innerhalb von zwei Jahren zu absolvieren. Für die Berufsangehörigen jener Sozialbetreuungsberufe, die die Pflegehilfe integriert haben, haben diese Fortbildungen entsprechend dem Berufsbild auch die neuesten Entwicklungen und Erkenntnisse der Gesundheits- und Krankenpflege abzudecken. Die nunmehr im Gesundheits- und Krankenpflegegesetz vorgesehene Normierung von mindestens 40 Stunden berufsspezifische Fortbildungen innerhalb von fünf Jahren für Angehörige der Pflegehilfe ist daher mit den Vorgaben der genannten Vereinbarung kompatibel. In diesem Sinne ist die auf Grund des § 104c GuKG absolvierte Fortbildung im Rahmen des nach genannten Vereinbarung normierten Fortbildungsumfangs zu berücksichtigen.

Allfällige weitere erforderliche Entwicklungen im Bereich der Fortbildung der Gesundheits- und Krankenpflegeberufe im Hinblick auf die Dauer und die Inhalte werden zweckmäßigerweise im Rahmen der im Allgemeinen Teil angesprochenen Realisierung der Registrierung der Angehörigen der Gesundheits- und Krankenpflegeberufe zu diskutieren sein.

4. Hauptstück

Strafbestimmungen

§ 105. (1) Sofern die Tat nicht den Tatbestand einer in die Zuständigkeit der Gerichte fallenden strafbaren Handlung bildet, begeht eine Verwaltungsübertretung und ist mit einer Geldstrafe bis zu 3 600 Euro zu bestrafen, wer
1. **eine Tätigkeit des gehobenen Dienstes für Gesundheits- und Krankenpflege oder der Pflegehilfe ausübt, ohne hiezu durch dieses Bundesgesetz oder eine andere gesetzliche Vorschrift berechtigt zu sein, oder**
2. **jemanden, der hiezu durch dieses Bundesgesetz oder eine andere gesetzliche Vorschrift nicht berechtigt ist, zu einer Tätigkeit des gehobenen Dienstes für Gesundheits- und Krankenpflege oder der Pflegehilfe heranzieht oder**

3. eine Tätigkeit unter einer der in diesem Bundesgesetz festgelegten Berufsbezeichnungen (§§ 12 und 83) ausübt, ohne hiezu berechtigt zu sein, oder
4. einer oder mehreren in § 3b Abs. 3, 4 und 6, § 3c Abs. 2, 3 und 5 § 4 Abs. 3, § 6, § 12 Abs. 6, § 35, § 36 Abs. 1 und 4, § 37 Abs. 2 bis 4, § 38, § 39 Abs. 2 und 3, § 50 Abs. 1, § 52 Abs. 3, § 64 Abs. 3, § 65 Abs. 5, § 83 Abs. 3, § 90, § 96 Abs. 1 oder § 104a Abs. 3 enthaltenen Anordnungen oder Verboten zuwiderhandelt, oder
5. Anordnungen oder Verboten zuwiderhandelt, die in den auf Grund dieses Bundesgesetzes erlassenen Verordnungen enthalten sind.

(2) Der Versuch ist strafbar.

Anmerkungen:

1. Abs. 1 Z 4 wurde durch das GesBRÄG ergänzt.

2. Zu Abs. 1 Z. 1 siehe Erk. VwGH vom 22.6.2010, Zl. 2007/11/0122 (Anm. 3 zu § 19).

Schluß- und Übergangsbestimmungen

§ 106. (1) Personen, die auf Grund §§ 62 bis 65 Krankenpflegegesetz zur Berufsausübung im Krankenpflegefachdienst befugt sind, sind zur Ausübung des gehobenen Dienstes für Gesundheits- und Krankenpflege berechtigt.

(2) Personen, die eine schulversuchsweise geführte berufsbildende höhere Schule für Gesundheits- und Krankenpflege erfolgreich abgeschlossen haben, sind zur Ausübung des gehobenen Dienstes für Gesundheits- und Krankenpflege berechtigt.

Anmerkungen:

1. EB-RV:

Mit dieser Bestimmung werden alle Personen erfaßt, die zum Zeitpunkt des Inkrafttretens dieses Bundesgesetzes eine Berufsberechtigung im Krankenpflegefachdienst besitzen.

GuKG **§ 107**

Auch AbsolventInnen einer schulversuchsweise geführten berufsbildenden höheren Schule für Gesundheits- und Krankenpflege, die gemäß § 52 Abs. 1 Z 6 Krankenpflegegesetz zur berufsmäßigen Ausübung des Krankenpflegefachdienstes berechtigt waren, behalten gemäß Abs. 2 diese Berufsberechtigung. Diese Bestimmung wird lediglich auf die AbsolventInnen des „Privaten Kollegs für Gesundheits- und Krankenpflege der Stadtgemeinde Krems an der Donau", dem mit Bescheiden des Bundesministers für Unterricht und kulturelle Angelegenheiten die Führung von drei entsprechenden Lehrgängen in den Schuljahren 1993/94 bis 1997/98 bewilligt wurde, anzuwenden sein. Weitere Schulversuche in der Gesundheits- und Krankenpflege wurden seitens des Bundesministers für Unterricht und kulturelle Angelegenheiten nicht bewilligt. Auch eine Berücksichtigung im Rahmen des Schulorganisationsgesetzes ist nicht erfolgt.

2. Abs. 1 Z. 4 wurde durch die GuKG-Novelle 2005 geändert.

3. Zu den §§ 62 bis 65 Krankenpflegegesetz siehe *Schwamberger*, Krankenpflegegesetz (1993), 129 ff.

§ 107. (1) Personen, die
1. **eine Ausbildung zum Sanitätsunteroffizier im Österreichischen Bundesheer mit Erfolg abgeschlossen haben,**
2. **zum Zeitpunkt des Inkrafttretens dieses Bundesgesetzes eine mindestens 15jährige berufliche Tätigkeit als Sanitätsunteroffizier beim Österreichischen Bundesheer nachweisen,**
3. **die Absolvierung einer praktischen Ausbildung auf einer internen Abteilung und auf einer chirurgischen Abteilung an einer allgemeinen öffentlichen Krankenanstalt in der Dauer von je 160 Stunden innerhalb der letzten zehn Jahre nachweisen und**
4. **eine theoretische Ergänzungsausbildung an einer Schule für Gesundheits- und Krankenpflege in der Dauer von 160 Stunden und eine kommissionelle Prü-**

fung vor dem 1. Jänner 2002 erfolgreich absolviert haben,

sind zur Ausübung der allgemeinen Gesundheits- und Krankenpflege im Rahmen von Tätigkeiten des Österreichischen Bundesheeres gemäß § 2 Abs. 1 Wehrgesetz 1990, BGBl. Nr. 305, sowie zur Teilnahme an Fort-, Weiter- und Sonderausbildungen berechtigt.

(2) Der Bundesminister für Arbeit, Gesundheit und Soziales hat durch Verordnung nähere Vorschriften insbesondere über

1. Inhalt der theoretischen Ergänzungsausbildung,
2. Inhalt, Art und Durchführung der kommissionellen Prüfung,
3. Anzahl der Wiederholungsmöglichkeiten und
4. Form und Inhalt des auszustellenden Zeugnisses

festzulegen.

Anmerkungen:

1. EB-RV:

Einem dringenden Anliegen des Bundesministeriums für Landesverteidigung folgend, wird in § 107 eine Übergangsbestimmung für speziell qualifiziertes und berufserfahrenes Sanitätspersonal im Bundesheer vorgesehen, denen insbesondere aus besoldungsrechtlichen Gründen die Berechtigung verliehen wird, im Rahmen des Bundesheeres die Krankenpflege auszuüben und an Fort-, Weiter- und Sonderausbildungen teilzunehmen.

Um einerseits diesem Anliegen gerecht zu werden und andererseits weder eine Besserstellung von Sanitätsunteroffizieren gegenüber zivil ausgebildeten Krankenpflegepersonen zu schaffen noch die Qualität in der Gesundheits- und Krankenpflege zu gefährden, wird diese Übergangsbestimmung durch die in Abs. 1 Z 1 bis 4 angeführten Voraussetzungen zeitlich, personell und hinsichtlich der Berufsberechtigung eingeschränkt.

Gemäß Abs. 2 sind die näheren Bestimmungen über die entsprechende Ergänzungsausbildung und die Prüfungsmodalitäten durch Verordnung des Bundesministers für Arbeit, Gesundheit und Soziales festzulegen. Klargestellt wird, daß über die Ablegung der Ergänzungsausbildung ein Zeugnis auszustellen ist, daß die betroffenen Personen aber keinen Anspruch auf Ausstellung eines Krankenpflegediplomes haben.

2. Nach dem Bundesministeriengesetz 1986 idF BGBl. I Nr. 3/2009 ist nunmehr der Bundesminister für Gesundheit zuständig.

3. § 2 Abs 1 Wehrgesetz 1990 lautet:
„Das Bundesheer ist bestimmt:
a) zur militärischen Landesverteidigung,
b) auch über den Bereich der militärischen Landesverteidigung hinaus zum Schutz der verfassungsmäßigen Einrichtungen und ihrer Handlungsfähigkeit sowie der demokratischen Freiheiten der Einwohner und zur Aufrechterhaltung der Ordnung und Sicherheit im Inneren überhaupt,
c) zur Hilfeleistung bei Elementarereignissen und Unglücksfällen außergewöhnlichen Umfanges sowie
d) zur Hilfeleistung im Ausland auf Ersuchen internationaler Organisationen oder der Liga der Rotkreuz-Gesellschaften;
in den Fällen der lit b und c insoweit, als die gesetzmäßige zivile Gewalt die Mitwirkung des Bundesheeres in Anspruch nimmt, im Falle der lit d insoweit als die Bundesregierung im Einvernehmen mit dem Hauptausschuß des Nationalrates die Entsendung von Angehörigen des Bundesheeres in das Ausland beschließt."

4. Die Aufgaben des Bundesheeres sind nunmehr im **§ 2 des Wehrgesetzes 2001**, BGBl. I Nr. 146/2001 i.d.F. BGBl. I Nr. 111/2010, geregelt. Der Wortlaut des § 2 Abs. 1 Wehrgesetz 2001 weicht von dem des Wehrgesetzes 1990 teilweise ab.

§ 108. (1) Angehörige des gehobenen Dienstes für Gesundheits- und Krankenpflege, die auf Grund § 57b Krankenpflegegesetz eine Sonderausbildung für Spezialaufgaben erfolg-

§ 108 GuKG

reich absolviert haben, sind berechtigt, die entsprechenden Spezialaufgaben auszuüben.

(2) Der Landeshauptmann hat Angehörigen des gehobenen Dienstes für Gesundheits- und Krankenpflege, die in den letzten acht Jahren vor Inkrafttreten dieses Bundesgesetzes mindestens fünf Jahre vollbeschäftigt oder entsprechend länger bei Teilzeitbeschäftigung Spezialaufgaben nach dem Krankenpflegegesetz ausgeübt haben, ohne eine entsprechende Sonderausbildung absolviert zu haben, auf Antrag eine Bestätigung über die absolvierte Berufspraxis auszustellen. Diese Bestätigung berechtigt zur Ausübung der entsprechenden Spezialaufgaben.

(3) Angehörige des gehobenen Dienstes für Gesundheits- und Krankenpflege, die in den letzten fünf Jahren vor Inkrafttreten dieses Bundesgesetzes mindestens drei Jahre vollbeschäftigt oder entsprechend länger bei Teilzeitbeschäftigung Spezialaufgaben nach dem Krankenpflegegesetz ausgeübt haben, ohne eine entsprechende Sonderausbildung absolviert zu haben, sind berechtigt, diese Aufgaben bis 31. Dezember 2006 auszuüben. Ab 1. Jänner 2007 dürfen diese Personen Spezialaufgaben nur nach erfolgreicher Absolvierung der entsprechenden kommissionellen Prüfung gemäß § 65 Abs. 7 ausüben.

(4) Angehörige des gehobenen Dienstes für Gesundheits- und Krankenpflege, die Spezialaufgaben nach dem Krankenpflegegesetz ausgeübt haben, ohne die Voraussetzungen der Abs. 1 bis 3 zu erfüllen, sind berechtigt, diese Aufgaben bis 31. Dezember 2008 auszuüben. Ab 1. Jänner 2009 dürfen diese Personen Spezialaufgaben nur nach erfolgreicher Absolvierung der entsprechenden Sonderausbildung ausüben.

(5) Zeiten
1. der Beschäftigungsverbote nach dem Mutterschutzgesetz 1979, BGBl. Nr. 221,
2. eines Karenzurlaubes nach dem Mutterschutzgesetz 1979 oder dem Väter-Karenzgesetz, BGBl. Nr. 651/1989,

3. des Präsenzdienstes gemäß dem Wehrgesetz 1990 oder
4. des Zivildienstes gemäß dem Zivildienstgesetz 1986, BGBl. Nr. 679, die in die achtjährige beziehungsweise fünfjährige Frist der Abs. 2 und 3 fallen,
verlängern diese entsprechend.

Anmerkungen:

1. EB-RV:
Ziel dieser Bestimmung ist es, ein Gleichgewicht zwischen der Qualitätssicherung, die durch eine verpflichtende Sonderausbildung für Spezialaufgaben gewährleistet wird, und bereits in der Berufspraxis erworbenen Kenntnisse und Fertigkeiten herzustellen. Die Übergangsbestimmung des § 108 soll dazu beitragen, übermäßige Härten für Personen, die sich bei der Ausübung einer Spezialaufgabe über längere Zeit bewährt haben, zu vermeiden.

Diese Personen sind daher je nach Dauer der tatsächlichen Tätigkeit im entsprechenden Aufgabenbereich begünstigt.

2. Abs. 5 wurde durch die Novelle BGBl. I Nr. 95/1998 neu in das Gesetz eingefügt.

3. Abs. 4 hat durch die Novelle BGBl. I Nr. 116/1999 eine neue Fassung erhalten. Dabei wurden die Übergangsfristen verlängert. Durch die Novelle BGBl. I Nr. 90/2006 wurden die Übergangsfristen im Abs. 4 nochmals verlängert. Im Abs. 5 wurde durch die GuKG-Novelle 2005 eine Adaptierung des Gesetzestitel (Väter-Karenzgesetz) vorgenommen.

4. Zu § 57b Krankenpflegegesetz siehe näher *Schwamberger*, Krankenpflegegesetz (1993), 123 ff.

5. Siehe die Sonderregelung im § 50 GuK-SV hinsichtlich der kommissionellen Abschlussprüfung für Personen gemäß § 108 Abs. 3 GuKG.

§ 108a GuKG

§ 108a. Angehörige der Kinder- und Jugendlichenpflege, die
1. auf Grund § 57b Krankenpflegegesetz eine Sonderausbildung in der Kinderintensivpflege,
2. eine vor In-Kraft-Treten des Bundesgesetzes BGBl. I Nr. 69/2005 begonnene Weiterbildung in der Kinderintensivpflege gemäß § 64 oder
3. eine vor In-Kraft-Treten des Bundesgesetzes BGBl. I Nr. 69/2005 begonnene Sonderausbildung in der Intensivpflege mit Schwerpunktsetzung Kinderintensivpflege gemäß § 68

absolviert haben, sind zur Ausübung der Intensivpflege von Früh- und Neugeborenen, Kindern und Jugendlichen berechtigt.

Anmerkungen:

1. § 108a wurde durch die GuKG-Novelle 2005 neu eingefügt.

2. Siehe die Anm. und EB zu § 68a.

§ 109. (1) Angehörige des gehobenen Dienstes für Gesundheits- und Krankenpflege, die
1. auf Grund § 57b Krankenpflegegesetz eine Sonderausbildung für Lehr- oder Führungsaufgaben erfolgreich absolviert haben oder
2. im Zeitpunkt des Inkrafttretens dieses Bundesgesetzes Lehr- oder Führungsaufgaben tatsächlich ausüben,

sind berechtigt, Lehr- oder Führungsaufgaben auszuüben.

(2) Angehörige des gehobenen Dienstes für Gesundheits- und Krankenpflege, die die Voraussetzungen des Abs. 1 nicht erfüllen, dürfen bis 31. Dezember 2006 Lehr- und Führungsaufgaben berufsmäßig bereits vor Absolvierung der entsprechenden Sonderausbildung ausüben. Die erfolgreiche Absolvierung der Sonderausbildung ist inner-

halb von drei Jahren nach Aufnahme der Tätigkeiten nachzuweisen.

(3) Sonderausbildungen können bis 31. Dezember 2007 durch Angehörige des gehobenen Dienstes für Gesundheits- und Krankenpflege geleitet werden, die jedenfalls
1. zur Ausübung von Lehraufgaben,
2. Zur Ausübung von Führungsaufgaben oder
3. zur Ausübung der entsprechenden Spezialaufgaben berechtigt sind.

(4) Die Berechtigung gemäß Abs. 1 erstreckt sich auch auf Personen, die zum Zeitpunkt des Inkrafttretens dieses Bundesgesetzes in seiner Stammfassung auf Grund
1. der Beschäftigungsverbote nach dem Mutterschutzgesetz 1979,
2. eines Karenzurlaubes nach dem Mutterschutzgesetz 1979 oder dem Väter-Karenzgesetz,
3. des Präsenzdienstes nach dem Wehrgesetz 1990 oder
4. des Zivildienstes nach dem Zivildienstgesetz 1986

ihren Beruf nicht tatsächlich ausübten, Lehr- und Führungsaufgaben aber vor diesem Zeitpunkt tatsächlich ausgeübt haben.

Anmerkungen:

1. EB-RV:
Für den Bereich der Lehr- und Führungsaufgaben wird insbesondere zur Vermeidung von kurzfristigen Personalknappheiten auch an alle Personen, die bei Inkrafttreten dieses Gesetzes Lehr- und Führungsaufgaben tatsächlich ausüben, die entsprechende Berufsberechtigung verliehen.

Abs. 2 sieht bis Ende des Jahres 2006 auch im Bereich der Lehr- und Führungsaufgaben die Möglichkeit der Ausübung dieser Tätigkeit vor Absolvierung der Sonderausbildung vor.

2. Abs. 3 wurde durch die Novelle BGBl. I Nr. 95/1998 neu in das Gesetz eingefügt.

Die bisher im § 65 Abs. 4 vorgesehenen Anforderungen an die Leitung von Sonderausbildungen sind derzeit nicht in allen Bundesländern realisierbar, sodaß nunmehr eine Übergangsbestimmung vorgesehen wird (AB 1998). Im Abs. 4 Z. 2 wurde durch die GuKG-Novelle 2005 eine Adaptierung des Gesetzeszitates vorgenommen.

3. Abs. 4 wurde durch die Novelle BGBl. I Nr. 116/1999 neu in das Gesetz eingefügt.

Auch hinsichtlich dieser Übergangsregelung sollen – da es sich um eine offensichtlich nicht gewollte Lücke im Gesetz handelt – die angeführten Zeiten zur Vermeidung einer Schlechterstellung der Betroffenen Berücksichtigung finden (AB 1999).

4. Zu § 57b Krankenpflegegesetz siehe näher *Schwamberger*, Krankenpflegegesetz (1993), 123 ff.

§ 109a. Personen, die auf Grund
  1. des § 108 Abs. 2 und 3 zur Ausübung von Spezialaufgaben oder
  2. des § 109 Abs. 1 zur Ausübung von Lehr- und Führungsaufgaben
berechtigt sind, dürfen die entsprechenden Zusatzbezeichnungen zur Berufsbezeichnung gemäß § 12 Abs. 4 führen.

Anmerkungen:

1. Diese Bestimmung wurde durch die Novelle BGBl. I Nr. 116/1999 neu in das Gesetz eingefügt. Durch die GuKG-Novelle 2009 wurde das Zitat „§ 12 Abs. 2" durch das Zitat „§ 12 Abs. 4" ersetzt.

2. EB 1999

§ 12 Abs. 2 stellt für die Berechtigung zur Führung von Zusatzbezeichnungen zur Berufsbezeichnung auf das Erfordernis einer entsprechenden erfolgreich absolvierten Sonderausbildung ab. Für den in den Geltungsbereich der Übergangsbestimmungen fallenden Personenkreis, welcher diesbezügliche Voraussetzung nicht erfüllt, jedoch auf Grund der Übergangsbestimmungen zur weiteren Berufsausübung berechtigt ist, wird durch diese Bestimmung die Möglichkeit geschaffen, die entsprechenden Zusatzbezeichnungen zur Berufsbezeichnung zu führen.

§ 110. Bewilligungen zur freiberuflichen Ausübung des Krankenpflegefachdienstes, die auf Grund des Krankenpflegegesetzes erteilt wurden, gelten mit Inkrafttreten dieses Bundesgesetzes als Bewilligungen zur freiberuflichen Ausübung des gehobenen Dienstes für Gesundheits- und Krankenpflege.

Anmerkung:

EB-RV:
Bereits erteilte Bewilligungen zur freiberuflichen Berufsausübung behalten ihre Rechtskraft.

§ 111. (1) Kinderkrankenpfleger, psychiatrische Gesundheits- und Krankenpfleger sowie Hebammen, die vor Inkrafttreten der Novelle des Gesundheits- und Krankenpflegegesetzes, BGBl. I Nr. 95/1998, eine Tätigkeit in der allgemeinen Gesundheits- und Krankenpflege durch mindestens sechs Monate hindurch vollbeschäftigt oder entsprechend länger bei Teilzeitbeschäftigung ausgeübt haben, sind berechtigt, die Tätigkeit im Geltungsbereich dieses Bundesgesetzes weiterhin auszuüben.

(2) Diplomierte Gesundheits- und Krankenpfleger, die eine Tätigkeit ausschließlich in der Kinder- und Jugendlichenpflege oder in der psychiatrischen Gesundheits- und Krankenpflege vor Inkrafttreten der Novelle des Gesundheits- und Krankenpflegegesetzes, BGBl. I Nr. 95/1998, durch

§ 111 GuKG

mindestens sechs Monate hindurch vollbeschäftigt oder entsprechend länger bei Teilzeitbeschäftigung ausgeübt haben, sind berechtigt, die Tätigkeit im Geltungsbereich dieses Bundesgesetzes weiterhin auszuüben.

(3) Der Landeshauptmann hat auf Grund der nachgewiesenen Berufstätigkeit über Antrag eine Bestätigung auszustellen. Diese Bestätigung berechtigt zur Berufsausübung im jeweiligen Zweig des gehobenen Dienstes für Gesundheits- und Krankenpflege.

Anmerkungen:

1. § 111 hat durch die Novelle BGBl. I Nr. 95/1998 eine neue Fassung erhalten.

2. AB 1998:
Eine bundesweit durchgeführte Umfrage ergab, daß zirka 300 diplomierte Kinderkrankenpfleger/diplomierte Kinderkrankenschwestern sowie diplomierte psychiatrische Gesundheits- und Krankenpfleger/diplomierte psychiatrische Gesundheits- und Krankenschwestern in der allgemeinen Gesundheits- und Krankenpflege tätig sind. Um diesen Personen, die sich durch diese Tätigkeit mittlerweile ein umfassendes Fachwissen in der anderen Sparte der Gesundheits- und Krankenpflege angeeignet haben, den weiteren beruflichen Einsatz zu ermöglichen, wird zur Vermeidung von Härtefällen sowie zur Sicherstellung der kontinuierlichen Weiterführung bestehender Versorgungssysteme gesetzlich die weitere Berufsmöglichkeit gesichert.

Die in Abs. 2 vorgesehene Bestätigung ist nur dann erforderlich, wenn für eine weitere berufliche Tätigkeit die bisherige Bewilligung nicht ausreichend bzw. bisher noch keine Bewilligung erteilt worden ist.

Hinsichtlich der allgemeinen Gesundheits- und Krankenpflege ist – sofern die Tätigkeit nicht durch Sonderausbildung zu erwerbende Kenntnisse und Fertigkeiten erfordert – auf Grund des Berufsbildes keine Gesetzesänderung erforderlich, da dieses einen Einsatz bei Erkrankungen aller Art unabhängig von der Altersstufe ermöglicht.

Die Frage der Beibehaltung der Dreiteilung oder der dem internationalen Trend folgenden Etablierung einer „general nurse" mit späterer Spezialisierung soll nach einem Beobachtungszeitraum releviert werden.

Die getroffenen Regelungen haben keine Auswirkung für die bereits auf Grund der bisherigen Rechtslage bestehende Möglichkeit der Berufsausübung auch im extramuralen Bereich auch durch diplomierte Kinderkrankenpfleger/Kinderkrankenschwestern sowie psychiatrischen Gesundheits- und Krankenpfleger/psychiatrischen Gesundheits- und Krankenschwestern, sofern die zu verrichtenden Tätigkeiten in die Kinder- und Jugendlichenpflege oder psychiatrische Gesundheits- und Krankenpflege fallen.

Eine berufliche Tätigkeit von diplomierten Gesundheits- und Krankenschwestern/-pflegern ist bei Erkrankungen aller Art unabhängig von der Altersstufe möglich, sofern die jeweilige Tätigkeit nicht durch Sonderausbildung zu erwerbende Kenntnisse und Fertigkeiten erfordert.

Analog der für diplomierte Kinderkrankenschwestern/-pfleger und psychiatrische Gesundheits- und Krankenschwestern/-pfleger in Abs. 1 getroffenen Regelung soll unter bestimmten Voraussetzungen auch für diplomierte Gesundheits- und Krankenschwestern/pfleger der weitere umfassende berufliche Einsatz ausschließlich im Spezialbereich ermöglicht werden.

§ 112. Krankenpflegeschulen, Kinderkrankenpflegeschulen und Ausbildungsstätten für die psychiatrische Krankenpflege, die auf Grund des Krankenpflegegesetzes errichtet und bewilligt wurden, gelten mit Inkrafttreten dieses Bundesgesetzes als Schulen für Gesundheits- und Krankenpflege, Schulen für Kinder- und Jugendlichenpflege und Schulen für psychiatrische Krankenpflege und bedürfen keiner Bewilligung durch den Landeshauptmann gemäß § 50.

§ 113 GuKG

Anmerkung:

EB-RV:
Bereits auf Grund des Krankenpflegegesetzes bewilligte Schulen erhalten die neue Bezeichnung und bedürfen keiner neuerlichen Bewilligung. Gleiches gilt für bereits errichtete Sonderausbildungskurse.

§ 113. Lehrgänge für die Ausbildung zum Pflegehelfer, die gemäß § 43b Krankenpflegegesetz eingerichtet und bewilligt wurden, gelten als Pflegehilfelehrgänge gemäß § 95 dieses Bundesgesetzes und bedürfen keiner Bewilligung des Landeshauptmannes.

Anmerkung:

EB-RV:
Bereits auf Grund des Krankenpflegegesetzes bewilligte Lehrgänge für die Ausbildung zur Pflegehelferin/zum Pflegehelfer erhalten die Bezeichnung Pflegehilfelehrgang und bedürfen keiner neuerlichen Bewilligung.

§ 114. (1) Sonderausbildungskurse, die
1. **gemäß § 57b Krankenpflegegesetz eingerichtet und bewilligt wurden und**
2. **Kenntnisse und Fertigkeiten für die Ausübung von Spezial-, Lehr- oder Führungsaufgaben gemäß § 17 dieses Bundesgesetzes vermitteln,**

können nach den Bestimmungen des Krankenpflegegesetzes fortgesetzt und abgeschlossen werden.

(2) Ab 1. September 1998 dürfen Sonderausbildungen nur nach den Bestimmungen dieses Bundesgesetzes begonnen werden.

Anmerkung:

EB-RV:
Die bisherigen Sonderausbildungskurse gemäß § 57b Krankenpflegegesetz fallen nunmehr teilweise in den Bereich der Sonderausbildungen und teilweise in den Bereich der Weiterbildungen.
Jene Sonderausbildungskurse, die Ausbildungsinhalte abdecken, die nach den Bestimmungen dieses Gesetzes Kenntnisse und Fertigkeiten zur Ausübung der in den nunmehrigen erweiterten Tätigkeitsbereich fallenden Spezial-, Lehr- und Führungsaufgaben vermitteln, können gemäß § 114 bis zum Ablauf der Übergangsfrist in der bestehenden Form weitergeführt werden. AbsolventInnen derartiger Sonderausbildungskurse sind gemäß § 108 Abs. 1 bzw. § 109 Abs. 1 Z 1 zur Ausübung der entsprechenden Spezial-, Lehr- und Führungsaufgaben berechtigt.
Nach Ablauf der Übergangsfrist sind alle Sonderausbildungen nach den Bestimmungen dieses Gesetzes zu führen. Dies bedeutet, daß eine Bewilligung des Landeshauptmannes gemäß § 65 Abs. 5 einzuholen ist.
Alle anderen bisherigen Sonderausbildungskurse gemäß § 57b Krankenpflegegesetz, wie zB in der Hauskrankenpflege, Onkologie, Geriatrie, Kontinenz- und Stomaberatung, Kardiologie, Endoskopie, Sozialmedizin, Arbeitsmedizin, basale Stimulation, Stationsleitung, usw., fallen nach diesem Gesetz nicht mehr in den Bereich der Sonderausbildungen. Diese Sonderausbildungskurse gelten gemäß § 115 für die Dauer des jeweiligen Bewilligungsbescheides nunmehr als Weiterbildungen gemäß § 64.

§ 115. Sonderausbildungskurse,
 1. **die gemäß § 57b Krankenpflegegesetz eingerichtet und bewilligt wurden und**
 2. **nicht Kenntnisse und Fertigkeiten für die Ausübung von Spezial-, Lehr- oder Führungsaufgaben gemäß § 17 dieses Bundesgesetzes vermitteln,**

gelten als Weiterbildungen gemäß § 64 dieses Bundesgesetzes.

§ 116 GuKG

Anmerkung:

Siehe die Anmerkung zu § 114.

§ 116. (1) Ausbildungen im Krankenpflegefachdienst und in der Pflegehilfe, die vor dem 1. September 1997 begonnen wurden und noch nicht abgeschlossen sind, sind nach den bisher geltenden Bestimmungen des Krankenpflegegesetzes fortzusetzen und abzuschließen.

(2) Bis zum Ablauf des 31. August 1998 können Ausbildungen im Krankenpflegefachdienst und in der Pflegehilfe nach den Bestimmungen des Krankenpflegegesetzes begonnen werden. Diese Ausbildungen sind nach den bisher geltenden Bestimmungen des Krankenpflegegesetzes fortzusetzen und abzuschließen. Im Rahmen dieser Ausbildungen ist der Erwerb eines zweiten Diploms in einem weiteren Zweig des Krankenpflegefachdienstes zulässig.

(3) Personen, die
  1. eine Ausbildung zum Sanitätsunteroffizier im Österreichischen Bundesheer mit Erfolg abgeschlossen haben und
  2. die Einzelprüfungen des dritten Ausbildungsjahres der Ausbildung im Krankenpflegefachdienst nach den Bestimmungen des Krankenpflegegesetzes abgelegt haben,

sind berechtigt, das vierte Ausbildungsjahr einer Ausbildung im Krankenpflegefachdienst gemäß Abs. 1 oder 2 zu absolvieren. Prüfungen, die im Rahmen der Ausbildung zum Sanitätsunteroffizier im Österreichischen Bundesheer erfolgreich absolviert wurden, sind durch den Direktor insoweit auf die Einzelprüfungen gemäß Z 2 anzurechnen, als sie nach Inhalt und Umfang gleichwertig sind. Die Anrechnung befreit von der Ablegung der entsprechenden Prüfung.

(4) Personen, die eine Ausbildung im Krankenpflegefachdienst nach den Bestimmungen des Krankenpflegegesetzes in den letzten sechs Jahren vor Inkrafttreten dieses Bundesgesetzes begonnen und diese auf Grund

1. der Beschäftigungsverbote nach dem Mutterschutzgesetz 1979,
2. eines Karenzurlaubes nach dem Mutterschutzgesetz 1979 oder dem Eltern-Karenzurlaubsgesetz,
3. des Präsenzdienstes nach dem Wehrgesetz 1990 oder
4. des Zivildienstes nach dem Zivildienstgesetz 1986
unterbrochen haben, sind unter der Voraussetzung der erfolgreichen Absolvierung von Ausbildungsjahren berechtigt, die Ausbildung nach den Bestimmungen dieses Bundesgesetzes fortzusetzen und abzuschließen.

Anmerkungen:

1. EB-RV:
Krankenpflegefachdienst sowie zur Pflegehelferin/zum Pflegehelfer, Sonderausbildungs- und Fortbildungskurse sind nach den bisherigen Bestimmungen fortzusetzen und abzuschließen.

Um den Gesundheits- und Krankenpflegeschulen sowie den Pflegehilfelehrgänge ausreichend Zeit für die Planung und Umsetzung der neuen Ausbildungsinhalte und -modalitäten zu geben, wird die Möglichkeit eröffnet, auch nach Inkrafttreten des Gesetzes nach den bisher geltenden Ausbildungsbestimmungen auszubilden. Dadurch soll einerseits die Implementierung der neuen Ausbildung erleichtert werden, andererseits soll die Rekrutierung des Lehrpersonals und dessen Vorbereitung zur Gewährleistung einer qualitativ hochwertigen Ausbildung sichergestellt werden. Diese Übergangsregelung erstreckt sich allerdings nur auf jene Ausbildungen, die bis zum 31. August 1998 begonnen werden.

Selbstredend steht es aber den Ausbildungseinrichtungen offen, die neue Ausbildung bereits mit Inkrafttreten dieses Gesetzes zu realisieren.

2. Abs 3 wurde durch den Gesundheitsausschuß eingefügt. Der AB führt hiezu aus: Das Krankenpflegegesetz sah für Personen, die eine Ausbildung zum Sanitätsunteroffizier im Österreichischen Bundesheer mit Erfolg abgeschlossen haben, die Möglichkeit vor, die im dritten Ausbildungsjahr abzuhaltenden Einzelprüfungen abzulegen und die Ausbildung im Krankenpflegefachdienst fortzusetzen. Im Hinblick darauf, daß das Österreichische Bundesheer in den vergangenen Jahren im Rahmen der Sanitätsunteroffiziersausbildung Ausbildungsinhalte entsprechend dem zweiten und dritten Ausbildungsjahr der Ausbildung im Krankenpflegefachdienst durchführte, ist es erforderlich, einerseits die bisherige Möglichkeit bis zum Auslaufen der Ausbildungen im Krankenpflegefachdienst weiterhin bestehen zu lassen, andererseits auch die Anrechnungsmöglichkeit von Prüfungen durch den Direktor zu schaffen.

3. Der **letzte Satz des Abs. 2** wurde durch die Novelle BGBl. I Nr. 116/1999 neu in das Gesetz eingefügt.

4. EB 1999

Durch die Erweiterung der Übergangsbestimmung soll es Personen, die ein Diplom in einem Zweig der Krankenpflege erworben haben, ermöglicht werden, der Rechtslage des ehemaligen Krankenpflegegesetzes entsprechend im Rahmen einer verkürzten Ausbildung durch den Einstieg in laufende Ausbildungen das entsprechende zweite Diplom zu erlangen. Diese Möglichkeit ist aber zeitlich limitiert bis zum Auslaufen der Ausbildungen auf Grund des ehemaligen Krankenpflegegesetzes.

5. Abs. 4 wurde durch die Novelle BGBl. I Nr. 116/1999 neu in das Gesetz eingefügt.

Um Härtefälle zu vermeiden, soll für Personen, die aus den aufgezählten Gründen in den letzten sechs Jahren ihre Ausbildung im Krankenpflegefachdienst nach dem ehemaligen Krankenpflegegesetz unterbrochen haben, die Möglichkeit geschaffen werden, die Ausbildung in einem gehobenen Dienst für Gesundheits- und Krankenpflege nach den neuen Bestimmungen fortzusetzen und abzuschließen, wobei erfolgreich absolvierte Ausbildungsjahre voll angerechnet werden. Auf Grund der unterschiedlichen Strukturierung der neuen Ausbildung wäre eine Fortsetzung der Ausbildung basierend auf der Anrechnungsregelung des § 60 GuKG nur äußerst erschwert möglich (AB 1999).

6. Zur Anwendung des § 116 Abs. 1 siehe auch VwGH v. 24.3.1999, Zl. 98/11/0104.

§ 116a. Die zum Zeitpunkt des In-Kraft-Tretens des Bundesgesetzes BGBl. I Nr. 6/2004 anhängigen Verfahren gemäß § 10 sind nach der vor diesem Zeitpunkt geltenden Rechtslage fortzusetzen und abzuschließen.

Anmerkung:

Dieser Paragraph wurde durch die GuKG-Novelle 2003 neu in das Gesetz aufgenommen. Siehe die EB 2003 zu § 10 (Anm. 2 zu § 10).

Inkrafttreten

§ 117. (1) Dieses Bundesgesetz tritt mit 1. September 1997 in Kraft.

(2) Verordnungen auf Grund dieses Bundesgesetzes können bereits ab dem seiner Kundmachung folgenden Tag erlassen werden. Sie treten frühestens mit dem Inkrafttreten dieses Bundesgesetzes in Kraft.

(3) § 105 tritt mit Ablauf des 31. Dezember 2001 außer Kraft.

(4) § 105a in der Fassung des Bundesgesetzes BGBl. I Nr. 116/1999 tritt mit 1. Jänner 2002 in Kraft.

(5) § 36 Abs. 1 bis 3, § 37 Abs. 3, § 40, § 91 und § 105a Abs. 1 Z 4 in der Fassung des Verwaltungsreformgesetzes 2001, BGBl. I Nr. 65/2002, sowie der Entfall des § 36 Abs. 5 treten mit 1. Juli 2002, jedoch nicht vor dem vierten der Kundmachung des Verwaltungsreformgesetzes 2001 folgenden Monatsersten in Kraft.

(6) Mit 1. Juni 2002 treten
  1. **§ 31, § 39 Abs. 1 und 4, § 47 Abs. 1 Z 1, § 48 Abs. 1 Z 1 und § 88 in der Fassung des Bundesgesetzes BGBl. I Nr. 6/2004 und**

§ 117 GuKG

2. § 12 Abs. 5 und § 83 Abs. 2 in der Fassung des Bundesgesetzes BGBl. I Nr. 69/2005 in Kraft.

(7) Mit 1. Mai 2004 tritt § 29 Abs. 4 bis 5 in der Fassung des Bundesgesetzes BGBl. I Nr. 69/2005 in Kraft.

(8) § 108 Abs. 4 in der Fassung des Bundesgesetzes BGBl. I Nr. 90/2006 tritt mit 1. Jänner 2006 in Kraft.

(9) Mit 20. Oktober 2007 treten
1. das Inhaltsverzeichnis sowie §§ 28a bis 30 samt Überschriften, §§ 31 und 32 Abs. 6, § 39 samt Überschrift, §§ 40 Abs. 2 Z 1, 68a Abs. 5, 87 und 88 in der Fassung des Bundesgesetzes BGBl. I Nr. 57/2008 in Kraft sowie
2. § 32a samt Überschrift außer Kraft.

(10) Die §§ 35 Abs. 1 Z. 5 bis 7 und 90 Abs. 1 Z. 4 bis 6 in der Fassung des Bundesgesetzes BGBl. I Nr. 101/2008 treten mit 1. Jänner 2009 in Kraft.

(11) § 28a Abs. 8 und § 87 Abs. 7 in der Fassung des Bundesgesetzes BGBl. I Nr. 130/2009 sind auf Bescheide anzuwenden, die nach dem 31. Dezember 2009 erlassen werden.

(12) § 28 Abs. 4 in der Fassung des Qualitätssicherungsrahmengesetzes, BGBl. I Nr. 74/2011, tritt mit 1. März 2012 in Kraft.

Anmerkungen:

1. Die Novelle BGBl. I Nr. 95/1998 ist mit 1. Juli 1998 in Kraft getreten.

Die Novelle BGBl. I Nr. 116/1999 ist mit 23. Juli 1999 in Kraft getreten. Das Verwaltungsreformgesetz 2001 ist mit 1. August 2002 in Kraft getreten.

Abs. 9 wurde durch das GesBRÄG 2007 neu in das Gesetz aufgenommen.

Abs. 10 wurde durch das Bundesgesetz BGBl. I Nr. 101/2008 neu in das Gesetz aufgenommen.

Abs. 11 wurde durch die GuKG-Novelle 2009 neu in das Gesetz aufgenommen. Siehe die EB 2009 zu § 28a (Anm. 5 zu § 28a).

2. EB 2003 (zu Abs. 6):
Die die Umsetzung des Freizügigkeitsabkommens der Europäischen Gemeinschaft und ihrer Mitgliedstaaten einerseits und der Schweizerischen Eidgenossenschaft andererseits betreffenden Änderungen werden mit In-Kraft-Treten dieses Abkommens rückwirkend mit 1. Juni 2002 in Kraft gesetzt.

3. Die GuKG-Novelle 2003 ist mit 17. Februar 2004 in Kraft getreten.

4. Die GuKG-Novelle 2005 ist mit 6. Juli 2005 in Kraft getreten, ausgenommen § 12 Abs. 5 und § 83 Abs. 2 (siehe Abs. 6) und § 29 Abs. 4 bis 5 (siehe Abs. 7).

5. Die GuK-Novelle des Art. 13 des Bundes-Behindertengleichstellungs- Begleitgesetzes, BGBl. I Nr. 90/2006, ist mit Ausnahme des § 108 Abs. 4 mit 24. Juni 2006 in Kraft getreten.

6. EB 2007:
Gemäß Artikel 63 der Richtlinie 2005/36/EG haben die Mitgliedstaaten die Rechts- und Verwaltungsvorschriften, die erforderlich sind, um dieser Richtlinie bis spätestens 20. Oktober 2007 nachzukommen, in Kraft zu setzen. Dem entsprechend treten jene Regelungen, die der Umsetzung der Richtlinie 2005/36/EG dienen, mit 20. Oktober 2007 in Kraft.

7. Die GuKG-Novelle 2009 ist mit 31. Dezember 2009 in Kraft getreten.

8. Die GuKG-Novelle des Art. 9 des Bundesgesetzes zur Stärkung der ambulanten öffentlichen Gesundheitsversorgung, BGBl. I Nr. 61/2010, ist mit 19. August 2010 in Kraft getreten.

Vollziehung

§ 118. Mit der Vollziehung dieses Bundesgesetzes ist der Bundesminister für Arbeit, Gesundheit und Soziales betraut.

§ 118 GuKG

Anmerkung:

Die Zuständigkeit zur Vollziehung dieses Bundesgesetzes ergibt sich aus Art. 10 Z 12 B-VG und dem Bundesministeriengesetz 1986 idF BGBl. I Nr. 3/2009. Derzeit ist der **Bundesminister für Gesundheit** zuständig.

Artikel II (des Bundesgesetzes BGBl. I Nr. 108/1997)

Das Krankenpflegegesetz, BGBl. Nr. 102/1961, in der Fassung der Bundesgesetze BGBl. Nr. 257/1967, 95/1969, 349/1970, 197/1973, 426/1975, 314/1987, 747/1988, 449/1990, 872/1992 und 917/1993 wird wie folgt geändert:

1. Der Titel lautet:

„Bundesgesetz über die Regelung des medizinisch-technischen Fachdienstes und der Sanitätshilfsdienste (MTF-SHD-G)"

2. § 68 werden folgende Abs. 9 und 10 angefügt:

„(9) Der II. Teil, das 1. Hauptstück des IV. Teiles, der I. und V. Teil, soweit sie den Krankenpflegefachdienst und den Pflegehelfer betreffen, sowie die Anlage, in der Fassung des Bundesgesetzes BGBl. I Nr. 108/1997, treten mit Ablauf des 31. August 1997 außer Kraft. Sie sind jedoch insofern weiterhin anzuwenden, als auf sie in den übrigen Bestimmungen dieses Bundesgesetzes verwiesen wird.

(10) Die Änderung des Titels und § 68 Abs. 9 und 10 in der Fassung des Bundesgesetzes BGBl. I Nr. 108/1997 treten mit
1. September 1997 in Kraft."

Anmerkungen:

1. EB-RV:
Zu Z 1:
Eine Änderung des Titels des „Krankenpflegegesetzes" ist notwendig, da durch die Erlassung des Gesundheits- und Krankenpflegegesetzes sämtliche Pflegeberufe aus dem Krankenpflegegesetz herausgenommen und neu geregelt werden. Eine Belassung des bisherigen Titels wäre für den Normadressaten irreführend und könnte zu Verwechslungen zwischen den beiden Gesetzen führen. Der neue Titel nimmt auf die noch in diesem Gesetz geregelten Berufe – das sind der medizinisch-technische Fachdienst und die sonstigen Sanitätshilfsdienste – Bezug.

Artikel II   **GuKG**

Zu Z 2:
Das Gesundheits- und Krankenpflegegesetz beinhaltet eine abschließende Regelung des gehobenen Dienstes für Gesundheits- und Krankenpflege und der Pflegehilfe. Die entsprechenden Bestimmungen des Krankenpflegegesetzes werden daher mit Inkrafttreten dieses Bundesgesetzes materiell derogiert.

Um Rechtsklarheit zu erzielen, wird allerdings in Artikel II eine formelle Derogation jener Teile des Krankenpflegegesetzes, die den Krankenpflegefachdienst und den Pflegehelfer regeln, angeordnet.

Hinsichtlich der Regelungen der Teile I und V ist jedoch auf Grund der sprachlichen und inhaltlichen Verflechtung mit den derzeit noch im Krankenpflegegesetz geregelten Berufen eine explizite Aufhebung einzelner Bestimmungen nicht möglich. Daher werden diese Teile nur insofern aufgehoben, als ,,sie den Krankenpflegefachdienst und den Pflegehelfer betreffen".

Festgehalten wird, daß die aufgehobenen Bestimmungen allerdings insofern weiterhin anzuwenden sind, als auf sie in den noch geltenden Bestimmungen des Krankenpflegegesetzes verwiesen wird.

Für die im Krankenpflegegesetz verbleibenden Berufe bleibt dieses unter dem Titel MTF-SHD-Gesetz in Kraft. Eine umfassende Reformierung des medizinisch-technischen Fachdienstes und der Sanitätshilfsdienste und die Schaffung einer Rechtsgrundlage für derzeit noch nicht geregelte Gesundheitsberufe bleibt den für die kommenden Jahre geplanten neuen Gesetzen vorbehalten.

2. Zum weiterhin in Geltung stehenden Teil des Krankenpflegegesetzes (nunmehr MTF-SHD-G) siehe *Schwamberger*, Krankenpflegegesetz (1993).

Artikel III
(des Bundesgesetzes BGBl. I Nr. 108/1997)

Das Bundesgesetz, mit dem die Ausbildung zu Tätigkeiten, die durch Rechtsvorschriften auf dem Gebiet des Gesundheitswesens geregelt sind, hiezu nicht berechtigten Einrichtungen untersagt wird (Ausbildungsvorbehaltsgesetz), BGBl. Nr. 379/1996, wird wie folgt geändert:

§ 1 lautet:

„§ 1. (1) Die Ausbildung zu Tätigkeiten, die durch das
1. Bundesgesetz über die Ausübung des ärztlichen Berufes und die Standesvertretung der Ärzte (Ärztegesetz 1984 – ÄrzteG), BGBl. Nr. 373/1984,
2. Bundesgesetz betreffend die Regelung des Dentistenberufes (Dentistengesetz), BGBl. Nr. 90/1949,
3. Bundesgesetz über den Hebammenberuf (Hebammengesetz – HebG), BGBl. Nr. 310/1994,
4. Bundesgesetz über Gesundheits- und Krankenpflegeberufe (Gesundheits- und Krankenpflegegesetz – GuKG), BGBl. I Nr. 108/1997,
5. Bundesgesetz betreffend die Regelung des medizinischtechnischen Fachdienstes und der Sanitätshilfsdienste (MTF-SHD-G), BGBl. Nr. 102/1961,
6. Bundesgesetz über die Regelung der gehobenen medizinisch- technischen Dienste (MTD-Gesetz), BGBl. Nr. 460/1992,
7. Bundesgesetz über die Führung der Berufsbezeichnung „Psychologe" oder „Psychologin" und über die Ausübung des psychologischen Berufes im Bereich des Gesundheitswesens (Psychologengesetz), BGBl. Nr. 360/1990,
8. Bundesgesetz über die Ausübung der Psychotherapie (Psychotherapiegesetz), BGBl. Nr. 361/1990,
9. Bundesgesetz über den Tierarzt und seine berufliche Vertretung (Tierärztegesetz), BGBl. Nr. 16/1975,

jeweils in der geltenden Fassung, geregelt sind, obliegt ausschließlich den nach diesen Bundesgesetzen dafür vorgesehenen

Artikel III GuKG

Einrichtungen. Das Anbieten oder Vermitteln solcher Ausbildungen durch andere Personen oder Einrichtungen ist verboten.
(2) Der Versuch ist strafbar. Werbung gilt als Versuch."

2. Nach § 2 wird folgender § 2a eingefügt:
„§ 2a. § 1 in der Fassung des Bundesgesetzes BGBl. I Nr. 108/1997 tritt mit 1. September 1997 in Kraft."

Anmerkungen:

1. EB-RV:
Auf Grund der Neuerlassung des Gesundheits- und Krankenpflegegesetzes ist eine legistische Anpassung der Gesetzeszitierungen erforderlich.

2. Zum Ausbildungsvorbehaltsgesetz siehe Aigner, Ärztegesetz- Novelle, Ausbildungsvorbehaltsgesetz, RdM 1996, 85.

3. Das Ausbildungsvorbehaltsgesetz wurde zuletzt durch die Novelle BGBl. I Nr. 155/2005 geändert.

Artikel IV
(des Bundesgesetzes BGBl. I Nr. 108/1997)

Das Bundesgesetz über die Ausübung des ärztlichen Berufes und die Standesvertretung (Ärztegesetz 1984 – ÄrzteG) wird wie folgt geändert:

1. § 2 Abs. 6 lautet:
„(6) Durch dieses Bundesgesetz werden die gesetzlichen Vorschriften über die Berechtigung zur Ausübung
1. des Dentistenberufes,
2. der Gesundheits- und Krankenpflegeberufe,
3. des Hebammenberufes,
4. der medizinisch-technischen Dienste und
5. der Sanitätshilfsdienste

sowie die den gewerberechtlichen Vorschriften unterliegenden Tätigkeiten nicht berührt."

2. § 22 Abs. 3 lautet:
„(3) Der Arzt kann im Einzelfall ärztliche Tätigkeiten an Angehörige anderer Gesundheitsberufe übertragen, sofern diese vom Tätigkeitsbereich des entsprechenden Gesundheitsberufes umfaßt sind. Er hat sich jeweils zu vergewissern, daß die betreffende Person die erforderlichen Kenntnisse und Fähigkeiten besitzt. Er trägt die Verantwortung für die Anordnung. Die ärztliche Aufsicht entfällt, sofern die Regelungen der entsprechenden Gesundheitsberufe bei der Durchführung übertragener ärztlicher Tätigkeiten keine ärztliche Aufsicht vorsehen."

3. § 22 Abs. 4, 4a und 5 entfallen.

4. Nach § 108 wird folgender § 108a eingefügt:
„§ 108a. § 2 Abs. 6, § 22 Abs. 3 und der Entfall von § 22 Abs. 4, 4a und 5 treten mit 1. September 1997 in Kraft."

Artikel IV   **GuKG**

Anmerkungen:

1. EB-RV:
Es erfolgen erforderliche Anpassungen im Ärztegesetz 1984. Eine Änderung des § 22 Abs. 2 Ärztegesetz 1984 kann im gegebenen Zusammenhang unterbleiben. Dies deshalb, da die im Abs. 2 zweiter Satz dieser Gesetzesstelle vorgesehene Mithilfe von Hilfspersonen nur als unterstützendes Tätigwerden bei ärztlichen Verrichtungen zu verstehen ist und nach dieser Regelung daher keine Delegierung ärztlicher Tätigkeiten erfolgen darf (siehe schon EB der RV 1587 BlgNR XIII. GP, S. 4, und AB 208 BlgNR XVII. GP, S. 2).

2. Durch den Gesundheitsausschuß wurde der letzte Satz in den Abs 3 des § 22 eingefügt. Der AB führt hiezu aus: Die Ergänzung dient der Klarstellung, daß jene Regelungen, zum Beispiel § 37 Krankenpflegegesetz hinsichtlich des medizinisch-technischen Fachdienstes, die neben der ärztlichen Anordnung auch eine ärztliche Aufsicht vorsehen, unberührt bleiben.

3. Zu § 2 und § 22 Ärztegesetz 1984 siehe näher *Schwamberger*, Ärztegesetz 1984 (1995).

4. Durch das Inkrafttreten des Ärztegesetzes 1998 sind diese Änderungen überholt.

IV. Anhang

A) Gesundheits- und Krankenpflege-Ausbildungsverordnung – GuK-AV, BGBl. II Nr. 179/1999 i.d.F. BGBl. II Nr. 296/2010

Verordnung der Bundesministerin für Arbeit, Gesundheit und Soziales über die Ausbildung im gehobenen Dienst für Gesundheits- und Krankenpflege (Gesundheits- und Krankenpflege-Ausbildungsverordnung – GuK-AV), BGBl. II Nr. 179/1999 i.d.F. BGBl. II Nr. 296/2010

Auf Grund der §§ 57 und 62 des Gesundheits- und Krankenpflegegesetzes (GuKG), BGBl. I Nr. 108/1997, in der Fassung des Bundesgesetzes BGBl. I Nr. 95/1998, wird verordnet:

Inhaltsübersicht

1. Abschnitt
Ausbildung

§ 1	Ausbildung im gehobenen Dienst für Gesundheits- und Krankenpflege, Allgemeines
§ 2	Ausbildungsziele
§ 3	Didaktische Grundsätze
§ 4	Fachspezifische und organisatorische Leitung
§ 5	Medizinisch-wissenschaftliche Leitung
§ 6	Lehrkräfte, Lehrtätigkeit
§ 7	Fachkräfte
§ 8	Räumliche und sachliche Ausstattung der Schule
§ 9	Ausbildungsjahr
§ 10	Ausbildungszeiten
§ 11	Teilnahmeverpflichtung
§ 12	Versäumen von Ausbildungszeiten, Lehrerkonferenz

§ 13	Unterbrechung der Ausbildung
§ 14	Schulwechsel
§ 15	Theoretische Ausbildung
§ 16	Durchführung des Unterrichts
§ 17	Verlegung von Unterrichtsstunden und -fächern
§ 18	Praktische Ausbildung
§ 19	Durchführung der praktischen Ausbildung
§ 20	Praktische Ausbildung während der Nachtzeit
§ 21	Wahlpraktikum
§ 22	Praktikum nach Wahl der Schule
§ 23	Diplomprüfungsbezogenes Praktikum

2. Abschnitt
Prüfungen und Beurteilungen

§ 24	Einzelprüfungen im Rahmen der theoretischen Ausbildung
§ 25	Beurteilung der theoretischen Ausbildung
§ 26	Dispensprüfung
§ 27	Beurteilung der praktischen Ausbildung
§ 28	Wiederholen einer Einzelprüfung oder Teilprüfung einer Einzelprüfung
§ 29	Wiederholungsprüfungskommission
§ 30	Nichtantreten zu einer Prüfung, Nachtragsprüfung
§ 31	Wiederholen eines Praktikums
§ 32	Wiederholen eines Ausbildungsjahres
§ 33	Ausscheiden aus der Ausbildung
§ 34	Aufsteigen in das nächsthöhere Ausbildungsjahr
§ 35	Zeugnis
§ 36	Schulautonomer Bereich

3. Abschnitt
Diplomprüfung

§ 37	Allgemeines
§ 38	Zulassung zur Diplomprüfung
§ 39	Diplomprüfungsinhalt

Anhang **GuK-AV**

§ 40	Fachbereichsarbeit
§ 41	Praktische Diplomprüfung
§ 42	Mündliche Diplomprüfung
§§ 43 bis 45	Ablauf der mündlichen Diplomprüfung
§ 46	Beurteilung der Diplomprüfung
§ 47	Gesamtbeurteilung der Diplomprüfung
§ 48	Diplomprüfungsprotokoll
§ 49	Nichtantreten zu einer Prüfung im Rahmen der Diplomprüfung
§ 50	Wiederholen der Diplomprüfung
§ 51	Wiederholen des dritten Ausbildungsjahres
§ 52	Diplom

4. Abschnitt
Verkürzte Ausbildungen

§ 53	Allgemeines
§ 54	Verkürzte Ausbildung für Pflegehelfer
§ 55	Verkürzte Ausbildung für Sanitätsunteroffiziere
§ 56	Verkürzte Ausbildung nach einer speziellen Grundausbildung
§ 57	Verkürzte Ausbildung für Hebammen
§ 58	Verkürzte Ausbildung für Mediziner

5. Abschnitt
Nostrifikation

§ 59	Allgemeines
§ 60	Ergänzungsausbildung
§ 61	Wiederholen und Abbruch der Ergänzungsausbildung
§ 62	Bestätigung über die Ergänzungsausbildung und -prüfung

6. Abschnitt
Kompensationsmaßnahmen – EWR

§ 63	Allgemeines
§ 64	Anpassungslehrgang

GuK-AV   **Anhang**

§ 65	Eignungsprüfung
§ 66	Wiederholen
§ 67	Bestätigung

7. Abschnitt
Vermittlungs- und Austauschprogramme

§ 68	Vermittlungs- und Austauschprogramme

8. Abschnitt
Schluß- und Übergangsbestimmungen

§ 69	Ergänzungsausbildung für Sanitätsunteroffiziere
§ 70	Räumliche und sachliche Ausstattung der Schule
§ 71	Anzeige des ersten Ausbildungsjahres
§ 72	Übergangsbestimmung
§ 73	Außerkrafttreten

Anlagen

Anlage 1	Ausbildung in der allgemeinen Gesundheits- und Krankenpflege
Anlage 2	Spezielle Grundausbildung in der Kinder- und Jugendlichenpflege
Anlage 3	Spezielle Grundausbildung in der psychiatrischen Gesundheits- und Krankenpflege
Anlage 4	Verkürzte Ausbildung in der allgemeinen Gesundheits- und Krankenpflege für Pflegehelfer
Anlage 5	Verkürzte Ausbildung in der Kinder- und Jugendlichenpflege für Pflegehelfer
Anlage 6	Verkürzte Ausbildung in der psychiatrischen Gesundheits- und Krankenpflege für Pflegehelfer
Anlage 7	Verkürzte Ausbildung in der allgemeinen Gesundheits- und Krankenpflege für diplomierte Kinderkrankenpfleger
Anlage 8	Verkürzte Ausbildung in der allgemeinen Gesundheits- und Krankenpflege für diplomierte psychiatrische Gesundheits- und Krankenpfleger

Anhang GuK-AV

Anlage 9 Verkürzte Ausbildung in der allgemeinen Gesundheits- und Krankenpflege für Hebammen
Anlage 10 Verkürzte Ausbildung in der Kinder- und Jugendlichenpflege für Hebammen
Anlage 11 Verkürzte Ausbildung in der allgemeinen Gesundheits- und Krankenpflege für Mediziner
Anlage 12 Ergänzungsausbildung für Sanitätsunteroffiziere
Anlage 13 Zeugnis über das Ausbildungsjahr
Anlage 14 Bestätigung über die Ergänzungsausbildung
Anlage 15 Bestätigung über den Anpassungslehrgang
Anlage 16 Bestätigung über die Eignungsprüfung
Anlage 17 Zeugnis über die Ergänzungsausbildung für Sanitätsunteroffiziere
Anlage 18 Diplomprüfungszeugnis
Anlage 19 Diplom allgemeine Gesundheits- und Krankenpflege
Anlage 20 Diplom spezielle Grundausbildungen

1. Abschnitt
Ausbildung

Ausbildung im gehobenen Dienst für Gesundheits- und Krankenpflege, Allgemeines

§ 1. (1) Die Ausbildung in einem gehobenen Dienst für Gesundheits- und Krankenpflege dauert drei Jahre und umfaßt mindestens 4 600 Stunden in Theorie und Praxis.

(2) Die Ausbildung in der allgemeinen Gesundheits- und Krankenpflege findet an Schulen für allgemeine Gesundheits- und Krankenpflege statt.

(3) Die spezielle Grundausbildung in der Kinder- und Jugendlichenpflege findet an Schulen für Kinder- und Jugendlichenpflege statt.

(4) Die spezielle Grundausbildung in der psychiatrischen Gesundheits- und Krankenpflege findet an Schulen für psychiatrische Gesundheits- und Krankenpflege statt.

GuK-AV **Anhang**

(5) Bei allen personenbezogenen Bezeichnungen gilt die gewählte Form für beide Geschlechter. Die weibliche Form von „Krankenpfleger" lautet „Krankenschwester".

(6) Sofern in dieser Verordnung auf nachstehende Bundesgesetze verwiesen wird, sind sie in folgender Fassung anzuwenden:
1. Gesundheits- und Krankenpflegegesetz – GuKG, BGBl. I Nr. 108/1997, in der Fassung des Bundesgesetzes BGBl. I Nr. 61/2010,
2. Mutterschutzgesetz 1979, BGBl. Nr. 221, in der Fassung des Bundesgesetzes BGBl. I Nr. 58/2010,
3. Wehrgesetz 2001, BGBl. I Nr. 146, in der Fassung des Bundesgesetzes BGBl. I Nr. 85/2009,
4. Zivildienstgesetz 1986, BGBl. Nr. 679, in der Fassung des Bundesgesetzes BGBl. I Nr. 5/2009.

Ausbildungsziele

§ 2. Ziele der Ausbildung im gehobenen Dienst für Gesundheits- und Krankenpflege sind
1. die Befähigung zur Übernahme und Durchführung sämtlicher Tätigkeiten, die in das Berufsbild des gehobenen Dienstes für Gesundheits- und Krankenpflege fallen,
2. die Vermittlung von Kenntnissen über den Aufbau, die Entwicklung und die Funktionen des menschlichen Körpers und der menschlichen Psyche,
3. die Vermittlung einer geistigen Grundhaltung der Achtung vor dem Leben, der Würde und den Grundrechten jedes Menschen, ungeachtet der Nationalität, der ethnischen Zugehörigkeit, der Religion, der Hautfarbe, des Alters, des Geschlechts, der Sprache, der politischen Einstellung und der sozialen Zugehörigkeit, und eines verantwortungsbewußten, selbständigen und humanen Umganges mit gesunden, behinderten, kranken und sterbenden Menschen,
4. die Vermittlung von Kenntnissen und der Anwendung von Methoden zur Erhaltung des eigenen physischen, psychischen und sozialen Gesundheitspotentials,

Anhang   **GuK-AV**

5. die Ausrichtung der Pflege nach einer wissenschaftlich anerkannten Pflegetheorie und deren Erkennung als einen analytischen, problemlösenden Vorgang sowie zielgerichtetes und eigenverantwortliches pflegerisches Handeln unter Bedachtnahme auf die beruflichen Kompetenzen und ethischen Grundprinzipien,
6. die Vermittlung von Kenntnissen für die Planung, Ausführung, Dokumentation und Evaluierung einer optimalen Pflege unter Berücksichtigung der physischen, psychischen und sozialen Aspekte des Lebens, sofern sie Gesundheit, Krankheit, Behinderung und Sterben betreffen, und
7. die Förderung kreativer Arbeit, Kommunikation und Kooperation in persönlichen, fachspezifischen und anderen gesellschaftlich relevanten Bereichen zur Sicherung der Pflegequalität und Unterstützung der Weiterentwicklung der Pflegepraxis durch forschungsorientiertes Denken.

Didaktische Grundsätze

§ 3. Die Ausbildung an Schulen für Gesundheits- und Krankenpflege ist nach folgenden didaktischen Grundsätzen durchzuführen:
1. Dem Unterricht sind die Prinzipien der Methodenvielfalt, der Lebensnähe, der Anschaulichkeit, der Schülerselbsttätigkeit und -selbstverantwortung zugrunde zu legen, wobei dem Erarbeiten und Verstehen von grundlegenden Lehrinhalten gegenüber einer vielfältigen oberflächlichen Wissensvermittlung der Vorzug zu geben ist.
2. In allen Unterrichtsfächern ist das „Soziale Lernen" zu fördern, wobei die Schüler zur Kommunikation, Eigenständigkeit und zu tolerantem Verhalten sowie zum Anwenden vorhandener Hilfsmittel und Erarbeiten neuer Lösungsmodelle zu befähigen sind. Hiezu ist eine Unterrichtsform zu wählen, die den Schüler während der ge-

samten Ausbildung aktiv am Unterrichtsgeschehen und -ablauf teilhaben läßt.
3. Die Schüler sind zu einem partnerschaftlichen, verantwortungsvollen Umgang miteinander anzuhalten, um sie zu einem ebensolchen Umgang mit anderen Menschen unter Beachtung der Gleichstellung von Mann und Frau zu befähigen.
4. Aus der Struktur des Berufsfeldes auftretende Spannungen und Widerstände sind aufzuzeigen, um die Schüler bei der konstruktiven Bewältigung beruflicher Belastungen zu unterstützen.
5. Die Schüler sind für die Bildung der eigenen Persönlichkeit zu sensibilisieren, um ihnen für die Berufsausübung der Gesundheits- und Krankenpflege ein höchstmögliches Maß an Innovation, Offenheit, Toleranz und Akzeptanz gegenüber der Vielfalt an soziokulturellen Hintergründen von Menschen zu vermitteln.
6. Der Unterricht ist durch zusätzliche Schulveranstaltungen, wie Lehrausgänge und Exkursionen, zu ergänzen, um den Schülern Einblick in umfassende Zusammenhänge auf gesundheitlichen, sozialen, wirtschaftlichen, politischen und kulturellen Gebieten zu geben.
7. In der praktischen Ausbildung ist den Schülern Gelegenheit zu geben, Kontinuität und Erfolg ihrer Pflege und Betreuung zu erleben, wobei eine positive Verarbeitung der Erlebnisse in der Praxis im Rahmen von Gesprächsführung und Praxisreflexion zu ermöglichen ist.
8. Der Unterricht ist auch fächerübergreifend sowie in Form von Seminaren oder Projektunterricht unter Berücksichtigung aktueller Fragen und Tagesereignisse mit verschiedenen Lehrmitteln, einschließlich ergänzender und weiterführender Literatur durchzuführen, um spezielle Neigungen und Interessen der Schüler zu fördern und ihnen zu helfen, komplexe Probleme zu erfassen, eigenständig zu bearbeiten und lösen zu lernen.

9. Der Lehrplan ist dem Unterricht als Rahmen, der es ermöglicht, Veränderungen und Neuerungen in der Pflege und Medizin, in Gesellschaft, Wirtschaft und Kultur zu berücksichtigen, zugrunde zu legen.

Fachspezifische und organisatorische Leitung

§ 4. (1) Der Rechtsträger der Schule für Gesundheits- und Krankenpflege hat einen Direktor und einen Stellvertreter des Direktors zu bestellen.

(2) Dem Direktor obliegt die fachspezifische und organisatorische Leitung der Schule einschließlich der Dienstaufsicht. Diese umfaßt insbesondere folgende Aufgaben:
1. Planung, Organisation, Koordination und Kontrolle der gesamten theoretischen und praktischen Ausbildung,
2. Sicherung der inhaltlichen und pädagogischen Qualität des Unterrichts in den einzelnen Sachgebieten,
3. Auswahl der Einrichtungen, an denen die praktische Ausbildung durchgeführt wird, sowie Kontrolle und Sicherung der Qualität der praktischen Ausbildung,
4. Personalführung, Dienstaufsicht über die Lehrkräfte und das sonstige Personal der Schule sowie Aufsicht über die Fachkräfte,
5. Organisation, Koordination und Führung des Vorsitzes bei der Aufnahme der Schüler in die Schule sowie beim Ausschluß aus der Schule,
6. Aufsicht über die Schüler sowie Zuweisung der Schüler an die Einrichtungen und Fachbereiche der praktischen Ausbildung,
7. Anrechnung von Prüfungen und Praktika und
8. Organisation und Koordination von sowie Mitwirkung an kommissionellen Prüfungen.

Medizinisch-wissenschaftliche Leitung

§ 5. (1) Der Rechtsträger der Schule für Gesundheits- und Krankenpflege hat einen medizinisch-wissenschaftlichen Leiter und einen Stellvertreter des medizinisch-wissenschaftlichen Leiters zu bestellen.

(2) Die medizinisch-wissenschaftliche Leitung umfaßt insbesondere folgende Aufgaben:
1. Sicherung und Kontrolle der inhaltlichen Qualität der von Ärzten vorzutragenden Unterrichtsfächer,
2. Information und Beratung des Direktors, der Lehrkräfte und der Schüler in medizinischen Belangen,
3. Mitwirkung bei der Aufnahme der Schüler in die Schule sowie bei deren Ausschluß und
4. Mitwirkung in der Diplomprüfungskommission.

Lehrkräfte, Lehrtätigkeit

§ 6. (1) Der Rechtsträger der Schule für Gesundheits- und Krankenpflege hat Personen, die den theoretischen Unterricht im Rahmen der Ausbildung in einem gehobenen Dienst für Gesundheits- und Krankenpflege durchführen (§ 16 Abs. 1) und die praktische Ausbildung anleiten und vermitteln (§ 19 Abs. 2), als Lehrkräfte zu bestellen.

(2) Als Lehrkräfte für das betreffende Unterrichtsfach gemäß den Anlagen 1 bis 11 sind zu bestellen:
1. Angehörige des gehobenen Dienstes für Gesundheits- und Krankenpflege, die zur Ausübung von Lehraufgaben berechtigt sind (Lehrer für Gesundheits- und Krankenpflege),
2. Ärzte und Personen, die ein Studium der Medizin in Österreich oder einem anderen EWR-Vertragsstaat erfolgreich abgeschlossen oder in Österreich nostrifiziert haben (Mediziner),
3. Angehörige der gehobenen medizinisch-technischen Dienste,
4. Psychologen und Psychotherapeuten,
5. Personen, die ein Studium der Pädagogik, der Pharmazie, der Rechtswissenschaften oder der Soziologie in Österreich oder einem anderen EWR-Vertragsstaat erfolgreich abgeschlossen oder in Österreich nostrifiziert haben, sowie

6. sonstige fachkompetente Personen, die über eine fachspezifische Ausbildung für das betreffende Unterrichtsfach verfügen.

(3) Als Lehrkräfte für die praktische Ausbildung sind Lehrer für Gesundheits- und Krankenpflege in ausreichender Anzahl (§ 19 Abs. 2 und 3) zu bestellen.

(4) Lehrkräfte haben die für das betreffende Unterrichtsfach oder Sachgebiet erforderlichen speziellen Fachkenntnisse und -fertigkeiten nachzuweisen und pädagogisch geeignet zu sein.

(5) Die Lehrtätigkeit umfaßt die Durchführung des theoretischen Unterrichts und die Anleitung und Vermittlung der praktischen Ausbildung. Hiezu zählen insbesondere folgende Tätigkeiten:
1. Erteilen von Unterricht in den jeweiligen Sachgebieten sowie Abnahme von Prüfungen sowie die Anleitung und Vermittlung der praktischen Ausbildung,
2. Planung, Vorbereitung, Nachbereitung und Evaluierung des Unterrichts sowie der Anleitung und Vermittlung der praktischen Ausbildung in fachlicher, methodischer und didaktischer Hinsicht sowie Vorbereitung und Evaluierung von Prüfungen und
3. pädagogische Betreuung der Schüler.

(6) Das Ausmaß der Lehrtätigkeit der Lehrer für Gesundheits- und Krankenpflege gemäß Abs. 5 ist derart festzulegen, daß die Qualität der Ausbildung nicht durch ein Übermaß oder durch eine Geringfügigkeit des Einsatzes gefährdet wird. Eine Gefährdung ist jedenfalls dann nicht gegeben, wenn jeweils im Rahmen eines Ausbildungsjahres
1. die Tätigkeiten gemäß Abs. 5 Z 1 und 2 durchschnittlich mindestens die Hälfte und höchstens drei Viertel der Arbeitszeit des Lehrers für Gesundheits- und Krankenpflege und
2. die Tätigkeiten gemäß Abs. 5 Z 3 einschließlich der Betreuung der Fachbereichsarbeit sowie organisatorische Aufgaben durchschnittlich mindestens ein Viertel und höchstens die Hälfte der Arbeitszeit des Lehrers für Gesundheits- und Krankenpflege

umfassen.

GuK-AV   **Anhang**

Fachkräfte

§ 7. (1) Fachkräfte sind
1. Angehörige des gehobenen Dienstes für Gesundheits- und Krankenpflege,
2. Ärzte oder
3. sonstige qualifizierte Angehörige von Gesundheits-, Sozial- oder anderen einschlägigen Berufen,

die über die erforderliche fachliche und pädagogische Eignung verfügen.

(2) Fachkräften obliegt neben den Lehrkräften die fachliche Betreuung und Anleitung der Schüler im Rahmen der Ausbildung. Hiezu zählen insbesondere folgende Tätigkeiten:
1. Anleitung der und Aufsicht über die Schüler im Rahmen der praktischen Ausbildung und
2. Unterstützung der Lehrkräfte im Rahmen des theoretischen Unterrichts.

Räumliche und sachliche Ausstattung der Schule

§ 8. (1) Jede Schule für Gesundheits- und Krankenpflege hat eine ausreichende Anzahl an Unterrichtsräumen mit der für den Unterricht erforderlichen technischen und fachspezifischen Ausstattung aufzuweisen, die die Erreichung der Ausbildungsziele und die Umsetzung der didaktischen Grundsätze aus räumlicher und fachlicher Sicht gewährleisten.

(2) Zusätzlich zu den in Abs. 1 genannten Unterrichtsräumen hat die Schule insbesondere über folgende Räumlichkeiten zu verfügen:
1. Bibliothek,
2. Arbeitsräume für die Lehr- und Fachkräfte,
3. Aufenthalts- und Sozialräume für die Lehr- und Fachkräfte,
4. Aufenthalts- und Sozialräume für die Schüler und
5. Räume für die Administration der Schule.

Anhang GuK-AV

Ausbildungsjahr

§ 9. (1) Ein Ausbildungsjahr umfaßt zwölf Monate.

(2) Der Beginn einer Ausbildung (erstes Ausbildungsjahr) ist vom Direktor festzusetzen und dem Landeshauptmann spätestens zwei Monate vor Beginn des ersten Ausbildungsjahres anzuzeigen.

(3) Für jedes Ausbildungsjahr sind Ferien im Ausmaß von insgesamt acht Wochen festzusetzen. Der Direktor hat für jedes Ausbildungsjahr nach Anhörung der Schülervertretung die Aufteilung und den Zeitpunkt der Ferien festzusetzen, wobei jährlich mindestens vier Wochen Ferien ohne Unterbrechung zu gewähren sind. Für Feiertage, die innerhalb der Ferien liegen, müssen keine zusätzlichen Ferientage gewährt werden.

Ausbildungszeiten

§ 10. (1) Die Dauer der theoretischen und praktischen Ausbildung (Ausbildungszeit) hat in allen drei Ausbildungsjahren höchstens 40 Wochenstunden zu betragen.

(2) Eine Unterrichtsstunde im Rahmen der theoretischen Ausbildung dauert mindestens 45 Minuten und höchstens 50 Minuten. Eine Praktikumsstunde im Rahmen der praktischen Ausbildung dauert 60 Minuten.

Teilnahmeverpflichtung

§ 11. Die Schüler sind verpflichtet, an der jeweiligen in den Anlagen 1 bis 11 angeführten theoretischen und praktischen Ausbildung sowie der Ausbildung im schulautonomen Bereich im entsprechenden Stundenausmaß teilzunehmen.

Versäumen von Ausbildungszeiten, Lehrerkonferenz

§ 12. (1) Ein Schüler darf in jedem Ausbildungsjahr höchstens 20% der vorgeschriebenen Unterrichtsstunden der theoretischen Ausbildung aus folgenden Gründen versäumen:
  1. Krankheit des Schülers oder

2. andere berücksichtigungswürdige Gründe, wie insbesondere schwere Erkrankung oder Tod eines nahen Angehörigen, Erkrankung eines Kindes, Wahl- oder Pflegekindes, Entbindung der Ehegattin oder Lebensgefährtin.

Ausgenommen hievon sind Zeiten der theoretischen Ausbildung im schulautonomen Bereich (§ 36 Abs. 2 zweiter Satz).

(2) Über das Vorliegen eines Grundes gemäß Abs. 1 entscheidet der Direktor.

(3) Versäumt ein Schüler mehr als 20% der Unterrichtsstunden eines Ausbildungsjahres aus den in Abs. 1 genannten Gründen, ist von der Lehrerkonferenz unter Bedachtnahme auf die versäumte theoretische Ausbildung und die Leistungen des Schülers festzusetzen, ob der Schüler

1. zum Aufsteigen in das nächsthöhere Ausbildungsjahr (§ 34) berechtigt ist,
2. zur Diplomprüfung zuzulassen ist (§ 38) oder
3. das betreffende Ausbildungsjahr einschließlich der Einzelprüfungen und Praktika zu wiederholen hat.

(4) Der Lehrerkonferenz gehören folgende Personen an:

1. der Direktor oder dessen Stellvertreter als Vorsitzender,
2. der medizinisch-wissenschaftliche Leiter oder dessen Stellvertreter und
3. die Lehrer für Gesundheits- und Krankenpflege des betreffenden Ausbildungsjahres.

(5) Die Lehrerkonferenz ist beschlußfähig, wenn neben dem Direktor oder dessen Stellvertreter mindestens 50% der Lehrer für Gesundheits- und Krankenpflege des betreffenden Ausbildungsjahres anwesend sind. Die Lehrerkonferenz entscheidet mit einfacher Stimmenmehrheit. Bei Stimmengleichheit entscheidet die Stimme des Direktors.

(6) Im Fall des Abs. 3 Z 3 sind vom Direktor bei Vorliegen berücksichtigungswürdiger Gründe, wie andauernde Erkrankung zu Beginn des Ausbildungsjahres, bereits positiv absolvierte Einzelprüfungen, Teilprüfungen von Einzelprüfungen und Praktika des zu wiederholenden Ausbildungsjahres anzurechnen, sofern die Erreichung der Ausbildungsziele gewährleistet ist.

(7) Versäumt ein Schüler Ausbildungszeiten, ohne aus einem der in Abs. 1 angeführten Gründe entschuldigt zu sein, ist folgende Vorgangsweise einzuhalten:
1. Dem betreffenden Schüler ist Gelegenheit zur Abgabe einer Stellungnahme zu geben.
2. Die gesetzliche Interessenvertretung der Dienstnehmer ist zu hören.
3. Der Direktor hat unter Heranziehung der Stellungnahmen des Schülers und der gesetzlichen Interessenvertretung der Dienstnehmer zu entscheiden, ob die Aufnahmekommission im Hinblick auf eine schwerwiegende Pflichtverletzung gemäß § 56 Abs. 1 Z 4 GuKG zu befassen ist.
4. In Fällen, in denen die Entscheidung der Aufnahmekommission nicht auf Ausschluß von der Ausbildung lautet, kann die Aufnahmekommission eine Ermahnung aussprechen.

(8) Versäumt ein Schüler Praktikumszeiten, sind diese ehestmöglich während der Ausbildungszeit nachzuholen. Ausgenommen hievon sind Praktikumszeiten im schulautonomen Bereich (§ 36 Abs. 2 zweiter Satz). Der Schüler ist berechtigt, versäumte Praktikumszeiten bis zur Höchstdauer von drei Wochen während der Ferien (§ 9 Abs. 3) nachzuholen. Ist ein Nachholen der versäumten Praktikumszeiten nicht möglich, kann die Ausbildung durch die Lehrerkonferenz verlängert werden, sofern
1. die Mindeststundenzahl gemäß § 18 Abs. 1, 2 oder 3 nicht erreicht wurde und
2. dies zur Erreichung der Ausbildungsziele erforderlich ist.

Unterbrechung der Ausbildung

§ 13. (1) Die Ausbildung ist vorbehaltlich Abs. 2 ohne Unterbrechung durchzuführen.

(2) Eine Unterbrechung der Ausbildung ist aus folgenden Gründen zulässig:

1. für Zeiträume, für die das Mutterschutzgesetz 1979 Beschäftigungsverbote vorsieht, und zwar auch dann, wenn die Schülerin nicht in einem Dienstverhältnis steht,
2. für Zeiträume, für die gesetzlich eine Karenz vorgesehen ist, und zwar auch dann, wenn die Schüler nicht in einem Dienstverhältnis stehen,
3. für Zeiten des Präsenz- oder Ausbildungsdienstes nach dem Wehrgesetz 1990 oder des Zivildienstes nach den §§ 2, 21 und 21a Zivildienstgesetz 1986,
4. aus schwerwiegenden gesundheitlichen, persönlichen oder familiären Gründen oder
5. zur Teilnahme an einem Vermittlungs- oder Austauschprogramm gemäß Abs. 7 letzter Satz.

(3) Über das Vorliegen eines Grundes gemäß Abs. 2 Z 4 oder 5 entscheidet der Direktor.

(4) Eine Unterbrechung gemäß Abs. 2 Z 4 oder 5 ist höchstens bis zur Dauer eines Jahres möglich.

(5) Ein Schüler, der aus einem der in Abs. 2 genannten Gründe die Ausbildung unterbrochen hat, ist berechtigt, die Ausbildung nach Ablauf der gesetzlich oder gemäß Abs. 4 festgelegten Zeiten zum ehestmöglichen Zeitpunkt fortzusetzen. Der Zeitpunkt der Fortsetzung der Ausbildung ist entsprechend den organisatorischen Möglichkeiten vom Direktor festzusetzen.

(6) Die Ausbildung ist in jenem Stand fortzusetzen, in dem sie unterbrochen wurde. Ist dies aus organisatorischen Gründen nicht möglich oder mit längeren für den Schüler nicht zumutbaren Wartezeiten verbunden, ist § 12 Abs. 3 Z 1 und 2 und Abs. 8 anzuwenden, sofern hiedurch die Erreichung der Ausbildungsziele nicht gefährdet wird. Ist die Erreichung der Ausbildungsziele gefährdet, ist das Ausbildungsjahr zu wiederholen. Positiv absolvierte Einzelprüfungen, Teilprüfungen von Einzelprüfungen und Praktika sind gemäß § 12 Abs. 6 anzurechnen.

(7) Die Teilnahme an einem Vermittlungs- oder Austauschprogramm an einer österreichischen oder staatlich anerkannten ausländischen Ausbildungseinrichtung oder die Teilnahme an einer Vermittlungs- oder Austauschmaßnahme im Rahmen eines

gemeinschaftlichen europäischen Berufsbildungsprogramms gelten nicht als Unterbrechung der Ausbildung, sofern die Erreichung des Ausbildungszieles gewährleistet ist. Die Entscheidung über die Vereinbarkeit der Teilnahme mit den Ausbildungszielen obliegt dem Direktor. Ist die Teilnahme mit den Ausbildungszielen nicht vereinbar, bewirkt diese die Unterbrechung der Ausbildung.

Schulwechsel

§ 14. (1) Wechselt ein Schüler während der Ausbildungszeit in eine der jeweiligen Ausbildung entsprechende andere Schule für Gesundheits- und Krankenpflege, ist die bisherige Ausbildungszeit einschließlich der erfolgreich absolvierten Einzelprüfungen und Praktika anzurechnen.

(2) Fehlende Prüfungen und Praktika sind nachzuholen. Das Ausmaß der nachzuholenden Unterrichtsstunden oder Unterrichtsfächer ist von der Lehrerkonferenz (§ 12 Abs. 3 und 4) festzulegen.

Theoretische Ausbildung

§ 15. (1) Die theoretische Ausbildung in der allgemeinen Gesundheits- und Krankenpflege umfaßt insgesamt mindestens 2 000 Stunden und beinhaltet die in der Anlage 1 angeführten Unterrichtsfächer in dem für das jeweilige Ausbildungsjahr festgelegten Ausmaß. Verkürzte Ausbildungen beinhalten die in den Anlagen 4 und 7 bis 10 zur jeweiligen Ausbildung angeführten Unterrichtsfächer in dem für das jeweilige Ausbildungsjahr festgelegten Ausmaß.

(2) Die theoretische Ausbildung in der Kinder- und Jugendlichenpflege umfaßt insgesamt mindestens 2 000 Stunden und beinhaltet die in der Anlage 2 angeführten Unterrichtsfächer in dem für das jeweilige Ausbildungsjahr festgelegten Ausmaß. Die verkürzte Ausbildung beinhaltet die in der Anlage 5 angeführten Unterrichtsfächer in dem für das jeweilige Ausbildungsjahr festgelegten Ausmaß.

(3) Die theoretische Ausbildung in der psychiatrischen Gesundheits- und Krankenpflege umfaßt insgesamt mindestens 2 000 Stunden und beinhaltet die in der Anlage 3 angeführten Unterrichtsfächer in dem für das jeweilige Ausbildungsjahr festgelegten Ausmaß. Die verkürzte Ausbildung beinhaltet die in der Anlage 6 angeführten Unterrichtsfächer in dem für das jeweilige Ausbildungsjahr festgelegten Ausmaß.

(4) Im Rahmen der theoretischen Ausbildung sind die für die berufsmäßige Ausübung des entsprechenden gehobenen Dienstes für Gesundheits- und Krankenpflege erforderlichen Kenntnisse und Fertigkeiten zu vermitteln.

(5) Zeiten für Einzelprüfungen und Teilprüfungen von Einzelprüfungen sind in die Stundenzahl der theoretischen Ausbildung gemäß Abs. 1 bis 3 einzurechnen.

Durchführung des Unterrichts

§ 16. (1) Der Unterricht ist von Lehrkräften (§ 6) durchzuführen, die über eine der in den Anlagen 1 bis 11 für das betreffende Unterrichtsfach festgelegten Qualifikationen verfügen.

(2) Lehrkräfte dürfen bei der Durchführung des Unterrichts
   1. Fachkräfte und
   2. andere fachkompetente Personen

als Gastvortragende beiziehen, wenn dies zur Erreichung der Ausbildungsziele beiträgt.

(3) Der Unterricht ist in den in den Anlagen 1 bis 11 für die entsprechende Ausbildung angeführten Prozentsätzen der jeweiligen Stundenzahl des betreffenden Unterrichtsfaches in Gruppen von höchstens 18 Schülern durchzuführen. Soweit dies aus fachlichen, pädagogischen oder organisatorischen Gründen erforderlich ist, ist die Größe der Gruppen weiter herabzusetzen.

(4) Sofern die Größe der Gruppe gemäß Abs. 3 20 Schüler nicht überschreitet, sind
   1. Schüler, die die Ausbildung gemäß §§ 32 oder 51 wiederholen,
   2. Schüler, die die Ausbildung nach Unterbrechung gemäß § 13 Abs. 5 und 6 fortsetzen, und

Anhang **GuK-AV**

    3. Personen, die eine verkürzte Ausbildung gemäß §§ 53 bis 58 absolvieren,
zahlenmäßig nicht auf diese Gruppe anzurechnen.

(5) Sofern Unterrichtsfächer oder Teilgebiete von Unterrichtsfächern Inhalte der Ausbildung zu einem anderen Gesundheitsberuf sind, können diese Inhalte gemeinsam mit den anderen Ausbildungen vermittelt werden. Voraussetzung hiefür ist, daß
    1. die in den Anlagen 1 bis 11 für die entsprechende Ausbildung enthaltenen Lehrinhalte abgedeckt sind und durch die entsprechenden Lehrkräfte vermittelt werden und
    2. dies nicht den Ausbildungserfolg gefährdet.

Verlegung von Unterrichtsstunden und -fächern

§ 17. (1) Der Direktor kann abweichend von § 15 Abs. 1 bis 3 Unterrichtsstunden in ein anderes Ausbildungsjahr verlegen, wenn dies
    1. aus organisatorischen Gründen erforderlich ist und
    2. den Ausbildungserfolg nicht gefährdet.

(2) Der Direktor kann abweichend von § 15 Abs. 1 bis 3 ein Unterrichtsfach, das nur in einem Ausbildungsjahr abzuhalten ist, in ein anderes Ausbildungsjahr verlegen, wenn dies aus organisatorischen Gründen erforderlich ist. In einem Ausbildungsjahr dürfen höchstens zwei Unterrichtsfächer verlegt werden.

(3) Die Verlegung eines Unterrichtsfaches gemäß Abs. 2 ist dem Landeshauptmann zur Genehmigung vorzulegen. Wird die Genehmigung innerhalb von sechs Wochen nicht versagt, gilt sie als erteilt.

(4) Die Genehmigung gemäß Abs. 3 ist zu versagen, wenn die Verlegung des Unterrichtsfaches
    1. nicht aus organisatorischen Gründen erforderlich ist oder
    2. den Ausbildungserfolg gefährden würde.

(5) Die Verlegung von Unterrichtsstunden gemäß Abs. 1 oder eines Unterrichtsfaches gemäß Abs. 2 ist im Zeugnis (§ 35, Anlage 13) zu vermerken.

GuK-AV **Anhang**

Praktische Ausbildung

§ 18. (1) Die praktische Ausbildung in der allgemeinen Gesundheits- und Krankenpflege umfaßt insgesamt mindestens 2 480 Stunden und beinhaltet die in der Anlage 1 angeführten Fachbereiche in den betreffenden Ausbildungseinrichtungen im festgelegten Ausmaß. Verkürzte Ausbildungen beinhalten die in den Anlagen 4 und 7 bis 9 zur jeweiligen Ausbildung angeführten Fachbereiche in den betreffenden Ausbildungseinrichtungen im festgelegten Ausmaß.

(2) Die praktische Ausbildung in der Kinder- und Jugendlichenpflege umfaßt insgesamt mindestens 2 480 Stunden und beinhaltet die in der Anlage 2 angeführten Fachbereiche in den betreffenden Ausbildungseinrichtungen im festgelegten Ausmaß. Die verkürzte Ausbildung beinhaltet die in den Anlagen 5 und 10 angeführten Fachbereiche in den betreffenden Ausbildungseinrichtungen im festgelegten Ausmaß.

(3) Die praktische Ausbildung in der psychiatrischen Gesundheits- und Krankenpflege umfaßt insgesamt mindestens 2 480 Stunden und beinhaltet die in der Anlage 3 angeführten Fachbereiche in den betreffenden Ausbildungseinrichtungen im festgelegten Ausmaß. Die verkürzte Ausbildung beinhaltet die in der Anlage 6 angeführten Fachbereiche in den betreffenden Ausbildungseinrichtungen im festgelegten Ausmaß.

(4) Die praktische Ausbildung in den in den Anlagen 1 bis 11 angeführten Fachbereichen ist in Form von Praktika durchzuführen. Ein Praktikum hat mindestens 160 Stunden an einer Ausbildungseinrichtung zu umfassen. Die organisatorische und zeitliche Einteilung der Praktika ist vom Direktor festzulegen.

(5) Ein Praktikum darf frühestens zwei Monate nach Beginn der Ausbildung in einem gehobenen Dienst für Gesundheits- und Krankenpflege durchgeführt werden.

(6) Im Rahmen der praktischen Ausbildung sind die theoretischen Lehrinhalte in die berufliche Praxis umzusetzen, wobei eine umfassende Anleitung, Unterstützung und Kontrolle der Schüler gewährleistet sein muß.

Durchführung der praktischen Ausbildung

§ 19. (1) Die praktische Ausbildung ist unter Anleitung und Aufsicht von Lehr- oder Fachkräften (§§ 6 und 7) durchzuführen.

(2) Mindestens 2 vH des in den Anlagen 1 bis 11 angeführten Stundenumfanges der praktischen Ausbildung sind von einem Lehrer für Gesundheits- und Krankenpflege anzuleiten und zu vermitteln.

(3) Lehr- und Fachkräfte dürfen im Rahmen der praktischen Ausbildung höchstens vier Schüler gleichzeitig anleiten.

(4) Bei der Zuteilung der Schüler an die Lehr- und Fachkräfte ist auf die besonderen Gegebenheiten der Ausbildungseinrichtung Bedacht zu nehmen.

(5) Im Rahmen der praktischen Ausbildung dürfen die Schüler nur zu Tätigkeiten herangezogen werden, die
1. im unmittelbaren Zusammenhang mit der Ausbildung in der Gesundheits- und Krankenpflege stehen und
2. zur Erreichung der Ausbildungsziele erforderlich sind.

(6) Die Schüler haben im Rahmen der praktischen Ausbildung Aufzeichnungen über die durchgeführten Tätigkeiten zu führen. Diese sind von der betreffenden Lehr- oder Fachkraft schriftlich zu bestätigen.

Praktische Ausbildung während der Nachtzeit

§ 20. (1) Die Schüler sind im dritten Ausbildungsjahr mindestens fünfmal zur praktischen Ausbildung während der Nachtzeit heranzuziehen. Die praktische Ausbildung während der Nachtzeit ist unter Bedachtnahme auf die Erreichung der Ausbildungsziele durchzuführen.

(2) Ein Schüler darf insgesamt
1. höchstens fünfmal im Monat,
2. höchstens 30mal während des dritten Ausbildungsjahres und
3. nicht in zwei aufeinanderfolgenden Nächten

zur praktischen Ausbildung während der Nachtzeit herangezogen werden.

GuK-AV **Anhang**

(3) Nach jeder Nacht, in der ein Schüler zur praktischen Ausbildung herangezogen wurde, ist eine Ruhezeit von mindestens zwölf Stunden zu gewähren.

(4) Im ersten Ausbildungsjahr dürfen Schüler nicht zur Ausbildung während der Nachtzeit herangezogen werden. Im zweiten Ausbildungsjahr dürfen Schüler nur bei Volljährigkeit und nach erfolgreicher Absolvierung von Praktika in Abteilungen einer Krankenanstalt in der Dauer von mindestens 320 Stunden zur Ausbildung während der Nachtzeit herangezogen werden.

(5) Nachtzeit ist die Zeit von 22.00 Uhr bis 6.00 Uhr; abweichend dafür gilt für Schüler, die das 18. Lebensjahr noch nicht vollendet haben, als Nachtzeit die Zeit von 20.00 Uhr bis 6.00 Uhr.

Wahlpraktikum

§ 21. (1) In den Ausbildungen gemäß den Anlagen 1 bis 6 und 9 bis 11 hat jeder Schüler aus den für die jeweilige Ausbildung angeführten Fachbereichen ein Praktikum in der Dauer von 200 Stunden als Wahlpraktikum auszuwählen und dem Direktor mitzuteilen.

(2) Wird vom Schüler bis zum Ende des zweiten Ausbildungsjahres kein Praktikum gemäß Abs. 1 ausgewählt, ist vom Direktor spätestens in den ersten vier Wochen des dritten Ausbildungsjahres ein entsprechendes Praktikum zuzuteilen.

(3) Die Wahlpraktika sind unter Bedachtnahme auf
1. die Erreichung der Ausbildungsziele,
2. die zur Verfügung stehenden Praktikumsplätze und
3. den laufenden Ausbildungsbetrieb
durchzuführen.

Praktikum nach Wahl der Schule

§ 22. (1) In den Ausbildungen gemäß den Anlagen 1 bis 6 hat der Direktor aus den für die jeweilige Ausbildung angeführten Fachbereichen der vorgesehenen Dauer entsprechend ein oder zwei Praktika an den angeführten Ausbildungseinrichtungen als Praktikum nach Wahl der Schule auszuwählen und festzulegen.

(2) Praktika nach Wahl der Schule sind unter Bedachtnahme auf
1. die Erreichung der Ausbildungsziele,
2. die zur Verfügung stehenden Praktikumsplätze und
3. den laufenden Ausbildungsbetrieb

durchzuführen. Vorschläge der Schüler sind bei der Auswahl der Praktika nach Möglichkeit zu berücksichtigen.

Diplomprüfungsbezogenes Praktikum

§ 23. (1) In den Ausbildungen gemäß den Anlagen 1 bis 11 hat der Direktor aus den für die jeweilige Ausbildung angeführten Fachbereichen ein Praktikum in der vorgesehenen Dauer an den angeführten Ausbildungseinrichtungen als diplomprüfungsbezogenes Praktikum auszuwählen und festzulegen.

(2) Das diplomprüfungsbezogene Praktikum ist frühestens fünf Monate vor Ende der Ausbildung und spätestens vor dem zweiten Termin der mündlichen Diplomprüfung (§ 43 Abs. 3) in der Dauer von insgesamt 160 Stunden durchzuführen und dient der Vorbereitung auf die praktische Diplomprüfung.

(3) Das diplomprüfungsbezogene Praktikum ist unter Bedachtnahme auf
1. die Erreichung der Ausbildungsziele,
2. die zur Verfügung stehenden Praktikumsplätze und
3. den laufenden Ausbildungsbetrieb

durchzuführen. Vorschläge der Schüler sind bei der Auswahl des diplomprüfungsbezogenen Praktikums nach Möglichkeit zu berücksichtigen.

2. Abschnitt
Prüfungen und Beurteilungen

Einzelprüfungen im Rahmen der theoretischen Ausbildung

§ 24. (1) In jenen Unterrichtsfächern, in denen gemäß den Anlagen 1 bis 11 eine Einzelprüfung vorgesehen ist, haben die

GuK-AV **Anhang**

Lehrkräfte des betreffenden Unterrichtsfaches den Ausbildungserfolg der Schüler zu überprüfen und zu beurteilen.

(2) Eine Einzelprüfung ist in Form einer
1. mündlichen Prüfung,
2. schriftlichen Prüfung oder
3. Projektarbeit

abzunehmen. Über eine Einzelprüfung ist von der Lehrkraft ein schriftliches Prüfungsprotokoll zu führen, welches insbesondere die Prüfungsfragen und die Prüfungsbeurteilung zu beinhalten hat.

(3) Es ist zulässig, eine Einzelprüfung in Form von bis zu drei Teilprüfungen abzunehmen, sofern
1. das betreffende Unterrichtsfach in diesem Ausbildungsjahr mindestens 100 Stunden umfaßt,
2. die Abhaltung von Teilprüfungen zur Erreichung der Ausbildungsziele beiträgt und
3. die Aufteilung des Unterrichtsfaches in Teilgebiete aus fachlicher und organisatorischer Sicht möglich ist.

(4) Der Termin einer Einzelprüfung oder Teilprüfung einer Einzelprüfung ist den Schülern spätestens zwei Wochen vorher bekanntzugeben.

(5) Im Rahmen einer Einzelprüfung oder Teilprüfung einer Einzelprüfung hat die Lehrkraft des betreffenden Unterrichtsfaches die theoretischen Kenntnisse des Schülers über die Lehrinhalte dieses Unterrichtsfaches im jeweiligen Ausbildungsjahr und die entsprechenden praktischen Fertigkeiten zu überprüfen.

(6) Im Rahmen der in den Anlagen 1, 2 und 3 mit * gekennzeichneten Einzelprüfungen des zweiten oder dritten Ausbildungsjahres sind neben den Kenntnissen und Fertigkeiten über die Lehrinhalte des zweiten oder dritten Ausbildungsjahres auch die Kenntnisse und Fertigkeiten über die Lehrinhalte des ersten oder zweiten Ausbildungsjahres der Ausbildung in der allgemeinen Gesundheits- und Krankenpflege oder einer speziellen Grundausbildung zu überprüfen.

Anhang   **GuK-AV**

Beurteilung der theoretischen Ausbildung

§ 25. (1) In jenen Unterrichtsfächern, in denen gemäß den Anlagen 1 bis 11 eine Einzelprüfung vorgesehen ist, haben die Lehrkräfte des betreffenden Unterrichtsfaches die Leistungen der Schüler zu beurteilen.

(2) In jenen Unterrichtsfächern, in denen gemäß den Anlagen 1 bis 11 keine Einzelprüfung abzunehmen, sondern nur die Teilnahme verpflichtend ist, haben die Lehrkräfte des betreffenden Unterrichtsfaches zu beurteilen, ob die Schüler die Ausbildungsziele dieses Unterrichtsfaches erreicht haben.

(3) Die Lehr- und Fachkräfte haben über die Leistungen der Schüler während des jeweiligen Ausbildungsjahres schriftliche Aufzeichnungen zu führen.

(4) Sofern Einzelprüfungen in Form von Teilprüfungen gemäß § 24 Abs. 3 abgenommen werden, ergibt sich der Prüfungserfolg der Einzelprüfung aus dem rechnerischen Durchschnitt der Prüfungserfolge der Teilprüfungen dieses Unterrichtsfaches. Die Beurteilung einer oder mehrerer Teilprüfungen mit der Note ,,nicht genügend" nach Ausschöpfung der Wiederholungsmöglichkeiten (§ 28) schließt eine positive Beurteilung der Einzelprüfung aus.

(5) Der Beurteilung gemäß Abs. 1 ist der Prüfungserfolg der Einzelprüfung zugrunde zu legen. Die Mitarbeit des Schülers während des Ausbildungsjahres ist in die Beurteilung gemäß Abs. 1 und die Beurteilung gemäß Abs. 2 einzubeziehen.

(6) Die Leistungen der Schüler in den Unterrichtsfächern gemäß Abs. 1 sind mit einer der folgenden Noten zu beurteilen:
1. ,,sehr gut" (1),
2. ,,gut" (2),
3. ,,befriedigend" (3),
4. ,,genügend" (4),
5. ,,nicht genügend" (5).

(7) Die Leistungen der Schüler in den Unterrichtsfächern gemäß Abs. 2 sind mit
1. ,,erfolgreich teilgenommen" oder

GuK-AV **Anhang**

2. „nicht genügend" (5)

zu beurteilen.

(8) Eine positive Beurteilung ist bei den Noten 1 bis 4 und „erfolgreich teilgenommen" gegeben.

Dispensprüfung

§ 26. (1) Ist ein Schüler in Unterrichtsfächern, in denen gemäß den Anlagen 1 bis 11 keine Einzelprüfung abzunehmen, sondern nur die Teilnahme verpflichtend ist,

1. an der Teilnahme von mehr als einem Drittel der vorgeschriebenen Unterrichtsstunden verhindert oder
2. werden die Leistungen trotz Teilnahme mit „nicht genügend" beurteilt,

hat der Schüler im Rahmen je einer Dispensprüfung den Erwerb der erforderlichen Kenntnisse und Fertigkeiten nachzuweisen.

(2) Die Leistungen der Schüler im Rahmen einer Dispensprüfung sind mit

1. „erfolgreich teilgenommen" oder
2. „nicht genügend"

zu beurteilen. Über eine Dispensprüfung ist von der Lehrkraft ein schriftliches Prüfungsprotokoll zu führen, welches insbesondere die Prüfungsfragen und die Prüfungsbeurteilung zu beinhalten hat.

(3) Kann der Schüler im Rahmen der Dispensprüfung den Erwerb der erforderlichen Kenntnisse und Fertigkeiten gemäß Abs. 1 nicht nachweisen, darf die Dispensprüfung, die mit „nicht genügend" beurteilt wurde, einmal bei der betreffenden Lehrkraft wiederholt werden. Die Wiederholungsprüfung ist zum ehestmöglichen Termin, frühestens jedoch nach zwei Wochen abzunehmen. Die Beurteilung der Wiederholungsprüfung tritt an die Stelle der Beurteilung „nicht genügend". Bei neuerlicher Beurteilung mit „nicht genügend" gilt § 28 Abs. 2 und 3.

(4) Von einer Dispensprüfung sind jene Unterrichtsfächer ausgenommen, bei denen im folgenden Ausbildungsjahr gemäß § 24 Abs. 6 eine Einzelprüfung vorgesehen ist.

Anhang   **GuK-AV**

Beurteilung der praktischen Ausbildung

§ 27. (1) In den Fachbereichen gemäß den Anlagen 1 bis 11 haben die Lehr- oder Fachkräfte des betreffenden Praktikums die in diesem Praktikum erbrachten Leistungen der Schüler zu beurteilen.

(2) Die Lehr- oder Fachkräfte haben die Kenntnisse und Fertigkeiten der Schüler im betreffenden Fachbereich laufend zu überprüfen und über die Leistungen der Schüler schriftliche Aufzeichnungen als Grundlage für die Beurteilung zu führen.

(3) Die Leistungen der Schüler in den Praktika der Fachbereiche gemäß den Anlagen 1 bis 11 sind mit
    1. ,,ausgezeichnet bestanden",
    2. ,,gut bestanden",
    3. ,,bestanden" oder
    4. ,,nicht bestanden"
zu beurteilen.

Wiederholen einer Einzelprüfung oder Teilprüfung einer Einzelprüfung

§ 28. (1) Während des laufenden Ausbildungsjahres darf jede Einzelprüfung oder Teilprüfung einer Einzelprüfung, die mit der Note ,,nicht genügend" beurteilt wird, einmal bei der betreffenden Lehrkraft wiederholt werden. Die Wiederholungsprüfung ist zum ehestmöglichen Termin, frühestens jedoch nach zwei Wochen abzunehmen.

(2) Sind am Ende des ersten oder zweiten Ausbildungsjahres die Leistungen des Schülers in einem oder höchstens zwei Unterrichtsfächern nach Ausschöpfung der Wiederholungsmöglichkeiten gemäß Abs. 1 oder gemäß § 26 Abs. 3 mit der Note ,,nicht genügend" beurteilt, ist in den ersten zwei Wochen des folgenden Ausbildungsjahres in den betreffenden Unterrichtsfächern oder Teilgebieten je eine mündliche Wiederholungsprüfung vor der Wiederholungsprüfungskommission (§ 29) abzulegen.

(3) Sind nach Abschluß der theoretischen Ausbildung des dritten Ausbildungsjahres die Leistungen des Schülers in einem

oder höchstens zwei Unterrichtsfächern nach Ausschöpfung der Wiederholungsmöglichkeiten gemäß Abs. 1 oder gemäß § 26 Abs. 3 mit der Note „nicht genügend" beurteilt, ist mindestens vier Wochen vor der Diplomprüfung in den betreffenden Unterrichtsfächern oder Teilgebieten je eine mündliche Wiederholungsprüfung vor der Wiederholungsprüfungskommission (§ 29) abzulegen. Wird die kommissionelle Wiederholungsprüfung in den jeweiligen Teilgebieten eines Unterrichtsfaches positiv beurteilt, ist die Gesamtnote des Unterrichtsfaches gemäß § 25 Abs. 4 zu erstellen.

(4) Wird die kommissionelle Wiederholungsprüfung gemäß Abs. 3 in nur einem Unterrichtsfach oder Teilgebiet neuerlich mit der Note „nicht genügend" beurteilt oder kann diese auf Grund einer Verhinderung gemäß § 30 Abs. 1 und 2 nicht beurteilt werden, ist im betreffenden Unterrichtsfach oder in den betreffenden Teilgebieten eine zusätzliche Teilprüfung im Rahmen der Diplomprüfung abzulegen.

(5) Die Note der Wiederholungsprüfung tritt an die Stelle der Note „nicht genügend".

Wiederholungsprüfungskommission

§ 29. (1) Der Prüfungskommission für Wiederholungsprüfungen gemäß § 28 Abs. 2 und 3 und Nachtragsprüfungen gemäß § 30 Abs. 2 (Wiederholungsprüfungskommission) gehören folgende Personen an:
1. der Direktor der Schule für Gesundheits- und Krankenpflege oder dessen Stellvertreter als Vorsitzender,
2. die Lehrkraft des betreffenden Unterrichtsfaches,
3. eine weitere Lehrkraft und
4. ein fachkundiger Vertreter der gesetzlichen Interessenvertretung der Dienstnehmer aus dem Bereich der Gesundheits- und Krankenpflege.

(2) Bei Verhinderung des Kommissionsmitgliedes gemäß Abs. 1 Z 2 hat der Direktor für dieses einen Stellvertreter zu bestimmen.

(3) Die Wiederholungsprüfungskommission ist beschlußfähig, wenn neben dem Vorsitzenden oder dessen Stellvertreter und

Anhang **GuK-AV**

der Lehrkraft des betreffenden Unterrichtsfaches mindestens ein weiteres Kommissionsmitglied anwesend ist.

(4) Die Wiederholungsprüfungskommission entscheidet mit einfacher Stimmenmehrheit. Bei Stimmengleichheit entscheidet die Stimme des Vorsitzenden. Eine Stimmenthaltung ist unzulässig.

(5) Der Direktor hat die Mitglieder der Prüfungskommission spätestens zwei Wochen vor dem Termin der kommissionellen Wiederholungsprüfung oder Nachtragsprüfung zu laden.

(6) Der Direktor hat die Prüfungstermine den Schülern unverzüglich und nachweislich bekanntzugeben.

Nichtantreten zu einer Prüfung, Nachtragsprüfung

§ 30. (1) Ist ein Schüler
1. durch Krankheit oder
2. aus anderen berücksichtigungswürdigen Gründen, wie insbesondere schwere Erkrankung oder Tod eines nahen Angehörigen, Erkrankung eines Kindes, Wahl- oder Pflegekindes, Entbindung der Ehegattin oder Lebensgefährtin,

verhindert, zu Einzelprüfungen, Teilprüfungen von Einzelprüfungen, Dispensprüfungen oder Wiederholungsprüfungen anzutreten, sind die betreffenden Prüfungen zum ehestmöglichen Termin, spätestens jedoch innerhalb von vier Wochen nach Wegfall des Verhinderungsgrundes, nachzuholen. Diese Frist kann bei Vorliegen der in Z 1 oder 2 angeführten oder aus organisatorischen Gründen durch den Direktor einmal um höchstens vier Wochen verlängert werden.

(2) Können Prüfungen des ersten oder zweiten Ausbildungsjahres auf Grund einer Verhinderung gemäß Abs. 1 Z 1 oder 2 nicht innerhalb der vorgesehenen Frist nachgeholt werden, ist in den ersten zwei Wochen des folgenden Ausbildungsjahres in den betreffenden Unterrichtsfächern oder Teilgebieten je eine Nachtragsprüfung vor der Wiederholungsprüfungskommission (§ 29) abzulegen. Im Fall einer neuerlichen Verhinderung gelten die Unterrichtsfächer als nicht beurteilt (§ 32 Abs. 1 Z 7).

(3) Können Prüfungen des dritten Ausbildungsjahres auf Grund einer Verhinderung gemäß Abs. 1 Z 1 oder 2 nicht innerhalb der vorgesehenen Frist nachgeholt werden, ist mindestens vier Wochen vor der Diplomprüfung in den betreffenden Unterrichtsfächern oder Teilgebieten je eine Nachtragsprüfung vor der Wiederholungsprüfungskommission abzulegen.

(4) Wird die Nachtragsprüfung in einem der Unterrichtsfächer oder Teilgebiete gemäß Abs. 3 mit der Note ,,nicht genügend" beurteilt oder kann auf Grund einer neuerlichen Verhinderung gemäß Abs. 2 in Verbindung mit Abs. 1 Z 1 oder 2 nicht beurteilt werden, ist dieses Unterrichtsfach oder die entsprechenden Teilgebiete als zusätzliche Teilprüfung im Rahmen der Diplomprüfung abzulegen. Ist keine zusätzliche Teilprüfung auf Grund einer mit der Note ,,nicht genügend" beurteilten kommissionellen Wiederholungsprüfung gemäß § 28 Abs. 3 abzulegen, kann ein weiteres nicht beurteiltes Unterrichtsfach als zusätzliche Teilprüfung im Rahmen der Diplomprüfung abgelegt werden.

(5) Tritt ein Schüler zu einer Einzelprüfung, Teilprüfung einer Einzelprüfung, Dispensprüfung oder Wiederholungsprüfung nicht an, ohne aus einem der in Abs. 1 Z 1 oder 2 angeführten Gründe verhindert zu sein, ist die betreffende Prüfung mit der Note ,,nicht genügend" zu beurteilen.

(6) Über das Vorliegen einer Verhinderung gemäß Abs. 1 Z 1 oder 2 entscheidet nach Anhörung des Schülers
  1. bei einer Einzelprüfung, Teilprüfungen von Einzelprüfungen, Dispensprüfungen oder Nachtragsprüfungen der Direktor und
  2. bei einer kommissionellen Wiederholungsprüfung die Wiederholungsprüfungskommission.

Wiederholen eines Praktikums

§ 31. (1) Werden im Rahmen eines Ausbildungsjahres die Leistungen eines Schülers in einem Praktikum mit ,,nicht bestanden" beurteilt, ist das betreffende Praktikum zum ehestmöglichen Termin zu wiederholen. Das zu wiederholende Praktikum ist nach Möglichkeit an einer anderen Organisationseinheit durchzuführen und darf nicht durch dieselbe Lehr- oder Fachkraft beurteilt werden.

(2) Der Schüler ist berechtigt, zu wiederholende Praktika bis zur Höchstdauer von drei Wochen während der Ferien (§ 9 Abs. 3) zu wiederholen. Ist ein Wiederholen während der Ausbildungszeit nicht möglich, kann die Ausbildung durch die Diplomprüfungskommission verlängert werden.

(3) Die Beurteilung des wiederholten Praktikums tritt an die Stelle der Beurteilung „nicht bestanden".

(4) In einem Ausbildungsjahr darf höchstens ein Praktikum einmal wiederholt werden.

Wiederholen eines Ausbildungsjahres

§ 32. (1) Wenn
1. die Leistungen eines Schülers in einem Ausbildungsjahr in zwei Praktika mit „nicht bestanden" beurteilt werden,
2. eine oder beide kommissionelle Wiederholungsprüfungen gemäß § 28 Abs. 2 mit der Note „nicht genügend" beurteilt werden,
3. beide kommissionelle Wiederholungsprüfungen gemäß § 28 Abs. 3 mit der Note „nicht genügend" beurteilt oder auf Grund einer Verhinderung gemäß § 30 Abs. 1 oder 2 nicht beurteilt werden,
4. eine der kommissionellen Wiederholungsprüfungen gemäß § 28 Abs. 3 mit der Note „nicht genügend" beurteilt und die andere kommissionelle Wiederholungsprüfung auf Grund einer Verhinderung gemäß § 30 Abs. 1 oder 2 nicht beurteilt werden,
5. ein gemäß § 31 wiederholtes Praktikum mit „nicht bestanden" beurteilt wird,
6. die Leistungen eines Schülers im Rahmen einer Nachtragsprüfung gemäß § 30 Abs. 2 mit der Note „nicht genügend" beurteilt werden,
7. die Leistungen eines Schülers in einem Unterrichtsfach gemäß § 30 Abs. 2 nicht beurteilt werden können oder

GuK-AV **Anhang**

8. die Leistungen eines Schülers in mehr als einem Unterrichtsfach oder Teilgebiet eines Unterrichtsfaches gemäß § 30 Abs. 3 mit der Note „nicht genügend" beurteilt werden oder auf Grund einer neuerlichen Verhinderung gemäß § 30 Abs. 1 oder 2 nicht beurteilt werden können,

hat der Schüler das betreffende Ausbildungsjahr einschließlich der Einzelprüfungen und Praktika zu wiederholen.

(2) Wenn

1. ein Schüler vor Wiederholung eines mit „nicht bestanden" beurteilten Praktikums in das nächsthöhere Ausbildungsjahr aufgestiegen ist (§ 34 Abs. 2),
2. das wiederholte Praktikum mit „nicht bestanden" beurteilt wird (Abs. 1 Z 5),
3. der betreffende Schüler in der Folge das Ausbildungsjahr zu wiederholen hat und
4. auf Grund des zeitlich fortgeschrittenen zu wiederholenden Ausbildungsjahres bereits erfolgreich absolvierte Einzelprüfungen, Teilprüfungen von Einzelprüfungen oder Praktika versäumt wurden,

entfällt die Wiederholung dieser Einzelprüfungen, Teilprüfungen von Einzelprüfungen oder Praktika.

(3) Sind die Leistungen eines Schülers am Ende eines Ausbildungsjahres in drei Unterrichtsfächern mit der Note „nicht genügend" beurteilt, entscheidet die Aufnahmekommission über die Zulassung des Schülers zur Wiederholung des betreffenden Ausbildungsjahres unter Bedachtnahme auf den zu erwartenden Ausbildungserfolg und die zur Verfügung stehenden Ausbildungsplätze. Eine Nichtzulassung bewirkt ein automatisches Ausscheiden aus der Ausbildung.

(4) Jedes Ausbildungsjahr darf in den Fällen des Abs. 1 Z 1 bis 5 höchstens einmal wiederholt werden.

Ausscheiden aus der Ausbildung

§ 33. (1) Wenn die Leistungen eines Schülers in einem Ausbildungsjahr

1. in mehr als drei Unterrichtsfächern mit der Note ,,nicht genügend" beurteilt werden,
2. in mehr als zwei Praktika mit ,,nicht bestanden" beurteilt werden,
3. in mehr als zwei Unterrichtsfächern mit der Note ,,nicht genügend" und in einem Praktikum mit ,,nicht bestanden" beurteilt werden oder
4. in mehr als einem Unterrichtsfach mit der Note ,,nicht genügend" und in zwei Praktika mit ,,nicht bestanden" beurteilt werden,

scheidet der betreffende Schüler aus der Ausbildung aus.

(2) Die Note ,,nicht genügend" in jenen Unterrichtsfächern, in denen die Dispensprüfung gemäß § 26 Abs. 4 entfällt, ist hinsichtlich des Vorliegens der Voraussetzungen für das Ausscheiden aus der Ausbildung gemäß Abs. 1 Z 1, 3 und 4 nicht zu berücksichtigen.

(3) Darüber hinaus scheidet ein Schüler nach erfolglosem Ausschöpfen der Wiederholungsmöglichkeiten von Praktika und Ausbildungsjahren gemäß §§ 31 Abs. 4 und 32 Abs. 4 aus der Ausbildung aus.

Aufsteigen in das nächsthöhere Ausbildungsjahr

§ 34. (1) Ein Schüler ist berechtigt, in das nächsthöhere Ausbildungsjahr aufzusteigen, wenn er alle für das betreffende Ausbildungsjahr vorgesehenen Unterrichtsfächer und Praktika erfolgreich abgeschlossen hat.

(2) Die Berechtigung zum Aufsteigen in das nächsthöhere Ausbildungsjahr besteht auch dann, wenn jene Unterrichtsfächer, in denen die Dispensprüfung gemäß § 26 Abs. 4 entfällt, mit der Note ,,nicht genügend" beurteilt wurden.

(3) Hat ein Schüler ein Praktikum gemäß § 31 Abs. 1 zu wiederholen oder gemäß § 12 Abs. 8 nachzuholen, ist er auch vor Wiederholung oder Nachholung dieses Praktikums berechtigt, in das nächsthöhere Ausbildungsjahr aufzusteigen, oder zur Diplomprüfung zuzulassen.

GuK-AV   **Anhang**

Zeugnis

§ 35. (1) Am Ende jedes Ausbildungsjahres, spätestens jedoch nach Absolvierung einer Wiederholungsprüfung gemäß § 28 Abs. 2 oder Nachtragsprüfung gemäß § 30 Abs. 2 hat die Schule für Gesundheits- und Krankenpflege den Schülern ein Zeugnis gemäß der Anlage 13 über die im betreffenden Ausbildungsjahr absolvierten Unterrichtsfächer und Praktika auszustellen.

(2) Das Zeugnis hat für das betreffende Ausbildungsjahr
1. eine Bestätigung über die Teilnahme an der Ausbildung,
2. die Beurteilung der Leistungen des Schülers in den absolvierten Unterrichtsfächern und Praktika (§§ 25 Abs. 6 und 7 und 27 Abs. 3) oder den Vermerk „nicht beurteilt" (§ 30 Abs. 2 und 4),
3. eine Bestätigung über die Teilnahme an jenen Unterrichtsfächern, in denen gemäß den Anlagen 1 bis 11 keine Einzelprüfung abzunehmen, sondern nur die Teilnahme verpflichtend ist, sowie
4. eine Bestätigung über Anrechnungen von Prüfungen und Praktika gemäß § 60 GuKG

zu enthalten.

(3) Das Zeugnis ist vom Direktor zu unterzeichnen.

Schulautonomer Bereich

§ 36. (1) Im schulautonomen Bereich haben die Lehr- oder Fachkräfte zu beurteilen, ob die Schüler die Ausbildungsziele erreicht haben.

(2) Die Leistungen der Schüler im schulautonomen Bereich sind mit
1. „erfolgreich teilgenommen" oder
2. „nicht erfolgreich teilgenommen"

zu beurteilen. Ist ein Schüler an der Teilnahme von mehr als einem Drittel der vorgeschriebenen Stunden im schulautonomen Bereich verhindert, ist dies im Zeugnis mit „nicht beurteilt" zu vermerken.

(3) Die Beurteilung des schulautonomen Bereiches gemäß Abs. 2 hat keine Auswirkungen auf die Berechtigung zum Aufsteigen in das nächsthöhere Ausbildungsjahr und die Zulassung zur Diplomprüfung.

3. Abschnitt
Diplomprüfung

Allgemeines

§ 37. (1) Nach Abschluß der theoretischen und praktischen Ausbildung des dritten Ausbildungsjahres ist eine Diplomprüfung vor der Diplomprüfungskommission abzulegen.

(2) Im Rahmen der Diplomprüfung ist zu überprüfen, ob der Schüler über die für die selbständige und fachgerechte Ausübung des gehobenen Dienstes für Gesundheits- und Krankenpflege erforderlichen Kenntnisse und Fertigkeiten verfügt.

(3) Zeiten für die Abnahme der Diplomprüfung sind in die Stundenzahl der theoretischen Ausbildung gemäß § 15 Abs. 1 bis 3 nicht einzurechnen.

Zulassung zur Diplomprüfung

§ 38. (1) Ein Schüler ist zur Diplomprüfung zuzulassen, wenn er
  1. alle in den Anlagen 1 bis 11 für die entsprechende Ausbildung vorgesehenen Unterrichtsfächer und Fachbereiche, ausgenommen das diplomprüfungsbezogene Praktikum (§ 23), erfolgreich abgeschlossen hat und
  2. die schriftliche Fachbereichsarbeit gemäß § 40 Abs. 5 abgegeben hat.

(2) Ein Schüler ist auch im Fall
  1. einer positiven Entscheidung der Lehrerkonferenz gemäß § 12 Abs. 3 Z 2,
  2. des § 28 Abs. 4
  3. des § 30 Abs. 4 und
  4. des § 34 Abs. 3

zur Diplomprüfung zuzulassen.

(3) Über das Vorliegen der Zulassungsvoraussetzungen gemäß Abs. 1 und Abs. 2 Z 2 bis 4 entscheidet der Direktor.

Diplomprüfungsinhalt

§ 39. Die Diplomprüfung setzt sich zusammen aus:
1. der schriftlichen Fachbereichsarbeit (§ 40),
2. der praktischen Diplomprüfung (§ 41) und
3. der mündlichen Diplomprüfung (§ 42).

Fachbereichsarbeit

§ 40. (1) Jeder Schüler hat im dritten Ausbildungsjahr eine schriftliche Fachbereichsarbeit zu einem berufsspezifischen Thema zu verfassen. Die eigenständige Erarbeitung derselben muß gewährleistet sein.

(2) Das Thema der Fachbereichsarbeit darf vom Schüler frei gewählt werden und ist vor Beginn der Arbeit vom Direktor schriftlich zu genehmigen. Wird vom Schüler kein Thema gewählt, ist vom Direktor spätestens vier Monate vor der mündlichen Diplomprüfung ein Thema zuzuteilen.

(3) Der Direktor hat den Mindest- und Höchstumfang der Fachbereichsarbeit festzulegen.

(4) Jeder Schüler ist bei der Fachbereichsarbeit von einem Lehrer für Gesundheits- und Krankenpflege zu betreuen.

(5) Die Fachbereichsarbeit ist spätestens vier Wochen vor dem ersten Termin der mündlichen Diplomprüfung dem betreuenden Lehrer für Gesundheits- und Krankenpflege zur Beurteilung vorzulegen. Die Beurteilung hat durch den betreuenden Lehrer für Gesundheits- und Krankenpflege zu erfolgen.

Praktische Diplomprüfung

§ 41. (1) Die praktische Diplomprüfung ist unmittelbar nach erfolgreicher Absolvierung des diplomprüfungsbezogenen Praktikums (§ 23) vor einem Lehrer für Gesundheits- und Kranken-

Anhang **GuK-AV**

pflege, der Mitglied der Diplomprüfungskommission ist, sowie einem weiteren Mitglied der Diplomprüfungskommission an Patienten, Klienten oder pflegebedürftigen Personen abzulegen.

(2) Der Ablauf der praktischen Diplomprüfung ist in der Schulordnung festzulegen.

Mündliche Diplomprüfung

§ 42. (1) Die mündliche Diplomprüfung ist vor der Diplomprüfungskommission in Form von drei Teilprüfungen abzulegen.

(2) Die drei Teilprüfungen der mündlichen Diplomprüfung in der allgemeinen Gesundheits- und Krankenpflege sind in folgenden Sachgebieten abzulegen:
1. „Gesundheits- und Krankenpflege" und „Palliativpflege",
2. „Pflege von alten Menschen" und „Hauskrankenpflege" und
3. „Gesundheitserziehung und Gesundheitsförderung im Rahmen der Pflege" und „Strukturen und Einrichtungen des Gesundheitswesens, Organisationslehre".

(3) Die drei Teilprüfungen der mündlichen Diplomprüfung in der Kinder- und Jugendlichenpflege sind in folgenden Sachgebieten abzulegen:
1. „Gesundheits- und Krankenpflege von Kindern und Jugendlichen" und „Palliativpflege",
2. „Pflege von Kindern und Jugendlichen in Krisensituationen" und „Hauskrankenpflege bei Kindern und Jugendlichen" und
3. „Gesundheitserziehung und Gesundheitsförderung im Rahmen der Pflege" und „Strukturen und Einrichtungen des Gesundheitswesens, Organisationslehre".

(4) Die drei Teilprüfungen der mündlichen Diplomprüfung in der psychiatrischen Gesundheits- und Krankenpflege sind in folgenden Sachgebieten abzulegen:
1. „Gesundheits- und Krankenpflege" und „Strukturen und Einrichtungen der gesundheitlichen und sozialen Versorgung, Organisationslehre"

2. ,,Psychiatrische Gesundheits- und Krankenpflege" und ,,Soziologie, Psychologie, Pädagogik und Sozialhygiene" und
3. ,,Gerontologie, Geriatrie und Gerontopsychiatrie" und ,,Pflege von alten Menschen, Palliativpflege".

(5) Im Rahmen der mündlichen Diplomprüfung ist neben den in Abs. 1 bis 4 angeführten Teilprüfungen
1. ein Prüfungsgespräch über die schriftliche Fachbereichsarbeit zu führen und
2. im Fall der §§ 28 Abs. 4 und 30 Abs. 4 eine zusätzliche Teilprüfung in den betreffenden Unterrichtsfächern abzulegen.

Ablauf der mündlichen Diplomprüfung

§ 43. (1) Die mündliche Diplomprüfung ist an höchstens zwei Terminen durchzuführen.

(2) Der erste Termin der mündlichen Diplomprüfung ist nach erfolgreicher Absolvierung aller in den Anlagen 1 bis 11 für die entsprechende Ausbildung vorgesehenen Unterrichtsfächer und Fachbereiche, ausgenommen das diplomprüfungsbezogene Praktikum (§ 23), frühestens drei Monate vor dem Ende des dritten Ausbildungsjahres vorzusehen.

(3) Der zweite Termin der mündlichen Diplomprüfung ist innerhalb der letzten vier Wochen vor Ende des dritten Ausbildungsjahres nach erfolgreicher Absolvierung des diplomprüfungsbezogenen Praktikums (§ 23) und der praktischen Diplomprüfung (§ 41) vorzusehen.

(4) Wird die mündliche Diplomprüfung an einem Termin durchgeführt, so ist dieser Termin nach erfolgreicher Absolvierung des diplomprüfungsbezogenen Praktikums (§ 23) und der praktischen Diplomprüfung (§ 41) vorzusehen.

(5) Der Direktor hat dem Vorsitzenden der Diplomprüfungskommission spätestens vier Wochen vor dem in Aussicht genommenen Termin der mündlichen Diplomprüfung oder der ersten Teilprüfung der mündlichen Diplomprüfung

Anhang **GuK-AV**

1. jene Schüler, die gemäß § 38 zur Diplomprüfung zugelassen wurden,
2. Vorschläge für die Prüfungstermine und
3. die Namen der Prüfer in den Diplomprüfungsfächern

bekanntzugeben.

(6) Der Vorsitzende der Diplomprüfungskommission hat im Einvernehmen mit dem Direktor die Prüfungstermine festzusetzen. Der Direktor hat die Prüfungstermine den Schülern unverzüglich und nachweislich bekanntzugeben.

(7) Der Direktor hat die Mitglieder der Diplomprüfungskommission spätestens vier Wochen vor der mündlichen Diplomprüfung oder der ersten Teilprüfung der mündlichen Diplomprüfung schriftlich zu laden. Eine Übermittlung der schriftlichen Ladung per Telefax oder im Wege automationsunterstützter Datenübertragung ist zulässig. Den Kommissionsmitgliedern ist vor Beginn der Diplomprüfung ein Verzeichnis der Schüler, die zur Prüfung antreten, auszufolgen.

§ 44. (1) Die mündliche Diplomprüfung oder die Teilprüfungen der mündlichen Diplomprüfung sind durch die Lehrkräfte der betreffenden Sachgebiete (§ 42 Abs. 2 bis 4) abzunehmen und zu beurteilen.

(2) Bei Sachgebieten, in denen der Unterricht im Rahmen der theoretischen Ausbildung von mehreren Lehrkräften durchgeführt wurde, ist die Abnahme und Beurteilung der Teilprüfung der mündlichen Diplomprüfung durch nur eine dieser Lehrkräfte ausreichend.

(3) Der Vorsitzende, der Direktor und der medizinisch-wissenschaftliche Leiter sind berechtigt, dem Schüler
1. bei allen Teilprüfungen und
2. im Rahmen des Gespräches über die schriftliche Fachbereichsarbeit

Fragen zu stellen.

(4) Über das Ergebnis der Prüfung entscheidet die Diplomprüfungskommission in nicht öffentlicher Sitzung mit einfacher Stimmenmehrheit. Bei Stimmengleichheit entscheidet die Stim-

me des Vorsitzenden. Eine Stimmenthaltung ist unzulässig. Wird eine Teilprüfung der mündlichen Diplomprüfung von mehreren Lehrkräften eines Sachgebietes abgenommen, so kommt diesen Lehrkräften bei der Entscheidung der Diplomprüfungskommission insgesamt nur eine Stimme zu, wobei auch nur eine einheitliche Note vorgeschlagen werden darf.

(5) Die Diplomprüfungskommission ist beschlußfähig, wenn alle Kommissionsmitglieder gemäß § 43 Abs. 7 geladen wurden und neben dem Vorsitzenden oder dessen Stellvertreter mindestens drei weitere Kommissionsmitglieder oder deren Stellvertreter anwesend sind.

§ 45. (1) Eine zusätzliche Teilprüfung gemäß § 28 Abs. 4 ist am Beginn der mündlichen Diplomprüfung abzunehmen.

(2) Wird die zusätzliche Teilprüfung gemäß § 28 Abs. 4 mit der Note „nicht genügend" beurteilt, ist die Diplomprüfung abzubrechen.

(3) Bei positiver Beurteilung von zusätzlichen Teilprüfungen in Teilgebieten ist die Gesamtnote des Unterrichtsfaches gemäß § 25 Abs. 4 zu erstellen.

Beurteilung der Diplomprüfung

§ 46. (1) Die Diplomprüfungskommission hat die Leistungen der Schüler im Rahmen
1. der schriftlichen Fachbereichsarbeit und des Prüfungsgesprächs gemäß § 42 Abs. 5 Z 1,
2. der praktischen Diplomprüfung und
3. der drei Teilprüfungen der mündlichen Diplomprüfung sowie allfälliger zusätzlicher Teilprüfungen gemäß §§ 28 Abs. 4 oder 30 Abs. 4

zu beurteilen.

(2) Der Beurteilung der schriftlichen Fachbereichsarbeit sind
1. die Beurteilung gemäß § 40 Abs. 5 und
2. das Prüfungsgespräch gemäß § 42 Abs. 5 Z 1

zugrunde zu legen. Bei der Erstellung der Gesamtnote über die schriftliche Fachbereichsarbeit sind sowohl die Beurteilung ge-

Anhang **GuK-AV**

mäß § 40 Abs. 5 als auch das Prüfungsgespräch in angemessener Weise zu berücksichtigen.

(3) Der Beurteilung der praktischen Diplomprüfung sind die Maßstäbe der Pflegequalität zugrunde zu legen.

(4) Der Beurteilung der mündlichen Diplomprüfung ist der Prüfungserfolg in den betreffenden Sachgebieten zugrunde zu legen, wobei für jede Teilprüfung eine Note zu geben ist. Für eine allfällige zusätzliche Teilprüfung gemäß §§ 28 Abs. 4 oder 30 Abs. 4 ist eine weitere Note zu geben.

(5) Die Leistungen der Schüler im Rahmen der schriftlichen Fachbereichsarbeit und der mündlichen Diplomprüfung sind mit einer der folgenden Noten zu beurteilen:

1. „sehr gut" (1),
2. „gut" (2),
3. „befriedigend" (3),
4. „genügend" (4) oder
5. „nicht genügend" (5).

(6) Die Leistungen der Schüler im Rahmen der praktischen Diplomprüfung sind mit

1. „ausgezeichnet bestanden",
2. „gut bestanden",
3. „bestanden" oder
4. „nicht bestanden"

zu beurteilen.

(7) Eine positive Beurteilung ist bei den Noten 1 bis 4 und bei den Beurteilungen „ausgezeichnet bestanden" bis „bestanden" gegeben.

(8) Über die Beurteilung der Leistungen der Schüler im Rahmen der Diplomprüfung hat die Schule für Gesundheits- und Krankenpflege den Schülern ein Diplomprüfungszeugnis gemäß der Anlage 18 auszustellen.

Gesamtbeurteilung der Diplomprüfung

§ 47. (1) Auf Grund der Beurteilungen gemäß § 46 ist eine Gesamtbeurteilung der Diplomprüfung durchzuführen.

(2) Die Gesamtleistung der Schüler im Rahmen der Diplomprüfung ist mit
1. „mit ausgezeichnetem Erfolg bestanden",
2. „mit gutem Erfolg bestanden",
3. „bestanden" oder
4. „nicht bestanden"

zu beurteilen.

(3) Die Gesamtbeurteilung „mit ausgezeichnetem Erfolg bestanden" ist gegeben, wenn der rechnerische Durchschnitt der Noten der Diplomprüfung unter 1,5 liegt und die praktische Diplomprüfung mit „ausgezeichnet bestanden" beurteilt wurde. Die Note „genügend", eine Wiederholungsprüfung im Rahmen der Diplomprüfung oder eine zusätzliche Teilprüfung gemäß § 28 Abs. 4 schließt die Gesamtbeurteilung „mit ausgezeichnetem Erfolg bestanden" aus.

(4) Die Gesamtbeurteilung „mit gutem Erfolg bestanden" ist gegeben, wenn der rechnerische Durchschnitt der Noten der Diplomprüfung unter 2,1 liegt und die praktische Diplomprüfung zumindest mit „gut bestanden" beurteilt wurde. Eine Wiederholungsprüfung im Rahmen der Diplomprüfung oder eine zusätzliche Teilprüfung gemäß § 28 Abs. 4 schließt die Gesamtbeurteilung „mit gutem Erfolg bestanden" aus.

(5) Die Gesamtbeurteilung „bestanden" ist gegeben, wenn alle Noten der Diplomprüfung zumindest „genügend" sind und die praktische Diplomprüfung zumindest mit „bestanden" beurteilt wurde.

Diplomprüfungsprotokoll

§ 48. (1) Über die Diplomprüfung ist ein Protokoll zu führen.

(2) Das Diplomprüfungsprotokoll hat insbesondere zu enthalten:
1. Name und Funktion der Mitglieder der Diplomprüfungskommission,
2. Datum der Prüfungen im Rahmen der Diplomprüfung,
3. Namen der Schüler,

Anhang **GuK-AV**

4. Prüfungsfächer,
5. Prüfungsfragen und
6. Beurteilung der Prüfungen.

(3) Das Diplomprüfungsprotokoll ist von den Mitgliedern der Diplomprüfungskommission zu unterzeichnen.

(4) Das Diplomprüfungsprotokoll, ausgenommen die Prüfungsfragen gemäß Abs. 2 Z 5, ist
1. vom Direktor der Schule für Gesundheits- und Krankenpflege oder
2. im Fall des mangelnden Fortbestehens der Schule vom Rechtsträger der Schule oder
3. im Fall des mangelnden Fortbestehens des Rechtsträgers vom örtlich zuständigen Landeshauptmann

mindestens 50 Jahre nach Ablegung der Diplomprüfung aufzubewahren.

Nichtantreten zu einer Prüfung im Rahmen der Diplomprüfung

§ 49. (1) Ist ein Schüler
1. durch Krankheit oder
2. aus anderen berücksichtigungswürdigen Gründen, wie insbesondere schwere Erkrankung oder Tod eines nahen Angehörigen, Erkrankung eines Kindes, Wahl- oder Pflegekindes, Entbindung der Ehegattin oder Lebensgefährtin,

verhindert, zu Prüfungen im Rahmen der Diplomprüfung anzutreten, sind die betreffenden Prüfungen zum ehestmöglichen Termin nachzuholen.

(2) Tritt ein Schüler zu einer Prüfung im Rahmen der Diplomprüfung nicht an, ohne aus einem der in Abs. 1 angeführten Gründe verhindert zu sein, ist die betreffende Prüfung mit der Note ,,nicht genügend" zu beurteilen.

(3) Über das Vorliegen einer Verhinderung gemäß Abs. 1 entscheidet die Diplomprüfungskommission nach Anhörung des Schülers.

GuK-AV **Anhang**

Wiederholen der Diplomprüfung

§ 50. (1) Wenn
1. eine oder höchstens zwei Teilprüfungen der mündlichen Diplomprüfung,
2. die praktische Diplomprüfung oder
3. eine Teilprüfung der mündlichen Diplomprüfung und die praktische Diplomprüfung

und allfällige zusätzliche Teilprüfungen gemäß § 30 Abs. 4 mit der Note ,,nicht genügend" oder mit ,,nicht bestanden" beurteilt werden, darf je eine Wiederholungsprüfung vor der Diplomprüfungskommission abgelegt werden.

(2) Eine Teilprüfung der mündlichen Diplomprüfung oder eine allfällige zusätzliche Teilprüfung gemäß § 30 Abs. 4 darf höchstens zweimal wiederholt werden. Die praktische Diplomprüfung darf höchstens einmal wiederholt werden.

(3) Die ersten Wiederholungsprüfungen gemäß Abs. 1 sind innerhalb von acht Wochen nach Abschluß der mündlichen Diplomprüfung abzulegen. Die zweiten Wiederholungsprüfungen gemäß Abs. 2 sind innerhalb von vier Wochen nach dem Termin der ersten Wiederholungsprüfung abzulegen. Die Termine für die Wiederholungsprüfungen sind von der Diplomprüfungskommission festzusetzen.

(4) Werden die schriftliche Fachbereichsarbeit und das Prüfungsgespräch über die schriftliche Fachbereichsarbeit mit der Gesamtnote ,,nicht genügend" beurteilt, so ist dem Schüler eine angemessene Frist, mindestens jedoch vier und höchstens acht Wochen, zur Überarbeitung oder Neuvorlage der schriftlichen Fachbereichsarbeit einzuräumen. Der Termin für die Vorlage der Fachbereichsarbeit ist durch die Diplomprüfungskommission festzulegen. Die Beurteilung der überarbeiteten oder neu vorgelegten schriftlichen Fachbereichsarbeit hat durch den betreuenden Lehrer für Gesundheits- und Krankenpflege zu erfolgen.

(5) Über eine gemäß Abs. 4 überarbeitete oder neu vorgelegte schriftliche Fachbereichsarbeit ist innerhalb von vier Wochen ab deren Vorlage ein weiteres Prüfungsgespräch gemäß § 42 Abs. 5

Anhang **GuK-AV**

Z 1 zu führen. Der Termin ist von der Diplomprüfungskommission festzusetzen.

(6) Das Prüfungsgespräch über die schriftliche Fachbereichsarbeit darf höchstens einmal wiederholt werden.

Wiederholen des dritten Ausbildungsjahres

§ 51. (1) Wenn
1. mehr als zwei Teilprüfungen der mündlichen Diplomprüfung,
2. mehr als eine Teilprüfung der mündlichen Diplomprüfung und die praktische Diplomprüfung,
3. mehr als eine Teilprüfung der mündlichen Diplomprüfung und die schriftliche Fachbereichsarbeit,
4. eine Teilprüfung der mündlichen Diplomprüfung, die praktische Diplomprüfung und die schriftliche Fachbereichsarbeit,
5. eine zusätzliche Teilprüfung gemäß § 28 Abs. 4,
6. eine zusätzliche Teilprüfung gemäß § 30 Abs. 4 nach Ausschöpfen der Wiederholungsmöglichkeiten,
7. die gemäß § 50 Abs. 4 überarbeitete oder neu vorgelegte schriftliche Fachbereichsarbeit und das gemäß § 50 Abs. 5 durchgeführte weitere Prüfungsgespräch,
8. die Wiederholungsprüfung der praktischen Diplomprüfung oder
9. eine oder beide der zweiten Wiederholungsprüfungen gemäß § 50 Abs. 1

mit der Note „nicht genügend" oder mit „nicht bestanden" beurteilt werden, sind das dritte Ausbildungsjahr einschließlich der Praktika und Einzelprüfungen sowie die gesamte Diplomprüfung zu wiederholen.

(2) Legt ein Schüler die gemäß § 50 Abs. 4 zu überarbeitende oder neu vorzulegende schriftliche Fachbereichsarbeit nicht innerhalb der festgelegten Frist vor, sind das dritte Ausbildungsjahr einschließlich der Praktika und Einzelprüfungen sowie die gesamte Diplomprüfung zu wiederholen.

GuK-AV **Anhang**

Diplom

§ 52. (1) Über eine erfolgreich abgelegte Diplomprüfung
1. der Ausbildung in der allgemeinen Gesundheits- und Krankenpflege ist ein Diplom gemäß der Anlage 19 und
2. der Ausbildung in der Kinder- und Jugendlichenpflege oder in der psychiatrischen Gesundheits- und Krankenpflege ist ein Diplom gemäß der Anlage 20

auszustellen.

(2) Das Diplom hat
1. die Gesamtbeurteilung der Diplomprüfung gemäß § 47,
2. die Berechtigung zur Ausübung des entsprechenden gehobenen Dienstes für Gesundheits- und Krankenpflege und
3. die Berufsbezeichnung

zu enthalten.

(3) Das Diplom ist mit dem Rundsiegel der Schule zu versehen und vom Vorsitzenden der Diplomprüfungskommission, vom Direktor und vom medizinisch-wissenschaftlichen Leiter zu unterzeichnen.

(4) Das Diplom ist dem Absolventen der Schule für Gesundheits- und Krankenpflege durch den Direktor spätestens zwei Wochen nach Abschluß der Diplomprüfung auszufolgen. Die Übergabe des Diploms ist im Diplomprüfungsprotokoll zu vermerken.

4. Abschnitt
Verkürzte Ausbildungen

Allgemeines

§ 53. Für die Durchführung von verkürzten Ausbildungen in einem gehobenen Dienst für Gesundheits- und Krankenpflege gelten vorbehaltlich der §§ 54 bis 58 die Bestimmungen dieser Verordnung, ausgenommen § 1 Abs. 1, § 15 Abs. 1 bis 3, § 18 Abs. 1 bis 3 und § 18 Abs. 5.

Anhang   **GuK-AV**

Verkürzte Ausbildung für Pflegehelfer

§ 54. (1) Die verkürzte Ausbildung für Pflegehelfer umfaßt insgesamt mindestens 2 920 Stunden. Sie beinhaltet die in den Anlagen 4, 5 oder 6 für das zweite und dritte Ausbildungsjahr angeführten Unterrichtsfächer in dem für die entsprechende Ausbildung für das jeweilige Ausbildungsjahr festgelegten Ausmaß.

(2) Im Rahmen der in den Anlagen 4, 5 und 6 mit * gekennzeichneten Einzelprüfungen des zweiten oder dritten Ausbildungsjahres sind neben den Kenntnissen und Fertigkeiten über die Lehrinhalte des zweiten oder dritten Ausbildungsjahres auch die Kenntnisse und Fertigkeiten über die Lehrinhalte des ersten oder zweiten Ausbildungsjahres der Ausbildung in der allgemeinen Gesundheits- und Krankenpflege oder der jeweiligen speziellen Grundausbildung zu überprüfen.

(3) Im Rahmen der in den Anlagen 4, 5 und 6 mit ** gekennzeichneten Einzelprüfungen des zweiten Ausbildungsjahres sind die Kenntnisse und Fertigkeiten über die Lehrinhalte des ersten Ausbildungsjahres der Ausbildung in der allgemeinen Gesundheits- und Krankenpflege oder der jeweiligen speziellen Grundausbildung zu überprüfen.

(4) Im Rahmen der in den Anlagen 4, 5 und 6 mit *** gekennzeichneten Unterrichtsfächer ist keine Einzelprüfung abzulegen. Die angeführten Stundenzahlen sind Bestandteil der Ausbildung und sind dem Schüler zum Selbststudium zur Verfügung zu stellen.

(5) In den Fällen der Abs. 2 und 3 hat der Schüler die Kenntnisse und Fertigkeiten der Lehrinhalte des ersten Ausbildungsjahres der Ausbildung in der allgemeinen Gesundheits- und Krankenpflege oder der jeweiligen speziellen Grundausbildung durch Selbststudium zu erwerben.

(7) Im Fall der Absolvierung der Ausbildung in Form einer Teilzeitausbildung kann sich die Ausbildungszeit auf bis zu vier Jahre verlängern.

GuK-AV Anhang

Verkürzte Ausbildung für Sanitätsunteroffiziere

§ 55. (1) Sanitätsunteroffiziere haben 1 380 Stunden Mindestpraktika als Voraussetzung gemäß § 45 Abs. 1 Z 3 GuKG nachzuweisen.

(2) Die verkürzte Ausbildung für Sanitätsunteroffiziere umfaßt das gesamte dritte Ausbildungsjahr der Ausbildung in der allgemeinen Gesundheits- und Krankenpflege und beinhaltet die in der Anlage 1 für das dritte Ausbildungsjahr angeführten Unterrichtsfächer und Fachbereiche im festgelegten Ausmaß. Im Rahmen der Praktika sind die in der bisherigen Ausbildung fehlenden Fachbereiche abzudecken.

Verkürzte Ausbildung nach einer speziellen Grundausbildung

§ 56. (1) Die verkürzte Ausbildung in der allgemeinen Gesundheits- und Krankenpflege nach einer speziellen Grundausbildung umfaßt insgesamt mindestens 1 360 Stunden. Sie beinhaltet die in

1. der Anlage 7 für diplomierte Kinderkrankenpfleger oder
2. der Anlage 8 für diplomierte psychiatrische Gesundheits- und Krankenpfleger

angeführten Unterrichtsfächer und Fachbereiche im festgelegten Ausmaß.

(2) Die in den Anlagen 7 und 8 in Klammern ( ) angeführten Stundenzahlen entsprechen der Ausbildung in der allgemeinen Gesundheits- und Krankenpflege und sind nicht obligatorischer Bestandteil der verkürzten Ausbildung. Eine Teilnahme an diesen Unterrichtsfächern ist fakultativ.

(3) Bei der mündlichen Diplomprüfung entfällt die dritte Teilprüfung im Sachgebiet gemäß § 42 Abs. 2 Z 3.

(4) Im Fall der Absolvierung der Ausbildung in Form einer Teilzeitausbildung kann sich die Ausbildungszeit auf bis zu zwei Jahre verlängern.

Anhang GuK-AV

Verkürzte Ausbildung für Hebammen

§ 57. (1) Die verkürzte Ausbildung für Hebammen umfaßt insgesamt mindestens 3 040 Stunden. Sie beinhaltet die in den Anlagen 9 oder 10 für das zweite und dritte Ausbildungsjahr angeführten Unterrichtsfächer und Fachbereiche in dem für die entsprechende Ausbildung für das jeweilige Ausbildungsjahr festgelegten Ausmaß.

(2) Die in den Anlagen 9 oder 10 für das zweite und dritte Ausbildungsjahr in Klammern ( ) angeführten Stundenzahlen entsprechen der Ausbildung in der allgemeinen Gesundheits- und Krankenpflege oder der speziellen Grundausbildung in der Kinder- und Jugendlichenpflege und sind nicht obligatorischer Bestandteil der verkürzten Ausbildung. Eine Teilnahme an diesen Unterrichtsfächern ist fakultativ.

(3) Im Rahmen der in den Anlagen 9 und 10 mit * gekennzeichneten Einzelprüfungen des zweiten Ausbildungsjahres sind neben den Kenntnissen und Fertigkeiten über die Lehrinhalte des zweiten Ausbildungsjahres auch die Kenntnisse und Fertigkeiten über die Lehrinhalte des ersten Ausbildungsjahres der Ausbildung in der allgemeinen Gesundheits- und Krankenpflege oder der speziellen Grundausbildung in der Kinder- und Jugendlichenpflege zu überprüfen.

(4) Im Rahmen der in den Anlagen 9 und 10 mit ** gekennzeichneten Einzelprüfungen des zweiten Ausbildungsjahres sind die Kenntnisse und Fertigkeiten über die Lehrinhalte des ersten Ausbildungsjahres der Ausbildung in der allgemeinen Gesundheits- und Krankenpflege oder der speziellen Grundausbildung in der Kinder- und Jugendlichenpflege zu überprüfen.

(5) In den Fällen der Abs. 3 und 4 hat der Schüler die Kenntnisse und Fertigkeiten der Lehrinhalte des ersten Ausbildungsjahres der Ausbildung in der allgemeinen Gesundheits- und Krankenpflege oder der speziellen Grundausbildung in der Kinderund Jugendlichenpflege durch Selbststudium zu erwerben.

GuK-AV   **Anhang**

Verkürzte Ausbildung für Mediziner

§ 58. (1) Die verkürzte Ausbildung für Mediziner umfaßt insgesamt mindestens 2 300 Stunden. Sie beinhaltet die in der Anlage 11 für das zweite und dritte Ausbildungsjahr angeführten Unterrichtsfächer und Fachbereiche in dem für das jeweilige Ausbildungsjahr festgelegten Ausmaß.

(2) Die in der Anlage 11 für das zweite und dritte Ausbildungsjahr in Klammern ( ) angeführten Stundenzahlen entsprechen der Ausbildung in der allgemeinen Gesundheits- und Krankenpflege und sind nicht obligatorischer Bestandteil der verkürzten Ausbildung. Eine Teilnahme an diesen Unterrichtsfächern ist fakultativ.

(3) Im Rahmen der in der Anlage 11 mit * gekennzeichneten Einzelprüfungen des zweiten Ausbildungsjahres sind neben den Kenntnissen und Fertigkeiten über die Lehrinhalte des zweiten Ausbildungsjahres auch die Kenntnisse und Fertigkeiten über die Lehrinhalte des ersten Ausbildungsjahres der Ausbildung in der allgemeinen Gesundheits- und Krankenpflege zu überprüfen.

(4) Im Rahmen der in der Anlage 11 mit ** gekennzeichneten Einzelprüfungen des zweiten Ausbildungsjahres sind die Kenntnisse und Fertigkeiten über die Lehrinhalte des ersten Ausbildungsjahres der Ausbildung in der allgemeinen Gesundheits- und Krankenpflege zu überprüfen.

(5) In den Fällen der Abs. 3 und 4 hat der Schüler die Kenntnisse und Fertigkeiten der Lehrinhalte des ersten Ausbildungsjahres der Ausbildung in der allgemeinen Gesundheits- und Krankenpflege durch Selbststudium zu erwerben.

5. Abschnitt
Nostrifikation

Allgemeines

§ 59. Für die Durchführung der Ergänzungsausbildung im Rahmen der Anerkennung einer von EWR-Staatsangehörigen außerhalb des EWR oder von einer Person, die nicht EWR-Staatsangehörige ist, erworbenen Urkunde über eine mit Erfolg abgeschlossene Ausbildung in einem gehobenen Dienst für Gesundheits- und Krankenpflege gelten die §§ 11, 13, 14, 19 Abs. 1 und 3 bis 6, 25, 26, 27, 31, 43 Abs. 6 und 7, 44, 48 und 49.

Ergänzungsausbildung

§ 60. (1) Jede Ergänzungsprüfung ist in deutscher Sprache abzulegen. Eine Ergänzungsprüfung ist in Form einer
1. mündlichen Prüfung vor der Diplomprüfungskommission oder
2. schriftlichen Prüfung

abzunehmen. Eine schriftliche Prüfung ist durch die Diplomprüfungskommission zu beurteilen.

(2) Der Beurteilung einer Ergänzungsprüfung ist der Prüfungserfolg im betreffenden Unterrichtsfach zugrunde zu legen.

(3) Nostrifikanten sind zahlenmäßig nicht auf Gruppen gemäß § 16 Abs. 3 anzurechnen.

Wiederholen und Abbruch der Ergänzungsausbildung

§ 61. (1) Jede Ergänzungsprüfung, die mit der Note ,,nicht genügend" beurteilt wird, darf höchstens zweimal wiederholt werden. Jede Wiederholungsprüfung ist als mündliche Prüfung vor der Diplomprüfungskommission abzulegen. § 60 Abs. 1 und 2 ist anzuwenden.

(2) Jedes Praktikum, das mit ,,nicht bestanden" beurteilt wird, darf höchstens einmal wiederholt werden.

(3) Wenn
1. die zweite Wiederholungsprüfung in einem Unterrichtsfach mit der Note ,,nicht genügend" oder
2. ein wiederholtes Praktikum mit ,,nicht bestanden"

beurteilt wird, scheidet der Nostrifikant automatisch aus der Ergänzungsausbildung aus. In diesem Fall ist die Ergänzungsausbildung ohne Erfolg absolviert. Eine Wiederholung oder ein Neubeginn der Ergänzungsausbildung ist nicht zulässig.

(4) Nostrifikanten können im Fall des Abs. 3 zur Absolvierung des dritten Ausbildungsjahres einschließlich der Einzelprüfungen und Praktika sowie der Diplomprüfung in eine Schule für Gesundheits- und Krankenpflege aufgenommen werden. Über die Aufnahme in eine Schule für Gesundheits- und Krankenpflege entscheidet die Aufnahmekommission.

(5) Wird eine Ergänzungsausbildung durch den Nostrifikanten abgebrochen und liegen nicht die in Abs. 3 genannten Umstände vor, so sind bei einer neuerlichen Zulassung zur Ergänzungsausbildung alle bisher gemäß dem Nostrifikationsbescheid mit oder ohne Erfolg abgelegten Ergänzungsprüfungen und Praktika anzurechnen.

Bestätigung über die Ergänzungsausbildung und -prüfung

§ 62. (1) Über die im Rahmen der Ergänzungsausbildung absolvierten Ergänzungsprüfungen und Praktika ist eine Bestätigung gemäß der Anlage 14 auszustellen.

(2) Die Bestätigung gemäß Abs. 1 hat die Beurteilung der im Nostrifikationsbescheid vorgeschriebenen Ergänzungsprüfungen und Praktika zu enthalten und ist vom Vorsitzenden der Diplomprüfungskommission und vom Direktor zu unterzeichnen.

(3) Der Landeshauptmann, in dessen Bundesland die Ergänzungsausbildung absolviert wurde, hat im Nostrifikationsbescheid einzutragen:
1. die erfolgreiche Absolvierung der Ergänzungsprüfungen und Praktika,
2. die gemäß § 61 Abs. 3 ohne Erfolg absolvierte Ergänzungsausbildung und
3. den Abbruch der Ergänzungsausbildung durch den Nostrifikanten gemäß § 61 Abs. 5.

Anhang **GuK-AV**

6. Abschnitt
Kompensationsmaßnahmen – EWR

Allgemeines

§ 63. Für die Durchführung eines Anpassungslehrganges oder einer Eignungsprüfung im Rahmen der Zulassung zur Berufsausübung von EWR-Staatsangehörigen in der Kinder- und Jugendlichenpflege oder in der psychiatrischen Gesundheits- und Krankenpflege gelten die §§ 11, 13, 14, 19 Abs. 1 und 3 bis 6, 25, 26, 27, 31, 43 Abs. 6 und 7, 44, 48 und 49.

Anpassungslehrgang

§ 64. (1) Der Anpassungslehrgang ist im Rahmen einer Schule für Gesundheits- und Krankenpflege zu absolvieren,
1. die über die entsprechenden fachlichen Einrichtungen und Ausstattungen verfügt, die die Erreichung der Ausbildungsziele gewährleisten, und
2. in der eine kontinuierliche fachspezifische Anleitung und Aufsicht durch mindestens eine Fachkraft sichergestellt ist.

(2) Die Zulassungswerber dürfen im Rahmen des Anpassungslehrganges nur zu Tätigkeiten herangezogen werden, die in unmittelbarem Zusammenhang mit den zu erlernenden Fähigkeiten und Fertigkeiten stehen.

(3) Zulassungswerber, die im Rahmen des Anpassungslehrganges eine Zusatzausbildung zu absolvieren haben, sind zur Teilnahme am entsprechenden theoretischen Unterricht verpflichtet. Diese Personen sind zahlenmäßig nicht auf Gruppen gemäß § 16 Abs. 3 anzurechnen.

Eignungsprüfung

§ 65. (1) Die Eignungsprüfung ist an einer Schule für Gesundheits- und Krankenpflege in den im Zulassungsbescheid angeführten Sachgebieten oder Unterrichtsfächern abzulegen.

GuK-AV **Anhang**

(2) Die Eignungsprüfung ist in deutscher Sprache abzulegen. Eine Eignungsprüfung ist in Form einer
1. mündlichen Prüfung vor der Diplomprüfungskommission oder
2. schriftlichen Prüfung

abzunehmen. Eine schriftliche Prüfung ist durch die Diplomprüfungskommission zu beurteilen.

(3) Der Beurteilung ist der Prüfungserfolg in den betreffenden Sachgebieten oder Unterrichtsfächern zugrunde zu legen.

Wiederholen

§ 66. (1) Ein Anpassungslehrgang, der mit „nicht bestanden" beurteilt wird, darf höchstens einmal wiederholt werden.

(2) Eine Eignungsprüfung, die mit der Note „nicht genügend" beurteilt wird, darf höchstens zweimal wiederholt werden. Jede Wiederholungsprüfung ist vor der Diplomprüfungskommission abzulegen. § 65 Abs. 2 und 3 ist anzuwenden.

(3) Wenn
1. die zweite Wiederholungsprüfung der Eignungsprüfung mit der Note „nicht genügend" oder
2. der wiederholte Anpassungslehrgang mit „nicht bestanden"

beurteilt wird, ist der Anpassungslehrgang oder die Eignungsprüfung ohne Erfolg absolviert.

(4) Ein gemäß Abs. 3 ohne Erfolg absolvierter Anpassungslehrgang oder eine ohne Erfolg absolvierte Eignungsprüfung darf nicht wiederholt oder neu begonnen werden.

(5) Zulassungswerber können im Fall des Abs. 3 zur Absolvierung des dritten Ausbildungsjahres einschließlich der Einzelprüfungen und Praktika sowie der Diplomprüfung zugelassen werden. Über die Aufnahme in eine Schule für Gesundheits- und Krankenpflege entscheidet die Aufnahmekommission.

Anhang   **GuK-AV**

Bestätigung

§ 67. (1) Über den absolvierten Anpassungslehrgang oder die absolvierte Eignungsprüfung ist eine Bestätigung gemäß der Anlage 15 oder 16 auszustellen.

(2) Die Bestätigung gemäß Abs. 1 hat die Beurteilung des im Zulassungsbescheid vorgeschriebenen Anpassungslehrganges oder der Eignungsprüfung zu enthalten. Die Bestätigung über die Eignungsprüfung ist vom Vorsitzenden der Diplomprüfungskommission und vom Direktor zu unterzeichnen. Die Bestätigung über den Anpassungslehrgang ist vom Direktor zu unterzeichnen.

7. Abschnitt
Vermittlungs- und Austauschprogramme

§ 68. (1) Schüler einer anderen österreichischen oder ausländischen Ausbildungseinrichtung, die im Rahmen eines Vermittlungs- oder Austauschprogrammes in eine Schule für Gesundheits- und Krankenpflege aufgenommen werden (Austauschschüler), sind berechtigt, für die Dauer des Vermittlungs- oder Austauschprogrammes am theoretischen Unterricht und an den Praktika teilzunehmen und die entsprechenden Einzelprüfungen fakultativ abzulegen.

(2) Der Direktor hat Austauschschülern über die gemäß Abs. 1 absolvierten Unterrichtsfächer, Praktika und Prüfungen eine Bestätigung auszustellen.

(3) Austauschschüler sind zahlenmäßig nicht auf Gruppen gemäß § 16 Abs. 3 anzurechnen.

8. Abschnitt
Schluß- und Übergangsbestimmungen

Ergänzungsausbildung für Sanitätsunteroffiziere

§ 69. (1) Für die Durchführung der Ergänzungsausbildung für Sanitätsunteroffiziere gemäß § 107 GuKG gelten die §§ 24, 25, 28, 29, 30, 49, sowie § 50 Abs. 1 Z 1, Abs. 2 und Abs. 3.

(2) Die theoretische Ergänzungsausbildung für Sanitätsunteroffiziere umfaßt insgesamt mindestens 160 Stunden und beinhaltet die in der Anlage 12 angeführten Unterrichtsfächer im festgelegten Ausmaß. Sie ist an einer Schule für Gesundheits- und Krankenpflege durchzuführen.

(3) Im Unterrichtsfach gemäß Z 1 der Anlage 12 ist nach Abschluß der theoretischen Ergänzungsausbildung eine Einzelprüfung abzunehmen.

(4) Nach erfolgreicher Absolvierung der Einzelprüfung gemäß Abs. 3 ist eine kommissionelle Prüfung vor der Diplomprüfungskommission in folgenden Sachgebieten abzulegen:
1. Pflege auf chirurgischen Stationen mit Berücksichtigung der Urologie und
2. Pflege bei inneren Erkrankungen und Grundzüge der Pflege bei neurologischen Erkrankungen.

Ein fachkundiger Vertreter des Bundesministeriums für Landesverteidigung ist berechtigt, bei der kommissionellen Prüfung anwesend zu sein.

(5) Für die Festsetzung der Prüfungstermine und die Ladung der Mitglieder der Diplomprüfungskommission gilt § 43 Abs. 6 und 7.

(6) Der Vorsitzende, der Direktor und der medizinisch-wissenschaftliche Leiter sind berechtigt, dem Sanitätsunteroffizier im Rahmen der kommissionellen Prüfung Fragen zu stellen. § 48 ist anzuwenden.

(7) Über das Ergebnis der Prüfung entscheidet die Diplomprüfungskommission in nicht öffentlicher Sitzung mit einfacher Stimmenmehrheit. Bei Stimmengleichheit entscheidet die Stimme des Vorsitzenden. Das Stimmrecht der Prüfer ist auf das betreffende Unterrichtsfach beschränkt. Die Diplomprüfungskommission ist beschlußfähig, wenn neben dem Vorsitzenden oder dessen Stellvertreter mindestens drei weitere Kommissionsmitglieder oder deren Stellvertreter anwesend sind.

(8) Die Gesamtleistung im Rahmen der kommissionellen Prüfung gemäß Abs. 3 ist mit
1. „mit Erfolg bestanden" oder

2. „nicht bestanden"
zu beurteilen.

(9) Über eine mit Erfolg bestandene kommissionelle Prüfung gemäß Abs. 4 hat der Direktor der Schule für Gesundheits- und Krankenpflege ein Zeugnis gemäß der Anlage 17 auszustellen. Das Zeugnis ist mit dem Rundsiegel der Schule zu versehen und vom Vorsitzenden der Diplomprüfungskommission, vom Direktor und vom medizinisch-wissenschaftlichen Leiter zu unterzeichnen.

(10) Nach Ausschöpfen aller Wiederholungsmöglichkeiten scheidet ein Sanitätsunteroffizier aus der Ergänzungsausbildung aus.

Räumliche und sachliche Ausstattung der Schule

§ 70. Die räumliche und sachliche Ausstattung einer Schule für Gesundheits- und Krankenpflege gemäß § 8 hat bis längstens 31. Dezember 2001 vorzuliegen.

Anzeige des ersten Ausbildungsjahres

§ 71. Im Fall der erstmaligen Durchführung einer Ausbildung in einem gehobenen Dienst für Gesundheits- und Krankenpflege gemäß den Bestimmungen dieser Verordnung ist der Beginn der Ausbildung (erstes Ausbildungsjahr) dem Landeshauptmann vom Direktor unverzüglich anzuzeigen.

Übergangsbestimmung

§ 72. Bis zum Ablauf des 31. Dezember 2004 kann abweichend von § 19 Abs. 2 auch nur 1% des in den Anlage 1 bis 11 angeführten Stundenumfanges der praktischen Ausbildung von einem Lehrer für Gesundheits- und Krankenpflege angeleitet und vermittelt werden, sofern das weitere Prozent durch pädagogisch qualifizierte Fachkräfte angeleitet und vermittelt wird.

Außerkrafttreten

§ 73. Die Verordnung betreffend die Ausbildung und Prüfung in der allgemeinen Krankenpflege und in der Kinderkranken- und Säuglingspflege im zweiten, dritten und vierten Ausbildungsjahr (Erste Krankenpflegeverordnung), BGBl. Nr. 634/1973, und die Verordnung betreffend die Ausbildung und Prüfung in der psychiatrischen Krankenpflege (Zweite Krankenpflegeverordnung), BGBl. Nr. 73/1975, treten mit 1. März 2002 außer Kraft.

Anmerkungen:

Die GuK-AV ist mit 19. Juni 1999 in Kraft getreten. Die Novelle BGBl. II Nr. 296/2010 ist mit 14. September 2010 in Kraft getreten.

Anhang   **GuK-AV**

Anlage 1

AUSBILDUNG IN DER ALLGEMEINEN GESUNDHEITS- UND KRANKENPFLEGE
Theoretische Ausbildung

Unterrichtsfach	Lehrinhalte	1. Jahr	2. Jahr	3. Jahr	Lehrkraft	Art der Prüfung
1. Berufsethik und Berufskunde der Gesundheits- und Krankenpflege	– Grundlagen der allgemeinen Ethik – Berufsethik – Transkulturelle Aspekte der Pflege – Geschichte der Pflege – Pflegemanagement, Pflegeorganisation, Qualitätssicherung – Pflegepädagogik	40	20	20	Lehrer für Gesundheits- und Krankenpflege	Einzelprüfung: 2. Jahr *[1]) Teilnahme: 1. Jahr 3. Jahr
2. Grundlagen der Pflegewissenschaft und Pflegeforschung	– Pflegefachsprache – Einführung in wissenschaftliches Arbeiten – Einführung in die Pflegewissenschaft – Einführung in die Pflegeforschung – Interpretation von Forschungsarbeiten – Umsetzung von Forschungsergebnissen – Mitwirkung an Forschungsprojekten	40	20	20	Lehrer für Gesundheits- und Krankenpflege / fachkompetente Person	Einzelprüfung: 1. Jahr 3. Jahr *[2]) Teilnahme: 2. Jahr
3. Gesundheits- und Krankenpflege	– Gesundheit, der gesunde Mensch, Gesundheitspflege – Krankheit, der kranke Mensch, Krankenpflege – Pflegemodelle und -theorien – Pflegeprozeß: Pflegeanamnese, Pflegediagnose, Pflegeplanung, Pflegemaßnahmen, Pflegeevaluation, Pflegedokumentation – Ganzheitliche Pflege in allen Altersstufen – Präventive Pflegemaßnahmen – Diagnostische, therapeutische und rehabilitative Pflegemaßnahmen bei akuten und chronischen Krankheitsbildern – Komplementäre Pflegemethoden	240 (hievon 25% in Gruppen)	130 (hievon 25% in Gruppen)	130 (hievon 25% in Gruppen)	Lehrer für Gesundheits- und Krankenpflege	Einzelprüfung: 1. Jahr 2. Jahr 3. Jahr Diplomprüfung

[1]) Im Rahmen der Einzelprüfung des 2. Ausbildungsjahres sind auch die Kenntnisse und Fertigkeiten über die Lehrinhalte des 1. Ausbildungsjahres zu überprüfen.
[2]) Im Rahmen der Einzelprüfung des 3. Ausbildungsjahres sind auch die Kenntnisse und Fertigkeiten über die Lehrinhalte des 2. Ausbildungsjahres zu überprüfen.

Unterrichtsfach	Lehrinhalte	1. Jahr	2. Jahr	3. Jahr	Lehrkraft	Art der Prüfung
4. Pflege von alten Menschen	– Der alte Mensch – gesund und krank, zu Hause, in Krankenanstalten und in Betreuungseinrichtungen – Modelle in der Betreuung und Pflege alter Menschen – Spezifische pflegerische Maßnahmen	30	20	–	Lehrer für Gesundheits- und Krankenpflege	Einzelprüfung: 2. Jahr*[1]) Teilnahme: 1. Jahr Diplomprüfung
5. Palliativpflege	– Leben und Sterben – Einführung in die Palliativpflege – Pflege und Begleitung von chronisch kranken, terminalkranken und sterbenden Menschen – Schmerztherapie	20 (hievon 50% in Gruppen)	20 (hievon 50% in Gruppen)	20 (hievon 50% in Gruppen)	Lehrer für Gesundheits- und Krankenpflege	Einzelprüfung: 2. Jahr*[1]) Teilnahme: 1. Jahr 3. Jahr Diplomprüfung
6. Hauskrankenpflege	– Hauskrankenpflege in der integrierten Gesundheitsversorgung – Interdisziplinäre Zusammenarbeit in Gesundheits- und sozialen Diensten – Spezifische pflegerische Maßnahmen	–	20	20	Lehrer für Gesundheits- und Krankenpflege / Diplomierter Gesundheits- und Krankenpfleger (Krankenhaushygiene)	Teilnahme Diplomprüfung
7. Hygiene und Infektionslehre	– Der Mensch und seine Umwelt – Mikrobiologie und Infektionslehre – Angewandte Hygiene einschließlich Desinfektion und Sterilisation	60	–	–	Arzt für Allgemeinmedizin / approbierter Arzt / Facharzt / Lehrer für Gesundheits- und Krankenpflege / Diplomierter Gesundheits- und Krankenpfleger (Krankenhaushygiene)	Einzelprüfung: 1. Jahr

[1]) Im Rahmen der Einzelprüfung des 2. Ausbildungsjahres sind auch die Kenntnisse und Fertigkeiten über die Lehrinhalte des 1. Ausbildungsjahres zu überprüfen.

Unterrichtsfach	Lehrinhalte	1. Jahr	2. Jahr	3. Jahr	Lehrkraft	Art der Prüfung
8. Ernährung, Kranken- und Diätkost	– Qualitative und quantitative Aspekte der Ernährung – Kranken- und Diätkost	30	–	–	Diplomierter Diätassistent und ernährungsmedizinischer Berater / Lehrer für Gesundheits- und Krankenpflege	Einzelprüfung: 1. Jahr

9. Biologie, Anatomie, Physiologie	– Lehre vom Leben
	– Der gesunde Mensch
	– Körperbau und Bewegungsapparat
	– Bau und Funktionen der Organsysteme:
	  – Respirationstrakt
	  – Herz-Kreislaufsystem, Blut
	  – Verdauungstrakt
	  – Urogenitaltrakt
	  – Nervensystem
	  – Endokrine Drüsen
	  – Sinnesorgane
		100	–	–	Arzt für Allgemeinmedizin / approbierter Arzt / Facharzt / Turnusarzt / Mediziner / Lehrer für Gesundheits- und Krankenpflege	Einzelprüfung:
						1. Jahr

10. Allgemeine und spezielle Pathologie, Diagnose und Therapie einschließlich komplementärmedizinische Methoden	– Allgemeine Pathologie
	– Allgemeine medizinische Untersuchungs- und Behandlungsverfahren
	– Spezielle Pathologie des Bewegungsapparates und der Organsysteme mit Diagnostik und Therapie:
	  – Respirationstrakt
	  – Herz-Kreislaufsystem; Blut – blutbildendes System
	  – Verdauungstrakt
	  – Urogenitaltrakt
	  – Nervensystem
	  – Endokrine Drüsen
	  – Sinnesorgane
	– Psychopathologie
	– Psychosomatik
	– Komplementärmedizin
		120	130	110	Arzt für Allgemeinmedizin / approbierter Arzt / Facharzt / Turnusarzt	Einzelprüfung:
						1. Jahr
						2. Jahr
						3. Jahr

GuK-AV — Anhang

Unterrichtsfach	Lehrinhalte	1. Jahr	2. Jahr	3. Jahr	Lehrkraft	Art der Prüfung
11. Gerontologie, Geriatrie und Gerontopsychiatrie	– Einführung in die Alternswissenschaften – Körperliche und psychische Veränderungen im Alter – Krankheitsbilder im Alter	–	30	–	Arzt für Allgemeinmedizin / approbierter Arzt / Facharzt / Lehrer für Gesundheits- und Krankenpflege (psychiatrische Gesundheits- und Krankenpflege)	Einzelprüfung: 2. Jahr
12. Pharmakologie	– Arzneimittellehre – Wirkungsspektrum und Nebenwirkungen der Hauptgruppen der Arzneimittel	20	20	–	Arzt für Allgemeinmedizin / approbierter Arzt / Facharzt / Pharmazeut	Einzelprüfung: 2. Jahr *¹) Teilnahme: 1. Jahr
13. Erste Hilfe, Katastrophen- und Strahlenschutz	– Selbstschutz – Erste Hilfe – Notfallmedizin – Katastrophen- und Zivilschutz – Brandschutz – Allgemeiner und berufsspezifischer Strahlenschutz	30 (hievon 50% in Gruppen)	–	10 (hievon 50% in Gruppen)	Arzt für Allgemeinmedizin / approbierter Arzt / Facharzt / Lehrer für Gesundheits- und Krankenpflege / fachkompetente Person	Einzelprüfung: 1. Jahr Teilnahme: 3. Jahr
14. Gesundheitserziehung und Gesundheitsförderung im Rahmen der Pflege, Arbeitsmedizin	– Theoretische Grundlagen der Gesundheitserziehung und -förderung – Angewandte Gesundheitserziehung und -förderung – Strukturen der Gesundheitserziehung und -förderung – Arbeitsmedizinische Aspekte in Gesundheitseinrichtungen	20	–	20	Arzt für Allgemeinmedizin / approbierter Arzt / Facharzt / Lehrer für Gesundheits- und Krankenpflege / fachkompetente Person	Teilnahme Diplomprüfung

¹) Im Rahmen der Einzelprüfung des 2. Ausbildungsjahres sind auch die Kenntnisse und Fertigkeiten über die Lehrinhalte des 1. Ausbildungsjahres zu überprüfen.

Anhang GuK-AV

Unterrichtsfach	Lehrinhalte	1. Jahr	2. Jahr	3. Jahr	Lehrkraft	Art der Prüfung
15. Berufsspezifische Ergonomie und Körperarbeit	– Angewandte Ergonomie – Gesundheitsfördernde Bewegungs- und Entspannungsübungen	40 (hievon 25% in Gruppen)	30 (hievon 25% in Gruppen)	20 (hievon 25% in Gruppen)	Diplomierter Physiotherapeut / Lehrer für Gesundheits- und Krankenpflege / fachkompetente Person	Teilnahme
16. Soziologie, Psychologie, Pädagogik und Sozialhygiene	– Theorien, Methoden und Anwendungsbereiche – Der Mensch in seiner Entwicklung und die Beziehungen in seiner gesamten Lebensspanne – Der Mensch im Kontinuum von Gesundheit, Krankheit und Behinderung	50	20	20	Psychologe / Pädagoge / Soziologe / Lehrer für Gesundheits- und Krankenpflege	Einzelprüfung: 1. Jahr Teilnahme: 2. Jahr 3. Jahr
17. Kommunikation, Konfliktbewältigung, Supervision und Kreativitätstraining	– Gesprächsführung – Arbeit mit und Anleitung von Bezugspersonen – Konflikttheorien und -management – Aufbau beruflicher Beziehungen – Interdisziplinäre Zusammenarbeit – Begleitung von Personen und Gruppen – Praxisreflexion, Streßbewältigung und Grundlagen der Supervision – Kreative Gestaltungsmöglichkeiten	40 (hievon 100% in Gruppen)	40 (hievon 100% in Gruppen)	40 hievon 100% in Gruppen)	Psychologe / Psychotherapeut / Lehrer für Gesundheits- und Krankenpflege / fachkompetente Person	Teilnahme
18. Strukturen und Einrichtungen des Gesundheitswesens, Organisationslehre	– Strukturen und Einrichtungen des österreichischen Gesundheitswesens, Finanzierung – Allgemeine Grundlagen der Betriebsführung – Organisationslehre und Betriebsführung im intra- und extramuralen Bereich	10	–	20	Lehrer für Gesundheits- und Krankenpflege / fachkompetente Person	Teilnahme Diplomprüfung
19. Elektronische Datenverarbeitung, fachspezifische Informatik, Statistik und Dokumentation	– Formale Grundlagen der Informatik – Betriebssysteme – Angewandte EDV – Einführung in die Statistik – Telekommunikation	20 (hievon 50% in Gruppen)	20 (hievon 50% in Gruppen)	–	fachkompetente Person	Teilnahme

GuK-AV Anhang

Unterrichtsfach	Lehrinhalte	1. Jahr	2. Jahr	3. Jahr	Lehrkraft	Art der Prüfung
20. Berufsspezifische Rechtsgrundlagen	– Allgemeine Rechtsgrundlagen – Gesundheitsberufe und deren Berufsgesetze unter besonderer Berücksichtigung des Gesundheits- und Krankenpflegegesetzes – Grundzüge des Sanitätsrechtes – Grundzüge des Arbeits- und Sozialversicherungsrechtes – Grundzüge des ArbeitnehmerInnenschutzes – Grundlagen des Haftungsrechtes – Pflegegeldrecht	20	20	–	Jurist	Einzelprüfung: 2. Jahr *[1]) Teilnahme: 1. Jahr
21. Fachspezifisches Englisch	– Pflege- und medizinspezifische Terminologie – Alltagskonversation, Beratungsgespräche, Fachliteratur	40 (hievon 100% in Gruppen)	20 (hievon 100% in Gruppen)	20 (hievon 100% in Gruppen)	fachkompetente Person	Einzelprüfung: 1. Jahr 2. Jahr 3. Jahr
Gesamt		**970**	**560**	**470**		**2 000 Stunden**

[1]) Im Rahmen der Einzelprüfung des 2. Ausbildungsjahres sind auch die Kenntnisse und Fertigkeiten über die Lehrinhalte des 1. Ausbildungsjahres zu überprüfen.

Anhang GuK-AV

Praktische Ausbildung

Ausbildungseinrichtung	Fachbereich	Stunden
Abteilungen einer Krankenanstalt	Akutpflege im operativen Fachbereich	600
Abteilungen einer Krankenanstalt	Akutpflege im konservativen Fachbereich	600
Einrichtungen, die der stationären Betreuung pflegebedürftiger Menschen dienen	Langzeitpflege / rehabilitative Pflege	400
Einrichtungen, die Hauskrankenpflege, andere Gesundheitsdienste oder soziale Dienste anbieten	Extramurale Pflege, Betreuung und Beratung	160
nach Wahl des Schülers	Wahlpraktikum	200
nach Wahl der Schule: – Abteilungen oder sonstige Organisationseinheiten einer Krankenanstalt – Einrichtungen, die der stationären Betreuung pflegebedürftiger Menschen dienen – Einrichtungen, die Hauskrankenpflege, andere Gesundheitsdienste oder soziale Dienste anbieten	Akutpflege / Langzeitpflege / rehabilitative Pflege / extramurale Pflege	360
nach Wahl der Schule	Diplomprüfungsbezogenes Praktikum	160
Gesamt		**2 480**

Schulautonomer Bereich

Bereich	Sachgebiet/Fachbereich	Stunden	Art der Prüfung
nach Wahl der Schule: – theoretische Ausbildung – praktische Ausbildung	nach Wahl der Schule: vertiefender oder erweiternder Unterricht als schulautonomer Schwerpunkt	120 Stunden	Teilnahme

GuK-AV   **Anhang**

Anlage 2

SPEZIELLE GRUNDAUSBILDUNG IN DER KINDER- UND JUGENDLICHENPFLEGE
Theoretische Ausbildung

Unterrichtsfach	Lehrinhalte	1. Jahr	2. Jahr	3. Jahr	Lehrkraft	Art der Prüfung
1. Berufsethik und Berufskunde der Gesundheits- und Krankenpflege	– Grundlagen der allgemeinen Ethik – Berufsethik – transkulturelle Aspekte der Pflege – Geschichte der Pflege – Pflegemanagement, Pflegeorganisation, Qualitätssicherung – Pflegepädagogik	40	20	20	Lehrer für Gesundheits- und Krankenpflege	Einzelprüfung: 2. Jahr *¹) Teilnahme: 1. Jahr 3. Jahr
2. Grundlagen der Pflegewissenschaft und Pflegeforschung	– Pflegefachsprache – Einführung in wissenschaftliches Arbeiten – Einführung in die Pflegewissenschaft – Einführung in die Pflegeforschung – Interpretation von Forschungsarbeiten – Umsetzung von Forschungsergebnissen – Mitwirkung an Forschungsprojekten	40	20	20	Lehrer für Gesundheits- und Krankenpflege / fachkompetente Person	Einzelprüfung: 1. Jahr 3. Jahr *²) Teilnahme: 2. Jahr
3. Gesundheits- und Krankenpflege von Kindern und Jugendlichen	– Gesundheit, der gesunde Mensch, Gesundheitspflege unter besonderer Berücksichtigung von Kindern und Jugendlichen – Krankheit, der kranke Mensch, Krankenpflege unter besonderer Berücksichtigung von Kindern und Jugendlichen – Pflegemodelle und -theorien – Pflegeprozeß: Pflegeanamnese, Pflegediagnose, Pflegeplanung, Pflegemaßnahmen, Pflegeevaluation, Pflegedokumentation – Ganzheitliche Pflege – Präventive Pflegemaßnahmen	240 (hievon 25% in Gruppen)	130 (hievon 25% in Gruppen)	130 (hievon 25% in Gruppen)	Lehrer für Gesundheits- und Krankenpflege	Einzelprüfung: 1. Jahr 2. Jahr 3. Jahr Diplomprüfung

¹) Im Rahmen der Einzelprüfung des 2. Ausbildungsjahres sind auch die Kenntnisse und Fertigkeiten über die Lehrinhalte des 1. Ausbildungsjahres zu überprüfen.
²) Im Rahmen der Einzelprüfung des 3. Ausbildungsjahres sind auch die Kenntnisse und Fertigkeiten über die Lehrinhalte des 2. Ausbildungsjahres zu überprüfen.

Anhang GuK-AV

Unterrichtsfach	Lehrinhalte	1. Jahr	2. Jahr	3. Jahr	Lehrkraft	Art der Prüfung
	– Diagnostische, therapeutische und rehabilitative Pflegemaßnahmen bei akuten und chronischen Krankheitsbildern – Komplementäre Pflegemethoden – Einführung in die Pflege von alten Menschen, Grundzüge der Geriatrie, Gerontologie und Gerontopsychiatrie im Vergleich zur Kinder- und Jugendlichenpflege					
4. Pflege von Kindern und Jugendlichen in Krisensituationen	– Entwicklungsbedingte Situationen – Krankheitsbedingte Situationen – Sozialbedingte Situationen – Umweltbedingte Situationen	–	30	20	Lehrer für Gesundheits- und Krankenpflege	Einzelprüfung: 2. Jahr Teilnahme: 3. Jahr Diplomprüfung
5. Palliativpflege	– Leben und Sterben – Einführung in die Palliativpflege – Pflege und Begleitung von chronisch kranken, terminalkranken und sterbenden Kindern und Jugendlichen – Schmerztherapie	20 (hievon 50% in Gruppen)	20 (hievon 50% in Gruppen)	20 (hievon 50% in Gruppen)	Lehrer für Gesundheits- und Krankenpflege	Einzelprüfung: 2. Jahr *[1] Teilnahme: 1. Jahr 3. Jahr Diplomprüfung
6. Hauskrankenpflege bei Kindern und Jugendlichen	– Hauskrankenpflege in der integrierten Gesundheitsversorgung – Interdisziplinäre Zusammenarbeit in Gesundheitsdiensten und sozialen Diensten – Spezifische pflegerische Maßnahmen	–	20	20	Lehrer für Gesundheits- und Krankenpflege	Teilnahme Diplomprüfung

[1] Im Rahmen der Einzelprüfung des 2. Ausbildungsjahres sind auch die Kenntnisse und Fertigkeiten über die Lehrinhalte des 1. Ausbildungsjahres zu überprüfen.

Unterrichtsfach	Lehrinhalte	1. Jahr	2. Jahr	3. Jahr	Lehrkraft	Art der Prüfung
7. Hygiene und Infektionslehre	– Der Mensch und seine Umwelt – Mikrobiologie und Infektionslehre – Angewandte Hygiene einschließlich Desinfektion und Sterilisation	60	–	–	Arzt für Allgemeinmedizin / approbierter Arzt / Facharzt / Lehrer für Gesundheits- und Krankenpflege / Diplomierter Gesundheits- und Krankenpfleger (Krankenhaushygiene)	Einzelprüfung: 1. Jahr
8. Ernährung, Kranken- und Diätkost	– Qualitative und quantitative Aspekte der Ernährung – Säuglingsernährung und Stillen – Kranken- und Diätkost	30	–	–	Diplomierter Diätassistent und ernährungsmedizinischer Berater / Lehrer für Gesundheits- und Krankenpflege	Einzelprüfung: 1. Jahr

9. Biologie, Anatomie, Physiologie	– Lehre vom Leben
	– Der gesunde Mensch
	– Körperbau und Bewegungsapparat
	– Bau und Funktionen der Organsysteme:
	  – Respirationstrakt
	  – Herz-Kreislaufsystem, Blut
	  – Verdauungstrakt
	  – Urogenitaltrakt
	  – Nervensystem
	  – Endokrine Drüsen
	  – Sinnesorgane
		100	–	–	Arzt für Allgemeinmedizin / approbierter Arzt / Facharzt / Turnusarzt / Mediziner / Lehrer für Gesundheits- und Krankenpflege	Einzelprüfung:
						1. Jahr

10. Allgemeine und spezielle Pathologie, Diagnose und Therapie einschließlich komplementärmedizinische Methoden bei Kindern und Jugendlichen	– Allgemeine Pathologie
	– Allgemeine medizinische Untersuchungs- und Behandlungsverfahren
	– Spezielle Pathologie des Bewegungsapparates und der Organsysteme mit Diagnostik und Therapie unter besonderer Berücksichtigung der Kinderkrankheiten:
	  – Respirationstrakt
	  – Herz-Kreislaufsystem; Blut – blutbildendes System
		120	130	110	Arzt für Allgemeinmedizin / approbierter Arzt / Facharzt / Turnusarzt in Ausbildung zum Facharzt	Einzelprüfung:
						1. Jahr
						2. Jahr
						3. Jahr

Anhang GuK-AV

Unterrichtsfach	Lehrinhalte	1. Jahr	2. Jahr	3. Jahr	Lehrkraft	Art der Prüfung
	– Verdauungstrakt – Urogenitaltrakt – Nervensystem – Endokrine Drüsen – Sinnesorgane – Psychopathologie – Psychosomatik – Komplementärmedizin					
11. Neonatologie	– Spezielle Neonatologie – Intermediate Care – Nachsorge	–	30	–	Arzt für Allgemeinmedizin / approbierter Arzt / Facharzt / Lehrer für Gesundheits- und Krankenpflege	Einzelprüfung: 2. Jahr
12. Pharmakologie	– Arzneimittellehre – Wirkungsspektrum und Nebenwirkungen der Hauptgruppen der Arzneimittel	20	20	–	Arzt für Allgemeinmedizin / approbierter Arzt / Facharzt / Pharmazeut	Einzelprüfung: 2. Jahr *¹) Teilnahme: 1. Jahr
13. Erste Hilfe, Katastrophen- und Strahlenschutz	– Selbstschutz – Erste Hilfe – Notfallmedizin – Katastrophen- und Zivilschutz – Brandschutz – Allgemeiner und berufsspezifischer Strahlenschutz	30 (hievon 50% in Gruppen)	–	10 (hievon 50% in Gruppen)	Arzt für Allgemeinmedizin / approbierter Arzt / Facharzt / Lehrer für Gesundheits- und Krankenpflege / fachkompetente Person	Einzelprüfung: 1. Jahr Teilnahme: 3. Jahr

¹) Im Rahmen der Einzelprüfung des 2. Ausbildungsjahres sind auch die Kenntnisse und Fertigkeiten über die Lehrinhalte des 1. Ausbildungsjahres zu überprüfen.

Unterrichtsfach	Lehrinhalte	1. Jahr	2. Jahr	3. Jahr	Lehrkraft	Art der Prüfung
14. Gesundheitserziehung und Gesundheitsförderung im Rahmen der Pflege, Arbeitsmedizin	– Theoretische Grundlagen der Gesundheitserziehung und -förderung – Angewandte Gesundheitserziehung und -förderung – Strukturen der Gesundheitserziehung und -förderung – Arbeitsmedizinische Aspekte	20	–	20	Arzt für Allgemeinmedizin / approbierter Arzt / Facharzt / Lehrer für Gesundheits- und Krankenpflege / fachkompetente Person	Teilnahme Diplomprüfung
15. Berufsspezifische Ergonomie und Körperarbeit	– Angewandte Ergonomie – Gesundheitsfördernde Bewegungs- und Entspannungsübungen	40 (hievon 25% in Gruppen)	30 (hievon 25% in Gruppen)	20 (hievon 25% in Gruppen)	Diplomierter Physiotherapeut / Lehrer für Gesundheits- und Krankenpflege / fachkompetente Person	Teilnahme
16. Soziologie, Psychologie, Pädagogik und Sozialhygiene	– Theorien, Methoden und Anwendungsbereiche – Das Kind und der Jugendliche im Entwicklungs- und Beziehungsprozeß – Das Kind und der Jugendliche im Kontinuum von Gesundheit, Krankheit und Behinderung	50	20	20	Psychologe / Pädagoge / Soziologe / Lehrer für Gesundheits- und Krankenpflege	Einzelprüfung: 1. Jahr Teilnahme: 2. Jahr 3. Jahr
17. Kommunikation, Konfliktbewältigung, Supervision und Kreativitätstraining	– Gesprächsführung – Arbeit mit und Anleitung von Bezugspersonen – Konflikttheorien und -management – Aufbau beruflicher Beziehungen – Interdisziplinäre Zusammenarbeit – Begleitung von Personen und Gruppen – Praxisreflexion, Streßbewältigung und Grundlagen der Supervision – Kreative Gestaltungsmöglichkeiten	40 (hievon 100% in Gruppen)	40 (hievon 100% in Gruppen)	40 (hievon 100% in Gruppen)	Psychologe / Psychotherapeut/ Lehrer für Gesundheits- und Krankenpflege / fachkompetente Person	Teilnahme
18. Strukturen und Einrichtungen des Gesundheitswesens, Organisationslehre	– Strukturen und Einrichtungen des österreichischen Gesundheitswesens, Finanzierung – Allgemeine Grundlagen der Betriebsführung – Organisationslehre und Betriebsführung im intra- und extramuralen Bereich	10	–	20	Lehrer für Gesundheits- und Krankenpflege / fachkompetente Person	Teilnahme Diplomprüfung

Anhang   **GuK-AV**

Unterrichtsfach	Lehrinhalte	1. Jahr	2. Jahr	3. Jahr	Lehrkraft	Art der Prüfung
19. Elektronische Datenverarbeitung, fachspezifische Informatik, Statistik und Dokumentation	– Formale Grundlagen der Informatik – Betriebssysteme – Angewandte EDV – Einführung in die Statistik – Telekommunikation	20 (hievon 50% in Gruppen)	20 (hievon 50% in Gruppen)	–	fachkompetente Person	Teilnahme
20. Berufsspezifische Rechtsgrundlagen	– Allgemeine Rechtsgrundlagen – Gesundheitsberufe und deren Berufsgesetze unter besonderer Berücksichtigung des Gesundheits- und Krankenpflegegesetzes – Grundzüge des Sanitätsrechtes – Grundzüge des Arbeits- und Sozialversicherungsrechtes – Grundzüge des ArbeitnehmerInnenschutzes – Grundlagen des Haftungsrechtes – Kinder- und Jugendwohlfahrtsrecht – Pflegegeldrecht	20	20	–	Jurist	Einzelprüfung: 2. Jahr *[1]) Teilnahme: 1. Jahr
21. Fachspezifisches Englisch	– Pflege- und medizinspezifische Terminologie – Alltagskonversation, Beratungsgespräche, Fachliteratur	40 (hievon 100% in Gruppen)	20 (hievon 100% in Gruppen)	20 (hievon 100% in Gruppen)	fachkompetente Person	Einzelprüfung: 1. Jahr 2. Jahr 3. Jahr
Gesamt		**940**	**570**	**490**		**2 000 Stunden**

[1]) Im Rahmen der Einzelprüfung des 2. Ausbildungsjahres sind auch die Kenntnisse und Fertigkeiten über die Lehrinhalte des 1. Ausbildungsjahres zu überprüfen.

Praktische Ausbildung

Ausbildungseinrichtung	Fachbereich	Stunden
Abteilungen einer Krankenanstalt	Allgemeine Kinderabteilung	720
Abteilungen einer Krankenanstalt	Kinderchirurgische Abteilung	400
Abteilungen einer Krankenanstalt	Früh- und Neugeborenenabteilung	480
Einrichtungen, die Hauskrankenpflege, andere Gesundheitsdienste oder soziale Dienste anbieten	Extramurale Pflege, Betreuung und Beratung für Kinder und Jugendliche	160
nach Wahl des Schülers	Wahlpraktikum	200
nach Wahl der Schule: – Abteilungen oder sonstige Organisationseinheiten einer Krankenanstalt – Einrichtungen, die der stationären Betreuung pflegebedürftiger Kinder und Jugendlicher dienen – Einrichtungen, die Hauskrankenpflege, andere Gesundheitsdienste oder soziale Dienste anbieten	Allgemeine Kinderabteilung / Kinderchirurgische Abteilung / Früh- und Neugeborenenabteilung / Extramurale Pflege	360
nach Wahl der Schule	Diplomprüfungsbezogenes Praktikum	160
Gesamt		**2 480**

Schulautonomer Bereich

Bereich	Sachgebiet/Fachbereich	Stunden	Art der Prüfung
nach Wahl der Schule: – theoretische Ausbildung – praktische Ausbildung	nach Wahl der Schule: vertiefender oder erweiternder Unterricht als schulautonomer Schwerpunkt	120 Stunden	Teilnahme

Anlage 3

Anhang   **GuK-AV**

SPEZIELLE GRUNDAUSBILDUNG IN DER PSYCHIATRISCHEN GESUNDHEITS- UND KRANKENPFLEGE
Theoretische Ausbildung

Unterrichtsfach	Lehrinhalte	1. Jahr	2. Jahr	3. Jahr	Lehrkraft	Art der Prüfung

1. Gesundheits- und Krankenpflege einschließlich Ernährungslehre, Erste Hilfe und Hygiene	– Berufskunde und Berufsethik
	– Der Mensch in Gesundheit und Krankheit:
	  – Begrifflichkeiten und Modelle von Gesundheit und Krankheit, Normalität und Abweichung
	  – Pflegewissenschaft, Pflegeforschung, Pflegemodelle, Pflegeprozeß
	  – Pflegequalität, Qualitätssicherung, Pflegemanagement und Pflegeorganisation
	  – Prinzipien einer personenorientierten Pflege und gesundheitsfördernde, präventive, diagnostische, therapeutische und rehabilitative Pflegemaßnahmen
	– Qualitative und quantitative Aspekte der Ernährung, Kranken- und Diätkost
	– Erste Hilfe, Notfallmedizin, Katastrophen- und Zivilschutz, Brandschutz, allgemeiner und berufsspezifischer Strahlenschutz
	– Hygiene und Infektionslehre, Mikrobiologie, angewandte Hygiene einschließlich Desinfektion und Sterilisation
		300
		(hievon 20% in Gruppen)
			–	–	Lehrer für Gesundheits- und Krankenpflege	Einzelprüfung:
						1. Jahr
						
						Diplomprüfung

2. Psychiatrische und neurologische Gesundheits- und Krankenpflege	– Berufsbild – Geschichte der Pflege – Psychiatrie und Gesellschaft – Transkulturelle Aspekte der Pflege – Arbeitsfeld und Problembereiche der psychiatrischen Gesundheits- und Krankenpflege	70 (hievon 20% in Gruppen)	210 (hievon 20% in Gruppen)	220 (hievon 20% in Gruppen)	Lehrer für Gesundheits- und Krankenpflege	Einzelprüfung: 1. Jahr 2. Jahr 3. Jahr Diplomprüfung

GuK-AV Anhang

Unterrichtsfach	Lehrinhalte	1. Jahr	2. Jahr	3. Jahr	Lehrkraft	Art der Prüfung
	– Der Pflegeprozeß mit gesunden und kranken Menschen aller Altersstufen im stationären, teilstationären, ambulanten sowie im extramuralen und komplementären Bereich – Menschen in Krisensituationen und Notlagen – Menschen mit akuten und chronischen psychischen Störungen, einschließlich untergebrachter Menschen – Kinder- und Jugendpsychiatrie – Menschen mit organischem Psychosyndrom – Menschen mit Abhängigkeitserkrankungen – Neurologisch erkrankte Menschen – Menschen mit Intelligenzminderungen – Reaktivierende Pflege – Nachgehende psychiatrische Betreuung – Geistig abnorme Rechtsbrecher – Psychiatrische Hauskrankenpflege					
3. Pflege von alten Menschen, Palliativpflege	– Lebensgeschichte und Lebenssituation von alten Menschen – Individuelle und gesellschaftliche Strategien zum Umgang mit Bedürfnissen und Problemen im Alter sowie Einflußfaktoren auf die Gesundheit alter Menschen – Alte Menschen in besonderen psychosozialen Notlagen: – Modelle der Betreuung und Pflege alter Menschen – Übergangspflege – Palliativpflege	–	90 (hievon 25% in Gruppen)	–	Lehrer für Gesundheits- und Krankenpflege	Teilnahme Diplomprüfung

432

Anhang — GuK-AV

Unterrichtsfach	Lehrinhalte	1. Jahr	2. Jahr	3. Jahr	Lehrkraft	Art der Prüfung

4. Medizinische Grundlagen einschließlich Psychopathologie, psychiatrische und neurologische Krankheitslehre, Pharmakologie	– Anatomische, biologische, physiologische und pathologische Grundlagen zu Körperbau, Bewegungsapparat und Organsystemen:
	  – Respirationstrakt
	  – Herz-Kreislaufsystem, Blut und blutbildendes System
	  – Verdauungstrakt
	  – Urogenitaltrakt
	  – Nervensystem
	  – Endokrine Drüsen
	  – Sinnesorgane
	– Medizinische Erklärungsmodelle zu Behinderungen
	– Menschen in Krisensituationen und besonderen Notlagen
	– Menschen mit psychischen und neurologischen Erkrankungen, Diagnostik und Therapien
	– Ethik
	– Wirkungsspektrum und Nebenwirkungen der Arzneimittelhauptgruppen, allgemeine Arzneimittellehre
		170	70	100	Arzt für Allgemeinmedizin / approbierter Arzt / Facharzt / Lehrer für Gesundheits- und Krankenpflege	Einzelprüfung:
						1. Jahr
						2. Jahr
						3. Jahr

5. Gerontologie, Geriatrie und Gerontopsychiatrie	– Einführung in die Alternswissenschaften – Körperliche und psychische Veränderungen im Alter – Krankheitsbilder im Alter	–	40	–	Arzt für Allgemeinmedizin / approbierter Arzt / Facharzt / Lehrer für Gesundheits- und Krankenpflege	Teilnahme Diplomprüfung
6. Berufsspezifische Ergonomie und Körperarbeit	– Angewandte Ergonomie – Gesundheitsfördernde Bewegungs- und Entspannungsübungen	40 (hievon 25% in Gruppen)	30 (hievon 25% in Gruppen)	20 (hievon 25% in Gruppen)	Diplomierter Physiotherapeut / Lehrer für Gesundheits- und Krankenpflege / fachkompetente Person	Teilnahme

433

Unterrichtsfach	Lehrinhalte	1. Jahr	2. Jahr	3. Jahr	Lehrkraft	Art der Prüfung
7. Soziologie, Psychologie, Pädagogik und Sozialhygiene	– Gesellschaftliches Gesundheits- und Krankheitsverständnis, Auseinandersetzung mit den Begriffen Normalität und Abweichung – Verhalten und Erleben in Krankheit und Krise – Selbst- und Fremdwahrnehmung – Männliche und weibliche Sozialisation – Burnout-Syndrom und Prophylaxen – Der Mensch – seine Entwicklung und seine Beziehungen in den verschiedenen Lebensabschnitten	90	60	30	Psychologe / Pädagoge / Soziologe / Lehrer für Gesundheits- und Krankenpflege	Einzelprüfung: 1. Jahr 2. Jahr 3. Jahr Diplomprüfung
8. Gesprächsführung, psychosoziale Betreuung und Angehörigenarbeit	– Grundlagen der Kommunikation – Möglichkeiten und Grenzen der Kommunikation mit Menschen unterschiedlicher Behinderung und Erkrankung	50 (hievon 50% in Gruppen)	40 (hievon 50% in Gruppen)	10 (hievon 50% in Gruppen)	Psychologe / Psychotherapeut / Lehrer für Gesundheits- und Krankenpflege / fachkompetente Person	Teilnahme
9. Supervision	– Selbst- und Fremdwahrnehmung – Praxisreflexion – Strategien für den Umgang mit Belastungs- und Konfliktpotentialen – Konfliktbewältigung	40 (hievon 80% in Gruppen)	30 (hievon 80% in Gruppen)	20 (hievon 80% in Gruppen)	Psychologe / Psychotherapeut / Lehrer für Gesundheits- und Krankenpflege / fachkompetente Person	Teilnahme
10. Kreativitätstraining	– Lernen als Fähigkeit zur Lebensbewältigung – Möglichkeiten, Aufgabengebiete und Grenzen kreativitätstherapeutischer Techniken – Grundzüge der Ergotherapie bei psychisch und neurologisch erkrankten Menschen	40 (hievon 40% in Gruppen)	10 (hievon 40% in Gruppen)	10 (hievon 40% in Gruppen)	Lehrer für Gesundheits- und Krankenpflege / Diplomierter Ergotherapeut	Einzelprüfung: 1. Jahr Teilnahme: 2. Jahr 3. Jahr
11. Strukturen und Einrichtungen der gesundheitlichen und sozialen Versorgung, Organisationslehre	– Strukturen und Einrichtungen der gesundheitlichen und sozialen Versorgung in Österreich, Finanzierung – Allgemeine Grundlagen der Betriebsführung – Organisationslehre und Betriebsführung im intra- und extramuralen Bereich	10	–	20	Lehrer für Gesundheits- und Krankenpflege und fachkompetente Person	Teilnahme Diplomprüfung

Anhang GuK-AV

Unterrichtsfach	Lehrinhalte	1. Jahr	2. Jahr	3. Jahr	Lehrkraft	Art der Prüfung
12. Elektronische Datenverarbeitung fachspezifische Informatik, Statistik und Dokumentation	– Anwendung und Auswirkungen der EDV in der Pflege – Organisation der Datenverarbeitung – Anwendung der EDV im Gesundheitswesen	–	20 (hievon 50% in Gruppen)	20 (hievon 50% in Gruppen)	fachkompetente Person	Teilnahme
13. Berufsspezifische Rechtsgrundlagen	– Allgemeine und berufsspezifische Rechtsgrundlagen – Gesundheitsberufe und deren Berufsgesetze unter besonderer Berücksichtigung des Gesundheits- und Krankenpflegegesetzes – Grundzüge des Sanitätsrechtes – Grundzüge des Arbeits- und Sozialversicherungsrechtes – Grundzüge des ArbeitnehmerInnenschutzes – Grundlagen des Haftungsrechtes – Pflegegeldrecht – Unterbringungsgesetz – Sachwalterschaft – Rechtsgrundlagen zur Integration und Reintegration	30	30	–	Jurist	Einzelprüfung: 2. Jahr *[1]) Teilnahme: 1. Jahr
14. Fachspezifisches Englisch	– Pflege- und medizinspezifische Terminologie – Alltagskonversation, Beratungsgespräche, Fachliteratur	40 (hievon 100% in Gruppen)	20 (hievon 100% in Gruppen)	20 (hievon 100% in Gruppen)	fachkompetente Person	Einzelprüfung: 1. Jahr 2. Jahr 3. Jahr
Gesamt		**880**	**650**	**470**		**2 000 Stunden**

[1]) Im Rahmen der Einzelprüfung des 2. Ausbildungsjahres sind auch die Kenntnisse und Fertigkeiten über die Lehrinhalte des 1. Ausbildungsjahres zu überprüfen.

Praktische Ausbildung

Ausbildungseinrichtung	Fachbereich	Stunden
Abteilungen einer Krankenanstalt	Akut- und Subakutpsychiatrie	600
Abteilungen einer Krankenanstalt	Neurologie, Neurochirurgie	320
Einrichtungen, die der stationären Betreuung pflegebedürftiger Menschen dienen	Langzeitpflege / rehabilitative Pflege	320
Extramurale Einrichtungen der psychiatrischen Versorgung, anderer Gesundheitsdienste oder sozialer Dienste	Extramurale Pflege, Betreuung und Beratung	520
nach Wahl des Schülers	Wahlpraktikum	200
nach Wahl der Schule: – Abteilungen oder sonstige Organisationseinheiten einer Krankenanstalt – Einrichtungen, die der stationären Betreuung pflegebedürftiger Menschen dienen – Einrichtungen, die Hauskrankenpflege, andere Gesundheitsdienste oder soziale Dienste anbieten	Akutpflege / Langzeitpflege / rehabilitative Pflege / extramurale Pflege im Bereich der Psychiatrie	360
nach Wahl der Schule	Diplomprüfungsbezogenes Praktikum	160
Gesamt		**2 480**

Schulautonomer Bereich

Bereich	Sachgebiet/Fachbereich	Stunden	Art der Prüfung
nach Wahl der Schule: – theoretische Ausbildung – praktische Ausbildung	nach Wahl der Schule: vertiefender oder erweiternder Unterricht als schulautonomer Schwerpunkt	120 Stunden	Teilnahme

Anlage 4

VERKÜRZTE AUSBILDUNG IN DER ALLGEMEINEN GESUNDHEITS- UND KRANKENPFLEGE FÜR PFLEGEHELFER

Theoretische Ausbildung

Unterrichtsfach	Lehrinhalte	2. Jahr	3. Jahr	Lehrkraft	Art der Prüfung
1. Berufsethik und Berufskunde der Gesundheits- und Krankenpflege	– Grundlagen der allgemeinen Ethik – Berufsethik – Transkulturelle Aspekte der Pflege – Geschichte der Pflege – Pflegemanagement, Pflegeorganisation, Qualitätssicherung – Pflegepädagogik	20	20	Lehrer für Gesundheits- und Krankenpflege	Einzelprüfung: 2. Jahr * [1]) Teilnahme: 3. Jahr
2. Grundlagen der Pflegewissenschaft und Pflegeforschung	– Pflegefachsprache – Einführung in wissenschaftliches Arbeiten – Einführung in die Pflegewissenschaft – Einführung in die Pflegeforschung – Interpretation von Forschungsarbeiten – Umsetzung von Forschungsergebnissen – Mitwirkung an Forschungsprojekten	20	20	Lehrer für Gesundheits- und Krankenpflege / fachkompetente Person	Einzelprüfung: 3. Jahr * [2]) Teilnahme: 2. Jahr
3. Gesundheits- und Krankenpflege	– Gesundheit, der gesunde Mensch, Gesundheitspflege – Krankheit, der kranke Mensch, Krankenpflege – Pflegemodelle und -theorien – Pflegeprozeß: Pflegeanamnese, Pflegediagnose, Pflegeplanung, Pflegemaßnahmen, Pflegeevaluation, Pflegedokumentation – Ganzheitliche Pflege in allen Altersstufen – Präventive Pflegemaßnahmen	130 (hievon 25% in Gruppen)	130 (hievon 25% in Gruppen)	Lehrer für Gesundheits- und Krankenpflege	Einzelprüfung: 2. Jahr * [1]) 3. Jahr Diplomprüfung

[1]) Im Rahmen der Einzelprüfung des 2. Ausbildungsjahres sind auch die Kenntnisse und Fertigkeiten über die Lehrinhalte des 1. Ausbildungsjahres der Ausbildung in der allgemeinen Gesundheits- und Krankenpflege zu überprüfen. Die Kenntnisse der Lehrinhalte des 1. Ausbildungsjahres sind durch Selbststudium zu erwerben.
[2]) Im Rahmen der Einzelprüfung des 3. Ausbildungsjahres sind auch die Kenntnisse und Fertigkeiten über die Lehrinhalte des 1. Ausbildungsjahres der Ausbildung in der allgemeinen Gesundheits- und Krankenpflege und des 2. Ausbildungsjahres zu überprüfen. Die Kenntnisse und Fertigkeiten der Lehrinhalte des 1. Ausbildungsjahres der Ausbildung in der allgemeinen Gesundheits- und Krankenpflege sind durch Selbststudium zu erwerben.

Unterrichtsfach	Lehrinhalte	2. Jahr	3. Jahr	Lehrkraft	Art der Prüfung
	– Diagnostische, therapeutische und rehabilitative Pflegemaßnahmen bei akuten und chronischen Krankheitsbildern – Komplementäre Pflegemethoden				
4. Pflege von alten Menschen	– Der alte Mensch – gesund und krank, zu Hause, in Krankenanstalten und in Betreuungseinrichtungen – Modelle in der Betreuung und Pflege alter Menschen – Spezifische pflegerische Maßnahmen	20	–	Lehrer für Gesundheits- und Krankenpflege	Einzelprüfung: 2. Jahr *[1]) Diplomprüfung
5. Palliativpflege	– Leben und Sterben – Einführung in die Palliativpflege – Pflege und Begleitung von chronisch kranken, terminalkranken und sterbenden Menschen – Schmerztherapie	20 (hievon 50% in Gruppen)	20 (hievon 50% in Gruppen)	Lehrer für Gesundheits- und Krankenpflege	Einzelprüfung: 2. Jahr *[1]) Teilnahme: 3. Jahr Diplomprüfung
6. Hauskrankenpflege	– Hauskrankenpflege in der integrierten Gesundheitsversorgung – Interdisziplinäre Zusammenarbeit in Gesundheits- und sozialen Diensten – Spezifische pflegerische Maßnahmen	20	20	Lehrer für Gesundheits- und Krankenpflege	Teilnahme Diplomprüfung
7. Hygiene und Infektionslehre	– Der Mensch und seine Umwelt – Mikrobiologie und Infektionslehre – Angewandte Hygiene einschließlich Desinfektion und Sterilisation	30	–		Selbststudium ***[2])

[1]) Im Rahmen der Einzelprüfung des 2. Ausbildungsjahres sind auch die Kenntnisse und Fertigkeiten über die Lehrinhalte des 1. Ausbildungsjahres der Ausbildung in der allgemeinen Gesundheits- und Krankenpflege zu überprüfen. Die Kenntnisse und Fertigkeiten der Lehrinhalte des 1. Ausbildungsjahres sind durch Selbststudium zu erwerben.
[2]) Die fehlenden Kenntnisse und Fertigkeiten der Lehrinhalte der Ausbildung in der allgemeinen Gesundheits- und Krankenpflege sind im angeführten Stundenausmaß durch Selbststudium zu erwerben. Es ist keine Einzelprüfung abzulegen.

Anhang   **GuK-AV**

Unterrichtsfach	Lehrinhalte	2. Jahr	3. Jahr	Lehrkraft	Art der Prüfung
8. Ernährung, Kranken- und Diätkost	– Qualitative und quantitative Aspekte der Ernährung – Kranken- und Diätkost	20	–		Selbststudium ***[1])

9. Biologie, Anatomie, Physiologie	– Lehre vom Leben
	– Der gesunde Mensch
	– Körperbau und Bewegungsapparat
	– Bau und Funktionen der Organsysteme:
	  – Respirationstrakt
	  – Herz-Kreislaufsystem, Blut
	  – Verdauungstrakt
	  – Urogenitaltrakt
	  – Nervensystem
	  – Endokrine Drüsen
	  – Sinnesorgane
		80	–		Selbststudium ***[1])

10. Allgemeine und spezielle Pathologie, Diagnose und Therapie einschließlich komplementärmedizinische Methoden	– Allgemeine Pathologie
	– Allgemeine medizinische Untersuchungs- und Behandlungsverfahren
	– Spezielle Pathologie des Bewegungsapparates und der Organsysteme mit Diagnostik und Therapie:
	  – Respirationstrakt
	  – Herz-Kreislaufsystem; Blut – blutbildendes System
	  – Verdauungstrakt
	  – Urogenitaltrakt
	  – Nervensystem
	  – Endokrine Drüsen
	  – Sinnesorgane
		130	110	Arzt für Allgemeinmedizin / approbierter Arzt / Facharzt / Arzt in Ausbildung zum Facharzt	Einzelprüfung:
					2. Jahr *[2])
					3. Jahr

[1]) Die fehlenden Kenntnisse und Fertigkeiten der Lehrinhalte der Ausbildung in der allgemeinen Gesundheits- und Krankenpflege sind im angeführten Stundenausmaß durch Selbststudium zu erwerben. Es ist keine Einzelprüfung abzulegen.
[2]) Im Rahmen der Einzelprüfung des 2. Ausbildungsjahres sind auch die Kenntnisse und Fertigkeiten über die Lehrinhalte des 1. Ausbildungsjahres der Ausbildung in der allgemeinen Gesundheits- und Krankenpflege zu überprüfen. Die Kenntnisse und Fertigkeiten der Lehrinhalte des 1. Ausbildungsjahres sind durch Selbststudium zu erwerben.

Unterrichtsfach	Lehrinhalte	2. Jahr	3. Jahr	Lehrkraft	Art der Prüfung
11. Gerontologie, Geriatrie und Gerontopsychiatrie	– Psychopathologie – Psychosomatik – Komplementärmedizin – Einführung in die Alternswissenschaften – Körperliche und psychische Veränderungen im Alter – Krankheitsbilder im Alter	30	–	Arzt für Allgemeinmedizin / approbierter Arzt / Facharzt / Lehrer für Gesundheits- und Krankenpflege (psychiatrische Gesundheits- und Krankenpflege)	Einzelprüfung: 2. Jahr
12. Pharmakologie	– Arzneimittellehre – Wirkungsspektrum und Nebenwirkungen der Hauptgruppen der Arzneimittel	20	–	Arzt für Allgemeinmedizin / approbierter Arzt / Facharzt / Pharmazeut	Einzelprüfung: 2. Jahr [1])
13. Erste Hilfe, Katastrophen- und Strahlenschutz	– Selbstschutz – Erste Hilfe – Notfallmedizin – Katastrophen- und Zivilschutz – Brandschutz – Allgemeiner und berufsspezifischer Strahlenschutz	–	10 (hievon 50% in Gruppen)	Arzt für Allgemeinmedizin / approbierter Arzt / Facharzt / Lehrer für Gesundheits- und Krankenpflege / fachkompetente Person	Teilnahme
14. Gesundheitserziehung und Gesundheitsförderung im Rahmen der Pflege, Arbeitsmedizin	– Theoretische Grundlagen der Gesundheitserziehung und -förderung – Angewandte Gesundheitserziehung und -förderung – Strukturen der Gesundheitserziehung und -förderung – Arbeitsmedizinische Aspekte in Gesundheitseinrichtungen	–	20	Arzt für Allgemeinmedizin / approbierter Arzt / Facharzt / Lehrer für Gesundheits- und Krankenpflege / fachkompetente Person	Teilnahme Diplomprüfung

[1]) Im Rahmen der Einzelprüfung des 2. Ausbildungsjahres sind auch die Kenntnisse und Fertigkeiten über die Lehrinhalte des 1. Ausbildungsjahres der Ausbildung in der allgemeinen Gesundheits- und Krankenpflege zu überprüfen. Die Kenntnisse und Fertigkeiten der Lehrinhalte des 1. Ausbildungsjahres sind durch Selbststudium zu erwerben.

Anhang GuK-AV

Unterrichtsfach	Lehrinhalte	2. Jahr	3. Jahr	Lehrkraft	Art der Prüfung
15. Berufsspezifische Ergonomie und Körperarbeit	– Angewandte Ergonomie – Gesundheitsfördernde Bewegungs- und Entspannungsübungen	30 (hievon 25% in Gruppen)	20 (hievon 25% in Gruppen)	Diplomierter Physiotherapeut / Lehrer für Gesundheits- und Krankenpflege / fachkompetente Person	Teilnahme
16. Soziologie, Psychologie, Pädagogik und Sozialhygiene	– Theorien, Methoden und Anwendungsbereiche – Der Mensch in seiner Entwicklung und die Beziehungen in seiner gesamten Lebensspanne – Der Mensch im Kontinuum von Gesundheit, Krankheit und Behinderung	20	20	Psychologe / Pädagoge / Soziologe / Lehrer für Gesundheits- und Krankenpflege	Teilnahme
17. Kommunikation, Konfliktbewältigung, Supervision und Kreativitätstraining	– Gesprächsführung – Arbeit mit und Anleitung von Bezugspersonen – Konflikttheorien und -management – Aufbau beruflicher Beziehungen – Interdisziplinäre Zusammenarbeit – Begleitung von Personen und Gruppen – Praxisreflexion, Streßbewältigung und Grundlagen der Supervision – Kreative Gestaltungsmöglichkeiten	40 (hievon 100% in Gruppen)	40 (hievon 100% in Gruppen)	Psychologe / Psychotherapeut / Lehrer für Gesundheits- und Krankenpflege / fachkompetente Person	Teilnahme
18. Strukturen und Einrichtungen des Gesundheitswesens, Organisationslehre	– Strukturen und Einrichtungen des österreichischen Gesundheitswesens, Finanzierung – Allgemeine Grundlagen der Betriebsführung – Organisationslehre und Betriebsführung im intra- und extramuralen Bereich	–	20	Lehrer für Gesundheits- und Krankenpflege / fachkompetente Person	Teilnahme Diplomprüfung
19. Elektronische Datenverarbeitung, fachspezifische Informatik, Statistik und Dokumentation	– Formale Grundlagen der Informatik – Betriebssysteme – Angewandte EDV – Einführung in die Statistik – Telekommunikation	20 (hievon 50% in Gruppen)	–	fachkompetente Person	Teilnahme

Unterrichtsfach	Lehrinhalte	2. Jahr	3. Jahr	Lehrkraft	Art der Prüfung
20. Berufsspezifische Rechtsgrundlagen	– Allgemeine Rechtsgrundlagen – Gesundheitsberufe und deren Berufsgesetze unter besonderer Berücksichtigung des Gesundheits- und Krankenpflegegesetzes – Grundzüge des Sanitätsrechtes – Grundzüge des Arbeits- und Sozialversicherungsrechtes – Grundzüge des ArbeitnehmerInnenschutzes – Grundlagen des Haftungsrechtes – Pflegegeldrecht	20	–	Jurist	Einzelprüfung: 2. Jahr *¹)
21. Fachspezifisches Englisch	– Pflege- und medizinspezifische Terminologie – Alltagskonversation, Beratungsgespräche, Fachliteratur	20 (hievon 100% in Gruppen)	20 (hievon 100% in Gruppen)	fachkompetente Person	Einzelprüfung: 2. Jahr 3. Jahr
Gesamt		**690**	**470**		**1 160 Stunden**

---

¹) Im Rahmen der Einzelprüfung des 2. Ausbildungsjahres sind auch die Kenntnisse und Fertigkeiten über die Lehrinhalte des 1. Ausbildungsjahres der Ausbildung in der allgemeinen Gesundheits- und Krankenpflege zu überprüfen. Die Kenntnisse und Fertigkeiten der Lehrinhalte des 1. Ausbildungsjahres sind durch Selbststudium zu erwerben.

Anhang GuK-AV

Praktische Ausbildung

Ausbildungseinrichtung	Fachbereich	Stunden
Abteilungen einer Krankenanstalt	Akutpflege im operativen Fachbereich	400
Abteilungen einer Krankenanstalt	Akutpflege im konservativen Fachbereich	400
Einrichtungen, die der stationären Betreuung pflegebedürftiger Menschen dienen	Langzeitpflege / rehabilitative Pflege	200
Einrichtungen, die Hauskrankenpflege, andere Gesundheitsdienste oder soziale Dienste anbieten	Extramurale Pflege, Betreuung und Beratung	160
nach Wahl des Schülers	Wahlpraktikum	200
nach Wahl der Schule: – Abteilungen oder sonstige Organisationseinheiten einer Krankenanstalt – Einrichtungen, die der stationären Betreuung pflegebedürftiger Menschen dienen – Einrichtungen, die Hauskrankenpflege, andere Gesundheitsdienste oder soziale Dienste anbieten	Akutpflege / Langzeitpflege / rehabilitative Pflege / extramurale Pflege	160
nach Wahl der Schule	Diplomprüfungsbezogenes Praktikum	160
Gesamt		**1 680**

Schulautonomer Bereich

Bereich	Sachgebiet/Fachbereich	Stunden	Art der Prüfung
nach Wahl der Schule: – theoretische Ausbildung – praktische Ausbildung	nach Wahl der Schule: vertiefender oder erweiternder Unterricht als schulautonomer Schwerpunkt	80 Stunden	Teilnahme

GuK-AV **Anhang**

Anlage 5

VERKÜRZTE AUSBILDUNG IN DER KINDER- UND JUGENDLICHENPFLEGE FÜR PFLEGEHELFER

Theoretische Ausbildung

Unterrichtsfach	Lehrinhalte	2. Jahr	3. Jahr	Lehrkraft	Art der Prüfung
1. Berufsethik und Berufskunde der Gesundheits- und Krankenpflege	– Grundlagen der allgemeinen Ethik – Berufsethik – transkulturelle Aspekte der Pflege – Geschichte der Pflege – Pflegemanagement, Pflegeorganisation, Qualitätssicherung – Pflegepädagogik	20		Lehrer für Gesundheits- und Krankenpflege	Einzelprüfung: 2. Jahr *[1] Teilnahme: 3. Jahr
2. Grundlagen der Pflegewissenschaft und Pflegeforschung	– Pflegefachsprache – Einführung in wissenschaftliches Arbeiten – Einführung in die Pflegewissenschaft – Einführung in die Pflegeforschung – Interpretation von Forschungsarbeiten – Umsetzung von Forschungsergebnissen – Mitwirkung an Forschungsprojekten		20	Lehrer für Gesundheits- und Krankenpflege / fachkompetente Person	Einzelprüfung: 3. Jahr *[2] Teilnahme: 2. Jahr
3. Gesundheits- und Krankenpflege von Kindern und Jugendlichen	– Gesundheit, der gesunde Mensch, Gesundheitspflege unter besonderer Berücksichtigung von Kindern und Jugendlichen – Krankheit, der kranke Mensch, Krankenpflege unter besonderer Berücksichtigung von Kindern und Jugendlichen – Pflegemodelle und -theorien – Pflegeprozeß: Pflegeanamnese, Pflegediagnose, Pflegeplanung, Pflegemaßnahmen, Pflegeevaluation, Pflegedokumentation – Ganzheitliche Pflege	130 (hievon 25% in Gruppen)	130 (hievon 25% in Gruppen)	Lehrer für Gesundheits- und Krankenpflege	Einzelprüfung: 2. Jahr *[1] 3. Jahr Diplomprüfung

[1] Im Rahmen der Einzelprüfung des 2. Ausbildungsjahres sind auch die Kenntnisse und Fertigkeiten über die Lehrinhalte des 1. Ausbildungsjahres der speziellen Grundausbildung in der Kinder- und Jugendlichenpflege zu überprüfen. Die Kenntnisse und Fertigkeiten der Lehrinhalte des 1. Ausbildungsjahres sind durch Selbststudium zu erwerben.

[2] Im Rahmen der Einzelprüfung des 3. Ausbildungsjahres sind auch die Kenntnisse und Fertigkeiten über die Lehrinhalte des 1. Ausbildungsjahres der speziellen Grundausbildung in der Kinder- und Jugendlichenpflege und des 2. Ausbildungsjahres zu überprüfen. Die Kenntnisse und Fertigkeiten der Lehrinhalte des 1. Ausbildungsjahres in der speziellen Grundausbildung in der Kinder- und Jugendlichenpflege sind durch Selbststudium zu erwerben.

Anhang GuK-AV

Unterrichtsfach	Lehrinhalte	2. Jahr	3. Jahr	Lehrkraft	Art der Prüfung
	– Präventive Pflegemaßnahmen – Diagnostische, therapeutische und rehabilitative Pflegemaßnahmen bei akuten und chronischen Krankheitsbildern – Komplementäre Pflegemethoden				
4. Pflege von Kindern und Jugendlichen in Krisensituationen	– Entwicklungsbedingte Situationen – Krankheitsbedingte Situationen – Sozialbedingte Situationen – Umweltbedingte Situationen	30	20	Lehrer für Gesundheits- und Krankenpflege	Einzelprüfung: 2. Jahr Teilnahme: 3. Jahr Diplomprüfung
5. Palliativpflege	– Leben und Sterben – Einführung in die Palliativpflege – Pflege und Begleitung von chronisch kranken, terminalkranken und sterbenden Kindern und Jugendlichen – Schmerztherapie	20 (hievon 50% in Gruppen)	20 (hievon 50% in Gruppen)	Lehrer für Gesundheits- und Krankenpflege	Einzelprüfung: 2. Jahr *[1]) Teilnahme: 3. Jahre Diplomprüfung
6. Hauskrankenpflege bei Kindern und Jugendlichen	– Hauskrankenpflege in der integrierten Gesundheitsversorgung – Interdisziplinäre Zusammenarbeit in Gesundheitsdiensten und sozialen Diensten – Spezifische pflegerische Maßnahmen	20	20	Lehrer für Gesundheits- und Krankenpflege	Teilnahme Diplomprüfung
7. Hygiene und Infektionslehre	– Der Mensch und seine Umwelt – Mikrobiologie und Infektionslehre – Angewandte Hygiene einschließlich Desinfektion und Sterilisation	30	–		Selbststudium ***[2])

[1]) Im Rahmen der Einzelprüfung des 2. Ausbildungsjahres sind auch die Kenntnisse und Fertigkeiten über die Lehrinhalte des 1. Ausbildungsjahres der speziellen Grundausbildung in der Kinder- und Jugendlichenpflege zu überprüfen. Die Kenntnisse und Fertigkeiten der Lehrinhalte des 1. Ausbildungsjahres sind durch Selbststudium zu erwerben.
[2]) Die fehlenden Kenntnisse und Fertigkeiten der Lehrinhalte der speziellen Grundausbildung in der Kinder- und Jugendlichenpflege sind im angeführten Stundenausmaß durch Selbststudium zu erwerben. Es ist keine Einzelprüfung abzulegen.

Unterrichtsfach	Lehrinhalte	2. Jahr	3. Jahr	Lehrkraft	Art der Prüfung
8. Ernährung, Kranken- und Diätkost	– Qualitative und quantitative Aspekte der Ernährung – Säuglingsernährung und Stillen – Kranken- und Diätkost	20	–		Selbststudium ***¹)

9. Biologie, Anatomie, Physiologie	– Lehre vom Leben
	– Der gesunde Mensch
	– Körperbau und Bewegungsapparat
	– Bau und Funktionen der Organsysteme:
	  – Respirationstrakt
	  – Herz-Kreislaufsystem, Blut
	  – Verdauungstrakt
	  – Urogenitaltrakt
	  – Nervensystem
	  – Endokrine Drüsen
	  – Sinnesorgane
		80	–		Selbststudium ***¹)

10. Allgemeine und spezielle Pathologie, Diagnose und Therapie einschließlich komplementärmedizinische Methoden bei Kindern und Jugendlichen	– Allgemeine Pathologie
	– Allgemeine medizinische Untersuchungs- und Behandlungsverfahren
	– Spezielle Pathologie des Bewegungsapparates und der Organsysteme mit Diagnostik und Therapie unter besonderer Berücksichtigung der Kinderkrankheiten:
	  – Respirationstrakt
	  – Herz-Kreislaufsystem, Blut – blutbildendes System
	  – Verdauungstrakt
	  – Urogenitaltrakt
	  – Nervensystem
	  – Endokrine Drüsen
	  – Sinnesorgane
		130	110	Arzt für Allgemeinmedizin / approbierter Arzt / Facharzt / Arzt in Ausbildung zum Facharzt	Einzelprüfung:
					2. Jahr *²)
					3. Jahr

¹) Die fehlende Kenntnisse und Fertigkeiten der Lehrinhalte der speziellen Grundausbildung in der Kinder- und Jugendlichenpflege sind im angeführten Stundenausmaß durch Selbststudium zu erwerben. Es ist keine Einzelprüfung abzulegen.
²) Im Rahmen der Einzelprüfung des 2. Ausbildungsjahres sind auch die Kenntnisse und Fertigkeiten über die Lehrinhalte des 1. Ausbildungsjahres der speziellen Grundausbildung in der Kinder- und Jugendlichenpflege zu überprüfen. Die Kenntnisse und Fertigkeiten der Lehrinhalte des 1. Ausbildungsjahres sind durch Selbststudium zu erwerben.

Anhang GuK-AV

Unterrichtsfach	Lehrinhalte	2. Jahr	3. Jahr	Lehrkraft	Art der Prüfung
	– Psychopathologie – Psychosomatik – Komplementärmedizin				
11. Neonatologie	– spezielle Neonatologie – Intermediate Care – Nachsorge	30	–	Arzt für Allgemeinmedizin / approbierter Arzt / Facharzt / Lehrer für Gesundheits- und Krankenpflege	Einzelprüfung: 2. Jahr
12. Pharmakologie	– Arzneimittellehre – Wirkungsspektrum und Nebenwirkungen der Hauptgruppen der Arzneimittel	20	–	Arzt für Allgemeinmedizin / approbierter Arzt / Facharzt / Pharmazeut	Einzelprüfung: 2. Jahr *¹)
13. Erste Hilfe, Katastrophen- und Strahlenschutz	– Selbstschutz – Erste Hilfe – Notfallmedizin – Katastrophen- und Zivilschutz – Brandschutz – Allgemeiner und berufsspezifischer Strahlenschutz	–	10 (hievon 50% in Gruppen)	Arzt für Allgemeinmedizin / approbierter Arzt / Facharzt / Lehrer für Gesundheits- und Krankenpflege / fachkompetente Person	Teilnahme: 3. Jahr
14. Gesundheitserziehung und Gesundheitsförderung im Rahmen der Pflege, Arbeitsmedizin	– Theoretische Grundlagen der Gesundheitserziehung und -förderung – Angewandte Gesundheitserziehung und -förderung – Strukturen der Gesundheitserziehung und -förderung – Arbeitsmedizinische Aspekte	–	20	Arzt für Allgemeinmedizin / approbierter Arzt / Facharzt / Lehrer für Gesundheits- und Krankenpflege / fachkompetente Person	Teilnahme Diplomprüfung
15. Berufsspezifische Ergonomie und Körperarbeit	– Angewandte Ergonomie – Gesundheitsfördernde Bewegungs- und Entspannungsübungen	30 (hievon 25% in Gruppen)	20 (hievon 25% in Gruppen)	Diplomierter Physiotherapeut / Lehrer für Gesundheits- und Krankenpflege / fachkompetente Person	Teilnahme

¹) Im Rahmen der Einzelprüfung des 2. Ausbildungsjahres sind auch die Kenntnisse und Fertigkeiten über die Lehrinhalte des 1. Ausbildungsjahres der speziellen Grundausbildung in der Kinder- und Jugendlichenpflege zu überprüfen. Die Kenntnisse und Fertigkeiten der Lehrinhalte des 1. Ausbildungsjahres sind durch Selbststudium zu erwerben.

Unterrichtsfach	Lehrinhalte	2. Jahr	3. Jahr	Lehrkraft	Art der Prüfung
16. Soziologie, Psychologie, Pädagogik und Sozialhygiene	– Theorien, Methoden und Anwendungsbereiche – Das Kind und der Jugendliche im Entwicklungs- und Beziehungsprozeß – Das Kind und der Jugendliche im Kontinuum von Gesundheit, Krankheit und Behinderung	20	20	Psychologe / Pädagoge / Soziologe / Lehrer für Gesundheits- und Krankenpflege	Teilnahme
17. Kommunikation, Konfliktbewältigung, Supervision und Kreativitätstraining	– Gesprächsführung – Arbeit mit und Anleitung von Bezugspersonen – Konflikttheorien und -management – Aufbau beruflicher Beziehungen – Interdisziplinäre Zusammenarbeit – Begleitung von Personen und Gruppen – Praxisreflexion, Streßbewältigung und Grundlagen der Supervision – Kreative Gestaltungsmöglichkeiten	40 (hievon 100% in Gruppen)	40 (hievon 100% in Gruppen)	Psychologe / Psychotherapeut / Lehrer für Gesundheits- und Krankenpflege / fachkompetente Person	Teilnahme
18. Strukturen und Einrichtungen des Gesundheitswesens, Organisationslehre	– Strukturen und Einrichtungen des österreichischen Gesundheitswesens, Finanzierung – Allgemeine Grundlagen der Betriebsführung – Organisationslehre und Betriebsführung im intra- und extramuralen Bereich	–	20	Lehrer für Gesundheits- und Krankenpflege / fachkompetente Person	Teilnahme Diplomprüfung
19. Elektronische Datenverarbeitung, fachspezifische Informatik, Statistik und Dokumentation	– Formale Grundlagen der Informatik – Betriebssysteme – Angewandte EDV – Einführung in die Statistik – Telekommunikation	20 (hievon 50% in Gruppen)	–	fachkompetente Person	Teilnahme

Anhang GuK-AV

Unterrichtsfach	Lehrinhalte	2. Jahr	3. Jahr	Lehrkraft	Art der Prüfung
20. Berufsspezifische Rechtsgrundlagen	– Allgemeine Rechtsgrundlagen – Gesundheitsberufe und deren Berufsgesetze unter besonderer Berücksichtigung des Gesundheits- und Krankenpflegegesetzes – Grundzüge des Sanitätsrechtes – Grundzüge des Arbeits- und Sozialversicherungsrechtes – Grundzüge des ArbeitnehmerInnenschutzes – Grundlagen des Haftungsrechtes – Kinder- und Jugendwohlfahrtsrecht – Pflegegeldrecht	20	–	Jurist	Einzelprüfung: 2. Jahr *[1])
21. Fachspezifisches Englisch	– Pflege- und medizinspezifische Terminologie – Alltagskonversation, Beratungsgespräche, Fachliteratur	20 (hievon 100% in Gruppen)	20 (hievon 100% in Gruppen)	fachkompetente Person	Einzelprüfung: 2. Jahr 3. Jahr
Gesamt		**700**	**490**		**1 190 Stunden**

---

[1]) Im Rahmen der Einzelprüfung des 2. Ausbildungsjahres sind auch die Kenntnisse und Fertigkeiten über die Lehrinhalte des 1. Ausbildungsjahres der speziellen Grundausbildung in der Kinder- und Jugendlichenpflege zu überprüfen. Die Kenntnisse und Fertigkeiten der Lehrinhalte des 1. Ausbildungsjahres sind durch Selbststudium zu erwerben.

GuK-AV Anhang

Praktische Ausbildung

Ausbildungseinrichtung	Fachbereich	Stunden
Abteilungen einer Krankenanstalt	Allgemeine Kinderabteilung	400
Abteilungen einer Krankenanstalt	Kinderchirurgische Abteilung	200
Abteilungen einer Krankenanstalt	Früh- und Neugeborenenabteilung	400
Einrichtungen, die Hauskrankenpflege, andere Gesundheitsdienste oder soziale Dienste anbieten	Extramurale Pflege, Betreuung und Beratung für Kinder und Jugendliche	160
nach Wahl des Schülers	Wahlpraktikum	200
nach Wahl der Schule: – Abteilungen oder sonstige Organisationseinheiten einer Krankenanstalt – Einrichtungen, die der stationären Betreuung pflegebedürftiger Kinder und Jugendlicher dienen – Einrichtungen, die Hauskrankenpflege, andere Gesundheitsdienste oder soziale Dienste anbieten	Allgemeine Kinderabteilung / Kinderchirurgische Abteilung / Früh- und Neugeborenenabteilung / Extramurale Pflege	160
nach Wahl der Schule	Diplomprüfungsbezogenes Praktikum	160
Gesamt		**1 680**

Schulautonomer Bereich

Bereich	Sachgebiet/Fachbereich	Stunden	Art der Prüfung
nach Wahl der Schule: – theoretische Ausbildung – praktische Ausbildung	nach Wahl der Schule: vertiefender oder erweiternder Unterricht als schulautonomer Schwerpunkt	80 Stunden	Teilnahme

Anhang   **GuK-AV**

Anlage 6

VERKÜRZTE AUSBILDUNG IN DER PSYCHIATRISCHEN GESUNDHEITS- UND KRANKENPFLEGE FÜR PFLEGEHELFER

Theoretische Ausbildung

Unterrichtsfach	Lehrinhalte	2. Jahr	3. Jahr	Lehrkraft	Art der Prüfung
1. Gesundheits- und Krankenpflege einschließlich Ernährungslehre, Erste Hilfe und Hygiene	– Berufskunde und Berufsethik – Der Mensch in Gesundheit und Krankheit: – Begrifflichkeiten und Modelle von Gesundheit und Krankheit, Normalität und Abweichung – Pflegewissenschaft, Pflegeforschung, Pflegemodelle, Pflegeprozeß – Pflegequalität, Qualitätssicherung, Pflegemanagement und Pflegeorganisation – Prinzipien einer personenorientierten Pflege und gesundheitsfördernde, präventive, diagnostische, therapeutische und rehabilitative Pflegemaßnahmen	40	–		Selbststudium ***[1]) Diplomprüfung
2. Psychiatrische und neurologische Gesundheits- und Krankenpflege	– Berufsbild – Geschichte der Pflege – Psychiatrie und Gesellschaft – Transkulturelle Aspekte der Pflege – Arbeitsfeld und Problembereiche der psychiatrischen Gesundheits- und Krankenpflege – Der Pflegeprozeß mit gesunden und kranken Menschen aller Altersstufen im stationären, teilstationären, ambulanten sowie im extramuralen und komplementären Bereich – Menschen in Krisensituationen und Notlagen	210 (hievon 20% in Gruppen)	210 (hievon 20% in Gruppen)	Lehrer für Gesundheits- und Krankenpflege	Einzelprüfung: 2. Jahr *[2]) 3. Jahr Diplomprüfung

[1]) Die fehlenden Kenntnisse und Fertigkeiten der Lehrinhalte der speziellen Grundausbildung in der psychiatrischen Gesundheits- und Krankenpflege sind im angeführten Stundenausmaß durch Selbststudium zu erwerben. Es ist keine Einzelprüfung abzulegen.
[2]) Im Rahmen der Einzelprüfung des 2. Ausbildungsjahres sind auch die Kenntnisse und Fertigkeiten über die Lehrinhalte des 1. Ausbildungsjahres der Ausbildung in der speziellen Grundausbildung in der psychiatrischen Gesundheits- und Krankenpflege zu überprüfen. Die Kenntnisse und Fertigkeiten der Lehrinhalte des 1. Ausbildungsjahres sind durch Selbststudium zu erwerben.

Unterrichtsfach	Lehrinhalte	2. Jahr	3. Jahr	Lehrkraft	Art der Prüfung
	– Menschen mit akuten und chronischen psychischen Störungen, einschließlich untergebrachter Menschen – Kinder- und Jugendpsychiatrie – Menschen mit organischem Psychosyndrom – Menschen mit Abhängigkeitserkrankungen – Neurologisch erkrankte Menschen – Menschen mit Intelligenzminderungen – Reaktivierende Pflege – Nachgehende psychiatrische Betreuung – Geistig abnorme Rechtsbrecher – Psychiatrische Hauskrankenpflege				

3. Pflege von alten Menschen, Palliativpflege	– Lebensgeschichte und Lebenssituation von alten Menschen
	– Individuelle und gesellschaftliche Strategien zum Umgang mit Bedürfnissen und Problemen im Alter sowie Einflußfaktoren auf die Gesundheit alter Menschen
	– Alte Menschen in besonderen psychosozialen Notlagen:
	  – Modelle der Betreuung und Pflege alter Menschen
	  – Übergangspflege
	  – Palliativpflege
		90
		(hievon 20% in Gruppen)
			–	Lehrer für Gesundheits- und Krankenpflege	Teilnahme
					
					Diplomprüfung

4. Medizinische Grundlagen einschließlich Psychopathologie, psychiatrische und neurologische Krankheitslehre, Pharmakologie	– Anatomische, biologische, physiologische und pathologische Grundlagen zu Körperbau, Bewegungsapparat und Organsystemen:
	  – Respirationstrakt
	  – Herz-Kreislaufsystem, Blut und blutbildendes System
		70	100	Arzt für Allgemeinmedizin / approbierter Arzt / Facharzt / Arzt in Ausbildung zum Facharzt / Lehrer für Gesundheits- und Krankenpflege	Einzelprüfung:
					2. Jahr *[1])
					3. Jahr

[1]) Im Rahmen der Einzelprüfung des 2. Ausbildungsjahres sind auch die Kenntnisse und Fertigkeiten über die Lehrinhalte des 1. Ausbildungsjahres der speziellen Grundausbildung in der psychiatrischen Gesundheits- und Krankenpflege zu überprüfen. Die Kenntnisse und Fertigkeiten der Lehrinhalte des 1. Ausbildungsjahres sind durch Selbststudium zu erwerben.

Anhang GuK-AV

Unterrichtsfach	Lehrinhalte	2. Jahr	3. Jahr	Lehrkraft	Art der Prüfung
	– Verdauungstrakt – Urogenitaltrakt – Nervensystem – Endokrine Drüsen – Sinnesorgane – Medizinische Erklärungsmodelle zu Behinderungen – Menschen in Krisensituationen und besonderen Notlagen – Menschen mit psychischen und neurologischen Erkrankungen, Diagnostik und Therapien – Ethik – Wirkungsspektrum und Nebenwirkungen der Arzneimittelhauptgruppen, allgemeine Arzneimittellehre				
5. Gerontologie, Geriatrie und Gerontopsychiatrie	– Einführung in die Alternswissenschaften – Körperliche und psychische Veränderungen im Alter – Krankheitsbilder im Alter	40	–	Arzt für Allgemeinmedizin / approbierter Arzt / Facharzt / Lehrer für Gesundheits- und Krankenpflege	Teilnahme Diplomprüfung
6. Berufsspezifische Ergonomie und Körperarbeit	– Angewandte Ergonomie – Gesundheitsfördernde Bewegungs- und Entspannungsübungen	30 (hievon 25% in Gruppen)	20 (hievon 25% in Gruppen)	Diplomierter Physiotherapeut / Lehrer für Gesundheits- und Krankenpflege / fachkompetente Person	Teilnahme

Unterrichtsfach	Lehrinhalte	2. Jahr	3. Jahr	Lehrkraft	Art der Prüfung
7. Soziologie, Psychologie, Pädagogik und Sozialhygiene	– Gesellschaftliches Gesundheits- und Krankheitsverständnis, Auseinandersetzung mit den Begriffen Normalität und Abweichung – Verhalten und Erleben in Krankheit und Krise – Selbst- und Fremdwahrnehmung – Männliche und weibliche Sozialisation – Burnout-Syndrom und Prophylaxen – Der Mensch – seine Entwicklung und seine Beziehungen in den verschiedenen Lebensabschnitten	60	30	Psychologe / Pädagoge / Soziologe / Lehrer für Gesundheits- und Krankenpflege	Einzelprüfung: 2. Jahr *¹) 3. Jahr Diplomprüfung
8. Gesprächsführung, psychosoziale Betreuung und Angehörigenarbeit	– Grundlagen der Kommunikation – Möglichkeiten und Grenzen der Kommunikation mit Menschen unterschiedlicher Behinderung und Erkrankung	40 (hievon 50% in Gruppen)	10 (hievon 50% in Gruppen)	Psychologe / Psychotherapeut / Lehrer für Gesundheits- und Krankenpflege / fachkompetente Person	Teilnahme
9. Supervision	– Selbst- und Fremdwahrnehmung – Praxisreflexion – Strategien für den Umgang mit Belastungs- und Konfliktpotentialen – Konfliktbewältigung	30 (hievon 80% in Gruppen)	20 (hievon 80% in Gruppen)	Psychologe / Psychotherapeut / Lehrer für Gesundheits- und Krankenpflege / fachkompetente Person	Teilnahme
10. Kreativitätstraining	– Lernen als Fähigkeit zur Lebensbewältigung – Möglichkeiten, Aufgabengebiete und Grenzen kreativitätstherapeutischer Techniken – Grundzüge der Ergotherapie bei psychisch und neurologisch erkrankten Menschen	10 (hievon 40% in Gruppen)	10 (hievon 40% in Gruppen)	Lehrer für Gesundheits- und Krankenpflege / Diplomierter Ergotherapeut	Einzelprüfung: 2. Jahr *¹) Teilnahme: 2. Jahr 3. Jahr

¹) Im Rahmen der Einzelprüfung des 2. Ausbildungsjahres sind auch die Kenntnisse und Fertigkeiten über die Lehrinhalte des 1. Ausbildungsjahres der speziellen Grundausbildung in der psychiatrischen Gesundheits- und Krankenpflege zu überprüfen. Die Kenntnisse und Fertigkeiten der Lehrinhalte des 1. Ausbildungsjahres sind durch Selbststudium zu erwerben.

Anhang   **GuK-AV**

Unterrichtsfach	Lehrinhalte	2. Jahr	3. Jahr	Lehrkraft	Art der Prüfung
11. Strukturen und Einrichtungen der gesundheitlichen und sozialen Versorgung, Organisationslehre	– Strukturen und Einrichtungen der gesundheitlichen und sozialen Versorgung in Österreich, Finanzierung – Allgemeine Grundlagen der Betriebsführung – Organisationslehre und Betriebsführung im intra- und extramuralen Bereich	–	20	Lehrer für Gesundheits- und Krankenpflege / fachkompetente Person	Teilnahme Diplomprüfung
12. Elektronische Datenverarbeitung, fachspezifische Informatik, Statistik und Dokumentation	– Anwendung und Auswirkungen der EDV in der Pflege – Organisation der Datenverarbeitung – Anwendung der EDV im Gesundheitswesen	20 (hievon 50% in Gruppen)	20 (hievon 50% in Gruppen)	fachkompetente Person	Teilnahme
13. Berufsspezifische Rechtsgrundlagen	– Allgemeine und berufsspezifische Rechtsgrundlagen – Gesundheitsberufe und deren Berufsgesetze unter besonderer Berücksichtigung des Gesundheits- und Krankenpflegegesetzes – Grundzüge des Sanitätsrechtes – Grundzüge des Arbeits- und Sozialversicherungsrechtes – Grundlagen des ArbeitnehmerInnenschutzes – Grundlagen des Haftungsrechtes – Pflegegeldgesetzgebung – Unterbringungsgesetz – Sachwalterschaft	30	–	Jurist	Einzelprüfung: 2. Jahr *[1])
14. Fachspezifisches Englisch	– Pflege- und medizinspezifische Terminologie – Alltagskonversation, Beratungsgespräche, Fachliteratur	20 (hievon 100% in Gruppen)	20 (hievon 100% in Gruppen)	fachkompetente Person	Einzelprüfung: 2. Jahr *[1]) 3. Jahr
Gesamt		**690**	**470**		**1 160 Stunden**

[1]) Im Rahmen der Einzelprüfung des 2. Ausbildungsjahres sind auch die Kenntnisse und Fertigkeiten über die Lehrinhalte des 1. Ausbildungsjahres der speziellen Grundausbildung in der psychiatrischen Gesundheits- und Krankenpflege zu überprüfen. Die Kenntnisse und Fertigkeiten der Lehrinhalte des 1. Ausbildungsjahres sind durch Selbststudium zu erwerben.

Praktische Ausbildung

Ausbildungseinrichtung	Fachbereich	Stunden
Abteilungen einer Krankenanstalt	Akut- und Subakutpsychiatrie	400
Abteilungen einer Krankenanstalt	Neurologie, Neurochirurgie	200
Einrichtungen, die der stationären Betreuung pflegebedürftiger Menschen dienen	Langzeitpflege / rehabilitative Pflege	160
Extramurale Einrichtungen der psychiatrischen Versorgung, anderer Gesundheitsdienste oder sozialer Dienste	Extramurale Pflege, Betreuung und Beratung	400
nach Wahl des Schülers	Wahlpraktikum	200
nach Wahl der Schule: – Abteilungen oder sonstige Organisationseinheiten einer Krankenanstalt – Einrichtungen, die der stationären Betreuung pflegebedürftiger Menschen dienen – Einrichtungen, die Hauskrankenpflege, andere Gesundheitsdienste oder soziale Dienste anbieten	Akutpflege / Langzeitpflege / rehabilitative Pflege / extramurale Pflege im Bereich der Psychiatrie	160
nach Wahl der Schule	Diplomprüfungsbezogenes Praktikum	160
Gesamt		**1 680**

Schulautonomer Bereich

Bereich	Sachgebiet/Fachbereich	Stunden	Art der Prüfung
nach Wahl der Schule: – theoretische Ausbildung – praktische Ausbildung	nach Wahl der Schule: vertiefender oder erweiternder Unterricht als schulautonomer Schwerpunkt	80 Stunden	Teilnahme

Anlage 7

VERKÜRZTE AUSBILDUNG IN DER ALLGEMEINEN GESUNDHEITS- UND KRANKENPFLEGE FÜR DIPLOMIERTE KINDERKRANKENPFLEGER

Theoretische Ausbildung

Unterrichtsfach	Lehrinhalte	Stunden	Lehrkraft	Art der Prüfung
1. Gesundheits- und Krankenpflege	– Ganzheitliche Pflege im Erwachsenenalter – Präventive Pflegemaßnahmen – Diagnostische, therapeutische und rehabilitative Pflegemaßnahmen bei akuten und chronischen Krankheitsbildern – Komplementäre Pflegemethoden	130 (hievon 25% in Gruppen)	Lehrer für Gesundheits- und Krankenpflege	Einzelprüfung Diplomprüfung
2. Pflege von alten Menschen	– Der alte Mensch – gesund und krank, zu Hause, in Krankenanstalten und in Betreuungseinrichtungen – Modelle in der Betreuung und Pflege alter Menschen – Spezifische pflegerische Maßnahmen	50 (hievon 50% in Gruppen)	Lehrer für Gesundheits- und Krankenpflege	Einzelprüfung Diplomprüfung
3. Palliativpflege	– Pflege und Begleitung von chronisch kranken, terminalkranken und sterbenden Erwachsenen – Schmerztherapie bei Erwachsenen	20	Lehrer für Gesundheits- und Krankenpflege	Einzelprüfung Diplomprüfung
4. Hauskrankenpflege	– Hauskrankenpflege in der integrierten Gesundheitsversorgung – Spezifische pflegerische Maßnahmen	20	Lehrer für Gesundheits- und Krankenpflege	Teilnahme Diplomprüfung
5. Spezielle Pathologie, Diagnose und Therapie einschließlich komplementärmedizinische Methoden	– Spezielle Pathologie des Bewegungsapparates und der Organsysteme mit Diagnostik und Therapie: – Respirationstrakt – Herz-Kreislaufsystem, Blut – blutbildendes System – Verdauungstrakt – Urogenitaltrakt	110	Arzt für Allgemeinmedizin / approbierter Arzt / Facharzt / Turnusarzt in Ausbildung zum Facharzt	Einzelprüfung

Unterrichtsfach	Lehrinhalte	Stunden	Lehrkraft	Art der Prüfung
	– Nervensystem – Endokrine Drüsen – Sinnesorgane – Psychopathologie – Psychosomatik – Komplementärmedizin			
6. Gerontologie, Geriatrie und Gerontopsychiatrie	– Einführung in die Alternswissenschaften – Körperliche und psychische Veränderungen im Alter – Krankheitsbilder im Alter	30	Arzt für Allgemeinmedizin / Facharzt / approbierter Arzt / Lehrer für Gesundheits- und Krankenpflege (psychiatrische Gesundheits- und Krankenpflege)	Teilnahme fakultativ
7. Gesundheitserziehung und Gesundheitsförderung im Rahmen der Pflege, Arbeitsmedizin	– Theoretische Grundlagen der Gesundheitserziehung und -förderung – Angewandte Gesundheitserziehung und -förderung – Strukturen der Gesundheitserziehung und -förderung – Arbeitsmedizinische Aspekte	(20)[1]	Arzt für Allgemeinmedizin / approbierter Arzt / Facharzt / Lehrer für Gesundheits- und Krankenpflege / fachkompetente Person	Teilnahme fakultativ Diplomprüfung
8. Berufsspezifische Ergonomie und Körperarbeit	– Angewandte Ergonomie – Gesundheitsfördernde Bewegungs- und Entspannungsübungen	(20)[1] hievon 25% in Gruppen	Diplomierter Physiotherapeut / Lehrer für Gesundheits- und Krankenpflege / fachkompetente Person	Teilnahme fakultativ
9. Kommunikation, Konfliktbewältigung, Supervision und Kreativitätstraining	– Praxisreflexion, Streßbewältigung und Grundlagen der Supervision – Kreative Gestaltungsmöglichkeiten	(40)[1] hievon 100% in Gruppen	Psychologe / Psychotherapeut / Lehrer für Gesundheits- und Krankenpflege / fachkompetente Person	Teilnahme fakultativ
Gesamt		**360**		

[1] Die in Klammern ( ) angeführten Stundenzahlen entsprechen der Ausbildung in der allgemeinen Gesundheits- und Krankenpflege und sind nicht obligatorischer Bestandteil der verkürzten Ausbildung.

Praktische Ausbildung

Ausbildungseinrichtung	Fachbereich	Stunden
Abteilungen einer Krankenanstalt	Akutpflege im operativen Fachbereich	200
Abteilungen einer Krankenanstalt	Akutpflege im konservativen Fachbereich	200
Einrichtungen, die der stationären Betreuung pflegebedürftiger Menschen dienen	Langzeitpflege / rehabilitative Pflege	320
Einrichtungen, die Hauskrankenpflege, andere Gesundheitsdienste oder soziale Dienste anbieten	Extramurale Pflege, Betreuung und Beratung	120
nach Wahl der Schule	Diplomprüfungsbezogenes Praktikum	160
Gesamt		**1 000**

Anlage 8

VERKÜRZTE AUSBILDUNG IN DER ALLGEMEINEN GESUNDHEITS- UND KRANKENPFLEGE FÜR DIPLOMIERTE PSYCHIATRISCHE GESUNDHEITS- UND KRANKENPFLEGER

Theoretische Ausbildung

Unterrichtsfach	Lehrinhalte	Stunden	Lehrkraft	Art der Prüfung
1. Gesundheits- und Krankenpflege	– Ganzheitliche Pflege im Erwachsenenalter – Präventive Pflegemaßnahmen – Diagnostische, therapeutische und rehabilitative Pflegemaßnahmen bei akuten und chronischen Krankheitsbildern – Komplementäre Pflegemethoden	120 (hievon 25% in Gruppen) 60	Lehrer für Gesundheits- und Krankenpflege	Einzelprüfung Diplomprüfung Selbststudium [1])
2. Pflege von alten Menschen	– Der alte Mensch – gesund und krank, zu Hause, in Krankenanstalten und in Betreuungseinrichtungen – Modelle in der Betreuung und Pflege alter Menschen – Spezifische pflegerische Maßnahmen	(50) [2])	Lehrer für Gesundheits- und Krankenpflege	Teilnahme fakultativ Diplomprüfung
3. Palliativpflege	– Pflege und Begleitung von chronisch kranken, terminalkranken und sterbenden Erwachsenen – Schmerztherapie bei Erwachsenen	20 (hievon 50% in Gruppen)	Lehrer für Gesundheits- und Krankenpflege	Einzelprüfung Diplomprüfung
4. Hauskrankenpflege	– Hauskrankenpflege in der integrierten Gesundheitsversorgung – Spezifische pflegerische Maßnahmen	20	Lehrer für Gesundheits- und Krankenpflege	Teilnahme Diplomprüfung

[1]) Die fehlenden Kenntnisse und Fertigkeiten der Lehrinhalte der Ausbildung in der allgemeinen Gesundheits- und Krankenpflege sind im angeführten Stundenausmaß durch Selbststudium zu erwerben. Es ist keine Einzelprüfung abzulegen.
[2]) Die in Klammern ( ) angeführten Stundenzahlen entsprechen der Ausbildung in der allgemeinen Gesundheits- und Krankenpflege und sind nicht obligatorischer Bestandteil der verkürzten Ausbildung.

Anhang GuK-AV

Unterrichtsfach	Lehrinhalte	Stunden	Lehrkraft	Art der Prüfung
5. Spezielle Pathologie, Diagnose und Therapie einschließlich komplementärmedizinische Methoden	– Spezielle Pathologie des Bewegungsapparates und der Organsysteme mit Diagnostik und Therapie: – Respirationstrakt – Herz-Kreislaufsystem, Blut – blutbildendes System – Verdauungstrakt – Urogenitaltrakt – Nervensystem – Endokrine Drüsen – Sinnesorgane – Psychopathologie – Psychosomatik – Komplementärmedizin	100	Arzt für Allgemeinmedizin / approbierter Arzt / Facharzt / Turnusarzt in Ausbildung zum Facharzt	Einzelprüfung
6. Gerontologie, Geriatrie und Gerontopsychiatrie	– Einführung in die Alterswissenschaften – Körperliche und psychische Veränderungen im Alter – Krankheitsbilder im Alter	(30) [1]	Arzt für Allgemeinmedizin / approbierter Arzt / Facharzt / Lehrer für Gesundheits- und Krankenpflege (psychiatrische Gesundheits- und Krankenpflege)	Teilnahme fakultativ
7. Pharmakologie	– Arzneimittellehre – Wirkungsspektrum und Nebenwirkungen der Hauptgruppen der Arzneimittel	20	Arzt für Allgemeinmedizin / approbierter Arzt / Facharzt / Pharmazeut	Einzelprüfung
8. Gesundheitserziehung und Gesundheitsförderung im Rahmen der Pflege, Arbeitsmedizin	– Theoretische Grundlagen der Gesundheitserziehung und -förderung – Angewandte Gesundheitserziehung und -förderung – Strukturen der Gesundheitserziehung und -förderung – Arbeitsmedizinische Aspekte	20	Arzt für Allgemeinmedizin / approbierter Arzt / Facharzt / Lehrer für Gesundheits- und Krankenpflege / fachkompetente Person	Teilnahme Diplomprüfung

[1]) Die in Klammern ( ) angeführten Stundenzahlen entsprechen der Ausbildung in der allgemeinen Gesundheits- und Krankenpflege und sind nicht obligatorischer Bestandteil der verkürzten Ausbildung.

Unterrichtsfach	Lehrinhalte	Stunden	Lehrkraft	Art der Prüfung
9. Berufsspezifische Ergonomie und Körperarbeit	– Angewandte Ergonomie – Gesundheitsfördernde Bewegungs- und Entspannungsübungen	(20) [1]	Diplomierter Physiotherapeut / Lehrer für Gesundheits- und Krankenpflege / fachkompetente Person	Teilnahme fakultativ
10. Kommunikation, Konfliktbewältigung, Supervision und Kreativitätstraining	– Gesprächsführung – Arbeit mit und Anleitung von Bezugspersonen – Konflikttheorien und -management – Aufbau beruflicher Beziehungen – Interdisziplinäre Zusammenarbeit – Begleitung von Personen und Gruppen – Praxisreflexion, Streßbewältigung und Grundlagen der Supervision – Kreative Gestaltungsmöglichkeiten	(40) [1]	Psychologe / Psychotherapeut / Lehrer für Gesundheits- und Krankenpflege / fachkompetente Person	Teilnahme fakultativ
Gesamt		**360**		

[1] Die in Klammern ( ) angeführten Stundenzahlen entsprechen der Ausbildung in der allgemeinen Gesundheits- und Krankenpflege und sind nicht obligatorischer Bestandteil der verkürzten Ausbildung.

Praktische Ausbildung

Ausbildungseinrichtung	Fachbereich	Stunden
Abteilungen einer Krankenanstalt	Akutpflege im operativen Fachbereich	360
Abteilungen einer Krankenanstalt	Akutpflege im konservativen Fachbereich	320
Einrichtungen, die Hauskrankenpflege, andere Gesundheitsdienste oder soziale Dienste anbieten	Extramurale Pflege, Betreuung und Beratung	160
nach Wahl der Schule	Diplomprüfungsbezogenes Praktikum	160
Gesamt		**1 000**

Anlage 9

VERKÜRZTE AUSBILDUNG IN DER ALLGEMEINEN GESUNDHEITS- UND KRANKENPFLEGE FÜR HEBAMMEN
Theoretische Ausbildung

Unterrichtsfach	Lehrinhalte	2. Jahr	3. Jahr	Lehrkraft	Art der Prüfung
1. Berufsethik und Berufskunde der Gesundheits- und Krankenpflege	– Grundlagen der allgemeinen Ethik – Berufsethik – Transkulturelle Aspekte der Pflege – Geschichte der Pflege – Pflegemanagement, Pflegeorganisation, Qualitätssicherung – Pflegepädagogik	20	20	Lehrer für Gesundheits- und Krankenpflege	Einzelprüfung: 2. Jahr *[1]) Teilnahme: 3. Jahr
2. Grundlagen der Pflegewissenschaft und Pflegeforschung	– Pflegefachsprache – Einführung in wissenschaftliches Arbeiten – Einführung in die Pflegewissenschaft – Einführung in die Pflegeforschung – Interpretation von Forschungsarbeiten – Umsetzung von Forschungsergebnissen – Mitwirkung an Forschungsprojekten	20	20	Lehrer für Gesundheits- und Krankenpflege / fachkompetente Person	Einzelprüfung: 2. Jahr *[1]) 3. Jahr Teilnahme: 2. Jahr
3. Gesundheits- und Krankenpflege	– Gesundheit, der gesunde Mensch, Gesundheitspflege – Krankheit, der kranke Mensch, Krankenpflege – Pflegemodelle und -theorien – Pflegeprozeß: Pflegeanamnese, Pflegediagnose, Pflegeplanung, Pflegemaßnahmen, Pflegeevaluation, Pflegedokumentation – Ganzheitliche Pflege in allen Altersstufen – Präventive Pflegemaßnahmen	290 (hievon 25% in Gruppen)	130 (hievon 25% in Gruppen)	Lehrer für Gesundheits- und Krankenpflege	Einzelprüfung: 2. Jahr 3. Jahr Diplomprüfung

[1]) Im Rahmen der Einzelprüfung des 2. Ausbildungsjahres sind auch die Kenntnisse und Fertigkeiten über die Lehrinhalte des 1. Ausbildungsjahres der Ausbildung in der allgemeinen Gesundheits- und Krankenpflege zu überprüfen. Die Kenntnisse und Fertigkeiten der Lehrinhalte des 1. Ausbildungsjahres sind durch Selbststudium zu erwerben.

Anhang GuK-AV

Unterrichtsfach	Lehrinhalte	2. Jahr	3. Jahr	Lehrkraft	Art der Prüfung
	– Diagnostische, therapeutische und rehabilitative Pflegemaßnahmen bei akuten und chronischen Krankheitsbildern – Komplementäre Pflegemethoden				
4. Pflege von alten Menschen	– Der alte Mensch – gesund und krank, zu Hause, in Krankenanstalten und in Betreuungseinrichtungen – Modelle in der Betreuung und Pflege alter Menschen – Spezifische pflegerische Maßnahmen	20	–	Lehrer für Gesundheits- und Krankenpflege	Einzelprüfung: 2. Jahr *[1]) Diplomprüfung
5. Palliativpflege	– Leben und Sterben – Einführung in die Palliativpflege – Pflege und Begleitung von chronisch kranken, terminalkranken und sterbenden Menschen – Schmerztherapie	20 (hievon 50% in Gruppen)	20 (hievon 50% in Gruppen)	Lehrer für Gesundheits- und Krankenpflege	Einzelprüfung: 2. Jahr *[1]) Teilnahme: 3. Jahr Diplomprüfung
6. Hauskrankenpflege	– Hauskrankenpflege in der integrierten Gesundheitsversorgung – Interdisziplinäre Zusammenarbeit in Gesundheits- und sozialen Diensten – Spezifische pflegerische Maßnahmen	20	20	Lehrer für Gesundheits- und Krankenpflege	Teilnahme Diplomprüfung
7. Ernährung, Kranken- und Diätkost	– Qualitative und quantitative Aspekte der Ernährung – Kranken- und Diätkost	–	–	Diplomierter Diätassistent und ernährungsmedizinischer Berater / Lehrer für Gesundheits- und Krankenpflege	Einzelprüfung: 2. Jahr **[2])

[1]) Im Rahmen der Einzelprüfung des 2. Ausbildungsjahres sind auch die Kenntnisse und Fertigkeiten über die Lehrinhalte des 1. Ausbildungsjahres der Ausbildung in der allgemeinen Gesundheits- und Krankenpflege zu überprüfen. Die Kenntnisse und Fertigkeiten der Lehrinhalte des 1. Ausbildungsjahres sind durch Selbststudium zu erwerben.
[2]) Die Einzelprüfung erstreckt sich auf die im 1. Ausbildungsjahr der Ausbildung in der allgemeinen Gesundheits- und Krankenpflege vermittelten Kenntnisse und Fertigkeiten. Die Kenntnisse und Fertigkeiten über die Lehrinhalte des 1. Ausbildungsjahres sind durch Selbststudium zu erwerben.

Unterrichtsfach	Lehrinhalte	2. Jahr	3. Jahr	Lehrkraft	Art der Prüfung

8. Allgemeine und spezielle Pathologie, Diagnose und Therapie einschließlich komplementärmedizinische Methoden	– Allgemeine Pathologie
	– Allgemeine medizinische Untersuchungs- und Behandlungsverfahren
	– Spezielle Pathologie des Bewegungsapparates und der Organsysteme mit Diagnostik und Therapie:
	  – Respirationstrakt
	  – Herz-Kreislaufsystem; Blut – blutbildendes System
	  – Verdauungstrakt
	  – Urogenitaltrakt
	  – Nervensystem
	  – Endokrine Drüsen
	  – Sinnesorgane
	  – Psychopathologie
	  – Psychosomatik
	  – Komplementärmedizin
		190	110	Arzt für Allgemeinmedizin / approbierter Arzt / Facharzt / Arzt in Ausbildung zum Facharzt	Einzelprüfung:
					2. Jahr
					3. Jahr

9. Gerontologie, Geriatrie und Gerontopsychiatrie	– Einführung in die Alternswissenschaften – Körperliche und psychische Veränderungen im Alter – Krankheitsbilder im Alter	30	–	Arzt für Allgemeinmedizin / approbierter Arzt / Facharzt / Lehrer für Gesundheits- und Krankenpflege (psychiatrische Gesundheits- und Krankenpflege)	Einzelprüfung: 2. Jahr
10. Pharmakologie	– Arzneimittellehre – Wirkungsspektrum und Nebenwirkungen der Hauptgruppen der Arzneimittel	20	–	Arzt für Allgemeinmedizin / approbierter Arzt / Facharzt / Pharmazeut	Einzelprüfung: 2. Jahr *[1])
11. Katastrophen- und Strahlenschutz	– Katastrophen- und Zivilschutz – Brandschutz – Allgemeiner und berufsspezifischer Strahlenschutz	–	10 (hievon 50% in Gruppen)	Arzt für Allgemeinmedizin / approbierter Arzt / Facharzt / Lehrer für Gesundheits- und Krankenpflege / fachkompetente Person	Teilnahme

[1]) Im Rahmen der Einzelprüfung des 2. Ausbildungsjahres sind auch die Kenntnisse und Fertigkeiten über die Lehrinhalte des 1. Ausbildungsjahres der allgemeinen Gesundheits- und Krankenpflege zu überprüfen. Die Kenntnisse und Fertigkeiten der Lehrinhalte des 1. Ausbildungsjahres sind durch Selbststudium zu erwerben.

Anhang GuK-AV

Unterrichtsfach	Lehrinhalte	2. Jahr	3. Jahr	Lehrkraft	Art der Prüfung
12. Gesundheitserziehung und Gesundheitsförderung im Rahmen der Pflege, Arbeitsmedizin	– Theoretische Grundlagen der Gesundheitserziehung und -förderung – Angewandte Gesundheitserziehung und -förderung – Strukturen der Gesundheitserziehung und -förderung – Arbeitsmedizinische Aspekte in Gesundheitseinrichtungen	–	20	Arzt für Allgemeinmedizin / approbierter Arzt / Facharzt / Lehrer für Gesundheits- und Krankenpflege / fachkompetente Person	Teilnahme Diplomprüfung
13. Berufsspezifische Ergonomie und Körperarbeit	– Angewandte Ergonomie – Gesundheitsfördernde Bewegungs- und Entspannungsübungen	(30)[1]	(20)[1]	Diplomierter Physiotherapeut / Lehrer für Gesundheits- und Krankenpflege / fachkompetente Person	Teilnahme fakultativ
14. Soziologie, Psychologie, Pädagogik und Sozialhygiene	– Theorien, Methoden und Anwendungsbereiche – Der Mensch in seiner Entwicklung und die Beziehungen in seiner gesamten Lebensspanne – Der Mensch im Kontinuum von Gesundheit, Krankheit und Behinderung	(20)[1]	(20)[1]	Psychologe / Pädagoge / Soziologe / Lehrer für Gesundheits- und Krankenpflege	Teilnahme fakultativ
15. Kommunikation, Konfliktbewältigung, Supervision und Kreativitätstraining	– Gesprächsführung – Arbeit mit und Anleitung von Bezugspersonen – Konflikttheorien und -management – Aufbau beruflicher Beziehungen – Interdisziplinäre Zusammenarbeit – Begleitung von Personen und Gruppen – Praxisreflexion, Streßbewältigung und Grundlagen der Supervision – Kreative Gestaltungsmöglichkeiten	40 (hievon 100% in Gruppen)	40 (hievon 100% in Gruppen)	Psychologe / Psychotherapeut / Lehrer für Gesundheits- und Krankenpflege / fachkompetente Person	Teilnahme

[1]) Die in Klammern ( ) angeführten Stundenzahlen entsprechen der Ausbildung in der allgemeinen Gesundheits- und Krankenpflege und sind nicht obligatorischer Bestandteil der verkürzten Ausbildung.

GuK-AV Anhang

Unterrichtsfach	Lehrinhalte	2. Jahr	3. Jahr	Lehrkraft	Art der Prüfung
16. Strukturen und Einrichtungen des Gesundheitswesens, Organisationslehre	– Strukturen und Einrichtungen des österreichischen Gesundheitswesens, Finanzierung – Allgemeine Grundlagen der Betriebsführung – Organisationslehre und Betriebsführung im intra- und extramuralen Bereich	–	20	Lehrer für Gesundheits- und Krankenpflege / fachkompetente Person	Teilnahme Diplomprüfung
17. Elektronische Datenverarbeitung, fachspezifische Information, Statistik und Dokumentation	– Formale Grundlagen der Informatik – Betriebssysteme – Angewandte EDV – Einführung in die Statistik – Telekommunikation	(20) [1]	–	fachkompetente Person	Teilnahme fakultativ
18. Berufsspezifische Rechtsgrundlagen	– Gesundheits- und Krankenpflegegesetz	(20) [1]	–	Jurist	Teilnahme fakultativ Einzelprüfung: 2. Jahr
19. Fachspezifisches Englisch	– Pflege- und medizinspezifische Terminologie – Alltagskonversation, Beratungsgespräche, Fachliteratur	(20) [1]	(20) [1]	fachkompetente Person	Teilnahme und Einzelprüfung fakultativ
Gesamt		**670**	**410**		**1 080 Stunden**

[1] Die in Klammern ( ) angeführten Stundenzahlen entsprechen der Ausbildung in der allgemeinen Gesundheits- und Krankenpflege und sind nicht obligatorischer Bestandteil der verkürzten Ausbildung.

Anhang GuK-AV

Praktische Ausbildung

Ausbildungseinrichtung	Fachbereich	Stunden
Abteilungen einer Krankenanstalt	Akutpflege im operativen Fachbereich, ausgenommen gynäkologisch-geburtshilflicher Bereich	320
Abteilungen einer Krankenanstalt	Akutpflege im konservativen Fachbereich	600
Einrichtungen, die der stationären Betreuung pflegebedürftiger Menschen dienen	Langzeitpflege / rehabilitative Pflege	400
Einrichtungen, die Hauskrankenpflege, andere Gesundheitsdienste oder soziale Dienste anbieten	Extramurale Pflege, Betreuung und Beratung	160
nach Wahl des Schülers	Wahlpraktikum	200
nach Wahl der Schule	Diplomprüfungsbezogenes Praktikum	160
Gesamt		**1 840**

Schulautonomer Bereich

Bereich	Sachgebiet/Fachbereich	Stunden	Art der Prüfung
nach Wahl der Schule: – theoretische Ausbildung – praktische Ausbildung	nach Wahl der Schule: vertiefender oder erweiternder Unterricht als schulautonomer Schwerpunkt	120 Stunden	Teilnahme

Anlage 10

VERKÜRZTE AUSBILDUNG IN DER KINDER- UND JUGENDLICHENPFLEGE FÜR HEBAMMEN
Theoretische Ausbildung

Unterrichtsfach	Lehrinhalte	2. Jahr	3. Jahr	Lehrkraft	Art der Prüfung
1. Berufsethik und Berufskunde der Gesundheits- und Krankenpflege	– Grundlagen der allgemeinen Ethik – Berufsethik – transkulturelle Aspekte der Pflege – Geschichte der Pflege – Pflegemanagement, Pflegeorganisation, Qualitätssicherung – Pflegepädagogik	20	20	Lehrer für Gesundheits- und Krankenpflege	Einzelprüfung: 2. Jahr *[1]) Teilnahme: 3. Jahr
2. Grundlagen der Pflegewissenschaft und Pflegeforschung	– Pflegefachsprache – Einführung in wissenschaftliches Arbeiten – Einführung in die Pflegewissenschaft – Einführung in die Pflegeforschung – Interpretation von Forschungsarbeiten – Umsetzung von Forschungsergebnissen – Mitwirkung an Forschungsprojekten	20	20	Lehrer für Gesundheits- und Krankenpflege / fachkompetente Person	Einzelprüfung: 2. Jahr *[1]) 3. Jahr Teilnahme: 2. Jahr
3. Gesundheits- und Krankenpflege von Kindern und Jugendlichen	– Gesundheit, der gesunde Mensch, Gesundheitspflege unter besonderer Berücksichtigung von Kindern und Jugendlichen – Krankheit, der kranke Mensch, Krankenpflege unter besonderer Berücksichtigung von Kindern und Jugendlichen – Pflegemodelle und -theorien – Pflegeprozeß: Pflegeanamnese, Pflegediagnose, Pflegeplanung, Pflegemaßnahmen, Pflegeevaluation, Pflegedokumentation – Ganzheitliche Pflege	290 (hievon 25% in Gruppen)	130 (hievon 25% in Gruppen)	Lehrer für Gesundheits- und Krankenpflege	Einzelprüfung: 2. Jahr 3. Jahr Diplomprüfung

[1]) Im Rahmen der Einzelprüfung des 2. Ausbildungsjahres sind auch die Kenntnisse und Fertigkeiten über die Lehrinhalte des 1. Ausbildungsjahres der speziellen Grundausbildung in der Kinder- und Jugendlichenpflege zu überprüfen. Die Kenntnisse und Fertigkeiten der Lehrinhalte des 1. Ausbildungsjahres sind durch Selbststudium zu erwerben.

Unterrichtsfach	Lehrinhalte	2. Jahr	3. Jahr	Lehrkraft	Art der Prüfung
	– Präventive Pflegemaßnahmen – Diagnostische, therapeutische und rehabilitative Pflegemaßnahmen bei akuten und chronischen Krankheitsbildern – Komplementäre Pflegemethoden				
4. Pflege von Kindern und Jugendlichen in Krisensituationen	– Entwicklungsbedingte Situationen – Krankheitsbedingte Situationen – Sozialbedingte Situationen – Umweltbedingte Situationen	30	20	Lehrer für Gesundheits- und Krankenpflege	Einzelprüfung: 2. Jahr [1] Diplomprüfung
5. Palliativpflege	– Leben und Sterben – Einführung in die Palliativpflege – Pflege und Begleitung von chronisch kranken, terminalkranken und sterbenden Kindern und Jugendlichen – Schmerztherapie	20 (hievon 50% in Gruppen)	20 (hievon 50% in Gruppen)	Lehrer für Gesundheits- und Krankenpflege	Einzelprüfung: 2. Jahr [1] Teilnahme: 3. Jahr Diplomprüfung
6. Hauskrankenpflege bei Kindern und Jugendlichen	– Hauskrankenpflege in der integrierten Gesundheitsversorgung – Interdisziplinäre Zusammenarbeit in Gesundheitsdiensten und sozialen Diensten – Spezifische pflegerische Maßnahmen	20	20	Lehrer für Gesundheits- und Krankenpflege	Teilnahme Diplomprüfung
7. Ernährung, Kranken- und Diätkost	– Qualitative und quantitative Aspekte der Ernährung – Säuglingsernährung und Stillen – Kranken- und Diätkost	–	–	Diplomierter Diätassistent und ernährungsmedizinischer Berater / Lehrer für Gesundheits- und Krankenpflege	Einzelprüfung: 2. Jahr [**2]

[1] In Rahmen der Einzelprüfung des 2. Ausbildungsjahres sind auch die Kenntnisse und Fertigkeiten über die Lehrinhalte des 1. Ausbildungsjahres der speziellen Grundausbildung in der Kinder- und Jugendlichenpflege zu überprüfen. Die Kenntnisse und Fertigkeiten der Lehrinhalte des 1. Ausbildungsjahres sind durch Selbststudium zu erwerben.
[2] Die Einzelprüfung erstreckt sich auf die im 1. Ausbildungsjahr der Ausbildung in der speziellen Grundausbildung in der Kinder- und Jugendlichenpflege vermittelten Kenntnisse und Fertigkeiten. Die Kenntnisse und Fertigkeiten der Lehrinhalte des 1. Ausbildungsjahres sind durch Selbststudium zu erwerben.

Unterrichtsfach	Lehrinhalte	2. Jahr	3. Jahr	Lehrkraft	Art der Prüfung

8. Allgemeine und spezielle Pathologie, Diagnose und Therapie einschließlich komplementärmedizinische Methoden bei Kindern und Jugendlichen	– Allgemeine Pathologie
	– Allgemeine medizinische Untersuchungs- und Behandlungsverfahren
	– Spezielle Pathologie des Bewegungsapparates und der Organsysteme mit Diagnostik und Therapie unter besonderer Berücksichtigung der Kinderkrankheiten:
	  – Respirationstrakt
	  – Herz-Kreislaufsystem, Blut – blutbildendes System
	  – Verdauungstrakt
	  – Urogenitaltrakt
	  – Nervensystem
	  – Endokrine Drüsen
	  – Sinnesorgane
	– Psychopathologie
	– Psychosomatik
	– Komplementärmedizin
		190	110	Arzt für Allgemeinmedizin / approbierter Arzt / Facharzt / Turnusarzt in Ausbildung zum Facharzt	Einzelprüfung:
					2. Jahr
					3. Jahr

9. Neonatologie	– spezielle Neonatologie – Intermediate Care – Nachsorge	30	–	Arzt für Allgemeinmedizin / approbierter Arzt / Facharzt / Lehrer für Gesundheits- und Krankenpflege	Einzelprüfung: 2. Jahr
10. Pharmakologie	– Arzneimittellehre – Wirkungsspektrum und Nebenwirkungen der Hauptgruppen der Arzneimittel	20	–	Arzt für Allgemeinmedizin / approbierter Arzt / Facharzt / Pharmazeut	Einzelprüfung: 2. Jahr *[1])
11. Katastrophen- und Strahlenschutz	– Katastrophen- und Zivilschutz – Brandschutz – Allgemeiner und berufsspezifischer Strahlenschutz	–	10 (hievon 50% in Gruppen)	Arzt für Allgemeinmedizin / approbierter Arzt / Facharzt / Lehrer für Gesundheits- und Krankenpflege / fachkompetente Person	Teilnahme

[1]) Im Rahmen der Einzelprüfung des 2. Ausbildungsjahres sind auch die Kenntnisse und Fertigkeiten über die Lehrinhalte des 1. Ausbildungsjahres der speziellen Grundausbildung in der Kinder- und Jugendlichenpflege zu überprüfen. Die Kenntnisse und Fertigkeiten der Lehrinhalte des 1. Ausbildungsjahres sind durch Selbststudium zu erwerben.

Anhang GuK-AV

Unterrichtsfach	Lehrinhalte	2. Jahr	3. Jahr	Lehrkraft	Art der Prüfung
12. Gesundheitserziehung und Gesundheitsförderung im Rahmen der Pflege, Arbeitsmedizin	– Theoretische Grundlagen der Gesundheitserziehung und -förderung – Angewandte Gesundheitserziehung und -förderung – Strukturen der Gesundheitserziehung und -förderung – Arbeitsmedizinische Aspekte	–	20	Arzt für Allgemeinmedizin / approbierter Arzt / Facharzt / Lehrer für Gesundheits- und Krankenpflege / fachkompetente Person	Teilnahme Diplomprüfung
13. Berufsspezifische Ergonomie und Körperarbeit	– Angewandte Ergonomie – Gesundheitsfördernde Bewegungs- und Entspannungsübungen	(30) [1]	(20) [1]	Diplomierter Physiotherapeut / Lehrer für Gesundheits- und Krankenpflege / fachkompetente Person	Teilnahme fakultativ
14. Soziologie, Psychologie, Pädagogik und Sozialhygiene	– Theorien, Methoden und Anwendungsbereiche – Das Kind und der Jugendliche im Entwicklungs- und Beziehungsprozeß – Das Kind und der Jugendliche im Kontinuum von Gesundheit, Krankheit und Behinderung	(20) [1]	(20) [1]	Psychologe / Pädagoge / Soziologe / Lehrer für Gesundheits- und Krankenpflege	Teilnahme fakultativ
15. Kommunikation, Konfliktbewältigung, Supervision und Kreativitätstraining	– Gesprächsführung – Arbeit mit und Anleitung von Bezugspersonen – Konflikttheorien und -management – Aufbau beruflicher Beziehungen – Interdisziplinäre Zusammenarbeit – Begleitung von Personen und Gruppen – Praxisreflexion, Streßbewältigung und Grundlagen der Supervision – Kreative Gestaltungsmöglichkeiten	40 (hievon 100% in Gruppen)	40 (hievon 100% in Gruppen)	Psychologe / Psychotherapeut / Lehrer für Gesundheits- und Krankenpflege / fachkompetente Person	Teilnahme
16. Strukturen und Einrichtungen des Gesundheitswesens, Organisationslehre	– Strukturen und Einrichtungen des österreichischen Gesundheitswesens, Finanzierung – Allgemeine Grundlagen der Betriebsführung – Organisationslehre und Betriebsführung im intra- und extramuralen Bereich	–	20	Lehrer für Gesundheits- und Krankenpflege / fachkompetente Person	Teilnahme Diplomprüfung

[1]) Die in Klammern ( ) angeführten Stundenzahlen entsprechen der Ausbildung in der speziellen Grundausbildung in der Kinder- und Jugendlichenpflege und sind nicht obligatorischer Bestandteil der verkürzten Ausbildung.

Unterrichtsfach	Lehrinhalte	2. Jahr	3. Jahr	Lehrkraft	Art der Prüfung
17. Elektronische Datenverarbeitung, fachspezifische Informatik, Statistik und Dokumentation	– Formale Grundlagen der Informatik – Betriebssysteme – Angewandte EDV – Einführung in die Statistik – Telekommunikation	(20) [1]	–	fachkompetente Person	Teilnahme fakultativ
18. Berufsspezifische Rechtsgrundlagen	– Gesundheits- und Krankenpflegegesetz	(20) [1]	–	Jurist	Teilnahme fakultativ Einzelprüfung: 2. Jahr
19. Fachspezifisches Englisch	– Pflege- und medizinspezifische Terminologie – Alltagskonversation, Beratungsgespräche, Fachliteratur	(20) [1]	(20) [1]	fachkompetente Person	Teilnahme und Einzelprüfung fakultativ
Gesamt		**680**	**430**		**1 110 Stunden**

[1] Die in Klammern ( ) angeführten Stundenzahlen entsprechen der Ausbildung in der speziellen Grundausbildung in der Kinder- und Jugendlichenpflege und sind nicht obligatorischer Bestandteil der verkürzten Ausbildung.

Praktische Ausbildung

Ausbildungseinrichtung	Fachbereich	Stunden
Abteilungen einer Krankenanstalt	Allgemeine Kinderabteilung	720
Abteilungen einer Krankenanstalt	Kinderchirurgische Abteilung	320
Abteilungen einer Krankenanstalt	Früh- und Neugeborenenabteilung	250
Einrichtungen, die Hauskrankenpflege, andere Gesundheitsdienste oder soziale Dienste anbieten	Extramurale Pflege, Betreuung und Beratung für Kinder und Jugendliche	160
nach Wahl des Schülers	Wahlpraktikum	200
nach Wahl der Schule	Diplomprüfungsbezogenes Praktikum	160
Gesamt		**1 810**

Schulautonomer Bereich

Bereich	Sachgebiet/Fachbereich	Stunden	Art der Prüfung
nach Wahl der Schule: – theoretische Ausbildung – praktische Ausbildung	nach Wahl der Schule: vertiefender oder erweiternder Unterricht als schulautonomer Schwerpunkt	120 Stunden	Teilnahme

Anlage 11

VERKÜRZTE AUSBILDUNG IN DER ALLGEMEINEN GESUNDHEITS- UND KRANKENPFLEGE FÜR MEDIZINER

Theoretische Ausbildung

Unterrichtsfach	Lehrinhalte	2. Jahr	3. Jahr	Lehrkraft	Art der Prüfung
1. Berufsethik und Berufskunde der Gesundheits- und Krankenpflege	– Grundlagen der allgemeinen Ethik – Berufsethik – Transkulturelle Aspekte der Pflege – Geschichte der Pflege – Pflegemanagement, Pflegeorganisation, Qualitätssicherung – Pflegepädagogik	20	20	Lehrer für Gesundheits- und Krankenpflege	Einzelprüfung: 2. Jahr *[1]) Teilnahme: 3. Jahr
2. Grundlagen der Pflegewissenschaft und Pflegeforschung	– Pflegefachsprache – Einführung in wissenschaftliches Arbeiten – Einführung in die Pflegewissenschaft – Einführung in die Pflegeforschung – Interpretation von Forschungsarbeiten – Umsetzung von Forschungsergebnissen – Mitwirkung an Forschungsprojekten	20	20	Lehrer für Gesundheits- und Krankenpflege / fachkompetente Person	Einzelprüfung: 2. Jahr *[1]) 3. Jahr Teilnahme: 2. Jahr
3. Gesundheits- und Krankenpflege	– Gesundheit, der gesunde Mensch, Gesundheitspflege – Krankheit, der kranke Mensch, Krankenpflege – Pflegemodelle und -theorien – Pflegeprozeß: Pflegeanamnese, Pflegediagnose, Pflegeplanung, Pflegemaßnahmen, Pflegeevaluation, Pflegedokumentation – Ganzheitliche Pflege in allen Altersstufen – Präventive Pflegemaßnahmen	30 (hievon 25% in Gruppen)	130 (hievon 25% in Gruppen)	Lehrer für Gesundheits- und Krankenpflege	Einzelprüfung: 2. Jahr 3. Jahr Diplomprüfung

---

[1]) Im Rahmen der Einzelprüfung des 2. Ausbildungsjahres sind auch die Kenntnisse und Fertigkeiten über die Lehrinhalte des 1. Ausbildungsjahres der Ausbildung in der allgemeinen Gesundheits- und Krankenpflege zu überprüfen. Die Kenntnisse und Fertigkeiten der Lehrinhalte des 1. Ausbildungsjahres sind durch Selbststudium zu erwerben.

Anhang   GuK-AV

Unterrichtsfach	Lehrinhalte	2. Jahr	3. Jahr	Lehrkraft	Art der Prüfung
	– Diagnostische, therapeutische und rehabilitative Pflegemaßnahmen bei akuten und chronischen Krankheitsbildern – Komplementäre Pflegemethoden				
4. Pflege von alten Menschen	– Der alte Mensch – gesund und krank, zu Hause, in Krankenanstalten und in Betreuungseinrichtungen – Modelle in der Betreuung und Pflege alter Menschen – Spezifische pflegerische Maßnahmen	20	–	Lehrer für Gesundheits- und Krankenpflege	Einzelprüfung: 2. Jahr *[1]) Diplomprüfung
5. Palliativpflege	– Leben und Sterben – Einführung in die Palliativpflege – Pflege und Begleitung von chronisch kranken, terminalkranken und sterbenden Menschen – Schmerztherapie	20 (hievon 50% in Gruppen)	20 (hievon 50% in Gruppen)	Lehrer für Gesundheits- und Krankenpflege	Einzelprüfung: 2. Jahr *[1]) Teilnahme: 3. Jahr Diplomprüfung
6. Hauskrankenpflege	– Hauskrankenpflege in der integrierten Gesundheitsversorgung – Interdisziplinäre Zusammenarbeit in Gesundheits- und sozialen Diensten – Spezifische pflegerische Maßnahmen	20	20	Lehrer für Gesundheits- und Krankenpflege	Teilnahme Diplomprüfung

[1]) Im Rahmen der Einzelprüfung des 2. Ausbildungsjahres sind auch die Kenntnisse und Fertigkeiten über die Lehrinhalte des 1. Ausbildungsjahres der Ausbildung in der allgemeinen Gesundheits- und Krankenpflege zu überprüfen. Die Kenntnisse und Fertigkeiten der Lehrinhalte des 1. Ausbildungsjahres sind durch Selbststudium zu erwerben.

Unterrichtsfach	Lehrinhalte	2. Jahr	3. Jahr	Lehrkraft	Art der Prüfung
7. Hygiene und Infektionslehre	– Angewandte Hygiene einschließlich Desinfektion und Sterilisation	–	–	Arzt für Allgemeinmedizin / Facharzt / Lehrer für Gesundheits- und Krankenpflege / Diplomierter Gesundheits- und Krankenpfleger (Krankenhaushygiene)	Einzelprüfung: 2. Jahr[**1)]
8. Ernährung, Kranken- und Diätkost	– Qualitative und quantitative Aspekte der Ernährung – Kranken- und Diätkost	–	–	Diplomierter Diätassistent und ernährungsmedizinischer Berater / Lehrer für Gesundheits- und Krankenpflege	Einzelprüfung: 2. Jahr[**1)]
9. Gerontologie, Geriatrie und Gerontopsychiatrie	– Einführung in die Alternswissenschaften – Körperliche und psychische Veränderungen im Alter – Krankheitsbilder im Alter	(30)[2)]	–	Arzt für Allgemeinmedizin / approbierter Arzt / Facharzt / Lehrer für Gesundheits- und Krankenpflege (psychiatrische Gesundheits- und Krankenpflege)	Teilnahme und Einzelprüfung fakultativ: 2. Jahr
10. Katastrophen- und Strahlenschutz	– Katastrophen- und Zivilschutz – Brandschutz – Allgemeiner und berufsspezifischer Strahlenschutz	–	10 (hievon 50% in Gruppen)	Arzt für Allgemeinmedizin / approbierter Arzt / Facharzt / Lehrer für Gesundheits- und Krankenpflege / fachkompetente Person	Teilnahme
11. Gesundheitserziehung und Gesundheitsförderung im Rahmen der Pflege, Arbeitsmedizin	– Theoretische Grundlagen der Gesundheitserziehung und -förderung – Angewandte Gesundheitserziehung und -förderung – Strukturen der Gesundheitserziehung und -förderung – Arbeitsmedizinische Aspekte in Gesundheitseinrichtungen	–	(20)[2)]	Arzt für Allgemeinmedizin / approbierter Arzt / Facharzt / Lehrer für Gesundheits- und Krankenpflege / fachkompetente Person	Teilnahme fakultativ Diplomprüfung

[1)] Die Einzelprüfung erstreckt sich auf die im 1. Ausbildungsjahr der Ausbildung in der allgemeinen Gesundheits- und Krankenpflege vermittelten Kenntnisse und Fertigkeiten. Die Kenntnisse und Fertigkeiten der Lehrinhalte des 1. Ausbildungsjahres sind durch Selbststudium zu erwerben.
[2)] Die in Klammern ( ) angeführten Stundenzahlen entsprechen der Ausbildung in der allgemeinen Gesundheits- und Krankenpflege und sind nicht obligatorischer Bestandteil der verkürzten Ausbildung.

Anhang GuK-AV

Unterrichtsfach	Lehrinhalte	2. Jahr	3. Jahr	Lehrkraft	Art der Prüfung
12. Berufsspezifische Ergonomie und Körperarbeit	– Angewandte Ergonomie – Gesundheitsfördernde Bewegungs- und Entspannungsübungen	(30) [1]	(20) [1]	Diplomierter Physiotherapeut / Lehrer für Gesundheits- und Krankenpflege / fachkompetente Person	Teilnahme fakultativ
13. Soziologie, Psychologie, Pädagogik und Sozialhygiene	– Theorien, Methoden und Anwendungsbereiche – Der Mensch in seiner Entwicklung und die Beziehungen in seiner gesamten Lebensspanne – Der Mensch im Kontinuum von Gesundheit, Krankheit und Behinderung	(20) [1]	(20) [1]	Psychologe / Pädagoge / Soziologe / Lehrer für Gesundheits- und Krankenpflege	Teilnahme fakultativ
14. Kommunikation, Konfliktbewältigung, Supervision und Kreativitätstraining	– Gesprächsführung – Arbeit mit und Anleitung von Bezugspersonen – Konflikttheorien und -management – Aufbau beruflicher Beziehungen – Interdisziplinäre Zusammenarbeit – Begleitung von Personen und Gruppen – Praxisreflexion, Streßbewältigung und Grundlagen der Supervision – Kreative Gestaltungsmöglichkeiten	40 (hievon 100% in Gruppen)	40 (hievon 100% in Gruppen)	Psychologe / Psychotherapeut / Lehrer für Gesundheits- und Krankenpflege / fachkompetente Person	Teilnahme
15. Strukturen und Einrichtungen des Gesundheitswesens, Organisationslehre	– Strukturen und Einrichtungen des österreichischen Gesundheitswesens, Finanzierung – Allgemeine Grundlagen der Betriebsführung – Organisationslehre und Betriebsführung im intra- und extramuralen Bereich	–	20	Lehrer für Gesundheits- und Krankenpflege / fachkompetente Person	Teilnahme Diplomprüfung
16. Elektronische Datenverarbeitung, fachspezifische Informatik, Statistik und Dokumentation	– Formale Grundlagen der Informatik – Betriebssysteme – Angewandte EDV – Einführung in die Statistik – Telekommunikation	20 (hievon 50% in Gruppen)	–	fachkompetente Person	Teilnahme

[1]) Die in Klammern ( ) angeführten Stundenzahlen entsprechen der Ausbildung in der allgemeinen Gesundheits- und Krankenpflege und sind nicht obligatorischer Bestandteil der verkürzten Ausbildung.

Unterrichtsfach	Lehrinhalte	2. Jahr	3. Jahr	Lehrkraft	Art der Prüfung
17. Berufsspezifische Rechtsgrundlagen	– Allgemeine Rechtsgrundlagen – Gesundheitsberufe und deren Berufsgesetze unter besonderer Berücksichtigung des Gesundheits- und Krankenpflegegesetzes – Grundzüge des Sanitätsrechtes – Grundzüge des Arbeits- und Sozialversicherungsrechtes – Grundzüge des ArbeitnehmerInnenschutzes – Grundlagen des Haftungsrechtes – Pflegegeldrecht	20	–	Jurist	Einzelprüfung: 2. Jahr *[1])
18. Fachspezifisches Englisch	– Pflege- und medizinspezifische Terminologie – Alltagskonversation, Beratungsgespräche, Fachliteratur	(20)[2])	(20)[2])	fachkompetente Person	Teilnahme und Einzelprüfung fakultativ
Gesamt		**550**	**280**		**830 Stunden**

[1]) Im Rahmen der Einzelprüfung des 2. Ausbildungsjahres sind auch die Kenntnisse und Fertigkeiten über die Lehrinhalte des 1. Ausbildungsjahres der Ausbildung in der allgemeinen Gesundheits- und Krankenpflege zu überprüfen. Die Kenntnisse und Fertigkeiten der Lehrinhalte des 1. Ausbildungsjahres sind durch Selbststudium zu erwerben.
[2]) Die in Klammern ( ) angeführten Stundenzahlen entsprechen der Ausbildung in der allgemeinen Gesundheits- und Krankenpflege und sind nicht obligatorischer Bestandteil der verkürzten Ausbildung.

Praktische Ausbildung

Ausbildungseinrichtung	Fachbereich	Stunden
Abteilungen einer Krankenanstalt	Akutpflege im operativen Fachbereich, ausgenommen gynäkologisch-geburtshilflicher Bereich	400
Abteilungen einer Krankenanstalt	Akutpflege im konservativen Fachbereich	400
Einrichtungen, die der stationären Betreuung pflegebedürftiger Menschen dienen	Langzeitpflege / rehabilitative Pflege	240
Einrichtungen, die Hauskrankenpflege, andere Gesundheitsdienste oder soziale Dienste anbieten	Extramurale Pflege, Betreuung und Beratung	160
nach Wahl des Schülers	Wahlpraktikum	100
nach Wahl der Schule	Diplomprüfungsbezogenes Praktikum	160
Gesamt		**1 460**

Anlage 12

ERGÄNZUNGSAUSBILDUNG FÜR SANITÄTSUNTEROFFIZIERE

Unterrichtsfach	Lehrinhalt	Stunden	Lehrkraft	Art der Prüfung
1. Grundlagen der Gesundheits- und Krankenpflege, Interdisziplinäre pflegerische Ausbildungsziele (Erste Hilfe bei Geburten und Betreuung von Neugeborenen, Geriatrische Pflege, Pflege bei Erkrankungen der Haut, Augen, im HNO-Bereich, in der Psychiatrie und der Infektionslehre)	– Pflegeprozeß – Die Möglichkeiten der Umsetzung der ganzheitlichen Pflege – Unterstützung und stellvertretende Übernahme der Aktivitäten des täglichen Lebens – bei Behinderungen durch Fehlfunktionen der Sinnesorgane – bei der Geburt und im Alter – bei psychischen Störungen – bei Infektionen	85	Lehrer für Gesundheits- und Krankenpflege	Einzelprüfung
2. Pflege auf chirurgischen Stationen mit Berücksichtigung der Urologie	– Allgemeine pflegerische Aufgaben in chirurgischen Abteilungen: – Spezielle Hygienemaßnahmen und Hospitalismusbekämpfung – Prä- und postoperative Untersuchungen – Der chirurgische Verbandswechsel – Pflege von Patienten bei Organveränderung durch chirurgische Eingriffe: – Prä- und postoperative Pflege – Vorbereitung auf die Entlassung zur Bewältigung der oft veränderten Lebenssituation	35	Lehrer für Gesundheits- und Krankenpflege	Kommissionelle Prüfung
3. Pflege bei inneren Erkrankungen und Grundzüge der Pflege bei neurologischen Erkrankungen	– Allgemeine pflegerische Aufgaben auf der internen Station mit akut und chronisch Kranken: – Möglichkeit der Krankenbeobachtung und die pflegerische Konsequenz – Diagnostische, therapeutische und rehabilitative Pflegemaßnahmen bei akuten und chronischen Krankheitsbildern – Angewandte Gesundheitserziehung und Gesundheitsförderung im Rahmen der Pflege	40	Lehrer für Gesundheits- und Krankenpflege	Kommissionelle Prüfung
Gesamt		**160**		

Anhang GuK-AV

Anlage 13

Rundsiegel der Schule für
Gesundheits- und Krankenpflege

ZEUGNIS ÜBER DAS ... [1] AUSBILDUNGSJAHR

Frau/Herr ....

geboren am .... in ....

hat an der für das ... [1] Ausbildungsjahr vorgesehene Ausbildung in der

.... [2] gemäß der

Verordnung über die Ausbildung im gehobenen Dienst für Gesundheits- und Krankenpflege (GuK-AV),

BGBl. II Nr. 179/1999, in der Zeit von .... bis .... teilgenommen und

nachstehende Prüfungen und Praktika absolviert.

Die Schülerin/Der Schüler [3] ist gemäß § 34 GuK-AV – nicht [3] – berechtigt, in das nächsthöhere Ausbildungsjahr aufzusteigen.

Dieses Zeugnis berechtigt nicht zur Berufsausübung im gehobenen Dienst für Gesundheits- und Krankenpflege.

---

[1] Zutreffendes einfügen.
[2] „allgemeinen Gesundheits- und Krankenpflege", „Kinder- und Jugendlichenpflege", „psychiatrischen Gesundheits- und Krankenpflege" – Zutreffendes einfügen.
[3] Nicht Zutreffendes streichen.

GuK-AV Anhang

Theoretische Ausbildung
Einzelprüfungen – Teilnahme – Dispensprüfungen

Unterrichtsfach	Stunden	Beurteilung/Teilnahme [4]	Wh. [5]	komm. Wh. [6]

---

[4] „sehr gut" (1), „gut" (2), „befriedigend" (3), „genügend" (4), „nicht genügend" (5); „nicht beurteilt" gemäß § 30 Abs. 2 GuK-AV; „erfolgreich teilgenommen" gemäß § 25 Abs. 7 Z 1 GuK-AV; „verlegt" gemäß § 17 GuK-AV; „angerechnet" gemäß § 60 GuKG – Zutreffendes einfügen.
[5] Wiederholungsprüfung gemäß § 28 Abs. 1 GuK-AV – Bei Zutreffen ankreuzen.
[6] Kommissionelle Wiederholungsprüfung gemäß § 28 Abs. 2 oder 3 GuK-AV – Bei Zutreffen ankreuzen.

Anhang GuK-AV

Praktische Ausbildung

Fachbereich/Praktikum	Stunden	Beurteilung [7]	Wh. [8]

Schulautonomer Bereich

Theoretische/praktische Ausbildung	Stunden	Beurteilung [9]

...., am ....

Die Direktorin/Der Direktor:

---

[7] „ausgezeichnet bestanden", „gut bestanden", „bestanden", „nicht bestanden"; „angerechnet" gemäß § 60 GuKG – Zutreffendes einfügen.
[8] Wiederholung gemäß § 31 GuK-AV – Bei Zutreffen ankreuzen.
[9] „erfolgreich teilgenommen", „nicht erfolgreich teilgenommen", „nicht beurteilt" gemäß § 36 Abs. 2 GuK-AV – Zutreffendes einfügen.

GuK-AV   **Anhang**

Anlage 14

Rundsiegel der Schule für
Gesundheits- und Krankenpflege

BESTÄTIGUNG ÜBER DIE ERGÄNZUNGSAUSBILDUNG

Frau/Herr ....

geboren am .... in ....

hat an der gemäß Bescheid des Landeshauptmannes von ....

vom ...., Zahl ...., vorgeschriebenen Ergänzungsausbildung gemäß der Verordnung über die Ausbildung im gehobenen Dienst für

Gesundheits- und Krankenpflege (GuK-AV), BGBl. II Nr. 179/1999, in der Zeit von ....

bis .... teilgenommen und nachstehende Ergänzungsprüfungen und Praktika absolviert.

Ergänzungsprüfungen

Unterrichtsfach	Beurteilung/Teilnahme [1]	1. Wh. [2]	2. Wh. [3]

---

[1] „sehr gut" (1), „gut" (2), „befriedigend" (3), „genügend" (4), „nicht genügend" (5); „erfolgreich teilgenommen" gemäß 25 Abs. 7 Z 1 GuK-AV – Zutreffendes einfügen.
[2] Erste Wiederholungsprüfung gemäß § 61 Abs. 1 GuK-AV – Bei Zutreffen ankreuzen.
[3] Zweite Wiederholungsprüfung gemäß § 61 Abs. 1 GuK-AV – Bei Zutreffen ankreuzen.

Anhang GuK-AV

Praktika

Fachbereich/Praktikum	Stunden	Beurteilung [4])	Wh. [5])

Diese Bestätigung berechtigt nicht zur Berufsausübung im gehobenen Dienst für Gesundheits- und Krankenpflege.

...., am ....

Für die Prüfungskommission:

Die/Der Vorsitzende: Die Direktorin/Der Direktor:

---

[4]) „ausgezeichnet bestanden", „gut bestanden", „bestanden", „nicht bestanden" – Zutreffendes einfügen.
[5]) Wiederholung gemäß § 31 GuK-AV – Bei Zutreffen ankreuzen.

GuK-AV   **Anhang**

Anlage 15

Rundsiegel der Schule für
Gesundheits- und Krankenpflege

BESTÄTIGUNG ÜBER DEN ANPASSUNGSLEHRGANG

Frau/Herr ....

geboren am .... in ....

hat den gemäß Bescheid des Bundesministers für ....

vom ...., Zahl ...., vorgeschriebenen Anpassungslehrgang gemäß der Verordnung über die Ausbildung im gehobenen Dienst für Gesundheits- und Krankenpflege (GuK-AV), BGBl. II Nr. 179/1999,

mit – ohne ¹) Erfolg

absolviert und nachstehende Beurteilung erlangt.

Fachbereich/Sachgebiet/Unterrichtsfach	Stunden	Beurteilung/Teilnahme ²)	Wh. ³)

Diese Bestätigung berechtigt nicht zur Berufsausübung im gehobenen Dienst für Gesundheits- und Krankenpflege.

...., am ....

Die Direktorin/Der Direktor:

---

¹) Nicht Zutreffendes streichen.
²) „ausgezeichnet bestanden", „gut bestanden", „bestanden", „nicht bestanden"; „erfolgreich teilgenommen", „nicht genügend" (5) gemäß § 27 Abs. 7 GuK-AV – Zutreffendes einfügen.
³) Wiederholung gemäß § 66 Abs. 1 GuK-AV – Bei Zutreffen ankreuzen.

Anhang   **GuK-AV**

Anlage 16

Rundsiegel der Schule für
Gesundheits- und Krankenpflege

BESTÄTIGUNG ÜBER DIE EIGNUNGSPRÜFUNG

Frau/Herr ....

geboren am .... in ....

hat den gemäß Bescheid des Bundesministers für ....

vom ...., Zahl ...., vorgeschriebene
Eignungsprüfung gemäß der Verordnung über die Ausbildung im gehobenen Dienst für Gesundheits- und Krankenpflege (GuK-AV), BGBl. II Nr. 179/1999,

mit – ohne [1]) Erfolg

absolviert und nachstehende Beurteilung erlangt.

Sachgebiet/Unterrichtsfach	Beurteilung [2])	1. Wh. [3])	2. Wh. [4])

Diese Bestätigung berechtigt nicht zur Berufsausübung im gehobenen Dienst für Gesundheits- und Krankenpflege.

...., am ....

Für die Prüfungskommission:

Die/Der Vorsitzende: Die Direktorin/Der Direktor:

---

[1]) Nicht Zutreffendes streichen.
[2]) „sehr gut" (1), „gut" (2), „befriedigend" (3), „genügend" (4), „nicht genügend" (5) – Zutreffendes einfügen.
[3]) Erste Wiederholungsprüfung gemäß § 66 Abs. 2 GuK-AV – Bei Zutreffen ankreuzen.
[4]) Zweite Wiederholungsprüfung gemäß § 66 Abs. 2 GuK-AV – Bei Zutreffen ankreuzen.

GuK-AV   **Anhang**

Anlage 17

Rundsiegel der Schule für
Gesundheits- und Krankenpflege

ZEUGNIS ÜBER DIE ERGÄNZUNGSAUSBILDUNG FÜR SANITÄTSUNTEROFFIZIERE

Frau/Herr ....

geboren am .... in ....

hat die theoretische Ergänzungsausbildung für Sanitätsunteroffiziere gemäß der Verordnung über die Ausbildung im gehobenen Dienst für Gesundheits- und Krankenpflege (GuK-AV), BGBl. II Nr. 179/1999, absolviert und die kommissionelle Prüfung

mit Erfolg

bestanden.

Er hat hiemit die Berechtigung zur Berufsausübung in der allgemeinen Gesundheits- und Krankenpflege im Rahmen von Tätigkeiten des Österreichischen Bundesheeres gemäß § 2 Abs. 1 Wehrgesetz 1990, BGBl. Nr. 305, erlangt.

...., am ....

Für die Prüfungskommission:
Die/Der Vorsitzende:

Die/Der medizinisch-
wissenschaftliche Leiterin/Leiter: Die Direktorin/Der Direktor:

Anhang **GuK-AV**

Anlage 18

Rundsiegel der Schule für
Gesundheits- und Krankenpflege

DIPLOMPRÜFUNGSZEUGNIS

Frau/Herr ....

geboren am .... in ....

hat im Rahmen der Diplomprüfung in der

.... [1])

gemäß der Verordnung über die Ausbildung im gehobenen Dienst für Gesundheits- und Krankenpflege (GuK-AV), BGBl. II Nr. 179/1999, nachstehende Beurteilungen erzielt.

Dieses Zeugnis berechtigt nicht zur Berufsausübung im gehobenen Dienst für Gesundheits- und Krankenpflege.

---

[1]) „allgemeinen Gesundheits- und Krankenpflege", „Kinder- und Jugendlichenpflege", „psychiatrischen Gesundheits- und Krankenpflege" – Zutreffendes einfügen.

GuK-AV   Anhang

Schriftliche Fachbereichsarbeit

Thema der Fachbereichsarbeit	Beurteilung [2]	Wh. [3]

Praktische Diplomprüfung

Fachbereich	Beurteilung [4]	Wh. [5]

Mündliche Diplomprüfung

Sachgebiet	Beurteilung [2]	1. Wh. [6]	2. Wh. [7]
1. Teilprüfung:			
2. Teilprüfung:			
3. Teilprüfung:			
Zusätzliche Teilprüfung/en: [8]			

Dieses Zeugnis berechtigt nicht zur Berufsausübung im gehobenen Dienst für Gesundheits- und Krankenpflege.

...., am ....

Die Direktorin/Der Direktor:

---

[2] „sehr gut" (1), „gut" (2), „befriedigend" (3), „genügend" (4), „nicht genügend" (5) – Zutreffendes einfügen.
[3] Wiederholung gemäß § 50 Abs. 4 bis 6 GuK-AV – Bei Zutreffen ankreuzen.
[4] „ausgezeichnet bestanden", „gut bestanden", „bestanden", „nicht bestanden" – Zutreffendes einfügen.
[5] Wiederholung gemäß § 50 Abs. 1 bis 3 GuK-AV – Bei Zutreffen ankreuzen.
[6] Erste Wiederholung gemäß § 50 Abs. 1 bis 3 GuK-AV – Bei Zutreffen ankreuzen.
[7] Zweite Wiederholung gemäß § 50 Abs. 2 und 3 GuK-AV – Bei Zutreffen ankreuzen.
[8] Zusätzliche Teilprüfung gemäß §§ 28 Abs. 4 oder 30 Abs. 4 GuK-AV – Bei Zutreffen Unterrichtsfach einfügen.

Anhang GuK-AV

Anlage 19

Bezeichnung, Adresse und Rechtsträger der
Ausbildungseinrichtung sowie DVR-Nummer

DIPLOM

Frau/Herr ....

geboren am .... in ....

hat die Ausbildung in der allgemeinen Gesundheits- und Krankenpflege

gemäß der Gesundheits- und Krankenpflege-Ausbildungsverordnung – GuK-AV, BGBl. II Nr. 179/1999, absolviert und die Diplomprüfung

mit ....[1] Erfolg

bestanden.

Sie/Er hat die Berechtigung zur Ausübung in der allgemeinen Gesundheits- und Krankenpflege erlangt und ist zur Führung der Berufsbezeichnung

Diplomierte Gesundheits- und Krankenschwester /
Diplomierter Gesundheits- und Krankenpfleger

berechtigt.

Die absolvierte Ausbildung und das Diplom entsprechen Anhang V Nr. 5.2. der Richtlinie 2005/36/EG.

...., am ....

Für die Prüfungskommission:
Die/Der Vorsitzende:

Die/Der medizinisch-wissenschaftliche Leiterin/Leiter: Die Direktorin/Der Direktor:

---

1 „ausgezeichnetem", „gutem", „—" – Zutreffendes einfügen.

GuK-AV   Anhang

Anlage 20

Bezeichnung, Adresse und Rechtsträger der
Ausbildungseinrichtung sowie DVR-Nummer

DIPLOM

Frau/Herr

....

geboren   am   ....in
....

hat   die   Ausbildung   in   der
....[1]

gemäß der Gesundheits- und Krankenpflege-Ausbildungsverordnung – GuK-AV, BGBl. II Nr. 179/1999, absolviert und die Diplomprüfung

mit.......................................[2] Erfolg

bestanden.

Sie/Er   hat   die   Berechtigung   zur   Ausübung   in   der
....[1]

erlangt und ist zur Führung der Berufsbezeichnung

....[3]

berechtigt.

Die absolvierte Ausbildung entspricht einem Diplom gemäß Artikel 11 lit. c ii) der Richtlinie 2005/36/EG.

............................, am ....

Für die Prüfungskommission:

Die/Der Vorsitzende:

Die/Der medizinisch-wissenschaftliche Leiterin/Leiter: Die Direktorin/Der Direktor:

---

[1] „Kinder- und Jugendlichenpflege", „Psychiatrischen Gesundheits- und Krankenpflege" – Zutreffendes einfügen.
[2] „ausgezeichnetem", „gutem", „—" – Zutreffendes einfügen.
[3] „Diplomierte Kinderkrankenschwester"/„Diplomierter Kinderkrankenpfleger", „Diplomierte psychiatrische Gesundheits- und Krankenschwester"/„Diplomierter psychiatrischer Gesundheits- und Krankenpfleger" – Zutreffendes einfügen.

B) Gesundheits- und Krankenpflege-Ausweisverordnung – GuK-AusweisV 2006, BGBl. II Nr. 454/2006 i.d.F. BGBl. II Nr. 245/2010

Verordnung der Bundesministerin für Gesundheit und Frauen über Form und Inhalt des Berufsausweises für Angehörige der Gesundheits- und Krankenpflegeberufe (Gesundheits- und Krankenpflege-Ausweisverordnung – GuK-AusweisV 2006), BGBl. II Nr. 454/2006 i.d.F. BGBl. II Nr. 245/2010

Auf Grund des § 10 Abs. 3 des Gesundheits- und Krankenpflegegesetzes, BGBl. I Nr. 108/1997, zuletzt geändert durch das Bundesgesetz BGBl. I Nr. 90/2006, wird verordnet:

Allgemeine Bestimmungen

§ 1. (1) Die zuständige Bezirksverwaltungsbehörde hat Angehörigen der Gesundheits- und Krankenpflegeberufe auf deren Antrag einen Berufsausweis gemäß dem Muster der Anlage auszustellen. Die Bezirksverwaltungsbehörde kann Berufsausweise aus foliertem Papier oder Berufsausweise aus Kunststoff verwenden.

(2) Der Berufsausweis hat zu enthalten:
1. die Berufsbezeichnung/en gemäß § 12 Abs. 1 bis 3 bzw. § 83 Abs. 1 GuKG,
2. den bzw. die allfälligen akademischen Grad bzw. Grade,
3. den bzw. die Vor- und Zunamen,
4. das Geburtsdatum,
5. die Staatsangehörigkeit,
6. das Foto und
7. die Unterschrift.

(3) Im Berufsausweis sind auf Antrag allfällige Zusatzbezeichnungen bzw. Ausbildungsbezeichnungen gemäß § 12 Abs. 4 und 5 und § 83 Abs. 1a GuKG einzutragen.

(4) Die zuständige Bezirksverwaltungsbehörde hat jeden Berufsausweis mit
1. dem Ausstellungsdatum,
2. der Bezeichnung der ausstellenden Behörde und
3. einer Ausweisnummer

zu versehen.

(5) Der Berufsausweis ist bei Ausfolgung vom/von der Antragsteller/Antragstellerin eigenhändig zu unterfertigen. Anlässlich einer Neuausstellung sind allfällige bisher ausgestellte Berufsausweise durch die Bezirksverwaltungsbehörde einzuziehen und zu vernichten.

Änderungen im Berufsausweis

§ 2. (1) Der/Die Ausweisinhaber/Ausweisinhaberin hat die Ausstellung eines neuen Berufsausweises bei der zuständigen Bezirksverwaltungsbehörde binnen vier Wochen zu beantragen:
1. beim Erwerb einer weiteren Berufsbezeichnung,
2. bei Änderung des/der Vor- bzw. Zunamens/Vor- bzw. Zunamen,
3. bei Änderung der Staatsangehörigkeit,
4. wenn Angaben gemäß § 1 Abs. 2, 3 oder 4 nicht mehr eindeutig lesbar sind,
5. wenn das Foto beschädigt ist oder
6. wenn das Foto den/die Ausweisinhaber/Ausweisinhaberin nicht mehr einwandfrei erkennen lässt.

(2) Bei Änderungen der Zusatzbezeichnung/en oder des/der akademischen Grades/Grade kann der/die Ausweisinhaber/Ausweisinhaberin die Ausstellung eines neuen Berufsausweises bei der zuständigen Bezirksverwaltungsbehörde beantragen.

(3) Die Bezirksverwaltungsbehörde hat in den Fällen der Abs. 1 und 2 den bisherigen Berufsausweis einzuziehen und zu vernichten.

Übergangsbestimmung

§ 3. Gemäß der Verordnung der Bundesministerin für Arbeit, Gesundheit und Soziales über Form und Inhalt des Berufsausweises für Angehörige der Gesundheits- und Krankenpflegeberufe (Gesundheits- und Krankenpflege-Ausweisverordnung – GuKAusweisV), BGBl. II Nr. 20/1998, ausgestellte Berufsausweise behalten bis zur Ausstellung eines neuen Berufsausweises ihre Gültigkeit.

Außer-Kraft-Treten

§ 4. Die Gesundheits- und Krankenpflege-Ausweisverordnung, BGBl. II Nr. 20/1998, tritt mit In-Kraft-Treten dieser Verordnung außer Kraft.

Anmerkungen:

1. Die GuK-AusweisV 2006 ist mit 25. November 2006 in Kraft getreten. Die Novelle BGBl. II Nr. 245/2010 ist mit 23. Juli 2010 in Kraft getreten.

2. Mit der Novelle BGBl. II Nr. 245/2010 wurden lediglich im § 1 zwei Zitate angepasst.

GuK-AusweisV   Anhang

Anlage

Muster des Berufsausweises für Angehörige der Gesundheits- und Krankenpflegeberufe

Vorderseite:

> **Berufsausweis für Angehörige der Gesundheits- und Krankenpflegeberufe**
>
> ....
> Berufsbezeichnung/en
>
> ....
> Zuname/n, akademische/r Grad/e
> ....
> Vorname/n
> ....
> Geburtsdatum
> ....
> Staatsangehörigkeit
>
> [Foto]

Rückseite:

> ....
> Unterschrift des Inhabers / der Inhaberin
>
> ....
> Zusatzbezeichnung/en, Ausbildungsbezeichnung/en
>
> ....
> Ausstellungsdatum/ausstellende Behörde   Ausweisnummer

C) Gesundheits- und Krankenpflege-EWR-Qualifikationsnachweis-Verordnung 2008 – GuK-EWRV 2008, BGBl. II Nr. 193/2008 i.d.F. BGBl. II Nr. 167/2009

Verordnung der Bundesministerin für Gesundheit, Familie und Jugend betreffend die Qualifikationsnachweise in der allgemeinen Gesundheits- und Krankenpflege aus dem Europäischen Wirtschaftsraum und der Schweizerischen Eidgenossenschaft (Gesundheits- und Krankenpflege-EWR-Qualifikationsnachweis-Verordnung 2008 – GuK-EWRV 2008), BGBl. II Nr. 193/2008 i.d.F. BGBl. II Nr. 167/2009

Auf Grund des § 29 Abs. 2 Gesundheits- und Krankenpflegegesetz, BGBl. I Nr. 108/1997, zuletzt geändert durch das Bundesgesetz BGBl. I Nr. 57/2008, wird verordnet:

Inhaltsverzeichnis

1. Abschnitt
Allgemeines

§ 1	Umsetzung von Gemeinschaftsrecht
§ 2	Verweisungen

2. Abschnitt
Automatische Anerkennung

§ 3	Ausbildungsnachweise gemäß Anhang V der Richtlinie 2005/36/EG
§ 4	Erworbene Rechte – Allgemein
§ 5	Erworbene Rechte – Deutschland
§ 6	Erworbene Rechte – Tschechische Republik und Slowakei
§ 7	Erworbene Rechte – Estland, Lettland, Litauen

GuK-EWRV 2008   Anhang

§ 8   Erworbene Rechte – Slowenien
§ 9   Erworbene Rechte – Polen
§ 10   Erworbene Rechte – Rumänien
§ 10a   Erworbene Rechte – Weitermigration

3. Abschnitt
Allgemeines Anerkennungssystem

§ 11   Anerkennung bei Nichterfüllen der Berufspraxis
§ 12   Anerkennung von spezialisierten Krankenschwestern/Krankenpflegern
§ 13   Anerkennung von Drittlanddiplomen
§ 14   Ausgleichsmaßnahmen
§ 15   Anpassungslehrgang
§ 16   Eignungsprüfung

4. Abschnitt
In- und Außerkrafttreten

§ 17   Inkrafttreten
§ 18   Außerkrafttreten

Anlage Ausbildungsnachweise in der allgemeinen Krankenpflege gemäß Anhang V der Richtlinie 2005/36/EG

1. Abschnitt
Allgemeines

Umsetzung von Gemeinschaftsrecht

§ 1. Durch diese Verordnung werden
1. die Richtlinie 2005/36/EG über die Anerkennung von Berufsqualifikationen, ABl. Nr. L 255 vom 30.09.2005 S. 22, zuletzt geändert durch die Verordnung (EG) Nr. 1137/2008 zur Anpassung einiger Rechtsakte, für die das Verfahren des Artikels 251 des Vertrags gilt, an den Beschluss 1999/468/EG des Rates in Bezug auf das

Anhang GuK-EWRV 2008

Regelungsverfahren mit Kontrolle, ABl. Nr. L 311 vom 21.11.2008 S. 1, sowie
2. das Abkommen zwischen der Europäischen Gemeinschaft und ihren Mitgliedstaaten einerseits und der Schweizerischen Eidgenossenschaft andererseits über die Freizügigkeit, ABl. Nr. L 114 vom 30.04.2002, S. 6, BGBl. III Nr. 133/2002, in der Fassung des Protokolls im Hinblick auf die Aufnahme der Tschechischen Republik, Estlands, Zyperns, Lettlands, Litauens, Ungarns, Maltas, Polens, Sloweniens und der Slowakei als Vertragsparteien infolge ihre Beitritts zur Europäischen Union, ABl. Nr. L 89 vom 28.03.2006, S. 30, BGBl. III Nr. 162/2006,
in österreichisches Recht umgesetzt.

Verweisungen

§ 2. Soweit in dieser Verordnung auf Bestimmungen der Gesundheits- und Krankenpflege-Ausbildungsverordnung – GuK-AV, BGBl. II Nr. 179/1999, verwiesen wird, ist diese in ihrer jeweils geltenden Fassung anzuwenden.

2. Abschnitt
Automatische Anerkennung

Ausbildungsnachweise gemäß Anhang V der Richtlinie 2005/36/EG

§ 3. Als Qualifikationsnachweise in der allgemeinen Gesundheits- und Krankenpflege sind die in der **Anlage** für das jeweilige Land angeführten Ausbildungsnachweise anzuerkennen, die von der angeführten zuständigen Stelle des jeweiligen Vertragsstaats des Abkommens über den Europäischen Wirtschaftsraum (EWR-Vertragsstaat) bzw. der Schweizerischen Eidgenossenschaft ausgestellt wurden (Artikel 21 Abs. 1 in Verbindung mit Anhang V Nummer 5.2.2. Richtlinie 2005/36/EG).

Erworbene Rechte – Allgemein

§ 4. (1) Als Qualifikationsnachweise in der allgemeinen Gesundheits- und Krankenpflege sind von einem EWR-Vertragsstaat mit Ausnahme von Polen und Rumänien oder der Schweizerischen Eidgenossenschaft ausgestellte Ausbildungsnachweise in der allgemeinen Gesundheits- und Krankenpflege, auch wenn sie nicht den Anforderungen an die Ausbildung gemäß Artikel 31 der Richtlinie 2005/36/EG entsprechen, anzuerkennen, sofern

    1. sie eine Ausbildung abschließen, die vor dem in der **Anlage** für das jeweilige Land angeführten Stichtag begonnen wurde, und

    2. eine Bescheinigung darüber beigefügt ist, dass die betreffende Person während der letzten fünf Jahre vor Ausstellung der Bescheinigung mindestens drei Jahre lang im Europäischen Wirtschaftsraum oder der Schweizerischen Eidgenossenschaft tatsächlich und rechtmäßig Tätigkeiten der allgemeinen Gesundheits- und Krankenpflege, die sich auf die volle Verantwortung für die Planung, Organisation und Ausführung der Krankenpflege der Patienten/Patientinnen erstreckt haben, ausgeübt hat

(Artikel 23 Abs. 1 in Verbindung mit Artikel 33 Abs. 1 Richtlinie 2005/36/EG).

(2) Als Qualifikationsnachweise in der allgemeinen Gesundheits- und Krankenpflege sind von einem EWR-Vertragsstaat mit Ausnahme von Polen und Rumänien oder der Schweizerischen Eidgenossenschaft ausgestellte Ausbildungsnachweise in der allgemeinen Gesundheits- und Krankenpflege, auch wenn sie nicht den in der **Anlage** für das jeweilige Land angeführten Bezeichnungen entsprechen, anzuerkennen, sofern ihnen eine Bescheinigung der zuständigen Stelle des betreffenden EWR-Vertragsstaats oder der Schweizerischen Eidgenossenschaft beigefügt ist, aus der sich ergibt, dass der Ausbildungsnachweis

    1. eine Ausbildung abschließt, die den Bestimmungen des Artikel 31 der Richtlinie 2005/36/EG entspricht und

2. von dem jeweiligen EWR-Vertragsstaat bzw. der Schweizerischen Eidgenossenschaft dem in der **Anlage** für das jeweilige Land angeführten Ausbildungsnachweis gleichgestellt wird

(Artikel 23 Abs. 6 Richtlinie 2005/36/EG).

Erworbene Rechte – Deutschland

§ 5. Als Qualifikationsnachweise in der allgemeinen Gesundheits- und Krankenpflege sind auf dem Gebiet der ehemaligen Deutschen Demokratischen Republik erworbene Ausbildungsnachweise in der allgemeinen Gesundheits- und Krankenpflege, auch wenn sie nicht den Anforderungen an die Ausbildung gemäß Artikel 31 der Richtlinie 2005/36/EG entsprechen, anzuerkennen, sofern

1. sie eine Ausbildung abschließen, die vor dem 3. Oktober 1990 begonnen wurde,
2. von der zuständigen deutschen Behörde bescheinigt wird, dass der Ausbildungsnachweis zur Ausübung der allgemeinen Gesundheits- und Krankenpflege im gesamten Hoheitsgebiet Deutschlands unter denselben Voraussetzungen wie der in der **Anlage** für Deutschland angeführte Ausbildungsnachweis berechtigt, und
3. eine Bescheinigung darüber beigefügt ist, dass die betreffende Person während der letzten fünf Jahre vor Ausstellung der Bescheinigung mindestens drei Jahre lang im Europäischen Wirtschaftsraum oder der Schweizerischen Eidgenossenschaft tatsächlich und rechtmäßig Tätigkeiten der allgemeinen Gesundheits- und Krankenpflege, die sich auf die volle Verantwortung für die Planung, Organisation und Ausführung der Krankenpflege der Patienten/Patientinnen erstreckt haben, ausgeübt hat

(Artikel 23 Abs. 2 in Verbindung mit Artikel 33 Abs. 1 Richtlinie 2005/36/EG).

Erworbene Rechte – Tschechische Republik und Slowakei

§ 6. Als Qualifikationsnachweise in der allgemeinen Gesundheits- und Krankenpflege sind von der ehemaligen Tschechoslowakei ausgestellte Ausbildungsnachweise in der allgemeinen Gesundheits- und Krankenpflege anzuerkennen, sofern
1. sie eine Ausbildung abschließen, die vor dem 1. Jänner 1993 begonnen wurde,
2. von der zuständigen Behörde der Tschechischen Republik oder der Slowakei bescheinigt wird, dass der Ausbildungsnachweis für die Ausübung der allgemeinen Gesundheits- und Krankenpflege im tschechischen bzw. slowakischen Hoheitsgebiet die gleichen Rechte verleiht wie der in der **Anlage** für die Tschechische Republik bzw. die Slowakei angeführte Ausbildungsnachweis und
3. eine Bescheinigung der gleichen Behörde darüber beigefügt ist, dass die betreffende Person während der letzten fünf Jahre vor Ausstellung der Bescheinigung mindestens drei Jahre lang tatsächlich und rechtmäßig Tätigkeiten der allgemeinen Gesundheits- und Krankenpflege, die sich auf die volle Verantwortung für die Planung, Organisation und Ausführung der Krankenpflege der Patienten/Patientinnen erstreckt haben, in der Tschechischen Republik oder der Slowakei ausgeübt hat

(Artikel 23 Abs. 3 in Verbindung mit Artikel 33 Abs. 1 Richtlinie 2005/36/EG).

Erworbene Rechte – Estland, Lettland, Litauen

§ 7. Als Qualifikationsnachweise in der allgemeinen Gesundheits- und Krankenpflege sind von der ehemaligen Sowjetunion ausgestellte Ausbildungsnachweise in der allgemeinen Gesundheits- und Krankenpflege anzuerkennen, sofern
1. sie eine Ausbildung abschließen, die
    a) im Fall Estlands vor dem 20. August 1991,
    b) im Fall Lettlands vor dem 21. August 1991 bzw.

c) im Fall Litauens vor dem 11. März 1990 begonnen wurde,
2. von der zuständigen Behörde Estlands, Lettlands bzw. Litauens bescheinigt wird, dass der Ausbildungsnachweis für die Ausübung der allgemeinen Gesundheits- und Krankenpflege im estnischen, lettischen bzw. litauischen Hoheitsgebiet die gleichen Rechte verleiht wie der in der **Anlage** für Estland, Lettland bzw. Litauen angeführte Ausbildungsnachweis und
3. eine Bescheinigung der gleichen Behörde darüber beigefügt ist, dass die betreffende Person während der letzten fünf Jahre vor Ausstellung der Bescheinigung mindestens drei Jahre lang tatsächlich und rechtmäßig Tätigkeiten der allgemeinen Gesundheits- und Krankenpflege, die sich auf die volle Verantwortung für die Planung, Organisation und Ausführung der Krankenpflege der Patienten/Patientinnen erstreckt haben, in Estland, Lettland oder Litauen ausgeübt hat

(Artikel 23 Abs. 4 in Verbindung mit Artikel 33 Abs. 1 Richtlinie 2005/36/EG).

Erworbene Rechte – Slowenien

§ 8. Als Qualifikationsnachweise in der allgemeinen Gesundheits- und Krankenpflege sind vom ehemaligen Jugoslawien ausgestellte Ausbildungsnachweise in der allgemeinen Gesundheits- und Krankenpflege anzuerkennen, sofern
1. sie eine Ausbildung abschließen, die vor dem 25. Juni 1991 begonnen wurde,
2. von der zuständigen slowenischen Behörde bescheinigt wird, dass der Ausbildungsnachweis für die Ausübung der allgemeinen Gesundheits- und Krankenpflege im slowenischen Hoheitsgebiet die gleichen Rechte verleiht wie der in der **Anlage** für Slowenien angeführte Ausbildungsnachweis und

3. eine Bescheinigung der gleichen Behörde darüber beigefügt ist, dass die betreffende Person während der letzten fünf Jahre vor Ausstellung der Bescheinigung mindestens drei Jahre lang tatsächlich und rechtmäßig Tätigkeiten der allgemeinen Gesundheits- und Krankenpflege, die sich auf die volle Verantwortung für die Planung, Organisation und Ausführung der Krankenpflege der Patienten/Patientinnen erstreckt haben, in Slowenien ausgeübt hat

(Artikel 23 Abs. 5 in Verbindung mit Artikel 33 Abs. 1 Richtlinie 2005/36/EG).

Erworbene Rechte – Polen

§ 9. (1) Als Qualifikationsnachweise in der allgemeinen Gesundheits- und Krankenpflege sind folgende von Polen ausgestellte Ausbildungsnachweise in der allgemeinen Gesundheits- und Krankenpflege, deren Ausbildung vor dem 1. Mai 2004 begonnen wurde und die den Mindestanforderungen an die Ausbildung gemäß Artikel 31 der Richtlinie 2005/36/EG nicht entsprechen, anzuerkennen, sofern ihnen eine Bescheinigung darüber beigefügt ist, dass die betreffende Person während der nachstehend angegebenen Zeiträume tatsächlich und rechtmäßig Tätigkeiten der allgemeinen Gesundheits- und Krankenpflege, die sich auf die volle Verantwortung für die Planung, Organisation und Ausführung der Krankenpflege der Patienten/Patientinnen erstreckt haben, in Polen ausgeübt hat:

1. Ausbildungsnachweis der Krankenschwester bzw. des Krankenpflegers auf Graduiertenebene (dyplom licencjata pielêgniarstwa) mit einer Bescheinigung über eine Berufstätigkeit von mindestens drei Jahren in den letzten fünf Jahren vor Ausstellung der Bescheinigung,
2. Ausbildungsnachweis der Krankenschwester bzw. des Krankenpflegers, mit dem der Abschluss einer an einer medizinischen Fachschule erworbenen postsekundären Ausbildung bescheinigt wird (dyplom pielêgniarki albo pielêgniarki dyplomowanej), mit einer Bescheinigung über

Anhang GuK-EWRV 2008

eine Berufstätigkeit von mindestens fünf Jahren in den letzten sieben Jahren vor Ausstellung der Bescheinigung (Artikel 33 Abs. 2 Richtlinie 2005/36/EG).
(2) Als Qualifikationsnachweise in der allgemeinen Gesundheits- und Krankenpflege sind von Polen ausgestellte Ausbildungsnachweise in der allgemeinen Gesundheits- und Krankenpflege, die den Mindestanforderungen an die Ausbildung gemäß Artikel 31 der Richtlinie 2005/36/EG nicht entsprechen, anzuerkennen, sofern
1. deren Ausbildung vor dem 1. Mai 2004 abgeschlossen wurde und
2. sie durch ein ,,Bakkalaureat-Diplom bescheinigt werden, das auf der Grundlage eines speziellen Aufstiegsfortbildungsprogramms erworben wurde, das nach Artikel 11 des Gesetzes vom 20. April 2004 zur Änderung des Gesetzes über den Beruf der Krankenschwester, des Krankenpflegers und der Hebamme und zu einigen anderen Rechtsakten (Amtsblatt der Republik Polen vom 30. April 2004 Nr. 92 Pos. 885) und nach Maßgabe der Verordnung des Gesundheitsministers vom 11. Mai 2004 über die Ausbildungsbedingungen für Krankenschwestern, Krankenpfleger und Hebammen, die einen Sekundarschulabschluss (Abschlussexamen-Matura) und eine abgeschlossene medizinische Schul- und Fachschulausbildung für den Beruf der Krankenschwester, des Krankenpflegers und der Hebamme nachweisen können (Amtsblatt der Republik Polen vom 13. Mai 2004 Nr. 110 Pos. 1170), durchgeführt wurde, um zu überprüfen, ob die betreffende Person über einen Kenntnisstand und eine Fachkompetenz verfügt, die mit denen der Krankenschwestern und Krankenpfleger vergleichbar sind, die Inhaber/Inhaberinnen der für Polen in der **Anlage** angeführten Ausbildungsnachweise sind

(Artikel 33 Abs. 3 Richtlinie 2005/36/EG).

GuK-EWRV 2008 Anhang

Erworbene Rechte – Rumänien

§ 10. Als Qualifikationsnachweise in der allgemeinen Gesundheits- und Krankenpflege sind von Rumänien ausgestellte Ausbildungsnachweise für Krankenschwestern und Krankenpfleger für allgemeine Pflege (Certificat de compeente profesionale de asistent medical generalist) mit einer an einer °coal postliceal erworbenen postsekundären Ausbildung, die den Mindestanforderungen an die Ausbildung gemäß Artikel 31 der Richtlinie 2005/36/EG nicht entspricht, anzuerkennen, sofern

1. die Ausbildung vor dem 1. Jänner 2007 begonnen wurde und
2. eine Bescheinigung darüber beigefügt ist, dass die betreffende Person während der letzten sieben Jahre vor Ausstellung der Bescheinigung mindestens fünf Jahre tatsächlich und rechtmäßig Tätigkeiten der allgemeinen Gesundheits- und Krankenpflege, die sich auf die volle Verantwortung für die Planung, Organisation und Ausführung der Krankenpflege der Patienten/Patientinnen erstreckt haben, in Rumänien ausgeübt hat

(Artikel 33a Richtlinie 2005/36/EG).

Erworbene Rechte – Weitermigration

§ 10a. Als Qualifikationsnachweise in der allgemeinen Gesundheits- und Krankenpflege sind von der ehemaligen Tschechoslowakei, von der ehemaligen Sowjetunion, vom ehemaligen Jugoslawien, von Polen bzw. von Rumänien ausgestellte Ausbildungsnachweise in der allgemeinen Gesundheits- und Krankenpflege gemäß §§ 6, 7, 8, 9 Abs. 1 bzw. 10 anzuerkennen, sofern

1. sie in einem anderen EWR-Vertragsstaat oder der Schweizerischen Eidgenossenschaft nach den entsprechenden Bestimmungen der Artikel 23 Abs. 3 bis 5, 33 Abs. 2 bzw. 33a der Richtlinie 2005/36/EG anerkannt wurden und
2. eine Bescheinigung darüber beigefügt ist, dass die betreffende Person während der letzten fünf Jahre vor Ausstellung der Bescheinigung mindestens drei Jahre

Anhang   GuK-EWRV 2008

lang im Europäischen Wirtschaftsraum oder der Schweizerischen Eidgenossenschaft tatsächlich und rechtmäßig Tätigkeiten der allgemeinen Gesundheits- und Krankenpflege, die sich auf die volle Verantwortung für die Planung, Organisation und Ausführung der Krankenpflege der Patienten/Patientinnen erstreckt haben, ausgeübt hat
(Artikel 23 Abs. 1 in Verbindung mit Artikel 23 Abs. 3 bis 5, 33 Abs. 2 bzw. 33a sowie Artikel 33 Abs. 1 Richtlinie 2005/36/EG).

3. Abschnitt
Allgemeines Anerkennungssystem

Anerkennung bei Nichterfüllen der Berufspraxis

§ 11. Als Qualifikationsnachweise in der allgemeinen Gesundheits- und Krankenpflege sind Ausbildungsnachweise gemäß §§ 4 bis 10a, deren Inhaber/Inhaberinnen nicht die Anforderungen der tatsächlichen und rechtmäßigen Berufspraxis erfüllen, nach Maßgabe des § 14 anzuerkennen (Artikel 10 lit. b Richtlinie 2005/36/EG).

Anerkennung von spezialisierten Krankenschwestern/Krankenpflegern

§ 12. Als Qualifikationsnachweis in der allgemeinen Gesundheits- und Krankenpflege sind von einem EWR-Vertragsstaat oder der Schweizerischen Eidgenossenschaft ausgestellte Ausbildungsnachweise von spezialisierten Krankenschwestern/Krankenpflegern, die keine Ausbildung für die allgemeine Pflege absolviert haben, nach Maßgabe des § 14 anzuerkennen (Artikel 10 lit. f Richtlinie 2005/36/EG).

Anerkennung von Drittlanddiplomen

§ 13. Als Qualifikationsnachweise in der allgemeinen Gesundheits- und Krankenpflege sind außerhalb des Europäischen Wirtschaftsraums oder der Schweizerischen Eidgenossenschaft

GuK-EWRV 2008 **Anhang**

ausgestellte Ausbildungsnachweise in der allgemeinen Gesundheits- und Krankenpflege (Drittlanddiplome), deren Inhaber/Inhaberinnen
    1. in einem EWR-Vertragsstaat oder der Schweizerischen Eidgenossenschaft zur Ausübung der allgemeinen Gesundheits- und Krankenpflege berechtigt sind und
    2. eine Bescheinigung des Staates gemäß Z 1 darüber vorlegen, dass sie drei Jahre die allgemeine Gesundheits- und Krankenpflege im Hoheitsgebiet dieses Staates ausgeübt haben,

nach Maßgabe des § 14 anzuerkennen (Artikel 10 lit. g in Verbindung mit Artikel 3 Abs. 3 Richtlinie 2005/36/EG).

Ausgleichsmaßnahmen

§ 14. Die Anerkennung von Ausbildungsnachweisen gemäß §§ 11 bis 13 ist an die Bedingung der erfolgreichen Absolvierung eines höchstens dreijährigen Anpassungslehrgangs (§ 15) oder einer Eignungsprüfung (§ 16) zu knüpfen, wenn der Ausbildungsnachweis eine Ausbildung abschließt,
    1. deren Dauer mindestens ein Jahr unter der Dauer der österreichischen Ausbildung im gehobenen Dienst für Gesundheits- und Krankenpflege liegt oder
    2. deren Fächer bedeutende Abweichungen hinsichtlich Dauer oder Inhalt gegenüber der im Rahmen der österreichischen Ausbildung in der allgemeinen Gesundheits- und Krankenpflege vorgeschriebenen Ausbildung aufweisen, deren Kenntnis eine wesentliche Voraussetzung für die Ausübung der allgemeinen Gesundheits- und Krankenpflege ist,

wobei die von der betreffenden Person im Rahmen ihrer Berufspraxis erworbenen Kenntnisse zu berücksichtigen sind.

Anpassungslehrgang

§ 15. (1) Ein Anpassungslehrgang ist die Ausübung der allgemeinen Gesundheits- und Krankenpflege in Österreich unter der

Verantwortung eines/einer qualifizierten Angehörigen des gehobenen Dienstes für Gesundheits- und Krankenpflege, der/die in Österreich zur Ausübung der allgemeinen Gesundheits- und Krankenpflege berechtigt ist.

(2) Der Anpassungslehrgang kann mit einer Zusatzausbildung einhergehen, sofern dies fachlich erforderlich ist, und ist zu bewerten.

(3) Hinsichtlich der Durchführung des Anpassungslehrgangs sind die Bestimmungen des 6. Abschnitts der GuK-AV anzuwenden mit der Maßgabe, dass der Anpassungslehrgang im Rahmen der Zulassung zur Berufsausübung in der allgemeinen Gesundheits- und Krankenpflege an einer Schule für allgemeine Gesundheits- und Krankenpflege zu absolvieren ist.

Eignungsprüfung

§ 16. (1) Eine Eignungsprüfung ist eine ausschließlich die beruflichen Kenntnisse und Fertigkeiten des/der Berufsangehörigen betreffende Prüfung, mit der die Fähigkeit, die allgemeine Gesundheits- und Krankenpflege in Österreich auszuüben, beurteilt wird.

(2) Die Eignungsprüfung ist anhand eines Verzeichnisses jener Sachgebiete,
1. die auf Grund eines Vergleichs zwischen der im Rahmen der österreichischen Ausbildung in der allgemeinen Gesundheits- und Krankenpflege vorgeschriebenen Unterrichtsfächer und Fachbereiche und der von der betreffenden Person absolvierten Ausbildung von dieser nicht abgedeckt werden und
2. deren Kenntnis eine wesentliche Voraussetzung für die Ausübung der allgemeinen Gesundheits- und Krankenpflege ist,

durchzuführen.

(3) Hinsichtlich der Durchführung der Eignungsprüfung sind die Bestimmungen des 6. Abschnitts der GuK-AV anzuwenden mit der Maßgabe, dass die Eignungsprüfung im Rahmen der

GuK-EWRV 2008   Anhang

Zulassung zur Berufsausübung in der allgemeinen Gesundheits- und Krankenpflege an einer Schule für allgemeine Gesundheits- und Krankenpflege zu absolvieren ist.

4. Abschnitt
In- und Außerkrafttreten

Inkrafttreten

§ 17. Diese Verordnung tritt mit 20. Oktober 2007 in Kraft.

Außerkrafttreten

§ 18. Mit Inkrafttreten dieser Verordnung tritt die Verordnung der Bundesministerin für Gesundheit und Frauen betreffend die Diplome, Prüfungszeugnisse und sonstigen Befähigungsnachweise von Krankenschwestern und Krankenpflegern, die für die allgemeine Pflege verantwortlich sind, aus dem Europäischen Wirtschaftsraum und der Schweizerischen Eidgenossenschaft (Gesundheits- und Krankenpflege-EWR-Verordnung 2004 – GuK-EWRV 2004), BGBl. II Nr. 262/2004, außer Kraft.

Anmerkung:

Die Novelle BGBl. II Nr. 167/2009 (GuK-EWRV-Novelle 2009) ist mit 4. Juni 2009 in Kraft getreten.

Anhang **GuK-EWRV 2008**

Anlage

Ausbildungsnachweise in der allgemeine Krankenpflege gemäß Anhang V der Richtlinie 2005/36/EG

	Land	Ausbildungsnachweis	Ausstellende Stelle	Stichtag
1.	Belgien	- Diploma gegradueerde verpleger/verpleegster / Diplôme d'infirmier(ère) gradué(e) / Diplom eines (einer) graduierten Krankenpflegers(-pflegerin) - Diploma in de ziekenhuisverpleegkunde / Brevet d'infirmier(ère) hospitalier(ère) / Brevet eines (einer) Krankenpflegers (-pflegerin) - Brevet van verpleegassistent(e) / Brevet d'hospitalier(ère) / Brevet einer Pflegeassistentin	- De erkende opleidingsinstituten / Les établissements d'enseignement reconnus / Die anerkannten Ausbildungsanstalten - De bevoegde Examencommissie van de Vlaamse Gemeenschap / Le Jury compétent d'enseignement de la Communauté française / Der zuständige Prüfungsausschuss der Deutschsprachigen Gemeinschaft	29. Juni 1979
2.	Bulgarien	Диплома за висше образование на образователно-квалификационна степен „Бакалавър" с професионална квалификация „Медицинска сестра"	Университет	1. Jänner 2007
3.	Dänemark	Eksamensbevis efter gennemført sygeplejerskeuddannelse	Sygeplejeskole godkendt af Undervisningsministeriet	29. Juni 1979
4.	Deutschland	Zeugnis über die staatliche Prüfung in der Krankenpflege	Staatlicher Prüfungsausschuss	29. Juni 1979
5.	Estland	Diplom õe erialal	1. Tallinna Meditsiinikool 2. Tartu Meditsiinikool 3. Kohtla-Järve Meditsiinikool	1. Mai 2004
6.	Finnland	1. Sairaanhoitajan tutkinto/Sjukskötarexamen 2. Sosiaali- ja terveysalan ammattikorkeakoulututkinto, sairaanhoitaja (AMK)/Yrkeshögskoleexamen inom hälsovård och det sociala området, sjukskötare (YH)	1. Terveydenhuolto-oppilaitokset / Hälsovårdsläroanstalter 2. Ammattikorkeakoulut/ Yrkeshögskolor	1. Jänner 1994
7.	Frankreich	- Diplôme d'Etat d'infirmier(ère) - Diplôme d'Etat d'infirmier(ère) délivré en vertu du décret no 99-1147 du 29 décembre 1999	Le ministère de la santé	29. Juni 1979
8.	Griechenland	1. Πτυχίο Νοσηλευτικής Παν/μίου Αθηνών 2. Πτυχίο Νοσηλευτικής Τεχνολογικών Εκπαιδευτικών Ιδρυμάτων (Τ.Ε.Ι.) 3. Πτυχίο Αξιωματικών Νοσηλευτικής 4. Πτυχίο Αδελφών Νοσοκόμων πρώην Ανωτέρων Σχολών Υπουργείου Υγείας και Πρόνοιας	1. Πανεπιστήμιο Αθηνών 2. Τεχνολογικά Εκπαιδευτικά Ιδρύματα Υπουργείο Εθνικής Παιδείας και Θρησκευμάτων 3. Υπουργείο Εθνικής Άμυνας 4. Υπουργείο Υγείας και Πρόνοιας	1. Jänner 1981

GuK-EWRV 2008　　　Anhang

			5. Πτυχίο Αδελφών Νοσοκόμων και Επισκεπτριών πρώην Ανωτέρων Σχολών Υπουργείου Υγείας και Πρόνοιας 6. Πτυχίο Τμήματος Νοσηλευτικής	5. Υπουργείο Υγείας και Πρόνοιας 6. ΚΑΤΕΕ Υπουργείου Εθνικής Παιδείας και Θρησκευμάτων	
9.	Irland		Certificate of Registered General Nurse	An Bord Altranais (The Nursing Board)	29. Juni 1979
10.	Island		1. B.Sc. í hjúkrunarfræði 2. B.Sc. í hjúkrunarfræði 3. Hjúkrunarpróf	1. Háskóli Islands 2. Háskólinn á Akureyri 3. Hjúkrunarskóli Islands	1. Jänner 1994
11.	Italien		Diploma di infermiere professionale	Scuole riconosciute dallo Stato	29. Juni 1979
12.	Lettland		1. Diploms par māsas kvalifikācijas iegūšanu 2. Māsas diploms	1. Māsu skolas 2. Universitātes tipa augstskola pamatojoties uz Valsts eksāmenu komisijas lēmumu	1. Mai 2004
13.	Litauen		1. Aukštojo mokslo diplomas, nurodantis suteiktą bendrosios praktikos slaugytojo profesinę kvalifikaciją 2. Aukštojo mokslo diplomas (neuniversitetinės studijos), nurodantis suteiktą bendrosios praktikos slaugytojo profesinę kvalifikaciją	1. Universitetas 2. Kolegija	1. Mai 2004
14.	Luxemburg		- Diplôme d'Etat d'infirmier - Diplôme d'Etat d'infirmier hospitalier gradué	Ministère de l'education nationale, de la formation professionnelle et des sports	29. Juni 1979
15.	Malta		Lawrja jew diploma fl-istudji tal-infermerija	Universita ta' Malta	1. Mai 2004
16.	Niederlande		1. Diploma's verpleger A, verpleegster A, verpleegkundige A 2. Diploma verpleegkundige MBOV (Middelbare Beroepsopleiding Verpleegkundige) 3. Diploma verpleegkundige HBOV (Hogere Beroepsopleiding Verpleegkundige) 4. Diploma beroepsonderwijs verpleegkundige – Kwalificatieniveau 4 5. Diploma hogere beroepsopleiding verpleegkundige – Kwalificatieniveau 5	1. Door een van overheidswege benoemde examencommissie 2. Door een van overheidswege benoemde examencommissie 3. Door een van overheidswege benoemde examencommissie 4. Door een van overheidswege aangewezen opleidingsinstelling 5. Door een van overheidswege aangewezen opleidingsinstelling	29. Juni 1979
17.	Norwegen		Bachelor i sykepleie	1. Høgskole 2. Universitet	1. Jänner 1994
18.	Polen		- Dyplom ukończenia studiów wyższych na kierunku pielęgniarstwo z tytułem „magister pielęgniarstwa" - Dyplom ukończenia studiów wyższych zawodowych na kierunku/specjalności pielęgniarstwo z tytułem „licencjat pielęgniarstwa".	Instytucja prowadząca kształcenie na poziomie wyższym uznana przez właściwe władze (von den zust. Behörden anerkannte höhere Bildungseinrichtung)	1. Mai 2004
19.	Portugal		1. Diploma do curso de enfermagem geral 2. Diploma/carta de curso de bacharelato em enfermagem 3. Carta de curso de licenciatura em enfermagem	1. Escolas de Enfermagem 2. Escolas Superiores de Enfermagem 3. Escolas Superiores de Enfermagem; Escolas Superiores de Saúde	1. Jänner 1986

	Land	Ausbildungsnachweis	Ausstellende Stelle	Stichtag
20.	Rumänien	1. Diplomă de absolvire de asistent medical generalist cu studii superioare de scurtă durată 2. Diplomă de licență de asistent medical generalist cu studii superioare de lungă durată 3. Diploma de asistent medical generalist cu studii post-liceale	1. Universităţi 2. Universităţi 3. Ministerul Educaţiei, Cercetării şi Tineretului	1. Jänner 2007
21.	Schweden	Sjuksköterskeexamen	Universitet eller högskola	1. Jänner 1994
22.	Schweizerische Eidgenossenschaft	1. Diplomierte Pflegefachfrau / Diplomierter Pflegefachmann, Infirmière diplômée / Infirmier diplômé, Infermiera diplomata / Infermiere diplomato 2. Bachelor of Science in nursing	Schulen, die staatlich anerkannte Bildungsgänge durchführen	1. Juni 2002
23.	Slowakei	1. Vysokoškolský diplom o udelení akademického titulu „magister z ošetrovateľstva" („Mgr.") 2. Vysokoškolský diplom o udelení akademického titulu „bakalár z ošetrovateľstva" („Bc.") 3. Absolventský diplom v študijnom odbore diplomovaná všeobecná sestra	1. Vysoká škola 2. Vysoká škola 3. Stredná zdravotnícka škola	1. Mai 2004
24.	Slowenien	Diploma, s katero se podeljuje strokovni naslov „diplomirana medicinska sestra/diplomirani zdravstvenik"	1. Univerza 2. Visoka strokovna šola	1. Mai 2004
25.	Spanien	Titulo de Diplomado universitario en Enfermería	- Ministerio de Educación y Cultura - El rector de una universidad	1. Jänner 1986
26.	Tschechische Republik	1. Diplom o ukončení studia ve studijním programu ošetřovatelství ve studijním oboru všeobecná sestra (bakalář, Bc.) 2. Diplom o ukončení studia ve studijním oboru diplomovaná všeobecná sestra (diplomovaný specialista, DiS.), zusammen mit folgender Bescheinigung: Vysvědčení o absolutoriu	1. Vysoká škola zřízená nebo uznaná státem 2. Vyšší odborná škola zřízená nebo uznaná státem	1. Mai 2004
27.	Ungarn	1. Ápoló bizonyítvány 2. Diplomás ápoló oklevél 3. Egyetemi okleveles ápoló oklevél	1. Iskola 2. Egyetem/főiskola 3. Egyetem	1. Mai 2004
28.	Vereinigtes Königreich	Statement of Registration as a Registered General Nurse in part 1 or part 12 of the register kept by the United Kingdom Central Council for Nursing, Midwifery and Health Visiting	Various	29. Juni 1979
29.	Zypern	Δίπλωμα Γενικής Νοσηλευτικής	Νοσηλευτική Σχολή	1. Mai 2004

D) Pflegehilfe-Ausbildungsverordnung – Pflh-AV, BGBl. II Nr. 371/1999 i.d.F. BGBl. II Nr. 295/2010

Verordnung der Bundesministerin für Arbeit, Gesundheit und Soziales über die Ausbildung in der Pflegehilfe (Pflegehilfe-Ausbildungsverordnung – Pflh-AV), BGBl. II Nr. 371/1999 i.d.F. BGBl. II Nr. 295/2010

Auf Grund des § 104 des Gesundheits- und Krankenpflegegesetzes (GuKG), BGBl. I Nr. 108/1997, in der Fassung BGBl. I Nr. 116/1999 wird verordnet:

Inhaltsübersicht

1. Abschnitt
Ausbildung

§ 1	Allgemeines
§ 2	Ausbildung in der Pflegehilfe
§ 3	Ausbildungsziele
§ 4	Didaktische Grundsätze
§ 5	Fachspezifische und organisatorische Leitung
§ 6	Medizinisch-wissenschaftliche Leitung
§ 7	Lehrkräfte
§ 8	Lehrtätigkeit
§ 9	Fachkräfte
§ 10	Räumliche und sachliche Ausstattung
§ 11	Lehrgangsordnung
§ 12	Dauer der Ausbildung – Ausbildungszeit
§ 13	Teilnahmeverpflichtung
§ 14	Versäumen von Ausbildungszeiten
§ 15	Lehrgangskonferenz
§ 16	Unterbrechung der Ausbildung
§ 17	Wechsel des Pflegehilfelehrganges
§ 18	Theoretische Ausbildung
§ 19	Durchführung des Unterrichts

| § 20 | Praktische Ausbildung |
| § 21 | Durchführung der praktischen Ausbildung |

2. Abschnitt
Prüfungen und Beurteilungen

§ 22	Einzelprüfungen im Rahmen der theoretischen Ausbildung
§ 23	Beurteilung der theoretischen Ausbildung
§ 24	Dispensprüfung
§ 25	Beurteilung der praktischen Ausbildung
§ 26	Wiederholen einer Einzelprüfung oder Dispensprüfung – zusätzliche Teilprüfung
§ 27	Nichtantreten zu einer Prüfung – Nachtragsprüfung
§ 28	Wiederholen eines Praktikums
§ 29	Wiederholen der Ausbildung
§ 30	Ausscheiden aus der Ausbildung

3. Abschnitt
Kommissionelle Abschlußprüfung

§ 31	Allgemeines
§ 32	Zulassung zur kommissionellen Abschlußprüfung
§ 33	Zusätzliche Teilprüfungen im Rahmen der kommissionellen Abschlußprüfung
§ 34	Inhalt der kommissionellen Abschlußprüfung
§§ 35–37	Ablauf der kommissionellen Abschlußprüfung
§ 38	Beurteilung der kommissionellen Abschlußprüfung
§ 39	Gesamtbeurteilung der kommissionellen Abschlußprüfung
§ 40	Abschlußprüfungsprotokoll
§ 41	Nichtantreten zu einer Prüfung im Rahmen der kommissionellen Abschlußprüfung
§ 42	Wiederholen der kommissionellen Abschlußprüfung
§ 43	Wiederholen der Ausbildung auf Grund Nichtbestehens der kommissionellen Abschlußprüfung

| § 44 | Ausbildungsbestätigung |
| § 45 | Zeugnis |

4. Abschnitt
Verkürzte Ausbildungen

§ 46	Allgemeines
§ 47	Verkürzte Ausbildung für Mediziner/Medizinerinnen
§ 48	*entfällt*

5. Abschnitt
Nostrifikation

§ 49	Allgemeines
§ 50	Ergänzungsausbildung
§ 51	Wiederholen einer Ergänzungsprüfung oder eines Praktikums – Abbruch der Ergänzungsausbildung
§ 52	Bestätigung über die Ergänzungsausbildung und -prüfung

6. Abschnitt
Kompensationsmaßnahmen – EWR

§ 53	Allgemeines
§ 54	Anpassungslehrgang
§ 55	Eignungsprüfung
§ 56	Wiederholen des Anpassungslehrganges oder der Eignungsprüfung
§ 57	Bestätigung über den Anpassungslehrgang oder die Eignungsprüfung

7. Abschnitt
Schluß- und Übergangsbestimmungen

§ 58	Räumliche und sachliche Ausstattung
§ 59	Lehrgangsordnung
§ 60	Praktische Ausbildung

Pflh-AV **Anhang**

§ 61 Anzeige der Ausbildung
§ 62 Außerkrafttreten

Anlagen

Anlage 1 Ausbildung in der Pflegehilfe
Anlage 2 Verkürzte Ausbildung für Mediziner/Medizinerinnen
Anlage 3 *entfällt*
Anlage 4 Ausbildungsbestätigung
Anlage 5 Bestätigung über die Ergänzungsausbildung
Anlage 6 Bestätigung über den Anpassungslehrgang
Anlage 7 Bestätigung über die Eignungsprüfung
Anlage 8 Zeugnis

1. Abschnitt
Ausbildung

Allgemeines

§ 1. Sofern in dieser Verordnung auf nachstehende Bundesgesetze verwiesen wird, sind sie in folgender Fassung anzuwenden:
1. Gesundheits- und Krankenpflegegesetz – GuKG, BGBl. I Nr. 108/1997, in der Fassung des Bundesgesetzes BGBl. I Nr. 61/2010,
2. Mutterschutzgesetz 1979, BGBl. Nr. 221, in der Fassung des Bundesgesetzes BGBl. I Nr. 58/2010,
3. Wehrgesetz 2001, BGBl. I Nr. 146, in der Fassung des Bundesgesetzes BGBl. I Nr. 85/2009,
4. Zivildienstgesetz 1986, BGBl. Nr. 679, in der Fassung des Bundesgesetzes BGBl. I Nr. 5/2009.

Ausbildung in der Pflegehilfe

§ 2. (1) Die Ausbildung in der Pflegehilfe umfaßt eine theoretische und praktische Ausbildung in der Dauer von insgesamt 1 600 Stunden.

Anhang **Pflh-AV**

(2) Die Ausbildung in der Pflegehilfe findet in Pflegehilfelehrgängen statt.

Ausbildungsziele

§ 3. Ziele der Ausbildung in der Pflegehilfe sind
1. die Befähigung zur Übernahme und Durchführung sämtlicher Tätigkeiten, die in das Berufsbild der Pflegehilfe fallen,
2. die Vermittlung von grundlegenden Kenntnissen über den Aufbau, die Entwicklung und die Funktionen des menschlichen Körpers und der menschlichen Psyche im sozialen Umfeld,
3. die Vermittlung einer geistigen Grundhaltung der Achtung vor dem Leben, der Würde und den Grundrechten jedes Menschen, ungeachtet der Nationalität, der ethnischen Zugehörigkeit, der Religion, der Hautfarbe, des Alters, des Geschlechts, der Sprache, der politischen Einstellung und der sozialen Zugehörigkeit und eines verantwortungsbewußten, selbständigen und humanen Umganges mit gesunden, behinderten, kranken und sterbenden Menschen,
4. die Vermittlung von Kenntnissen und der Anwendung von Methoden zur Erhaltung des eigenen physischen, psychischen und sozialen Gesundheitspotentials,
5. die Orientierung der Pflegehilfe an einem unter Aufsicht des gehobenen Dienstes für Gesundheits- und Krankenpflege wahrzunehmenden Tätigkeitsbereich, der nach einer wissenschaftlich anerkannten Pflegetheorie und der Pflege als einem analytischen, problemlösenden Vorgang ausgerichtet ist,
6. die Vermittlung von für die Dokumentation erforderlichen Kenntnissen und
7. die Leistung eines Beitrages zur Sicherung der Pflegequalität durch kreative Arbeit, Kommunikation und Kooperation in persönlichen, fachspezifischen und anderen gesellschaftlich relevanten Bereichen.

Pflh-AV **Anhang**

Didaktische Grundsätze

§ 4. Die Ausbildung in Pflegehilfelehrgängen ist nach folgenden didaktischen Grundsätzen durchzuführen:
1. Dem Unterricht sind die Prinzipien der Methodenvielfalt, der Lebensnähe, der Anschaulichkeit, der Selbsttätigkeit und Selbstverantwortung der Lehrgangsteilnehmer/teilnehmerinnen zugrunde zu legen, wobei dem Erarbeiten und Verstehen von grundlegenden Lehrinhalten gegenüber einer vielfältigen oberflächlichen Wissensvermittlung der Vorzug zu geben ist.
2. In allen Unterrichtsfächern ist das ,,Soziale Lernen" zu fördern, wobei die Lehrgangsteilnehmer/-teilnehmerinnen zur Kommunikation, Eigenständigkeit und zu tolerantem Verhalten sowie zum Anwenden vorhandener Hilfsmittel und Erarbeiten neuer Lösungsmodelle zu befähigen sind. Hiezu ist eine Unterrichtsform zu wählen, die den Lehrgangsteilnehmern/-teilnehmerinnen während der gesamten Ausbildung aktiv am Unterrichtsgeschehen und -ablauf teilhaben läßt.
3. Die Lehrgangsteilnehmer/-teilnehmerinnen sind zu einem partnerschaftlichen, verantwortungsvollen Umgang miteinander anzuhalten, um sie zu einem ebensolchen Umgang mit anderen Menschen unter Beachtung der Gleichstellung von Mann und Frau zu befähigen.
4. Aus der Struktur des Berufsfeldes auftretende Spannungen und Widerstände sind aufzuzeigen, um die Lehrgangsteilnehmer/teilnehmerinnen bei der konstruktiven Bewältigung beruflicher Belastungen zu unterstützen.
5. Die Lehrgangsteilnehmer/-teilnehmerinnen sind für die Bildung der eigenen Persönlichkeit zu sensibilisieren, um ihnen für die Berufsausübung der Pflegehilfe ein höchstmögliches Maß an Innovation, Offenheit, Toleranz und Akzeptanz gegenüber der Vielfalt an soziokulturellen Hintergründen von Menschen zu vermitteln.

Anhang **Pflh-AV**

6. Der Unterricht ist durch zusätzliche Veranstaltungen, wie Lehrausgänge und Exkursionen, zu ergänzen, um den Lehrgangsteilnehmern/-teilnehmerinnen Einblick in umfassende Zusammenhänge auf gesundheitlichen, sozialen, wirtschaftlichen, politischen und kulturellen Gebieten zu geben.
7. In der praktischen Ausbildung ist den Lehrgangsteilnehmern/teilnehmerinnen Gelegenheit zu geben, Kontinuität und Erfolg ihrer Tätigkeit zu erleben, wobei eine positive Verarbeitung der Erlebnisse in der Praxis im Rahmen von Gesprächsführung und Praxisreflexion zu ermöglichen ist.
8. Der Unterricht kann auch fächerübergreifend unter Berücksichtigung aktueller Fragen und Tagesereignisse mit verschiedenen Lehrmitteln, einschließlich ergänzender und weiterführender Literatur durchgeführt werden, um spezielle Neigungen und Interessen der Lehrgangsteilnehmer/teilnehmerinnen zu fördern und ihnen zu helfen, komplexe Probleme zu erfassen und lösen zu lernen.
9. Der Lehrplan ist dem Unterricht als Rahmen, der es ermöglicht, Veränderungen und Neuerungen in der Pflege und Medizin, in Gesellschaft, Wirtschaft und Kultur zu berücksichtigen, zugrunde zu legen.

Fachspezifische und organisatorische Leitung

§ 5. (1) Der Rechtsträger eines Pflegehilfelehrganges hat einen Direktor/eine Direktorin und einen Stellvertreter/eine Stellvertreterin des Direktors/der Direktorin zu bestellen.

(2) Dem Direktor/Der Direktorin obliegt die fachspezifische und organisatorische Leitung des Pflegehilfelehrganges einschließlich der Dienstaufsicht. Diese umfaßt insbesondere folgende Aufgaben:
   1. Planung, Organisation, Koordination und Kontrolle der gesamten theoretischen und praktischen Ausbildung,

2. Sicherung der inhaltlichen und pädagogischen Qualität des Unterrichts in den einzelnen Sachgebieten,
3. Auswahl der Einrichtungen, an denen die praktische Ausbildung durchgeführt wird, sowie Kontrolle und Sicherung der Qualität der praktischen Ausbildung,
4. Personalführung, Dienstaufsicht über die Lehrkräfte und das sonstige Personal des Pflegehilfelehrganges sowie Aufsicht über die Fachkräfte,
5. Organisation, Koordination und Mitwirkung bei der Aufnahme der Lehrgangsteilnehmer/-teilnehmerinnen in den Pflegehilfelehrgang sowie beim Ausschluß von der Ausbildung,
6. Aufsicht über die Lehrgangsteilnehmer/-teilnehmerinnen sowie Zuweisung dieser an die Einrichtungen und Fachbereiche der praktischen Ausbildung,
7. Anrechnung von Prüfungen und Praktika und
8. Organisation und Koordination von sowie Mitwirkung an kommissionellen Prüfungen.

Medizinisch-wissenschaftliche Leitung

§ 6. (1) Der Rechtsträger des Pflegehilfelehrganges hat einen medizinisch-wissenschaftlichen Leiter/eine medizinisch-wissenschaftliche Leiterin und einen Stellvertreter/eine Stellvertreterin des/der medizinisch-wissenschaftlichen Leiters/Leiterin zu bestellen.

(2) Die medizinisch-wissenschaftliche Leitung umfaßt insbesondere folgende Aufgaben:
1. Sicherung und Kontrolle der inhaltlichen Qualität der von Ärzten/Ärztinnen und Medizinern/Medizinerinnen vorzutragenden Unterrichtsfächer,
2. Information und Beratung des Direktors/der Direktorin, der Lehrkräfte und der Lehrgangsteilnehmer/-teilnehmerinnen in medizinischen Belangen,
3. Mitwirkung an der Lehrgangskonferenz und
4. Mitwirkung an der kommissionellen Abschlußprüfung.

Anhang Pflh-AV

Lehrkräfte

§ 7. (1) Der Rechtsträger des Pflegehilfelehrganges hat Personen, die den theoretischen Unterricht im Rahmen der Ausbildung in der Pflegehilfe durchführen (§ 19 Abs. 1) und die praktische Ausbildung anleiten und vermitteln (§ 21 Abs. 2), als Lehrkräfte zu bestellen.

(2) Als Lehrkräfte für das betreffende Unterrichtsfach gemäß den **Anlagen 1 bis 3** sind zu bestellen:
1. Angehörige des gehobenen Dienstes für Gesundheits- und Krankenpflege, die zur Ausübung von Lehraufgaben berechtigt sind (Lehrer/Lehrerinnen für Gesundheits- und Krankenpflege),
2. Ärzte/Ärztinnen und Personen, die ein Studium der Medizin in Österreich oder in einem anderen EWR-Vertragsstaat erfolgreich abgeschlossen oder in Österreich nostrifiziert haben (Medi-ziner/Medizinerinnen),
3. Angehörige der gehobenen medizinisch-technischen Dienste,
4. Psychologen/Psychologinnen und Psychotherapeuten/Psychotherapeutinnen,
5. Personen, die ein Studium der Pädagogik, der Pharmazie, der Rechtswissenschaften oder der Soziologie in Österreich oder in einem anderen EWR-Vertragsstaat erfolgreich abgeschlossen oder eine solche ausländische Ausbildung in Österreich nostrifiziert haben, sowie
6. sonstige fachkompetente Personen, die über eine fachspezifische Ausbildung für das betreffende Unterrichtsfach verfügen.

(3) Als Lehrkräfte für die praktische Ausbildung sind Lehrer/Lehrerinnen für Gesundheits- und Krankenpflege in ausreichender Anzahl (§ 21 Abs. 2 und 3) zu bestellen.

(4) Lehrkräfte haben die für das betreffende Unterrichtsfach oder Sachgebiet erforderlichen speziellen Kenntnisse und Fertigkeiten nachzuweisen und pädagogisch geeignet zu sein.

Lehrtätigkeit

§ 8. (1) Die Lehrtätigkeit umfaßt die Durchführung des theoretischen Unterrichts und die Anleitung und Vermittlung der praktischen Ausbildung. Hiezu zählen insbesondere folgende Tätigkeiten:
1. Erteilen von Unterricht in den jeweiligen Sachgebieten, Abnahme von Prüfungen sowie Anleitung und Vermittlung der praktischen Ausbildung,
2. Planung, Vorbereitung, Nachbereitung und Evaluierung des Unterrichts sowie der Anleitung und Vermittlung der praktischen Ausbildung in fachlicher, methodischer und didaktischer Hinsicht sowie Vorbereitung und Evaluierung von Prüfungen und
3. pädagogische Betreuung der Lehrgangsteilnehmer/teilnehmerinnen.

(2) Das Ausmaß der Lehrtätigkeit der Lehrer/Lehrerinnen für Gesundheits- und Krankenpflege gemäß Abs. 1 ist derart festzulegen, daß die Qualität der Ausbildung nicht durch ein Übermaß oder durch eine Geringfügigkeit des Einsatzes gefährdet wird. Eine Gefährdung ist jedenfalls dann nicht gegeben, wenn
1. die Tätigkeiten gemäß Abs. 1 Z 1 und 2 durchschnittlich mindestens die Hälfte und höchstens drei Viertel der Arbeitszeit des Lehrers/der Lehrerin für Gesundheits- und Krankenpflege und
2. die Tätigkeiten gemäß Abs. 1 Z 3 sowie organisatorische Aufgaben durchschnittlich mindestens ein Viertel und höchstens die Hälfte der Arbeitszeit des Lehrers/der Lehrerin für Gesundheits- und Krankenpflege

umfassen.

Fachkräfte

§ 9. (1) Fachkräfte sind
1. Angehörige des gehobenen Dienstes für Gesundheits- und Krankenpflege,
2. Ärzte/Ärztinnen oder

Anhang **Pflh-AV**

    3. sonstige qualifizierte Angehörige von Gesundheits- und Sozialberufen oder anderen einschlägigen Berufen,

die über die erforderliche fachliche und pädagogische Eignung verfügen.

(2) Fachkräften obliegt neben den Lehrkräften die fachliche Betreuung und Anleitung der Lehr-gangsteilnehmer/teilnehmerinnen im Rahmen der Ausbildung. Hiezu zählen insbesondere folgende Tätigkeiten:
1. Anleitung der und Aufsicht über die Lehrgangsteilnehmer/teilnehmerinnen im Rahmen der praktischen Ausbildung und
2. Unterstützung der Lehrkräfte im Rahmen des theoretischen Unterrichts.

Räumliche und sachliche Ausstattung

§ 10. (1) Jeder Pflegehilfelehrgang hat eine ausreichende Anzahl an Unterrichtsräumen mit der für den Unterricht erforderlichen technischen und fachspezifischen Ausstattung aufzuweisen, die die Erreichung der Ausbildungsziele und die Umsetzung der didaktischen Grundsätze aus räumlicher und fachlicher Sicht gewährleisten.

(2) Zusätzlich zu den in Abs. 1 genannten Unterrichtsräumen haben insbesondere folgende Räumlichkeiten zur Verfügung zu stehen:
1. Bibliothek,
2. Arbeitsräume für die Lehr- und Fachkräfte,
3. Aufenthalts- und Sozialräume für die Lehr- und Fachkräfte,
4. Aufenthalts- und Sozialräume für die Lehrgangsteilnehmer/teilnehmerinnen und
5. Räume für die Administration des Pflegehilfelehrganges.

Lehrgangsordnung

§ 11. (1) Der Direktor/Die Direktorin hat den im Rahmen der Ausbildung durchzuführenden Dienstund Unterrichtsbetrieb durch eine Lehrgangsordnung festzulegen und für deren Einhaltung zu sorgen.

(2) Die Lehrgangsordnung hat insbesondere
1. die Rechte und Pflichten der Leitung des Pflegehilfelehrganges und der Lehr- und Fachkräfte,
2. das Verhalten sowie die Rechte und Pflichten der Lehrgangsteilnehmer/teilnehmerinnen im Rahmen der Ausbildung,
3. Maßnahmen zur Sicherheit der Lehrgangsteilnehmer/ teilnehmerinnen im Rahmen des Pflegehilfelehrganges und
4. Vorschriften zur Ermöglichung eines ordnungsgemäßen Ausbildungsbetriebes

festzulegen.

(3) Die Lehrgangsordnung ist spätestens drei Monate vor Aufnahme des Ausbildungsbetriebes dem Landeshauptmann zur Genehmigung vorzulegen. Wird die Genehmigung innerhalb von sechs Monaten nicht bescheidmäßig versagt, so gilt sie als erteilt. Gegen die Versagung ist eine Berufung an den Bundesminister für Arbeit, Gesundheit und Soziales zulässig.

(4) Die Genehmigung der Lehrgangsordnung ist gemäß Abs. 3 zu versagen, wenn diese
1. gegen gesetzliche Bestimmungen verstößt,
2. einem geordneten Ausbildungsbetrieb widerspricht,
3. die Sicherheit der Lehrgangsteilnehmer/teilnehmerinnen im Rahmen des Pflegehilfelehrganges nicht gewährleistet oder
4. nicht zur Erreichung der Ausbildungsziele beiträgt.

(5) Die Lehrgangsordnung ist den Lehrgangsteilnehmern/teilnehmerinnen sowie den Lehr- und Fachkräften nachweislich zur Kenntnis zu bringen.

Dauer der Ausbildung – Ausbildungszeit

§ 12. (1) Die Ausbildung dauert zwölf Monate. Bei Teilzeitausbildung oder in Verbindung mit anderen Ausbildungen kann die Ausbildungsdauer bis zu 24 Monate betragen.

Anhang **Pflh-AV**

(2) Der Beginn einer Ausbildung ist vom Direktor/von der Direktorin festzusetzen und spätestens zwei Monate vor Beginn dem Landeshauptmann anzuzeigen.

(3) Der Umfang der wöchentlichen theoretischen und praktischen Ausbildung darf 40 Wochenstunden nicht überschreiten (Ausbildungszeit).

(4) Eine Unterrichtsstunde im Rahmen der theoretischen Ausbildung dauert mindestens 45 und höchstens 50 Minuten. Eine Praktikumsstunde im Rahmen der praktischen Ausbildung dauert 60 Minuten.

Teilnahmeverpflichtung

§ 13. Die Lehrgangsteilnehmer/teilnehmerinnen sind verpflichtet, an der in den Anlagen 1 bis 3 angeführten theoretischen und praktischen Ausbildung im entsprechenden Stundenausmaß teilzunehmen.

Versäumen von Ausbildungszeiten

§ 14. (1) Ein/Eine Lehrgangsteilnehmer/teilnehmerin darf höchstens 20% der Unterrichtsstunden der theoretischen Ausbildung aus folgenden Gründen versäumen:
1. Krankheit des/der Lehrgangsteilnehmers/teilnehmerin oder
2. andere berücksichtigungswürdige Gründe, wie insbesondere Erkrankung oder Tod eines Kindes, Wahl- oder Pflegekindes, schwere Erkrankung oder Tod eines/einer sonstigen nahen Angehörigen, Entbindung der Ehegattin oder Lebensgefährtin.

(2) Über das Vorliegen eines Grundes gemäß Abs. 1 entscheidet der Direktor/die Direktorin.

(3) Versäumt ein/eine Lehrgangsteilnehmer/teilnehmerin mehr als 20% der Unterrichtsstunden aus den in Abs. 1 genannten Gründen, hat die Lehrgangskonferenz (§ 15) unter Bedachtnahme auf die versäumte theoretische Ausbildung und die Leistungen des/der Lehrgangsteilnehmers/teilnehmerin zu beschließen, ob der/die Lehrgangsteilnehmer/teilnehmerin

1. zur kommissionellen Abschlußprüfung zuzulassen ist (§ 32) oder
2. die Ausbildung einschließlich der Einzelprüfungen und Praktika zu wiederholen hat.

(4) Im Fall des Abs. 3 Z 2 sind vom Direktor/von der Direktorin bei Vorliegen berücksichtigungswürdiger Gründe, wie andauernde Erkrankung, bereits positiv absolvierte Einzelprüfungen, Teilprüfungen von Einzelprüfungen und Praktika der zu wiederholenden Ausbildung anzurechnen, sofern die Erreichung der Ausbildungsziele gewährleistet ist.

(5) Versäumt ein/eine Lehrgangsteilnehmer/teilnehmerin Ausbildungszeiten, ohne aus einem der in Abs. 1 angeführten Gründe entschuldigt zu sein, ist folgende Vorgangsweise einzuhalten:

1. Dem/Der betreffenden Lehrgangsteilnehmer/teilnehmerin ist Gelegenheit zur Abgabe einer Stellungnahme zu geben.
2. Die gesetzliche Interessenvertretung der Dienstnehmer/nehmerinnen ist zu hören.
3. Der Direktor/Die Direktorin hat unter Heranziehung der Stellungnahmen des/der Lehrgangsteil-nehmers/teilnehmerin und der gesetzlichen Interessenvertretung der Dienstnehmer/nehmerinnen zu entscheiden, ob der Rechtsträger im Hinblick auf eine schwerwiegende Pflichtverletzung gemäß § 99 Abs. 1 Z 4 GuKG zu befassen ist.
4. In Fällen, in denen die Entscheidung des Rechtsträgers im Einvernehmen mit dem Direktor/der Direktorin nicht auf Ausschluß von der Ausbildung lautet, kann der Direktor/die Direktorin eine Ermahnung aussprechen.

(6) Versäumt ein/eine Lehrgangsteilnehmer/teilnehmerin Praktikumszeiten, sind diese ehestmöglich während der Ausbildungszeit nachzuholen. Ist ein Nachholen der versäumten Praktikumszeiten während der Ausbildungszeit nicht möglich, ist die Ausbildung entsprechend den versäumten Praktikumszeiten durch Beschluß der Lehrgangskonferenz (§ 15) zu verlängern.

Die Lehrgangskonferenz kann von einer Ausbildungsverlängerung nur absehen, wenn das Erreichen der Ausbildungsziele auch ohne dieselbe gewährleistet ist.

Lehrgangskonferenz

§ 15. (1) Der Lehrgangskonferenz gehören folgende Personen an:
1. der Direktor/die Direktorin oder dessen/deren Stellvertreter/Stellvertreterin als Vorsitzender/Vorsitzende,
2. der/die medizinisch-wissenschaftliche Leiter/Leiterin oder dessen/deren Stellvertreter/Stellvertreterin und
3. die Lehrer/Lehrerinnen für Gesundheits- und Krankenpflege.

(2) Die Lehrgangskonferenz ist beschlußfähig, wenn neben dem Direktor/der Direktorin oder dessen/deren Stellvertreter/Stellvertreterin mindestens 50% der Lehrer/Lehrerinnen für Gesundheits- und Krankenpflege des Pflegehilfelehrganges anwesend sind. Die Lehrgangskonferenz entscheidet mit einfacher Stimmenmehrheit. Bei Stimmengleichheit entscheidet die Stimme des Direktors/der Direktorin.

Unterbrechung der Ausbildung

§ 16. (1) Die Ausbildung ist vorbehaltlich Abs. 2 ohne Unterbrechung durchzuführen.

(2) Eine Unterbrechung der Ausbildung ist aus folgenden Gründen zulässig:
1. für Zeiträume, für die das Mutterschutzgesetz 1979 Beschäftigungsverbote vorsieht, und zwar auch dann, wenn die Lehrgangsteilnehmerin nicht in einem Dienstverhältnis steht,
2. für Zeiträume, für die gesetzlich eine Karenz vorgesehen ist, und zwar auch dann, wenn die Lehrgangsteilnehmer/-teilnehmerinnen nicht in einem Dienstverhältnis stehen,

3. für Zeiten des Präsenz- oder Ausbildungsdienstes nach dem Wehrgesetz 1990 oder des Zivildienstes nach den §§ 2, 21 und 21a Zivildienstgesetz 1986 oder
4. aus schwerwiegenden gesundheitlichen, persönlichen oder familiären Gründen.

(3) Über das Vorliegen eines Grundes gemäß Abs. 2 Z 4 entscheidet der Direktor/die Direktorin.

(4) Eine Unterbrechung gemäß Abs. 2 Z 4 ist höchstens bis zur Dauer eines Jahres möglich.

(5) Ein/Eine Lehrgangsteilnehmer/teilnehmerin, der/die aus einem der in Abs. 2 genannten Gründe die Ausbildung unterbrochen hat, ist berechtigt, die Ausbildung zum ehestmöglichen Zeitpunkt fortzusetzen. Der Zeitpunkt der Fortsetzung ist entsprechend den organisatorischen Möglichkeiten durch den Direktor/die Direktorin festzusetzen.

(6) Die Ausbildung ist in jenem Stand fortzusetzen, in dem sie unterbrochen wurde. Ist dies aus organisatorischen Gründen nicht möglich oder mit längeren für den/die Lehrgangsteilnehmer/teilnehmerin nicht zumutbaren Wartezeiten verbunden, ist § 14 Abs. 3 Z 1 und Abs. 6 anzuwenden, sofern hiedurch die Erreichung der Ausbildungsziele nicht gefährdet wird. Ist die Erreichung der Ausbildungsziele gefährdet, ist die Ausbildung zu wiederholen. Positiv absolvierte Einzelprüfungen und Praktika sind durch den Direktor/die Direktorin anzurechnen.

Wechsel des Pflegehilfelehrganges

§ 17. (1) Wechselt ein/eine Lehrgangsteilnehmer/teilnehmerin während der Ausbildung in einen anderen Pflegehilfelehrgang innerhalb Österreichs, ist die bisherige Ausbildungszeit einschließlich der erfolgreich absolvierten Einzelprüfungen und Praktika durch den Direktor/die Direktorin anzurechnen.

(2) Fehlende Prüfungen und Praktika sind nachzuholen. Das Ausmaß der nachzuholenden Unterrichtsstunden oder Unterrichtsfächer ist durch den Direktor/die Direktorin festzulegen.

Theoretische Ausbildung

§ 18. (1) Die theoretische Ausbildung in der Pflegehilfe umfaßt insgesamt 800 Stunden und beinhaltet die in der Anlage 1 angeführten Unterrichtsfächer im festgelegten Ausmaß. Verkürzte Ausbildungen beinhalten die in den Anlagen 2 und 3 zur jeweiligen Ausbildung angeführten Unterrichtsfächer im festgelegten Ausmaß.

(2) Im Rahmen der theoretischen Ausbildung sind die für die berufsmäßige Ausübung der Pflegehilfe erforderlichen Kenntnisse und Fertigkeiten zu vermitteln.

(3) Zeiten für Einzelprüfungen sind in die Stundenzahl der theoretischen Ausbildung gemäß Abs. 1 einzurechnen.

Durchführung des Unterrichts

§ 19. (1) Der Unterricht ist von Lehrkräften (§ 7) durchzuführen, die über eine der in den Anlagen 1 bis 3 für das betreffende Unterrichtsfach festgelegten Qualifikationen verfügen.

(2) Lehrkräfte dürfen bei der Durchführung des Unterrichts
1. Fachkräfte und
2. andere fachkompetente Personen

als Gastvortragende beiziehen, wenn dies zur Erreichung der Ausbildungsziele beiträgt.

(3) Der Unterricht ist in den in den Anlagen 1 bis 3 angeführten Prozentsätzen der jeweiligenStundenzahl des betreffenden Unterrichtsfaches in Gruppen von höchstens 18 Lehrgangsteilnehmern/teilnehmerinnen durchzuführen. Soweit dies aus fachlichen, pädagogischen oder organisatorischen Gründen erforderlich ist, ist die Größe der Gruppen weiter herabzusetzen.

(4) Sofern die Größe der Gruppe gemäß Abs. 3 20 Lehrgangsteilnehmer/teilnehmerinnen nicht überschreitet, sind
1. Lehrgangsteilnehmer/teilnehmerinnen, die die Ausbildung gemäß §§ 29 oder 43 wiederholen, und
2. Personen, die eine verkürzte Ausbildung gemäß §§ 47 oder 48 absolvieren,

zahlenmäßig nicht auf diese Gruppe anzurechnen.

(5) Sofern Unterrichtsfächer oder Teilgebiete von Unterrichtsfächern Inhalte der Ausbildung zu einem anderen Gesundheitsberuf sind, können diese Inhalte gemeinsam mit den anderen Ausbildungen vermittelt werden. Voraussetzung hiefür ist, daß
1. die in den Anlagen 1 bis 3 für die entsprechende Ausbildung enthaltenen Lehrinhalte abgedeckt sind und durch die entsprechenden Lehrkräfte vermittelt werden, und
2. dies nicht den Ausbildungserfolg gefährdet.

Praktische Ausbildung

§ 20. (1) Die praktische Ausbildung in der Pflegehilfe umfaßt insgesamt 800 Stunden und beinhaltet die in der Anlage 1 angeführten Fachbereiche in den betreffenden Ausbildungseinrichtungen im festgelegten Ausmaß. Die verkürzte Ausbildung für Mediziner/Medizinerinnen beinhaltet die in der Anlage 2 angeführten Fachbereiche im festgelegten Ausmaß.

(2) Die praktische Ausbildung in den in den Anlagen 1 und 2 angeführten Fachbereichen ist in Form von Praktika durchzuführen. Ein Praktikum hat mindestens 160 Stunden an einer Ausbildungseinrichtung zu umfassen. Die organisatorische und zeitliche Einteilung der Praktika ist vom Direktor/von der Direktorin festzulegen.

(3) Ein Praktikum darf frühestens einen Monat nach Beginn der Ausbildung in der Pflegehilfe durchgeführt werden. Dies gilt nicht hinsichtlich der verkürzten Ausbildung für Mediziner/Medizinerinnen.

(4) Im Rahmen der praktischen Ausbildung sind die theoretischen Lehrinhalte in die berufliche Praxis umzusetzen, wobei eine umfassende Anleitung, Unterstützung und Kontrolle der Lehrgangsteilnehmer/-teilnehmerinnen gewährleistet sein muß.

Durchführung der praktischen Ausbildung

§ 21. (1) Die praktische Ausbildung ist unter Anleitung und Aufsicht von Lehr- oder Fachkräften (§§ 7 und 9) durchzuführen.

(2) Mindestens 1% des in den Anlagen 1 und 2 angeführten Stundenumfanges der praktischen Ausbildung sind von einem

Anhang **Pflh-AV**

Lehrer/einer Lehrerin für Gesundheits- und Krankenpflege anzuleiten und zu vermitteln.

(3) Lehr- und Fachkräfte dürfen im Rahmen der praktischen Ausbildung höchstens vier Lehrgangsteilnehmer/teilnehmerinnen gleichzeitig anleiten.

(4) Bei der Zuteilung der Lehrgangsteilnehmer/teilnehmerinnen an die Lehr- und Fachkräfte ist auf die besonderen Gegebenheiten der jeweiligen Praktikumsstelle und des jeweiligen Fachbereiches der praktischen Ausbildung Bedacht zu nehmen.

(5) Im Rahmen der praktischen Ausbildung dürfen die Lehrgangsteilnehmer/teilnehmerinnen nur zu Tätigkeiten herangezogen werden, die
1. im unmittelbaren Zusammenhang mit der Ausbildung in der Pflegehilfe stehen und
2. zur Erreichung der Ausbildungsziele erforderlich sind.

(6) Die Lehrgangsteilnehmer/teilnehmerinnen haben im Rahmen der praktischen Ausbildung Aufzeichnungen über die durchgeführten Tätigkeiten zu führen. Diese sind von der betreffenden Lehr- oder Fachkraft schriftlich zu bestätigen.

2. Abschnitt
Prüfungen und Beurteilungen

Einzelprüfungen im Rahmen der theoretischen Ausbildung

§ 22. (1) In jenen Unterrichtsfächern, in denen gemäß den Anlagen 1 bis 3 eine Einzelprüfung vorgesehen ist, haben die Lehrkräfte des betreffenden Unterrichtsfaches den Ausbildungserfolg der Lehrgangsteilnehmer/teilnehmerinnen zu überprüfen und zu beurteilen.

(2) Eine Einzelprüfung ist in Form einer
1. mündlichen Prüfung,
2. schriftlichen Prüfung oder
3. Projektarbeit

abzunehmen. Über eine Einzelprüfung ist von der Lehrkraft ein schriftliches Prüfungsprotokoll zu führen, welches insbesondere die Prüfungsfragen und die Prüfungsbeurteilung bzw. Aufzeichnungen über die schriftliche Prüfung oder Projektarbeit zu beinhalten hat.

(3) Der Termin einer Einzelprüfung ist den Lehrgangsteilnehmern/teilnehmerinnen spätestens zwei Wochen vorher bekanntzugeben.

(4) Im Rahmen einer Einzelprüfung hat die Lehrkraft des betreffenden Unterrichtsfaches die theoretischen Kenntnisse des/der Lehrgangsteilnehmers/teilnehmerin über die Lehrinhalte dieses Unterrichtsfaches und die entsprechenden praktischen Fertigkeiten zu überprüfen.

Beurteilung der theoretischen Ausbildung

§ 23. (1) In jenen Unterrichtsfächern, in denen gemäß den Anlagen 1 bis 3 eine Einzelprüfung vorgesehen ist, haben die Lehrkräfte des betreffenden Unterrichtsfaches die Leistungen der Lehrgangs-teilnehmer/teilnehmerinnen im Hinblick auf die Erreichung der Ausbildungsziele zu beurteilen.

(2) In jenen Unterrichtsfächern, in denen gemäß den Anlagen 1 bis 3 keine Einzelprüfung abzunehmen, sondern nur die Teilnahme verpflichtend ist, haben die Lehrkräfte des betreffenden Unterrichtsfaches zu beurteilen, ob die Lehrgangsteilnehmer/teilnehmerinnen die Ausbildungsziele dieses Unterrichtsfaches erreicht haben.

(3) Die Lehr- und Fachkräfte haben über die Leistungen der Lehrgangsteilnehmer/teilnehmerinnen während der Ausbildung schriftliche Aufzeichnungen zu führen.

(4) Der Beurteilung gemäß Abs. 1 ist der Prüfungserfolg der Einzelprüfung zugrunde zu legen. Die Mitarbeit des/der Lehrgangsteilnehmers/teilnehmerin während der Ausbildung ist in die Beurteilung gemäß Abs. 1 einzubeziehen. Der Beurteilung gemäß Abs. 2 ist die Mitarbeit zugrunde zu legen.

(5) Bei der Beurteilung der Leistungen der Lehrgangsteilnehmer/teilnehmerinnen in den Unterrichtsfächern gemäß Abs. 1 sind folgende Beurteilungsstufen (Noten) anzuwenden:

　　1.　„sehr gut" (1),

Anhang **Pflh-AV**

2. „gut" (2),
3. „befriedigend" (3),
4. „genügend" (4),
5. „nicht genügend" (5).

(6) Die Leistungen der Lehrgangsteilnehmer/teilnehmerinnen in den Unterrichtsfächern gemäß Abs. 2 sind mit
1. „erfolgreich teilgenommen" oder
2. „nicht genügend" (5)

zu beurteilen.

(7) Eine positive Beurteilung ist bei den Noten 1 bis 4 und „erfolgreich teilgenommen" gegeben.

Dispensprüfung

§ 24. (1) Ist ein/eine Lehrgangsteilnehmer/teilnehmerin in Unterrichtsfächern, in denen gemäß den Anlagen 1 bis 3 keine Einzelprüfung abzunehmen, sondern nur die Teilnahme verpflichtend ist,
1. an der Teilnahme von mehr als einem Drittel der vorgeschriebenen Unterrichtsstunden verhindert oder
2. werden die Leistungen trotz Teilnahme mit „nicht genügend" beurteilt,

hat der/die Lehrgangsteilnehmer/teilnehmerin im Rahmen je einer Dispensprüfung den Erwerb der erforderlichen Kenntnisse und Fertigkeiten nachzuweisen.

(2) Die Leistungen der Lehrgangsteilnehmer/teilnehmerinnen im Rahmen einer Dispensprüfung sind mit
1. „erfolgreich teilgenommen" oder
2. „nicht genügend"

zu beurteilen. Über eine Dispensprüfung ist von der Lehrkraft ein schriftliches Prüfungsprotokoll zu führen, welches insbesondere die Prüfungsfragen und die Prüfungsbeurteilung zu beinhalten hat.

Beurteilung der praktischen Ausbildung

§ 25. (1) In den Fachbereichen gemäß den Anlagen 1 und 2 haben die Lehr- oder Fachkräfte des betreffenden Praktikums die in diesem Praktikum erbrachten Leistungen der Lehrgangsteilnehmer/teilnehmerinnen zu beurteilen.

(2) Die Lehr- oder Fachkräfte haben die Kenntnisse und Fertigkeiten der Lehrgangsteilnehmer/teilnehmerinnen im betreffenden Fachbereich laufend zu überprüfen und über die Leistungen schriftliche Aufzeichnungen als Grundlage für die Beurteilung zu führen.

(3) Die Leistungen der Lehrgangsteilnehmer/teilnehmerinnen in den Praktika der Fachbereiche gemäß den Anlagen 1 und 2 sind mit
1. ,,ausgezeichnet bestanden",
2. ,,gut bestanden",
3. ,,bestanden" oder
4. ,,nicht bestanden"

zu beurteilen.

(4) Eine positive Beurteilung ist in den Fällen des Abs. 3 Z 1 bis 3 gegeben.

Wiederholen einer Einzelprüfung oder Dispensprüfung – zusätzliche Teilprüfung

§ 26. (1) Während der Ausbildung darf jede Einzelprüfung oder Dispensprüfung, die mit der Note ,,nicht genügend" beurteilt wurde, einmal bei der betreffenden Lehrkraft wiederholt werden. Die Wiederholungsprüfung ist zum ehestmöglichen Termin, frühestens jedoch nach zwei Wochen abzunehmen.

(2) Die Note der Wiederholungsprüfung tritt an die Stelle der Note ,,nicht genügend".

(3) Sind nach Abschluß der theoretischen Ausbildung die Leistungen des/der Lehrgangsteilnehmers/teilnehmerin in einem oder höchstens zwei Unterrichtsfächern nach Ausschöpfen der Wiederholungsmöglichkeiten gemäß Abs. 1 mit der Note ,,nicht genügend" beurteilt, ist im betreffenden Unterrichtsfach je eine zusätzliche Teilprüfung im Rahmen der kommissionellen Abschlußprüfung abzulegen.

Anhang **Pflh-AV**

Nichtantreten zu einer Prüfung – Nachtragsprüfung

§ **27.** (1) Ist ein/eine Lehrgangsteilnehmer/teilnehmerin
1. durch Krankheit oder
2. aus anderen berücksichtigungswürdigen Gründen, wie insbesondere Erkrankung oder Tod eines Kindes, Wahl- oder Pflegekindes, schwere Erkrankung oder Tod eines/einer sonstigen nahen Angehörigen, Entbindung der Ehegattin oder Lebensgefährtin,

verhindert, zu Einzelprüfungen, Dispensprüfungen oder Wiederholungsprüfungen anzutreten, sind die betreffenden Prüfungen zum ehestmöglichen Termin, spätestens jedoch innerhalb von vier Wochen nach Wegfall des Verhinderungsgrundes oder innerhalb von vier Wochen nach einem Todesfall, nachzuholen. Diese Frist kann bei Vorliegen der in Z 1 und 2 angeführten oder aus organisatorischen Gründen durch den Direktor/die Direktorin einmal um höchstens vier Wochen verlängert werden.

(2) Können Prüfungen auf Grund einer Verhinderung gemäß Abs. 1 Z 1 oder 2 nicht innerhalb der vorgesehenen Frist nachgeholt werden, ist mindestens vier Wochen vor der kommissionellen Abschlußprüfung je eine Nachtragsprüfung im betreffenden Unterrichtsfach abzulegen. Wird die Nachtragsprüfung in einem der Unterrichtsfächer mit „nicht genügend" oder wegen einer neuerlichen Verhinderung gemäß Abs. 1 Z 1 oder 2 nicht beurteilt, ist über dieses Unterrichtsfach eine zusätzliche Teilprüfung bei der kommissionellen Abschlußprüfung abzunehmen.

(3) Tritt ein/eine Lehrgangsteilnehmer/teilnehmerin zu einer Einzelprüfung, Dispensprüfung, Nachtragsprüfung oder Wiederholungsprüfung nicht an, ohne aus einem der in Abs. 1 Z 1 oder 2 angeführten Gründe verhindert zu sein, ist die betreffende Prüfung mit der Note „nicht genügend" zu beurteilen.

(4) Über das Vorliegen einer Verhinderung gemäß Abs. 1 Z 1 oder 2 entscheidet der Direktor/die Direktorin nach Anhörung des/der Lehrgangsteilnehmers/teilnehmerin.

Wiederholen eines Praktikums

§ 28. (1) Werden die Leistungen eines/einer Lehrgangsteilnehmers/teilnehmerin in einem Praktikum mit „nicht bestanden" beurteilt, ist das betreffende Praktikum zum ehestmöglichen Termin zu wiederholen. Das zu wiederholende Praktikum ist nach Möglichkeit in einer anderen Organisationseinheit durchzuführen und darf nicht durch dieselbe Lehr- oder Fachkraft beurteilt werden.

(2) Ist ein Wiederholen während der Ausbildungszeit nicht möglich, kann die Ausbildung durch die Prüfungskommission verlängert werden.

(3) Die Beurteilung des wiederholten Praktikums tritt an die Stelle der Beurteilung „nicht bestanden".

(4) Im Rahmen der Ausbildung darf höchstens ein Praktikum einmal wiederholt werden.

Wiederholen der Ausbildung

§ 29. (1) Wenn
1. drei Unterrichtsfächer nach Ausschöpfen der Wiederholungsmöglichkeiten gemäß § 26 Abs. 1 mit der Note „nicht genügend" beurteilt werden,
2. mehr als drei Unterrichtsfächer auf Grund der Nachtragsprüfung gemäß § 27 Abs. 2 mit der Note „nicht genügend" beurteilt oder auf Grund einer neuerlichen Verhinderung gemäß § 27 Abs. 1 nicht beurteilt werden,
3. zwei Praktika mit „nicht bestanden" beurteilt werden,
4. ein gemäß § 28 wiederholtes Praktikum mit „nicht bestanden" beurteilt wird oder
5. bei mehr als 20% Fehlzeiten ein Beschluß der Lehrgangskonferenz gemäß § 14 Abs. 3 Z 2 vorliegt,

hat der/die Lehrgangsteilnehmer/teilnehmerin die Ausbildung einschließlich der Einzelprüfungen und Praktika zu wiederholen.

(2) Die Ausbildung darf höchstens einmal wiederholt werden.

Anhang **Pflh-AV**

Ausscheiden aus der Ausbildung

§ 30. (1) Wenn die Leistungen eines/einer Lehrgangsteilnehmers/teilnehmerin nach Ausschöpfen der Wiederholungsmöglichkeiten in
1. mehr als drei Unterrichtsfächern mit der Note „nicht genügend" beurteilt werden,
2. mehr als zwei Praktika mit „nicht bestanden" beurteilt werden,
3. mehr als zwei Unterrichtsfächern mit der Note „nicht genügend" und einem Praktikum mit „nicht bestanden" beurteilt werden,
4. mehr als einem Unterrichtsfach mit der Note „nicht genügend" und zwei Praktika mit „nicht bestanden" beurteilt werden,

scheidet der/die betreffende Lehrgangsteilnehmer/teilnehmerin aus der Ausbildung aus.

(2) Darüber hinaus scheidet ein/eine Lehrgangsteilnehmer/teilnehmerin nach erfolglosem Wiederholen der Ausbildung gemäß § 29 Abs. 2 aus der Ausbildung aus.

3. Abschnitt
Kommissionelle Abschlußprüfung

Allgemeines

§ 31. (1) Nach Abschluß der theoretischen und praktischen Ausbildung ist eine kommissionelle Abschlußprüfung vor der Prüfungskommission abzulegen.

(2) Im Rahmen der kommissionellen Abschlußprüfung ist zu überprüfen, ob der/die Lehrgangsteil-nehmer/teilnehmerin über die für die fachgerechte Ausübung der Pflegehilfe erforderlichen Kenntnisse und Fertigkeiten verfügt.

(3) Zeiten für die Abnahme der kommissionellen Abschlußprüfung sind in die Stundenzahl der theoretischen Ausbildung gemäß § 18 Abs. 1 nicht einzurechnen.

Zulassung zur kommissionellen Abschlußprüfung

§ 32. (1) Ein/Eine Lehrgangsteilnehmer/teilnehmerin ist zur kommissionellen Abschlußprüfung vom Direktor/von der Direktorin zuzulassen, wenn er/sie alle in den Anlagen 1 bis 3 für die Ausbildung vorgesehenen Unterrichtsfächer und Fachbereiche erfolgreich abgeschlossen hat.

(2) Ein/Eine Lehrgangsteilnehmer/teilnehmerin ist vom Direktor/von der Direktorin auch
1. bei Vorliegen eines Beschlusses der Lehrgangskonferenz gemäß § 14 Abs. 3 Z 1 oder Abs. 6 sowie
2. bei zusätzlichen Teilprüfungen gemäß § 33

zur Abschlußprüfung zuzulassen.

Zusätzliche Teilprüfungen im Rahmen der kommissionellen Abschlußprüfung

§ 33. (1) Im Rahmen der kommissionellen Abschlußprüfung dürfen insgesamt höchstens drei zusätzliche Teilprüfungen abgelegt werden.

(2) Wenn zwei zusätzliche Teilprüfungen gemäß § 26 Abs. 3 abzulegen sind, kann höchstens ein Unterrichtsfach gemäß § 27 Abs. 2 als zusätzliche Teilprüfung abgelegt werden.

(3) Wenn eine zusätzliche Teilprüfung gemäß § 26 Abs. 3 abzulegen ist, können höchstens zwei Unterrichtsfächer gemäß § 27 Abs. 2 als zusätzliche Teilprüfungen abgelegt werden.

(4) Wenn keine zusätzliche Teilprüfung gemäß § 26 Abs. 3 abzulegen ist, können höchstens drei Unterrichtsfächer gemäß § 27 Abs. 2 als zusätzliche Teilprüfungen abgelegt werden.

Inhalt der kommissionellen Abschlußprüfung

§ 34. (1) Die kommissionelle Abschlußprüfung ist vor der Prüfungskommission in Form von drei mündlichen Teilprüfungen abzulegen.

(2) Die drei Teilprüfungen der kommissionellen Abschlußprüfung sind in folgenden Sachgebieten abzulegen:

Anhang **Pflh-AV**

1. ,,Gesundheits- und Krankenpflege und Palliativpflege",
2. ,,Pflege von alten Menschen" und
3. ,,Hauskrankenpflege".

(3) Im Rahmen der kommissionellen Abschlußprüfung sind auch die praktischen Kenntnisse und Fertigkeiten der Lehrgangsteilnehmer/teilnehmerinnen zu überprüfen.

Ablauf der kommissionellen Abschlußprüfung

§ 35. (1) Die kommissionelle Abschlußprüfung ist an höchstens zwei Terminen durchzuführen.

(2) Wird die kommissionelle Abschlußprüfung an zwei Terminen durchgeführt, ist der erste Termin der kommissionellen Abschlußprüfung nach erfolgreicher Absolvierung aller in den Anlagen 1 bis 3 vorgesehenen Unterrichtsfächer und Fachbereiche, unbeschadet § 32 Abs. 2, frühestens sechs Wochen und der zweite Termin innerhalb der letzten Woche vor dem Ende der Ausbildung festzusetzen.

(3) Wird die kommissionelle Abschlußprüfung an einem Termin durchgeführt, ist dieser Termin innerhalb der letzten Woche vor dem Ende der Ausbildung festzusetzen.

(4) Der Direktor/Die Direktorin hat dem/der Vorsitzenden der Prüfungskommission spätestens vier Wochen vor dem in Aussicht genommenen Termin der kommissionellen Abschlußprüfung oder der ersten Teilprüfung der kommissionellen Abschlußprüfung
1. jene Lehrgangsteilnehmer/teilnehmerinnen, die gemäß § 32 zur kommissionellen Abschlußprüfung zugelassen wurden,
2. Vorschläge für die Prüfungstermine und
3. die Namen der Prüfer/Prüferinnen in den Abschlußprüfungsfächern

bekanntzugeben.

(5) Der/Die Vorsitzende der Prüfungskommission hat im Einvernehmen mit dem Direktor/der Direktorin die Prüfungstermine festzusetzen. Der Direktor/Die Direktorin hat die Prüfungster-

mine den Lehrgangsteilnehmern/teilnehmerinnen unverzüglich nachweislich bekanntzugeben.

(6) Der Direktor/Die Direktorin hat die Mitglieder der Prüfungskommission spätestens vier Wochen vor der kommissionellen Abschlußprüfung oder der ersten Teilprüfung der kommissionellen Abschlußprüfung ordnungsgemäß zu laden. Den Kommissionsmitgliedern ist vor Beginn der kommissionellen Abschlußprüfung ein Verzeichnis der Prüfungskandidaten/kandidatinnen auszufolgen.

§ 36. (1) Zusätzliche Teilprüfungen gemäß § 26 Abs. 3 sind am Beginn der kommissionellen Abschlußprüfung abzunehmen.

(2) Wird eine zusätzliche Teilprüfung gemäß Abs. 1 mit der Note ,,nicht genügend" beurteilt, ist die kommissionelle Abschlußprüfung abzubrechen.

§ 37. (1) Die Lehrkräfte der betreffenden Sachgebiete (§ 34 Abs. 2) haben die Teilprüfungen der kommissionellen Abschlußprüfung abzunehmen und der Prüfungskommission eine Beurteilung vorzuschlagen.

(2) Bei Sachgebieten, in denen der Unterricht im Rahmen der theoretischen Ausbildung von mehreren Lehrkräften durchgeführt wurde, ist die Abnahme der Teilprüfung der kommissionellen Abschlußprüfung durch nur eine dieser Lehrkräfte ausreichend.

(3) Der/Die Vorsitzende, der Direktor/die Direktorin und der/die medizinisch-wissenschaftliche Leiter/Leiterin sind berechtigt, dem/der Lehrgangsteilnehmer/teilnehmerin bei allen Teilprüfungen Fragen zu stellen.

(4) Über das Ergebnis der Prüfung entscheidet die Prüfungskommission in nichtöffentlicher Sitzung mit einfacher Stimmenmehrheit. Bei Stimmengleichheit entscheidet die Stimme des/der Vorsitzenden. Eine Stimmenthaltung ist unzulässig. Wird eine Teilprüfung der kommissionellen Abschlußprüfung von mehreren Lehrkräften eines Sachgebietes abgenommen, so kommt diesen Lehrkräften bei der Entscheidung der Prüfungskommission

Anhang **Pflh-AV**

insgesamt nur eine Stimme zu, wobei auch nur eine einheitliche Note vorgeschlagen werden darf.

(5) Die Prüfungskommission ist beschlußfähig, wenn alle Kommissionsmitglieder gemäß § 35 Abs. 6 geladen wurden und neben dem/der Vorsitzenden oder dessen/deren Stellvertreter/Stellvertreterin mindestens drei weitere Kommissionsmitglieder oder deren Stellvertreter/Stellvertreterinnen anwesend sind.

Beurteilung der kommissionellen Abschlußprüfung

§ 38. (1) Die Prüfungskommission hat die Leistungen der Lehrgangsteilnehmer/teilnehmerinnen im Rahmen der drei Teilprüfungen der kommissionellen Abschlußprüfung sowie allfälliger zusätzlicher Teilprüfungen gemäß §§ 26 Abs. 3 oder 27 Abs. 2 zu beurteilen.

(2) Der Beurteilung der kommissionellen Abschlußprüfung ist der Prüfungserfolg in den betreffenden Sachgebieten zugrunde zu legen, wobei jede Teilprüfung einzeln zu beurteilen ist. Allfällige zusätzliche Teilprüfungen gemäß §§ 26 Abs. 3 oder 27 Abs. 2 sind ebenfalls zu beurteilen.

(3) Bei der Beurteilung der Leistungen der Lehrgangsteilnehmer/teilnehmerinnen im Rahmen der kommissionellen Abschlußprüfung sind folgende Beurteilungsstufen (Noten) anzuwenden:
 1. „sehr gut" (1),
 2. „gut" (2),
 3. „befriedigend" (3),
 4. „genügend" (4),
 5. „nicht genügend" (5).

(4) Eine positive Beurteilung ist bei den Noten 1 bis 4 gegeben.

Gesamtbeurteilung der kommissionellen Abschlußprüfung

§ 39. (1) Auf Grund der Beurteilungen gemäß § 38 ist die Gesamtleistung der kommissionellen Abschlußprüfung zu beurteilen.

(2) Bei der Beurteilung der Gesamtleistung der Lehrgangsteilnehmer/teilnehmerinnen im Rahmen der kommissionellen Abschlußprüfung sind folgende Beurteilungsstufen anzuwenden:
1. „mit ausgezeichnetem Erfolg bestanden",
2. „mit gutem Erfolg bestanden",
3. „mit Erfolg bestanden" oder
4. „nicht bestanden".

(3) Die Gesamtleistung ist „mit ausgezeichnetem Erfolg bestanden" zu beurteilen, wenn der rechnerische Durchschnitt der Noten gemäß § 38 Abs. 3 unter 1,5 liegt. Die Note „genügend", eine Wiederholungsprüfung im Rahmen der kommissionellen Abschlußprüfung oder eine zusätzliche Teilprüfung gemäß § 26 Abs. 3 schließt die Gesamtbeurteilung „mit ausgezeichnetem Erfolg bestanden" aus.

(4) Die Gesamtleistung ist „mit gutem Erfolg bestanden" zu beurteilen, wenn der rechnerische Durchschnitt der Noten gemäß § 38 Abs. 3 unter 2,1 liegt. Eine Wiederholungsprüfung im Rahmen der kommissionellen Abschlußprüfung oder eine zusätzliche Teilprüfung gemäß § 26 Abs. 3 schließt die Gesamtbeurteilung „mit gutem Erfolg bestanden" aus.

(5) Die Gesamtleistung ist „mit Erfolg bestanden" zu beurteilen, wenn alle Teilprüfungen der kommissionellen Abschlußprüfung zumindest mit „genügend" benotet sind.

(6) Die Gesamtleistung gemäß Abs. 2 Z 1, 2 oder 3 ist im Zeugnis (§ 45) einzutragen.

Abschlußprüfungsprotokoll

§ 40. (1) Über die kommissionelle Abschlußprüfung ist ein Protokoll zu führen.

(2) Das Abschlußprüfungsprotokoll hat zu enthalten:
1. Namen und Funktionen der Mitglieder der Prüfungskommission,
2. Datum der Prüfungen im Rahmen der kommissionellen Abschlußprüfung,
3. Namen der Lehrgangsteilnehmer/teilnehmerinnen,

Anhang **Pflh-AV**

    4. Prüfungsfächer,
    5. Prüfungsfragen und
    6. Beurteilung der Prüfungen.

(3) Das Abschlußprüfungsprotokoll ist von den Mitgliedern der Prüfungskommission zu unterzeichnen.

(4) Das Abschlußprüfungsprotokoll, ausgenommen die Prüfungsfragen gemäß Abs. 2 Z 5, ist
    1. vom Direktor/von der Direktorin des Pflegehilfelehrganges oder
    2. im Fall des mangelnden Fortbestehens des Pflegehilfelehrganges vom Rechtsträger des Pflegehilfelehrganges oder
    3. im Fall des mangelnden Fortbestehens des Rechtsträgers vom örtlich zuständigen Landeshauptmann

mindestens 50 Jahre nach Ablegung der kommissionellen Abschlußprüfung aufzubewahren.

Nichtantreten zu einer Prüfung im Rahmen der kommissionellen Abschlußprüfung

§ 41. (1) Ist ein/eine Lehrgangsteilnehmer/teilnehmerin
    1. durch Krankheit oder
    2. aus anderen berücksichtigungswürdigen Gründen, wie insbesondere Erkrankung oder Tod eines Kindes, Wahl- oder Pflegekindes, schwere Erkrankung oder Tod eines/einer sonstigen nahen Angehörigen, Entbindung der Ehegattin oder Lebensgefährtin,

verhindert, zu Prüfungen im Rahmen der kommissionellen Abschlußprüfung anzutreten, sind die betreffenden Prüfungen zum ehestmöglichen Termin nachzuholen.

(2) Tritt ein/eine Lehrgangsteilnehmer/teilnehmerin zu einer Prüfung im Rahmen der kommissionellen Abschlußprüfung nicht an, ohne aus einem der in Abs. 1 Z 1 und 2 angeführten Gründe verhindert zu sein, ist die betreffende Prüfung mit der Note „nicht genügend" zu beurteilen.

(3) Über das Vorliegen einer Verhinderung gemäß Abs. 1 Z 1 und 2 entscheidet die Prüfungskommission nach Anhörung des/der Lehrgangsteilnehmers/teilnehmerin.

Wiederholen der kommissionellen Abschlußprüfung

§ 42. (1) Wenn eine oder höchstens zwei Teilprüfungen der kommissionellen Abschlußprüfung und allfällige zusätzliche Teilprüfungen gemäß § 27 Abs. 2 mit der Note „nicht genügend" beurteilt werden, darf je eine Wiederholungsprüfung vor der Prüfungskommission abgelegt werden.

(2) Teilprüfungen der kommissionellen Abschlußprüfung oder allfällige zusätzliche Teilprüfungen gemäß § 27 Abs. 2 dürfen höchstens zweimal wiederholt werden.

(3) Die Wiederholungsprüfungen gemäß Abs. 1 sind innerhalb von acht Wochen nach Abschluß der kommissionellen Abschlußprüfung abzulegen. Die zweiten Wiederholungsprüfungen gemäß Abs. 2 sind innerhalb von vier Wochen nach dem Termin der ersten Wiederholungsprüfung abzulegen.

(4) Die Termine für die Wiederholungsprüfungen sind von der Prüfungskommission festzusetzen.

Wiederholen der Ausbildung auf Grund Nichtbestehens der kommissionellen Abschlußprüfung

§ 43. Wenn
1. eine zusätzliche Teilprüfung gemäß § 26 Abs. 3 in Verbindung mit § 36 Abs. 2,
2. mehr als zwei Teilprüfungen der kommissionellen Abschlußprüfung gemäß § 34 Abs. 2,
3. eine oder höchstens zwei Teilprüfungen gemäß § 34 Abs. 2 oder eine oder höchstens drei zusätzliche Teilprüfungen gemäß § 27 Abs. 2 in Verbindung mit § 33 Abs. 2 bis 4 nach Ausschöpfen der Wiederholungsmöglichkeiten gemäß § 42 Abs. 2

mit der Note „nicht genügend" beurteilt werden, hat der/die Lehrgangsteilnehmer/teilnehmerin die Ausbildung einschließlich der Einzelprüfungen und Praktika sowie die kommissionelle Abschlußprüfung zu wiederholen.

Anhang **Pflh-AV**

Ausbildungsbestätigung

§ 44. (1) Am Ende der Ausbildung hat der Direktor/die Direktorin des Pflegehilfelehrganges den Lehrgangsteilnehmern/teilnehmerinnen eine Ausbildungsbestätigung gemäß dem Muster der **Anlage 4** über die im Rahmen der Ausbildung absolvierten Unterrichtsfächer und Praktika auszustellen. Die nicht zutreffenden geschlechtsspezifischen Bezeichnungen sind zu streichen. Es ist zulässig, Ausbildungsbestätigungen nur mit den jeweils erforderlichen geschlechtsspezifischen Bezeichnungen auszustellen.

(2) Die Ausbildungsbestätigung hat insbesondere
1. eine Bestätigung über die Teilnahme an der Ausbildung,
2. die Beurteilungen der Leistungen des/der Lehrgangsteilnehmers/teilnehmerin in den absolvierten Unterrichtsfächern und Praktika (§§ 23 Abs. 5, 24 Abs. 2, 25 Abs. 3, 26 und 28 Abs. 1 oder den Vermerk „nicht beurteilt" (§ 27 Abs. 2),
3. eine Bestätigung über die Teilnahme an jenen Unterrichtsfächern, in denen gemäß den Anlagen 1 bis 3 keine Einzelprüfung abzunehmen, sondern nur die Teilnahme verpflichtend ist (§ 23 Abs. 6),
4. eine Bestätigung über Anrechnungen von Prüfungen und Praktika gemäß § 102 GuKG sowie
5. die Beurteilungen der Leistungen der Lehrgangsteilnehmer/teilnehmerinnen im Rahmen der kommissionellen Abschlußprüfung (§ 38 Abs. 3)

zu enthalten.

(3) Die Ausbildungsbestätigung ist vom Direktor/von der Direktorin zu unterzeichnen und mit dem Rundsiegel des Pflegehilfelehrganges zu versehen.

(4) Bei verkürzten Ausbildungen ist die Ausbildungsbestätigung gemäß dem Muster der Anlage 4 insofern abzuändern, als nicht benötigte Felder zu streichen oder wegzulassen sind.

(5) Die Ausstellung der Ausbildungsbestätigung mittels automationsunterstützter Datenverarbeitung ist zulässig. Das Daten-

verarbeitungsregister (DVR-Nummer) ist nur im Fall einer automationsunterstützten Datenverarbeitung anzuführen.

Zeugnis

§ 45. (1) Über eine erfolgreich abgelegte kommissionelle Abschlußprüfung ist ein Zeugnis gemäß dem Muster der **Anlage 8** auszustellen. Die nicht zutreffenden geschlechtsspezifischen Bezeichnungen sind zu streichen. Es ist zulässig, Zeugnisse nur mit den jeweils erforderlichen geschlechtsspezifischen Bezeichnungen auszustellen.

(2) Die Ausstellung des Zeugnisses mittels automationsunterstützter Datenverarbeitung ist zulässig. Das Datenverarbeitungsregister (DVR-Nummer) ist nur im Fall einer automationsunterstützten Datenverarbeitung anzuführen.

(3) Das Zeugnis ist vom/von der Vorsitzenden der Prüfungskommission, vom Direktor/von der Direktorin und vom/von der medizinisch-wissenschaftlichen Leiter/Leiterin zu unterzeichnen und mit dem Rundsiegel des Pflegehilfelehrganges zu versehen.

(4) Das Zeugnis ist den Absolventen/Absolventinnen des Pflegehilfelehrganges durch den Direktor/die Direktorin spätestens zwei Wochen nach Abschluß der kommissionellen Abschlußprüfung auszufolgen. Die Übergabe des Zeugnisses ist im Abschlußprüfungsprotokoll zu vermerken.

4. Abschnitt
Verkürzte Ausbildungen

Allgemeines

§ 46. Für die Durchführung von verkürzten Ausbildungen in der Pflegehilfe gilt diese Verordnung, sofern sich nicht aus der Bestimmung des § 47 anderes ergibt.

Verkürzte Ausbildung für Mediziner/Medizinerinnen

§ 47. Die verkürzte Ausbildung in der Pflegehilfe für Mediziner/Medizinerinnen umfaßt insgesamt 680 Stunden und beinhaltet die in der Anlage 2 angeführten Unterrichtsfächer und Fachbereiche im festgelegten Ausmaß.

§ 48. *entfällt.*

5. Abschnitt
Nostrifikation

Allgemeines

§ 49. Für die Durchführung der Ergänzungsausbildung im Rahmen der Anerkennung einer von EWR-Staatsangehörigen außerhalb des EWR oder von einer Person, die nicht EWR-Staatsangehörige ist, erworbenen Urkunde über eine mit Erfolg abgeschlossene Ausbildung in der Pflegehilfe gelten die §§ 13, 16, 17, 21 Abs. 1, 3 bis 6, 23 Abs. 2, 3 und 6, 24, 25, 28, 35 Abs. 5 und 6, 36, 38 Abs. 3 und 4, 40 und 41.

Ergänzungsausbildung

§ 50. (1) Die Ergänzungsausbildung hat den Bedingungen des Nostrifikationsbescheides entsprechend eine theoretische Ausbildung, Ergänzungsprüfungen und Praktika zu umfassen.

(2) Jede Ergänzungsprüfung ist in deutscher Sprache abzulegen. Eine Ergänzungsprüfung ist als
   1. mündliche Prüfung vor der Prüfungskommission oder
   2. schriftliche Prüfung, die von der Prüfungskommission zu beurteilen ist,

abzuhalten.

(3) Der Beurteilung einer Ergänzungsprüfung ist der Prüfungserfolg im betreffenden Unterrichtsfach zugrunde zu legen. Die Beurteilungsstufen gemäß § 38 Abs. 3 sind anzuwenden.

(4) Die Leistungen im Rahmen eines Praktikums sind gemäß § 25 Abs. 3 zu beurteilen.

(5) Nostrifikanten/Nostrifikantinnen sind zahlenmäßig nicht auf Gruppen gemäß § 19 Abs. 3 anzurechnen.

Wiederholen einer Ergänzungsprüfung oder eines Praktikums und Abbruch der Ergänzungsausbildung

§ 51. (1) Jede Ergänzungsprüfung, die mit der Note „nicht genügend" beurteilt wird, darf höchstens zweimal wiederholt werden. Jede Wiederholungsprüfung ist als mündliche Prüfung vor der Prüfungskommission abzulegen. § 50 Abs. 2 Z 1 und Abs. 3 ist anzuwenden.

(2) Jedes Praktikum, das mit „nicht bestanden" beurteilt wird, darf höchstens einmal wiederholt werden.

(3) Wenn
1. die zweite Wiederholungsprüfung in einem Unterrichtsfach mit der Note „nicht genügend" oder
2. ein wiederholtes Praktikum mit „nicht bestanden"

beurteilt wird, scheidet der Nostrifikant/die Nostrifikantin automatisch aus der Ergänzungsausbildung aus. In diesem Fall ist die Ergänzungsausbildung ohne Erfolg absolviert. Eine Wiederholung oder ein Neubeginn der Ergänzungsausbildung ist nicht zulässig.

(4) Wird eine Ergänzungsausbildung durch den Nostrifikanten/die Nostrifikantin abgebrochen und liegen nicht die im Abs. 3 genannten Umstände vor, so sind bei einer neuerlichen Zulassung zur Ergänzungsausbildung alle bisher gemäß dem Nostrifikationsbescheid mit und ohne Erfolg abgelegten Ergänzungsprüfungen und Praktika anzurechnen.

Bestätigung über die Ergänzungsausbildung und -prüfung

§ 52. (1) Über die im Rahmen der Ergänzungsausbildung absolvierten Ergänzungsprüfungen und Praktika ist eine Bestätigung gemäß dem Muster der **Anlage 5** auszustellen. Die nicht zutreffenden geschlechtsspezifischen Bezeichnungen sind zu streichen. Es ist zulässig, Bestätigungen nur mit den jeweils erforderlichen geschlechtsspezifischen Bezeichnungen auszustellen.

(2) Die Bestätigung gemäß Abs. 1 hat die Beurteilungen der im Nostrifikationsbescheid vorgeschriebenen Ergänzungsprü-

fungen und Praktika zu enthalten, ist vom/von der Vorsitzenden der Prüfungskommission und vom Direktor/von der Direktorin zu unterzeichnen und mit dem Rundsiegel des Pflegehilfelehrganges zu versehen.

(3) Der Landeshauptmann, in dessen Bundesland die Ergänzungsausbildung absolviert wurde, hat im Nostrifikationsbescheid einzutragen:
1. die erfolgreiche Absolvierung der Ergänzungsprüfungen und Praktika,
2. die gemäß § 51 Abs. 3 ohne Erfolg absolvierte Ergänzungsausbildung und
3. den Abbruch der Ergänzungsausbildung durch den Nostrifikanten/die Nostrifikantin gemäß § 51 Abs. 4.

(4) Die Ausstellung der Bestätigung mittels automationsunterstützter Datenverarbeitung ist zulässig. Das Datenverarbeitungsregister (DVR-Nummer) ist nur im Fall einer automationsunterstützten Datenverarbeitung anzuführen.

6. Abschnitt
Kompensationsmaßnahmen – EWR

Allgemeines

§ 53. Für die Durchführung eines Anpassungslehrganges oder einer Eignungsprüfung im Rahmen der Zulassung zur Berufsausübung von EWR-Staatsangehörigen gelten die §§ 13, 16, 17, 21 Abs. 1, 3 bis 6, 25, 28, 35 Abs. 5 und 6, 36, 38 Abs. 3 und 4, 40 und 41.

Anpassungslehrgang

§ 54. (1) Der Anpassungslehrgang ist im Rahmen eines Pflegehilfelehrganges zu absolvieren.

(2) Die Zulassungswerber/werberinnen dürfen im Rahmen des Anpassungslehrganges nur zu Tätigkeiten herangezogen werden, die in unmittelbarem Zusammenhang mit den zu erwerbenden Fähigkeiten und Fertigkeiten stehen.

(3) Die Zulassungswerber/werberinnen, die im Rahmen des Anpassungslehrganges eine Zusatzausbildung zu absolvieren haben, sind zur Teilnahme am entsprechenden theoretischen Unterricht verpflichtet. Diese Personen sind zahlenmäßig nicht auf Gruppen gemäß § 19 Abs. 3 anzurechnen.

(4) Die Leistungen im Rahmen eines Anpassungslehrganges sind gemäß § 25 Abs. 3 zu beurteilen.

Eignungsprüfung

§ 55. (1) Die Eignungsprüfung ist im Rahmen eines Pflegehilfelehrganges über die im Zulassungsbescheid angeführten Sachgebiete oder Unterrichtsfächer abzulegen.

(2) Die Eignungsprüfung ist in deutscher Sprache abzulegen. Eine Eignungsprüfung ist als
  1. mündliche Prüfung vor der Prüfungskommission oder
  2. schriftliche Prüfung, die durch die Prüfungskommission zu beurteilen ist,

abzuhalten.

(3) Der Prüfungserfolg in den betreffenden Sachgebieten oder Unterrichtsfächern ist zu beurteilen. Die Beurteilungsstufen gemäß § 38 Abs. 3 sind anzuwenden.

Wiederholen des Anpassungslehrganges oder der Eignungsprüfung

§ 56. (1) Ein Anpassungslehrgang, der mit „nicht bestanden" beurteilt wird, darf höchstens einmal wiederholt werden.

(2) Sachgebiete oder Unterrichtsfächer im Rahmen der Eignungsprüfung, die mit der Note „nicht genügend" beurteilt werden, dürfen höchstens zweimal wiederholt werden. Jede Wiederholungsprüfung ist als mündliche Prüfung vor der Prüfungskommission abzulegen und gemäß § 55 Abs. 3 zu beurteilen.

(3) Wenn
  1. die zweite Wiederholungsprüfung eines Sachgebietes oder Unterrichtsfaches im Rahmen der Eignungsprüfung mit „nicht genügend" oder

Anhang **Pflh-AV**

2. der wiederholte Anpassungslehrgang mit „nicht bestanden"

beurteilt wird, ist der Anpassungslehrgang oder die Eignungsprüfung ohne Erfolg absolviert.

(4) Eine gemäß Abs. 3 ohne Erfolg absolvierte Eignungsprüfung oder ein gemäß Abs. 3 ohne Erfolg absolvierter Anpassungslehrgang darf nicht wiederholt oder neu begonnen werden.

Bestätigung über den Anpassungslehrgang oder die Eignungsprüfung

§ 57. (1) Über den absolvierten Anpassungslehrgang oder die absolvierte Eignungsprüfung ist eine Bestätigung gemäß den Mustern der **Anlagen 6 oder 7** auszustellen. Die nicht zutreffenden geschlechtsspezifischen Bezeichnungen sind zu streichen. Es ist zulässig, Bestätigungen nur mit den jeweils erforderlichen geschlechtsspezifischen Bezeichnungen auszustellen.

(2) Die Bestätigung gemäß Abs. 1 hat die Beurteilung des im Zulassungsbescheid vorgeschriebenen Anpassungslehrganges oder der Eignungsprüfung zu enthalten. Die Bestätigung über den Anpassungslehrgang ist vom Direktor/von der Direktorin zu unterzeichnen. Die Bestätigung über die Eignungsprüfung ist vom/von der Vorsitzenden der Prüfungskommission und vom Direktor/von der Direktorin zu unterzeichnen. Jede Bestätigung ist mit dem Rundsiegel des Pflegehilfelehrganges zu versehen.

(3) Die Ausstellung der Bestätigung mittels automationsunterstützter Datenverarbeitung ist zulässig. Das Datenverarbeitungsregister (DVR-Nummer) ist nur im Fall einer automationsunterstützten Datenverarbeitung anzuführen.

7. Abschnitt
Schluß- und Übergangsbestimmungen

Räumliche und sachliche Ausstattung

§ 58. Die räumliche und sachliche Ausstattung für einen Pflegehilfelehrgang gemäß § 10 hat bis längstens 31. Dezember 2001 vorzuliegen.

Lehrgangsordnung

§ 59. Die Rechtsträger der Pflegehilfelehrgänge gemäß § 113 GuKG haben eine Lehrgangsordnung gemäß § 11 bis spätestens 31. Dezember 1999 dem Landeshauptmann vorzulegen. Wird die Genehmigung nicht innerhalb von sechs Monaten bescheidmäßig versagt, gilt sie als erteilt. Gegen die Versagung ist eine Berufung an den Bundesminister für Arbeit, Gesundheit und Soziales zulässig.

Praktische Ausbildung

§ 60. Bei Mangel an Ausbildungsplätzen für die praktische Ausbildung in Einrichtungen, die Hauskrankenpflege, andere Gesundheitsdienste oder soziale Dienste anbieten, kann bis zum Ablauf des 31. August 2004 die fehlende praktische Ausbildung in diesem Fachbereich durch eine praktische Ausbildung in Fachabteilungen einer Krankenanstalt oder in Einrichtungen, die der stationären Betreuung pflegebedürftiger Menschen dienen, kompensiert werden.

Anzeige der Ausbildung

§ 61. Bei erstmaliger Durchführung einer Ausbildung in der Pflegehilfe gemäß den Bestimmungen dieser Verordnung ist der Beginn der Ausbildung dem Landeshauptmann vom Direktor/von der Direktorin unverzüglich anzuzeigen.

Außerkrafttreten

§ 62. Die Verordnung betreffend die Ausbildung und Prüfung zum (zur) Pflegehelfer(in) (Pflegehelferverordnung – PflHV), BGBl. Nr. 175/1991, tritt mit 1. März 2001 außer Kraft.

Anmerkung:

Die Novelle BGBl. II Nr. 295/2010 ist mit 14. September 2010 in Kraft getreten.

Anhang — Pflh-AV

Anlage 1

AUSBILDUNG IN DER PFLEGEHILFE
Theoretische Ausbildung

Unterrichtsfach	Lehrinhalte	Stunden	Lehrkraft	Art der Prüfung
1. Berufsethik und Berufskunde	– Grundlagen der allgemeinen Ethik – Berufsethik – Transkulturelle Aspekte der Pflege – Geschichte der Pflege – Pflegeorganisation unter besonderer Berücksichtigung der Pflegehilfe	30	Lehrer/in für Gesundheits- und Krankenpflege	Einzelprüfung
2. Gesundheits- und Krankenpflege	– Gesundheit, der gesunde Mensch – Gesundheitspflege – Krankheit, der kranke Mensch – Ganzheitliche Pflege in allen Altersstufen – Pflegeprozeß, Pflegedokumentation – Pflege bei ausgewählten Krankheitsbildern (exemplarisch)	160 (hievon 25% in Gruppen)	Lehrer/in für Gesundheits- und Krankenpflege	Kommissionelle Abschlußprüfung
3. Pflege von alten Menschen	– Der alte Mensch – gesund und krank, zu Hause, in Krankenanstalten und in Betreuungseinrichtungen – Modelle in der Betreuung und Pflege alter Menschen – spezifische pflegerische Maßnahmen	50	Lehrer/in für Gesundheits- und Krankenpflege	Kommissionelle Abschlußprüfung
4. Palliativpflege	– Leben und Sterben – Pflege und Begleitung von chronisch kranken, terminal kranken und sterbenden Menschen – Umgang mit Schmerzen	30 (hievon 25% in Gruppen)	Lehrer/in für Gesundheits- und Krankenpflege	Kommissionelle Abschlußprüfung
5. Hauskrankenpflege	– Hauskrankenpflege in der integrierten Gesundheitsversorgung – Haushaltsführung im Hinblick auf die Aufgaben der Pflegehilfe – Interdisziplinäre Zusammenarbeit in Gesundheits- und sozialen Diensten – Pflegerische Maßnahmen, insbesondere Beschaffung und Einsatz von Materialien und Mitteln	30	Lehrer/in für Gesundheits- und Krankenpflege	Kommissionelle Abschlußprüfung
6. Hygiene und Infektionslehre	– Grundlagen der Infektionslehre und Mikrobiologie	40	Arzt/Ärztin für	Einzelprüfung

	– Angewandte Hygiene im intra- und extramuralen Bereich – Desinfektion und Sterilisation		Allgemeinmedizin/ approbierte'r Arzt/Ärztin /Facharzt/-ärztin /Mediziner/in /Lehrer/in für Gesundheits- und Krankenpflege / Diplomierte'r Gesundheits- und Krankenschwester/-pfleger (Krankenhaushygiene)	
7. Ernährung, Kranken- und Diätkost	– qualitative und quantitative Aspekte der Ernährung – Kranken- und Diätkost	25	Dipl. Diätassistent/in und ernährungs- medizinische/r Berater/in /Lehrer/in für Gesundheits- und Krankenpflege	Einzelprüfung
8. Grundzüge der Somatologie und Pathologie	– Bau und Funktionen des menschlichen Körpers unter Einbeziehung der medizinischen Fachsprache – Einführung in die allgemeine und spezielle Krankheitslehre – Information über einfache medizinische Untersuchungs- und Behandlungsverfahren	80	Arzt/Ärztin für Allgemeinmedizin/ approbierte'r Arzt/Ärztin /Facharzt/-ärztin /Arzt/Ärztin in Ausbildung zum Facharzt/-ärztin /Mediziner/in /Lehrer/in für Gesundheits- und Krankenpflege	Einzelprüfung
9. Gerontologie, Geriatrie und Gerontopsychiatrie	– Körperliche und psychische Veränderungen im Alter – Krankheitsbilder im Alter	30	Arzt/Ärztin für Allgemeinmedizin/ approbierte'r Arzt/Ärztin /Facharzt/-ärztin /Lehrer/in für Gesundheits- und Krankenpflege (psychiatrische Gesundheits- und Krankenpflege)	Einzelprüfung
10. Grundzüge der Pharmakologie	– Darreichungsformen und Wirkungsweisen von Medikamenten – Gefahren und Vorsichtsmaßnahmen bei der	30	Arzt/Ärztin für Allgemeinmedizin/ approbierte'r Arzt/Ärztin	Einzelprüfung

		– Verabreichung von Medikamenten – Verabreichung von subkutanen Insulininjektionen		/ Facharzt/-ärztin /Pharmazeut/in / Lehrer/in für Gesundheits- und Krankenpflege	
11. Erste Hilfe		– Selbstschutz – Unfallverhütung – Erste Hilfe – Katastrophen- und Zivilschutz – Brandschutz – Allgemeiner und berufsspezifischer Strahlenschutz	25	Arzt/Ärztin für Allgemeinmedizin/ approbierte/r Arzt/Ärztin / Facharzt/- ärztin/Lehrer/in für Gesundheits- und Krankenpflege / Dipl. radiologisch-technische/r Assistent/in/ fachkompetente Person	Einzelprüfung
12. Animation und Motivation zur Freizeitgestaltung		– Methoden und Möglichkeiten der Aktivierung zur Freizeitgestaltung – Praktische Anwendung im Arbeitsfeld	25	Lehrer/in für Gesundheits- und Krankenpflege / fachkompetente Person	Teilnahme
13. Grundzüge der Rehabilitation und Mobilisation		– Gesunde Körperhaltung und Bewegung – Lagerungs- und Hebetechniken – Transfer- und Hilfsmitteleinsatz – Einführung in die Rehabilitation und physikalische Therapie	35 (hievon 40% in Gruppen)	Dipl. Physiotherapeut/in /Dipl. Ergotherapeut/in / Facharzt/-ärztin	Einzelprüfung
14. Berufe und Einrichtungen im Gesundheits- und Sozialwesen, einschließlich Betriebsführung		– Institutionen und Organisationen des Gesundheits- und Sozialwesens – Berufsbilder und Kompetenzen im Gesundheits- und Sozialwesen – Einführung in die Betriebsführung – Exkursionen	50 (hievon 20 Std. Exkursionen)	Lehrer/in für Gesundheits- und Krankenpflege / fachkompetente Person	Einzelprüfung
15. Einführung in die Psychologie, Soziologie und Sozialhygiene		– Allgemeine Grundlagen – Psychologie des Kranken – Psychologie des Behinderten – Psychosomatik	30	Psychologe/Psychologin /Soziologe/Soziologin	Einzelprüfung
16. Kommunikation und Konfliktbewältigung		– Grundlagen der Kommunikation – Gesprächsführung – Konflikte und Konfliktmanagement – Stressbewältigung und Grundlagen der Supervision – Praxisreflexion	100 (hievon 100% in Gruppen)	Psychologe/Psychologin /Psychotherapeut/in / Lehrer/in für Gesundheits- und Krankenpflege / fachkompetente Person	Teilnahme

17. Berufsspezifische Rechtsgrundlagen	– Allgemeine Rechtsgrundlagen – Sanitätsrecht, insbesondere Gesundheits- und Krankenpflegegesetz – Sachwalterschaft – Grundzüge des Arbeits- und Sozialversicherungsrechtes – Grundzüge des ArbeitnehmerInnenschutzes – Grundlagen des Haftungsrechtes	30	Jurist/in	Einzelprüfung
Gesamt		**800**		

Praktische Ausbildung

Ausbildungseinrichtung	Fachbereich	Stunden
Fachabteilungen einer Krankenanstalt	Akutpflege im operativen und konservativen Fachbereich	320
Einrichtungen, die der stationären Betreuung pflegebedürftiger Menschen dienen	Langzeitpflege / rehabilitative Pflege	320
Einrichtungen, die Hauskrankenpflege, andere Gesundheitsdienste oder soziale Dienste anbieten	Extramurale Pflege, Betreuung und Beratung	160
Gesamt		**800**

Anhang   **Pflh-AV**

Anlage 2

VERKÜRZTE AUSBILDUNG FÜR MEDIZINER/MEDIZINERINNEN

Theoretische Ausbildung

Unterrichtsfach	Lehrinhalte	Stunden	Lehrkraft	Art der Prüfung
1. Gesundheits- und Krankenpflege	– Ganzheitliche Pflege in allen Altersstufen – Pflegeprozeß, Pflegedokumentation – Pflege bei ausgewählten Krankheitsbildern (exemplarisch)	30 (hievon 25% in Gruppen)	Lehrer/in für Gesundheits- und Krankenpflege	Kommissionelle Abschlußprüfung
2. Pflege von alten Menschen	– Modelle in der Betreuung und Pflege alter Menschen – spezifische pflegerische Maßnahmen	15	Lehrer/in für Gesundheits- und Krankenpflege	Kommissionelle Abschlußprüfung
3. Palliativpflege	– Pflege und Begleitung von chronisch Kranken, terminalkranken und sterbenden Menschen	5	Lehrer/in für Gesundheits- und Krankenpflege	Kommissionelle Abschlußprüfung
4. Hauskrankenpflege	– Hauskrankenpflege in der integrierten Gesundheitsversorgung – interdisziplinäre Zusammenarbeit in Gesundheits- und sozialen Diensten – Pflegerische Maßnahmen, insbesondere Beschaffung und Einsatz von Materialien und Mitteln	8	Lehrer/in für Gesundheits- und Krankenpflege	Kommissionelle Abschlußprüfung
5. Grundzüge der Rehabilitation und Mobilisation	– Lagerungs- und Hebetechniken – Transfer- und Hilfsmitteleinsatz	10	Dipl. Physiotherapeut/in /Dipl. Ergotherapeut/in	Einzelprüfung
6. Kommunikation und Konfliktbewältigung	– Konflikte und Konfliktmanagement – Streßbewältigung und Grundlagen der Supervision	8 (hievon 100% in Gruppen)	Psychologe/Psychologin /Psychotherapeut/in	Teilnahme
7. Berufsspezifische Rechtsgrundlagen	– Gesundheits- und Krankenpflegegesetz – Grundlagen des Haftungsrechtes	4	Jurist/in	Teilnahme
Gesamt		**80**		

Praktische Ausbildung

Ausbildungseinrichtung	Fachbereich	Stunden
Fachabteilungen einer Krankenanstalt	Akutpflege im operativen und konservativen Fachbereich	320
Einrichtungen, die der stationären Betreuung pflegebedürftiger Menschen dienen	Langzeitpflege/rehabilitative Pflege	280
Gesamt		**600**

Pflh-AV Anhang

Anlage 4

Bezeichnung, Adresse und Rechtsträger der
Ausbildungseinrichtung sowie DVR-Nummer

Ausbildungsbestätigung

Herr/Frau ....

geboren am .... in ....

hat an der Ausbildung in der Pflegehilfe gemäß der Verordnung über die Ausbildung in der Pflegehilfe (Pflh-AV), BGBl. II Nr. 371/1999, in der Zeit von .... bis ....

teilgenommen [1]) und nachstehende Beurteilungen erlangt:

Theoretische Ausbildung

Einzelprüfung – Teilnahme – Dispensprüfung

Unterrichtsfach	Stunden	Beurteilung [2])	Wh. [3])

[1]) Ausbildungsdauer 12 Monate, bei Teilzeitausbildung oder in Verbindung mit einer anderen Ausbildung bis zu 24 Monate, bei verkürzter Ausbildung für Mediziner/-innen 680 Stunden, bei verkürzter Ausbildung für Stationsgehilfen/-gehilfinnen 160 Stunden.
[2]) „sehr gut" (1), „gut" (2), „befriedigend" (3), „genügend" (4), „nicht genügend" (5) gemäß § 23 Abs. 5 Pflh-AV; „erfolgreich teilgenommen", „nicht genügend" gemäß §§ 23 Abs. 6 und 24 Abs. 2 Pflh-AV; „nicht beurteilt" gemäß § 27 Abs. 2, „angerechnet" gemäß § 102 GuKG – Zutreffendes einfügen.
[3]) Wiederholungsprüfung gemäß § 26 Abs. 1 Pflh-AV – Bei Zutreffen ankreuzen.

Anhang Pflh-AV

Praktische Ausbildung

Fachbereich/Praktikum	Stunden	Beurteilung [4]	Wh. [5]

---

[4] „ausgezeichnet bestanden", „gut bestanden", „bestanden", „nicht bestanden" gemäß § 25 Abs. 3 Pflh-AV; „angerechnet" gemäß § 102 GuKG – Zutreffendes einfügen.
[5] Wiederholung gemäß § 28 Abs. 1 Pflh-AV – Bei Zutreffen ankreuzen.

Kommissionelle Abschlußprüfung

Sachgebiet	Beurteilung [6]	1. Wh. [7]	2. Wh. [8]
1. Teilprüfung:			
2. Teilprüfung:			
3. Teilprüfung:			
Zusätzliche Teilprüfung/en [9]			

Diese Bestätigung berechtigt nicht zur Berufsausübung in der Pflegehilfe.

......................................, am ....

Der Direktor/Die Direktorin:

Rundsiegel des
Pflegehilfelehrganges

---

[6] „sehr gut" (1), „gut" (2), „befriedigend" (3), „genügend" (4), „nicht genügend" (5) gemäß § 38 Abs. 3 Pflh-AV – Zutreffendes einfügen.
[7] Erste Wiederholung gemäß § 42 Abs. 1 Pflh-AV – Bei Zutreffen ankreuzen.
[8] Zweite Wiederholung gemäß § 42 Abs. 2 und 3 Pflh-AV – Bei Zutreffen ankreuzen.
[9] Zusätzliche Teilprüfung/en gemäß §§ 26 Abs. 3 oder 27 Abs. 2 Pflh-AV – Bei Zutreffen Unterrichtsfach einfügen, bei Nichtzutreffen streichen.

Anhang **Pflh-AV**

Anlage 5

Bezeichnung, Adresse und Rechtsträger der
Ausbildungseinrichtung sowie DVR-Nummer

BESTÄTIGUNG ÜBER DIE ERGÄNZUNGSAUSBILDUNG

Herr/Frau..
geboren am .... in ....
hat an der im Bescheid des Landeshauptmannes...
vom ...., Zahl ...., vorgeschriebenen
Ergänzungsausbildung gemäß der Verordnung über die Ausbildung in der Pflegehilfe (Pflh-AV), BGBl. II
Nr. 371/1999, in der Zeit von .... bis ....
teilgenommen und nachstehende Beurteilungen erlangt:

Ergänzungsprüfungen – Teilnahmen – Dispensprüfungen

Unterrichtsfach	Beurteilung [1]	1. Wh. [2]	2. Wh. [3]

---

[1] „sehr gut" (1), „gut" (2), „befriedigend" (3), „genügend" (4), „nicht genügend" (5) gemäß § 38 Abs. 3 Pflh-AV;
„erfolgreich teilgenommen" „nicht genügend" gemäß §§ 23 Abs. 6 und 24 Abs. 2 Pflh-AV – Zutreffendes einfügen.
[2] Erste Wiederholungsprüfung gemäß § 51 Abs. 1 Pflh-AV – Bei Zutreffen ankreuzen.
[3] Zweite Wiederholungsprüfung gemäß § 51 Abs. 1 Pflh-AV – Bei Zutreffen ankreuzen.

Pflh-AV   **Anhang**

Praktika

Fachbereich/Praktikum	Stunden	Beurteilung [4]	Wh. [5]

Die Ergänzungsausbildung wurde mit – ohne Erfolg absolviert/abgebrochen. [6]

Diese Bestätigung berechtigt nicht zur Berufsausübung in der Pflegehilfe.

...., am ....

Für die Prüfungskommission:

Der/Die Vorsitzende: Der Direktor/Die Direktorin:

Rundsiegel des
Pflegehilfelehrganges

---

[4] „ausgezeichnet bestanden", „gut bestanden", „bestanden", „nicht bestanden" gemäß § 25 Abs. 3 Pflh-AV – Zutreffendes einfügen.
[5] Wiederholung gemäß § 51 Abs. 2 Pflh-AV – Bei Zutreffen ankreuzen.
[6] Nicht Zutreffendes streichen gemäß § 52 Abs. 3 Pflh-AV.

Anhang Pflh-AV

Anlage 6

Bezeichnung, Adresse und Rechtsträger der
Ausbildungseinrichtung sowie DVR-Nummer

BESTÄTIGUNG ÜBER DEN ANPASSUNGSLEHRGANG

Herr/Frau ....

geboren am .... in ....

hat den im Bescheid des Bundesministers für ....

vom ...., Zahl ....,

vorgeschriebenen Anpassungslehrgang gemäß der Verordnung über die Ausbildung in der Pflegehilfe
(Pflh-AV), BGBl. II Nr. 371/1999,

mit – ohne [1]) **Erfolg**

absolviert und nachstehende Beurteilungen erlangt:

Fachbereich/Sachgebiet/Unterrichtsfach	Stunden	Beurteilung [2])	Wh. [3])

Diese Bestätigung berechtigt nicht zur Berufsausübung in der Pflegehilfe.

................................., am ....

Der Direktor/Die Direktorin:

Rundsiegel des
Pflegehilfelehrganges

---

[1]) Nicht Zutreffendes streichen.

[2]) „ausgezeichnet bestanden", „gut bestanden", „bestanden", „nicht bestanden" gemäß § 25 Abs. 3 Pflh-AV –
Zutreffendes einfügen.

[3]) Wiederholung gemäß § 56 Abs. 1 Pflh-AV – Bei Zutreffen ankreuzen.

Pflh-AV Anhang

Anlage 7

Bezeichnung, Adresse und Rechtsträger der
Ausbildungseinrichtung sowie DVR-Nummer

BESTÄTIGUNG ÜBER DIE EIGNUNGSPRÜFUNG

Herr/Frau..

geboren am .... in ....

hat die gemäß Bescheid des Bundesministers für ....

vom ...., Zahl ....,

vorgeschriebene Eignungsprüfung gemäß der Verordnung über die Ausbildung in der Pflegehilfe (Pflh-AV), BGBl. II Nr. 371/1999,

mit – ohne [1]) **Erfolg**

bestanden und nachstehende Beurteilungen erlangt:

Sachgebiet/Unterrichtsfach	Beurteilung [2])	1. Wh. [3])	2. Wh. [4])

Diese Bestätigung berechtigt nicht zur Berufsausübung in der Pflegehilfe.

.................................., am ....

Für die Prüfungskommission:

Der/Die Vorsitzende: Der Direktor/Die Direktorin:

Rundsiegel des
Pflegehilfelehrganges

---

[1]) Nicht Zutreffendes streichen.

[2]) „sehr gut" (1), „gut" (2), „befriedigend" (3), „genügend" (4), „nicht genügend" (5) gemäß § 38 Abs. 3 Pflh-AV –

Zutreffendes einfügen.

[3]) Erste Wiederholungsprüfung gemäß § 56 Abs. 2 Pflh-AV – Bei Zutreffen ankreuzen.

[4]) Zweite Wiederholungsprüfung gemäß § 56 Abs. 2 Pflh-AV – Bei Zutreffen ankreuzen.

Anhang   Pflh-AV

Anlage 8

Bezeichnung, Adresse und Rechtsträger der
Ausbildungseinrichtung sowie DVR-Nummer

ZEUGNIS

Herr/Frau ....

geboren am .... in ....

hat die Ausbildung in der Pflegehilfe gemäß der Verordnung über die Ausbildung in der Pflegehilfe (Pflh-AV), BGBl. II Nr. 371/1999, absolviert und die kommissionelle Abschlußprüfung

mit .... [1]) **Erfolg**

bestanden.

Er/Sie hat hiemit die Berechtigung zur Berufsausübung in der Pflegehilfe erlangt und ist zur Führung der Berufsbezeichnung

„Pflegehelfer/Pflegehelferin"

berechtigt.

Die absolvierte Ausbildung entspricht einem Zeugnis gemäß Artikel 11 lit. b der Richtlinie 2005/36/EG.

...., am ....

Für die Prüfungskommission:
Der/Die Vorsitzende:

Der/Die medizinisch-
wissenschaftliche Leiter/Leiterin:
                                  Der Direktor/Die Direktorin:

Rundsiegel des
Pflegehilfelehrganges

---

[1]) „ausgezeichnetem", „gutem" gemäß § 39 Abs. 2 Pflh-AV – Zutreffendes einfügen. Bei Nichtzutreffen Feld streichen oder weglassen.

E) Gesundheits- und Krankenpflege-Spezialaufgaben-Verordnung – GuK-SV, BGBl. II Nr. 452/2005

Verordnung der Bundesministerin für Gesundheit und Frauen über Sonderausbildungen für Spezialaufgaben in der Gesundheits- und Krankenpflege (Gesundheits- und Krankenpflege-Spezialaufgaben-Verordnung – GuK-SV), BGBl. II Nr. 452/2005

Auf Grund der §§ 30 und 73 des Gesundheits- und Krankenpflegegesetzes – GuKG, BGBl. I Nr. 108/1997, in der Fassung BGBl. I Nr. 69/2005, wird verordnet:

Inhaltsübersicht

1. Hauptstück

§ 1 Allgemeines

1. Abschnitt

Allgemeine Bestimmungen für Sonderausbildungen – Spezialaufgaben

§ 2	Ausbildungsziel – Evaluierung
§ 3	Lehrkräfte
§ 4	Lehrtätigkeit
§ 5	Fachkräfte
§ 6	Räumliche und sachliche Ausstattung
§ 7	Aufnahme in eine Sonderausbildung
§ 8	Ausschluss von einer Sonderausbildung
§ 9	Ausbildungszeit
§ 10	Teilnahmeverpflichtung
§ 11	Unterbrechung der Ausbildung
§ 12	Leitung
§ 13	Ausbildungsordnung

GuK-SV   **Anhang**

2. Abschnitt
Ausbildungsinhalte

§§ 14 und 15	Theoretische Ausbildung
§§ 16 und 17	Praktische Ausbildung

3. Abschnitt
Prüfungen und Beurteilungen

§ 18	Einzelprüfungen im Rahmen der theoretischen Ausbildung
§ 19	Beurteilung der theoretischen Ausbildung
§ 20	Dispensprüfung
§ 21	Beurteilung der praktischen Ausbildung
§ 22	Wiederholen einer Einzelprüfung oder Dispensprüfung
§ 23	Nichtantreten zu einer Prüfung
§ 24	Wiederholen eines Praktikums
§ 25	Ausscheiden aus der Ausbildung

4. Abschnitt
Kommissionelle Abschlussprüfung

§ 26	Allgemeines
§ 27	Zusammensetzung der Prüfungskommission
§ 28	Inhalt der kommissionellen Abschlussprüfung
§ 29	Schriftliche Abschlussarbeit
§ 30	Mündliche Abschlussprüfung
§§ 31 und 32	Ablauf der mündlichen Abschlussprüfung
§ 33	Beurteilung der kommissionellen Abschlussprüfung
§ 34	Gesamtbeurteilung der kommissionellen Abschlussprüfung
§ 35	Abschlussprüfungsprotokoll
§ 36	Nichtantreten zu einer Prüfung im Rahmen der kommissionellen Abschlussprüfung
§ 37	Wiederholen der kommissionellen Abschlussprüfung

Anhang **GuK-SV**

§ 38	Negative Beurteilung der kommissionellen Abschlussprüfung
§ 39	Zeugnisse und Bestätigungen über die theoretische und praktische Ausbildung sowie die kommissionelle Abschlussprüfung
§ 40	Diplom

2. Hauptstück

1. Abschnitt
Nostrifikation

§ 41	Allgemeines
§ 42	Ergänzungsausbildung
§ 43	Wiederholen einer Ergänzungsprüfung, Dispensprüfung oder eines Praktikums, Abbruch der Ergänzungsausbildung
§ 44	Bestätigung über die Ergänzungsausbildung und -prüfung

2. Abschnitt
Kompensationsmaßnahmen – EWR und Schweizerische Eidgenossenschaft

§ 45	Allgemeines
§ 46	Anpassungslehrgang
§ 47	Eignungsprüfung
§ 48	Wiederholen des Anpassungslehrganges oder der Eignungsprüfung
§ 49	Bestätigung über den Anpassungslehrgang oder die Eignungsprüfung

3. Hauptstück
Schluss- und Übergangsbestimmungen

§ 50	Kommissionelle Abschlussprüfung für Personen gemäß § 108 Abs. 3 GuKG

GuK-SV Anhang

Anlagen

Anlage 1	Sonderausbildung in der Kinder- und Jugendlichenpflege
Anlage 2	Sonderausbildung in der psychiatrischen Gesundheits- und Krankenpflege
Anlage 3	Basisausbildung in der Intensivpflege, Anästhesiepflege und Pflege bei Nierenersatztherapie
Anlage 4	Spezielle Zusatzausbildung in der Intensivpflege
Anlage 5	Spezielle Zusatzausbildung in der Kinderintensivpflege
Anlage 6	Spezielle Zusatzausbildung in der Anästhesiepflege
Anlage 7	Spezielle Zusatzausbildung in der Pflege bei Nierenersatztherapie
Anlage 8	Sonderausbildung in der Pflege im Operationsbereich
Anlage 9	Sonderausbildung in der Krankenhaushygiene
Anlage 10	Zeugnis/Sonderausbildung/Spezielle Zusatzausbildung
Anlage 11	Ausbildungsbestätigung/Basisausbildung in der Intensivpflege, Anästhesiepflege und Pflege bei Nierenersatztherapie
Anlage 12	Zeugnis über die kommissionelle Abschlussprüfung/ § 108 Abs. 3 GuKG
Anlage 13	Bestätigung über die Ergänzungsausbildung
Anlage 14	Bestätigung über den Anpassungslehrgang
Anlage 15	Bestätigung über die Eignungsprüfung
Anlage 16	Diplom

1. Hauptstück
Allgemeines

§ 1. Soweit in dieser Verordnung auf nachstehende Bundesgesetze verwiesen wird, sind sie in folgender Fassung anzuwenden:
1. Gesundheits- und Krankenpflegegesetz, BGBl. I Nr. 108/1997, in der Fassung des Bundesgesetzes BGBl. I Nr. 69/2005,

Anhang **GuK-SV**

2. Kinderbetreuungsgeldgesetz, BGBl. I Nr. 103/2001, in der Fassung des Bundesgesetzes BGBl. I Nr. 100/2005,
3. Mutterschutzgesetz 1979, BGBl. Nr. 221, in der Fassung des Bundesgesetzes BGBl. I Nr. 123/2004,
4. Väter-Karenzgesetz, BGBl. Nr. 651/1989, in der Fassung des Bundesgesetzes BGBl. I Nr. 124/2004,
5. Wehrgesetz 2001, BGBl. I Nr. 146, in der Fassung des Bundesgesetzes BGBl. I Nr. 58/2005,
6. Zivildienstgesetz 1986, BGBl. Nr. 679, in der Fassung des Bundesgesetzes BGBl. I Nr. 106/2005.

1. Abschnitt
Allgemeine Bestimmungen für Sonderausbildungen – Spezialaufgaben

Ausbildungsziel – Evaluierung

§ 2. (1) Ausbildungsziel ist die Vermittlung von Kenntnissen und Fertigkeiten zur Übernahme und Durchführung sämtlicher Tätigkeiten, die für die Wahrnehmung der jeweiligen Spezialaufgabe erforderlich sind.

(2) Die Erreichung des Ausbildungsziels ist durch die Leitung der Sonderausbildung zu evaluieren.

Lehrkräfte

§ 3. (1) Der Rechtsträger der Sonderausbildung hat Personen, die die theoretische Ausbildung im Rahmen der Sonderausbildung durchführen, als Lehrkräfte zu bestellen.

(2) Als Lehrkräfte für das betreffende Unterrichtsfach bzw. Sachgebiet gemäß den Anlagen 1 bis 9 sind zu bestellen:
1. Angehörige des gehobenen Dienstes für Gesundheits- und Krankenpflege, die zur Ausübung von Lehraufgaben berechtigt sind (Lehrer/Lehrerin für Gesundheits- und Krankenpflege),
2. Ärzte/Ärztinnen für Allgemeinmedizin, Fachärzte/Fachärztinnen sowie Ärzte/Ärztinnen in Ausbildung zu Fachärzten/Fachärztinnen eines Sonderfaches,

3. Angehörige der gehobenen medizinisch-technischen Dienste,
4. Psychologen/Psychologinnen und Psychotherapeuten/Psychotherapeutinnen,
5. Personen, die ein fachspezifisches Studium an einer Universität oder Fachhochschule erfolgreich abgeschlossen haben, und
6. sonstige fachkompetente Personen.

(3) Lehrkräfte haben die für das betreffende Unterrichtsfach bzw. Sachgebiet erforderlichen speziellen Kenntnisse und Fertigkeiten nachzuweisen und pädagogisch geeignet zu sein.

Lehrtätigkeit

§ 4. Die Lehrtätigkeit umfasst die Durchführung des theoretischen Unterrichts und der praktischen Ausbildung. Hiezu zählen insbesondere folgende Tätigkeiten:
1. Erteilen von Unterricht in den jeweiligen Unterrichtsfächern bzw. Sachgebieten,
2. Vorbereitung und Durchführung von Prüfungen, Evaluierung von Prüfungen,
3. Planung, Vorbereitung, Nachbereitung und Evaluierung des Unterrichts,
4. Betreuung der praktischen Ausbildung in fachlicher, methodischer und didaktischer Hinsicht,
5. pädagogische Betreuung der Ausbildungsteilnehmer/Ausbildungsteilnehmerinnen.

Fachkräfte

§ 5. (1) Fachkräfte sind
1. Angehörige des gehobenen Dienstes für Gesundheits- und Krankenpflege,
2. Ärzte/Ärztinnen oder
3. qualifizierte Angehörige von anderen Gesundheits- oder Sozialberufen oder sonstigen für die jeweiligen Ausbildungsinhalte relevanten Berufen,

die über die erforderliche fachliche und pädagogische Eignung verfügen.

(2) Fachkräften obliegt neben den Lehrkräften die fachliche Betreuung der Ausbildungsteilnehmer/Ausbildungsteilnehmerinnen. Hiezu zählen insbesondere folgende Tätigkeiten:
1. Anleitung der und Aufsicht über die Ausbildungsteilnehmer/Ausbildungsteilnehmerinnen im Rahmen der praktischen Ausbildung und
2. Unterstützung der Lehrkräfte im Rahmen der theoretischen Ausbildung.

Räumliche und sachliche Ausstattung

§ 6. Jede Sonderausbildung hat eine ausreichende Anzahl an Unterrichtsräumen mit der für die Ausbildung erforderlichen technischen und fachspezifischen Ausstattung, die die Erreichung des Ausbildungsziels aus räumlicher und fachlicher Sicht gewährleistet, aufzuweisen.

Aufnahme in eine Sonderausbildung

§ 7. (1) Personen, die sich um die Aufnahme in eine Sonderausbildung bewerben, haben eine Berufsberechtigung im gehobenen Dienst für Gesundheits- und Krankenpflege nachzuweisen.

(2) Über die Aufnahme der Bewerber/Bewerberinnen entscheidet der Rechtsträger, der die Sonderausbildung veranstaltet, im Einvernehmen mit der Leitung der Sonderausbildung.

(3) Vor der Aufnahme kann ein Aufnahmegespräch oder ein Aufnahmetest mit den Bewerbern/Bewerberinnen durchgeführt werden.

(4) Die Auswahl der Bewerber/Bewerberinnen hat unter Bedachtnahme auf die Erfordernisse der angestrebten Tätigkeit zu erfolgen, wobei insbesondere die bisherige berufliche Tätigkeit und die Ergebnisse des Aufnahmegesprächs oder Aufnahmetests heranzuziehen sind.

(5) Nach Maßgabe vorhandener Plätze und unter Bedachtnahme auf die beruflichen Erfordernisse können auch Angehörige

anderer Gesundheitsberufe in eine Sonderausbildung aufgenommen werden, sofern sie aus fachlicher Sicht auf Grund ihrer Vorbildung für die jeweilige Sonderausbildung oder Teile derselben geeignet sind. In diesen Fällen ist eine formlose Bestätigung über die absolvierten Ausbildungsinhalte auszustellen.

Ausschluss von einer Sonderausbildung

§ 8. (1) Ein/Eine Ausbildungsteilnehmer/Ausbildungsteilnehmerin ist vom weiteren Besuch der Sonderausbildung auszuschließen, wenn er/sie sich aus folgenden Gründen als untauglich erweist:
1. mangelnde Vertrauenswürdigkeit,
2. mangelnde gesundheitliche Eignung oder
3. schwerwiegende Pflichtverletzungen im Rahmen der theoretischen oder praktischen Ausbildung.

(2) Über den Ausschluss entscheidet der Rechtsträger, der die Sonderausbildung veranstaltet, im Einvernehmen mit der Leitung der Sonderausbildung. Vor Entscheidung über den Ausschluss ist dem/der Betroffenen Gelegenheit zur Rechtfertigung zu geben.

Ausbildungszeit

§ 9. (1) Der Ausbildungsbeginn ist von der Leitung der Sonderausbildung festzusetzen und spätestens zwei Monate vor Beginn der Sonderausbildung dem Landeshauptmann anzuzeigen.

(2) Eine Unterrichtsstunde im Rahmen der theoretischen Ausbildung dauert mindestens 45 Minuten und höchstens 50 Minuten. Eine Praktikumsstunde im Rahmen der praktischen Ausbildung dauert 60 Minuten.

Teilnahmeverpflichtung

§ 10. Die Ausbildungsteilnehmer/Ausbildungsteilnehmerinnen sind verpflichtet, an der in den **Anlagen 1 bis 9** angeführten theoretischen und praktischen Ausbildung im entsprechenden Stundenausmaß teilzunehmen.

Anhang **GuK-SV**

Unterbrechung der Ausbildung

§ 11. (1) Die Sonderausbildungen sind vorbehaltlich Abs. 2 ohne Unterbrechung durchzuführen. Die zeitlich getrennte Abhaltung der Basisausbildung und der speziellen Zusatzausbildung gemäß den Anlagen 3 bis 6 gilt nicht als Unterbrechung der Sonderausbildung.

(2) Eine Unterbrechung ist zulässig:
1. für Zeiträume, für die das Mutterschutzgesetz 1979 Beschäftigungsverbote vorsieht, und zwar auch dann, wenn die Ausbildungsteilnehmerin nicht in einem Dienstverhältnis steht,
2. für Zeiträume, für die das Mutterschutzgesetz 1979, das Kinderbetreuungsgeldgesetz, das Väter-Karenzgesetz oder vergleichbare österreichische Rechtsvorschriften eine Karenz vorsehen, und zwar auch dann, wenn der/die Ausbildungsteilnehmer/Ausbildungsteilnehmerin nicht in einem Dienstverhältnis steht,
3. für Zeiten des Präsenz- oder Ausbildungsdienstes nach dem Wehrgesetz 2001 oder des Zivildienstes gemäß Zivildienstgesetz 1986 oder
4. in anderen begründeten Fällen.

(3) Über das Vorliegen eines Grundes gemäß Abs. 2 Z 4 entscheidet die Leitung der Sonderausbildung.

(4) Eine Unterbrechung gemäß Abs. 2 Z 4 ist höchstens bis zur Dauer eines Jahres möglich.

(5) Ein/Eine Ausbildungsteilnehmer/Ausbildungsteilnehmerin, der/die aus einem der in Abs. 2 genannten Gründe die Sonderausbildung unterbrochen hat, ist berechtigt, die Sonderausbildung zum ehest möglichen Zeitpunkt in jenem Stand fortzusetzen, in dem sie unterbrochen wurde. Der Zeitpunkt der Fortsetzung ist entsprechend den organisatorischen Möglichkeiten von der Leitung festzusetzen.

Leitung

§ 12. (1) Der Rechtsträger der Sonderausbildung hat eine gemäß § 65 Abs. 4 GuKG qualifizierte Person für die Leitung und für die stellvertretende Leitung zu bestellen.

(2) Der Leitung gemäß Abs. 1 obliegen insbesondere folgende Aufgaben:
1. Planung, Organisation, Koordination und Kontrolle der gesamten theoretischen und praktischen Ausbildung,
2. Sicherung der inhaltlichen und pädagogischen Qualität des Unterrichts in den einzelnen Sachgebieten,
3. Auswahl der Einrichtungen, an denen die praktische Ausbildung durchgeführt wird sowie Kontrolle und Sicherung der Qualität der praktischen Ausbildung,
4. Personalführung, Dienstaufsicht über die Lehrkräfte und das sonstige Personal der Sonderausbildung sowie Aufsicht über die Fachkräfte,
5. Organisation, Koordination und Mitwirkung bei der Aufnahme der Ausbildungsteilnehmer/Ausbildungsteilnehmerinnen sowie beim Ausschluss von der Sonderausbildung,
6. Aufsicht über die Ausbildungsteilnehmer/Ausbildungsteilnehmerinnen sowie Zuweisung dieser an die Einrichtungen und Fachbereiche der praktischen Ausbildung,
7. Anrechnung von Prüfungen und Praktika,
8. Organisation und Koordination von sowie Mitwirkung an kommissionellen Prüfungen und
9. Evaluierung der Erreichung des Ausbildungsziels.

Ausbildungsordnung

§ 13. (1) Die Leitung der Sonderausbildung hat den im Rahmen der Sonderausbildung durchzuführenden Dienst- und Unterrichtsbetrieb durch eine Ausbildungsordnung festzulegen und für deren Einhaltung zu sorgen.

(2) Die Ausbildungsordnung hat insbesondere

Anhang **GuK-SV**

1. die Rechte und Pflichten der Leitung der Sonderausbildung und der Lehr- und Fachkräfte,
2. das Verhalten sowie die Rechte und Pflichten der Ausbildungsteilnehmer/Ausbildungsteilnehmerinnen im Rahmen der Sonderausbildung einschließlich Regelungen über das Versäumen von Ausbildungszeiten,
3. Maßnahmen zur Sicherheit der Ausbildungsteilnehmer/Ausbildungsteilnehmerinnen im Rahmen der Sonderausbildung und
4. Vorschriften zur Ermöglichung eines ordnungsgemäßen Ausbildungsbetriebs

festzulegen.

(3) Die Ausbildungsordnung ist spätestens drei Monate vor erstmaliger Aufnahme des Ausbildungsbetriebs dem Landeshauptmann zur Genehmigung vorzulegen. Wird die Genehmigung innerhalb von drei Monaten nicht bescheidmäßig versagt, so gilt sie als erteilt.

(4) Die Genehmigung der Ausbildungsordnung ist zu versagen, wenn diese
1. gegen gesetzliche Bestimmungen verstößt,
2. einem geordneten Ausbildungsbetrieb widerspricht,
3. die Sicherheit der Ausbildungsteilnehmer/Ausbildungsteilnehmerinnen im Rahmen der Sonderausbildung nicht gewährleistet oder
4. nicht zur Erreichung des Ausbildungsziels beiträgt.

(5) Die Ausbildungsordnung ist den Ausbildungsteilnehmern/Ausbildungsteilnehmerinnen sowie den Lehr- und Fachkräften nachweislich zur Kenntnis zu bringen.

2. Abschnitt
Ausbildungsinhalte

Theoretische Ausbildung

§ 14. (1) Die theoretische Ausbildung im Rahmen von Sonderausbildungen beinhaltet die in den Anlagen 1 bis 9 für die jeweilige Sonderausbildung angeführten Unterrichtsfächer im festgelegten Stundenausmaß.

(2) Zeiten für Einzelprüfungen sind in die Stundenzahl der theoretischen Ausbildung gemäß Abs. 1 einzurechnen.

§ 15. (1) Der Unterricht ist von Lehrkräften durchzuführen, die über eine der in den Anlagen 1 bis 9 für das betreffende Unterrichtsfach festgelegten Qualifikationen verfügen.

(2) Lehrkräfte dürfen bei der Durchführung des Unterrichts
 1. Fachkräfte und
 2. andere fachkompetente Personen

als Gastvortragende beiziehen, wenn dies zur Erreichung des Ausbildungsziels beiträgt.

Praktische Ausbildung

§ 16. (1) Die praktische Ausbildung im Rahmen von Sonderausbildungen beinhaltet die in den Anlagen 1 bis 9 für die jeweilige Sonderausbildung angeführten Fachbereiche in den betreffenden Ausbildungseinrichtungen im festgelegten Ausmaß.

(2) Die praktische Ausbildung in den in den Anlagen 1 bis 9 angeführten Fachbereichen ist in Form von Praktika an einer Ausbildungseinrichtung durchzuführen. Die organisatorische und zeitliche Einteilung der Praktika ist von der Leitung der Sonderausbildung festzulegen.

(3) Im Rahmen der praktischen Ausbildung sind die theoretischen Lehrinhalte in die berufliche Praxis umzusetzen, wobei eine umfassende Anleitung, Unterstützung und Kontrolle der Ausbildungsteilnehmer/Ausbildungsteilnehmerinnen gewährleistet sein muss.

§ 17. (1) Die praktische Ausbildung ist unter Anleitung und Aufsicht von Lehr- oder Fachkräften durchzuführen.

(2) Lehr- und Fachkräfte dürfen im Rahmen der praktischen Ausbildung höchstens drei Ausbildungsteilnehmer/Ausbildungs-

Anhang **GuK-SV**

teilnehmerinnen gleichzeitig anleiten (Ausbildungsschlüssel 1:3).

(3) Bei der Zuteilung der Ausbildungsteilnehmer/Ausbildungsteilnehmerinnen an die Lehr- und Fachkräfte ist auf die besonderen Gegebenheiten der jeweiligen Sonderausbildung Bedacht zu nehmen.

(4) Im Rahmen der praktischen Ausbildung dürfen die Ausbildungsteilnehmer/Ausbildungsteilnehmerinnen nur zu Tätigkeiten herangezogen werden, die
1. im unmittelbaren Zusammenhang mit der Sonderausbildung stehen und
2. zur Erreichung des Ausbildungsziels erforderlich sind.

3. Abschnitt
Prüfungen und Beurteilungen

Einzelprüfungen im Rahmen der theoretischen Ausbildung

§ 18. (1) In jenen Unterrichtsfächern, in denen gemäß den Anlagen 1 bis 9 eine Einzelprüfung vorgesehen ist, ist diese in Form einer
1. mündlichen Prüfung,
2. schriftlichen Prüfung oder
3. Projektarbeit

abzunehmen.

(2) Über eine Einzelprüfung ist von der Lehrkraft ein schriftliches Prüfungsprotokoll zu führen, welches insbesondere
1. die Prüfungsfragen und
2. die Prüfungsbeurteilung bzw. Aufzeichnungen über die schriftliche Prüfung oder Projektarbeit

zu beinhalten hat.

(3) Der Termin einer Einzelprüfung ist den Ausbildungsteilnehmern/Ausbildungsteilnehmerinnen spätestens zwei Wochen vorher bekannt zu geben.

Beurteilung der theoretischen Ausbildung

§ 19. (1) In jenen Unterrichtsfächern, in denen gemäß den Anlagen 1 bis 9 eine Einzelprüfung vorgesehen ist, haben die Lehrkräfte des betreffenden Unterrichtsfachs die theoretischen Kenntnisse der Ausbildungsteilnehmer/Ausbildungsteilnehmerinnen über die Lehrinhalte dieses Unterrichtsfachs und die entsprechenden praktischen Fertigkeiten zu überprüfen und zu beurteilen.

(2) In jenen Unterrichtsfächern, in denen gemäß den Anlagen 1 bis 9 keine Einzelprüfung abzunehmen, sondern nur die Teilnahme verpflichtend ist, haben die Lehrkräfte des betreffenden Unterrichtsfachs zu beurteilen, ob die Ausbildungsteilnehmer/Ausbildungsteilnehmerinnen die Ausbildungsziele dieses Unterrichtsfachs erreicht haben.

(3) Die Lehr- und Fachkräfte haben schriftliche Aufzeichnungen über die Leistungen der Ausbildungsteilnehmer/Ausbildungsteilnehmerinnen während der Ausbildung zu führen.

(4) Der Beurteilung gemäß Abs. 1 ist der Prüfungserfolg der Einzelprüfung zu Grunde zu legen. Der Beurteilung gemäß Abs. 2 ist die Mitarbeit während der Ausbildung zu Grunde zu legen.

(5) Bei der Beurteilung der Leistungen der Ausbildungsteilnehmer/Ausbildungsteilnehmerinnen in den Unterrichtsfächern gemäß Abs. 1 sind folgende Beurteilungsstufen (Noten) anzuwenden:

1. „sehr gut" (1),
2. „gut" (2),
3. „befriedigend" (3),
4. „genügend" (4),
5. „nicht genügend" (5).

(6) Die Leistungen der Ausbildungsteilnehmer/Ausbildungsteilnehmerinnen in den Unterrichtsfächern gemäß Abs. 2 sind mit

1. „erfolgreich teilgenommen" oder
2. „nicht genügend" (5)

zu beurteilen.

Anhang **GuK-SV**

(7) Eine positive Beurteilung ist bei den Noten 1 bis 4 und ,,erfolgreich teilgenommen" gegeben.

Dispensprüfung

§ 20. (1) Wenn ein/eine Ausbildungsteilnehmer/Ausbildungsteilnehmerin in Unterrichtsfächern, in denen gemäß den Anlagen 1 bis 9 keine Einzelprüfung abzunehmen, sondern nur die Teilnahme verpflichtend ist,
  1. an der Teilnahme von mehr als einem Drittel der vorgeschriebenen Unterrichtsstunden verhindert und das Unterrichtsfach mit ,,nicht beurteilt" abschließt oder
  2. trotz Teilnahme mit ,,nicht genügend" beurteilt wurde,

hat der/die Ausbildungsteilnehmer/Ausbildungsteilnehmerin im Rahmen einer Dispensprüfung den Erwerb der erforderlichen Kenntnisse und Fertigkeiten nachzuweisen.

(2) Die Leistungen der Ausbildungsteilnehmer/Ausbildungsteilnehmerinnen im Rahmen einer Dispensprüfung sind mit
  1. ,,erfolgreich teilgenommen" oder
  2. ,,nicht genügend" (5)

zu beurteilen.

(3) Über eine Dispensprüfung ist von der Lehrkraft ein schriftliches Prüfungsprotokoll zu führen, welches insbesondere die Prüfungsfragen und die Prüfungsbeurteilung zu beinhalten hat.

Beurteilung der praktischen Ausbildung

§ 21. (1) In den Fachbereichen, in denen gemäß den Anlagen 1 bis 9 mindestens 160 Stunden Praktikum zu absolvieren sind, haben die Lehr- oder Fachkräfte des betreffenden Praktikums die in diesem Praktikum erbrachten Leistungen der Ausbildungsteilnehmer/Ausbildungsteilnehmerinnen zu beurteilen.

(2) Die Lehr- oder Fachkräfte haben die Kenntnisse und Fertigkeiten der Ausbildungsteilnehmer/Ausbildungsteilnehmerinnen im betreffenden Fachbereich laufend zu überprüfen. In den Fachbereichen gemäß Abs. 1 haben die Lehr- oder Fachkräfte schriftliche Aufzeichnungen über die Leistungen der Ausbil-

dungsteilnehmer/Ausbildungsteilnehmerinnen als Grundlage für die Beurteilung zu führen.

(3) Die Leistungen der Ausbildungsteilnehmer/Ausbildungsteilnehmerinnen in den Praktika der Fachbereiche, in denen gemäß den Anlagen 1 bis 9 mindestens 160 Stunden zu absolvieren sind, sind mit
1. ,,ausgezeichnet bestanden",
2. ,,gut bestanden",
3. ,,bestanden" oder
4. ,,nicht bestanden"

zu beurteilen.

(4) Eine positive Beurteilung ist in den Fällen der Abs. 3 Z 1 bis 3 gegeben.

(5) In den Fachbereichen, in denen gemäß den Anlagen 1 bis 9 weniger als 160 Stunden Praktikum zu absolvieren sind, ist keine Beurteilung gemäß Abs. 1 bis 3 durchzuführen, sondern die Absolvierung des Praktikums zu bestätigen.

Wiederholen einer Einzelprüfung oder Dispensprüfung

§ 22. (1) Während der Ausbildung darf jede Einzelprüfung oder Dispensprüfung, die mit der Note ,,nicht genügend" beurteilt wird, zweimal bei der betreffenden Lehrkraft wiederholt werden. Die Wiederholungsprüfung ist zum ehest möglichen Termin, frühestens jedoch nach zwei Wochen abzunehmen.

(2) Die Note der Wiederholungsprüfung tritt an die Stelle der Note ,,nicht genügend".

Nichtantreten zu einer Prüfung

§ 23. (1) Ist ein/eine Ausbildungsteilnehmer/Ausbildungsteilnehmerin
1. durch Krankheit oder
2. aus anderen berücksichtigungswürdigen Gründen, wie insbesondere Geburt eines Kindes, Erkrankung oder Tod eines Kindes, Wahl- oder Pflegekindes, schwere Erkrankung oder Tod eines/einer sonstigen nahen Angehörigen,

verhindert, zu Einzelprüfungen, Dispensprüfungen oder Wiederholungsprüfungen anzutreten, sind die betreffenden Prüfungen zum ehest möglichen Termin, spätestens jedoch innerhalb von vier Wochen nach Wegfall des Verhinderungsgrundes oder innerhalb von vier Wochen nach einem Todesfall, nachzuholen. Diese Frist kann bei Vorliegen der in Z 1 und 2 angeführten oder aus organisatorischen Gründen von der Leitung der Sonderausbildung einmal um höchstens vier Wochen verlängert werden.

(2) Tritt ein/eine Ausbildungsteilnehmer/Ausbildungsteilnehmerin zu einer Einzelprüfung, Dispensprüfung oder Wiederholungsprüfung nicht an, ohne aus einem der in Abs. 1 Z 1 oder 2 angeführten Gründe verhindert zu sein, ist die betreffende Prüfung mit der Note „nicht genügend" zu beurteilen.

(3) Über das Vorliegen einer Verhinderung gemäß Abs. 1 Z 1 oder 2 entscheidet die Leitung der Sonderausbildung nach Anhörung des/der Ausbildungsteilnehmers/Ausbildungsteilnehmerin.

Wiederholen eines Praktikums

§ 24. (1) Werden die Leistungen eines/einer Ausbildungsteilnehmers/Ausbildungsteilnehmerin in einem Praktikum mit „nicht bestanden" beurteilt, ist das betreffende Praktikum zum ehest möglichen Termin zu wiederholen. Das zu wiederholende Praktikum ist nach Möglichkeit an einer anderen Organisationseinheit durchzuführen und durch eine andere Lehr- oder Fachkraft zu beurteilen.

(2) Ist ein Wiederholen während der Ausbildungszeit nicht möglich, kann die Ausbildung durch die Prüfungskommission verlängert werden.

(3) Die Beurteilung des wiederholten Praktikums tritt an die Stelle der Beurteilung „nicht bestanden".

(4) Im Rahmen der Ausbildung dürfen höchstens zwei Praktika je einmal wiederholt werden.

Ausscheiden aus der Ausbildung

§ 25. (1) Werden die Leistungen eines/einer Ausbildungsteilnehmers/Ausbildungsteilnehmerin
1. in mehr als zwei Praktika mit „nicht bestanden" beurteilt,
2. in einem Unterrichtsfach nach Ausschöpfen der Wiederholungsmöglichkeiten mit der Note „nicht genügend" beurteilt,
3. in einem gemäß § 24 wiederholten Praktikum mit „nicht bestanden" beurteilt oder
4. in einem Unterrichtsfach auf Grund wiederholten entschuldigten Nichtantretens zu einer Einzel-, Dispens- oder Wiederholungsprüfung gemäß § 23 Abs. 1 bis zum Termin der Abschlussprüfung mit „nicht beurteilt" abgeschlossen,

scheidet der/die betreffende Ausbildungsteilnehmer/Ausbildungsteilnehmerin aus der Ausbildung aus.

(2) Die absolvierten Ausbildungsinhalte der theoretischen und praktischen Ausbildung sind von der Leitung zu bestätigen.

(3) Nach dem Ausscheiden aus der Ausbildung gemäß Abs. 1 ist eine neuerliche Absolvierung der Sonderausbildung nach nochmaliger Aufnahme gemäß § 7 zulässig.

4. Abschnitt
Kommissionelle Abschlussprüfung

Allgemeines

§ 26. (1) Nach erfolgreichem Abschluss der theoretischen und praktischen Ausbildung ist eine kommissionelle Abschlussprüfung vor der Prüfungskommission (§ 27) abzulegen.

(2) Die Prüfungskommission kann einen/eine Ausbildungsteilnehmer/Ausbildungsteilnehmerin in begründeten Ausnahmefällen, sofern die Erreichung des Ausbildungsziels nicht gefährdet ist, vor Abschluss der praktischen Ausbildung zur kommissio-

nellen Abschlussprüfung zulassen. Fehlende Praktika sind in diesem Fall ehest möglich nachzuholen.

(3) Im Rahmen der kommissionellen Abschlussprüfung ist zu beurteilen, ob der/die Ausbildungsteilnehmer/Ausbildungsteilnehmerin die für die fachgerechte Ausübung der entsprechenden Spezialaufgabe erforderlichen Kenntnisse und Fertigkeiten erworben hat.

(4) Zeiten für die Abnahme der kommissionellen Abschlussprüfung sind in die Stundenzahl der theoretischen Ausbildung gemäß § 14 Abs. 1 nicht einzurechnen.

Zusammensetzung der Prüfungskommission

§ 27. (1) Der Prüfungskommission gehören folgende Personen an:
1. eine vom Landeshauptmann entsandte fachkompetente Person als Vorsitzender/Vorsitzende,
2. die Leitung bzw. stellvertretende Leitung der Sonderausbildung,
3. ein/eine Vertreter/Vertreterin des Rechtsträgers der Sonderausbildung,
4. eine von der gesetzlichen Interessenvertretung der Dienstnehmer/Dienstnehmerinnen entsandte fachkundige Person aus dem Bereich der Gesundheits- und Krankenpflege und
5. die Prüfer/Prüferinnen der betreffenden Prüfungsfächer.

(2) Bei Verhinderung eines Kommissionsmitglieds gemäß Abs. 1 Z 5 hat die Leitung der Sonderausbildung für dieses einen/eine Stellvertreter/Stellvertreterin zu bestimmen.

Inhalt der kommissionellen Abschlussprüfung

§ 28. Die kommissionelle Abschlussprüfung setzt sich zusammen aus:
1. einer schriftlichen Abschlussarbeit (§ 29) und
2. einer mündlichen Abschlussprüfung (§ 30).

GuK-SV **Anhang**

Schriftliche Abschlussarbeit

§ 29. (1) Jeder/Jede Ausbildungsteilnehmer/Ausbildungsteilnehmerin einer Sonderausbildung hat eine schriftliche Abschlussarbeit zu einem ausbildungsspezifischen Thema zu verfassen. Gruppenarbeiten sind zulässig, sofern einzelne Teile der Gruppenarbeit einzelnen Personen zugeordnet werden können, die diese eigenständig erarbeitet haben.

(2) Das Thema der Abschlussarbeit darf vom/von der Ausbildungsteilnehmer/Ausbildungsteilnehmerin frei gewählt werden und ist vor Beginn der Arbeit von der Leitung der Sonderausbildung schriftlich zu genehmigen.

(3) Eine Lehrkraft hat die Abschlussarbeit zu betreuen und zu beurteilen.

(4) Die Abschlussarbeit ist spätestens drei Wochen vor der mündlichen Abschlussprüfung zur Beurteilung vorzulegen.

Mündliche Abschlussprüfung

§ 30. (1) Die mündliche Abschlussprüfung ist vor der Prüfungskommission in jenen Unterrichtsfächern abzulegen, für die in den Anlagen 1 bis 9 eine kommissionelle Prüfung vorgesehen ist.

(2) Im Rahmen der mündlichen Abschlussprüfung ist auch ein Prüfungsgespräch über die schriftliche Abschlussarbeit zu führen.

Ablauf der mündlichen Abschlussprüfung

§ 31. (1) Der Termin der mündlichen Abschlussprüfung ist vorbehaltlich § 24 Abs. 2 nach erfolgreicher Absolvierung aller in den Anlagen 1 bis 9 vorgesehenen Unterrichtsfächer und Fachbereiche frühestens zwei Wochen vor dem Ende der Ausbildung festzusetzen.

(2) Die Leitung der Sonderausbildung hat dem/der Vorsitzenden der Prüfungskommission spätestens sechs Wochen vor dem in Aussicht genommenen Termin der mündlichen Abschlussprüfung
1. jene Ausbildungsteilnehmer/Ausbildungsteilnehmerinnen, die zur kommissionellen Abschlussprüfung antreten,

Anhang **GuK-SV**

2. Vorschläge für die Prüfungstermine und
3. die Namen der Prüfer/Prüferinnen der Prüfungsfächer

bekannt zu geben.

(3) Der/Die Vorsitzende der Prüfungskommission hat im Einvernehmen mit der Leitung der Sonderausbildung die Prüfungstermine festzusetzen. Die Leitung der Sonderausbildung hat die Prüfungstermine den Ausbildungsteilnehmern/Ausbildungsteilnehmerinnen unverzüglich und nachweislich bekannt zu geben.

(4) Die Leitung der Sonderausbildung hat die Mitglieder der Prüfungskommission spätestens vier Wochen vor der mündlichen Prüfung schriftlich zu laden. Den Kommissionsmitgliedern ist vor Beginn der mündlichen Abschlussprüfung ein Verzeichnis der Prüfungskandidaten/Prüfungskandidatinnen auszufolgen.

§ 32. (1) Die mündliche Abschlussprüfung ist vor der Prüfungskommission durch die Lehrkräfte der betreffenden Unterrichtsfächer (Anlagen 1 bis 9), in denen eine kommissionelle Prüfung vorgesehen ist, abzunehmen.

(2) In Unterrichtsfächern, in denen der Unterricht im Rahmen der theoretischen Ausbildung von mehreren Lehrkräften durchgeführt wurde, ist die Abnahme der mündlichen Abschlussprüfung in diesen Unterrichtsfächern durch nur eine dieser Lehrkräfte ausreichend.

(3) Über das Ergebnis der Prüfung entscheidet die Prüfungskommission in nicht öffentlicher Sitzung mit einfacher Stimmenmehrheit. Bei Stimmengleichheit entscheidet die Stimme des/der Vorsitzenden. Eine Stimmenthaltung ist unzulässig. Wird eine Teilprüfung der mündlichen Prüfung von mehreren Lehrkräften eines Unterrichtsfachs abgenommen, so kommt diesen Lehrkräften bei der Entscheidung der Prüfungskommission insgesamt nur eine Stimme zu, wobei nur eine einheitliche Note vorgeschlagen werden darf.

(4) Die Prüfungskommission ist beschlussfähig, wenn alle Kommissionsmitglieder geladen wurden (§ 31 Abs. 4) und neben

dem/der Vorsitzenden mindestens drei weitere Kommissionsmitglieder oder deren Stellvertreter/Stellvertreterinnen anwesend sind.

Beurteilung der kommissionellen Abschlussprüfung

§ 33. (1) Die Prüfungskommission hat die Leistungen der Ausbildungsteilnehmer/Ausbildungsteilnehmerinnen im Rahmen
1. der schriftlichen Abschlussarbeit und des Prüfungsgesprächs und
2. der Teilprüfungen der mündlichen Abschlussprüfung

zu beurteilen.

(2) Der Beurteilung der schriftlichen Abschlussarbeit sind
1. die Beurteilung gemäß § 29 Abs. 3 und
2. das Prüfungsgespräch gemäß § 30 Abs. 2

zu Grunde zu legen.

(3) Der Beurteilung der mündlichen Abschlussprüfung ist der Prüfungserfolg in den betreffenden Unterrichtsfächern zu Grunde zu legen, wobei jede Teilprüfung einzeln zu benoten ist.

(4) Bei der Beurteilung der Leistungen der Ausbildungsteilnehmer/Ausbildungsteilnehmerinnen im Rahmen der schriftlichen Abschlussarbeit und der mündlichen Abschlussprüfung sind folgende Beurteilungsstufen (Noten) anzuwenden:
1. „sehr gut" (1),
2. „gut" (2),
3. „befriedigend" (3),
4. „genügend" (4),
5. „nicht genügend" (5).

(5) Eine positive Beurteilung ist bei den Noten 1 bis 4 gegeben.

Gesamtbeurteilung der kommissionellen Abschlussprüfung

§ 34. (1) Aufgrund der Beurteilungen gemäß § 33 ist eine Gesamtbeurteilung der kommissionellen Abschlussprüfung durchzuführen.

Anhang **GuK-SV**

(2) Bei der Beurteilung der Gesamtleistung der Ausbildungsteilnehmer/Ausbildungsteilnehmerinnen im Rahmen der kommissionellen Abschlussprüfung sind folgende Beurteilungsstufen anzuwenden:
1. „mit ausgezeichnetem Erfolg bestanden",
2. „mit gutem Erfolg bestanden",
3. „mit Erfolg bestanden" oder
4. „nicht bestanden".

(3) Die Gesamtleistung ist „mit ausgezeichnetem Erfolg bestanden" zu beurteilen, wenn
1. der rechnerische Durchschnitt der Noten gemäß § 33 Abs. 2 bis 4 unter 1,5 liegt und
2. alle gemäß § 21 Abs. 3 zu beurteilenden Praktika der Sonderausbildung mit „ausgezeichnet bestanden" beurteilt wurden.

(4) Die Gesamtleistung ist „mit gutem Erfolg bestanden" zu beurteilen, wenn
1. der rechnerische Durchschnitt der Noten gemäß § 33 Abs. 2 bis 4 unter 2,1 liegt und
2. die gemäß § 21 Abs. 3 zu beurteilenden Praktika zumindest mit „gut bestanden" beurteilt wurden.

(5) Eine Wiederholungsprüfung im Rahmen der kommissionellen Abschlussprüfung schließt die Gesamtbeurteilung „mit ausgezeichnetem Erfolg bestanden" oder „mit gutem Erfolg bestanden" aus.

(6) Die Gesamtleistung ist „mit Erfolg bestanden" zu beurteilen, wenn
1. die Beurteilungen gemäß § 33 Abs. 2 bis 4 zumindest „genügend" sind und
2. alle gemäß § 21 Abs. 3 zu beurteilenden Praktika der Sonderausbildung zumindest mit „bestanden" beurteilt wurden.

(7) Die Gesamtbeurteilung gemäß Abs. 2 Z 1 bis 3 ist im Diplom (§ 40) einzutragen.

GuK-SV   **Anhang**

Abschlussprüfungsprotokoll

§ 35. (1) Über die kommissionelle Abschlussprüfung ist ein Protokoll zu führen.

(2) Das Abschlussprüfungsprotokoll hat insbesondere zu enthalten:
1. Namen und Funktionen der Mitglieder der Prüfungskommission,
2. Datum der Prüfungen im Rahmen der kommissionellen Abschlussprüfung,
3. Namen der Ausbildungsteilnehmer/Ausbildungsteilnehmerinnen,
4. Prüfungsfächer,
5. Prüfungsfragen und
6. Beurteilung der Prüfungen.

(3) Das Abschlussprüfungsprotokoll ist von den Mitgliedern der Prüfungskommission zu unterzeichnen.

(4) Das Abschlussprüfungsprotokoll, ausgenommen die Prüfungsfragen gemäß Abs. 2 Z 5, ist
1. von der Leitung der Sonderausbildung oder
2. im Falle des Nichtfortbestehens der Sonderausbildung vom Rechtsträger der Sonderausbildung oder
3. im Falle des Nichtfortbestehens des Rechtsträgers vom örtlich zuständigen Landeshauptmann

mindestens 45 Jahre nach Ablegung der kommissionellen Abschlussprüfung aufzubewahren.

Nichtantreten zu einer Prüfung im Rahmen der kommissionellen Abschlussprüfung

§ 36. (1) Ist ein/eine Ausbildungsteilnehmer/Ausbildungsteilnehmerin
1. durch Krankheit oder
2. aus anderen berücksichtigungswürdigen Gründen, wie insbesondere Geburt eines Kindes, Erkrankung oder Tod eines Kindes, Wahl- oder Pflegekindes, schwere Erkrankung oder Tod eines/einer sonstigen nahen Angehörigen,

Anhang **GuK-SV**

verhindert, zu Prüfungen im Rahmen der kommissionellen Abschlussprüfung anzutreten oder den Abgabetermin für die schriftliche Abschlussarbeit einzuhalten, sind die betreffenden Prüfungen zum ehest möglichen Termin nachzuholen bzw. ist ein neuer Abgabetermin von der Leitung der Sonderausbildung festzusetzen.

(2) Tritt ein/eine Ausbildungsteilnehmer/Ausbildungsteilnehmerin zu einer Prüfung im Rahmen der kommissionellen Abschlussprüfung nicht an oder gibt die schriftliche Abschlussarbeit nicht ab, obwohl keine Verhinderungsgründe gemäß Abs. 1 Z 1 und 2 vorliegen, ist die betreffende Prüfung bzw. die schriftliche Abschlussarbeit mit der Note ,,nicht genügend" zu beurteilen.

(3) Über das Vorliegen einer Verhinderung gemäß Abs. 1 Z 1 und 2 entscheidet die Prüfungskommission nach Anhörung des/der Ausbildungsteilnehmer/Ausbildungsteilnehmerin.

Wiederholen der kommissionellen Abschlussprüfung

§ 37. (1) Werden eine oder höchstens zwei Teilprüfungen der mündlichen Abschlussprüfung mit ,,nicht genügend" beurteilt, darf je eine Wiederholungsprüfung vor der Prüfungskommission abgelegt werden.

(2) Eine Teilprüfung der mündlichen Abschlussprüfung darf höchstens zweimal wiederholt werden.

(3) Die Wiederholungsprüfungen gemäß Abs. 1 sind frühestens zwei Wochen nach der mündlichen Abschlussprüfung abzulegen. Der Termin für die Wiederholungsprüfungen ist von der Prüfungskommission festzusetzen.

(4) Ist die schriftliche Abschlussarbeit und das Prüfungsgespräch über die schriftliche Abschlussarbeit mit der Gesamtnote ,,nicht genügend" beurteilt, so ist dem/der Ausbildungsteilnehmer/Ausbildungsteilnehmerin durch die Prüfungskommission eine Frist von mindestens zwei Wochen nach der mündlichen Abschlussprüfung zur Überarbeitung oder Neuvorlage der schriftlichen Abschlussarbeit einzuräumen. Ist ein/eine Ausbil-

dungsteilnehmer/Ausbildungsteilnehmerin gemäß § 36 Abs. 1 Z 1 oder 2 verhindert, die schriftliche Abschlussarbeit innerhalb der festgesetzten Frist neu vorzulegen, ist durch Beschluss der Prüfungskommission die Frist zu erstrecken.

(5) Die Beurteilung der überarbeiteten oder neu vorgelegten schriftlichen Abschlussarbeit hat durch die betreuende Lehrkraft zu erfolgen.

(6) Über eine gemäß Abs. 4 überarbeitete oder neu vorgelegte und positiv beurteilte schriftliche Abschlussarbeit ist innerhalb von vier Wochen ab deren Vorlage ein weiteres Prüfungsgespräch gemäß § 30 Abs. 2 zu führen. Der Termin ist von der Prüfungskommission festzusetzen.

(7) Das Prüfungsgespräch über die schriftliche Abschlussarbeit darf höchstens einmal wiederholt werden.

Negative Beurteilung der kommissionellen Abschlussprüfung

§ 38. (1) Nach erfolglosem Ausschöpfen der Wiederholungsmöglichkeiten oder bei nicht fristgerechter Neuvorlage der schriftlichen Abschlussarbeit ohne Vorliegen einer gerechtfertigten Verhinderung gemäß § 36 Abs. 1 ist die Sonderausbildung mit „nicht bestanden" zu beurteilen.

(2) In den Fällen des Abs. 1 ist nach neuerlicher Aufnahme gemäß § 7 eine nochmalige Absolvierung der Sonderausbildung zulässig.

Zeugnisse und Bestätigungen über die theoretische und praktische Ausbildung sowie die kommissionelle Abschlussprüfung

§ 39. (1) Am Ende einer Sonderausbildung hat die Leitung der Sonderausbildung den Ausbildungsteilnehmern/Ausbildungsteilnehmerinnen ein Zeugnis gemäß dem Muster der **Anlage 10** über die im Rahmen der Sonderausbildung absolvierten Unterrichtsfächer und Praktika auszustellen.

Anhang **GuK-SV**

(2) Nach Abschluss der Basisausbildung der Sonderausbildung in der Intensivpflege, Anästhesiepflege und Pflege bei Nierenersatztherapie gemäß der Anlage 3 hat die Leitung der Sonderausbildung den Ausbildungsteilnehmern/Ausbildungsteilnehmerinnen eine Ausbildungsbestätigung gemäß dem Muster der **Anlage 11** über die absolvierten Unterrichtsfächer und Praktika auszustellen.

(3) Die in den Mustern der Anlagen 10 und 11 enthaltenen nicht zutreffenden geschlechtsspezifischen Bezeichnungen sind zu streichen oder wegzulassen. Die im Muster der Anlage 10 enthaltene Fußnote betreffend Ausbildungssparte ist wegzulassen und die Nummerierung der Fußnoten entsprechend anzupassen.

(4) Die Zeugnisse gemäß Abs. 1 und die Ausbildungsbestätigungen gemäß Abs. 2 haben insbesondere
1. eine Bestätigung über die Teilnahme an der Ausbildung,
2. die Beurteilungen der Leistungen der Ausbildungsteilnehmer/Ausbildungsteilnehmerinnen in den absolvierten Unterrichtsfächern und Praktika (§ 19 Abs. 5 und 6 und § 21 Abs. 3),
3. eine Bestätigung über die Teilnahme an jenen Unterrichtsfächern, in denen gemäß den Anlagen 1 bis 9 keine Einzelprüfung abzunehmen, sondern nur die Teilnahme verpflichtend ist sowie gegebenenfalls die Beurteilung gemäß § 20,
4. eine Bestätigung über die Absolvierung jener Fachbereiche oder Praktika, die gemäß § 21 Abs. 5 nicht zu beurteilen sind,
5. eine Bestätigung über Anrechnungen von Prüfungen und Praktika gemäß § 65 Abs. 6 GuKG sowie
6. die Beurteilungen der Leistungen der Ausbildungsteilnehmer/Ausbildungsteilnehmerinnen im Rahmen der kommissionellen Abschlussprüfung (§ 33 Abs. 4)

zu enthalten.

(5) Die Zeugnisse gemäß Abs. 1 und die Ausbildungsbestätigungen gemäß Abs. 2 sind von der Leitung der Sonderausbil-

GuK-SV   **Anhang**

dung zu unterzeichnen und mit dem Rundsiegel der Ausbildungseinrichtung zu versehen.

(6) Die Ausstellung der Zeugnisse gemäß Abs. 1 und der Ausbildungsbestätigungen gemäß Abs. 2 mittels automationsunterstützter Datenverarbeitung ist zulässig, wobei in diesem Fall das Datenverarbeitungsregister (DVR-Nummer) anzuführen ist.

Diplom

§ 40. (1) Über eine erfolgreich abgelegte kommissionelle Abschlussprüfung ist ein Diplom gemäß dem Muster der **Anlage 16** auszustellen. Die nicht zutreffenden geschlechtsspezifischen Bezeichnungen sind zu streichen oder wegzulassen. Die Fußnote betreffend Ausbildungssparte ist wegzulassen. Die Nummerierung der Fußnoten ist entsprechend anzupassen.

(2) Die Ausstellung des Diploms mittels automationsunterstützter Datenverarbeitung ist zulässig, wobei in diesem Fall das Datenverarbeitungsregister (DVR-Nummer) anzuführen ist.

(3) Das Diplom ist vom/von der Vorsitzenden der Prüfungskommission und von der Leitung der Sonderausbildung zu unterzeichnen und mit dem Rundsiegel der Ausbildungseinrichtung zu versehen.

(4) Das Diplom ist den Absolventen/Absolventinnen von der Leitung der Sonderausbildung spätestens zwei Wochen nach Abschluss der kommissionellen Abschlussprüfung auszufolgen. Die Übergabe des Diploms ist im Abschlussprüfungsprotokoll zu vermerken.

(5) Wurde ein/eine Ausbildungsteilnehmer/Ausbildungsteilnehmerin gemäß § 26 Abs. 2 vor Abschluss der praktischen Ausbildung zur kommissionellen Abschlussprüfung zugelassen, ist das Diplom erst nach erfolgreichem Abschluss der praktischen Ausbildung auszufolgen.

Anhang **GuK-SV**

2. Hauptstück
1. Abschnitt
Nostrifikation

Allgemeines

§ 41. Für die Durchführung der Ergänzungsausbildung im Rahmen der Nostrifikation einer Urkunde über eine mit Erfolg abgeschlossene Ausbildung für Spezialaufgaben gemäß GuKG gelten vorbehaltlich der §§ 42 bis 44 die §§ 8, 10, 11,19, 20, 21, 24, 27, 31 Abs. 3 und 4, 32, 33 Abs. 4, 35 und 36.

Ergänzungsausbildung

§ 42. (1) Bei der Festsetzung der Prüfungstermine und der Ladung der Mitglieder der Prüfungskommission ist entsprechend § 31 Abs. 3 und 4 vorzugehen.

(2) Jede Ergänzungsprüfung ist in deutscher Sprache abzulegen. Eine Ergänzungsprüfung ist als
1. mündliche Prüfung vor der Prüfungskommission oder
2. schriftliche Prüfung, die von der Prüfungskommission zu beurteilen ist,

abzuhalten. Die §§ 32, 33 Abs. 4 und 35 sind anzuwenden.

(3) Der Beurteilung einer Ergänzungsprüfung ist der Prüfungserfolg im betreffenden Unterrichtsfach zu Grunde zu legen. Die Beurteilungsstufen gemäß § 33 Abs. 4 sind anzuwenden.

(4) Die Beurteilung einer oder mehrerer Ergänzungsprüfungen mit der Note ,,nicht genügend" oder eines Praktikums mit ,,nicht bestanden" nach Ausschöpfen der Wiederholungsmöglichkeiten schließt eine erfolgreiche Absolvierung der Ergänzungsausbildung aus.

Wiederholen einer Ergänzungsprüfung, Dispensprüfung oder eines Praktikums, Abbruch der Ergänzungsausbildung

§ 43. (1) Jede Ergänzungsprüfung oder Dispensprüfung, die mit der Note ,,nicht genügend" beurteilt wird, darf höchstens zweimal wiederholt werden. Jede Wiederholungsprüfung ist als mündliche Prüfung vor der Prüfungskommission abzulegen. § 42 Abs. 1 und 2 Z 1 und Abs. 3 ist anzuwenden.

(2) Jedes Praktikum, das mit „nicht bestanden" beurteilt wird, darf höchstens einmal wiederholt werden.

(3) Wird
1. die zweite Wiederholungsprüfung in einem Unterrichtsfach mit „nicht genügend" oder
2. ein wiederholtes Praktikum mit „nicht bestanden"

beurteilt, scheidet der/die Nostrifikant/Nostrifikantin automatisch aus der Ergänzungsausbildung aus. In diesem Fall ist die Ergänzungsausbildung ohne Erfolg absolviert.

(4) Scheidet ein/eine Nostrifikant/Nostrifikantin gemäß Abs. 3 aus der Ausbildung aus, so darf die Ergänzungsausbildung nicht wiederholt oder neu begonnen werden.

(5) Wird eine Ergänzungsausbildung durch den/die Nostrifikanten/Nostrifikantin abgebrochen und liegen nicht die in Abs. 3 genannten Gründen vor, so sind bei einer neuerlichen Zulassung zur Ergänzungsausbildung alle bisher gemäß dem Nostrifikationsbescheid mit und ohne Erfolg abgelegten Ergänzungsprüfungen und Praktika anzurechnen.

Bestätigung über die Ergänzungsausbildung und -prüfung

§ 44. (1) Über die im Rahmen der Ergänzungsausbildung absolvierten Ergänzungsprüfungen und Praktika ist eine Bestätigung gemäß dem Muster der **Anlage 13** auszustellen. Die nicht zutreffenden geschlechtsspezifischen Bezeichnungen sind zu streichen oder wegzulassen. Die Fußnote betreffend Ausbildungssparte ist wegzulassen.

(2) Die Bestätigung gemäß Abs. 1 hat die Beurteilung der im Nostrifikationsbescheid vorgeschriebenen Ergänzungsprüfungen und Praktika zu enthalten. Sie ist vom/von der Vorsitzenden der Prüfungskommission und von der Leitung der Sonderausbildung zu unterzeichnen und mit dem Rundsiegel der Ausbildungseinrichtung zu versehen.

Anhang **GuK-SV**

(3) Der Landeshauptmann, in dessen Bundesland die Ergänzungsausbildung absolviert worden ist, hat im Nostrifikationsbescheid einzutragen:
1. die erfolgreiche Absolvierung der Ergänzungsprüfungen und Praktika,
2. die gemäß § 43 Abs. 3 ohne Erfolg absolvierte Ergänzungsausbildung und
3. den Abbruch der Ergänzungsausbildung durch den/die Nostrifikanten/Nostrifikantin gemäß § 43 Abs. 5.

(4) Die Ausstellung der Bestätigung mittels automationsunterstützter Datenverarbeitung ist zulässig, wobei in diesem Fall das Datenverarbeitungsregister (DVR-Nummer) anzuführen ist.

2. Abschnitt
Kompensationsmaßnahmen – EWR und Schweizerische Eidgenossenschaft

Allgemeines

§ 45. Für die Durchführung eines Anpassungslehrgangs oder einer Eignungsprüfung im Rahmen der Zulassung zur Ausübung von Spezialaufgaben gemäß GuKG gelten vorbehaltlich der §§ 46 bis 49 die §§ 10, 11,19, 20, 21, 24, 27, 31 Abs. 3 und 4, 33 Abs. 4, 35 und 36.

Anpassungslehrgang

§ 46. (1) Der Anpassungslehrgang ist im Rahmen der praktischen Ausbildung einer Sonderausbildung zu absolvieren. Eine kontinuierliche und fachspezifische Anleitung und Aufsicht durch mindestens eine Fachkraft ist sicherzustellen.

(2) Die Zulassungswerber/Zulassungswerberinnen dürfen im Rahmen des Anpassungslehrgangs nur zu Tätigkeiten herangezogen werden, die in unmittelbarem Zusammenhang mit den zu erwerbenden Fähigkeiten und Fertigkeiten stehen.

(3) Zulassungswerber/Zulassungswerberinnen, die im Rahmen des Anpassungslehrgangs eine Zusatzausbildung zu absol-

vieren haben, sind zur Teilnahme am entsprechenden theoretischen Unterricht verpflichtet.

(4) Die Leistungen im Rahmen eines Anpassungslehrgangs sind gemäß § 21 Abs. 3 zu beurteilen. Eine allfällige Zusatzausbildung ist mit „erfolgreich teilgenommen" oder „nicht genügend" zu beurteilen. Bei negativer Beurteilung der Zusatzausbildung kann eine Dispensprüfung abgelegt werden, welche einmal mündlich vor der Prüfungskommission wiederholt werden darf.

Eignungsprüfung

§ 47. (1) Die Eignungsprüfung ist im Rahmen einer Sonderausbildung über die im Zulassungsbescheid angeführten Sachgebiete oder Unterrichtsfächer abzulegen.

(2) Bei der Festsetzung der Prüfungstermine und der Ladung der Mitglieder der Prüfungskommission ist gemäß § 31 Abs. 3 und 4 vorzugehen.

(3) Die Eignungsprüfung ist in deutscher Sprache abzulegen. Eine Eignungsprüfung ist als
1. mündliche Prüfung vor der Prüfungskommission oder
2. schriftliche Prüfung, die von der Prüfungskommission zu beurteilen ist,

abzuhalten.

(4) Der Prüfungserfolg in den betreffenden Sachgebieten ist zu beurteilen. Die Beurteilungsstufen gemäß § 33 Abs. 4 sind anzuwenden.

Wiederholen des Anpassungslehrganges oder der Eignungsprüfung

§ 48. (1) Ein Anpassungslehrgang, der mit „nicht bestanden" beurteilt wird, darf höchstens einmal wiederholt werden.

(2) Eine Eignungsprüfung, die mit der Note „nicht genügend" beurteilt wird, darf höchstens zweimal wiederholt werden. Jede Wiederholungsprüfung ist als mündliche Prüfung vor der Prüfungskommission abzulegen und gemäß § 47 Abs. 4 zu beurteilen.

(3) Wenn
1. die Wiederholungsprüfung der Eignungsprüfung mit der Note ,,nicht genügend" oder
2. der wiederholte Anpassungslehrgang mit ,,nicht bestanden"

beurteilt wird, ist der Anpassungslehrgang oder die Eignungsprüfung ohne Erfolg absolviert.

(4) Eine ohne Erfolg absolvierte Eignungsprüfung oder ein ohne Erfolg absolvierter Anpassungslehrgang darf nicht wiederholt oder neu begonnen werden.

Bestätigung über den Anpassungslehrgang oder die Eignungsprüfung

§ 49. (1) Über den absolvierten Anpassungslehrgang oder die absolvierte Eignungsprüfung ist eine Bestätigung gemäß den Mustern der Anlagen 13 oder 14 auszustellen. Die nicht zutreffenden geschlechtsspezifischen Bezeichnungen sind zu streichen oder wegzulassen.

(2) Die Bestätigung gemäß Abs. 1 hat die Beurteilung des im Zulassungsbescheid vorgeschriebenen Anpassungslehrgangs oder der Eignungsprüfung zu enthalten. Die Bestätigung über die Eignungsprüfung ist vom/von der Vorsitzenden der Prüfungskommission und von der Leitung der Sonderausbildung zu unterzeichnen. Die Bestätigung über den Anpassungslehrgang ist von der Leitung der Sonderausbildung zu unterzeichnen. Die Bestätigung ist mit dem Rundsiegel der Ausbildungseinrichtung zu versehen.

(3) Die Ausstellung der Bestätigung mittels automationsunterstützter Datenverarbeitung ist zulässig, wobei in diesem Fall das Datenverarbeitungsregister (DVR-Nummer) anzuführen ist.

3. Hauptstück
Schluss- und Übergangsbestimmungen

Kommissionelle Abschlussprüfung für Personen gemäß § 108 Abs. 3 GuKG

§ 50. (1) Für Personen gemäß § 108 Abs. 3 GuKG entfällt die schriftliche Abschlussarbeit. § 30 Abs. 2 ist nicht anzuwenden.

(2) Personen gemäß § 108 Abs. 3 GuKG, die zur kommissionellen Abschlussprüfung antreten wollen, müssen sich bei einer Ausbildungseinrichtung, die Sonderausbildungen durchführt, zur kommissionellen Abschlussprüfung anmelden. Diese Personen können an den gemäß § 31 Abs. 1 festgelegten Terminen oder zu gesonderten Terminen, die ihnen von der Ausbildungseinrichtung zeitgerecht bekannt zu geben sind, geprüft werden.

(3) Die Leitung der Sonderausbildung hat dem Landeshauptmann spätestens sechs Wochen vor dem in Aussicht genommenen Termin der kommissionellen Abschlussprüfung
  1. jene Personen gemäß § 108 Abs. 3 GuKG, die zur kommissionellen Abschlussprüfung antreten und
  2. die Namen der Prüfer/Prüferinnen der Prüfungsfächer
bekannt zu geben.

(4) Die Leitung der Sonderausbildung hat die Mitglieder der Prüfungskommission spätestens vier Wochen vor der kommissionellen Abschlussprüfung schriftlich zu laden. Den Kommissionsmitgliedern ist vor Beginn der kommissionellen Abschlussprüfung ein Verzeichnis der Prüfungskandidaten/Prüfungskandidatinnen auszufolgen.

(5) Die Teilprüfungen der mündlichen Abschlussprüfung können höchstens zweimal vor der Prüfungskommission wiederholt werden. Nach erfolglosem Ausschöpfen der Wiederholungsmöglichkeiten ist die kommissionelle Abschlussprüfung mit „nicht bestanden" zu beurteilen. In diesem Fall ist die Absolvierung der Sonderausbildung zulässig.

(6) Personen, die gemäß § 108 Abs. 3 GuKG zur kommissionellen Abschlussprüfung antreten, ist ein Zeugnis gemäß dem Muster der **Anlage 12** auszustellen. Die nicht zutreffenden ge-

schlechtsspezifischen Bezeichnungen sind zu streichen oder wegzulassen. Die Fußnote betreffend Ausbildungssparte ist wegzulassen und die Nummerierung der Fußnoten entsprechend anzupassen.

(7) Das Zeugnis gemäß Abs. 6 hat insbesondere die Beurteilungen der Leistungen im Rahmen der kommissionellen Abschlussprüfung (§ 33 Abs. 4) zu enthalten. Das Zeugnis ist von der Leitung der Sonderausbildung und vom/von der Vorsitzenden der Prüfungskommission zu unterzeichnen und mit dem Rundsiegel der Ausbildungseinrichtung zu versehen. Die Ausstellung des Zeugnisses mittels automationsunterstützter Datenverarbeitung ist zulässig, wobei in diesem Fall das Datenverarbeitungsregister (DVR-Nummer) anzuführen ist.

Anmerkung:

Die GuK-SV ist mit 28. Dezember 2005 in Kraft getreten.

GuK-SV Anhang

Anlage 1

SONDERAUSBILDUNG IN DER KINDER- UND JUGENDLICHENPFLEGE

Theoretische Ausbildung

Unterrichtsfach	Lehrinhalte	Mindeststunden	Lehrkraft	Leistungsfeststellung
1. Berufsethik und Berufskunde	- Berufsethik - Transkulturelle Aspekte der Pflege - Geschichte der Kinderkrankenpflege - Mitwirkung an Forschungsprojekten in der Kinder- und Jugendlichenpflege	20	Lehrer/in für Gesundheits- und Krankenpflege (GuK)	Beurteilung der Teilnahme
2. Gesundheits- und Krankenpflege von Kindern und Jugendlichen	- Angewandte Gesundheitserziehung und Gesundheitsförderung - Ganzheitliche Pflege - Präventive Pflegemaßnahmen - Diagnostische, therapeutische und rehabilitative Pflegemaßnahmen bei akuten und chronischen Krankheitsbildern - Komplementäre Pflegemethoden - Pflege und Begleitung von chronisch kranken, terminalkranken und sterbenden Kindern und Jugendlichen - Schmerztherapie	260	Lehrer/in für GuK	Komm. Prüfung
3. Pflege von Kindern und Jugendlichen in Krisensituationen	- Entwicklungsbedingte Situationen - Krankheitsbedingte Situationen - Sozialbedingte Situationen - Umweltbedingte Situationen	50	Lehrer/in für GuK / fachkompetente Person	Komm. Prüfung
4. Hauskrankenpflege bei Kindern und Jugendlichen	- Hauskrankenpflege in der integrierten Gesundheitsversorgung - Interdisziplinäre Zusammenarbeit der Gesundheits- und Sozialdienste - Spezifische pflegerische Maßnahmen	15	Lehrer/in für GuK / fachkompetente Person	Einzelprüfung
5. Ernährung, Kranken- und Diätkost	- Säuglingsernährung und Stillen - Kranken- und Diätkost	15	Diätologe/-in / Lehrer/in für GuK	Beurteilung der Teilnahme

6. Spezielle Pathologie, Diagnose und Therapie einschließlich komplementärmedizinische Methoden bei Kindern und Jugendlichen	- Spezielle Pathologie des Bewegungsapparats und der Organsysteme mit Diagnostik und Therapie
	  - Respirationstrakt
	  - Herz-Kreislaufsystem
	  - Blut - Blut bildendes System
	  - Verdauungstrakt
	  - Urogenitaltrakt
	  - Nervensystem
	  - Endokrine Drüsen
	  - Sinnesorgane
	- Psychopathologie
	- Psychosomatik
	- Komplementärmedizin
		130	Facharzt/-ärztin	Einzelprüfung

7. Neonatologie	- Spezielle Neonatologie - Intermediate Care - Nachsorge	30	Facharzt/-ärztin / Lehrer/in für GuK	Komm. Prüfung

8. Soziologie, Psychologie, Pädagogik und Sozialhygiene	- Das Kind und der/die Jugendliche im Entwicklungs- und Beziehungsprozess - Das Kind und der/die Jugendliche im Kontinuum von Gesundheit, Krankheit und Behinderung	30	Psychologe/-in / Psychotherapeut/in / Pädagoge/-in / Soziologe/-in / Lehrer/in für GuK	Beurteilung der Teilnahme
9. Kommunikation, Konfliktbewältigung, Supervision und Kreativitätstraining	- Gesprächsführung - Arbeit mit und Anleitung von Bezugspersonen - Spielpädagogik - Praxisreflexion	40	Psychologe/-in / Psychotherapeut/in / Lehrer/in für GuK / fachkompetente Person	Beurteilung der Teilnahme
10. Berufsspezifische Rechtsgrundlagen	- Grundlagen des Haftungsrechts - Kinder- und Jugendwohlfahrtsrecht	10	Jurist/in	Beurteilung der Teilnahme
GESAMT		**600**		

Praktische Ausbildung

Ausbildungseinrichtung	Fachbereich	Mindeststunden
Fachabteilung einer Krankenanstalt	Allgemeine Kinderabteilung	360
Fachabteilung einer Krankenanstalt	Kinderchirurgische Abteilung	200
Fachabteilung einer Krankenanstalt	Früh- und Neugeborenenabteilung	280
Einrichtungen der Hauskrankenpflege, anderer Gesundheits- oder Sozialdienste	Extramurale Pflege, Betreuung und Beratung von Kindern und Jugendlichen	160
GESAMT		**1 000**

Anlage 2

SONDERAUSBILDUNG IN DER PSYCHIATRISCHEN GESUNDHEITS- UND KRANKENPFLEGE
Theoretische Ausbildung

Unterrichtsfach	Lehrinhalte	Mindeststunden	Lehrkraft	Leistungsfeststellung
1. Psychiatrische und neurologische Gesundheits- und Krankenpflege	- Berufsbild - Geschichte der Pflege - Psychiatrie und Gesellschaft - Transkulturelle Aspekte der Pflege - Arbeitsfeld und Problembereiche der psychiatrischen Gesundheits- und Krankenpflege - Der Pflegeprozess mit gesunden und kranken Menschen aller Altersstufen im stationären, teilstationären, ambulanten sowie im extramuralen und komplementären Versorgungsbereich - Menschen in Krisensituationen und Notlagen - Menschen mit akuten und chronischen psychischen Störungen, einschließlich untergebrachter Menschen - Kinder- und Jugendpsychiatrie - Menschen mit organischem Psychosyndrom - Menschen mit Abhängigkeitserkrankungen - Neurologisch erkrankte Menschen - Menschen mit Intelligenzminderungen - Geistig abnorme Rechtsbrecher/innen - Psychiatrische Hauskrankenpflege	440	Lehrer/in für GuK	Komm. Prüfung

2. Pflege von alten Menschen, Palliativpflege	- Lebensgeschichte und Lebenssituation von alten Menschen
	- Alte Menschen in besonderen psychosozialen Notlagen:
	   - Modelle der Betreuung und Pflege alter Menschen
	   - Übergangspflege
		40	Lehrer/in für GuK	Komm. Prüfung

3. Medizinische Grundlagen einschließlich Psychopathologie, psychiatrische und neurologische Krankheitslehre, Pharmakologie	- Anatomische, biologische, physiologische und pathologische Grundlagen des Nervensystems - Medizinische Erklärungsmodelle von Behinderungen - Menschen in Krisensituationen und besonderen Notlagen - Menschen mit psychischen, psychosomatischen und neurologischen Erkrankungen, Diagnostik und Therapien - Ethik - Wirkungsspektrum und Nebenwirkungen der Arzneimittelhauptgruppen, allgemeine Arzneimittellehre	100	Arzt/Ärztin für Allgemeinmedizin / Facharzt/-ärztin / Lehrer/in für GuK	Einzelprüfung

Anhang GuK-SV

4. Gerontologie, Geriatrie und Gerontopsychiatrie	- Einführung in die Alterswissenschaften - Körperliche und psychische Veränderungen im Alter - Krankheitsbilder im Alter	10	Arzt/Ärztin für Allgemeinmedizin / Facharzt/ -ärztin / Lehrer/in für GuK	Komm. Prüfung
5. Soziologie, Psychologie, Pädagogik und Sozialhygiene	- Gesellschaftliches Gesundheits- und Krankheitsverständnis, Auseinandersetzung mit den Begriffen Normalität und Abweichung - Verhalten und Erleben in Krankheit und Krise - Selbst- und Fremdwahrnehmung - Männliche und weibliche Sozialisation - Burnout-Syndrom und Prophylaxe	90	fachkompetente Person / Lehrer/in für GuK	Einzelprüfung
6. Gesprächsführung, psychosoziale Betreuung und Angehörigenarbeit	- Möglichkeiten und Grenzen der Kommunikation mit Menschen unterschiedlicher Behinderung und Erkrankung	40	fachkompetente Person / Lehrer/in für GuK	Beurteilung der Teilnahme
7. Supervision	- Selbst- und Fremdwahrnehmung - Praxisreflexion - Strategien für den Umgang mit Belastungs- und Konfliktpotenzialen - Konfliktbewältigung	30	fachkompetente Person / Lehrer/in für GuK	Beurteilung der Teilnahme
8. Kreativitätstraining	- Grundzüge der Ergotherapie bei psychisch und neurologisch erkrankten Menschen	20	Lehrer/in für GuK / Ergotherapeut/in / fachkompetente Person	Einzelprüfung
9. Strukturen und Einrichtungen der gesundheitlichen und sozialen Versorgung, Organisationslehre	- Strukturen und Einrichtungen der gesundheitlichen und sozialen Versorgung in Österreich, Finanzierung - Allg. Grundlagen der Betriebsführung - Organisationslehre und Betriebsführung im intra- und extramuralen Bereich	10	Lehrer/in für GuK / fachkompetente Person	Beurteilung der Teilnahme
10. Berufsspezifische Rechtsgrundlagen	- Pflegegeldgesetzgebung - Unterbringungsgesetz - Sachwalterschaft - Rechtsgrundlagen zur Integration und Reintegration	20	Jurist/in	Einzelprüfung
Gesamt		**800**		

GuK-SV Anhang

Praktische Ausbildung

Ausbildungseinrichtung	Fachbereich	Mindeststunden
Fachabteilungen einer Krankenanstalt	Akut-, Subakut- und Langzeitpsychiatrie	240
Fachabteilungen einer Krankenanstalt	Neurologie, Neurochirurgie	200
Extramurale Einrichtungen der psychiatrischen Versorgung, anderer Gesundheitsdienste oder Sozialdienste	Extramurale Pflege, Betreuung und Beratung	200
nach Wahl der Leitung der Sonderausbildung: - Fachabteilungen einer Krankenanstalt - Extramurale Einrichtungen der psychiatrischen Versorgung, anderer Gesundheits- oder Sozialdienste	Akutpflege / Langzeitpflege / rehabilitative Pflege / extramurale Pflege im Bereich der Psychiatrie	160
GESAMT		**800**

Anhang GuK-SV

Anlage 3

BASISAUSBILDUNG IN DER INTENSIVPFLEGE, ANÄSTHESIEPFLEGE UND PFLEGE BEI NIERENERSATZTHERAPIE

Theoretische Ausbildung

Unterrichtsfach	Lehrinhalte	Mindeststunden	Lehrkraft	Leistungsfeststellung
Pflegerisches Sachgebiet:		160		
1. Pflege und Überwachung von Patienten/-innen mit invasiven und nichtinvasiven Methoden	- Krankenbeobachtung und Überwachung - Spezielle pflegerische Maßnahmen - Dokumentation und Organisation - Berufskunde		Lehrer/in für GuK / fachkompetente Person	Einzelprüfung
2. Angewandte Hygiene	- Infektionsverhindernde Maßnahmen - Aktuelle Themen - Nosokomiale Infektionen		Facharzt/-ärztin / Arzt/Ärztin in Ausbildung zum/zur Facharzt/-ärztin / Lehrer/in für GuK / Angehörige/r des gehobenen Dienstes für GuK (Krankenhaushygiene) / fachkompetente Person	Einzelprüfung
3. Biomedizinische Technik und Gerätelehre	- Grundlagen der biomedizinischen Technik und Gerätelehre - Physikalische, chemische Grundlagen		Facharzt/-ärztin / Arzt/Ärztin in Ausbildung zum/zur Facharzt/-ärztin / fachkompetente Person	Beurteilung der Teilnahme
4. Kommunikation und Ethik I	- Konfliktmanagement - Gesprächsführung - Fachbezogene Ethik (einschließlich ethischer Aspekte der Transplantationsmedizin)		Lehrer/in für GuK / fachkompetente Person	Beurteilung der Teilnahme
Medizinisch-wissenschaftliches Sachgebiet:		80		
5. Enterale und parenterale Ernährung	- Grundlagen des Energiebedarfs - Formen der Energiezufuhr - Indikationen / Kontraindikationen - Applikationsformen		Facharzt/-ärztin / Arzt/Ärztin in Ausbildung zum/zur Facharzt/-ärztin / fachkompetente Person / Lehrer/in für GuK	Beurteilung der Teilnahme

6. Reanimation und Schocktherapie	- Notfallmedizin extra- und intramural		Facharzt/-ärztin / Arzt/Ärztin in Ausbildung zum/zur Facharzt/-ärztin / fachkompetente Person mit Lehrschein für Erste Hilfe	Einzelprüfung
7. Spezielle Pharmakologie	- Pharmakokinetik - Pharmakodynamik - Spezielle Arzneimittel im Intensiv-, Anästhesie- und Nierenersatztherapiebereich - Transfusionsmedizin		Facharzt/-ärztin / Arzt/Ärztin in Ausbildung zum/zur Facharzt/-ärztin / fachkompetente Person / Pharmazeut/in	Einzelprüfung
8. Physiologie und Pathophysiologie	- Physiologie und Pathophysiologie von Organen und Organsystemen - Korrektur von Störungen des Elektrolyt-, Flüssigkeits- und Säure-/Basenhaushalts - Grundlagen der Beatmung - Grundlagen der Anästhesie		Facharzt/-ärztin / Arzt/Ärztin in Ausbildung zum/zur Facharzt/-ärztin / fachkompetente Person	Beurteilung der Teilnahme
GESAMT		240		

Praktische Ausbildung

Ausbildungseinrichtung	Fachbereich	Mindeststunden
Fachabteilung einer Krankenanstalt	Pflege im Intensivbereich (operativ oder nicht operativ)	160
Fachabteilung einer Krankenanstalt	Pflege im Anästhesie- oder Nierenersatztherapiebereich	160
nach Wahl der Leitung der Sonderausbildung: - Fachabteilungen oder sonstige Organisationseinheiten einer Krankenanstalt - Einrichtungen, die der Betreuung pflegebedürftiger Menschen dienen	Pflege im Intensiv-, Anästhesie- oder Nierenersatztherapiebereich	40
GESAMT		360

Anhang GuK-SV

Anlage 4

SPEZIELLE ZUSATZAUSBILDUNG IN DER INTENSIVPFLEGE

Theoretische Ausbildung

Unterrichtsfach	Lehrinhalte	Mindeststunden	Lehrkraft	Leistungsfeststellung
Pflegerisches Sachgebiet:		160		
1. Spezielle Pflege im Intensivbereich	- Pflegeprozess in der Intensivmedizin - Überwachung und Pflege von Patienten/-innen postoperativ und bei speziellen Krankheitsbildern - Überwachung und Pflege von beatmeten Patienten/-innen - Überwachung und Pflege von Patienten/-innen mit extrakorporalem Kreislauf - Dokumentation und Organisation		Lehrer/in für GuK / fachkompetente Person	Komm. Prüfung
2. Biomedizinische Technik und Gerätelehre	Gerätekunde (Funktion, Anwendung, Sicherheitsaspekte)		Facharzt/-ärztin / Arzt/Ärztin in Ausbildung zum/zur Facharzt/-ärztin / fachkompetente Person	Einzelprüfung
3. Kommunikation und Ethik II	- Konfliktmanagement - Stressbewältigung - Fachbezogene Ethik - interdisziplinäre Zusammenarbeit		fachkompetente Person / Lehrer/in für GuK	Beurteilung der Teilnahme
4. Forschung	Analyse und Interpretation von Forschungsergebnissen		Lehrer/in für GuK / fachkompetente Person	Beurteilung der Teilnahme
Medizinischwissenschaftliches Sachgebiet:		80		
5. Grundlagen der Intensivtherapie	- Anästhesiologischer Fachbereich - Internistischer Fachbereich - Neurologischer Fachbereich - Chirurgischer Fachbereich - Neonatologisch-pädiatrischer Fachbereich		Facharzt/-ärztin / Arzt/Ärztin in Ausbildung zum/zur Facharzt/-ärztin / fachkompetente Person	Komm. Prüfung
6. Beatmung und Beatmungstherapie	- Pathophysiologische Grundlagen - Beatmungsverfahren		Facharzt/-ärztin / Arzt/Ärztin in	Einzelprüfung

	- Entwöhnung		Ausbildung zum/zur Facharzt/-ärztin	
7. Anästhesieverfahren	- Allgemeine Anästhesieverfahren - Regionalanästhesieverfahren - Gerätekunde		Facharzt/-ärztin / Arzt/Ärztin in Ausbildung zum/zur Facharzt/-ärztin	Einzelprüfung
GESAMT		**240**		

Praktische Ausbildung

Ausbildungseinrichtung	Fachbereich	Mindeststunden
Fachabteilung einer Krankenanstalt	Pflege im Intensivbereich (operativ oder nicht-operativ)[1]	200
Fachabteilung einer Krankenanstalt	Pflege im Anästhesie- oder Nierenersatztherapiebereich[2]	80
nach Wahl der Leitung der Sonderausbildung: - Fachabteilung oder sonstige Organisationseinheit einer Krankenanstalt - Einrichtungen, die der Betreuung pflegebedürftiger Menschen dienen	Pflege im intra- oder extramuralen Bereich (mit besonderem Bezug zum Intensivbereich)	80
GESAMT		**360**

---

1) Basis- und Zusatzausbildung müssen zumindest jeweils 160 Stunden im operativen und nicht operativen Intensivbereich umfassen.
2) Basis- und Zusatzausbildung müssen zumindest jeweils 80 Stunden im Anästhesie- und Nierenersatztherapiebereich umfassen.

Anhang GuK-SV

Anlage 5

SPEZIELLE ZUSATZAUSBILDUNG IN DER KINDERINTENSIVPFLEGE

Theoretische Ausbildung

Unterrichtsfach	Lehrinhalte	Mindeststunden	Lehrkraft	Leistungsfeststellung
Pflegerisches Sachgebiet:		120		
1. Spezielle Pflege von Früh- und Neugeborenen sowie Kindern und Jugendlichen im Intensivbereich	- Pflegeprozess in der Kinderintensivpflege - Überwachung und Pflege postoperativ und bei speziellen Krankheitsbildern - Überwachung und Pflege von beatmeten Früh- und Neugeborenen - Überwachung und Pflege von Kindern und Jugendlichen mit extrakorporalem Kreislauf - Dokumentation und Organisation		Lehrer/in für GuK / fachkompetente Person	Komm. Prüfung
2. Biomedizinische Technik und Gerätelehre	Gerätekunde (Funktion, Anwendung, Sicherheitsaspekte)		Facharzt/-ärztin / Arzt/Ärztin in Ausbildung zum/zur Facharzt/-ärztin / fachkompetente Person / Lehrer/in für GuK	Einzelprüfung
3. Kommunikation und Ethik II	- Konfliktmanagement - Stressbewältigung - Angehörigenbetreuung - Fachbezogene Ethik - interdisziplinäre Zusammenarbeit		fachkompetente Person / Lehrer/in für GuK	Beurteilung der Teilnahme
4. Forschung	Analyse und Interpretation von Forschungsergebnissen		Lehrer/in für GuK / fachkompetente Person	Beurteilung der Teilnahme
Medizinisch-wissenschaftliches Sachgebiet:		80		
5. Grundlagen der Intensivtherapie	- Internistischer Fachbereich - Chirurgischer Fachbereich - Neonatologisch-pädiatrischer Fachbereich - Neurologischer Fachbereich		Facharzt/-ärztin / Arzt/Ärztin in Ausbildung zum/zur Facharzt/-ärztin / fachkompetente Person	Komm. Prüfung

6. Beatmung und Beatmungstherapie	- Pathophysiologische Grundlagen - Beatmungsverfahren - Entwöhnung		Facharzt/-ärztin / Arzt/Ärztin in Ausbildung zum/zur Facharzt/-ärztin / fachkompetente Person	Einzelprüfung
GESAMT		**200**		

Praktische Ausbildung

Ausbildungseinrichtung	Fachbereich	Mindeststunden
Fachabteilung einer Krankenanstalt	Pflege im Intensivbereich (operativ oder nicht operativ)	100
Fachabteilung einer Krankenanstalt	Pflege im Intensivbereich (neonatologisch)	100
GESAMT		**200**

Anhang GuK-SV

Anlage 6

SPEZIELLE ZUSATZAUSBILDUNG IN DER ANÄSTHESIEPFLEGE

Theoretische Ausbildung

Unterrichtsfach	Lehrinhalte	Mindeststunden	Lehrkraft	Leistungsfeststellung
Pflegerisches Sachgebiet:		80		
1. Spezielle Pflege im Anästhesiebereich	- Pflegeprozess im Bereich der Anästhesie - Spezielle Pflege prae-, intra- und postoperativ im Rahmen der Anästhesie bei allen Altersgruppen - Dokumentation und Organisation		Lehrer/in für GuK / fachkompetente Person	Komm. Prüfung
2. Biomedizinische Technik und Gerätelehre	Gerätekunde (Funktion, Anwendung, Sicherheitsaspekte)		Facharzt/-ärztin / Arzt/Ärztin in Ausbildung zum/zur Facharztin / fachkompetente Person	Einzelprüfung
3. Kommunikation und Ethik II	- Konfliktmanagement - Stressbewältigung - Fachbezogene Ethik - interdisziplinäre Zusammenarbeit		fachkompetente Person / Lehrer/in für GuK	Beurteilung der Teilnahme
4. Forschung	Analyse und Interpretation von Forschungsergebnissen		Lehrer/in für GuK / fachkompetente Person	Beurteilung der Teilnahme
Medizinisch-wissenschaftliches Sachgebiet:		60		
5. Anästhesieverfahren	- Allgemeine und spezielle Anästhesieverfahren in den verschiedenen Fachdisziplinen und allen Altersgruppen - Schmerztherapie		Facharzt/-ärztin / Arzt/Ärztin in Ausbildung zum/zur Facharzt/-ärztin / fachkompetente Person	Komm. Prüfung
GESAMT		140		

Praktische Ausbildung

Ausbildungseinrichtung	Fachbereich	Mindeststunden
Fachabteilung einer Krankenanstalt	Pflege im Anästhesiebereich	180
nach Wahl der Leitung der Sonderausbildung: Fachabteilung oder sonstige Organisationseinheit einer Krankenanstalt	Pflege im intra- oder extramuralen Bereich (mit besonderem Bezug zum Anästhesiebereich)	80
GESAMT		**260**

Anlage 7

SPEZIELLE ZUSATZAUSBILDUNG IN DER PFLEGE BEI NIERENERSATZTHERAPIE

Theoretische Ausbildung

Unterrichtsfach	Lehrinhalte	Mindeststunden	Lehrkraft	Leistungsfeststellung
Pflegerisches Sachgebiet:		90		
1. Spezielle Pflege bei Nierenersatztherapie	- Pflegeprozess im Bereich der Nierenersatztherapie - Überwachung und Pflege von Patienten/-innen aller Altersgruppen mit den verschiedensten Eliminationsverfahren - Dokumentation und Organisation		fachkompetente Person / Lehrer/in für GuK	Komm. Prüfung
2. Biomedizinische Technik und Gerätelehre	Gerätekunde (Funktion, Anwendung, Sicherheitsaspekte)		Facharzt/-ärztin / Arzt/Ärztin in Ausbildung zum/zur Facharzt/-ärztin / fachkompetente Person	Einzelprüfung
3. Kommunikation und Ethik II	- Psychologie (Verhalten im Umgang mit chronisch Kranken) - Interdisziplinäre Zusammenarbeit - Konfliktmanagement - Stressbewältigung - Fachbezogene Ethik		fachkompetente Person / Lehrer/in für GuK	Beurteilung der Teilnahme
4. Forschung	Analyse und Interpretation von Forschungsergebnissen		Lehrer/in für GuK / fachkompetente Person	Beurteilung der Teilnahme
Medizinisch-wissenschaftliches Sachgebiet:		70		
5. Akute und chronische Niereninsuffizienz bei Patienten/-innen aller Altersgruppen	- Spezielle Physiologie und Pathophysiologie - Pharmakologie - Transplantation		Facharzt/-ärztin / Arzt/Ärztin in Ausbildung zum/zur Facharzt/-ärztin / fachkompetente Person	Komm. Prüfung
6. Eliminationsverfahren	- Haemodialyse - Haemofiltration - Peritonealdialyse - Aphereseverfahren		Facharzt/-ärztin / Arzt/Ärztin in Ausbildung zum/zur Facharzt/-ärztin / fachkompetente Person	Einzelprüfung
GESAMT		160		

Anhang   GuK-SV

Praktische Ausbildung

Ausbildungseinrichtung	Fachbereich	Mindeststunden
Fachabteilung einer Krankenanstalt	Pflege im Bereich der Nierenersatztherapie	160
nach Wahl der Leitung der Sonderausbildung: - Fachabteilung oder sonstige Organisationseinheit einer Krankenanstalt - Einrichtungen, die der Betreuung pflegebedürftiger Menschen dienen	intra- oder extramurale Pflege im Nierenersatztherapiebereich	80
GESAMT		**240**

Anhang

Anlage 8

SONDERAUSBILDUNG IN DER PFLEGE IM OPERATIONSBEREICH

Theoretische Ausbildung

Unterrichtsfach	Lehrinhalte	Mindeststunden	Lehrkraft	Leistungsfeststellung
Pflegerisches Sachgebiet:		230		
1. Spezielle Pflege im Operationsbereich	- Perioperative Pflege - Instrumenten- und Materialkunde - Pflegedokumentation/EDV - Berufskunde		Lehrer/in für GuK / Angehörige/r des gehobenen Dienstes für GuK (Pflege im Operationsbereich) / fachkompetente Person	Komm. Prüfung
2. Planung und Organisation im Operationsbereich	- Organisation der Rahmenbedingungen für den Eingriff (prä-, intra- und postoperative Maßnahmen) - Zeitmanagement - Personalplanung, Personaleinsatz - Dienstplangestaltung, Betriebsführung		Lehrer/in für GuK / Angehörige/r des gehobenen Dienstes für GuK (Pflege im Operationsbereich) / fachkompetente Person	Beurteilung der Teilnahme
3. Grundlagen der Pflegeforschung	- Möglichkeiten der Umsetzung - Analyse und Interpretation von Forschungsergebnissen		Lehrer/in für GuK / Angehörige/r des gehobenen Dienstes für GuK (Pflege im Operationsbereich) / fachkompetente Person	Beurteilung der Teilnahme
4. Kommunikation und Ethik	- Interdisziplinäre Zusammenarbeit - Konfliktmanagement - Stressbewältigung - fachbezogene Ethik (einschließlich ethischer Aspekte der Transplantationsmedizin)		Lehrer/in für GuK / fachkompetente Person	Beurteilung der Teilnahme
Medizinisch-wissenschaftliches Sachgebiet:		270		
5. Hygiene	- Organisation der Krankenhaushygiene - Krankenhausinfektionen - Desinfektion und Sterilisation - Allgemeine Hygienemaßnahmen - Hygieneprobleme spezieller Abteilungen		Facharzt/-ärztin für Hygiene / Lehrer/in für GuK / Angehörige/r des gehobenen Dienstes für GuK (Krankenhaushygiene) / fachkompetente Person	Einzelprüfung
6. Medizintechnik	- Grundlagen der Elektrotechnik - Medizintechnische Geräte - Sicherheitstechnische Maßnahmen		fachkompetente Person	Einzelprüfung

Anhang GuK-SV

7. Chirurgische Anatomie	- topographische und funktionale Anatomie		Facharzt/-ärztin	Einzelprüfung
8. Allgemeine chirurgische Gebiete	- allgemeinchirurgische und unfallchirurgische Fachbereiche		Facharzt/-ärztin	Komm. Prüfung
9. Spezielle chirurgische Gebiete	- andere chirurgische Fachbereiche		Facharzt/-ärztin	Einzelprüfung
10. Grundlagen der Anästhesie und Pharmakologie	- Präoperative Maßnahmen bei Patienten/-innen - Überwachungsgeräte, Funktionskontrollen und perioperative Überwachungsmaßnahmen - Zusammensetzung, Wirkung, Anwendung und Dosierung von Arzneimitteln - Schock-Notfallmedizin		Facharzt/-ärztin für Anästhesiologie und Intensivmedizin	Einzelprüfung
GESAMT		500		

Praktische Ausbildung

Ausbildungseinrichtung	Fachbereich	Mindeststunden
Fachabteilung einer Krankenanstalt	Pflege im Operationsbereich (allgemein-/unfallchirurgische Bereiche)	240
Fachabteilung einer Krankenanstalt	Pflege im Operationsbereich (mindestens zwei spezielle chirurgische Bereiche)	260
GESAMT		**500**

Anlage 9

SONDERAUSBILDUNG IN DER KRANKENHAUSHYGIENE

Theoretische Ausbildung

Unterrichtsfach	Lehrinhalte	Mindeststunden	Lehrkraft	Leistungsfeststellung
1. Epidemiologie, Mikrobiologie und Immunologie	- Epidemiologie der Krankenhausinfektionen - Bakteriologie, Virologie, Parasitologie, Mykologie - Immunprophylaxe	60	Facharzt/-ärztin für Hygiene und Mikrobiologie	komm. Prüfung
2. Pflegerisch-organisatorische und pflegerisch-technische Maßnahmen zur Verhütung und Bekämpfung von Krankenhausinfektionen	- Allg. und spezielle Hygienemaßnahmen - Hygiene und infektiologische Aspekte ausgewählter Bereiche einschl. Arbeitnehmerschutz und Gesundheitsvorsorge - Isolierung von Patienten/-innen - Hygiene bei der Wartung und Aufbereitung von Geräten - Desinfektion, Sterilisation - Entwesung, Ver- und Entsorgung - Raumlufttechnik - Anforderung an Wasser, Wartung von medizinischen Geräten und medizinischen Gasen sowie deren Anforderungen - Organisation der Infektionserfassung - Organisation der Krankenhaushygiene - Ökonomische Aspekte der Krankenhaushygiene	110	fachkompetente Person	komm. Prüfung
3. Organisation und Betriebsführung	- Organisations- und Gruppenpsychologie - Führungsmittel, Führungsverhalten - Marketing, Beschaffungswesen, Controlling, EDV	50	fachkompetente Person	Einzelprüfung
4. Kommunikation, Angewandte Pädagogik, Gesprächsführung und Konfliktbewältigung	- Grundlagen für die Schulung und Unterweisung - Kommunikationstraining (Rhetorik und Gesprächsführung) - Konfliktmanagement und Argumentation - Moderation, Präsentation - Psychohygiene, Stressmanagement	60	Lehrer/in für GuK / Soziologe/-in / Psychologe/-in / Pädagoge/-in	Beurteilung der Teilnahme
5. Projekt- und Qualitätsmanagement in der Krankehaushygiene	- Prozessorientierte Projektbegleitung und Präsentation - Methoden und Statistik in der Epidemiologie - Umgang mit wissenschaftlicher Literatur und Methodik - Projektmanagement	50	Lehrer/in für GuK / Soziologe/-in / Psychologe/-in / geprüfter Qualitätsmanager/in	Einzelprüfung
6. Gesetzliche Grundlagen der Krankenhaushygiene	- Bundesgesetz über Krankenanstalten- und Kuranstalten, Landeskrankenanstaltengesetze - Sanitätsrecht - Datenschutz - Dienstnehmerschutz - Medizinproduktegesetz - EU/ISO/ÖNORMEN	20	Jurist/in	Einzelprüfung
GESAMT		350		

Anhang   GuK-SV

Praktische Ausbildung

Ausbildungseinrichtung	Fachbereich	Mindeststunden
Krankenanstalt	Hygieneteam	210
Krankenanstalt	Zentralsterilisation	40
Klinisch-mikrobiologisches Labor	Klinisch-mikrobiologische Labordiagnostik	40
nach Wahl der Leitung der Sonderausbildung: Fachabteilungen oder sonstige Organisationseinheiten einer Krankenanstalt	Operationsbereich / Intensivbereich / Nierenersatztherapiebereich / Endoskopiebereich / Transplantationsbereich / Pflege im internen, chirurgischen, pädiatrischen und geriatrischen Bereich	160
GESAMT		**450**

GuK-SV Anhang

Anlage 10

Bezeichnung, Adresse und Rechtsträger der
Ausbildungseinrichtung sowie DVR-Nummer

ZEUGNIS

Herr/Frau ....

geboren am.. in ....

hat an der Sonderausbildung / speziellen Zusatzausbildung[1] in der..

....[2] gemäß der Gesundheits- und Krankenpflege-Spezialaufgaben-Verordnung – GuK-SV, BGBl. II Nr. 452/2005, in der Zeit von

.............................bis ....teilgenommen und nachstehende Beurteilungen erlangt:

Theoretische Ausbildung

Einzelprüfung – Teilnahme – Dispensprüfung

Unterrichtsfach	Stunden	Beurteilung[3]	1. Wh.[4]	2. Wh.[4]

---

1) Nicht Zutreffendes streichen oder weglassen.
2) Kinder- und Jugendlichenpflege, psychiatrische Gesundheits- und Krankenpflege, Intensivpflege, Kinderintensivpflege, Anästhesiepflege, Pflege bei Nierenersatztherapie, Pflege im Operationsbereich, Krankenhaushygiene – Zutreffendes einfügen.
3) „sehr gut" (1), „gut" (2), „befriedigend" (3), „genügend" (4), „nicht genügend" (5) gemäß § 19 Abs. 5 GuK-SV; „erfolgreich teilgenommen", „nicht genügend" gemäß § 19 Abs. 6 und § 20 Abs. 2 GuK-SV; „angerechnet" gemäß § 65 Abs. 6 GuKG – Zutreffendes einfügen.
4) 1. bzw. 2. Wiederholungsprüfung gemäß § 22 GuK-SV – Bei Zutreffen ankreuzen.

Anhang GuK-SV

Praktische Ausbildung

Fachbereich / Praktikum	Stunden	Beurteilung[5]	Wh.[6]

Kommissionelle Abschlussprüfung / Schriftliche Abschlussarbeit

Thema der Abschlussarbeit	Beurteilung[7]	Wh.[8]

Kommissionelle Abschlussprüfung / Mündliche Abschlussprüfung

Unterrichtsfach	Beurteilung[7]	1.Wh.[9]	2.Wh.[9]

Die Sonderausbildung wurde **nicht bestanden**.[10]
Dieses Zeugnis berechtigt nicht zur Ausübung der ....[11]

...., am ....

Der Leiter / Die Leiterin der Sonderausbildung:

Rundsiegel der
Ausbildungseinrichtung

---

5) „ausgezeichnet bestanden", „gut bestanden", „bestanden", „nicht bestanden" gemäß § 21 Abs. 3 GuK-SV; „absolviert" gemäß § 21 Abs. 5 GuK-SV; „angerechnet" gemäß § 65 Abs. 6 GuKG – Zutreffendes einfügen.
6) Wiederholung gemäß § 24 GuK-SV – Bei Zutreffen ankreuzen.
7) „sehr gut" (1), „gut" (2), „befriedigend" (3), „genügend" (4), „nicht genügend" (5) gemäß § 33 Abs. 4 GuK-SV – Zutreffendes einfügen.
8) Wiederholungsprüfung gemäß § 37 Abs. 4 bis 7 GuK-SV – Bei Zutreffen ankreuzen.
9) 1. bzw. 2. Wiederholungsprüfung gemäß § 37 Abs. 1 bis 3 GuK-SV – Bei Zutreffen ankreuzen.
10) Bei Zutreffen gemäß § 38 Abs. 1 einfügen. Bei Nichtzutreffen Zeile streichen oder weglassen.
11) Kinder- und Jugendlichenpflege, psychiatrische Gesundheits- und Krankenpflege, Intensivpflege, Anästhesiepflege, Pflege bei Nierenersatztherapie, Pflege im Operationsbereich, Krankenhaushygiene – Zutreffendes einfügen.

GuK-SV Anhang

Anlage 11

Bezeichnung, Adresse und Rechtsträger der
Ausbildungseinrichtung sowie DVR-Nummer

Ausbildungsbestätigung

Herr/Frau ....

geboren am.. in ....

hat an der **Basisausbildung** in der Intensivpflege, Anästhesiepflege und Pflege bei Nierenersatztherapie gemäß der Gesundheits- und Krankenpflege-Spezialaufgaben-Verordnung – GuK-SV, BGBl. II Nr. 452/2005, in der Zeit von ....bis...teilgenommen und nachstehende Beurteilungen erlangt:

Einzelprüfung –Teilnahme – Dispensprüfung

Unterrichtsfach	Stunden	Beurteilung[1]	1.Wh.[2]	2.Wh.[2]

---

1) „sehr gut" (1), „gut" (2), „befriedigend" (3), „genügend" (4), „nicht genügend" (5) gemäß § 19 Abs. 5 oder „nicht beurteilt" gemäß § 20 Abs. 1 Z 1 GuK-SV; „erfolgreich teilgenommen", „nicht genügend" gemäß §§ 19 Abs. 6 oder 20 Abs. 2 GuK-SV; „angerechnet" gemäß § 65 Abs. 6 GuKG – Zutreffendes einfügen.
2) 1. bzw. 2. Wiederholungsprüfung gemäß § 22 GuK-SV – Bei Zutreffen ankreuzen.

Anhang GuK-SV

Praktische Ausbildung

Fachbereich / Praktikum	Stunden	Beurteilung[3]	Wh.[4]

Diese Bestätigung **berechtigt nicht** zur Ausübung der Intensivpflege, Anästhesiepflege und Pflege bei Nierenersatztherapie.

...., am ....

Der Leiter / Die Leiterin der Sonderausbildung:

Rundsiegel der
Ausbildungseinrichtung

---

3) „ausgezeichnet bestanden", „gut bestanden", „bestanden", „nicht bestanden" gemäß § 21 Abs. 3 GuK-SV; „absolviert" gemäß § 21 Abs. 5 GuK-SV; „angerechnet" gemäß § 65 Abs. 6 GuKG – Zutreffendes einfügen.
4) Wiederholung gemäß § 24 GuK-SV – Bei Zutreffen ankreuzen.

GuK-SV Anhang

Anlage 12

Bezeichnung, Adresse und Rechtsträger der
Ausbildungseinrichtung sowie DVR-Nummer

Zeugnis über die kommissionelle Abschlussprüfung

Herr/Frau ....
geboren am................................. in ....
hat gemäß § 108 Abs. 3 Gesundheits- und Krankenpflegegesetz – GuKG, BGBl. I Nr. 108/1997, idgF, in Verbindung mit der Gesundheits- und Krankenpflege-Spezialaufgaben-Verordnung - GuK-SV, BGBl. II Nr. 452/2005, an der kommissionellen Abschlussprüfung der Sonderausbildung ....
....[1]
teilgenommen und nachstehende Beurteilungen erlangt:

Prüfungsfach	Beurteilung[2]	1. Wh.[3]	2. Wh.[3]

Die kommissionelle Abschlussprüfung der Sonderausbildung in der................................[1]
wurde **bestanden/ nicht bestanden.**[4]

Dieses Zeugnis berechtigt gemäß § 108 Abs. 3 GuKG zur Ausübung der...........................[1)5)]

............................., am ....

Für die Prüfungskommission:

Der/Die Vorsitzende: Der Leiter / Die Leiterin
der Sonderausbildung:

Rundsiegel der
Ausbildungseinrichtung

---

1) Intensivpflege, Anästhesiepflege, Pflege bei Nierenersatztherapie, Pflege im Operationsbereich, Krankenhaushygiene – Zutreffendes einfügen.
2) „sehr gut" (1), „Gut"(2), „befriedigend" (3), „genügend" (4), „nicht genügend" (5) gemäß § 33 Abs. 4 GuK-SV – Zutreffendes einfügen.
3) 1. bzw. 2. Wiederholungsprüfung gemäß § 50 Abs. 5 GuK-SV – Bei Zutreffen ankreuzen.
4) Nicht Zutreffendes gemäß § 33 Abs. 5 iVm § 50 Abs. 5 streichen oder weglassen.
5) Bei Nichtzutreffen (nicht bestandener kommissioneller Abschlussprüfung) Zeile streichen oder weglassen.

Anhang GuK-SV

Anlage 13

Bezeichnung, Adresse und Rechtsträger der
Ausbildungseinrichtung sowie DVR-Nummer

Bestätigung über die Ergänzungsausbildung

Herr/Frau ....
geboren am .... in ....
hat an der im Bescheid des/der Landeshauptmannes/-frau...
vom ...., Zahl..,
vorgeschriebenen Ergänzungsausbildung gemäß der Gesundheits- und Krankenpflege-Spezialaufgaben-Verordnung – GuK-SV, BGBl. II Nr. 452/2005, in der Zeit von .... bis ....
teilgenommen und nachstehende Beurteilungen erlangt:

Ergänzungsprüfung – Teilnahme – Dispensprüfung

Unterrichtsfach	Beurteilung[1]	1.Wh.[2]	2.Wh.[2]

Praktika

Fachbereich	Stunden	Beurteilung[3]	Wh.[4]

---

1) „sehr gut" (1), „gut" (2), „befriedigend" (3), „genügend" (4), „nicht genügend" (5) gemäß § 33 Abs. 4 GuK-SV; „erfolgreich teilgenommen", „nicht genügend" gemäß § 19 Abs. 6 oder § 20 Abs. 2 oder „nicht beurteilt" gemäß § 20 Abs. 1 Z 1 GuK-SV – Zutreffendes einfügen.
2) 1. bzw. 2. Wiederholungsprüfung gemäß § 43 Abs. 1 GuK-SV – Bei Zutreffen ankreuzen.
3) „ausgezeichnet bestanden", „gut bestanden", „bestanden", „nicht bestanden" gemäß § 21 Abs. 3 GuK-SV – Zutreffendes einfügen.
4) Wiederholung gemäß § 43 Abs. 2 GuK-SV – Bei Zutreffen ankreuzen.

GuK-SV   Anhang

Die Ergänzungsausbildung wurde **mit – ohne Erfolg** absolviert/abgebrochen.[5]

Diese Bestätigung **berechtigt nicht** zur Ausübung der...[6]

...., am ....

Für die Prüfungskommission:

Der/Die Vorsitzende: Der Leiter / Die Leiterin
                                                                                                    der Sonderausbildung:

Rundsiegel der
Ausbildungseinrichtung

---

5) Nicht Zutreffendes streichen oder weglassen gemäß § 43 Abs. 3 und 5 GuK-SV.
6) Kinder- und Jugendlichenpflege, psychiatrische Gesundheits- und Krankenpflege, Intensivpflege, Anästhesiepflege, Pflege bei Nierenersatztherapie, Pflege im Operationsbereich, Krankenhaushygiene – Zutreffendes einfügen.

Anhang GuK-SV

Anlage 14

Bezeichnung, Adresse und Rechtsträger der
Ausbildungseinrichtung sowie DVR-Nummer

Bestätigung über den Anpassungslehrgang

Herr /Frau..
geboren am ....in ....
hat den im Bescheid des/der Bundesministers/Bundesministerin für
....vom..,
Zahl.., vorgeschriebenen Anpassungslehrgang gemäß
der Gesundheits- und Krankenpflege-Spezialaufgaben-Verordnung – GuK-SV, BGBl. II Nr. 452/2005,

mit – ohne[1] Erfolg

absolviert und nachstehende Beurteilungen erlangt:

Fachbereich / Unterrichtsfach	Stunden	Beurteilung/Teilnahme[2]	Wh.[3]

...., am ....

Der Leiter / Die Leiterin der Sonderausbildung:

Rundsiegel der
Ausbildungseinrichtung

---

1) Nicht Zutreffendes streichen oder weglassen.
2) „ausgezeichnet bestanden", „gut bestanden", „bestanden", „nicht bestanden", „erfolgreich teilgenommen", „nicht genügend" gemäß § 46 Abs. 4 GuK-SV – Zutreffendes einfügen.
3) Wiederholung gemäß § 48 Abs. 1 GuK-SV – Bei Zutreffen ankreuzen.

GuK-SV Anhang

Anlage 15

Bezeichnung, Adresse und Rechtsträger der
Ausbildungseinrichtung sowie DVR-Nummer

Bestätigung über die Eignungsprüfung

Herr/Frau..
geboren am.................................... in ....
hat die gemäß Bescheid des Bundesministers für..
vom ...., Zahl..,
vorgeschriebene Eignungsprüfung gemäß der Gesundheits- und Krankenpflege-Spezialaufgaben-Verordnung – GuK-SV, BGBl. II Nr. 452/2005,

mit – ohne[1] Erfolg

bestanden und nachstehende Beurteilungen erlangt:

Sachgebiet / Unterrichtsfach	Beurteilung[2]	1. Wh.[3]	2. Wh.[3]

...................................., am ....

Für die Prüfungskommission:

Der/Die Vorsitzende: Der Leiter / Die Leiterin
der Sonderausbildung:

Rundsiegel der
Ausbildungseinrichtung

---

1) Nicht Zutreffendes streichen oder weglassen.
2) „sehr gut" (1), „gut" (2), „befriedigend" (3), „genügend" (4), „nicht genügend" (5) gemäß § 33 Abs. 4 GuK-SV – Zutreffendes einfügen.
3) 1. bzw. 2. Wiederholungsprüfung gemäß § 48 Abs. 2 GuK-SV – Bei Zutreffen ankreuzen.

Anhang GuK-SV

Anlage 16

Bezeichnung, Adresse und Rechtsträger der
Ausbildungseinrichtung sowie DVR-Nummer

DIPLOM

Herr/Frau..

geboren am...in ....

hat die .... [1]
gemäß der Gesundheits- und Krankenpflege-Spezialaufgaben-Verordnung – GuK-SV, BGBl. II Nr. 452/2005, absolviert und die kommissionelle Abschlussprüfung

mit .... **Erfolg**[2] **bestanden.**

Er/Sie hat hiemit die Berechtigung zur Ausübung der Spezialaufgabe

.... [3]

erlangt und ist zur Führung der Zusatzbezeichnung

.... [4]

berechtigt.

................................., am ....

Für die Prüfungskommission:

Der/Die Vorsitzende: Der Leiter / Die Leiterin
                                                                                                     der Sonderausbildung:

Rundsiegel der
Ausbildungseinrichtung

---

1) Sonderausbildung in der Kinder- und Jugendlichenpflege, Sonderausbildung in der psychiatrischen Gesundheits- und Krankenpflege, Sonderausbildung in der Intensivpflege, Spezielle Sonderausbildung in der Kinderintensivpflege, Sonderausbildung in der Anästhesiepflege, Sonderausbildung in der Pflege bei Nierenersatztherapie, Sonderausbildung in der Pflege im Operationsbereich, Sonderausbildung in der Krankenhaushygiene – Zutreffendes einfügen.
2) Zutreffendes (ausgezeichnetem/gutem/ -) einfügen.
3) Kinder- und Jugendlichenpflege, psychiatrische Gesundheits- und Krankenpflege, Intensivpflege, Intensivpflege eingeschränkt auf Intensivpflege von Früh- und Neugeborenen, Kindern und Jugendlichen, Anästhesiepflege, Pflege bei Nierenersatztherapie, Pflege im Operationsbereich, Krankenhaushygiene – Zutreffendes einfügen.
4) „(Kinder- und Jugendlichenpflege)", „(Psychiatrische Gesundheits- und Krankenpflege)", „(Intensivpflege)", „(Kinderintensivpflege)", „(Anästhesiepflege)", „(Pflege bei Nierenersatztherapie)", „(Pflege im Operationsbereich)", „(Krankenhaushygiene)" – Zutreffendes einfügen.

F) Gesundheits- und Krankenpflege-Lehr- und Führungsaufgaben-Verordnung – GuK-LFV, BGBl. II Nr. 453/2005 i.d.F. BGBl. II Nr. 456/2006, BGBl. II Nr. 59/2009 und BGBl. II Nr. 244/2010

Verordnung der Bundesministerin für Gesundheit und Frauen über Sonderausbildungen für Lehraufgaben und für Führungsaufgaben in der Gesundheits- und Krankenpflege (Gesundheits- und Krankenpflege-Lehr- und Führungsaufgaben-Verordnung – GuK-LFV), BGBl. II Nr. 453/2005 i.d.F. BGBl. II Nr. 456/2006, BGBl. II Nr. 59/2009 und BGBl. II Nr. 244/2010

Auf Grund der §§ 65a und 73 Gesundheits- und Krankenpflegegesetz – GuKG, BGBl. I Nr. 108/1997, zuletzt geändert durch das Bundesgesetz BGBl. I Nr. 69/2005, wird verordnet:

Inhaltsübersicht

1. Abschnitt
Sonderausbildungen für Lehraufgaben und für Führungsaufgaben

§ 1	Allgemeine Bestimmungen
§ 2	Ausbildungsziel – Qualitätssicherung
§ 3	Ausbildungsablauf
§ 4	Ausbildungsinhalte
§ 5	Anwendung der GuK-SV
§ 6	Qualifikation der Lehrkräfte
§ 7	Prüfungen und Beurteilungen
§ 8	Diplom

2. Abschnitt
Gleichhaltung von Universitäts- und Fachhochschulausbildungen

§ 9 Gleichhaltung mit der Sonderausbildung für Lehraufgaben
§ 10 Gleichhaltung mit der Sonderausbildung für Führungsaufgaben
§ 11 Übergangsbestimmung
§ 12 Außer-Kraft-Treten

Anlagen

Anlage 1 Gliederung der Sonderausbildungen für Lehraufgaben und für Führungsaufgaben
Anlage 2 Gemeinsame Lernfelder der Sonderausbildungen für Lehraufgaben und für Führungsaufgaben
Anlage 3 Spezifische Lernfelder der Sonderausbildung für Lehraufgaben
Anlage 4 Spezifische Lernfelder der Sonderausbildung für Führungsaufgaben
Anlage 5 Diplom
Anlage 6 Gleichgehaltene Universitäts- und Fachhochschulausbildungen – Lehraufgaben
Anlage 7 Gleichgehaltene Universitäts- und Fachhochschulausbildungen – Führungsaufgaben
Anlage 8 Übergangsrecht

1. Abschnitt
Sonderausbildungen für Lehraufgaben und für Führungsaufgaben

Allgemeine Bestimmungen

§ 1. (1) Soweit in dieser Verordnung auf Bestimmungen der Gesundheits- und Krankenpflege-Spezialaufgaben-Verordnung – GuK-SV, BGBl. II Nr. 452/2005, verwiesen wird, ist diese in ihrer jeweils geltenden Fassung anzuwenden.

Anhang GuK-LFV

(2) Soweit in dieser Verordnung auf nachstehende Bundesgesetze verwiesen wird, sind sie in folgender Fassung anzuwenden:
1. Gesundheits- und Krankenpflegegesetz – GuKG, BGBl. I Nr. 108/1997, in der Fassung des Bundesgesetzes BGBl. I Nr. 130/2009,
2. Universitäts-Studiengesetz – UniStG, BGBl. I Nr. 48/1997, in der Fassung des Bundesgesetzes BGBl. I Nr. 121/2002,
3. Fachhochschul-Studiengesetz – FHStG, BGBl. Nr. 340/1993, in der Fassung des Bundesgesetzes BGBl. I Nr. 2/2008 und der Bundesministeriengesetz-Novelle 2009, BGBl. I Nr. 3,
4. Universitäts-Akkreditierungsgesetz – UniAkkG, BGBl. I Nr. 168/1999, in der Fassung des Bundesgesetzes BGBl. I Nr. 2/2008 und der Bundesministeriengesetz-Novelle 2009, BGBl. I Nr. 3,
5. Universitätsgesetz 2002, BGBl. I Nr. 120, in der Fassung des Bundesgesetzes BGBl. I Nr. 81/2009,
6. Bundesgesetz über die Universität für Weiterbildung Krems – DUK-Gesetz 2004, BGBl. I Nr. 22,
7. Bundesgesetz über die Errichtung des Universitätszentrums für Weiterbildung mit der Bezeichnung Donau-Universität Krems – DUK-Gesetz, BGBl. Nr. 269/1994, in der Fassung des Bundesgesetzes BGBl. I Nr. 128/1998.

Ausbildungsziel – Qualitätssicherung

§ 2. (1) Die Sonderausbildung für Lehraufgaben dient der Vermittlung von Kompetenzen für die Ausübung von Lehraufgaben gemäß §§ 23 ff GuKG.

(2) Die Sonderausbildung für Führungsaufgaben dient der Vermittlung von Kompetenzen für die Ausübung von Führungsaufgaben gemäß § 26 GuKG.

(3) Das Ausbildungsziel dieser Sonderausbildungen ist der Erwerb wissenschaftlich fundierter Kenntnisse und Fertigkeiten, die

für die Wahrnehmung von Lehraufgaben und von Führungsaufgaben in der Gesundheits- und Krankenpflege erforderlich sind.

(4) Die Erreichung des Ausbildungsziels ist durch die Leitung der Sonderausbildung zum Zweck der Qualitätssicherung zu evaluieren.

Ausbildungsablauf

§ 3. (1) Die Sonderausbildungen für Lehraufgaben und für Führungsaufgaben werden in Form von Lernfeldern vermittelt.

(2) Lernfelder sind didaktisch begründete, berufsrelevante Themen- und Ausbildungsbereiche, in denen die Bildungsaufgabe darin besteht, die definierten Kompetenzen zu erreichen.

(3) Die Abfolge der einzelnen Lernfelder sowie deren didaktische Umsetzung sind variabel.

Ausbildungsinhalte

§ 4. (1) Sonderausbildungen für Lehraufgaben und für Führungsaufgaben umfassen jeweils 1600 Stunden und sind in drei gemeinsame Lernfelder und jeweils vier spezifische Lernfelder gemäß **Anlage 1** gegliedert.

(2) Die Sonderausbildung für Lehraufgaben beinhaltet die in den **Anlagen 2 und 3** angeführten Lernfelder im festgelegten Stundenausmaß.

(3) Die Sonderausbildung für Führungsaufgaben beinhaltet die in den **Anlagen 2 und 4** angeführten Lernfelder im festgelegten Stundenausmaß.

(4) Im Rahmen der Sonderausbildungen sind die in den Anlagen 2 bis 4 angeführten Kompetenzen zu vermitteln.

Anwendung der GuK-SV

§ 5. Bei der Durchführung von Sonderausbildungen für Lehraufgaben und für Führungsaufgaben sind, sofern die §§ 7 ff nicht anderes bestimmen, die Bestimmungen der GuK-SV hinsichtlich
1. Lehrtätigkeit (§ 4 GuK-SV), räumliche und sachliche Ausstattung (§ 6 GuK-SV), Aufnahme in eine Sonder-

Anhang **GuK-LFV**

ausbildung (§ 7 GuK-SV), Ausschluss von und Ausscheiden aus einer Sonderausbildung (§§ 8 und 25 GuKSV), Ausbildungszeit (§ 9 GuK-SV), Teilnahmeverpflichtung (§ 10 GuK-SV), Unterbrechung der Ausbildung (§ 11 GuK-SV), Leitung (§ 12 GuK-SV), Ausbildungsordnung (§ 13 GuK-SV),
2. Prüfungen und Beurteilungen einschließlich der kommissionellen Abschlussprüfung (§§ 18 bis 39 GuK-SV) sowie
3. Nostrifikationen und EWR-Zulassungen (§§ 41 bis 49 GuK-SV)

anzuwenden.

Qualifikation der Lehrkräfte

§ 6. Als Lehrkräfte sind Personen zu bestellen, die
1. das erforderliche Fachwissen für das jeweilige Lernfeld gemäß Anlagen 2 bis 4 durch eine facheinschlägige wissenschaftliche oder berufliche Qualifikation nachweisen und
2. pädagogisch geeignet sind.

Prüfungen und Beurteilungen

§ 7. (1) Die Beurteilung in den Lernfeldern hat in der in den Anlagen 2 bis 4 angeführten Form zu erfolgen.

(2) Abweichend von § 21 Abs. 3 GuK-SV sind die Leistungen der Ausbildungsteilnehmer/Ausbildungsteilnehmerinnen im Lernfeld VII (Praktikum) der Anlagen 3 und 4 mit
1. ,,Bestanden" oder
2. ,,Nicht bestanden"

zu beurteilen.

(3) Abweichend von § 34 GuK-SV ist im Rahmen der Beurteilung der Gesamtleistung der Ausbildungsteilnehmer/Ausbildungsteilnehmerinnen eine Beurteilung der Praktika mit ,,Bestanden" für die Beurteilungsstufen ,,Mit ausgezeichnetem Erfolg bestanden", ,,Mit gutem Erfolg bestanden" und ,,Mit Erfolg bestanden" erforderlich.

GuK-LFV **Anhang**

Diplom

§ 8. (1) Über eine erfolgreich abgelegte kommissionelle Abschlussprüfung ist ein Diplom gemäß dem Muster der **Anlage 5** auszustellen. Die nicht zutreffenden geschlechtsspezifischen Bezeichnungen sind zu streichen. Es ist zulässig, Diplome nur mit den jeweils erforderlichen geschlechtsspezifischen Bezeichnungen auszustellen.

(2) Die Ausstellung des Diploms mittels automationsunterstützter Datenverarbeitung ist zulässig. Die Datenverarbeitungsregisternummer (DVR-Nummer) ist nur im Fall einer automationsunterstützten Datenverarbeitung anzuführen.

(3) Das Diplom ist vom/von der Vorsitzenden der Prüfungskommission und von der Leitung der Sonderausbildung zu unterzeichnen und mit dem Rundsiegel der Ausbildungseinrichtung zu versehen.

2. Abschnitt
Gleichhaltung von Universitäts- und Fachhochschulausbildungen

Gleichhaltung mit der Sonderausbildung für Lehraufgaben

§ 9. Die in der **Anlage 6** angeführten Ausbildungen gemäß UniStG, FHStG, UniAkkG, Universitätsgesetz 2002, DUK-Gesetz 2004 oder DUK-Gesetz, die in dem angeführten Zeitraum durchgeführt worden sind bzw. ab dem angeführten Zeitpunkt durchgeführt werden, sind der Sonderausbildung für Lehraufgaben für den gehobenen Dienst für Gesundheits- und Krankenpflege gleichgehalten.

Gleichhaltung mit der Sonderausbildung für Führungsaufgaben

§ 10. Die in der **Anlage 7** angeführten Ausbildungen gemäß UniStG, FHStG, UniAkkG, Universitätsgesetz 2002, DUK-Gesetz 2004 oder DUK-Gesetz, die in dem angeführten Zeitraum durchgeführt worden sind bzw. ab dem angeführten Zeitpunkt durchgeführt werden, sind der Sonderausbildung für Führungs-

Anhang **GuK-LFV**

aufgaben für den gehobenen Dienst für Gesundheits- und Krankenpflege gleichgehalten.

Übergangsbestimmung

§ 11. Die in der **Anlage 8** angeführten Ausbildungen,
1. die auf Grund der Sonderausbildungsgleichhaltungs-Verordnung – SGV, BGBl. Nr. 34/1995, gleichgeachtet worden sind, oder
2. die vor dem 1. September 1998 begonnen wurden,

sind der Sonderausbildung für Lehraufgaben oder für Führungsaufgaben des gehobenen Dienstes für Gesundheits- und Krankenpflege gleichgehalten.

Außer-Kraft-Treten

§ 12. Die Sonderausbildungsgleichhaltungs-Verordnung – SGV, BGBl. Nr. 34/1995, tritt mit In-Kraft-Treten dieser Verordnung außer Kraft.

Anmerkungen:

1. Die GuK-LFV ist mit 28. Dezember 2005 in Kraft getreten.
Die Novelle BGBl. II Nr. 456/2006 ist mit 25. November 2006 in Kraft getreten.
Die Novelle BGBl. II Nr. 59/2009 (GuK-LFV-Novelle 2009) ist mit 4. März 2009 in Kraft getreten.
Die Novelle BGBl. II Nr. 244/2010 (GuK-LFV-Novelle 2010) ist mit 23. Juli 2010 in Kraft getreten.

2. Mit der Novelle BGBl. II Nr. 456/2006 wurden Gesetzeszitate angepasst und die Anlagen 1 bis 8 neu gefasst.
Mit der GuK-LFV-Novelle 2009 wurden im Wesentlichen Gesetzeszitate angepasst und die Anlagen 6 und 7 neu erlassen.
Mit der GuK-LFV-Novelle 2010 wurden im § 1 Abs. 2 Z 1 und 5 Zitate angepasst und die Anlagen 6 und 7 ergänzt.

GuK-LFV   Anhang

Anlage 1

Gliederung der Sonderausbildungen für Lehraufgaben und für Führungsaufgaben

Lehraufgaben	Führungsaufgaben
LERNFELD I (200 Stunden) Person – Interaktion – Kommunikation	
LERNFELD II (100 Stunden) Gesundheit – Krankheit – Gesellschaft	
LERNFELD III (300 Stunden) Wissenschaft und Beruf I (100 Stunden) Wissenschaft und Beruf II (200 Stunden)	
LERNFELD IV (370 Stunden) Lehren und Lernen I (220 Stunden) Lehren und Lernen II (150 Stunden)	**LERNFELD IV (150 Stunden)** Führen und Leiten (personenbezogen)
LERNFELD V (150 Stunden) Bildungsmanagement	**LERNFELD V (370 Stunden)** Management (220 Stunden) Angewandtes Pflegemanagement (150 Stunden)
LERNFELD VI (180 Stunden) Einrichtungsautonomer Bereich	**LERNFELD VI (180 Stunden)** Einrichtungsautonomer Bereich
LERNFELD VII (300 Stunden) Praktikum	**LERNFELD VII (300 Stunden)** Praktikum

Anhang   **GuK-LFV**

Anlage 2/1

Gemeinsame Lernfelder der Sonderausbildungen für Lehraufgaben und für Führungsaufgaben

LERNFELD I Person – Interaktion – Kommunikation	Kompetenzen	Stunden	Leistungs- feststellung
In diesem Lernfeld sollen sozial-kommunikative Kompetenzen entwickelt und gefördert werden, um Auszubildende sowie Mitarbeiter/Mitarbeiterinnen führen, begleiten, anleiten, unterstützen und fördern zu können. Insofern steht hier die Entwicklung der eigenen Persönlichkeit einschließlich personaler Kompetenzen in der jeweils gewählten Berufsrolle im Zentrum des Lernens. Schwerpunkte des Lernfeldes: Soziales Lernen, Kommunikation, Gesprächsführung, Gruppendynamik, Selbstmanagement, Präsentationstechniken, Konflikt- und Krisenmanagement, Feedback und Leistungsbeurteilung sowie die Auseinandersetzung mit dem Rollenbegriff und der Berufsrolle.	- Reflexion der eigenen Rolle(n) im gesellschaftlichen und beruflichen Kontext und Entwickeln einer persönlichen Rollenperspektive; - Teamfähigkeit, um an gemeinsam gestellten Aufgaben arbeiten zu können; - Gruppenprozesse beobachten, analysieren und zielorientiert steuern/leiten sowie die eigene Rolle in diesem Prozess reflektieren; - Fähigkeit zu Feedback und Leistungsbeurteilung und zu konstruktivem Umgang mit Erfolg und Misserfolg; - zielgruppenorientierte Selbst- und Themenpräsentation; - Bewältigung von unterschiedlichen Gesprächs- und Verhandlungssituationen durch den Einsatz verschiedener Konzepte, Techniken und Strategien; - über persönliche Handlungsmuster verfügen, um Konflikt- und Krisensituationen zu erkennen, zu analysieren und Strategien zur Bewältigung zu entwickeln; - persönliche Grenzen in Krisensituationen erkennen und bei Bedarf auf regionale Beratungs- und Begleitungseinrichtungen verweisen; - eigene Ressourcen ökonomisch einsetzen sowie Methoden und Möglichkeiten der Psychohygiene zielführend anwenden; - Strategien entwickeln, um sich selbst gesund zu erhalten und sich situationsangepasst abzugrenzen.	200	Teilnahme

LERNFELD II Gesundheit – Krankheit – Gesellschaft	Kompetenzen	Stunden	Leistungs-feststellung
In diesem Lernfeld soll ein systematisches und sozialwissenschaftlich und sozialmedizinisch fundiertes Verständnis für Aufgaben, Funktionsweisen und Leistungen moderner Gesundheitssysteme sowie ihrer Veränderbarkeit erworben werden. Die in diesem Lernfeld erworbenen Kenntnisse sollen einerseits als Grundlage für Entscheidungen in der täglichen Arbeit genutzt werden und andererseits die Fähigkeit, Gesundheitsberufe in einem breiten Kontext zu sehen, fördern. Schwerpunkte des Lernfeldes: Gesundheits- und Krankheitskonzepte aus sozialwissenschaftlicher Perspektive, Public Health, medizinischer Perspektive, Gesundheitsversorgung in Österreich sowie Entwicklungen ausgewählter Gesundheitssysteme (national und international).	- Basierend auf Gesundheits- und Krankheitskonzepten Formen der Krankheitsbewältigung sowohl auf individueller als auch gesellschaftlicher Ebene erkennen und daraus neue Verhaltensweisen ableiten; - das nationale Gesundheitssystem vor dem Hintergrund gesundheits- und sozialpolitischer Ziele und Leitlinien im internationalen Kontext vergleichen und daraus Konsequenzen und Strategien für das eigene Handlungsfeld ableiten; - gesundheitsfördernde und präventive Programme und Projekte im eigenen Arbeitsfeld initiieren, entwickeln, daran mitarbeiten bzw. leiten; - Auswirkungen der demographischen Entwicklung mittel- und langfristig erkennen und in der Gesamtplanung berücksichtigen; - Ursachen, Zusammenhänge und Auswirkungen von epidemiologischen Entwicklungen auch unter dem Aspekt der Globalisierung einschätzen und an Lösungsansätzen auf allen Ebenen mitwirken; - Diskussionsforen zur ethischen Entscheidungsfindung innerhalb der Organisation initiieren; - in multiprofessionellen Teams an Gesundheitsförderung und Prävention mitwirken.	100	Einzelprüfung

Anlage 2/3

LERNFELD III	Kompetenzen	Stunden	Leistungs-feststellung
Wissenschaft und Beruf (Teil I) In diesem Lernfeld sollen grundlegende Fähigkeiten zum wissenschaftlichen Arbeiten und zur systematischen Betrachtung von Pflege aus einer wissenschaftlichen Perspektive erworben werden. Es soll der Umgang mit wissenschaftlicher Literatur sowie die Nutzung wissenschaftlicher Erkenntnisse und des wissenschaftlichen Instrumentariums für Praxis und Unterricht vermittelt werden. Schwerpunkte des Lernfeldes: Wissenschaftliche Grundlagen, Wissenschaftstheorie, Forschung, Techniken wissenschaftlichen Arbeitens, Forschungsmethoden und Forschungsprozess.	- Zwischen den Grundlagen der allgemeinen Wissenschaftstheorie und dem eigenen fachlichen Wissenschaftsbereich Bezüge herstellen; - wissenschaftliche Erkenntnisse, z.B. Forschungsergebnisse für das eigene Berufsfeld nutzen und umsetzen; - Forschungsmethoden für fachliche Recherchen nutzen; - forschungsrelevante Fragen erkennen, formulieren und Forschungsarbeiten initiieren; - systematische Literaturrecherchen durchführen; - schriftliche Arbeiten unter Beachtung formaler wissenschaftlicher Kriterien verfassen.	100	Einzelprüfung

Anlage 2/4

LERNFELD III	Kompetenzen	Stunden	Leistungs-feststellung
Wissenschaft und Beruf (Teil II) In diesem Lernfeld sollen theoretische Grundlagen der Pflege, des Pflegeberufs sowie die Pflegewissenschaft und -forschung vertieft, aus kritischer Perspektive betrachtet und Handlungsmöglichkeiten für den jeweiligen Bedarf erarbeitet werden. Die Auseinandersetzung mit pflegewissenschaftlichen Erkenntnissen soll befähigen, Innovationen einzuleiten, praxisnahe Fragestellungen aufzugreifen und neue verbesserte Handlungsmuster aufzuzeigen. Schwerpunkte des Lernfeldes: Pflegewissenschaft und -forschung, theoretische Grundlagen der Pflege (Pflegetheorien), konzeptuelles Pflegewissen (Pflegekonzepte), aktuelles Pflegewissen (aktuelle berufsspezifische Themen – national und international), ethische Problemfelder der Pflege, Professionalisierung und Professionalisierbarkeit der Pflege, berufspolitische Strategien der Pflege und die Rolle des/der Pflegelehrers/Pflegelehrerin bzw. des/der Pflegemanagers/Pflegemanagerin.	- Theoretische Grundlagen der Pflege nach anerkannten Kriterien bewerten und einordnen, kritisch diskutieren und für den jeweiligen Bedarf (z.B. Management und Lehre) nutzen; - konzeptuelles Pflegewissen systematisch erweitern und für Theorie und Praxis nutzen; - aktuelle Themen der Pflegepraxis unter einem wissenschaftlichen Blickwinkel reflektieren und kritisch diskutieren sowie Handlungskonsequenzen ableiten; - ethische Problemfelder in der Pflege aufzeigen, vor dem Hintergrund individueller Haltungen und wissenschaftlicher Ergebnisse diskutieren sowie Handlungskonsequenzen begründen und ableiten; - aufbauend auf Professionalisierungskonzepten die Professionalisierungsdebatte für die Pflege fundiert führen und die Professionalisierung vorantreiben; - die Berufsentwicklung im europäischen Kontext sehen, aktuelle berufspolitische Fragen diskutieren und dazu Stellung beziehen sowie Zukunftsperspektiven für die Pflege entwickeln; - Erkenntnisse aus Pflegewissenschaft und -forschung aktiv in die Gestaltung und Weiterentwicklung des Gesundheitswesens einbringen.	200	Einzelprüfung

Anhang   **GuK-LFV**

Anlage 3/1

Spezifische Lernfelder der Sonderausbildung für Lehraufgaben

LERNFELD IV	Kompetenzen	Stunden	Leistungs-feststellung
Lehren und Lernen (Teil I) Dieses Lernfeld soll helfen, die unmittelbar und mittelbar zugängliche Praxiswirklichkeit der Auszubildenden zu erschließen. Es werden Fragen, Probleme und Interessen aufgegriffen und bearbeitet, die für die gegenwärtige und zukünftige Berufssituation der Auszubildenden von Bedeutung sind. Die Allgemeine Didaktik soll Fähigkeiten, Kenntnisse und Verhaltensweisen vermitteln, die dazu beitragen, dass die Berufspraxis differenziert gesehen und verstanden wird, dass man sich zunehmend selbständig darin zurechtfinden kann und im Beruf kompetent handelt. Das Studium des Faches qualifiziert für die wissenschaftliche Begründung, Planung, Durchführung und Auswertung des Unterrichts und für die entsprechenden Bildungsaufgaben. Es soll die künftigen Lehrer/Lehrerinnen befähigen, Sachverhalte für den Unterricht nach ihrer Bedeutsamkeit für die Gegenwart und Zukunft der Schüler/Schülerinnen auszuwählen, diese im Hinblick auf eine konkrete Lerngruppe aufzubereiten und entsprechende Lernprozesse zu organisieren. Schwerpunkte des Lernfeldes: Erziehungswissenschaft (Grundlagen), Pädagogik (Einführung), Berufspädagogik (insbesondere Pflegepädagogik), Didaktik und Methodik, Pädagogische Psychologie, Soziologie, Erwachsenenbildung, Mediendidaktik, Leistungsbeurteilung und die Rolle des/der Lehrers/Lehrerin im dualen Ausbildungssystem.	- Aus beruflichen Anforderungen Qualifikationserfordernisse und Lernziele ableiten; - klassische und neue pädagogische Theorien und Modelle kritisch beleuchten und begründet in den Unterrichtskontext übertragen; - lernpsychologische Erkenntnisse zielgruppenorientiert im Lehr-/Lernprozess umsetzen; - den eigenen Unterricht in ein umfassendes Ausbildungskonzept integrieren und gegebenenfalls Lernziele des Unterrichtsfaches bzw. des Unterrichtsthemas in Orientierung an den berufsspezifischen Ausbildungszielen aktualisieren, modifizieren und weiterentwickeln; - auf Basis eines didaktisch-methodischen Handlungsrepertoires Unterricht, Lehrauftritte und Leistungsbeurteilung in Theorie und Berufspraxis selbständig planen, durchführen und evaluieren; - den Zusammenhang zwischen Lehr- und Lernzielen, entsprechender didaktisch-methodischer Aufbereitung und geeigneter Prüfungsform herstellen, verstehen sowie argumentieren und die Unterrichtsgestaltung danach ausrichten; - Unterrichtsinhalte nach didaktischen Gesichtspunkten bündeln, strukturieren und aufbereiten; - anregende und effektive Lernkontexte organisieren und ein vielfältiges Repertoire an Methoden einsetzen; - den Lernenden kontinuierlich konkrete und lernanregende Rückmeldungen über ihren Lernerfolg bzw. ihre Kompetenzentwicklung geben; - unterschiedliche Medien, insbesondere aus dem informations- und kommunikationstechnologischen Bereich, nach didaktischen Gesichtspunkten auswählen und einsetzen; - auf Basis von individuellem Förder(ungs)bedarf Selbständigkeit und Selbsttätigkeit Lernender fördern, fordern und entwickeln; - einen sinnvollen und für Lernende einsichtigen Zusammenhang zwischen theoretischem Unterricht und praktischer Ausbildung herstellen; - mit Kollegen/Kolleginnen professionell kooperieren und den eigenen Unterricht mit dem der anderen Lehrenden inhaltlich, methodisch und zeitlich abstimmen.	220	Kommissionelle Prüfung

Anlage 3/2

LERNFELD IV	Kompetenzen	Stunden	Leistungsfeststellung
Lehren und Lernen (Teil II) Die Kenntnisse der Auswahl und des sachlogischen Aufbaus der Ausbildungsinhalte sollen den/die Teilnehmer/Teilnehmerin befähigen, den Aufbau von Unterrichtsinhalten der Gesundheits- und Krankenpflege, die Schwerpunktsetzung und die logische Abfolge zu sichern sowie den Unterricht praxisnah, nachvollziehbar und überprüfbar zu machen. Schwerpunkte des Lernfeldes: Planung, Durchführung und Evaluierung des Unterrichts und des angeleiteten Praktikums nach fachdidaktischen Prinzipien.	- Wissenschaftliche Erkenntnisse (insbesondere Forschungsergebnisse) für den Pflegeunterricht nutzbar und umsetzbar machen; - zielgruppenorientiert für die Pflegetätigkeit relevante Aufgaben und Problemstellungen identifizieren; - Lehrinhalte und Zieldimensionen vor dem Anforderungsprofil „Pflege" auswählen, aktualisieren, reduzieren und für den Unterricht in Theorie und Praxis legitimieren; - im Unterrichtsgegenstand aufeinander aufbauende inhaltliche Schwerpunkte setzen und diese laufend adaptieren; - Praxisaufgaben und Problemstellungen relevanten Anwendungskonzepten zuführen; - für die Berufspraxis relevante Fertigkeiten lehren und trainieren; - Unterricht planen, durchführen und reflektieren.	150	Kommissionelle Prüfung

Anhang   **GuK-LFV**

Anlage 3/3

LERNFELD V Bildungsmanagement	Kompetenzen	Stunden	Leistungs- feststellung
Durch die Aneignung von für die berufliche Bildung relevanten Kenntnissen der Rechtsgrundlagen, der wissenschaftlichen Theorien und Methoden, der verschiedenen betrieblichen Konzepte und Modelle sollen wissenschaftliche Theorieansätze und Forschungsresultate mit betrieblicher Personalentwicklung und Bildungspraxis verbunden werden. Schwerpunkte des Lernfeldes: Bildungsspezifische Rechtsgrundlagen, Organisationsentwicklung, Wissens- und Projektmanagement, Qualitätsmanagement in Bildungseinrichtungen, Mitarbeiterführung, Auswahlverfahren, Lernorganisation für die theoretische und praktische Ausbildung, Curriculumentwicklung bzw. Bildungsplanung, Administration und Marketing/PR.	- Theoretisches Wissen über Organisationen und deren Entwicklung am Beispiel Bildungseinrichtung bzw. Schule verdeutlichen; - die eigene Organisation im Kontext ihrer relevanten Umwelten erfassen und führen; - auf Basis theoretischer Kenntnisse zu Organisationen und Organisationsentwicklung die spezifische Organisationskultur unterschiedlicher Arbeitsfelder der Gesundheitsberufe verstehen und Handlungsstrategien danach ausrichten; - Organisationsentwicklung im eigenen Arbeitsfeld steuern bzw. aktiv unterstützen; - Wissensmanagement als wesentliches Element einer lernenden Organisation darstellen und in den Strukturen der Bildungseinrichtung verankern bzw. aktiv dazu beitragen; - Qualitätsentwicklungsinstrumente kritisch überprüfen und zur Sicherung von Qualität in Bildungseinrichtungen adäquat einsetzen; - unterschiedliche Auswahlverfahren adäquat einsetzen; - die eigene Organisation in der für den Beruf relevanten Öffentlichkeit bekannt machen und adäquat darstellen; - Bildung auf Basis gültiger Rechtsgrundlagen organisieren und ausführen; - duale Ausbildungen zielorientiert planen, organisieren, administrieren und evaluieren; - Curricula entwickeln, die Lehr- bzw. Lernplanung auf deren Basis ausführen und sie im reflexiven Prozess weiterentwickeln; - Projekte entwickeln, leiten und sie sowohl im Team als auch mit Auszubildenden durchführen.	150	Kommissionelle Prüfung

Anlage 3/4

	Kompetenzen	Stunden	Leistungs-feststellung
LERNFELD VI **Einrichtungsautonomer Bereich** Der autonome Bereich verfolgt eine Vertiefung und/oder Erweiterung der in den anderen Lernfeldern festgelegten Wissensgebieten und Inhalten. Die Auszubildenden sollen sich mit Anliegen des autonomen Angebots auseinandersetzen können und die Möglichkeit erhalten, auf die konkreten Erfordernisse ihres künftigen bzw. schon bestehenden Tätigkeitsbereichs Bezug zu nehmen.	- Sich mit den Anliegen des autonomen Angebots vor dem Hintergrund der eigenen Erfordernisse auseinander setzen; - die eigene Lernperspektive systematisch entwickeln und erforderliche Lernschritte planen; - individuelle Angebote im Rahmen der eigenen Lernentwicklung und Lernperspektive nutzen.	180	Teilnahme

	Kompetenzen	Stunden	
LERNFELD VII **Praktikum** Durch das Praktikum werden die schulbetrieblichen und beruflichen Rahmenbedingungen für Lehrer/Lehrerinnen der Gesundheits- und Krankenpflege an verschiedenen Schularten anhand gezielter Aufgaben in Erfahrung gebracht. Im Dialog mit anderen Lehrpersonen sollen die Auszubildenden befähigt werden, den Unterricht anhand pädagogisch-didaktischer Kriterien zu beobachten, Abläufe zu erkennen und zu reflektieren. Der Unterricht in der Gesundheits- und Krankenpflege soll eigenständig geplant, durchgeführt und reflektiert werden.	- Das theoretische Wissen über die Vorbereitung, Durchführung und Evaluierung von Unterricht in die Praxis umsetzen; - Durchführung von Unterricht, experimentellem Lernen, begleiteten Lerngruppen und Anleitung von Praktika; - Übertragung von durch den Besuch anderer Bildungseinrichtungen gewonnenen Erkenntnissen und Erfahrungen in den eigenen Tätigkeitsbereich.	300	

Anhang   **GuK-LFV**

Anlage 4/1

Spezifische Lernfelder der Sonderausbildung für Führungsaufgaben

LERNFELD IV Führen und Leiten (personenbezogen)	Kompetenzen	Stunden	Leistungs-feststellung
Dieses Lernfeld soll den Auszubildenden den großen Bereich des Personalmanagements erschließen. Es sollen Fragen und Probleme aufgegriffen und bearbeitet werden, die für die gegenwärtige und zukünftige Berufssituation von Bedeutung sind. Die Auszubildenden sollen befähigt werden, sich für den/die jeweiligen/jeweilige Patienten/Patientin bzw. Klienten/Klientin treffen selbst zu managen und Teams und Mitarbeiter/Mitarbeiterinnen zu führen. Schwerpunkte des Lernfeldes: Führungsmodelle, Motivationstheorien, Teamentwicklung, Personalmanagement (Bedarf, Auswahl, Einsatz, Entwicklung, Controlling, Rechtsgrundlagen).	- Führungsaufgaben unter Nutzung der Stärken und Schwächen des eigenen Führungsverhaltens im Hinblick auf die Gesamtzielsetzung der jeweiligen Einrichtung im eigenen Bereich wahrnehmen; - Teamentwicklung und Personalmanagement für den zuständigen Bereich sicherstellen; - ausgehend von der Berufspraxis multidisziplinäre und berufsübergreifende Ansätze zur Lösung von Gesundheitsproblemen und zur Lösung der Schnittstellenproblematik für den/die jeweiligen/jeweilige Patienten/Patientin bzw. Klienten/Klientin treffen (Case Management); - Mitarbeiter/Mitarbeiterinnen instruieren, fördern und beurteilen; - Prioritäten für die Aus-, Fort- und Weiterbildung von Mitarbeitern/Mitarbeiterinnen festlegen; - Ausbildungskonzepte umsetzen; - Teams beraten und begleiten; - strategische Führungsaufgaben unter Reflexion der Stärken und Schwächen des eigenen Führungsverhaltens im Hinblick auf die Gesamtzielsetzung der jeweiligen Einrichtung auftragsorientiert wahrnehmen; - im Rahmen des Personalmanagements bedarfs- und zukunftsorientierte Konzepte entwickeln und umsetzen.	150	Kommissionelle Prüfung

Anlage 4/2

LERNFELD V	Kompetenzen	Stunden	Leistungs-feststellung
Management Dieses Lernfeld umfasst alle praxisrelevanten Inhalte, die zur Analyse, Strukturierung und Evaluierung einer Organisation notwendig sind. Durch die Er- und Bearbeitung der Inhalte sollen die Auszubildenden befähigt werden, die Ressourcen im Gesamtsystem des Gesundheitswesens unter Bedachtnahme auf betriebswirtschaftliche, ökonomische und ökologische Grundsätze sowie die Rechtsgrundlagen zu berücksichtigen. Schwerpunkte des Lernfeldes: - Organisationsentwicklung (Organisationstheorie, Qualitätsmanagement, Wissensmanagement, Projektmanagement); - Ressourcenmanagement (Rechnungswesen, Finanzierungsstrukturen, Materialwirtschaft); - Controlling (strategische und operative Steuerung); - Strategieentwicklung (Gesundheitspolitik/ -systeme einschließlich Gesundheitsförderung, Gesundheitsökonomie, Leitbild/Unternehmenskultur); - Marketing, Werbung, Öffentlichkeitsarbeit; - einschlägige Rechtsgrundlagen zu den jeweiligen Themenschwerpunkten.	- Bereichsrelevante Daten und Ergebnisse darstellen, interpretieren und Konsequenzen ableiten; - im eigenen Bereich wirksame betriebswirtschaftliche Prinzipien berücksichtigen und danach handeln; - im Rahmen der Funktion als Budget- und Kostenstellenverantwortliche Budgetdispositionen vornehmen und durchsetzen; - Struktur-, Prozess- und Ergebnisqualität analysieren, evaluieren und optimieren sowie unter Verwendung anerkannter Methoden Schritte im Sinne der Organisationsentwicklung initiieren; - betriebswirtschaftliche sowie biostatistische Daten und Statistiken nutzen und erstellen; - die für die jeweiligen Arbeitssituationen relevanten Rechtsgrundlagen heranziehen und im eigenen Kompetenzbereich adäquat handeln; - Betriebsabläufe entsprechend den rechtlichen Bestimmungen sicherstellen; - auf Grund der Betriebsergebnisse in gesamtbetrieblicher Sicht steuernd einwirken; - die Einrichtung in pflegerischen Belangen in der Öffentlichkeit repräsentieren; - an der Entwicklung und Umsetzung eines umfassenden Krisenmanagements für den Betrieb mitwirken; - moralische Mitverantwortung für Entscheidungen der Leitung einer Einrichtung tragen und Diskussionsforen zur ethischen Entscheidungsfindung innerhalb der Einrichtung initiieren und leiten; - Leitbilder erstellen bzw. aktualisieren und deren Umsetzung in die Praxis sichern.	220	Kommissionelle Prüfung

Anhang **GuK-LFV**

Anlage 4/3

LERNFELD V	Kompetenzen	Stunden	Leistungs-feststellung
Angewandtes Pflegemanagement In diesem Lernfeld werden konkrete Pflegemanagementaufgaben unter Berücksichtigung der Inhalte und Kompetenzen aus den Lernfeldern I, II und III (gemeinsame Lernfelder) bearbeitet. Die Auszubildenden sollen befähigt werden, dem berufsspezifischen Managementalltag gerecht zu werden. Schwerpunkte dieses Lernfeldes: - berufsspezifische Rechtsgrundlagen, spezielle berufsrelevante Fragen des Gesundheitsrechts unter besonderer Berücksichtigung des Europarechts; - Pflege vor dem Hintergrund der Gesundheits- und Sozialpolitik; - Pflegeorganisation und Betriebsführung im intra- und extramuralen Bereich; - betriebliche Entwicklungs- und Bildungsplanung; - Pflegequalitätsentwicklung und -management.	- Betriebsabläufe entsprechend den rechtlichen Bestimmungen sicherstellen; - Anliegen, Fragen und Stellungnahmen der Pflege auf gesundheitspolitischer, volkswirtschaftlicher und gesellschaftlicher Ebene prospektiv einbringen; - Personal entsprechend der Qualifikation und unter Berücksichtigung wirtschaftlicher, humaner und rechtlicher Grundlagen pflegebedarfsgerecht einsetzen; - für die Pflege relevante ökonomische und volkswirtschaftliche Zusammenhänge herstellen und in betriebliche Entscheidungen effizient einbringen; - Fortbildungs- und Entwicklungskonzepte erstellen; - Programme und Instrumente zur Qualitätsentwicklung und -sicherung anwenden und Qualitätssicherungsmaßnahmen initiieren und fördern; - Konzepte und Maßstäbe für Pflegequalität erstellen, implementieren und evaluieren; - Auswirkungen verschiedener Pflegemodelle und Konzepte abschätzen, über deren Einsatz entscheiden und die dafür notwendigen Rahmenbedingungen schaffen; - Methoden und Instrumente der Pflegearbeit auf ihre Effizienz in der Pflegepraxis überprüfen und Konsequenzen ableiten; - Forschungsarbeiten initiieren, fördern und daran mitwirken.	150	Kommissionelle Prüfung

Anlage 4/4

LERNFELD VI Einrichtungsautonomer Bereich	Kompetenzen	Stunden	Leistungs-feststellung
Dieses Lernfeld verfolgt eine Vertiefung und/oder Erweiterung der in den anderen Lernfeldern festgelegten Wissensgebiete und Inhalte. Die Auszubildenden sollen sich mit Anliegen des autonomen Angebots auseinandersetzen und die Möglichkeit erhalten, konkrete Erfordernisse ihres künftigen bzw. schon bestehenden Tätigkeitsbereichs einzubeziehen.	- Sich mit den Anliegen des autonomen Angebots vor dem Hintergrund der eigenen Erfordernisse auseinandersetzen; - die eigene Lernperspektive systematisch entwickeln und erforderliche Lernschritte planen; - individuelle Angebote im Rahmen der eigenen Lernentwicklung und Lernperspektive nutzen.	180	Teilnahme

LERNFELD VII Praktikum	Kompetenzen	Stunden	
Das Praktikum soll die Möglichkeit bieten, Managementkonzepte der verschiedenen Leitungs- und Führungsebenen in unterschiedlichen Einrichtungen des Gesundheitswesens und anderer Dienstleistungsbetriebe mit den eigenen Anforderungen zu vergleichen.	- An spezifischen instrumentellen Aufgabenstellungen, die die Anwendungskompetenz in der eigenen Praxis vertiefen sollen, arbeiten; - an innovativen Aufgabenstellungen zur Harmonisierung der Vorkenntnisse im Hinblick auf die Wahrnehmung von Führungsaufgaben im Akut- und Langzeitbereich, im ambulanten Bereich sowie im Bereich der Gesundheitsförderung und -vorsorge arbeiten.	300	

Anhang   GuK-LFV

Anlage 5

Bezeichnung, Adresse und Rechtsträger der
Ausbildungseinrichtung sowie DVR-Nummer

DIPLOM

Herr/Frau ....

geboren am .... in ....

hat die Sonderausbildung für

....[1]

gemäß der Gesundheits- und Krankenpflege-Lehr- und Führungsaufgaben-Verordnung – GuK-LFV, BGBl. II Nr. 453/2005, absolviert und die kommissionelle Abschlussprüfung

mit ....[2] **Erfolg**

bestanden.

Er/Sie hat die Berechtigung zur Ausübung von ....[1]

erlangt und ist zur Führung der Zusatzbezeichnung

....[3]

berechtigt.

.........................., am ....

Für die Prüfungskommission:

Der/Die Vorsitzende: Der/Die Leiter/Leiterin
der Sonderausbildung:

Rundsiegel der
Ausbildungseinrichtung

---

[1] Zutreffendes („Lehraufgaben" oder „Führungsaufgaben") einfügen.
[2] Zutreffendes („ausgezeichnetem", „gutem", „ – ") einfügen.
[3] Zutreffendes „(Lehraufgaben) / (Lehrer/Lehrerin für Gesundheits- und Krankenpflege)" oder „(Führungsaufgaben)" einfügen.

Anlage 6

Gleichgehaltene Universitäts- und Fachhochschulausbildungen

Lehraufgaben

Ausbildungsanbieter	Bezeichnung der Ausbildung	von / ab	bis
I. Universitätslehrgänge			
1. Universität für Weiterbildung Krems	Universitätslehrgang „Nursing Science" (Schwerpunkt Lehraufgaben)	Sommersemester 2004	Wintersemester 2006/2007
2. Universität für Weiterbildung Krems	Universitätslehrgang „Pflegepädagogik" (MSc)	Sommersemester 2006	
3. Universität Linz, Sozial- und Wirtschaftswissenschaftliche Fakultät, in Kooperation mit dem Land Oberösterreich	Universitätslehrgang für lehrendes Personal im gehobenen Dienst für Gesundheits- und Krankenpflege und in den gehobenen medizinisch-technischen Diensten	Sommersemester 2000	
4. Universität Linz, Sozial- und Wirtschaftswissenschaftliche Fakultät	Universitätslehrgang für lehrendes Pflegepersonal	Sommersemester 1994	Wintersemester 1999/2000
5. Universität Salzburg, Geisteswissenschaftliche Fakultät, in Kooperation mit dem Bildungszentrum der Landeskliniken Salzburg	Universitätslehrgang für Gesundheitswissenschaft (Schwerpunkt Lehre)	Wintersemester 2002/2003	Sommersemester 2004
6. Universität Salzburg in Kooperation mit der SALK – Gemeinnützige Salzburger Landeskliniken Betriebsges.m.b.H.	Universitätslehrgang für Lehrerinnen und Lehrer in Gesundheits- und Pflegeberufen	Sommersemester 2006	Sommersemester 2008
6a. Universität Salzburg in Kooperation mit dem Bildungszentrum der Salzburger Landeskliniken	Universitätslehrgang für Lehrerinnen und Lehrer in Gesundheits- und Pflegeberufen – Wissenschaftliche Grundlagen des Unterrichtens in Gesundheits- und Krankenpflege (ULG Grundlagen) und Universitätslehrgang für Lehrerinnen und Lehrer in Gesundheits- und Pflegeberufen – Master of Health Professional Education (ULG MHPE)	Wintersemester 2011/2012	
7. Universität Graz, Geisteswissenschaftliche Fakultät, in Kooperation mit dem Amt der Steiermärkischen Landesregierung	Universitätslehrgang für Lehrer und Lehrerinnen der Gesundheits- und Krankenpflege	Wintersemester 1992/1993	Sommersemester 2009

Anhang — GuK-LFV

Nr.	Institution	Studiengang	Beginn	Ende
7a.	Universität Graz in Kooperation mit dem Land Steiermark	Universitätslehrgang für Lehrer und Lehrerinnen der Gesundheits- und Krankenpflege	Wintersemester 2009/2010	
8.	Medizinische Universität Innsbruck in Kooperation mit dem Ausbildungszentrum West für Gesundheitsberufe	Universitätslehrgang „Lehrer/in für Gesundheitsberufe"	Sommersemester 2000	Wintersemester 2001/2002
9.	Medizinische Universität Innsbruck in Kooperation mit dem Ausbildungszentrum West für Gesundheitsberufe	Universitätslehrgang „Lehrkräfte für Gesundheitsberufe"	Wintersemester 2002/2003	Sommersemester 2004
10.	Medizinische Universität Wien in Kooperation mit der Niederösterreichischen Landesakademie für höhere Fortbildung in der Pflege	Universitätslehrgang für lehrendes Krankenpflegepersonal	Wintersemester 1981/1982	Sommersemester 2006
11.	Medizinische Universität Wien in Kooperation mit der Niederösterreichischen Landesakademie für höhere Fortbildung in der Pflege	Universitätslehrgang für Pflegepädagogik	Wintersemester 2005/2006	
12.	Universität Wien, Human- und Sozialwissenschaftliche Fakultät, in Kooperation mit dem Wiener Krankenanstaltenverbund	Universitätslehrgang für Lehrerinnen und Lehrer für Gesundheits- und Krankenpflege und Lehrhebammen	Wintersemester 1995	
II. Fachhochschulausbildungen				
1.	Fachhochschule Kärnten	Fachhochschul-Diplomstudiengang „Gesundheits- und Pflegemanagement" und Aufbaumodul auf Grund der Kooperationsvereinbarung mit dem Institut für Erziehungs- und Bildungsforschung der Universität Klagenfurt	Wintersemester 2001/2002	Sommersemester 2010
2.	Fachhochschule Kärnten	Fachhochschul-Weiterbildungslehrgang „Pädagogik für Gesundheitsberufe"	Wintersemester 2008/2009	
3.	IMC Fachhochschule Krems	Fachhochschul-Bachelorstudiengang „Advanced Nursing Practice", Studienschwerpunkt Pflegeentwicklung und Patienteneducation und Zusatzmodul Pädagogik auf Grund des Kooperationsvertrags mit der Kirchlichen Pädagogischen Hochschule Wien/Krems	Wintersemester 2008/2009	
III. Studien gemäß Universitäts-Akkreditierungsgesetz				
1.	Private Universität für Gesundheitswissenschaften, Medizinische Informatik und Technik (UMIT), Hall	Bakkalaureatsstudium Pflegewissenschaft (Schwerpunkt Lehre)	Wintersemester 2005/2006	

Anlage 7

Gleichgehaltene Universitäts- und Fachhochschulausbildungen

Führungsaufgaben

Ausbildungsanbieter	Bezeichnung der Ausbildung	von / ab	bis
I. Universitätslehrgänge			
1. Universität für Weiterbildung Krems	Universitätslehrgang „Nursing Science" (Schwerpunkt Führungsaufgaben)	Sommersemester 2004	Wintersemester 2006/2007
2. Universität für Weiterbildung Krems	Universitätslehrgang „Pflegemanagement" (MSc)	Sommersemester 2004	
3. Universität Linz, Sozial- und Wirtschaftswissenschaftliche Fakultät, in Kooperation mit dem Land Oberösterreich	Universitätslehrgang für leitendes Personal im gehobenen Dienst für Gesundheits- und Krankenpflege und in den gehobenen medizinisch-technischen Diensten	Wintersemester 1999/2000 Wintersemester 2004/2005	Sommersemester 2002 Sommersemester 2006
4. Universität Salzburg, Geisteswissenschaftliche Fakultät, in Kooperation mit dem Bildungszentrum der Landeskliniken Salzburg	Universitätslehrgang für Gesundheitswissenschaft (Schwerpunkt Management)	Wintersemester 2002/2003	Sommersemester 2004
4a. Universität Graz in Kooperation mit dem Land Steiermark	Universitätslehrgang „Führungsaufgaben (Pflegemanagement) in Einrichtungen des Gesundheits- und Sozialwesens"	Wintersemester 2009/2010	
5. Medizinische Universität Innsbruck in Kooperation mit dem Ausbildungszentrum West für Gesundheitsberufe	Universitätslehrgang für Führungsaufgaben im Gesundheitswesen	Sommersemester 1995	Sommersemester 2003
6. Medizinische Universität Wien in Kooperation mit der Niederösterreichischen Landesakademie für höhere Fortbildung in der Pflege	Universitätslehrgang für leitendes Krankenpflegepersonal	Wintersemester 1981/1982	Sommersemester 2006
7. Medizinische Universität Wien in Kooperation mit der Niederösterreichischen Landesakademie für höhere Fortbildung in der Pflege	Universitätslehrgang für Pflegemanagement	Wintersemester 2005/2006	
8. Wirtschaftsuniversität Wien	Universitätslehrgang für Krankenhausmanagement und Pflegemodul auf Grund des Kooperationsvertrags mit dem	Wintersemester 1987/1988	Sommersemester 2005

Anhang — GuK-LFV

9.	Wirtschaftsuniversität Wien	Wiener Krankenanstaltenverbund		
		Universitätslehrgang für Health Care Management	Wintersemester 2005/2006	
		und Pflegemodul auf Grund des Kooperationsvertrags mit der Akademie für Fortbildungen und Sonderausbildungen, Wiener Krankenanstaltenverbund		
10.	Universität Wien, Human- und Sozialwissenschaftliche Fakultät, in Kooperation mit dem Wiener Krankenanstaltenverbund	Universitätslehrgang „Management im Gesundheits- und Krankenhauswesen"	Sommersemester 2002	Wintersemester 2003/2004
II. Fachhochschulausbildungen				
1.	Fachhochschulstudiengänge Burgenland Ges.m.b.H	Fachhochschul-Bachelorstudiengang „Gesundheitsmanagement und Gesundheitsförderung"	Wintersemester 2004/2005	
		und Pflegemodul auf Grund des Kooperationsvertrags mit der Medizinischen Universität Graz		
2.	Fachhochschule Kärnten	Fachhochschul-Diplomstudiengang „Gesundheits- und Pflegemanagement"	Wintersemester 2001/2002	Sommersemester 2010
3.	Fachhochschule Kärnten	Fachhochschul-Bachelorstudiengang „Gesundheits- und Pflegemanagement"	Wintersemester 2007/2008	
4.	Fachhochschule Kärnten	Fachhochschul-Bakkalaureatsstudiengang „Gesundheits- und Pflegemanagement – berufsbegleitend"	Wintersemester 2004/2005	Sommersemester 2008
5.	Fachhochschule Kärnten	Fachhochschul-Weiterbildungslehrgang „Akademische/r Pflegemanager/in"	Sommersemester 2008	
6.	IMC Fachhochschule Krems	Fachhochschul-Diplomstudiengang „Gesundheitsmanagement"	Wintersemester 2001/2002	Sommersemester 2008
7.	IMC Fachhochschule Krems	Fachhochschul-Bachelorstudiengang „Advanced Nursing Practice", Studienschwerpunkt Pflegemanagement	Wintersemester 2008/2009	
III. Studien gemäß Universitäts-Akkreditierungsgesetz				
1.	Private Universität für Gesundheitswissenschaften, Medizinische Informatik und Technik (UMIT), Hall	Bakkalaureatsstudium Pflegewissenschaft (Schwerpunkt Management)	Wintersemester 2005/2006	
IV. Lehrgänge universitären Charakters				
1.	Verein für Bildungsinnovation im Gesundheitswesen, Graz	Lehrgang universitären Charakters „Führungsaufgaben in Einrichtungen des Sozial- und Gesundheitswesens"	Wintersemester 2000/2001	Sommersemester 2009

GuK-LFV Anhang

Anlage 8

ÜBERGANGSRECHT

(Beginn vor 1. September 1998)

Gleichgehaltene Ausbildungen

1. Lehraufgaben

Bezeichnung der Ausbildung	Ausbildungsanbieter
Hochschullehrgang für Lehrkräfte in Gesundheitsberufen	Fakultät für Kulturwissenschaften der Universität Klagenfurt
Hochschullehrgang für lehrendes Pflegepersonal	Sozial- und Wirtschaftswissenschaftliche Fakultät der Universität Linz
Hochschullehrgang für Lehrende in Gesundheits- und Pflegeberufen	Geisteswissenschaftliche Fakultät der Universität Salzburg
Universitätslehrgang für Lehrerinnen und Lehrer der Gesundheits- und Krankenpflege	Geisteswissenschaftliche Fakultät der Universität Graz
Hochschullehrgang für Lehrkräfte in den Gesundheitsberufen	Geisteswissenschaftliche Fakultät der Universität Innsbruck
Universitätslehrgang für Lehrende im Gesundheitswesen	Medizinische Fakultät der Universität Innsbruck
Universitätslehrgang für Lehraufgaben	Medizinische Fakultät der Universität Innsbruck in Kooperation mit dem Ausbildungszentrum West für Gesundheitsberufe
Universitätslehrgang für lehrendes Krankenpflegepersonal	Grund- und Integrativwissenschaftliche Fakultät der Universität Wien in Kooperation mit dem Wiener Krankenanstaltenverbund
Hochschullehrgang für lehrendes Krankenpflegepersonal	Medizinische Fakultät der Universität Wien in Kooperation mit der Niederösterreichischen Landesakademie für höhere Fortbildung in der Pflege
Hochschullehrgang für lehrendes Krankenpflegepersonal	Grund- und Integrativwissenschaftliche Fakultät der Universität Wien in Kooperation mit dem Wiener Krankenanstaltenverbund

2. Führungsaufgaben

Bezeichnung der Ausbildung	Ausbildungsanbieter
Universitätslehrgang für leitende Fachkräfte im Gesundheitswesen	Fakultät für Kulturwissenschaften der Universität Klagenfurt
Universitätslehrgang für leitende Pflegefachkräfte im Sozialmedizinischen Dienst	Fakultät für Kulturwissenschaften der Universität Klagenfurt
Universitätslehrgang für leitendes Pflegepersonal	Sozial- und Wirtschaftswissenschaftliche Fakultät der Universität Linz
Universitätslehrgang für leitendes Krankenpflegepersonal	Grund- und Integrativwissenschaftliche Fakultät der Universität Wien in Kooperation mit dem Wiener Krankenanstaltenverbund
Hochschullehrgang für leitendes Krankenpflegepersonal	Medizinische Fakultät der Universität Wien in Kooperation mit der Niederösterreichischen Landesakademie für höhere Fortbildung in der Pflege
Hochschullehrgang für leitendes Krankenpflegepersonal	Grund- und Integrativwissenschaftliche Fakultät der Universität Wien in Kooperation mit dem Wiener Krankenanstaltenverbund

G) Gesundheits- und Krankenpflege-Basisversorgungs-Ausbildungsverordnung – GuK-BAV, BGBl. II Nr. 281/2006 i.d.F. BGBl. II Nr. 246/2010

Verordnung der Bundesministerin für Gesundheit und Frauen über die Durchführung des Ausbildungsmoduls betreffend Unterstützung bei der Basisversorgung (Gesundheits- und Krankenpflege-Basisversorgungs-Ausbildungsverordnung – GuK-BAV), BGBl. II Nr. 281/2006 i.d.F. BGBl. II Nr. 246/2010

Auf Grund des § 3 Abs. 5 Gesundheits- und Krankenpflegegesetz, BGBl. I Nr. 108/1997, in der Fassung des Bundesgesetzes BGBl. I Nr. 90/2006, wird verordnet:

Inhaltsverzeichnis

- § 1 Zielgruppe
- § 2 Bewilligung des Ausbildungsmoduls
- § 3 Ausbildungsdauer
- § 4 Theoretische Ausbildung
- § 5 Praktische Ausbildung
- § 6 Leitung des Ausbildungsmoduls
- § 7 Lehrkräfte
- § 8 Teilnahmeverpflichtung
- § 9 Beurteilung der praktischen Ausbildung
- § 10 Beurteilung der theoretischen Ausbildung – Abschlussprüfung
- § 11 Anrechnung von Prüfungen und Praktika
- § 12 Abschluss und Wiederholung des Ausbildungsmoduls
- § 13 Zeugnis

- Anlage 1 Theoretische Ausbildung
- Anlage 2 Zeugnis

GuK-BAV **Anhang**

Zielgruppe

§ 1. (1) Für
1. Diplom-Sozialbetreuer/Diplom-Sozialbetreuerinnen mit dem Schwerpunkt Behindertenbegleitung,
2. Fach-Sozialbetreuer/Fach-Sozialbetreuerinnen mit dem Schwerpunkt Behindertenbegleitung,
3. Heimhelfer/Heimhelferinnen, soweit dieser Beruf in den landesrechtlichen Vorschriften vorgesehen ist, und
4. Personen, die im Rahmen eines Dienstverhältnisses zu Trägern von Einrichtungen der Behindertenbetreuung, die behördlich bewilligt sind oder der behördlichen Aufsicht unterliegen, behinderte Menschen in multiprofessionellen Teams, deren Aufgabe die ganzheitliche Begleitung und Betreuung der behinderten Menschen ist, betreuen,

ist ein Ausbildungsmodul „Unterstützung bei der Basisversorgung" einzurichten.

(2) Zu einem Ausbildungsmodul „Unterstützung bei der Basisversorgung" dürfen nur
1. Personen gemäß Abs. 1 Z 1 bis 4 oder
2. Personen, die in Ausbildung zu einem Sozialbetreuungsberuf gemäß Abs. 1 Z 1 bis 3 stehen,

durch den Rechtsträger der Ausbildung zugelassen werden.

Bewilligung des Ausbildungsmoduls

§ 2. Das Ausbildungsmodul „Unterstützung bei der Basisversorgung" bedarf der Bewilligung des/der Landeshauptmanns/Landeshauptfrau.

(2) Die Bewilligung ist zu erteilen, wenn nachgewiesen wird, dass
1. die für die Abhaltung des theoretischen Unterrichts erforderlichen Räumlichkeiten und Lehrmittel zur Verfügung stehen,
2. die für die theoretische Ausbildung erforderlichen Lehrkräfte, welche hiezu fachlich und pädagogisch geeignet sind, vorhanden sind und

Anhang **GuK-BAV**

3. die für die Abhaltung der praktischen Ausbildung erforderlichen Praktikumsplätze an Einrichtungen gemäß § 5 Abs. 1, in denen eine für die Gewährleistung einer fachgerechten praktischen Ausbildung unter Anleitung und Aufsicht ausreichende Anzahl von Angehörigen des gehobenen Dienstes für Gesundheits- und Krankenpflege tätig ist, vorhanden sind.

(3) Der/Die Landeshauptmann/Landeshauptfrau hat regelmäßig das Vorliegen der Voraussetzungen gemäß Abs. 2 zu überprüfen. Liegen diese nicht oder nicht mehr vor, ist die Bewilligung nach erfolglosem Verstreichen einer zur Behebung der Mängel gesetzten angemessenen Frist zurückzunehmen.

(4) Gegen Bescheide des/der Landeshauptmannes/Landeshauptfrau gemäß Abs. 2 und 3 ist eine Berufung nicht zulässig.

Ausbildungsdauer

§ 3. Das Ausbildungsmodul ,,Unterstützung bei der Basisversorgung" umfasst
1. 100 Unterrichtseinheiten (UE) theoretische Ausbildung, davon
    a) 80 UE im Unterrichtsfach ,,Gesundheits- und Krankenpflege" und
    b) 20 UE im Unterrichtsfach ,,Einführung in die Arzneimittellehre",
    sowie
2. 40 Stunden praktische Ausbildung.

Theoretische Ausbildung

§ 4. (1) Die theoretische Ausbildung im Unterrichtsfach ,,Gesundheits- und Krankenpflege" beinhaltet folgende Teilbereiche in den Aktivitäten und existenziellen Erfahrungen des täglichen Lebens (Aktivitäten und existentielle Erfahrungen des Lebens – AEDL)
1. Sich pflegen
2. Essen und Trinken

3. Ausscheiden
4. Sich kleiden
5. Sich bewegen

mit den in der in der **Anlage 1** angeführten Lehrinhalten im jeweils festgelegten Ausmaß an Unterrichtseinheiten.

(2) Die theoretische Ausbildung im Unterrichtsfach „Einführung in die Arzneimittellehre" beinhaltet
1. die Darreichungsformen und Wirkungsweisen von Arzneimitteln sowie
2. die Gefahren und Vorsichtsmaßnahmen bei der Verabreichung von Arzneimitteln

mit den in der Anlage 1 angeführten Lehrinhalten.

Praktische Ausbildung

§ 5. (1) Die praktische Ausbildung ist in einer Behindertenbetreuungseinrichtung oder einem Pflegeheim unter Anleitung und Aufsicht eines/einer Angehörigen des gehobenen Dienstes für Gesundheits- und Krankenpflege zu absolvieren.

(2) Im Rahmen der praktischen Ausbildung sind die für die Ausübung der in der **Anlage 2** Punkt 3 der Vereinbarung gemäß Artikel 15a B-VG zwischen dem Bund und den Ländern über Sozialbetreuungsberufe, BGBl. I Nr. 55/2005, angeführten Tätigkeiten der Unterstützung bei der Basisversorgung erforderlichen praktischen Kenntnisse und Fertigkeiten zu vermitteln.

(3) Im Rahmen der praktischen Ausbildung sind die Ausbildungsteilnehmer/Ausbildungsteilnehmerinnen berechtigt,
1. unterstützende Tätigkeiten bei der Basisversorgung unter Anleitung und Aufsicht eines/einer Angehörigen des gehobenen Dienstes für Gesundheits- und Krankenpflege und
2. die Unterstützung bei der Verabreichung von Arzneimitteln nach Anordnung eines/einer Arztes/Ärztin und unter Anleitung und Aufsicht eines/einer Arztes/Ärztin oder eines/einer Angehörigen des gehobenen Dienstes für Gesundheits- und Krankenpflege

durchzuführen.

Leitung des Ausbildungsmoduls

§ 6. Das Ausbildungsmodul „Unterstützung bei der Basisversorgung" hat unter Leitung eines/einer Angehörigen des gehobenen Dienstes für Gesundheits- und Krankenpflege, der/die zur Ausübung von Lehraufgaben in der Gesundheits- und Krankenpflege berechtigt ist, zu stehen.

Lehrkräfte

§ 7. (1) Für das Ausbildungsmodul „Unterstützung bei der Basisversorgung" sind als Lehrkräfte die in der Anlage 1 angeführten Personen zu bestellen.

(2) Zur Unterstützung der Lehrkräfte können fachkompetente Personen beigezogen werden.

Teilnahmeverpflichtung

§ 8. (1) Die Ausbildungsteilnehmer/Ausbildungsteilnehmerinnen sind verpflichtet, an der theoretischen und praktischen Ausbildung in vollem Umfang teilzunehmen.

(2) Ein/Eine Ausbildungsteilnehmer/Ausbildungsteilnehmerin darf höchstens 20% der Unterrichtseinheiten der theoretischen Ausbildung wegen Krankheit oder aus anderen berücksichtigungswürdigen Gründen versäumen.

Beurteilung der praktischen Ausbildung

§ 9. (1) Die praktische Ausbildung ist von dem/der Angehörigen des gehobenen Dienstes für Gesundheits- und Krankenpflege, unter dessen/deren Anleitung und Aufsicht die praktische Ausbildung absolviert wurde, mit „bestanden" oder „nicht bestanden" zu beurteilen.

(2) Eine mit „nicht bestanden" beurteilte praktische Ausbildung darf höchstens einmal wiederholt werden.

Beurteilung der theoretischen Ausbildung – Abschlussprüfung

§ 10. (1) Die Beurteilung der theoretischen Ausbildung erfolgt im Rahmen einer Abschlussprüfung, die in von der Lehrkraft des betreffenden Unterrichtsfaches abzunehmenden Einzelprüfungen in den Unterrichtsfächern
  1. ,,Gesundheits- und Krankenpflege" und
  2. ,,Einführung in die Arzneimittellehre"

zu absolvieren ist.

(2) Voraussetzung für die positive Beurteilung der Abschlussprüfung ist die erfolgreiche Absolvierung jeder Einzelprüfung.

(3) Jede Einzelprüfung darf höchstens zweimal wiederholt werden. Wiederholungsprüfungen sind von der Lehrkraft des betreffenden Unterrichtsfaches in Anwesenheit der Leitung des Ausbildungsmoduls abzunehmen. Wenn die Lehrkraft des Unterrichtsfaches ,,Gesundheits- und Krankenpflege" auch mit der Leitung des Ausbildungsmoduls betraut ist, ist eine Wiederholungsprüfung im Unterrichtsfach ,,Gesundheits- und Krankenpflege" auch in Anwesenheit der Lehrkraft des Unterrichtsfaches ,,Einführung in die Arzneimittellehre" abzunehmen.

(4) Die Abschlussprüfung ist mit ,,mit Erfolg bestanden" oder mit ,,nicht bestanden" zu beurteilen.

Anrechnung von Prüfungen und Praktika

§ 11. (1) Prüfungen, die in Österreich oder im Ausland im Rahmen einer gesetzlich geregelten oder staatlich anerkannten Ausbildung in einem Sozialbetreuungsberuf oder Gesundheitsberuf erfolgreich absolviert wurden, sind auf die Einzelprüfungen gemäß § 10 insoweit anzurechnen, als sie nach Inhalt und Umfang gleichwertig sind. Eine Anrechnung befreit von der Teilnahme am Unterricht sowie von der Ablegung der Einzelprüfung.

(2) Praktika, die in Österreich oder im Ausland im Rahmen einer gesetzlich geregelten oder staatlich anerkannten Ausbildung in einem Sozialbetreuungsberuf oder Gesundheitsberuf erfolgreich absolviert wurden, sind auf die praktische Ausbildung

in jenem Umfang anzurechnen, als diese die in § 5 Abs. 2 angeführten praktischen Kenntnisse und Fertigkeiten unter Anleitung und Aufsicht eines/einer Angehörigen des gehobenen Dienstes für Gesundheits- und Krankenpflege vermittelt haben.

(3) Die Leitung des Ausbildungsmoduls hat vor Beginn der Ausbildung auf Antrag des/der Ausbildungsteilnehmers/Ausbildungsteilnehmerin über eine Anrechnung gemäß Abs. 1 und 2 zu entscheiden. Gegen die Entscheidung über eine Anrechnung steht kein ordentliches Rechtsmittel offen.

Abschluss und Wiederholung des Ausbildungsmoduls

§ 12. (1) Voraussetzung für den positiven Abschluss des Ausbildungsmoduls ,,Unterstützung bei der Basisversorgung" sind die positive Beurteilung der praktischen Ausbildung und die positive Beurteilung der Abschlussprüfung.

(2) Wenn
1. die praktische Ausbildung mit ,,nicht bestanden" beurteilt,
2. die Abschlussprüfung mit ,,nicht bestanden" beurteilt oder
3. mehr als 20% der Unterrichtseinheiten der theoretischen Ausbildung versäumt

wurde, hat der/die Ausbildungsteilnehmer/Ausbildungsteilnehmerin das Ausbildungsmodul ,,Unterstützung bei der Basisversorgung" einschließlich der praktischen Ausbildung und der Abschlussprüfung zu wiederholen.

(3) Das Ausbildungsmodul ,,Unterstützung bei der Basisversorgung" darf höchstens einmal, im Fall des Abs. 2 Z 3 höchstens zweimal wiederholt werden.

Zeugnis

§ 13. (1) Personen, die das Ausbildungsmodul ,,Unterstützung bei der Basisversorgung" positiv abgeschlossen haben, ist ein Zeugnis nach dem Muster der Anlage 2 auszustellen. Die nicht zutreffenden geschlechtsspezifischen Bezeichnungen sind zu streichen. Es ist zulässig, Zeugnisse nur mit den jeweils erforderlichen geschlechtsspezifischen Bezeichnungen auszustellen.

GuK-BAV **Anhang**

(1a) Bei der Ausstellung des Zeugnisses für Personen gemäß § 1 Abs. 1 Z 4 hat der Verweis auf die Berufsbezeichnung zu entfallen.

(2) Die Ausstellung des Zeugnisses mittels automationsunterstützter Datenverarbeitung ist zulässig. Die Datenverarbeitungsregisternummer (DVR-Nummer) ist nur im Fall einer automationsunterstützten Datenverarbeitung anzuführen.

(3) Das Zeugnis ist von der Leitung des Ausbildungsmoduls zu unterzeichnen und mit dem Rundsiegel der Ausbildungseinrichtung zu versehen.

Anmerkungen:

Die GuK-BAV ist mit 29. Juli 2006 in Kraft getreten.
Die Novelle BGBl. II Nr. 246/2010 ist mit 23. Juli 2010 in Kraft getreten.

Anhang GuK-BAV

Anlage 1

Theoretische Ausbildung

Unterrichtsfach	Lehrinhalte	UE	Lehrkraft	Prüfung
Gesundheits- und Krankenpflege		80	Lehrer/Lehrerin für Gesundheits- und Krankenpflege	Einzel- prüfung
	AEDL Sich pflegen: - Körperpflege - Unterstützung bei der Körperpflege - Haarwäsche und - pflege - Zahnpflege - Pediküre und Maniküre - Beobachtung der Haut - Pflegeutensilien und Hilfsmittel	20		
	AEDL Essen und Trinken: - Beobachtung – Ernährungszustand - Beobachtung – Verdauungsstörungen - Beobachtung – Schluckstörungen - Unterstützung bei der Nahrungsaufnahme - Flüssigkeitsbilanz - Verabreichung von Arzneimitteln	15		
	AEDL Ausscheiden: - Bedeutung - Beobachtung der Urinausscheidung - Beobachtung der Stuhlausscheidung - Obstipation - Erbrechen - Anwendung von Inkontinenzhilfsmitteln	20		
	AEDL Sich kleiden: - Umgang mit der Kleidung - Hilfestellung bei der Auswahl der Kleidung - Hilfsmittel zum Ankleiden - Methoden und Techniken zum An- und Auskleiden	5		
	AEDL Sich bewegen: - Bedeutung der Bewegung - Beobachtung – Körperhaltung etc. - Risikofaktoren - Prophylaxen: Dekubitus, Thrombose, Kontraktur - Unterstützung bei der Bewegung	20		
Einführung in die Arznei- mittellehre	- Begriffserklärung - Darreichungsformen - therapeutische Bandbreite - Aufnahme und Ausscheidung - unerwünschte Arzneimittelwirkungen - Arzneimittelgruppen - Verabreichung von Arzneimitteln	20	Arzt/Ärztin, Pharmazeut/ Pharmazeutin	Einzel- prüfung

GuK-BAV   Anhang

Anlage 2

Bezeichnung, Adresse und Rechtsträger der
Ausbildungseinrichtung sowie DVR-Nummer

ZEUGNIS

Herr/Frau ....
geboren am .... in ....

hat das

Ausbildungsmodul „Unterstützung bei der Basisversorgung"

gemäß der Gesundheits- und Krankenpflege-Basisversorgung-Ausbildungs-Verordnung – GuK-BAV, BGBl. II Nr. 281/2006, absolviert und die Abschlussprüfung

mit Erfolg bestanden.

Er/Sie ist hiermit als .... [1]
zur Durchführung von unterstützenden Tätigkeiten bei der Basisversorgung gemäß Anlage 2 Punkt 3 der Vereinbarung gemäß Artikel 15a B-VG zwischen dem Bund und den Ländern über Sozialbetreuungsberufe, BGBl. I Nr. 55/2005, berechtigt.

.... , am ....

Der Leiter / Die Leiterin
des Ausbildungsmoduls:

Rundsiegel der
Ausbildungseinrichtung

---

[1] „Diplom-Sozialbetreuer/Diplom-Sozialbetreuerin mit dem Schwerpunkt Behindertenbegleitung", „Fach-Sozialbetreuer/Fach-Sozialbetreuerin mit dem Schwerpunkt Behindertenbegleitung", „Heimhelfer"/„Heimhelferin"

H) Gesundheits- und Krankenpflege-Weiterbildungsverordnung – GuK-WV, BGBl. II Nr. 453/2006 i.d.F. BGBl. II Nr. 359/2010

Verordnung der Bundesministerin für Gesundheit und Frauen über Weiterbildungen für Gesundheits- und Krankenpflegeberufe (Gesundheits- und Krankenpflege-Weiterbildungsverordnung – GuK-WV), BGBl. II Nr. 453/2006 i.d.F. BGBl. II Nr. 359/2010

Auf Grund der §§ 73 und 104b Gesundheits- und Krankenpflegegesetz – GuKG, BGBl. I Nr. 108/1997, in der Fassung BGBl. I Nr. 90/2006, wird verordnet:

Inhaltsübersicht

- § 1 Allgemeines
- § 2 Weiterbildungen
- § 3 Leitung der Weiterbildung
- § 4 Lehrkräfte
- § 5 Lehrtätigkeit
- § 6 Fachkräfte
- § 7 Räumliche und sachliche Ausstattung
- § 8 Aufnahme in eine Weiterbildung
- § 9 Ausschluss von einer Weiterbildung
- § 10 Unterbrechung der Weiterbildung
- § 11 Inhalt und Umfang von Weiterbildungen
- § 12 Dauer und Ausbildungszeiten
- § 13 Theoretische Ausbildung
- § 14 Praktische Ausbildung
- § 15 Prüfungen im Rahmen der Weiterbildung
- § 16 Abschlussprüfung
- § 17 Wiederholen der Abschlussprüfung und Nichtbestehen der Weiterbildung

GuK-WV   **Anhang**

§ 18   Anrechnung
§ 19   Zeugnis

Anlage 1   Weiterbildungen im gehobenen Dienst für Gesundheits- und Krankenpflege
Anlage 2   Weiterbildungen in der Pflegehilfe
Anlage 3   Zeugnis

Allgemeines

§ 1. Sofern in dieser Verordnung auf nachstehende Bundesgesetze verwiesen wird, sind sie in folgender Fassung anzuwenden:
1. Gesundheits- und Krankenpflegegesetz – GuKG, BGBl. I Nr. 108/1997, in der Fassung des Bundesgesetzes BGBl. I Nr. 61/2010;
2. Mutterschutzgesetz 1979, BGBl. Nr. 221, in der Fassung des Bundesgesetzes BGBl. I Nr. 58/2010;
3. Wehrgesetz 2001, BGBl. I Nr. 146, in der Fassung des Bundesgesetzes BGBl. I Nr. 85/2009;
4. Zivildienstgesetz 1986, BGBl. Nr. 679, in der Fassung des Bundesgesetzes BGBl. I Nr. 83/2010.

Weiterbildungen

§ 2. (1) Weiterbildungen für Gesundheits- und Krankenpflegeberufe dienen der Erweiterung und Vertiefung der in der Ausbildung im gehobenen Dienst für Gesundheits- und Krankenpflege oder in der Pflegehilfeausbildung erworbenen Kenntnisse und Fertigkeiten.

(2) Für Angehörige des gehobenen Dienstes für Gesundheits- und Krankenpflege können insbesondere die in der **Anlage 1** angeführten Weiterbildungen abgehalten werden.

(3) Für Angehörige der Pflegehilfe können die in der **Anlage 2** angeführten Weiterbildungen abgehalten werden.

Anhang **GuK-WV**

Leitung der Weiterbildung

§ 3. (1) Für die Leitung der Weiterbildung sowie für die stellvertretende Leitung hat der Rechtsträger einer Weiterbildung einen/eine Angehörigen/Angehörige des gehobenen Dienstes für Gesundheits- und Krankenpflege, der/die über die erforderliche fachliche und pädagogische Eignung verfügt, zu bestellen.

(2) Der Leitung der Weiterbildung obliegen insbesondere folgende Aufgaben:
1. Planung, Organisation, Koordination und Kontrolle der Weiterbildung,
2. Sicherung der inhaltlichen und pädagogischen Qualität der theoretischen Ausbildung,
3. Auswahl der Einrichtungen, an denen die praktische Ausbildung durchgeführt wird (Praktikumsstellen), sowie Kontrolle und Sicherung der Qualität der praktischen Ausbildung,
4. Personalführung, Dienstaufsicht über die Lehrkräfte und das sonstige Personal der Weiterbildung sowie Aufsicht über die Fachkräfte,
5. Organisation, Koordination und Mitwirkung bei der Aufnahme der Teilnehmer/Teilnehmerinnen der Weiterbildung sowie beim Ausschluss von der Weiterbildung,
6. Aufsicht über die Teilnehmer/Teilnehmerinnen der Weiterbildung sowie Zuweisung dieser an die Einrichtungen der praktischen Ausbildung im Einvernehmen mit dem Rechtsträger der Praktikumsstelle,
7. Anrechnung von Prüfungen und Praktika,
8. Organisation und Koordination der sowie Mitwirkung an den Prüfungen und
9. Evaluierung der Erreichung des Weiterbildungsziels.

Lehrkräfte

§ 4. (1) Der Rechtsträger der Weiterbildung hat Personen, die die theoretische Ausbildung im Rahmen der Weiterbildung durchführen, als Lehrkräfte zu bestellen.

(2) Als Lehrkräfte sind zu bestellen:
1. Angehörige des gehobenen Dienstes für Gesundheits- und Krankenpflege, die zur Ausübung von Lehraufgaben berechtigt sind (Lehrer/Lehrerinnen für Gesundheits- und Krankenpflege),
2. Ärzte/Ärztinnen für Allgemeinmedizin, approbierte Ärzte/Ärztinnen, Fachärzte/Fachärztinnen sowie Turnusärzte/-ärztinnen in Ausbildung zu Fachärzten/Fachärztinnen eines Sonderfaches,
3. Personen, die ein fachspezifisches Studium an einer Universität oder Fachhochschule erfolgreich abgeschlossen haben, und
4. sonstige fachkompetente Personen.

(3) Lehrkräfte haben die für das betreffende Unterrichtsfach erforderlichen speziellen Kenntnisse und Fertigkeiten nachzuweisen und pädagogisch geeignet zu sein.

Lehrtätigkeit

§ 5. Die Lehrtätigkeit umfasst die Durchführung des theoretischen Unterrichts und der praktischen Ausbildung. Hiezu zählen insbesondere folgende Tätigkeiten:
1. Erteilen von Unterricht in den jeweiligen Unterrichtsfächern,
2. Vorbereitung, Durchführung und Evaluierung von Prüfungen,
3. Planung, Vorbereitung, Nachbereitung und Evaluierung des Unterrichts,
4. Betreuung der praktischen Ausbildung in fachlicher, methodischer und didaktischer Hinsicht sowie
5. pädagogische Betreuung der Teilnehmer/Teilnehmerinnen der Weiterbildung.

Fachkräfte

§ 6. (1) Den Fachkräften obliegt neben den Lehrkräften die fachliche Betreuung und Anleitung der Teilnehmer/Teilnehme-

rinnen der Weiterbildung. Hiezu zählen insbesondere folgende Tätigkeiten:
1. Anleitung der und Aufsicht über die Teilnehmer/Teilnehmerinnen im Rahmen der praktischen Ausbildung und
2. Unterstützung der Lehrkräfte im Rahmen der theoretischen Ausbildung.

(2) Fachkräfte sind
1. Angehörige des gehobenen Dienstes für Gesundheits- und Krankenpflege,
2. Ärzte/Ärztinnen
3. qualifizierte Angehörige von anderen Gesundheits- und Sozialberufen oder
4. sonstige qualifizierte Angehörige von für die jeweiligen Ausbildungsinhalte relevanten Berufen,

die über die erforderliche fachliche und pädagogische Eignung verfügen.

Räumliche und sachliche Ausstattung

§ 7. Jede Weiterbildung hat eine ausreichende Anzahl an Unterrichtsräumen mit der für den Unterricht erforderlichen technischen und fachspezifischen Ausstattung, die die Erreichung des Weiterbildungsziels aus räumlicher und fachlicher Sicht gewährleistet, aufzuweisen.

Aufnahme in eine Weiterbildung

§ 8. (1) In Weiterbildungen, die gemäß § 64 Abs. 3 GuKG bewilligt worden sind, können Angehörige des gehobenen Dienstes für Gesundheits- und Krankenpflege aufgenommen werden.

(2) In Weiterbildungen, die gemäß § 104a Abs. 3 GuKG bewilligt worden sind, können Angehörige der Pflegehilfe aufgenommen werden.

(3) Über die Aufnahme der Bewerber/Bewerberinnen entscheidet der Rechtsträger der Weiterbildung im Einvernehmen mit der Leitung der Weiterbildung.

(4) Nach Maßgabe vorhandener Plätze und unter Bedachtnahme auf die beruflichen Erfordernisse können in Weiterbildungen

auch Angehörige anderer Berufe aufgenommen werden, sofern sie auf Grund ihrer Qualifikation für die Weiterbildung geeignet sind. In diesen Fällen ist eine formlose Bestätigung über die absolvierten Ausbildungsinhalte auszustellen.

Ausschluss von einer Weiterbildung

§ 9. (1) Ein/Eine Teilnehmer/Teilnehmerin ist vom weiteren Besuch der Weiterbildung auszuschließen, wenn er sich aus folgenden Gründen als untauglich erweist:
1. mangelnde Vertrauenswürdigkeit,
2. mangelnde gesundheitliche Eignung oder
3. schwerwiegende Pflichtverletzung im Rahmen der theoretischen oder praktischen Ausbildung.

(2) Über den Ausschluss entscheidet der Rechtsträger der Weiterbildung im Einvernehmen mit der Leitung der Weiterbildung. Vor Entscheidung über den Ausschluss ist dem/der Betroffenen Gelegenheit zur Rechtfertigung zu geben.

Unterbrechung der Weiterbildung

§ 10. (1) Weiterbildungen sind vorbehaltlich des Abs. 2 ohne Unterbrechung durchzuführen.

(2) Eine Unterbrechung ist zulässig
1. für Zeiträume, für die das Mutterschutzgesetz 1979 Beschäftigungsverbote vorsieht,
2. für Zeiträume, für die gesetzlich eine Karenz vorgesehen ist,
3. für Zeiten des Präsenz- oder Ausbildungsdienstes nach dem Wehrgesetz 2001 oder des Zivildienstes nach dem Zivildienstgesetz 1986 oder
4. in anderen begründeten Fällen.

(3) Über das Vorliegen eines Grundes gemäß Abs. 2 Z 4 entscheidet der Rechtsträger der Weiterbildung im Einvernehmen mit der Leitung der Weiterbildung.

(4) Eine Unterbrechung gemäß Abs. 2 Z 4 ist höchstens für eine Dauer von zwei Jahren möglich.

Anhang **GuK-WV**

(5) Ein/Eine Teilnehmer/Teilnehmerin einer Weiterbildung, der/die aus einem der in Abs. 2 genannten Gründe die Weiterbildung unterbrochen hat, ist berechtigt, die Weiterbildung zum ehest möglichen Zeitpunkt in jenem Stand fortzusetzen, in dem sie unterbrochen wurde. Der Zeitpunkt der Fortsetzung ist entsprechend den organisatorischen Möglichkeiten von der Leitung der Weiterbildung festzusetzen.

Inhalt und Umfang von Weiterbildungen

§ 11. (1) Die Inhalte von Weiterbildungen haben
1. den neuesten pflegewissenschaftlichen und medizinisch-wissenschaftlichen Erkenntnissen und Erfahrungen sowie erforderlichenfalls Erkenntnissen und Erfahrungen anderer für die Berufsausübung relevanter Wissensbereiche Rechnung zu tragen sowie
2. sicherzustellen, dass mit der Weiterbildung die für die jeweilige Tätigkeit erforderlichen Kenntnisse und Fertigkeiten von den Teilnehmern/Teilnehmerinnen erworben werden.

(2) Den Anforderungen des Abs. 1 haben Weiterbildungen auch hinsichtlich des Umfangs einschließlich des Verhältnisses zwischen theoretischer und praktischer Ausbildung zu entsprechen.

(3) Der/Die Bundesminister/Bundesministerin für Gesundheit und Frauen kann Empfehlungen über die gemäß Abs. 1 und 2 erforderlichen Inhalte und Umfang für einzelne Weiterbildungen im Volltext im Internet auf der Homepage des Bundesministeriums für Gesundheit und Frauen veröffentlichen.

Dauer und Ausbildungszeiten

§ 12. (1) Eine Weiterbildung hat mindestens 160 Stunden zu umfassen.

(2) Eine Unterrichtsstunde im Rahmen der theoretischen Ausbildung dauert mindestens 45 Minuten und höchstens 50 Minuten.

(3) Eine Praktikumsstunde im Rahmen der praktischen Ausbildung dauert 60 Minuten.

Theoretische Ausbildung

§ 13. (1) Im Rahmen der theoretischen Ausbildung sind die für die Erreichung des Weiterbildungsziels erforderlichen theoretischen Ausbildungsinhalte zu vermitteln.

(2) Die Lehrkräfte dürfen bei der Durchführung des Unterrichts
1. Fachkräfte und
2. andere fachkompetente Personen als Gastvortragende beiziehen, wenn dies zur Erreichung des Weiterbildungsziels beiträgt.

Praktische Ausbildung

§ 14. (1) Im Rahmen der praktischen Ausbildung sind die theoretischen Lehrinhalte in die berufliche Praxis umzusetzen.

(2) Die praktische Ausbildung ist unter Anleitung und Aufsicht von Lehr- oder Fachkräften durchzuführen.

(3) Im Rahmen der praktischen Ausbildung dürfen die Teilnehmer/Teilnehmerinnen nur zu Tätigkeiten herangezogen werden, die
1. im unmittelbaren Zusammenhang mit der Weiterbildung stehen und
2. zur Erreichung des Weiterbildungsziels erforderlich sind.

Prüfungen im Rahmen der Weiterbildung

§ 15. Sofern dies für die Vermittlung der Kenntnisse und Fertigkeiten erforderlich ist, sind im Rahmen von Weiterbildungen Prüfungen abzunehmen.

Abschlussprüfung

§ 16. (1) Spätestens vier Wochen nach Abschluss der theoretischen und praktischen Ausbildung ist eine mündliche und/oder

Anhang   **GuK-WV**

schriftliche Abschlussprüfung von den Lehrkräften der betreffenden Unterrichtsfächer in Anwesenheit der Leitung der Weiterbildung abzunehmen.

(2) Die Termine der Abschlussprüfung sind dem/der Landeshauptmann/Landeshauptfrau rechtzeitig zu melden. Dieser/Diese kann zur Abschlussprüfung eine fachkompetente Person als Beobachter/Beobachterin entsenden.

(3) Im Rahmen der Abschlussprüfung ist von der Leitung der Weiterbildung und den Lehrkräften der betreffenden Prüfungsfächer gemeinsam zu beurteilen, ob der/die Teilnehmer/Teilnehmerin die erforderlichen Kenntnisse und Fertigkeiten erworben hat.

(4) Die Abschlussprüfung ist
1. für Weiterbildungen in der Dauer von mindestens 400 Stunden mit „mit ausgezeichnetem Erfolg bestanden" „mit Erfolg bestanden" oder „nicht bestanden" und
2. für Weiterbildungen in der Dauer von weniger als 400 Stunden mit „mit Erfolg bestanden" oder „nicht bestanden"

zu beurteilen.

Wiederholen der Abschlussprüfung und Nichtbestehen der Weiterbildung

§ 17. (1) Die Abschlussprüfung darf höchstens zweimal wiederholt werden.

(2) Nach erfolglosem Ausschöpfen der Wiederholungsmöglichkeiten gemäß Abs. 1 ist die Leistung des/der Teilnehmers/Teilnehmerin der Weiterbildung mit „nicht bestanden" zu beurteilen.

(3) Eine neuerliche Absolvierung der Weiterbildung ist nach neuerlicher Aufnahme gemäß § 8 zulässig.

Anrechnung

§ 18. (1) Prüfungen und Praktika, die im Rahmen einer im Inoder Ausland absolvierten Ausbildung erfolgreich absolviert wurden, sind von der Leitung der Weiterbildung auf die theoretische und praktische Ausbildung anzurechnen, sofern sie nach Inhalt und Umfang gleichwertig sind.

(2) Eine Anrechnung gemäß Abs. 1 befreit
1. von der Teilnahme am theoretischen Unterricht,
2. von der Absolvierung des Praktikums sowie
3. von der Verpflichtung zur Ablegung der Prüfung bzw. Abschlussprüfung im jeweiligen Fach.

Zeugnis

§ 19. (1) Über eine positiv absolvierte Abschlussprüfung hat die Leitung der Weiterbildung ein Zeugnis gemäß dem Muster der **Anlage 3** auszustellen.

(2) Die nicht zutreffenden geschlechtsspezifischen Bezeichnungen sind zu streichen oder wegzulassen. Für Weiterbildungen in der Dauer von weniger als 400 Stunden ist die Fußnote wegzulassen.

(3) Als Bezeichnung der Weiterbildung sowie der Zusatzbezeichnung ist die gemäß § 64 Abs. 3 bzw. § 104a Abs. 3 GuKG bewilligte Bezeichnung der Weiterbildung anzuführen.

(4) Die Ausstellung des Zeugnisses mittels automationsunterstützter Datenverarbeitung ist zulässig, wobei in diesem Fall das Datenverarbeitungsregister (DVR-Nummer) anzuführen ist.

(5) Das Zeugnis ist von der Leitung der Weiterbildung zu unterzeichnen und mit dem Rundsiegel der Ausbildungseinrichtung zu versehen.

(6) Das Zeugnis ist den Absolventen/Absolventinnen der Weiterbildung von der Leitung der Weiterbildung spätestens zwei Wochen nach der Abschlussprüfung auszufolgen.

(7) Mit dem Zeugnis ist eine formlose Bestätigung über die absolvierte theoretische und praktische Ausbildung auszustellen.

Anmerkungen:

1. Die GuK-WV ist mit 25. November 2006 in Kraft getreten.

Die Novelle BGBl. II Nr. 359/2010 ist mit 24. November 2010 in Kraft getreten."

2. Mit der Novelle BGBl. II Nr. 359/2010 wurden § 1, § 10 Abs. 2 Z 2 und die Anlagen 1 und 2 neu gefasst.

Anlage 1

Weiterbildungen im gehobenen Dienst für Gesundheits- und Krankenpflege

1. Arbeitsmedizinische Assistenz
2. Basale Stimulation in der Pflege
3. Basales und mittleres Pflegemanagement
4. Case and Care Management
5. Diabetesberatung
6. Ethik in der Pflege
7. Familiengesundheitspflege
8. Forensik in der Pflege
9. Gerontologische Pflege
10. Gesundheitsförderung am Arbeitsplatz
11. Gesundheitsvorsorge
12. Hauskrankenpflege
13. Hauskrankenpflege bei Kindern und Jugendlichen
14. Kardiologische Pflege
15. Kinästhetik
16. Komplementäre Pflege – Aromapflege
17. Komplementäre Pflege – Ayurveda
18. Komplementäre Pflege – Kindertuina
19. Komplementäre Pflege – Therapeutic Touch
20. Kontinenz- und Stomaberatung
21. Kultur- und gendersensible Pflege
22. Onkologische Pflege
23. Palliativpflege
24. Pflege bei Aphereseverfahren
25. Pflege bei beatmeten Menschen
26. Pflege bei Demenz
27. Pflege bei endoskopischen Eingriffen
28. Pflege bei medizinisch unterstützter Fortpflanzung
29. Pflege bei Menschen im Wachkoma
30. Pflege bei speziellen Erkrankungen von Kindern und Jugendlichen
31. Pflege bei substanzgebundenem und substanzungebundenem Abhängigkeitssyndrom
32. Pflege in Krisensituationen
33. Pflege und Erziehung in der Kinder- und Jugendpsychiatrie
34. Pflege von behinderten Menschen
35. Pflege von chronisch Kranken
36. Pflegeberatung
37. Praxisanleitung
38. Public Health
39. Qualitätsmanagement
40. Rehabilitative Pflege
41. Schmerzmanagement
42. Sterilgutversorgung
43. Übergangspflege
44. Validation
45. Wundmanagement

Anlage 2

Weiterbildungen in der Pflegehilfe

1. Basale Stimulation in der Pflege
2. Ethik in der Pflege
3. Forensik in der Pflege
4. Gerontologische Pflege
5. Hauskrankenpflege
6. Kinästhetik
7. Kultur- und gendersensible Pflege
8. Palliativpflege
9. Pflege bei Demenz
10. Pflege bei psychiatrischen Erkrankungen
11. Pflege von behinderten Menschen
12. Pflege von chronisch Kranken
13. Pflege von Kindern und Jugendlichen
14. Validation

GuK-WV Anhang

Anlage 3

Bezeichnung, Adresse und Rechtsträger der
Ausbildungseinrichtung sowie DVR-Nummer

ZEUGNIS

Herr/Frau ....

geboren am .... in ....

hat die Weiterbildung ....

gemäß der Gesundheits- und Krankenpflege-Weiterbildungsverordnung – GuK-WV, BGBl. II Nr. 453/2006, absolviert und die Abschlussprüfung

mit ....[1] **Erfolg**

bestanden.

Er/Sie ist zur Führung der Zusatzbezeichnung

....

berechtigt.

...., am ....

Die Leitung der Weiterbildung:

Rundsiegel der
Ausbildungseinrichtung

---

1 Zutreffendes („ausgezeichnetem", „—") einfügen.

I) Gesundheits- und Krankenpflege-Teilzeitausbildungsverordnung – GuK-TAV, BGBl. II Nr. 455/2006

Verordnung der Bundesministerin für Gesundheit und Frauen über die Teilzeitausbildung zum gehobenen Dienst für Gesundheits- und Krankenpflege (Gesundheits- und Krankenpflege-Teilzeitausbildungsverordnung – GuK-TAV), BGBl. II Nr. 455/2006

Auf Grund der §§ 41 Abs. 5 und 57 des Gesundheits- und Krankenpflegegesetzes – GuKG, BGBl. I Nr. 108/1997, zuletzt geändert durch das Bundesgesetz BGBl. I Nr. 90/2006, wird verordnet:

Inhaltsübersicht

Teilzeitausbildung zum gehobenen Dienst für Gesundheits- und Krankenpflege

§ 1 Allgemeines
§ 2 Anwendung der GuK-AV
§ 3 Ablauforganisation bei Teilzeitausbildung
§ 4 Sachausstattung bei elektronisch unterstützten Lehr- und Lernformen
§ 5 Spezielle methodisch-didaktische Anforderungen
§ 6 Zeugnis
§ 7 Abhaltung einer Teilzeitausbildung – Anzeigepflicht
§ 8 Ergänzende Regelungen in der Schulordnung

Allgemeines

§ 1. (1) Die Teilzeitausbildung zum gehobenen Dienst für Gesundheits- und Krankenpflege hat
   1. im Gesamtumfang,

2. im Inhalt und
3. in der Ausbildungsqualität

einer Vollzeitausbildung zum gehobenen Dienst für Gesundheits- und Krankenpflege zu entsprechen.

(2) Die Teilzeitausbildung hat an Schulen für Gesundheits- und Krankenpflege stattzufinden.

(3) Die Teilzeitausbildung hat mindestens 4600 Stunden theoretische und praktische Ausbildung zu umfassen und muss innerhalb von sechs Jahren abgeschlossen werden. Wird die Teilzeitausbildung nicht innerhalb von sechs Jahren abgeschlossen, kann die Ausbildung neu begonnen werden. Absolvierte Prüfungen und Praktika sind gemäß § 60 GuKG anzurechnen.

(4) In eine Teilzeitausbildung dürfen nur Personen aufgenommen werden, die das 18. Lebensjahr vollendet haben.

Anwendung der GuK-AV

§ 2. (1) Bei der Durchführung einer Teilzeitausbildung zum gehobenen Dienst für Gesundheits- und Krankenpflege sind, sofern die §§ 3 ff. nicht anderes bestimmen, die in Abs. 2 bis 4 angeführten Bestimmungen der Gesundheits- und Krankenpflege-Ausbildungsverordnung – GuK-AV, BGBl. II Nr. 179/1999, mit der Maßgabe anzuwenden, dass

1. Teilzeitausbildungen nur bei Ausbildungen gemäß den Anlagen 1, 2 und 3 GuK-AV zulässig sind,
2. die Anlagen 18 und 19 der GuK-AV anzuwenden sind und
3. Ausbildungsjahre als Ausbildungsabschnitte gelten.

(2) Die Bestimmungen des 1. Abschnittes (Ausbildung) der GuK-AV sind, abgesehen von den §§ 1 (Allgemeines), 9 (Ausbildungsjahr), 10 Abs. 1 (Ausbildungszeiten) und 17 (Verlegung von Unterrichtsstunden und -fächern), anzuwenden.

(3) Die Bestimmungen des 2. Abschnittes (Prüfungen und Beurteilungen) der GuK-AV sind, abgesehen von § 35 (Zeugnis), anzuwenden.

(4) Die Bestimmungen des 3. Abschnittes (Diplomprüfung) der GuK-AV sind anzuwenden.

Anhang **GuK-TAV**

Ablauforganisation bei Teilzeitausbildung

§ 3. (1) Die Teilzeitausbildung zum gehobenen Dienst für Gesundheits- und Krankenpflege ist in drei Ausbildungsabschnitte einzuteilen. Die Ausbildungsabschnitte entsprechen den Ausbildungsjahren gemäß den Anlagen 1 bis 3 der GuK-AV.

(2) Die fachspezifische und organisatorische Leitung der Schule für Gesundheits- und Krankenpflege, die eine Teilzeitausbildung durchführt, hat im Rahmen der Ausbildungsabschnitte einen zielgruppenorientierten Ausbildungsablauf zu planen, zu organisieren, zu koordinieren und zu kontrollieren.

(3) Die Verlegung von Unterrichtsstunden und -fächern in einen anderen Ausbildungsabschnitt ist, wenn dadurch der Ausbildungserfolg nicht gefährdet ist, möglich. Die Verlegung ist im Zeugnis zu vermerken.

Sachausstattung bei elektronisch unterstützten Lehr- und Lernformen

§ 4. Ist die Anwendung von elektronisch unterstützten Lehr- und Lernformen im Rahmen einer Teilzeitausbildung geplant, hat der Rechtsträger der Schule für Gesundheits- und Krankenpflege eine entsprechende technische Ausstattung (Tools, Technologien, Plattformen bzw. Lehr- und Lernumgebungen usw.) sicherzustellen, die für die Vermittlung der vorgesehenen Ausbildungsinhalte geeignet ist.

Spezielle methodisch-didaktische Anforderungen

§ 5. (1) Die fachspezifische und organisatorische Leitung der Schule für Gesundheits- und Krankenpflege hat ausgehend vom dualen Ausbildungsprinzip bei der Ablauforganisation der Teilzeitausbildung sicherzustellen, dass die praktische Umsetzung der theoretischen Lehrinhalte kontinuierlich und aufbauend an den Praktikumsstellen gefestigt und vertieft werden kann.

(2) Die Anwendung von elektronisch unterstützten Lehr- und Lernformen im Rahmen der theoretischen Ausbildung ist, vorbehaltlich der Abs. 3 und 4, zulässig, wenn

GuK-TAV **Anhang**

1. die Lehrkräfte sowie die Schüler/Schülerinnen im Umgang mit elektronisch unterstützten Lehr- und Lernformen geschult sind,
2. ein dem jeweiligen Unterrichtsfach angepasstes ausgewogenes Verhältnis zwischen Sozialphase (Unterrichtsarbeit) und Individualphase (selbständiges Lernen mit zur Verfügung gestelltem Lernmaterial) im Rahmen der Ausbildung gewährleistet ist,
3. die Erreichung des Ausbildungsziels in dem betreffenden Unterrichtsfach sichergestellt ist und
4. die Evaluierung der Anwendung elektronisch unterstützter Lehr- und Lernformen im Sinne einer Qualitätsbewertung und Qualitätssicherung gewährleistet ist.

(3) Die Anwendung von elektronisch unterstützten Lehr- und Lernformen ist für den Prozentsatz der Unterrichtsfächer, in denen gemäß den Anlagen 1 bis 3 GuK-AV der Unterricht teilweise oder zur Gänze in Gruppen von höchstens 18 Schülern/Schülerinnen durchzuführen ist, nicht zulässig, ausgenommen das Unterrichtsfach „Fachspezifisches Englisch".

(4) Die Anwendung von elektronisch unterstützten Lehr- und Lernformen ist in jenen Unterrichtsfächern, in denen gemäß den Anlagen 1 bis 3 der GuK-AV keine Einzelprüfung abzunehmen, sondern nur die Teilnahme verpflichtend ist, nur dann zulässig, wenn die Erreichung des Ausbildungsziels mit einer Dispensprüfung gemäß § 26 GuK-AV überprüft wird.

Zeugnis

§ 6. (1) Am Ende jedes Ausbildungsabschnittes der Teilzeitausbildung hat der Direktor/die Direktorin der Schule für Gesundheits- und Krankenpflege den Schülern/Schülerinnen ein Zeugnis über die im jeweiligen Ausbildungsabschnitt absolvierten Unterrichtsfächer und Praktika gemäß dem Muster der **Anlage** auszustellen. Die im Muster der Anlage enthaltenen nicht zutreffenden geschlechtspezifischen Bezeichnungen sind zu streichen oder wegzulassen.

(2) Das Zeugnis hat für den jeweiligen Ausbildungsabschnitt
1. eine Bestätigung über die Teilnahme an der Teilzeitausbildung,
2. eine Bestätigung über die Anrechnung von Prüfungen und Praktika,
3. die Beurteilung der Leistungen der Schüler/Schülerinnen in den absolvierten Unterrichtsfächern und Praktika,
4. eine Bestätigung über die Teilnahme an jenen Unterrichtsfächern, in denen nur die Teilnahme verpflichtend ist bzw. bei Anwendung von elektronisch unterstützten Lehr- und Lernformen deren Beurteilung und
5. einen Vermerk über die Verlegung von Unterrichtsstunden und -fächern

zu enthalten.

(3) Die Ausstellung des Zeugnisses mittels automationsunterstützter Datenverarbeitung ist zulässig, wobei in diesem Fall das Datenverarbeitungsregister (DVR) anzuführen ist.

Abhaltung einer Teilzeitausbildung – Anzeigepflicht

§ 7. (1) Die Abhaltung einer Teilzeitausbildung an einer Schule für Gesundheits- und Krankenpflege ist vom Rechtsträger spätestens drei Monate vor Beginn der Teilzeitausbildung dem Landeshauptmann/ der Landeshauptfrau anzuzeigen. Wird die Genehmigung innerhalb von drei Monaten nicht versagt, so gilt sie als erteilt.

(2) Die Anzeige hat den Nachweis zu enthalten, dass die in dieser Verordnung festgelegten Bestimmungen für die Durchführung einer Teilzeitausbildung eingehalten werden. Ist im Rahmen der Teilzeitausbildung der Einsatz elektronisch unterstützter Lehr- und Lernformen geplant, hat die Anzeige Nachweise über das Vorliegen der in § 5 Abs. 2 festgelegten Voraussetzungen zu enthalten.

(3) Die Genehmigung ist zu versagen, wenn gegen die in dieser Verordnung festgelegten Bestimmungen für Teilzeitausbildungen verstoßen wird.

GuK-TAV **Anhang**

Ergänzende Regelungen in der Schulordnung

§ 8. (1) Ist im Rahmen der Teilzeitausbildung der Einsatz elektronisch unterstützter Lehr- und Lernformen geplant, sind in die Schulordnung gemäß § 52 GuKG ergänzende Regelungen über die Teilnahmeverpflichtung der Schüler/Schülerinnen in den betreffenden Unterrichtsfächern aufzunehmen. Die Bestimmungen der §§ 11 und 12 GuK-AV sind in diesem Fall nicht anzuwenden.

(2) Die ergänzenden Regelungen in der Schulordnung gemäß Abs. 1 sind spätestens drei Monate vor Beginn der Teilzeitausbildung dem Landeshauptmann/der Landeshauptfrau anzuzeigen. Wird die Genehmigung innerhalb von drei Monaten nicht versagt, so gilt sie als erteilt.

(3) Die Genehmigung gemäß Abs. 2 ist zu versagen, wenn gegen die in dieser Verordnung festgelegten Bestimmungen für Teilzeitausbildungen verstoßen wird.

(4) Die Schulordnung mit den ergänzenden Regelungen ist von der Leitung der Schule für Gesundheits- und Krankenpflege den Schülern/Schülerinnen und Lehr- und Fachkräften der Teilzeitausbildung nachweislich zur Kenntnis zu bringen.

Anhang　　　　　　　　　　GuK-TAV

Anlage

Bezeichnung, Adresse und Rechtsträger der
Schule für Gesundheits- und Krankenpflege, DVR-Nummer

Zeugnis über den .. Ausbildungsabschnitt

Frau/Herr ....

geboren am .... in ....

hat an der für den .. Ausbildungsabschnitt vorgesehenen Ausbildung in der ....[1] gemäß der Gesundheits- und Krankenpflege-Teilzeitausbildungsverordnung – GuK-TAV, BGBl. II Nr. 455/2006, in Verbindung mit der Gesundheits- und Krankenpflege-Ausbildungsverordnung – GuK-AV, BGBl. II Nr. 179/1999, in der Zeit von .... bis .... teilgenommen und nachstehende Prüfungen und Praktika absolviert:

Theoretische Ausbildung

Einzelprüfung – Teilnahme – Dispensprüfung

Unterrichtsfach	Stunden	Beurteilung[2]	Wh.[3]	Komm. Wh.[4]

---

[1] Zutreffendes („allgemeinen Gesundheits- und Krankenpflege", „Kinder- und Jugendlichenpflege", „psychiatrischen Gesundheits- und Krankenpflege") einfügen.

[2] Zutreffendes einfügen: „sehr gut" (1), „gut" (2), „befriedigend" (3), „genügend" (4), „nicht genügend" (5) gemäß § 2 Abs. 2 GuK-TAV i.V.m. § 25 Abs. 6 GuK-AV; „nicht beurteilt" gemäß § 2 Abs. 2 GuK-TAV i.V.m. § 30 Abs. 2 GuK-AV; „erfolgreich teilgenommen" gemäß § 2 Abs. 2 GuK-TAV i.V.m. § 25 Abs. 7 Z 1 GuK-AV; „verlegt" gemäß § 3 Abs. 3 GuK-TAV; „angerechnet" gemäß § 60 GuKG.

[3] Bei Zutreffen ankreuzen: Wiederholungsprüfung gemäß § 2 Abs. 2 GuK-TAV i.V.m. § 28 Abs. 1 GuK-AV.

[4] Bei Zutreffen ankreuzen: Kommissionelle Wiederholungsprüfung gemäß § 2 Abs. 2 GuK-TAV i.V.m. § 28 Abs. 2 oder 3 GuK-AV.

GuK-TAV Anhang

Praktische Ausbildung

Fachbereich / Praktikum	Stunden	Beurteilung[5]	Wh.[6]

Schulautonomer Bereich

Theoretische / Praktische Ausbildung	Stunden	Beurteilung[7]

Die Schülerin / Der Schüler ist gemäß § 2 Abs. 2 GuK-TAV i.V.m § 34 GuK-AV berechtigt / nicht berechtigt [8], in den nächsten Ausbildungsabschnitt aufzusteigen.

Dieses Zeugnis berechtigt nicht zur Berufsausübung im gehobenen Dienst für Gesundheits- und Krankenpflege.

.........................., am ....

Die Direktorin / Der Direktor:

Rundsiegel der
Schule für Gesundheits- und Krankenpflege

---

[5] Zutreffendes einfügen: „ausgezeichnet bestanden", „gut bestanden", „bestanden", „nicht bestanden" gemäß § 2 Abs. 2 GuK-TAV i.V.m. § 27 Abs. 3 GuK-AV; „angerechnet" gemäß § 60 GuKG.
[6] Bei Zutreffen ankreuzen: Wiederholung gemäß § 2 Abs. 2 GuK-TAV i.V.m. § 31 GuK-AV.
[7] Zutreffendes einfügen: „erfolgreich teilgenommen", „nicht erfolgreich teilgenommen", „nicht beurteilt" gemäß § 2 Abs. 2 GuK-TAV i.V.m. § 36 Abs. 2 GuK-AV.
[8] Nichtzutreffendes streichen oder weglassen.

J) FH-Gesundheits- und Krankenpflege-Ausbildungsverordnung – FH-GuK-AV, BGBl. II Nr. 200/2008

Verordnung der Bundesministerin für Gesundheit, Familie und Jugend über Fachhochschul-Bachelorstudiengänge für die Ausbildung in der allgemeinen Gesundheits- und Krankenpflege (FH-Gesundheits- und Krankenpflege-Ausbildungsverordnung – FH-GuK-AV)

Auf Grund des § 28 Abs. 3 Gesundheits- und Krankenpflegegesetz – GuKG, BGBl. I Nr. 108/1997, zuletzt geändert durch das Bundesgesetz BGBl. I Nr. 57/2008, wird verordnet:

Inhaltsübersicht

1. Abschnitt
Qualifikationsprofil und Ausbildung

§ 1 Qualifikationsprofil
§ 2 Mindestanforderungen an die Ausbildung
§ 3 Gestaltung der Ausbildung – fachliche Grundsätze
§ 4 Gestaltung der Ausbildung – didaktische Grundsätze

2. Abschnitt
Mindestanforderungen an die Ausbildungspartner

§ 5 Mindestanforderungen an die Studierenden
§ 6 Mindestanforderungen an die Lehrenden
§ 7 Mindestanforderungen an die Praktikumsanleitung

Anlagen

Anlage 1 Fachkompetenz
Anlage 2 Sozialkommunikative Kompetenz und Selbstkompetenz

FH-GuK-AV **Anhang**

Anlage 3   Wissenschaftliche Kompetenz
Anlage 4   Mindestinhalte der Ausbildung in der allgemeinen Gesundheits- und Krankenpflege
Anlage 5   Mindestanforderungen an die praktische Ausbildung

1. Abschnitt
Qualifikationsprofil und Ausbildung

Qualifikationsprofil

§ 1. (1) Im Rahmen von Fachhochschul-Bachelorstudiengängen für die Ausbildung in der allgemeinen Gesundheits- und Krankenpflege haben die Absolventen/Absolventinnen folgendes Qualifikationsprofil zu erwerben:
1. Fachkompetenz gemäß **Anlage 1**,
2. sozialkommunikative Kompetenz und Selbstkompetenz gemäß **Anlage 2** und
3. wissenschaftliche Kompetenz gemäß **Anlage 3**.

(2) Im Rahmen eines Fachhochschul-Bachelorstudiengangs für die Ausbildung in der allgemeinen Gesundheits- und Krankenpflege ist eine standortbezogene Schwerpunktsetzung unter der Voraussetzung zulässig, dass die Vermittlung der Kompetenzen gemäß den Anlagen 1 bis 3 entsprechend den vorgesehenen Taxonomiestufen gewährleistet ist.

Mindestanforderungen an die Ausbildung

§ 2. (1) Die Gesamtdauer der theoretischen und praktischen Ausbildung in der allgemeinen Gesundheits- und Krankenpflege hat mindestens drei Jahre und ein Stundenausmaß von mindestens 4600 Stunden zu betragen. Die praktische Ausbildung hat mindestens 2300 Stunden zu betragen.

(2) Eine Stunde im Rahmen der theoretischen Ausbildung hat 45 Minuten und eine Praktikumsstunde 60 Minuten zu umfassen. Ein Praktikum hat mindestens 160 Stunden in einem Praktikumsbereich zu umfassen.

Anhang **FH-GuK-AV**

(3) Bei der Vermittlung der Kompetenzen gemäß § 1 Abs. 1 Z 1 bis 3 sind die Mindestinhalte der Ausbildung gemäß **Anlage 4** sowie die Mindestanforderungen an die Ausbildung an den Praktikumsstellen gemäß **Anlage 5** umzusetzen.

(4) Die Mindestinhalte der Ausbildung gemäß Anlage 4 und die Mindestanforderungen an die Ausbildung an den Praktikumsstellen gemäß Anlage 5 entsprechen den Inhalten des Anhangs V Nummer 5.2.1. ,,Ausbildungsprogramm für Krankenschwestern und Krankenpfleger, die für die allgemeine Pflege verantwortlich sind" der Richtlinie 2005/36/EG über die Anerkennung von Berufsqualifikationen, ABl. Nr. L 255 vom 30.09.2005, S. 22, zuletzt geändert durch die Richtlinie 2006/100/EG zur Anpassung bestimmter Richtlinien im Bereich Freizügigkeit anlässlich des Beitritts Bulgariens und Rumäniens, ABl. Nr. L 363 vom 20.12.2006, S. 141.

Gestaltung der Ausbildung – fachliche Grundsätze

§ 3. (1) Die Gestaltung der Ausbildung in der allgemeinen Gesundheits- und Krankenpflege hat auf Grundlage der fachlichen Grundsätze gemäß Abs. 2 zu erfolgen.

(2) Die Gesundheits- und Krankenpflege ist eine personenund bevölkerungsorientierte Dienstleistung, deren Angebot sich an den verändernden Gesundheitsbedürfnissen, bezogen auf das Gesundheits-, Krankheits- und Pflegespektrum sowie an den Pflegeverläufen orientiert. Die Gesundheits- und Krankenpflege

1. wendet sich an verschiedene Zielgruppen, an kranke und gesunde Menschen aller Altersstufen wie Säuglinge, Kinder, Jugendliche, Erwachsene und ältere Menschen, an Menschen mit vorübergehenden oder dauerhaften Funktionsbeeinträchtigungen oder Schädigungen, an Familien und familienähnliche Lebensgemeinschaften sowie an Gemeinden und die Bevölkerung insgesamt;
2. orientiert sich am Pflegebedarf und der Pflegebedürftigkeit der jeweiligen Zielgruppen in den unterschiedlichen Alters- und Entwicklungsstufen sowie Lebensphasen;

3. wirkt gesundheitsfördernd, präventiv, kurativ, rehabilitativ, unterstützend, begleitend und palliativ;
4. bewältigt neben unmittelbar patienten-, klienten- und kundenbezogenen Aufgaben (primäres Aufgabenfeld) auch organisatorische (sekundäres Aufgabenfeld) und gesellschaftsbezogene Aufgaben (tertiäres Aufgabenfeld);
5. wird bei akuten oder chronischen Gesundheitsproblemen sowie bei somatischen oder psychischen Beschwerden insbesondere stationär, teilstationär, ambulant und mobil tätig;
6. ist durch eine ganzheitliche Sichtweise charakterisiert, die dazu führt, dass sich pflegerische und therapeutische Strategien und Interventionen auf physische, psychische, emotionale, soziokulturelle und wirtschaftliche Bedürfnisse, Gegebenheiten, Aspekte, Lebensweisen und Präferenzen der jeweiligen Zielgruppe und deren Umfeld beziehen sowie religiöse und spirituelle Bedürfnisse respektieren;
7. berücksichtigt und nutzt den Beziehungsaspekt zwischen Individuum und Pflegeperson. Zuwendung, Wertschätzung, Empathie und Intuition werden bewusst eingesetzt, um insbesondere die Entfaltung von Ressourcen zu ermöglichen, den Genesungsprozess positiv zu beeinflussen und um die Situationsbewältigung zu unterstützen;
8. erfolgt in intra- und interprofessioneller Zusammenarbeit mit Angehörigen von Gesundheitsberufen, Sozialbetreuungsberufen und anderen Berufen;
9. sichert bei der Zusammenarbeit mit Laienbetreuern/innen die Pflegequalität;
10. findet konzept- und theoriegeleitet anhand wissenschaftlicher Erkenntnisse und fachlicher Grundsätze statt.

Gestaltung der Ausbildung – didaktische Grundsätze

§ **4.** (1) Bei der Gestaltung der Ausbildung in der allgemeinen Gesundheits- und Krankenpflege ist sicherzustellen, dass das wissenschaftlich- und praxisorientierte Lernen im Rahmen der Ausbildung ein offener Prozess ist, dem insbesondere folgende Grundsätze, Ausbildungs- und Lernstrategien zugrunde zu legen sind:

1. Situations- und Handlungsorientierung, damit die Gesundheits- und Krankenpflege sowie deren Berufs- und Handlungsfeld in der Ausbildung Ausgangs- und Bezugspunkt für die Bearbeitung der Themen-, Frage- und Problemstellungen wird.
2. Problembasiertes Lernen, damit theoriegeleitete Analyse und individuelles Fallverstehen bei der Problembearbeitung in der Pflege ermöglicht und gefördert wird.
3. Selbstorganisiertes, selbstgesteuertes und eigenverantwortliches Lernen, damit ein Beitrag zur Eigenverantwortung in der Pflege, zum eigenständigen Wissenserwerb und dem Prinzip des lebenslangen Lernens geleistet wird.
4. Exemplarisches Lernen, um dem Erarbeiten und Verstehen von grundlegenden Prinzipien und grundlegendem Wissen gegenüber der vielfältigen oberflächlichen Wissensvermittlung den Vorzug zu geben.
5. Förderung von Schlüsselqualifikationen in den Bereichen sozialkommunikative und methodische Kompetenz sowie Selbstkompetenz als Voraussetzung für die situationsadäquate Anwendung von fachlichem und fächerübergreifendem Wissen in den beruflichen Handlungsfeldern einschließlich situative Handlungskompetenz in zwischenmenschlichen Beziehungen.
6. Arbeit in Teams und Kleingruppen, damit insbesondere Fertigkeiten und Techniken geübt sowie Haltungen, Einstellungen, Sichtweisen, Handlungsmuster und Erfahrungen reflektiert und für den weiteren Lernprozess nutzbar gemacht werden können.
7. Der praktischen Ausbildung hat ein dem Ausbildungsfortschritt entsprechendes Fertigkeitentraining (zB Skillslab, Lehrstation) voran zu gehen, um grundlegende

praktische Fertigkeiten im Sinne der Patientensicherheit zu gewährleisten.
8. Aufeinander aufbauende Verschränkung von theoretischer und praktischer Ausbildung unter Berücksichtigung des didaktischen Prinzips „Vom Einfachen zum Komplexen".
9. Implementierung von praktikumsbegleitenden Maßnahmen zur Unterstützung des Theorie-Praxis-Transfers sowie zur Reflexion und Bearbeitung von Praxiserfahrungen, insbesondere in Form von Lerngruppen vor Ort, Intervision, Supervision oder Fachsupervision.
10. Bewertungsmethoden, die mit den gewählten Ausbildungs- und Lernstrategien im Einklang stehen und die individuelle Kompetenzerreichung beurteilen und überprüfen lassen.

(2) Der Planung, Organisation, Durchführung und Evaluation der praktischen Ausbildung an den Praktikumsstellen sind insbesondere folgende Grundsätze, Ausbildungs- und Lernstrategien zugrunde zu legen:
1. Der/Die Studierende ist als Praktikant/in in das Pflegeteam zu integrieren und hat unmittelbaren Kontakt mit der jeweiligen Zielgruppe der Gesundheits- und Krankenpflege.
2. Der Theorie-Praxis-Transfer wird kontinuierlich und aufbauend begleitet, unterstützt, reflektiert, gefestigt und vertieft.
3. Der Kompetenzerwerb im Rahmen der praktischen Ausbildung gemäß Anlage 5 wird von den Studierenden in einem standardisierten Ausbildungsprotokoll dokumentiert. Dabei werden personenbezogene Daten vermieden und die erlangten Kompetenzen in anonymisierter Form dokumentiert.
4. Der Kompetenzerwerb im Rahmen der einzelnen Praktika und dessen Dokumentation sind zu beurteilen.
5. Die erfolgreiche Absolvierung sämtlicher Praktika ist Voraussetzung für die Zulassung zur kommissionellen Bachelorprüfung.

Anhang   **FH-GuK-AV**

6. Eine ausreichende Anzahl an fachlich geeigneten Praktikumsstellen im stationären, teilstationären, ambulanten und mobilen Bereich ist durch entsprechende Vereinbarungen (Kooperationsabkommen) sicherzustellen.
7. Die fachliche Eignung einer Praktikumsstelle ist gegeben, wenn die für das jeweilige Praktikum vorgesehene Kompetenzvermittlung sichergestellt ist.
8. Die strukturelle Eignung einer Praktikumsstelle ist gegeben, wenn diese über die erforderliche qualitative und quantitative Personal- und Sachausstattung für die Vermittlung der erforderlichen Kompetenzen an die Studierenden verfügt. Insbesondere ist sichergestellt, dass ein/eine Angehörige/r des gehobenen Dienstes für Gesundheits- und Krankenpflege oder eine andere fachkompetente Person gemäß § 7 während des gesamten Praktikums höchstens zwei Auszubildende gleichzeitig anleitet und kontinuierlich betreut (Ausbildungsschlüssel 1:2).
9. Die Eignung einer Praktikumsstelle im Hinblick auf Sicherheit und Gesundheitsschutz bei der Arbeit ist gegeben, wenn die dem neuesten Stand der Technik und der Erkenntnisse auf dem Gebiet der Arbeitsgestaltung entsprechende Ausstattung vorhanden und dementsprechende Maßnahmen getroffen sind, um Gesundheitsrisiken und Unfallgefahren bei der Arbeit zu verhüten.
10. Die Anleitung im Rahmen der praktischen Ausbildung an den Praktikumsstellen erfolgt im Einvernehmen und unter kontinuierlicher Rückkoppelung mit den jeweiligen Lehrenden des Fachhochschul-Bachelorstudiengangs. Sie bedarf einer pädagogisch-didaktischen Vorbereitung, Durchführung, Nachbereitung, Reflexion und Evaluation.
11. Die Qualitätssicherung für jeden an der praktischen Ausbildung beteiligten Bereich obliegt der Studiengangsleitung in Zusammenarbeit mit den Praktikumsstellen.

FH-GuK-AV   **Anhang**

2. Abschnitt
Mindestanforderungen an die Ausbildungspartner

Mindestanforderungen an die Studierenden

§ 5. Voraussetzung für die Aufnahme in einen Fachhochschul-Bachelorstudiengang für die Ausbildung in der allgemeinen Gesundheits- und Krankenpflege ist die für die Ausübung des Berufs erforderliche berufsspezifische und gesundheitliche Eignung sowie die Vertrauenswürdigkeit. Das Vorliegen dieser Voraussetzungen ist in einem standardisierten Aufnahmeverfahren zu überprüfen.

Mindestanforderungen an die Lehrenden

§ 6. (1) Als Lehrende der berufs- und pflegespezifischen Teile der theoretischen Ausbildung in einem Fachhochschul-Bachelorstudiengang für die Ausbildung in der allgemeinen Gesundheits- und Krankenpflege sind, vorbehaltlich Abs. 2, Personen heranzuziehen, die
1. eine Berufsberechtigung für die allgemeine Gesundheits- und Krankenpflege nachweisen können,
2. eine mindestens zweijährige Berufserfahrung in der allgemeinen Gesundheits- und Krankenpflege nachweisen können und
3. pädagogisch-didaktisch für die Vermittlung dieser Ausbildungsinhalte geeignet sind.

(2) Als Lehrende für die berufs- und pflegespezifischen Teile der theoretischen Ausbildung im Bereich der Kinder- und Jugendlichenpflege und der psychiatrischen Gesundheits- und Krankenpflege sind Personen heranzuziehen, die
1. über die Berechtigung zur Ausübung der entsprechenden Spezialaufgabe verfügen,
2. eine mindestens zweijährige Berufserfahrung in der entsprechenden Spezialaufgabe nachweisen können und
3. pädagogisch-didaktisch für die Vermittlung dieser Ausbildungsinhalte geeignet sind.

(3) Die Lehrenden der medizinischen Teile der theoretischen Ausbildung in einem Fachhochschul-Bachelorstudiengang für die Ausbildung in der allgemeinen Gesundheits- und Krankenpflege müssen die Ausbildung als Arzt/Ärztin, im pharmakologischen Fachbereich als Arzt/Ärztin oder Apotheker/in, abgeschlossen haben und pädagogisch-didaktisch für die Vermittlung der Ausbildungsinhalte geeignet sein.

(4) Darüber hinaus können als Lehrende in einem Fachhochschul-Bachelorstudiengang für die Ausbildung in der allgemeinen Gesundheits- und Krankenpflege Personen herangezogen werden, die auf Grund ihrer einschlägigen Qualifikation, Berufserfahrung und pädagogisch-didaktischen Eignung besonders für die Vermittlung spezieller Teile der theoretischen Ausbildung geeignet sind.

Mindestanforderungen an die Praktikumsanleitung

§ 7. Die Praktikumsanleitung für die Ausbildung an den Praktikumsstellen gemäß Anlage 5 hat bei pflegespezifischen Praktika durch Angehörige des gehobenen Dienstes für Gesundheits- und Krankenpflege, bei anderen Praktikumsbereichen durch fachkompetente Personen zu erfolgen. Die für die Praktikumsanleitung vorgesehenen Personen müssen
1. über eine mindestens zweijährige facheinschlägige Berufserfahrung in einem für das jeweilige Praktikum relevanten Berufsfeld verfügen und
2. pädagogisch-didaktisch für die Vermittlung der im jeweiligen Praktikum zu erwerbenden Kompetenzen geeignet sein.

FH-GuK-AV   Anhang

Anlage 1

Fachkompetenz

Der/Die Absolvent/in hat im Rahmen der Ausbildung nachfolgend genannte Fachkompetenz, welche Sach- und Methodenkompetenz sowie instrumentell-technische Kompetenz umfasst, für die Berufsausübung erworben. Die Fachkompetenz wird, abgeleitet von den Aufgabenfeldern der Pflege, in individuumsbezogene, organisationsbezogene und gesellschaftsbezogene Kompetenz gegliedert.

I. Individuumsbezogene Fachkompetenz

Der Absolvent/Die Absolventin

- kann zentrale Konzepte, Modelle, Theorien, Prinzipien, Handlungsabläufe, Methoden und Techniken der Pflege nach kritischer Überprüfung situations- und individuumsbezogen in die Gesundheits- und Krankenpflege integrieren;
- besitzt ein Grundlagenwissen über Pflegewissenschaft und -forschung und verfügt über einen wissenschafts- und forschungsbasierten Entscheidungs-, Handlungs- und Argumentationsrahmen in der Gesundheits- und Krankenpflege;
- kann Kenntnisse insbesondere aus den Bereichen der Anatomie, Physiologie, Pathologie sowie weiterer medizinischer Fachgebiete in der Gesundheits- und Krankenpflege nutzen;
- kann auf Erkenntnisse und Methoden der Psychologie, Soziologie und den Gesundheitswissenschaften bei der Gesundheitsförderung und Prävention im Rahmen der Gesundheits- und Krankenpflege Bezug nehmen;
- begreift Gesundheits- und Krankenpflege als menschliche Begegnung und gesellschaftlichen Auftrag gleichermaßen;
- erfüllt die pädagogischen Aufgaben der Gesundheits- und Krankenpflege wie insbesondere Anleitung, Bera-

tung und Schulung anhand von Erkenntnissen und Methoden der Erziehungs- und Bildungswissenschaft sowie der Sozial- und Humanwissenschaft;
- kann das berufliche Handeln entsprechend den rechtlichen Rahmenbedingungen setzen;
- verfügt über grundlegende Kenntnisse der normativen Ethik und der Ethik in den Gesundheitsberufen und kann ethische Konflikte im beruflichen Handlungsfeld erkennen, spricht diese an und entwickelt im Pflegeteam oder im multiprofessionellen Team Lösungsmöglichkeiten;
- berücksichtigt im Rahmen der Gesundheits- und Krankenpflege Menschen- und Patientenrechte und tritt für deren Einhaltung ein;
- kann zu Menschen aller Altersstufen sowie Familien eine Vertrauensbeziehung aufbauen, um insbesondere die Compliance zu fördern;
- kann lebensbedrohliche Zustände als solche erkennen, Erste Hilfe leisten und lebensrettende Sofortmaßnahmen bis zum Eintreffen des/der Arztes/Ärztin setzen;
- kann den ganzheitlichen Gesundheitszustand von Menschen aller Altersstufen beobachten, Abweichungen erkennen, die einer Abklärung oder Intervention bedürfen;
- kann anhand der Pflegeanamnese sowie geeigneter Assessmentinstrumente den Entwicklungsstand, die gesundheitlichen Risikofaktoren und -indikatoren, Probleme, Erfordernisse, Bedürfnisse, Entwicklungspotenziale und Ressourcen von Menschen aller Altersstufen sowie von Familien unter Berücksichtigung des kulturellen und weltanschaulichen Kontextes ermitteln und diese im pflegediagnostischen Prozess verarbeiten;
- kennt den Hintergrund, die Intention und die Einsatzgebiete von Pflegeklassifikationssystemen und kann ausgewählte anwenden;
- kann auf Basis gestellter Pflegediagnosen in Zusammenarbeit mit dem/der Betroffenen oder mit dessen/deren Bezugssystem Pflegeziele formulieren und darauf auf-

bauend die notwendigen Pflegeinterventionen und -strategien planen, wobei Wünsche des/der Betroffenen berücksichtigt werden und seine/ihre Würde gewahrt bleibt;
- kann Pflegeinterventionen auf Grundlage der Gesamtheit des pflegerischen Wissens sowie der Präferenzen und Ressourcen der Menschen unter Berücksichtigung physischer, psychischer, religiöser, spiritueller, soziokultureller, geschlechtsbezogener sowie ethischer Aspekte auswählen;
- orientiert sich bei Pflegeinterventionen fachgerecht an den Kriterien der Wirksamkeit, des Wohlbefindens, der Sicherheit, der Wirtschaftlichkeit und der Ökologie;
- kann mögliche Auswirkungen von Funktionsbeeinträchtigungen, Schädigung, Krankheit, Diagnostik und Therapie auf Menschen aller Altersstufen antizipieren und in Zusammenarbeit mit den Betroffenen oder mit deren Bezugssystem auf eine Kompensation hinwirken;
- kann bei Menschen aller Altersstufen den Bedarf nach psychosozialer Betreuung erkennen, kann im Rahmen des Pflegeprozesses diesem selbst entsprechen oder erkennen, ob die Beiziehung anderer Gesundheits- oder Sozialberufe erforderlich ist;
- kann die Pflegeergebnisse evaluieren und diese in Referenz zu aktuellen wissenschaftlichen Erkenntnissen begründen;
- kann Menschen bedarfs- und bedürfnisgerecht zur teilweisen oder vollständigen Übernahme von Selbst- oder Fremdpflegetätigkeiten anleiten;
- kann die in physischer und psychischer Hinsicht bestehenden Erfordernisse, Risiken und Ressourcen unter allfälliger Berücksichtigung soziokultureller Aspekte ermitteln und Menschen oder Familien geplant in Bezug auf die Förderung, Erhaltung und Wiederherstellung der Gesundheit sowie die Krankheitsverhütung im gegebenen Kontext beraten;

Anhang **FH-GuK-AV**

- kann Betroffene oder deren Bezugssystem in der Bewältigung von sowie im Umgang mit Funktionseinschränkung, Krankheit, Krisen und im Sterbeprozess unterstützen und begleiten;
- kann komplexe und problemhafte Pflegesituationen als solche erkennen und diese berufsspezifisch, erforderlichenfalls unter Hinzuziehung anderer Gesundheits- oder Sozialberufe bewältigen und reflektieren;
- kann im jeweiligen Handlungsfeld seine/ihre Dokumentationspflichten erkennen und umsetzen;
- kann pflegerelevante Daten und Informationen anhand gegebener Dokumentationssysteme dokumentieren und die Qualität der Dokumentationen nach überprüfbaren Standards beurteilen;
- kann die Gesundheits- und Krankenpflege nach den Prinzipien der Patienten- sowie Prozessorientierung organisieren und in diesem Zusammenhang anfallende administrative Aufgaben übernehmen;
- kann Auszubildende unterschiedlicher Qualifikationsniveaus in der Gesundheits- und Krankenpflege zielorientiert sowie systematisch anleiten und die jeweiligen Lernergebnisse evaluieren;
- kann die Pflegehilfe und Angehörige von Sozialbetreuungsberufen zur Übernahme von Pflegetätigkeiten oder bei der Unterstützung der Basisversorgung anleiten und die Aufsicht bzw. die begleitende Kontrolle über die Durchführung der Tätigkeiten ausüben;
- kann auf Basis einer umfassenden individuumsbezogenen Situationseinschätzung anhand des Pflegeprozesses die Delegierbarkeit einzelner Pflegeinterventionen an Laienbetreuer/innen beurteilen;
- kann Laienbetreuer/innen zur Durchführung individuell definierter Pflegetätigkeiten qualitätsgesichert unterweisen und anleiten;
- kann in Zusammenarbeit mit der betreuten Person oder deren gesetzlichen Vertretung oder deren Vorsorgebe-

vollmächtigten und dem/der Laienbetreuer/in ein Qualitätssicherungssystem entwickeln, das das rechtzeitige Erkennen von Umständen ermöglicht, die eine pflegerische Betreuung durch Laienbetreuer/innen nicht mehr zulassen;
- kann im Rahmen der pflegerischen Betreuung von betreuungsbedürftigen Menschen durch Laienbetreuer/innen die begleitende Kontrolle und die Funktion und Rolle des/der Case- und Care-Managers/in übernehmen;
- kann auf der Grundlage ihrer naturwissenschaftlich-medizinischen Kenntnisse pathologische Veränderungen und Auffälligkeiten an Menschen aller Altersstufen erkennen und diese hinsichtlich pflegerischer Konsequenzen interpretieren;
- kann mit Hilfe standardisierter Messtechniken, Geräte und Hilfsmittel diagnose- und therapiebegleitende Beobachtungs- und Überwachungsmaßnahmen setzen und die Ergebnisse qualitätssichernd dokumentieren;
- besitzt Fakten-, Methoden- und Begründungswissen über Ziele, Wirkungsweisen, Durchführungsmodalitäten, Gefahren und Komplikationen von medizinischer Diagnostik und Therapie bei der Ausübung diagnostisch oder therapeutisch relevanter Interventionen und Pflegetechniken bei Menschen aller Altersstufen;
- beherrscht die für die Durchführung therapeutischer und diagnostischer Maßnahmen nach ärztlicher Anordnung erforderlichen Fertigkeiten, Techniken und Strategien;
- kann Menschen oder deren Bezugssystem über die erforderlichen diagnostischen oder therapeutischen Maßnahmen ermutigend und stärkend informieren, dass diesen Angst und Unsicherheit genommen oder diese zumindest reduziert werden;
- kann Menschen bedarfs- und bedürfnisgerecht zur teilweisen oder vollständigen Übernahme diagnostischer oder therapeutischer Maßnahmen anleiten;

Anhang **FH-GuK-AV**

- kennt die rechtlich relevanten Bestimmungen im Zusammenhang mit medizinischer Diagnostik und Therapie wie auch hinsichtlich Medizinprodukte und leitet daraus Handlungsempfehlungen ab und setzt diese in der Pflegepraxis um;
- kann im mitverantwortlichen Tätigkeitsbereich gemäß den berufsrechtlichen Regelungen vorgehen sowie auf Anordnung die Durchführung ärztliche Tätigkeiten übernehmen und die Durchführungsverantwortung tragen;
- kann in der Situation erkennen, ob er/sie die für die Durchführung der ärztlichen Anordnung erforderliche Fachkompetenz besitzt und entscheidet über deren Übernahme in Kenntnis der haftungsrechtlichen Folgen insbesondere im Hinblick auf die Einlassungsfahrlässigkeit;
- kann nach eingehender Situationseinschätzung über die Möglichkeit der Weiterdelegation einer ärztlichen Anordnung an berechtigte Personen entscheiden und beaufsichtigt bzw. kontrolliert deren Durchführung;
- vertritt einen multidisziplinären und berufs- und professionsübergreifenden Ansatz zur Lösung von Gesundheitsproblemen;
- kann sich am interdisziplinären und interprofessionellen Diskurs und Dialog beteiligen, pflegerelevante Aspekte und Vorschläge bei präventiven, diagnostischen, therapeutischen und rehabilitativen Abstimmungsprozessen in Bezug auf Menschen aller Altersstufen einbringen und dabei die fachspezifische Verantwortung übernehmen;
- kann Gefährdungen und Gesundheitsrisiken am Arbeitsplatz erkennen, diese einschätzen und entweder selbst unfall- oder krankheitsverhütende Maßnahmen setzen oder in Zusammenarbeit mit Experten/innen diesbezügliche Maßnahmen und Strategien entwickeln und bewerten;
- kann Menschen, Familien und Gruppen zu gesundheitsfördernder und zu krankheitsverhütender Lebensweise motivieren, anleiten und beraten;

- kann an der Bewertung gesundheitsfördernder sowie krankheitsverhütender Maßnahmen und Strategien vor Ort mitwirken oder selbst diese Bewertung organisieren.

II. Organisationsbezogene Fachkompetenz

Der Absolvent/Die Absolventin

- kann seine/ihre grundlegenden Kenntnisse aus Betriebswirtschaft sowie Organisationslehre nutzbar machen, indem er/sie Konsequenzen für die Arbeit in der Gesundheits- und Krankenpflege in dem jeweiligen Handlungsfeld ableitet;
- kann im jeweiligen Handlungsfeld über die pflegebezogenen Regelungsmechanismen und Finanzierungssysteme im Gesundheits- und Sozialwesen informieren;
- kann den Einsatz pflegespezifischer Organisations- und Arbeitsformen in den unterschiedlichen Pflegesettings oder Versorgungsbereichen argumentieren;
- kann seine/ihre Aufgabe und Rolle im intra- oder interprofessionellen Team wahrnehmen und mit anderen Professionen koordiniert und kontinuierlich zusammenarbeiten;
- kann Arbeitsabläufe und die Prozessqualität an den gegebenen Nahtstellen der jeweiligen Versorgungs- und Funktionsbereiche optimieren und bei Nahtstellenproblemen die Entwicklung und Umsetzung von Lösungsstrategien mit dem Ziel der kontinuierlichen Betreuung von Menschen einleiten;
- kann vor dem Hintergrund seiner/ihrer grundlegenden Kenntnisse über Disease-, Case- und Care-Management eine klare diesbezügliche Rollen- und Funktionsverteilung im multiprofessionellen Team induzieren und die Versorgungskette für die Betreuung und Behandlung von Menschen aller Altersstufen aktiv mitplanen und mitgestalten;
- kann im Verständnis der Pflege als Dienstleistung im Gesundheits- und Sozialwesen und diese team- und kundenorientiert sowie wirtschaftlich ausrichten;

- kann Entscheidungen in Dilemmasituationen, die sich aus dem Spannungsfeld zwischen Berufsethos, Wirtschaftlichkeit und Individualität ergeben, nach bestem Wissen und Gewissen abwägen;
- hat Grundlagenwissen über pflegespezifische Informatik- und Leistungserfassungssysteme, um sich im jeweiligen Bereich auf verwendete Textverarbeitungs-, Präsentations-, Statistik- oder Datenbankprogramme vertiefen zu können;
- kennt das Einsatzgebiet sowie Prinzipien, Instrumente und Methoden des Projektmanagements und kann einfache pflegebezogene Projekte planen, durchführen und evaluieren;
- kann Struktur-, Prozess- und Ergebnisqualität der Pflege interpretieren und begründend an der Qualitätsarbeit in der jeweiligen Einrichtung mitwirken;
- kann anhand seiner/ihrer Grundkenntnisse in statistischen Datenerhebungs- und Analysetechniken an der Datenbereitstellung zu statistischen Zwecken mitwirken, statistisches Datenmaterial verstehen und sinngemäß interpretieren;
- kann die berufliche Tätigkeit insbesondere bei freiberuflicher Berufsausübung mittels organisatorischer und betriebswirtschaftlicher Prinzipien entwickeln, gestalten und umsetzen.

III. Gesellschaftsbezogene Fachkompetenz

Der Absolvent/Die Absolventin

- kann auf der Grundlage seines/ihres Wissens die wesentlichen Strukturen und Einrichtungen des österreichischen Gesundheits- und Sozialsystems verstehen und deren Zusammenhänge und die verschiedenen Rollen und Aufgaben der jeweiligen Akteure/innen dieser Systeme erkennen;

FH-GuK-AV   Anhang

- kann den Informationsbedarf, die Probleme, die Ressourcen und den Handlungsbedarf in Bezug auf den Pflegebedarf sowie die Gesundheits- und Sozialversorgung der Bevölkerung erkennen und Lösungsmöglichkeiten aus der Sicht der Gesundheits- und Krankenpflege aufzeigen;
- kennt das mögliche Aufgabenspektrum von Gesundheits- und Krankenpflegepersonen insbesondere in Schulen, Kinderbetreuungseinrichtungen, Betrieben und Gemeinden und entwickelt innovative Konzepte für deren Einsatz in diesen Bereichen;
- kennt das Aufgabenspektrum der Gesundheitsförderung und Prävention;
- kann pflege- sowie gesundheitsspezifische Informations- und Aufklärungsarbeit unter Nutzung kommunikationswissenschaftlicher Techniken zielgruppenorientiert leisten;
- kann die Pflegeperspektive zur Gesundheit, Funktionsbeeinträchtigung oder Schädigung, Krankheit, Sterben oder Tod im gesellschaftspolitischen Diskurs einbringen und sich an diesbezüglichen Veranstaltungen, Aktionen, Arbeitsgruppen, Programmen und Projekten beteiligen oder diese organisieren.

Anlage 2

Sozialkommunikative Kompetenz und Selbstkompetenz

Der/Die Absolvent/in hat im Rahmen der Ausbildung die für die Berufsausübung erforderliche sozialkommunikative Kompetenz und Selbstkompetenz erworben.

Anhang   **FH-GuK-AV**

I. Sozialkommunikative Kompetenz

Der Absolvent/Die Absolventin

- kann soziale Beziehungen im beruflichen Kontext bewusst und reflektiert aufbauen, aufrecht erhalten und lösen;
- verfügt über einen Zugang zum Menschen, der durch Empathie, Wertschätzung und Kongruenz gekennzeichnet ist;
- verfügt im Umgang mit Menschen unterschiedlicher Kulturen über eine interkulturelle Kompetenz;
- kann den Dialog mit den Zielgruppen der Pflege sowie im intra- und interprofessionellen Team auf Basis von Kenntnissen, Fähigkeiten und Fertigkeiten über Interaktion, Kommunikation und Gesprächsführung professionell gestalten;
- kann sich klar, verständlich und zielgerichtet am intra- und interprofessionellen Informations- und Wissenstransfer sowie am Wissensmanagement der jeweiligen Einrichtung beteiligen;
- ist geübt im Geben und Annehmen von differenzierten sowie konstruktiven Feedbacks;
- kann Kommunikationsbarrieren und Konflikte erkennen und Lösungsmöglichkeiten bzw. Bewältigungsstrategien initiieren;
- kann berufliche Informations- und Kommunikationsaufgaben situationsbezogen bewältigen.

II. Selbstkompetenz

Der Absolventin/Die Absolventin

- kann persönlich wirksame Lern- und Arbeitsstrategien unter Verwendung unterschiedlicher Problemlösungs-, Entscheidungs- und Kreativitätstechniken erarbeiten;

- reflektiert eigene Werte und Normen sowie das eigene Verhalten und Handeln und kann die Haltung sowie das Verhalten am international anerkannten Berufskodex ausrichten;
- kann durch sein/ihr Verhalten ein positives Wahrnehmungsmodell sein;
- kann Berufs- und Pflegesituationen konzept- und theoriegeleitet reflektieren, differenziert beurteilen und Schlussfolgerungen für das weitere berufliche Handeln ziehen;
- kann selbstständig fachlich begründete Entscheidungen treffen und eigene Entscheidungen verantwortungsbewusst nach außen vertreten;
- kann Verantwortung für die eigenen Entscheidungen, Handlungen und deren Konsequenzen übernehmen;
- kann aus persönlicher Erfahrung lernen und den Anforderungen des lebenslangen Lernens und der beruflichen Fortbildungsverpflichtung durch kontinuierliche Anpassung der beruflichen Tätigkeit an pflegewissenschaftliche, medizinisch-wissenschaftliche und sozialwissenschaftliche Erkenntnisse gerecht werden;
- kann in Routinesituationen rasch, sicher und flexibel agieren und reagieren;
- kann die psychosozialen Anforderungen des jeweiligen Handlungsfeldes einschätzen und damit konstruktiv umgehen;
- kann die eigenen fachlichen und persönlichen Möglichkeiten und Grenzen erkennen und bei Belastungen persönlich wirksame Copingstrategien anwenden;
- verfügt über eine integrative Grundhaltung und ein integratives Verständnis und kann systemisch vernetzt und fachübergreifend denken und handeln;
- ist sich der eigenen Rolle im Rahmen der Berufsentwicklung bewusst und kann aktiv zur Weiterentwicklung der Profession beitragen.

Anhang   **FH-GuK-AV**

Anlage 3

Wissenschaftliche Kompetenz

Der/Die Absolvent/in hat im Rahmen der Ausbildung die für die Berufsausübung erforderliche wissenschaftliche Kompetenz erworben.

Der Absolvent/Die Absolventin

- kann wissenschaftliche Erkenntnisse im nationalen und internationalen Bereich, insbesondere zur evidenzbasierten Reflexion, Evaluation und Argumentation in der Gesundheits- und Krankenpflege, recherchieren;
- kann die Pflege betreffende Forschungsfragen und Hypothesen formulieren;
- verfügt über Basiskenntnisse der quantitativen und qualitativen Pflegeforschung und kann Forschungsarbeiten zu praxisrelevanten Problemstellungen verstehen und kritisch beurteilen;
- kann an Forschungsarbeiten mitwirken, Forschungsergebnisse anwenden und bei der Umsetzung von „best practice"-Beispielen mitwirken;
- kann wissenschaftliche Erkenntnisse und Methoden bei der Erarbeitung evidenzbasierter Interventionen, Normen, Standards, Leitlinien und Richtlinien für die Gesundheits- und Krankenpflege sowie im Rahmen von Forschungsprozessen nutzen;
- kann sich am wissenschaftlichen Diskurs beteiligen und Fachliteratur und Forschungsberichte verstehen und bearbeiten.

Anlage 4

Mindestinhalte der Ausbildung in der allgemeinen Gesundheits- und Krankenpflege

Bei der Gestaltung der Ausbildung sind die in den §§ 3 und 4 festgelegten fachlichen und didaktischen Grundsätze umzusetzen.

Das Curriculum, die Organisation, der Ablauf und die Evaluation des Fachhochschul-Bachelorstudiengangs für die Ausbildung in der allgemeinen Gesundheits- und Krankenpflege ist auf den Lernprozess der Studierenden zu konzentrieren und ist auf operationalisierte Lernziele auszurichten, um damit die Erreichung des im Qualifikationsprofil festgelegten Kompetenzerwerbs nach Absolvierung des Studiums zu gewährleisten.

Die theoretische Ausbildung hat insbesondere folgende Fachgebiete zu beinhalten:

Berufs- und pflegespezifische Fachgebiete:
– Berufskunde und Berufsethik
– Pflegewissenschaft und Pflegeforschung einschließlich Evidence Based Nursing oder Research Based Nursing
– Theorie und Praxis der Gesundheits- und Krankenpflege, insbesondere Pflegetheorien, Pflegemodelle, Pflegekonzepte und Klassifikationssysteme; Pflegeprozess und allgemeine Grundsätze, Prinzipien, Methoden/Techniken und Interventionen der Gesundheits- und Krankenpflege
– Spezielle Gesundheits- und Krankenpflege aller Altersstufen im Rahmen medizinischer Fachgebiete (insbesondere allgemeine Medizin und spezielle medizinische Fachgebiete wie allgemeine Chirurgie und chirurgische Fachgebiete, Kinderheilkunde, Geriatrie, Psychiatrie und Gerontopsychiatrie)
– Gesundheits- und Krankenpflege spezieller Zielgruppen (insbesondere chronisch kranke und alte Menschen, Wöchnerinnen, Säuglinge, Kinder sowie Familien)

Anhang **FH-GuK-AV**

- Gesundheits- und Krankenpflege im häuslichen Bereich/ Hauskrankenpflege
- Gesundheits- und Krankenpflege im Gemeinwesen
- Patienten- und Familienedukation
- Palliativpflege

Grundlagen- und Bezugswissen anderer Fachgebiete:
- Ethik
- Biophysik und Biochemie
- Biologie, Anatomie, Physiologie
- Soziologie, Psychologie, Pädagogik
- Interaktion, Kommunikation und Gesprächsführung, Konfliktbewältigung
- Gesundheitswissenschaften, insbesondere Public Health, Gesundheitsförderung, Prävention, Gesundheitsvorsorge und Gesundheitserziehung
- Ergonomie, Umgang mit körperlichen Belastungen, Arbeitsmedizin
- Ernährungslehre und Diätetik
- Hygiene und Infektionslehre (einschließlich Bakteriologie, Virologie und Parasitologie)
- Erste Hilfe, Strahlen- und Katastrophenschutz
- Allgemeine Pathologie
- Pharmakologie
- spezielle medizinische Fachgebiete einschließlich komplementärmedizinischer Methoden (insbesondere allgemeine Medizin und spezielle medizinische Fachgebiete, allgemeine Chirurgie und chirurgische Fachgebiete, Radiologie, Kinderheilkunde, Geriatrie, Psychiatrie und Gerontopsychiatrie, Palliativmedizin)
- Gerontologie
- Strukturen und Einrichtungen des Gesundheits- und Sozialwesens
- Berufsrecht der Gesundheitsberufe, insbesondere Gesundheits- und Krankenpflegerecht

FH-GuK-AV **Anhang**

- Grundzüge des Medizinrechts und sonstiger pflegerelevanter Rechtsgrundlagen einschließlich pflegerelevante Regelungen des Sozialversicherungs- und Arbeitsrechts
- Pflegerelevante Aspekte der Betriebswirtschafts- und Organisationslehre sowie des Betriebsmanagements
- Qualitätsentwicklung, -sicherung und -management
- Grundlagen des wissenschaftlichen Arbeitens und Statistik
- Fachspezifisches Englisch

Anlage 5

Mindestanforderungen an die praktische Ausbildung

Bei der Gestaltung der praktischen Ausbildung sind die in den §§ 3 und 4 festgelegten fachlichen und didaktischen Grundsätze umzusetzen.

Die praktische Ausbildung an den Praktikumsstellen hat in nachstehend angeführten Versorgungs- und Fachbereichen zu erfolgen. Dabei ist sicherzustellen, dass mindestens 1840 Stunden der praktischen Ausbildung in den folgenden Bereichen absolviert werden, wobei in jedem der angeführten Bereiche ein Praktikum zu absolvieren ist und mindestens 1060 Stunden auf die Akutpflege zu entfallen haben:

- Akutpflege: Akutkrankenanstalt mit operativen, konservativen, geburtshilflichen, pädiatrischen und/oder psychiarischen Fachbereichen der Medizin;
- Langzeitpflege: Einrichtungen, die der stationären/teilstationären Betreuung pflegebedürftiger, alter sowie psychisch kranker Menschen dienen;
- Mobile Pflege: Einrichtungen/Organisationen, die Hauskrankenpflege, andere Gesundheitsdienste oder soziale Dienste anbieten;
- Prävention und Rehabilitation: Einrichtungen, die Gesundheitsvorsorge oder Rehabilitation anbieten.

Höchstens 320 Stunden der praktischen Ausbildung können auch in folgenden Bereichen stattfinden:
- Bei freiberuflich tätigen Angehörigen des gehobenen Dienstes für Gesundheits- und Krankenpflege;
- Öffentlicher Gesundheitsdienst (auf Gemeinde-, Bezirks-, Landes- oder Bundesebene);
- Ordinationen und Praxisgemeinschaften im niedergelassenen Bereich;
- Betreuungseinrichtungen und sonstige Einrichtungen, sofern der Bezug zur Gesundheits- und Krankenpflege gegeben ist.

Dem/Der Studierenden ist ein Praktikum nach freier Wahl zu ermöglichen.

K) Allgemeiner Teil Erläuterungen – Regierungsvorlage (EB-RV)

Die Forderung nach einer Neuregelung des Krankenpflegegesetzes wird schon seit mehreren Jahren von den betroffenen Berufsgruppen an das Bundesministerium für Arbeit, Gesundheit und Soziales herangetragen. Reformpläne bestehen bereits seit längerer Zeit, da das Krankenpflegegesetz trotz zahlreicher Novellierungen sowohl in inhaltlicher als auch in legistischer Hinsicht nicht mehr den aktuellen Anforderungen gerecht wird.

Bis zum Jahr 1992 waren die Ausbildung und das Berufsrecht von 22 Gesundheitsberufen im Krankenpflegegesetz geregelt, wobei insbesondere die Berufsbilder und Tätigkeitsbereiche der einzelnen Berufe nur allgemein umschrieben waren und daher zu mannigfaltigen Auslegungsproblemen führten.

Die Schaffung des Berufes des Pflegehelfers/der Pflegehelferin mit der Novelle zum Krankenpflegegesetz, BGBl. Nr. 449/1990, war ein erster Schritt zur Verbesserung der Ausbildung und der Berufsausübung der nichtärztlichen Gesundheitsberufe.

Mit der Erlassung des MTD-Gesetzes, BGBl. Nr. 460/1992, wurde ein weiterer Schritt zu einer umfassenden Reformierung der Gesundheitsberufe durch die Ausgliederung der gehobenen medizinisch-technischen Dienste aus dem Krankenpflegegesetz getroffen.

Die zentrale Stellung der Pflege im Rahmen des Gesundheitswesens erforderte eine umfassende Reformierung der Pflegeberufe.

Nach jahrelangen fachlichen Vorarbeiten wurde im August 1993 ein Arbeitskreis „Eigenständigkeit der Krankenpflege" eingesetzt, der mit der Ausarbeitung eines Positionspapiers zur Gesundheits- und Krankenpflege beauftragt wurde.

Der Arbeitskreis, der sich aus VertreterInnen des leitenden Krankenpflegepersonals aus ganz Österreich, des Österreichischen Gewerkschaftsbundes, des Österreichischen Krankenpflegeverbandes, der Österreichischen Ärztekammer und der ARGE der Pflegedienstleitungen Österreichs zusammensetzte, erarbeitete innerhalb von sechs Monaten ein entsprechendes Diskussionspapier. Dieses wurde in einer Enquete, die Anfang März 1994 in Klagenfurt stattfand und an der über 200 Personen aus dem Krankenpflegebereich teilnahmen, zur Diskussion gestellt. Auf Grund der Ergebnisse der Enquete wurde das Positionspapier finalisiert.

Das Positionspapier zur Gesundheits- und Krankenpflege enthält die Forderungen des Arbeitskreises hinsichtlich des Berufsbildes, des Tätigkeitsbereiches und einer neuen Berufsbezeichnung des bisherigen Krankenpflegefachdienstes.

Unter Zugrundelegung des Positionspapiers und der im Rahmen einer Befragung von primär betroffenen Einrichtungen und Gebietskörperschaften dazu ergangenen Stellungnahmen wurde ein Gesetzesentwurf erarbeitet und dem allgemeinen Begutachtungsverfahren zugeleitet.

In zahlreichen Sitzungen wurden die Ergebnisse des Begutachtungsverfahrens insbesondere mit VertreterInnen des Österreichischen Gewerkschaftsbundes, des Österreichischen Krankenpflegeverbandes, der Österreichischen Ärztekammer, des leitenden Krankenpflegepersonals und anderen betroffenen Ressorts erörtert. Dabei gelang es, Mißverständnisse zu klären und grundsätzliche Einigung hinsichtlich ursprünglich divergierender Meinungen zu erzielen. Die Länder wurden auch hinsichtlich der finanziellen Implikationen des Gesetzes miteinbezogen. Auf die finanziellen Erläuterungen ist zu verweisen.

Von einer Novellierung des Krankenpflegegesetzes, das in weiten Zügen aus dem Jahre 1961 stammt und durch die zahlreichen Novellierungen, insbesondere die Ausgliederung der gehobenen medizinisch-technischen Dienste, und durch die Fortentwicklung der Rechtsetzungstechnik nicht mehr den legistischen Anforderungen entspricht, wurde Abstand genommen. Eine Novellierung im Rahmen des Krankenpflegegesetzes hätte zweckdienlicher Weise insbesondere mit einer gleichzeitigen Neuregelung aller im Krankenpflegegesetz verbliebenen Berufe einhergehen sollen, was im Hinblick auf den Umfang der Reformmaßnahmen eine mehrjährige Verzögerung der legistischen Umsetzung zur Folge gehabt hätte.

Anhang   **EB-RV**

Auf Grund der starken Bindung an das diplomierte Gesundheits- und Krankenpflegepersonal wurde auch die Pflegehilfe in das neue Gesetz integriert. Für beide Berufsgruppen wurden Berufsbild und Tätigkeitsbereiche ausführlich umschrieben, wobei hinsichtlich der Pflegehilfe die vom Österreichischen Bundesinstitut für Gesundheitswesen erstellte Expertise zum Pflegehilfsdienst als fachliche Grundlage diente.

Regelungen über die Kostentragung wurden im Rahmen des vorliegenden Gesetzes vor allem im Hinblick auf die Möglichkeit für Private, Gesundheits- und Krankenpflegeschulen sowie Pflegehilfelehrgänge zu führen, nicht getroffen, da dies einen verfassungsrechtlich bedenklichen Eingriff in die Erwerbsausübungsfreiheit bzw. Privatautonomie des Trägers der Ausbildungseinrichtung bedeuten würde; dies umso mehr, als auch keine gesetzlichen Grundlagen für finanzielle Zuwendungen von Gebietskörperschaften an allfällige private Betreiber vorgesehen sind.

Folgende Schwerpunkte der Reformmaßnahmen im Bereich der Pflege sind zusammenfassend hervorzuheben:
– Schaffung eines eigenständigen Gesetzes für Gesundheits- und Krankenpflegeberufe;
– Festlegung von Berufsrechten und Berufspflichten;
– Neuformulierung der Berufsbilder;
– Änderung der Berufsbezeichnungen;
– detaillierte Umschreibung der Tätigkeitsbereiche;
– umfassende Regelungen über die Berufsberechtigung und die Berufsausübung;
– Festlegung der Ausbildungsbedingungen (Zugang, Ausschluß, Anrechnungen, Prüfungen);
– Aufhebung der Internatspflicht;
– Einrichtung einer Schülervertretung;
– Regelungen über Fort- und Weiterbildungen;
– verpflichtende Sonderausbildungen für die Ausübung von Spezial-, Lehr- und Führungsaufgaben;
– Sonderausbildungen auch in der Kinder- und Jugendlichenpflege und in der psychiatrischen Gesundheits- und

Krankenpflege neben den bisherigen Grundausbildungen;
- Neufassung der Nostrifikationsbestimmungen;
- Ergänzung der EWR-Bestimmungen.

Bei der Umschreibung der Tätigkeitsbereiche unterscheidet das Gesetz zwischen dem eigenverantwortlichen, mitverantwortlichen, interdisziplinären und den erweiterten Tätigkeitsbereichen. In diesen erfolgt die Abgrenzung des Pflegepersonals von anderen Gesundheitsberufen, wobei die Berührungspunkte mit dem ärztlichen Personal naturgemäß besonders zahlreich sind. Auch dem Teamgedanken bei der Berufsausübung im intra- und extramuralen Bereich wurde Rechnung getragen.

Im Zuge der Definition von erweiterten Tätigkeitsbereichen wird die Verpflichtung zur Absolvierung von Sonderausbildungen für die Ausübung von Spezial-, Lehr- oder Führungsaufgaben normiert.

Das bedeutet, daß im Sinne der Qualitätssicherung Lehr- und Führungsaufgaben nach Auslaufen der Übergangsbestimmungen nur mit entsprechender Sonderausbildung verrichtet werden dürfen. Spezialaufgaben – ausgenommen Kinder- und Jugendlichenpflege und psychiatrische Gesundheits- und Krankenpflege, für deren Ausübung die Ausbildung weiterhin unabdingbare Voraussetzung ist – dürfen nur für beschränkte Dauer ohne entsprechende Sonderausbildung ausgeübt werden.

Anders als in dem in Begutachtung ausgesandten Entwurf, in dem der kardiotechnische Dienst als erweiterter Tätigkeitsbereich der Gesundheits- und Krankenpflege mit der entsprechenden Sonderausbildung vorgesehen war, wird nunmehr auf Grund der negativen Stellungnahmen der Berufsangehörigen von der Integrierung des kardiotechnischen Dienstes in die Gesundheits- und Krankenpflege Abstand genommen. Regelungen über den kardiotechnischen Dienst bleiben daher einem zukünftigen eigenen Gesetz vorbehalten.

Zur Erleichterung der Anerkennung der österreichischen Ausbildungen in der Kinder- und Jugendlichenpflege und in der psychiatrischen Gesundheits- und Krankenpflege im EWR und

Anhang EB-RV

zum erleichterten Umstieg in eine andere Sparte der Pflege wird die gesetzliche Möglichkeit geschaffen, diese nach der Ausbildung in der allgemeinen Pflege als Sonderausbildungen zu absolvieren.

Damit wird auch dem von der WHO für die Mitgliedsländer empfohlenen Trend Rechnung getragen, eine breite Basis von „generalist nurses" zu schaffen. Aufbauend auf dieser Basis sollen Spezialisierungen möglich sein. Nicht nur die Mobilität zwischen verschiedenen Berufssparten soll so gefördert werden, sondern auch das Verständnis und damit die berufliche Kooperation der Sparten.

Daneben werden die bisherigen Ausbildungen als spezielle Grundausbildungen weiter angeboten.

Die verpflichtende Internatsunterbringung ist als nicht mehr zeitgemäß und als zwingende Konsequenz der Modernisierung der Ausbildung aufzuheben.

Es ist festzuhalten, daß den Trägern der Ausbildungseinrichtungen, der Krankenanstalten oder jedem Privaten selbstverständlich weiterhin die Möglichkeit offensteht, den Schülern Unterbringungsmöglichkeiten anzubieten.

Unter Bedachtnahme auf die Entschließung des Nationalrates 16. Juli 1994, E 163 – NR/XVIII. GP, werden Regelungen für die Berufsausübung im Rahmen einer offenen Erwerbsgesellschaft getroffen, die eine Erweiterung der Berufsausübungsmöglichkeiten mit sich bringen.

Ein weiteres Ziel des Gesetzes ist es, zur Erleichterung der Vollzugspraxis beizutragen. Die gesetzlichen Regelungen wurden daher in Anlehnung an das MTD-Gesetz und das Hebammengesetz getroffen.

Damit werden übergreifende Standards für den Berufszugang und die Berufsausübung im Bereich der Gesundheitsberufe geschaffen, die den nicht rechtskundigen Normadressaten den Umgang mit den gesetzlichen Grundlagen in diesem Bereich erleichtern sollen.

Die Neugestaltung der Nostrifikationsbestimmungen baut auf den bisherigen Erfahrungen der Vollzugspraxis des MTD-Gesetzes, des Krankenpflegegesetzes und des Hebammengesetzes auf. Die Regelung erfolgt in Anlehnung an die Bestimmungen des Allgemeinen Hochschul-Studiengesetzes und weicht somit wesentlich von den bisher geltenden Bestimmungen ab. Es werden ähnliche Anforderungen festgelegt, wie sie im Hochschulbereich für die Nostrifikationen bereits üblich sind. Die detaillierten Nostrifikationsbestimmungen sollen zur Erleichterung der Vollzugspraxis beitragen.

Europarechtliche Aspekte

Es ist notwendig, die bisherigen Regelungen hinsichtlich der Anerkennung von Ausbildungsnachweisen aus dem Europäischen Wirtschaftsraum zu ergänzen. Folgende Richtlinien sind dabei in innerstaatliches Recht umzusetzen:

– Richtlinie 77/452/EWG des Rates vom 27. Juni 1977 über die gegenseitige Anerkennung der Diplome, Prüfungszeugnisse und sonstigen Befähigungsnachweise der Krankenschwester und des Krankenpflegers, die für die allgemeine Pflege verantwortlich sind, und über Maßnahmen zur Erleichterung der tatsächlichen Ausübung des Niederlassungsrechts und des Rechts auf freien Dienstleistungsverkehr, zuletzt geändert durch den EU-Beitrittsvertrag,
– Richtlinie 77/453/EWG des Rates vom 27. Juni 1977 zur Koordinierung der Rechts- und Verwaltungsvorschriften für die Tätigkeiten der Krankenschwester und des Krankenpflegers, die für die allgemeine Pflege verantwortlich sind, geändert durch die Richtlinie 89/595/EWG,
– Richtlinie 89/48/EWG des Rates vom 21. Dezember 1988 über eine allgemeine Regelung zur Anerkennung der Hochschuldiplome, die eine mindestens dreijährige Berufsausbildung abschließen, und
– Richtlinie 92/51/EWG des Rates vom 18. Juni 1992 über eine zweite allgemeine Regelung zur Anerkennung beruflicher Befähigungsnachweise in Ergänzung zur

Anhang EB-RV

Richtlinie 89/48/EWG, zuletzt geändert durch die Richtlinie 95/43/EG.

In der allgemeinen Krankenpflege war die österreichische Ausbildung auch bisher schon EG-konform. Daher ist das österreichische Krankenpflegediplom im Rahmen des EWR-Abkommens in die Richtlinie 77/452/EWG aufgenommen worden und ist von allen Mitgliedstaaten ohne inhaltliche Prüfung anzuerkennen.

Anderes gilt für die Kinderkranken- und Säuglingspflege und für die psychiatrische Krankenpflege, die von den sektoriellen Richtlinien nicht erfaßt sind. Eine Anerkennung erfolgt daher im Rahmen der allgemeinen Anerkennungsrichtlinien. Eine Berücksichtigung dieser beiden Berufe im Anhang C der Richtlinie 92/51/EWG, der eine Auflistung der anerkannten Ausbildungsgänge auf Diplomniveau enthält, konnte bisher nicht erreicht werden, insbesondere auf Grund der nicht ausreichend normierten schulischen Vorbildung in der psychiatrischen Krankenpflege.

Auf der Grundlage des Gesundheits- und Krankenpflegegesetzes wird neuerlich im Rahmen des Art.-15-Verfahrens die Berücksichtigung der Kinder- und Jugendlichenpflege und der psychiatrischen Gesundheits- und Krankenpflege im Anhang C der Zweiten allgemeinen Anerkennungsrichtlinie angestrebt werden, um eine erleichterte Anerkennung dieser Ausbildungen in den anderen Mitgliedstaaten zu erzielen.

Die Anerkennung der reglementierten Sonderausbildungen wird auch im Rahmen der zweiten Anerkennungsrichtlinie erfolgen.

Zu erwähnen ist weiters die Verordnung (EWG) Nr. 1612/68 des Rates vom 15. Oktober 1968 über die Freizügigkeit der Arbeitnehmer innerhalb der Gemeinschaft. Diese Verordnung sieht den freien Zugang zur Ausbildung für alle Staatsangehörigen der Mitgliedstaaten unter den gleichen Voraussetzungen wie für inländische Staatsangehörige vor.

Auch der auf Art. 6 des EG-Vertrages basierenden Judikatur des Europäischen Gerichtshofes ist zu entnehmen, daß die Verpflichtung von EG-Staatsangehörigen zur „diskriminierenden" Zahlung von Ausbildungskosten nicht zulässig ist.

Für Staatsangehörige aus EWR-Staaten, die nicht Mitglieder der Europäischen Union sind – das sind Norwegen, Island und Liechtenstein – gilt die im Protokoll 29 des EWR-Abkommens über die berufliche Bildung (460 der Beilagen zu den Sten.Prot. des NR XVIII. GP, S. 389) festgelegte Sondervereinbarung betreffend Studiengebühren, die besagt, daß die Bestimmungen betreffend das Aufenthaltsrecht für Studenten die vor Inkrafttreten des Abkommens über den Europäischen Wirtschaftsraum bestehenden Möglichkeiten einzelner Vertragsparteien in bezug auf die von ausländischen Studenten erhobenen Studiengebühren nicht berühren.

Das bedeutet, daß die Einhebung von Einschreibe- und Studiengebühren von Staatsangehörigen aus Norwegen, Island und Liechtenstein, die in Österreich eine Ausbildung an einer Krankenpflegeschule auch dann zulässig ist, wenn österreichische Studierende nicht die Ausbildungskosten zu tragen haben. Für EU-Staatsangehörige hingegen kommt auch hinsichtlich der Ausbildungskosten das Diskriminierungsverbot gemäß Art. 6 EG-Vertrag uneingeschränkt zur Anwendung.

Für die Gestaltung der Ausbildungsinhalte ist insbesondere auf folgende Empfehlungen des Beratenden Ausschusses für die Ausbildung in der Krankenpflege Bedacht zu nehmen:
- Bericht und Empfehlungen über Leitlinien für die Ausbildung in der Pflege älterer Menschen (XV/E/8301/4/94)
- Empfehlungen für Fort- und Weiterbildungen in der Krankenpflege (III/F/5004/5/93)
- Leitlinien für die Einbeziehung der primären Gesundheitsversorgung in die Ausbildung von Krankenschwestern und Krankenpflegern, die für die allgemeine Pflege verantwortlich sind (III/F/5370/5/90)
- Leitlinien über die Verringerung der Kluft zwischen Theorie und Praxis in der Ausbildung von Krankenschwestern/Krankenpflegern für die allgemeine Pflege (III/D/ 5011/6/89)

Anhang EB-RV

– Bericht und Empfehlungen über die krebsspezifische Ausbildung (III/D/248/3/88).

Ergänzend ist darauf hinzuweisen, daß die österreichische Ausbildung dem Europäischen Übereinkommen über die theoretische und praktische Ausbildung von diplomierten Krankenpflegepersonen, BGBl. Nr. 53/1973, entspricht.

In den Art. II, III und IV erfolgen erforderliche Anpassungen des Krankenpflegegesetzes, des Ausbildungsvorbehaltsgesetzes und des Ärztegesetzes 1984.

L) Auszug aus dem Bericht des Gesundheitsausschusses (AB)

Die Forderung nach einer Neuregelung des Krankenpflegegesetzes wird schon seit mehreren Jahren von den betroffenen Berufsgruppen an das Bundesministerium für Arbeit, Gesundheit und Soziales herangetragen. Reformpläne bestehen bereits seit längerer Zeit, da das Krankenpflegegesetz trotz zahlreicher Novellierungen sowohl in inhaltlicher als auch in legistischer Hinsicht nicht mehr den aktuellen Anforderungen gerecht wird.

Von einer Novellierung des Krankenpflegegesetzes, das in weiten Zügen aus dem Jahre 1961 stammt und durch die zahlreichen Novellierungen, insbesondere die Ausgliederung der gehobenen medizinisch-technischen Dienste, und durch die Fortentwicklung der Rechtsetzungstechnik nicht mehr den legistischen Anforderungen entspricht, wurde Abstand genommen. Eine Novellierung im Rahmen des Krankenpflegegesetzes hätte zweckdienlicher Weise insbesondere mit einer gleichzeitigen Neuregelung aller im Krankenpflegegesetz verbliebenen Berufe einhergehen sollen, was im Hinblick auf den Umfang der Reformmaßnahmen eine mehrjährige Verzögerung der legistischen Umsetzung zur Folge gehabt hätte.

Auf Grund der starken Bindung an das diplomierte Gesundheits- und Krankenpflegepersonal wurde auch die Pflegehilfe in das neue Gesetz integriert. Für beide Berufsgruppen wurden Berufsbild und Tätigkeitsbereiche ausführlich umschrieben, wobei hinsichtlich der Pflegehilfe die vom Österreichischen Bundesinstitut für Gesundheitswesen erstellte Expertise zum Pflegehilfsdienst als fachliche Grundlage diente.

Folgende Schwerpunkte der Reformmaßnahmen im Bereich der Pflege sind zusammenfassend hervorzuheben:
- Schaffung eines eigenständigen Gesetzes für Gesundheits- und Krankenpflegeberufe;
- Festlegung von Berufsrechten und Berufspflichten;
- Neuformulierung der Berufsbilder;
- Änderung der Berufsbezeichnungen;

- detaillierte Umschreibung der Tätigkeitsbereiche;
- umfassende Regelungen über die Berufsberechtigung und die Berufsausübung;
- Festlegung der Ausbildungsbedingungen (Zugang, Ausschluß, Anrechnungen, Prüfungen);
- Aufhebung der Internatspflicht;
- Einrichtung einer Schülervertretung;
- Regelungen über Fort- und Weiterbildungen;
- verpflichtende Sonderausbildungen für die Ausübung von Spezial-, Lehr- und Führungsaufgaben;
- Sonderausbildungen auch in der Kinder- und Jugendlichenpflege und in der psychiatrischen Gesundheits- und Krankenpflege neben den bisherigen Grundausbildungen;
- Neufassung der Nostrifikationsbestimmungen;
- Ergänzung der EWR-Bestimmungen.

Bei der Umschreibung der Tätigkeitsbereiche unterscheidet das Gesetz zwischen dem eigenverantwortlichen, mitverantwortlichen, interdisziplinären und den erweiterten Tätigkeitsbereichen. In diesen erfolgt die Abgrenzung des Pflegepersonals von anderen Gesundheitsberufen, wobei die Berührungspunkte mit dem ärztlichen Personal naturgemäß besonders zahlreich sind. Auch dem Teamgedanken bei der Berufsausübung im intra- und extramuralen Bereich wurde Rechnung getragen.

Im Zuge der Definition von erweiterten Tätigkeitsbereichen wird die Verpflichtung zur Absolvierung von Sonderausbildungen für die Ausübung von Spezial-, Lehr- oder Führungsaufgaben normiert.

In den Art. II, III und IV erfolgen erforderliche Anpassungen des Krankenpflegegesetzes, des Ausbildungsvorbehaltsgesetzes und des Ärztegesetzes 1984.

M) Sonstige gesetzliche Bestimmungen

1. Zivilrechtliche Haftung

a) § 1299 ABGB

Wer sich zu einem Amte, zu einer Kunst, zu einem Gewerbe oder Handwerke öffentlich bekennt; oder wer ohne Not freiwillig ein Geschäft übernimmt, dessen Ausführung eigene Kunstkenntnisse, oder einen nicht gewöhnlichen Fleiß erfordert, gibt dadurch zu erkennen, daß er sich den notwendigen Fleiß und die erforderlichen, nicht gewöhnlichen Kenntnisse zutraue; er muß daher den Mangel derselben vertreten. Hat aber derjenige, welcher ihm das Geschäft überließ, die Unerfahrenheit desselben gewußt; oder, bei gewöhnlicher Aufmerksamkeit wissen können, so fällt zugleich dem Letzteren ein Versehen zur Last.

b) § 1300 ABGB

Ein Sachverständiger ist auch dann verantwortlich, wenn er gegen Belohnung in Angelegenheiten seiner Kunst oder Wissenschaft aus Versehen einen nachteiligen Rat erteilt. Außer diesem Falle haftet ein Ratgeber nur für den Schaden, welchen er wissentlich durch Erteilung des Rates dem Anderen verursacht hat.

c) § 1313 a ABGB

Wer einem anderen zu einer Leistung verpflichtet ist, haftet ihm für das Verschulden seines gesetzlichen Vertreters sowie der Personen, deren er sich zur Erfüllung bedient, wie für sein eigenes.

d) § 1315 ABGB

Überhaupt haftet derjenige, welcher sich einer untüchtigen oder wissentlich einer gefährlichen Person zur Besorgung seiner Angelegenheiten bedient, für den Schaden, den sie in dieser Eigenschaft einem Dritten zufügt.

Sonst. ges. Best. **Anhang**

2. Strafrechtliche Haftung

a) § 80 StGB

Wer fahrlässig den Tod eines anderen herbeiführt, ist mit Freiheitsstrafe bis zu einem Jahr zu bestrafen.

b) § 82 StGB

(1) Wer das Leben eines anderen dadurch gefährdet, daß er ihn in eine hilflose Lage bringt und in dieser im Stich läßt, ist mit Freiheitsstrafe von sechs Monaten bis zu fünf Jahren zu bestrafen.

(2) Ebenso ist zu bestrafen, wer das Leben eines anderen, der unter seiner Obhut steht oder dem er sonst beizustehen verpflichtet ist (§ 2), dadurch gefährdet, daß er ihn in einer hilflosen Lage im Stich läßt.

(3) Hat die Tat den Tod des Gefährdeten zur Folge, so ist der Täter mit Freiheitsstrafe von einem bis zu zehn Jahren zu bestrafen.

c) § 88 StGB

Fahrlässige Körperverletzung

§ 88. (1) Wer fahrlässig einen anderen am Körper verletzt oder an der Gesundheit schädigt, ist mit Freiheitsstrafe bis zu drei Monaten oder mit Geldstrafe bis zu 180 Tagessätzen zu bestrafen.

(2) Trifft den Täter kein schweres Verschulden und ist entweder

1. die verletzte Person mit dem Täter in auf- oder absteigender Linie verwandt oder verschwägert oder sein Ehegatte, sein eingetragener Partner, sein Bruder oder seine Schwester oder nach § 72 Abs. 2 wie ein Angehöriger des Täters zu behandeln,
2. *(Anm.: aufgehoben durch BGBl. I Nr. 111/2010)*
3. aus der Tat keine Gesundheitsschädigung oder Berufsunfähigkeit einer anderen Person von mehr als vierzehntägiger Dauer erfolgt,

so ist der Täter nach Abs. 1 nicht zu bestrafen.

(3) In den im § 81 Abs. 1 Z 1 bis 3 bezeichneten Fällen ist der Täter mit Freiheitsstrafe bis zu sechs Monaten oder mit Geldstrafe bis zu 360 Tagessätzen zu bestrafen.

(4) Hat die Tat eine schwere Körperverletzung (§ 84 Abs. 1) zur Folge, so ist der Täter mit Freiheitsstrafe bis zu sechs Monaten oder mit Geldstrafe bis zu 360 Tagessätzen, in den im § 81 Abs. 1 Z 1 bis 3 bezeichneten Fällen aber mit Freiheitsstrafe bis zu zwei Jahren zu bestrafen.

d) § 94 StGB

(1) Wer es unterläßt, einem anderen, dessen Verletzung am Körper (§ 83) er, wenn auch nicht widerrechtlich, verursacht hat, die erforderliche Hilfe zu leisten, ist mit Freiheitsstrafe bis zu einem Jahr oder mit Geldstrafe bis zu 360 Tagessätzen zu bestrafen.

(2) Hat das Imstichlassen eine schwere Körperverletzung (§ 84 Abs. 1) des Verletzten zur Folge, so ist der Täter mit Freiheitsstrafe bis zu zwei Jahren, hat es seinen Tod zur Folge, mit Freiheitsstrafe bis zu drei Jahren zu bestrafen.

(3) Der Täter ist entschuldigt, wenn ihm die Hilfeleistung nicht zuzumuten ist. Die Hilfeleistung ist insbesondere dann nicht zuzumuten, wenn sie nur unter der Gefahr des Todes oder einer beträchtlichen Körperverletzung oder Gesundheitsschädigung oder unter Verletzung anderer überwiegender Interessen möglich wäre.

(4) Der Täter ist nach Abs. 1 und 2 nicht zu bestrafen, wenn er schon wegen der Verletzung mit der gleichen oder einer strengeren Strafe bedroht ist.

e) § 95 StGB

(1) Wer es bei einem Unglücksfall oder einer Gemeingefahr (§ 176) unterläßt, die zur Rettung eines Menschen aus der Gefahr des Todes oder einer beträchtlichen Körperverletzung oder Gesundheitsschädigung offensichtlich erforderliche Hilfe zu leisten,

Sonst. ges. Best.   **Anhang**

ist mit Freiheitsstrafe bis zu sechs Monaten oder mit Geldstrafe bis zu 360 Tagessätzen, wenn die Unterlassung der Hilfeleistung jedoch den Tod eines Menschen zur Folge hat, mit Freiheitsstrafe bis zu einem Jahr oder mit Geldstrafe bis zu 360 Tagessätzen zu bestrafen, es sei denn, daß die Hilfeleistung dem Täter nicht zuzumuten ist.

(2) Die Hilfeleistung ist insbesondere dann nicht zuzumuten, wenn sie nur unter Gefahr für Leib oder Leben oder unter Verletzung anderer ins Gewicht fallender Interessen möglich wäre.

Anhang Sonst. ges. Best.

3. Heimaufenthaltsgesetz
BGBl. I Nr. 11/2004 i.d.F. BGBl. I Nr. 94/2006 und BGBl. I Nr. 18/2010
(Auszug)

1. Abschnitt
Allgemeine Bestimmungen

Schutz der persönlichen Freiheit

§ 1. (1) Die persönliche Freiheit von Menschen, die aufgrund des Alters, einer Behinderung oder einer Krankheit der Pflege oder Betreuung bedürfen, ist besonders zu schützen. Ihre Menschenwürde ist unter allen Umständen zu achten und zu wahren. Die mit der Pflege oder Betreuung betrauten Menschen sind zu diesem Zweck besonders zu unterstützen.

(2) Freiheitsbeschränkungen sind nur dann zulässig, soweit sie im Verfassungsrecht, in diesem Bundesgesetz oder in anderen gesetzlichen Vorschriften ausdrücklich vorgesehen sind.

Geltungsbereich

§ 2. (1) Dieses Bundesgesetz regelt allein die Voraussetzungen und die Überprüfung von Freiheitsbeschränkungen in Alten- und Pflegeheimen, Behindertenheimen sowie in anderen Einrichtungen, in denen wenigstens drei psychisch kranke oder geistig behinderte Menschen ständig betreut oder gepflegt werden können. In Krankenanstalten ist dieses Bundesgesetz nur auf Personen anzuwenden, die dort wegen ihrer psychischen Krankheit oder geistigen Behinderung der ständigen Pflege oder Betreuung bedürfen.

(2) Dieses Bundesgesetz ist auf Heime und andere Einrichtungen zur Pflege und Erziehung Minderjähriger, auf Krankenanstalten oder Abteilungen für Psychiatrie sowie auf Anstalten für geistig abnorme und entwöhnungsbedürftige Rechtsbrecher nicht anzuwenden.

(3) Im Übrigen gilt dieses Bundesgesetz nicht für die Aufnahme, die Pflege und Betreuung, die Behandlung und den Umgang

Sonst. ges. Best.   **Anhang**

mit sonstigen Persönlichkeitsrechten der Bewohner von Alten- und Pflegeheimen sowie anderen Einrichtungen.

Freiheitsbeschränkung

§ 3. (1) Eine Freiheitsbeschränkung im Sinn dieses Bundesgesetzes liegt vor, wenn eine Ortsveränderung einer betreuten oder gepflegten Person (im Folgenden Bewohner) gegen oder ohne ihren Willen mit physischen Mitteln, insbesondere durch mechanische, elektronische oder medikamentöse Maßnahmen, oder durch deren Androhung unterbunden wird.

(2) Eine Freiheitsbeschränkung liegt nicht vor, wenn der einsichts- und urteilsfähige Bewohner einer Unterbindung der Ortsveränderung, insbesondere im Rahmen eines Vertrages über die ärztliche Behandlung, zugestimmt hat.

2. Abschnitt
Voraussetzungen einer Freiheitsbeschränkung

Zulässigkeitsvoraussetzungen

§ 4. Eine Freiheitsbeschränkung darf nur vorgenommen werden, wenn
1. der Bewohner psychisch krank oder geistig behindert ist und im Zusammenhang damit sein Leben oder seine Gesundheit oder das Leben oder die Gesundheit anderer ernstlich und erheblich gefährdet,
2. sie zur Abwehr dieser Gefahr unerlässlich und geeignet sowie in ihrer Dauer und Intensität im Verhältnis zur Gefahr angemessen ist sowie
3. diese Gefahr nicht durch andere Maßnahmen, insbesondere schonendere Betreuungs- oder Pflegemaßnahmen, abgewendet werden kann.

Vornahme einer Freiheitsbeschränkung

§ 5. (1) Eine Freiheitsbeschränkung darf nur auf Grund der Anordnung einer dazu befugten Person vorgenommen werden. Anordnungsbefugt sind

Anhang   Sonst. ges. Best.

1. für Freiheitsbeschränkungen durch medikamentöse oder sonstige dem Arzt gesetzlich vorbehaltene Maßnahmen und alle damit in unmittelbarem Zusammenhang erforderlichen Freiheitsbeschränkungen ein Arzt;
2. für Freiheitsbeschränkungen durch Maßnahmen im Rahmen der Pflege ein mit der Anordnung derartiger freiheitsbeschränkender Maßnahmen von der Einrichtung betrauter Angehöriger des gehobenen Dienstes für Gesundheits- und Krankenpflege und
3. für Freiheitsbeschränkungen durch Maßnahmen im Rahmen der Betreuung in Einrichtungen der Behindertenhilfe die mit der pädagogischen Leitung betraute Person und deren Vertreter.

(2) Sofern der Bewohner länger als 48 Stunden dauernd oder über diesen Zeitraum hinaus wiederholt in seiner Freiheit beschränkt wird, hat der Leiter der Einrichtung unverzüglich ein ärztliches Gutachten, ein ärztliches Zeugnis (§ 55 Ärztegesetz 1998) oder sonstige ärztliche Aufzeichnungen (§ 51 Ärztegesetz 1998) darüber einzuholen, dass der Bewohner psychisch krank oder geistig behindert ist und im Zusammenhang damit sein Leben oder seine Gesundheit oder das Leben oder die Gesundheit anderer ernstlich und erheblich gefährdet. Diese ärztlichen Dokumente müssen im Zeitpunkt der Vornahme der Freiheitsbeschränkung aktuell sein.

(3) Eine Freiheitsbeschränkung darf nur unter Einhaltung fachgemäßer Standards und unter möglichster Schonung des Bewohners durchgeführt werden.

(4) Eine Freiheitsbeschränkung ist sofort aufzuheben, wenn deren Voraussetzungen nicht mehr vorliegen.

Dokumentation

§ 6. (1) Der Grund, die Art, der Beginn und die Dauer der Freiheitsbeschränkung sind schriftlich zu dokumentieren. Ärztliche Zeugnisse und der Nachweis über die notwendigen Verständigungen sind diesen Aufzeichnungen anzuschließen.

Sonst. ges. Best. **Anhang**

(2) Ebenso sind der Grund, die Art, der Beginn und die Dauer einer mit dem Willen des Bewohners vorgenommenen Einschränkung seiner persönlichen Freiheit festzuhalten.

Aufklärung und Verständigung

§ 7. (1) Die anordnungsbefugte Person hat den Bewohner über den Grund, die Art, den Beginn und die voraussichtliche Dauer der Freiheitsbeschränkung auf geeignete, seinem Zustand entsprechende Weise aufzuklären. Zudem hat sie von der Freiheitsbeschränkung, von deren Aufhebung und von einer mit dem Willen des Bewohners vorgenommenen Einschränkung seiner persönlichen Freiheit unverzüglich den Leiter der Einrichtung zu verständigen.

(2) Der Leiter der Einrichtung hat von der Freiheitsbeschränkung und von deren Aufhebung unverzüglich den Vertreter und die Vertrauensperson des Bewohners zu verständigen und diesen Gelegenheit zur Stellungnahme einzuräumen. Diese Personen sind auch von einer mit dem Willen des Bewohners vorgenommenen Einschränkung seiner persönlichen Freiheit sowie deren Aufhebung unverzüglich zu verständigen.

...

Inkrafttreten

§ 22. (1) Dieses Bundesgesetz tritt mit 1. Juli 2005 in Kraft.

(2) Die §§ 4, 5, 7, 8, 9, 12, 13, 14, 15, 16, 17, 17a, 19 und 19a in der Fassung des Bundesgesetzes BGBl. I Nr. 18/2010 treten mit 1. Juli 2010 in Kraft. § 5 Abs. 1 und 2 in der Fassung des Bundesgesetzes BGBl. I Nr. 18/2010 ist auf Freiheitsbeschränkungen anzuwenden, die nach dem 30. Juni 2010 vorgenommen werden; die Bestimmung ist nicht auf Freiheitsbeschränkungen anzuwenden, die bereits davor vorgenommen wurden und bereits beendet sind oder weiterhin andauern. Die §§ 17 Abs. 3 und 17a zweiter Fall in der Fassung des Bundesgesetzes BGBl. I Nr. 18/2010 sind anzuwenden, wenn das Gericht den Beschluss, die Freiheitsbeschränkung für unzulässig zu erklären, nach dem 30. Juni 2010 fasst.

...

Anhang Sonst. ges. Best.

4. Hausbetreuungsgesetz – HBeG, BGBl. I Nr. 33/2007 i.d.F. BGBl. I Nr. 57/2008

Artikel 1
Hausbetreuungsgesetz – HBeG

1. Abschnitt
Allgemeine Bestimmungen

Geltungsbereich

§ 1. (1) Dieses Bundesgesetz gilt für die Betreuung von Personen in deren Privathaushalten, wobei die Betreuung im Rahmen einer selbständigen oder unselbständigen Erwerbstätigkeit erfolgen kann.

(2) Die Bestimmungen des zweiten Abschnittes dieses Bundesgesetzes gelten nur für Arbeitsverhältnisse
1. zwischen einer Betreuungskraft, die das 18. Lebensjahr vollendet hat, und
   a) der zu betreuenden Person oder einem/einer ihrer Angehörigen, oder
   b) einem/einer gemeinnützigen Anbieter/in sozialer und gesundheitlicher Dienste präventiver, betreuender oder rehabilitativer Art und
2. wenn die zu betreuende Person
   a) Anspruch auf Pflegegeld ab der Pflegestufe 3 gemäß dem Bundespflegegeldgesetz (BPGG), BGBl. Nr. 110/1993, oder gemäß den Pflegegeldgesetzen der Bundesländer oder eine gleichartige Leistung im selben Ausmaß hat oder
   b) die zu betreuende Person Anspruch auf Pflegegeld der Pflegestufen 1 oder 2 gemäß dem BPGG oder gemäß den Pflegegeldgesetzen der Bundesländer oder eine gleichartige Leistung im selben Ausmaß hat und für diese Person wegen einer nachweislichen Demenzerkrankung dennoch ein ständiger Betreuungsbedarf besteht, und

3. wenn nach einer Arbeitsperiode von höchstens 14 Tagen eine ununterbrochene Freizeit von mindestens der gleichen Dauer gewährt wird, und
4. wenn die vereinbarte Arbeitszeit mindestens 48 Stunden pro Woche beträgt, und
5. wenn die Betreuungskraft für die Dauer der Arbeitsperiode in die Hausgemeinschaft der zu betreuenden Person aufgenommen wird.

(3) Betreuung im Sinne dieses Bundesgesetzes umfasst
1. Tätigkeiten für die zu betreuende Person, die in der Hilfestellung insbesondere bei der Haushaltsführung und der Lebensführung bestehen, sowie
2. sonstige auf Grund der Betreuungsbedürftigkeit notwendige Anwesenheiten.

(4) Zu den Tätigkeiten nach Abs. 3 Z 1 zählen auch die in § 3b Abs. 2 Z 1 bis 5 des Gesundheits- und Krankenpflegegesetzes (GuKG), BGBl. I Nr. 108/1997, genannten Tätigkeiten, solange keine Umstände vorliegen, die aus medizinischer Sicht für die Durchführung dieser Tätigkeiten durch Laien eine Anordnung durch einen Angehörigen des gehobenen Dienstes für Gesundheits- und Krankenpflege erforderlich machen.

(5) Weiters gelten Tätigkeiten nach §§ 14 Abs. 2 Z 4 und 15 Abs. 7 Z 1 bis 5 GuKG und Tätigkeiten, die der Betreuungskraft nach § 50b Ärztegesetz 1998, BGBl. I Nr. 169, übertragen wurden, dann als Betreuung im Sinne dieses Bundesgesetzes, wenn sie von der Betreuungskraft an der betreuten Person nicht überwiegend erbracht werden.

Verweisungen

§ 2. Soweit in diesem Bundesgesetz auf andere Bundesgesetze verwiesen wird, sind diese in der jeweils geltenden Fassung anzuwenden.

2. Abschnitt
Arbeitsrechtliche Sonderbestimmungen
Arbeitsverhältnisse zu Privathaushalten

§ 3. (1) Für Betreuungskräfte nach § 1 Abs. 2, die in einem Arbeitsverhältnis zu der zu betreuenden Person oder einem/einer ihrer Angehörigen stehen, ist das Hausgehilfen- und Hausangestelltengesetz (HGHAG), BGBl. Nr. 235/1962, mit Ausnahme der §§ 5 und 6 Abs. 1 bis 3 anzuwenden.

(2) In zwei aufeinander folgenden Wochen darf die Arbeitszeit einschließlich der Zeiten von Arbeitsbereitschaft 128 Stunden nicht überschreiten. Allfällige über diese Höchstgrenze hinausgehende Zeiten der Arbeitsbereitschaft, die die Betreuungskraft vereinbarungsgemäß in ihrem Wohnraum oder in näherer häuslicher Umgebung verbringt und während der sie im Übrigen frei über ihre Zeit verfügen kann, gelten nicht als Arbeitszeit im Sinne dieses Bundesgesetzes.

(3) Die tägliche Arbeitszeit ist durch Ruhepausen von insgesamt mindestens drei Stunden zu unterbrechen, die auch frei von Arbeitsbereitschaft nach Abs. 2 bleiben müssen. Davon sind mindestens zwei Ruhepausen von 30 Minuten ununterbrochen zu gewähren.

(4) Darüber hinaus dürfen Arbeitnehmer/innen während jedes Zeitraumes von 24 Stunden insgesamt weitere zehn Stunden nicht in Anspruch genommen werden.

(5) Übertretungen der Abs. 2 bis 4 sind nach § 23 HGHAG zu bestrafen.

(6) Das Arbeitsverhältnis endet mit dem Tod der zu betreuenden Person auch dann, wenn ein/e Angehörige/r der zu betreuenden Person Arbeitgeber/in ist.

Arbeitsverhältnisse zu Trägerorganisationen

§ 4. (1) Für Betreuungskräfte nach § 1 Abs. 2, die in einem Arbeitsverhältnis zu einem/r gemeinnützigen Anbieter/in sozialer und gesundheitlicher Dienste präventiver, betreuender oder rehabilitativer Art stehen, gilt an Stelle des Arbeitszeitgesetzes (AZG), BGBl. Nr. 461/1969, und des Arbeitsruhegesetzes, BGBl. Nr. 144/1983, § 3 Abs. 2 bis 4 dieses Bundesgesetzes.

(2) Abweichend von Abs. 1
1. sind § 19c, § 19d und § 26 AZG anzuwenden,
2. sind Übertretungen des § 3 Abs. 2 bis 4 nach § 28 Abs. 2 AZG zu bestrafen.

3. Abschnitt
Qualitätssicherung in der Betreuung
Handlungsleitlinien

§ 5. (1) Die selbständig tätige Betreuungskraft ist verpflichtet, entsprechend der getroffenen Vereinbarung über Handlungsleitlinien für den Alltag und Notfall (§ 160 Abs. 2 Z 1 der Gewerbeordnung 1994, BGBl. Nr. 194) vorzugehen.

(2) Die in einem Arbeitsverhältnis tätige Betreuungskraft ist gegenüber dem/der Arbeitgeber/in verpflichtet, die ihr vorgegebenen Handlungsleitlinien für den Alltag und den Notfall, insbesondere über die Verständigung bzw. Beiziehung von Angehörigen, Ärzten oder Einrichtungen, die mobile Dienste anbieten, bei erkennbarer Verschlechterung des Zustandsbildes, einzuhalten.

Zusammenarbeit

§ 6. Die Betreuungskraft ist verpflichtet, mit anderen in die Pflege und Betreuung involvierten Personen und Einrichtungen zum Wohle der zu betreuenden Person zusammenzuarbeiten. Für eine in einem Arbeitsverhältnis tätige Betreuungskraft ist diese Verpflichtung eine aus dem Arbeitsverhältnis.

Verschwiegenheit

§ 7. Die Betreuungskraft ist zur Verschwiegenheit über alle ihr in Ausübung ihrer Tätigkeit bekannt gewordenen oder anvertrauten Angelegenheiten verpflichtet, soweit sie nicht davon befreit wurde oder sich nicht eine Auskunftsverpflichtung aus gesetzlichen Bestimmungen ergibt. Für eine in einem Arbeitsverhältnis tätige Betreuungskraft ist diese Verschwiegenheitsverpflichtung eine aus dem Arbeitsverhältnis.

4. Abschnitt
In-Kraft-Treten und Vollziehung

§ 8. (1) Dieses Bundesgesetz tritt mit 1. Juli 2007 in Kraft. Auf Arbeitsverhältnisse, deren vertraglich vereinbarter Beginn vor dem 1. Juli 2007 liegt, ist dieses Bundesgesetz nur dann anzuwenden, wenn dies schriftlich vereinbart wird.

(2) Mit der Vollziehung dieses Bundesgesetzes ist der/die Bundesminister/in für Wirtschaft und Arbeit betraut.

Sonst. ges. Best. Anhang

5. § 159 GewO 1994, BGBl. Nr. 194/1994 i.d.F. BGBl. I Nr. 57/2008

Personenbetreuung

§ 159. (1) Gewerbetreibende, die das Gewerbe der Personenbetreuung ausüben, sind berechtigt, betreuungsbedürftige Personen zu unterstützen. Dies umfasst insbesondere folgende Tätigkeiten:
1. Haushaltsnahe Dienstleistungen insbesondere:
   a) Zubereitung von Mahlzeiten
   b) Vornahme von Besorgungen
   c) Reinigungstätigkeiten
   d) Durchführung von Hausarbeiten
   e) Durchführung von Botengängen
   f) Sorgetragung für ein gesundes Raumklima
   g) Betreuung von Pflanzen und Tieren
   h) Wäscheversorgung (Waschen, Bügeln, Ausbessern)
2. Unterstützung bei der Lebensführung insbesondere:
   a) Gestaltung des Tagesablaufs
   b) Hilfestellung bei alltäglichen Verrichtungen
3. Gesellschafterfunktion insbesondere:
   a) Gesellschaft leisten
   b) Führen von Konversation
   c) Aufrechterhaltung gesellschaftlicher Kontakte
   d) Begleitung bei diversen Aktivitäten
4. Führung des Haushaltsbuches mit Aufzeichnungen über für die betreute Person getätigte Ausgaben
5. praktische Vorbereitung der betreuungsbedürftigen Person auf einen Ortswechsel
6. Organisation von Personenbetreuung.

(2) Zu den Tätigkeiten nach Abs. 1 Z 2 zählen auch die in § 3b Abs. 2 Z 1 bis 5 des Gesundheits- und Krankenpflegegesetzes (GuKG), BGBl. I Nr. 108/1997, genannten Tätigkeiten, solange nicht Umstände vorliegen, die aus medizinischer Sicht für die Durchführung dieser Tätigkeiten durch Laien eine Anordnung

durch einen Angehörigen des gehobenen Dienstes für Gesundheits- und Krankenpflege erforderlich machen.

(3) Gewerbetreibende, die das Gewerbe der Personenbetreuung ausüben, sind berechtigt, im Einzelfall
1. nach Maßgabe des § 3b GuKG einzelne pflegerische Tätigkeiten und
2. nach Maßgabe des § 50b Ärztegesetz 1998, BGBl. I Nr. 169, und des § 15 Abs. 7 GuKG einzelne ärztliche Tätigkeiten an der betreuten Person durchzuführen, wenn sie vom Gewerbetreibenden nicht überwiegend erbracht werden.

V. Literaturhinweise

In der Folge werden aus der Fülle der gesundheitsrechtlichen Literatur zu diesen Rechtsbereichen nur einige Hinweise gegeben. In diesen Veröffentlichungen sind zahlreiche weitere Judikatur- und Literaturhinweise enthalten.

Adamovic, Leistungsverweigerungsrecht bei Weisungskonflikten, RdM 1997, 67 ff.

Ahrens/Bar/Fischer/Spickhoff/Taupitz (Hrsg), Medizin und Haftung – Festschrift für Erwin Deutsch zum 80. Geburtstag, Springer 2009

Aigner, Ärztegesetz-Novelle, Ausbildungsvorbehaltsgesetz, RdM 3/1996, 85

Aigner, Aufbewahrung von Röntgenbildern, RdM 2000, 180

Aigner, Aufbewahrung von Tumormaterial, RdM 2002, 49

Aigner, Durchführungserlass Babynest und anonyme Geburt, RdM 2001, 144

Aigner, MTD-Gesetz-Novelle, RdM 1996, 115

Aigner, Rechtliche Rahmenbedingungen zur perioperativen Versorgung, RdM 1998, 168 ff.

Aigner, Risiko und Recht der Gesundheitsberufe, RdM 2004/23, 35 ff.

Aigner, Verwendung von Patientendaten durch Belegspitäler, RdM 2002, 120 ff.

Aigner, Zur Haftung von Notarzt und Sanitäter, RdM 2002, 100 ff.

Aigner, Zur Situation der Patientenrechte in Österreich, RdM 2000, 77 ff.

Aigner/Kierein/Kopetzki, Ärztegesetz 1998, 3. Auflage (2007)

Aigner/Kletecka/Kletecka-Pulker/Memmer, Handbuch Medizinrecht (2011)

Andreaus/Winalek, Tod einer Vierjährigen, RdM 3/2007, 68 ff.

Arnold, Einschränkungen des Berufsgeheimnisses – Ausnahmen vom Geheimnisschutz, ÖJZ 1982, 1 ff.

Attlmayr, Zur kompetenzrechtlichen Einordnung der Pflegeberufe, RdM 1998, 99 ff.

Barta, Medizinhaftung (1995)

Barta/Kalchschmid, Zum Recht auf Einsicht in die Krankengeschichte in der Psychiatrie, RdM 1998, 42 ff.

Barta/Schwamberger/Staudinger, Medizinrecht für Gesundheitsberufe (1999)

Barth, Checkliste: Medizinische Behandlung Minderjähriger, RdM 2005/2, 4 ff.

Literaturhinweise

Barth, Medizinische Behandlung von Personen unter Sachwalterschaft, RdM 4/2006, 100 ff.
Bauer, Aktuelle Änderungen im Bereich der Gesundheits- und Krankenpflegeberufe (Diss., Universität Graz)
Bergmann/Wever, Die Arzthaftung – Ein Leitfaden für Ärzte und Juristen, Springer 2009
Bernat, Die Forschung an Einwilligungsunfähigen, RdM 2001, 99 ff.
Bernat, Künstliche Insemitation durch nichtärztliches Personal, RdM 1996, 42 f.
Brandstetter, Das strafrechtliche Risiko des Arztes, ecolex 1993, 671 f.
Brandstetter/Zahrl, Die strafrechtliche Haftung des Arztes, RdM 1994, 17 ff.
Braun/Zahrl, Aktuelle Änderungen im Ärztegesetz, RdM 2001, 131 ff.
Brodil, Arzthaftung und Dienstnehmerhaftpflichtgesetz, RdM 1994, 50 ff.
Bydlinski F., Verträge über ärztliche Leistungen, in: FS Kralik (1986) 345 ff.
Dostal, Zur Werbung der Gesundheitsberufe, ecolex 1993, 680 ff.
Drda, Die Implementierung von Risk Management im Qualitätssicherungssystem der Krankenanstalten, RdM 2002, 11 ff.
Drda/Fleisch/Höftberger, Recht für Mediziner – Ein Leitfaden für Studium und Praxis (2003)
Eccher, Die Patientenverfügung, Unter besonderer Berücksichtigung grundrechtlicher Aspekte (2008)
Ecker/Füszl/Renhardt/Semp, Medizinprodukterecht (2004)
Ecker/Michtner/Schuster, Medizinproduktegesetz (MPG) (1997)
Ellinger/Missliwetz, Die Verpflichtung zur Führung ärztlicher Aufzeichnungen, Österr. Richterzeitung 6/1994, 124 ff.
Emberger/Wallner (Hg.), Ärztegesetz 1998 mit Kommentar (2004)
Engljähringer, Ärztlicher Aufklärungspflicht vor medizinischen Eingriffen (1996)
Engljähringer, Ärztlicher Behandlungsvertrag, ÖJZ 1993, 488 ff.
Entschev, Handlungspflichten der Sanitätsberufe im Zusammenhang mit der Feststellung des Todes – Anforderungen an Ärzte, Pflegepersonal und Sanitätspersonal, iFamZ 2009, 101
Feichtigner/Lindenthaler, Medizin und Recht bei unterzubringenden Notfallpatienten, RdM 2005/4, 10 ff.
Felix/Rainer, Rechtsgrundlagen für Gesundheitsberufe
Flemmich, Sachleistungsvorsorge oder Kostenerstattung – die Entwicklung im Pflegebereich, RdM 2004/40, 68 ff.

Literaturhinweise

Flora, Die Anwendung nicht-wissenschaftlicher Behandlungsmethoden durch Ärzte – ein Betrug?, RdM 1997, 109 ff.

Fraiss, Unlautere Geschäftspraktiken im Zusammenhang mit Gesundheitsberufen, in: *Kierein/Lanske/Wenda* (Hg.), Jahrbuch Gesundheitsrecht 08 (2008), 149 ff.

Fries/Kofler/Hackl/Schwamberger/Klingler/Antretter/Schobersberger, Die Problematik des Do Not Resuscitate (DNR) – Vermerke an Intensivmedizinischen Stationen: Eine Evaluierung des Ist-Zustandes an den Intensivmedizinischen Abteilungen der Universitätskliniken Innsbruck, Wien Klin Wochenschau (1999) 111/4: 161–168

Frischenschlager, Delegation ärztlicher Aufgaben an Angehörige, RdM 2005/112, 174 ff.

Fuchs, Zur Haftung des Belegarztes, RdM 2002, 138 ff.

Gaisbauer, Die paravenöse Fehlinjektion aus rechtlicher Sicht, RdM 1998, 15 ff.

Gaisbauer, Muß der Arzt den Patienten vor Bluttransfusionen über die Möglichkeit der Eigenblutspende aufklären?, RdM 1997, 107 ff.

Gaisbauer, Privatkonsultationen und ärztliche Schweigepflicht, RdM 1994, 75 ff.

Gaisbauer, Schutzpflicht des Krankenhauses gegenüber Besuchern und Begleitern des Patienten, RdM 1998, 75 ff.

Gaisbauer, Zur Beweislast für Einwilligung des Patienten und Erfüllung der ärztlichen Aufklärungspflicht, JBl. 1994, 352 ff.

Gasser/Hausreither, Akademisierung der Grundausbildung in der allgemeinen Gesundheits- und Krankenpflege, in: Kierein/Lanske/Wenda (Hg.) Jahrbuch Gesundheitsrecht 09 (2009), 63 ff.

Gepart, „Highlights" der GuKG-Novelle 2009 im Überblick, ÖZPR 2010/4

Gepart, Maßnahmen des mitverantwortlichen Tätigkeitsbereichs (§ 15 GuKG), ÖZPR 2010/5

Gepart, Wer hat ein Recht auf Einsicht in die Pflegedokumentation, ÖZPR 2010/103

Gepart/Füszl, Vielfalt des Pflegerechts, ÖZPR 2010/119

Gepart/Mayr/Füszl, Stärkung der ambulanten öffentlichen Gesundheitsversorgung: Warum ohne Pflege?, ÖZPR 2010/65

Grimm, Die Weisungsbindung des Spitalsarztes (1999)

Haag, Schadenersatz bei lege artis durchgeführter, indizierter und geglückter, aber eigenmächtiger Heilbehandlung, RdM 4/2007, 114 ff.

Haberl, Belegarzthaftung und Fremdverschulden, RdM 2005/66, 100 ff.

Literaturhinweise

Haidenthaller, Die Einwilligung Minderjähriger in medizinischen Behandlungen – Gedanken zum neuen § 146c ABGB, RdM 2001, 163 ff.

Haller, Das psychiatrische Gutachten (1996)

Hauser/Stock, Gesundheitsrecht, Linde Verlag 2009

Hausreither/Lust, Aktuelles und Wichtiges aus dem Berufsrecht, ÖZPR 2010/67

Hausreither/Lust, Zur 24-Stunden-rund-um-die-Uhr-Betreuung, Checkliste, RdM 2008, 115 ff.

Hausreither/Lust, Zur Persönlichen Assistenz, Checkliste, RdM 2008, 143 ff.

Heid/Rudolf, Rechtsprechungsübersicht: Ärztehaftung, ecolex 1993, 658 ff.

Heimerl, Wandel und Intervention in Gesundheitsorganisationen (2005)

Höfert, Von Fall zu Fall – Pflege im Recht – Rechtsfragen in der Pflege von A bis Z, Springer 2009

Hollenbach, Grundrechtsschutz im Arzt-Patienten-Verhältnis (2003)

Holzer/Posch/Schick, Arzt- und Arzneimittelhaftung in Österreich (1992)

Hönel/Raschauer/Wessely, Datenschutzrechtliche Fragen bei klinischen Prüfungen, RdM 4/2006, 106 ff.

Hopf/Aigner, Unterbringungsgesetz (1993)

Juen, Arzthaftungsrecht2 (2005)

Kern, Limitierte Einwilligung (1999)

Kerschner, Arzthaftung bei Patientenverfügungen, RdM 1998, 131 ff.

Kierein/Pritz/Sonneck, Psychologengesetz, Psychotherapiegesetz (1991)

Klaus, Ärztliche Schweigepflicht (1991)

Klaushofer, Kinderintensivpflege, RdM 1/2006, 12 ff.

Klaushofer, Zeitgemäße Pflegeformen versus berufsrechtliche Grenzen des Pflegepersonals: dargestellt am Beispiel der integrativen Wochenbettpflege, RdM 2004/103, 173 ff.

Klein, Rechtsprobleme bei Tätigkeiten von Heilmasseuren außerhalb des gesetzlichen Berufsbildes, infos 4/1995, 4 ff.

Kletecka-Pulker, Die neue Regelung der ärztlichen Schweigepflicht, RdM 2001, 175 ff.

Kletecka-Pulker, Neue Formen der Einwilligung, Checkliste, RdM 2009, 112 ff.

Kletecka-Pulker/Jaquemar, Checkliste: Freiheitsbeschränkungen nach dem HeimAufG, RdM 2005/68, 114 ff.

Literaturhinweise

Klimscha, Wie weit reicht die „Anordnungsbefugnis" des Arztes?, Anmerkung zu 6 OGH 03.09.1996, 10 Ob 2348/96h, RdM 1997, 127 f.
Klimscha/Klaschka, Das Berufsbild der medizinisch-technischen Dienste zwischen Ärzteschaft und Krankenpflegefachdienst, RdM 1997, 10 ff.
Klimscha/Klaschka, Der eigenverantwortliche Tätigkeitsbereich der gehobenen medizinisch-technischen Dienste, RdM 2000, 115 ff.
Knapp, Rechte der älteren Menschen, RdM 2/2007, 36 ff.
Knasmüller, Arzt und Krankenanstalt im Visier des Zivilrechts – ausgewählte Problembereiche im Haftungsrecht, in: Kierein/Lanske/Wenda (Hg.), Jahrbuch Gesundheitsrecht 11 (2011), 55 ff.
Kneihs, Die „tobende Psychose" und die Rolle des Rettungsdienstes, RdM 2005/31, 35 ff.
Kneihs, Grundrechte und Sterbehilfe (1998)
Knyrim/Momeni, Datenschutz bei klinischen Prüfungen und medizinischen Studien, RdM 2003/32
König/Wartberger, Zum Begriff der „Behandlung" aus medizinischpsychiatrischer Sicht, RdM 1997, 3 ff.
Kopetzki (Hrsg.), Antizipierte Patientenverfügungen (2000)
Kopetzki (Hrsg.), Einwilligung und Einwilligungsfähigkeit (2002)
Kopetzki, Grundriß des Unterbringungsrechts (1997)
Kopetzki, Hirntod und Schwangerschaft, RdM 1994, 67 ff.
Kopetzki, Organgewinnung zu Zwecken der Transplantation (1988)
Kopetzki, Turnusärzte und Famulanten (1990)
Kopetzki, Unterbringungsrecht (1995)
Kopetzki, Verwirrende „Eigenverantwortlichkeit" ?, RdM 2009, 201
Kopetzki, Zum Begriff der („besonderen") Heilbehandlung aus juristischer Sicht, RdM 1997, 6 ff.
Kopetzki/Zahrl (Hrsg.), Behandlungsanspruch und Wirtschaftlichkeitsgebot (1999)
Körtner/Kopetzki/Kletecka-Pulker, Das österreichische Patientenverfügungsgesetz (2007)
Koziol, Verschuldensunabhängige Ersatzansprüche bei Behandlungsfehlern, RdM 1994, 3 ff.
Krejci, Untergang der Kassenärzte? (1998)
Krejci, Wem gehört die Nabelschnur?, RdM 2001, 67 ff.
Kröll, Gesundheitsdienstleistungen und Patientenmobilität im Binnenmarkt, RdM 4/2007, 100 ff.
Laufs, Arztrecht5 (1993)

Literaturhinweise

Lechner/Neugebauer, Aufbewahrungsdauer von Röntgen- und Sonographiebildern, RdM 2002, 146 ff.
Loimer, Verdacht auf Vorliegen von Sexualdelikten, RdM 2002, 14
Marzi, Gibt es Angehörigenrechte im Krankenhaus?, RdM 2005/50, 74 ff.
Marzi/Leischner/Kempf, Integriertes Risikomanagement im Krankenhaus – eine Notwendigkeit?, RdM 2008, 68 ff.
Maurer, Heimaufenthaltsgesetz (2004)
Mayer, Anstaltsgebühren in der Sonderklasse, RdM 1999, 99 ff.
Mayer, Korruption im Gesundheitswesen, in: Kierein/Lanske/Wenda (Hg.), Jahrbuch Gesundheitsrecht 09 (2009), 101 ff.
Mazal (Hrsg.), Grenzfragen der ärztlichen Behandlung (1998)
Mazal, Dokumentation und Qualitätsmanagement, RdM 1997, 97
Mazal, Gruppenpraxis und Kassenvertragsrecht, RdM 1998, 163 ff.
Mazal, Heranziehung von Hilfspersonen durch Ärzte – berufsrechtliche Aspekte, RdM 1996, 35 ff.
Mazal, Krankheitsbegriff und Risikobegrenzung (1992)
Mazal, Periphere Verweilkanülen durch DGKP?, RdM 2005/82, 129
Mazal, Probleme der Anordnung gem. § 15 GuKG im extramuralen Bereich, RdM 2001, 129
Meyer (Hg.), Grundrecht auf Gesundheit (1993)
Michtner/Schuster/Wrbka, Arzneimittelgesetz (1996)
Missliwetz/Ellinger, Recht für Ärzte und Medizinstudenten2 (1995)
Müller/Pritz/Steger, Das Strahlenschutzgesetz (2005)
ÖBIG, Personalangebot in ausgewählten Gesundheitsberufen – Angebotsprognose in Szenarios 1993–2010 (1995), insbes. 124 ff.
Ortler-Selg, Strafrechtliche Aspekte der Gesundheits- und Krankenpflegeberufe mit besonderer Berücksichtigung der Übernahmefahrlässigkeit (Diss., Universität Salzburg)
Payer-Allmer, Die Verabreichung von subcutanen Injektionen durch den Krankenpflegefachdienst und die PflegehelferInnen – strafrechtliche Verantwortung und zivilrechtliche Haftung, in: Österr. Krankenpflege-Zeitschrift 5/97, 14 ff.
Payer-Allmer, Ernährung und Zufuhr von Medikamenten über ein vollinplantiertes Port-Kathetersystem – eigenverantwortlicher Aufgabenbereich in der Hauskrankenpflege?, in: Österr. Krankenpflege-Zeitschrift 1/97, 16 ff.
Payer-Allmer, Freiberufliche Berufsausübung der diplomierten Kinderkranken- und Säuglingsschwester/pfleger in der Hauskrankenpflege, in: Österr. Krankenpflege-Zeitschrift 4/97, 16 f.

Literaturhinweise

Payer-Allmer, Nachtschwerarbeit im Krankenhaus, in: Österr. Krankenpflege-Zeitschrift 12/96, 20 f.
Payer-Allmer, Tätigkeitskatalog für HeimhelferInnen, in: Österr. Krankenpflege-Zeitschrift 1/97, 12 ff.
Pfeil, Bundespflegegeldgesetz und landesgesetzliche Pflegegeldregelungen (1996)
Pfeil, Das Gesundheits- und Krankenpflegegesetz und die Betreuung behinderter Menschen, RdM 1999, 35 ff.
Pichler, Internationale Entwicklungen in den Patientenrechten (1992)
Pircher, Behandlungsabbruch durch den Patienten, RdM 2000, 50 ff.
Pircher, Ausschluss der Hebammen vom Mutter-Kind-Pass rechtswidrig?, RdM 3/2007, 72 ff.
Pitzl, Gehobener medizinisch-technischer Dienst, RdM 1996, 51
Pitzl/Huber, Das „typische" Behandlungsrisiko als Aufklärungskriterium, RdM 2011, 4 ff.
Pitzl/Huber, Verschuldensunabhängige Patientenentschädigung, RdM 2003/54
Plank, Berufsrechtliche Abgrenzungsfragen zwischen Ärzten, Diplomkrankenpflegern und medizinisch-technischen Diensten (Diätologen), UVS aktuell 2007, 100 ff.
Pruckner, Betreuer pflegt (nicht), RdM 1/2008, 4 ff.
Radner Th., Die Anstaltspflege (1995)
Radner u.a., Medizinrecht und Riskmanagement, Handbuch für Ärzte (2001)
Radner Th., Die Ausübung medizinischer Tätigkeiten durch MTD, MTF, SHD und Hilfspersonen i.S. des ÄrzteG, RdM 1998, 137 ff. und 175 ff.
Radner/Haslinger/Reinberg, Krankenanstaltenrecht (Lose-Blatt-Ausgabe)
Rebhahn, Vermittlung von Poolkräften am Beispiel der Pflege in Krankenanstalten (2007)
Resch, Abweisung eines Kranken durch einen Krankenpfleger, ÖZPR 2010/93
Resch, Ersatz der Ausbildungskosten für nichtärztliches Personal, RdM 1994, 42 ff.
Resch, Zur Rechtsgrundlage der ärztlichen Aufklärungspflicht, RdM 1996, 170 ff.
Resch/Wallner (Hg), Handbuch Medizinrecht (2011)
Risak-Wolf, Die Fort- und Weiterbildung im GuKG, RdM 1999, 3 ff.
Schmidt/Meißner, Organisation und Haftung in der ambulanten Pflege, Springer 2009

Literaturhinweise

Schmiedbauer, Lagerung im OP; Wer verantwortet was?, RdM 2005/111, 166 ff.

Schneider, Rechtliche Rahmenbedingungen für die Ausgliederung von Krankenanstalten, RdM 2003/66

Schrammel (Hg.), Rechtsfragen der ärztlichen Behandlung (1992)

Schwaighofer/Steiner, Die Anzeigepflicht der Ärzte und Rechtsträger von Krankenanstalten, RdM 2000, 45 ff.

Schwamberger, Abgrenzungsprobleme RTA – MTF, RdM 1998, 49 f.

Schwamberger, Anmerkungen zu GuKG-Novelle 2005, RdM 5/2006, 145 ff.

Schwamberger, Ärztegesetz 1984, Stand 1.1.1995 (1995)

Schwamberger, Ärztegesetz 1998 (1999)

Schwamberger, Ärztliche Aufklärung und Fruchtwasseruntersuchung, RdM 2000, 179 f.

Schwamberger, Blutsicherheitsgesetz und BlutspenderVO (1999)

Schwamberger, Die Novelle zum Apothekengesetz betreffend ärztliche Hausapotheken, ecolex 1999, 64 ff.

Schwamberger, Einige gesundheitsrechtlich relevante Aspekte des Datenschutzgesetzes 2000, RdM 1999, 131 ff.

Schwamberger, Entwicklungen im Bereich des Gesundheits- und Krankenpflegerechts, RdM 2004/82, 131 ff.

Schwamberger, Ernährungsberatung, RdM 1995, 87

Schwamberger, Gesundheitsberufe und EEG, ecolex 1993, 709 ff.

Schwamberger, Gewerblicher Masseur – Heilmasseur, Neuregelung, RdM 5/1997

Schwamberger, Hebammengesetz (1995)

Schwamberger, Krankenpflegegesetz (1993)

Schwamberger, Lifestyle – Medizin, RdM 2001, 181

Schwamberger, Medizinproduktegesetz samt Verordnungen (1997)

Schwamberger, MTD-Gesetz3 (2004)

Schwamberger, Nichtbefassung der Ethikkommission – mögliche rechtliche Folgen, RdM 5/2007, 132 ff.

Schwamberger, Obduktion in Krankenanstalten, RdM 1998, 77 f.

Schwamberger, Organisationsverantwortung und Schnittstellenmanagement – Krankenanstaltenrechtliche und berufsrechtliche Aspekte, RdM 2002, 68 ff.

Schwamberger, Patient – Arzt – Krankenkasse, Auskunft und Datenschutz, RdM 2001, 44

Schwamberger, Patienten- und Klientenschutz im Gesundheits- und Heimbereich (2004)

Literaturhinweise

Schwamberger, Praxisfälle im Zusammenhang mit dem UbG, RdM 2001, 3 ff.

Schwamberger, SanG – Sanitätergesetz[3] (2009)

Schwamberger, MMHmG – Medizinischer Masseur- und Heilmasseurgesetz. Kommentar (2003)

Schwartz, Von Exorzisten und Heilpraktikern: Geistheilungen rechtlich betrachtet, RdM 1999, 13 ff.

Selb, Krankenversicherungsträger und andere Vertragspartner, in: Tomandl, System des österreichischen Sozialversicherungsrechts, 5.4.7.

Skiczuk, Berufs- und Tätigkeitsschutz der österreichischen Gesundheitsberufe (2006)

Skiczuk/Wenda, Zur Zulässigkeit der Durchführung einer Frühdefribillation mit halbautomatischen Geräten im Rahmen der Erste-Hilfe-Leistung durch Laien, RdM 2002, 83 ff.

Sladecek/Marzi/Schmiedbauer, Recht für Gesundheitsberufe[5] (2010)

Stärker, Arbeitnehmerschutz in der Ordination, RdM 1998, 103 ff.

Stärker, Arbeitszeitregelungen von Turnusärzten, RdM 2001, 39 ff.

Stärker, Ärztliche Anordnungsbefugnisse nach dem Gesundheits- und Krankenpflegegesetz, RdM 1998, 3 ff.

Stärker, Gesundheitsrecht von A bis Z (2010)

Stärker, Krankenanstalten-Arbeitszeitgesetz und Abwesenheitszeiten, RdM 2004/64, 106 ff.

Stärker, Sammlung Rechtstexte – Medizinrecht, 2. Auflage (2002)

Stärker, Sind Primarärzte leitende Dienstnehmer?, RdM 1998, 67 ff.

Stärker, 10 Jahre GuKG-Tätigkeitsbereiche – eine Reflexion, RdM 2009, 212 ff.

Steiner, Dolmetscherkosten im Krankenhaus, RdM 2005/67, 110 ff.

Steiner, Geschäftsfähigkeit und Heilbehandlung, RdM 1994, 7 ff.

Steiner, Kodex Krankenanstaltengesetze4 (2005)

Steiner, Krankenhausmanagement und Verbandsverantwortlichkeit, RdM 6/2007, 175 ff.

Steiner, Physiotherapeutische Einrichtungen unter ärztlicher Leitung – ein Konfliktpotential?, RdM 1999, 55 ff.

Steiner, Rechtsfragen der Rufbereitschaft, RdM 1997, 80 ff.

Steiner, Zu den rechtlichen Rahmenbedingungen der Forschung an Humansubstanzen, RdM 2002, 173 ff.

Steiner, Zur inhaltlichen Unterscheidung zwischen Belegarzt und Konsilararzt, RdM 1998, 70 ff.

Literaturhinweise

Stellamor/Steiner, Handbuch des österreichischen Arztrechts (1999)
Stelzer, Biomedizin – Herausforderung für den Datenschutz (2005)
Stolzlechner, Überlegungen zur ärztlichen Verschwiegenheits-, Anzeige- und Meldepflicht, RdM 2000, 67 ff.
Stolzlechner, Zur Durchführung krankenpflegerischer Hilfstätigkeiten durch Angehörige von Sozialberufen, RdM 2002, 35 ff.
Stühlinger/Baumgartner/Staudinger, Forschung an einwilligungsunfähigen Patienten, RdM 1/2008, 11 ff.
Tanczos/Tanczos, Arzthaftung – Der Arzt im Recht (2010)
Thanner/Vogl, UbG (2006)
Thiele, Rechtsfragen der medizinischen Online-Beratung, RdM 2003/33
Thöni/Stühlinger/Staudinger, Rechtliche Rahmenbedingungen zum Off-Label-Use in Österreich, RdM 4/2008, 109 ff.
Tomandl (Hrsg.), Sozialrechtliche Probleme bei der Ausübung von Heilberufen (1996)
Verworner, Pflegedokumentation, in: Österr. Krankenpflege-Zeitschrift 1/1997, 18 ff.
Wallner, Auswahl von Bewerbern um Kassenstellen aus der Sicht des EU-Rechts, RdM 1999, 67 ff.
Walter/Mayer, Besonderes Verwaltungsrecht2 (1987)
Wegscheider, Ärztliche Schweigepflicht im Strafprozeß?, RdM 1999, 12
Weiss, Die menschliche Gesundheit als neues berufliches Tätigkeitsgebiet, in: *Kierein/Lanske/Wenda* (Hg.), Jahrbuch Gesundheitsrecht 08 (2008), 119 ff.
Weiss, Europäischer und Nationaler Qualifikationsrahmen im Kontext der österreichischen Gesundheitsberufe, in: *Kierein/Lanske/Wenda* (Hg.), Jahrbuch Gesundheitsrecht 09 (2009), 79 ff.
Weiss-Faßbinder/Lust, GuKG[6] (2010)
Wimmer, Rechtsfragen im Turnusarztverhältnis (2000)
Windisch-Graetz, Selbständiges Ambulatorium und ärztliche Ordination, RdM 1995, 144 ff.
Wolf, Zeitguthaben für Nachtschwerarbeit in Krankenanstalten, RdM 1997, 69 ff.
Zahrl, Zur Anzeigepflicht des Arztes, RdM 1998, 19 f.
Zierl, Die neue Anordnungsbefugnis des diplomierten Pflegepersonals gemäß § 5 HeimAufG, ÖZPR 2010/48
Zierl/Wall/Zeinhofer, Heimrecht[3], Band I (2011)
Zitter, Rationierung in der Altersmedizin? (2001)

VI. Stichwortverzeichnis

Die angeführten Fundstellen beziehen sich auf die Paragraphen (Absätze) des GuKG.

A

Abhängigkeitserkrankung 67 (2)
Abschlußprüfung 92 (2), 100 (3) (4), 102 (4), 103
administrative Aufgaben 14 (1)
Agentur für Qualitätssicherung und Akkreditierung Austria 28 (4)
Akkreditierungsbeirat 65c
Akutbereich 95 (2)
Allgemeinbildung 54 (2)
Allgemeine Berufspflichten 4
Allgemeine Bestimmungen 1–3
allgemeine Gesundheits- und Krankenpflege 12 (1), 17 (6), 29, 39, 41, 42, 43, 46 (1), 47 (1), 48 (1), 56, 57, 62, 107 (1)
allgemeine Krankenpflege 12 (1), 29
alte Menschen 42, 93 (1)
Altersstufe 11 (2)
ambulanter Bereich 19 (2)
Anästhesiepflege 17 (2) (8), 20, 30 (1) (2), 68
Anästhesieverfahren 68 (3) (4)
Anatomie 42
Anerkennung 32 (1)
Angehörige der Gesundheits- und Krankenpflegeberufe 4 (1), 5 (1), 6 (1), 7 (1), 8 (1), 9 (1), 10 (1), 15 (2)
Angehörigenarbeit 67 (2)
Angehöriger 19 (2)
Anleitung 14 (2), 34 (1), 43 (2), 92 (3), 96 (1)
Anordnung
– ärztliche 11 (3), 15, 43 (2), 84 (4), 92 (3)
– andere 84 (2)
Anordnungsverantwortung 15 (2)
Anpassungslehrgang 30, 87
Anpreisung 38
Anrechnung von Prüfungen und Praktika 60, 102
Anrechnung 25 (2)
Antragsteller 10 (1), 30 (5), 32 (2), 34 (2)
Anzeige 7, 37 (3), 39 (1)
Anzeigepflicht 7
Apothekengesetz 3 (4)
Arbeitskräfteüberlassung 35, 90

Stichwortverzeichnis

Arbeitnehmerschutz 72 (2)
Arbeitsmedizin 42
Arbeitszeit 43 (5)
Aromapflege 14
Aromatherapie 15
Arterienkatheter 20 (4)
Arzneimittel 15 (5), 84 (4)
Arzt 15 (2), 34 (5), 35 (1), 82, 84, 90, 97 (2)
Ärztegesetz 1984 3 (4), Art. IV
ärztliche Anordnung 11 (3), 15, 43 (2), 84 (4)
ärztliches Zeugnis 36 (2)
Assistenz 19 (2)
Asylbehörde 28a (3)
Asylberechtigte 28a (3)
Asylgerichtshof 28a (3)
Ateminsuffizienz 20 (4)
Aufgaben 14 (1)
Aufnahme der Tätigkeit 17 (7)
Aufnahme in eine Schule für Gesundheits- und Krankenpflege 54
Aufnahme in einen Pflegehilfelehrgang 98
Aufnahme 53 (2), 55
Aufnahmegespräch 55 (3), 98 (3)
Aufnahmekommission 33 (1), 54 (2), 55, 56
Aufnahmetest 55 (3), 98 (3)
Aufnahmevoraussetzung 56 (1), 99 (1)
Aufsicht 34 (1), 35 (1), 43 (2), 76 (2), 79 (2), 84, 90, 92 (3), 96 (1)
Aufzeichnungen 5 (4)
Ausbildung im Ausland 34, 111
Ausbildung in der allgemeinen Gesundheits- und Krankenpflege 41
Ausbildung in der Pflegehilfe 92
Ausbildung 12 (1), 14 (2), 25, 32 (1), 33 (1), 34, 41, 42, 43, 44, 45, 46, 47, 48, 49, 56, 62, 66, 67, 68, 69, 70 (1), 71 (1), 72, 74 (1), 76 (2), 79, 83, 87, 88, 89, 92, 93, 94, 95, 96, 99, 102, 104, 107, 116
Ausbildung, verkürzte 94
Ausbildungs- und Prüfungsverordnung 81, 104
Ausbildungsbedingungen 57 (1)
Ausbildungsbezeichnung 12 (5), 83 (2)
Ausbildungsgang 24 (1)
Ausbildungsinhalt 42, 93
Ausbildungsjahr 43 (2), 45 (1), 56 (4), 62, 100 (4)
Ausbildungsjahrgang 53 (5)
Ausbildungsmodul 3a (1) (2) (4)
Ausbildungsverordnung 57
Ausbildungsvertrag 55 (1), 56 (2), 98 (2), 99 (2)
Ausbildungsvorbehaltsgesetz Art. III

Stichwortverzeichnis

Ausgleichsmaßnahme 28a (7) (8), 87 (7)
auskunftsberechtigt 9 (1)
Auskunftspflicht 9
Ausschluß von der Ausbildung 56, 99
Ausschluß 53 (2), 56, 57 (1), 89 (4), 99
Austauschprogramm 54 (4)
Ausübung des Berufes 5 (1), 6 (1), 7 (1), 8 (1), 12 (5), 14 (1), 27, 29 (6), 30 (2), 32 (2), 33 (3), 35, 36 (4), 37 (1), 41 (1), 51 (1), 85, 87, 90, 91
Ausweis – siehe Berufsausweis
Auswertung 24 (1)
automationsunterstützte Verfahren 6 (2)

B

Basisausbildung 68
Basisversorgung 3a
Beatmung 14 (2), 20 (4), 84a (2)
Befähigungsnachweis 29, 39 (1)
behinderte Menschen 11 (2)
Behindertenbetreuung 3a (3), 35 (1), 90 (1)
Behörde 39 (3)
Beischlaf 7 (1)
Beobachtung 19 (2)
Beratung 20 (3), 22 (2)
Berechtigungsbescheid 40 (2)
Bereich 11 (2), 19 (2), 22 (2)
Beruf 8 (1)
Berufsausübung 17 (5), 29 (6) (7), 30 (2) (6), 32 (2), 35, 38, 40 (1), 87 (2), 90, 106 (1)
– siehe auch freiberufliche Ausübung
– siehe auch Ausübung des Berufs
– Wiederaufnahme 40 (3)
Berufsausweis 10, 36 (5), 40 (2), 91 (2)
Berufsberechtigung 27, 36 (1), 40, 51 (1), 85, 91, 97
Berufsbezeichnung 10 (2), 12 (1) (5), 61, 77, 83 (1), 103, 105 (1)
Berufsbild 11, 82
berufsbildende höhere Schule für Gesundheits- und Krankenpflege 106 (2)
Berufserfahrung 30 (3), 32 (6), 50 (2), 51 (1), 96 (1), 97 (1)
Berufsethik 42, 66 (2), 93 (1)
Berufskunde 42, 66 (2), 71 (2), 72 (2), 93 (1)
Berufspflichten 27 (1), 29 (6), 44 (1), 45 (1), 54 (1), 85 (1), 98 (1)
Berufspraxis 108 (2)
Berufssitz 36 (1), 37
– Änderung 37 (3)
– Auflassung 37 (3)
Berufstätigkeit 36 (3)

Stichwortverzeichnis

Berufszulassungsbescheid 28a (8), 87 (7)
Bescheid 34 (7), 40 (2), 50 (4), 64 (4), 65 (5), 96 (3)
Bescheinigung 39 (1) (4)
Betreuung 11 (2), 14 (2), 18 (2), 19 (2), 21 (2), 26 (1), 35, 67 (2), 82, 84, 90
Betriebsprüfung 70 (2), 72 (2), 93 (1)
Betriebswirtschaftliche Grundlagen 72 (2)
Bewilligung 34 (1), 36 (1), 50, 64 (3), 65 (5), 96, 110, 113
Bezirksverwaltungsbehörde 10 (1), 36 (1), 37 (3), 39, 40
Biologie 42
biomedizinische Technik 68 (2)
Blasenkatheter 15 (5)
Blutentnahme 15 (5), 20 (4)
Bronchialtoilette 15
Bundesgesetz über die Regelung des medizinisch-technischen Fachdienstes und Sanitätshilfsdienste Art. II
Bundesheer 45, 107 (1)
Bundesministerium 10 (3), 29 (2), 30 (2) (8), 39 (4), 57 (1), 62, 65, 65a, 65c, 73, 81, 87 (2) (8), 104, 107 (2), 118

C

Chirurgische Abteilung 107 (1)
Chirurgische Gebiete 69 (2)

D

Darmeinlauf 15 (5)
Defibrillation 14a, 84a
Dentistengesetz 3 (4)
Desinfektion 21 (2), 84 (3)
Desinfektionsmittel 22 (2)
Diagnose 42, 66 (2)
Diagnostik 14 (1)
diagnostische Maßnahmen 11 (1), 15 (1)
Diätkost 42, 66 (2), 93 (1)
Dienstaufsicht 25 (1), 51 (1), 97 (1)
Dienstbetrieb 52 (1)
Dienstgeber 8 (1)
Dienstkleidung 49 (4)
Dienstleistung 39
Dienstnehmer 49 (5), 55 (1), 59 (1), 101 (1)
Dienstverhältnis 8 (1), 10 (1), 33 (4), 35 (1), 36 (1), 44, 45, 46, 64 (2), 65 (3), 90, 92 (2)
Diplom 28, 29, 31, 39 (1), 40 (2), 46 (1), 61, 62, 65 (7), 73, 77, 80, 87 (1)
Diplomierte Gesundheits- und Krankenschwester 12 (1), 61
Diplomierte psychiatrische Gesundheits- und Krankenschwester 12 (4), 80
Diplomierte(r) Krankenschwester/pfleger 12 (3), 77

Stichwortverzeichnis

Diplomierter Gesundheits- und Krankenpfleger 12 (1), 61
Diplomierter psychiatrischer Gesundheits- und Krankenpfleger 12 (4), 80
Diplomprüfung 60 (4), 62, 77, 80
Diplomprüfungsfach 59 (1)
Diplomprüfungskommission 59
Direktor 51 (1), 52 (1), 54 (4), 55 (1), 59 (1), 60, 97, 98 (2), 101 (1), 102 (1)
Dokumentation 3a (6), 5, 14 (2), 15 (4), 42
Drittlanddiplome 32a
Duodenalsonden 20 (4)
Durchführung 14 (1), 15 (2)
Durchführungsverantwortung 15 (2)

E

Eigenberechtigung 27 (1)
eigenmächtige Heilbehandlung 4 (1)
eigenverantwortlicher Tätigkeitsbereich 13 (1), 14
Eigenverantwortung 14 (1)
Eignung 27 (1), 29 (6), 30 (6), 36 (2), 44 (1), 51 (2), 97 (2), 98 (1)
– siehe körperliche und geistige Eignung
Eignungsprüfung 30, 87
Einrichtung 10 (1), 90, 93 (1)
Einsatz des Personals 26 (2)
Einschulung 20 (3)
Einsicht 5 (3)
Eintragung 33 (3)
Einzelfall 84 (4)
elektronische Datenverarbeitung 42
Eliminationsverfahren 20 (4), 68 (5)
Entgiftungsverfahren 20 (4)
Entwicklung 4 (2)
Entwicklungsstörung 67 (2)
Entziehung der Berufsberechtigung 40, 91
Epidemiologie 70 (2)
Erfahrung 4 (1)
Ergänzungsausbildung 33, 107 (1)
Ergänzungsprüfung 32 (8), 33, 89 (3)
Ergotherapie 67 (2)
Erhaltung der Gesundheit 11 (1)
Erkrankung 11 (2)
Ernährung 42, 66 (2), 68 (2), 84 (3), 93 (1)
Erste Hilfe 42, 93 (1)
Erweiterte und spezielle Tätigkeitsbereiche 17
erweiterter Tätigkeitsbereich 17 (1), 30 (4)
Erwerbsgesellschaftengesetz 35 (1), 90
Ethik 68 (2), 71 (2), 72 (2) – siehe auch Berufsethik

Stichwortverzeichnis

EWR 12 (5), 29, 30, 31, 32a, 36 (2), 39, 47 (1), 48 (1), 83 (2), 87, 88
EWR-Berufszulassung 28a
EWR-Qualifikationsnachweise 29, 30
extrakorporaler Kreislauf 20 (4)
extramuraler Bereich 11 (2), 14 (1), 15 (4), 19 (2), 84 (1) (4)

F

Fachabteilung 43 (1), 49 (2)
Fachhochschulstudium 60 (1), 65 (6), 65a, 65b, 102 (1)
Fachkräfte 25 (2), 43 (1), 49 (2), 52, 76 (2), 79 (2), 95 (1), 96 (1), 100 (1), 104
fachliche Erkenntnisse 4 (1)
Fachrichtung 12 (2)
Familienhilfe 3 (3)
Familienname 10 (2)
Fertigkeit 34 (3), 41 (1)
Flüchtling 32 (5)
Förderung der Gesundheit 11 (2), 14 (1), 18 (2)
Förderung der psychischen Gesundheit 19 (1)
Fortbildung bei Ausbildung im Ausland 34
Fortbildung 24 (1), 34, 63, 104c, 107 (1)
freiberufliche Ausübung des gehobenen Dienstes für Gesundheits- und Krankenpflege 36
freiberufliche Berufsausübung 5 (4), 7 (1), 10 (1), 35 (1), 36, 37, 38, 39, 40 (2), 90, 110
freier Dienstleistungsverkehr 29
Freiheit 6 (2)
Frist 50 (3)
Führungsaufgaben 17 (4), 26, 30 (1) (2), 65 (1), 72, 109 (1), 114, 115
Funktionsaufrechterhaltung 20 (4)
Fußpfleger 3 (3)

G

Gastrotuben 15
Gebietskörperschaft 10 (1), 35 (1), 90, 95 (1)
Geburtsname 10 (2)
Gefahr des Todes 4 (3)
Geheimhaltung 6 (2)
– Entbindung 6 (2)
Geheimnis 6 (1)
gehobener Dienst 1, 11, 12 (5), 13 (1), 14 (1), 15 (2), 27 (1), 30 (4), 32 (1), 33 (3), 34 (1), 35, 36, 37, 41 (3), 44 (1), 45 (1), 49 (1), 54 (1), 60 (1), 63 (1), 64 (1), 65, 82, 84, 85 (2), 90, 96 (1), 97 (1), 100 (4), 102 (1), 106 (1), 108, 109, 110
Geistig abnorme Rechtsbrecher 19 (2), 67 (2)
geistige Eignung 27 (1), 29 (6), 30 (6), 36 (2), 44 (1), 45 (1), 54 (1), 56 (1), 85 (1), 87 (6), 98 (1), 99 (1)

Stichwortverzeichnis

Geltungsbereich 3
Gemeinschaftsrecht 2a
Genehmigung 52 (3) (4)
Geriatrie 42, 93 (2)
Gericht 105 (1)
Gerontologie 42, 93 (1)
Gerontopsychiatrie 42, 93 (2)
Gesamtausbildung 100 (3)
Gesellschafter 35 (1)
gesetzliche Vertretung der Dienstnehmer 49 (5), 55 (1), 59 (1), 101 (1)
gesetzlicher Vertreter 5 (3), 9 (1)
Gesprächsführung 19 (2), 67 (2), 70 (2)
Gesunderhaltung 22 (1)
Gesundheit 4 (1), 6 (2), 11, 18 (2)
Gesundheits- und Krankenpflege 1, 4, 7, 8, 11, 12, 13, 14, 15, 23, 24, 27, 30 (4), 32 (1), 33 (3), 34 (1), 35, 36, 37, 39, 41, 42, 44 (1), 45 (1), 49 (1), 54 (1), 60 (1), 63 (1), 64 (1), 65, 71 (2), 72 (2), 82, 84, 85 (2), 90, 93 (1), 96 (1), 97 (1), 100 (4), 101 (1), 102 (1), 106 (2), 108, 109, 110
Gesundheits- und Krankenpflegeberufe 1, 3 (1), 4 (1), 5 (1), 6 (1), 7 (1), 8 (1), 9 (1), 10 (1)
Gesundheits- und Krankenpfleger – siehe Krankenpfleger
Gesundheits- und Krankenpflegeschule 24, 25, 28, 32 (8), 33 (2), 49, 50, 52 (2), 54, 55, 56, 59, 107 (1), 112
Gesundheitsberatung 14 (1)
Gesundheitsberufe 9 (2), 35 (1), 36 (4), 60
Gesundheitsdienste 43 (1)
Gesundheitserziehung 42
gesundheitsfördernde Maßnahmen 11 (1)
Gesundheitsförderung 14 (1) (2), 42
Gesundheitsschädigung 4 (3)
Gewerbeordnung 1994 3 (2) (3)
Gleichhaltung, individuelle 65b
Gleichhaltungsverordnung 65a
Gleichwertigkeit 31, 32 (7) (8), 88, 89
Grundausbildung in der Kinder- und Jugendlichenpflege 75–77
Grundausbildung in der psychiatrischen Gesundheits- und Krankenpflege 78–80
Grundausbildung, spezielle 13 (2), 17 (6), 46, 74, 75, 78, 81
Grundtechniken 84 (3)
Gruppenpraxis 35 (1), 90 (1)

H

Hauptwohnsitz 10 (1), 32 (1), 89 (1)
Haushaltsführung 93 (1)
Haushaltshilfe 3 (3)
Hauskrankenpflege 10 (1), 35 (1), 42, 43 (1), 66 (2), 90, 93 (1), 95 (1)

Stichwortverzeichnis

hauswirtschaftliche Tätigkeiten 84 (1)
Hebamme 47, 60 (1), 65 (2), 102 (1), 111
Hebammengesetz 3 (4), 65 (2)
Heilbehandlung, eigenmächtige 4 (1)
Heimatstaat 12 (5), 29 (4), 36 (2), 39 (1), 83 (2)
Heimaufenthaltsgesetz 5, 14, 15
Herkunftsstaat 12 (5), 29 (4), 36 (2), 39 (1), 83 (2)
Herzdruckmassage 14a (2), 84a (2)
Hilfspersonal 14 (2)
Hochschullehrgang 65 (9)
Honorarabrechnung 6 (2)
Hygiene 42, 68 (2), 69 (2), 93 (1)
Hygieneplan 22 (2)
Hygienerichtlinien 22 (2)
Hygienestandard 22 (2)
Hygienestatus 22 (2)

I

Immunologie 70 (2)
Infektionslehre 42, 93 (1)
Informatik 42
Infusion 15 (5)
Infusionssystem 20 (4)
Injektion 15 (5), 84 (4)
– subkutan 15 (5), 84 (4)
– intramuskulär 15 (5)
– intravenös 15 (5)
– Insulin 84 (4)
Inkrafttreten 115, 117
Instrumentieren 21 (2)
Insulininjektion 84 (4)
Intelligenzminderung 19 (2), 67 (2)
Intensivbereich 68 (3)
Intensivpflege 17 (2) (8), 20, 30 (1) (2), 68
Intensivpflege, Anästhesiepflege, Pflege bei Nierenersatztherapie 20
Intensivtherapie 68 (3)
interdisziplinärer Tätigkeitsbereich 13 (1), 16
interne Abteilung 107 (1)
intramuraler Bereich 11 (2), 14 (1)
invasive Methode 20 (4), 68 (2)

J

Jahrgangssprecher 53 (6)
Jugendlichenpflege – siehe Kinder- und Jugendlichenpflege
Jugendlicher 18 (2), 66 (2), 67 (2)
Jugendwohlfahrtsträger 7 (2)

Stichwortverzeichnis

K

Kapillare 15 (5)
Katastrophenschutz 42, 93 (1)
Katheter 15 (5), 20 (4)
Kenntnisse der deutschen Sprache 27 (1), 34 (3), 85 (1)
Kenntnisse 34 (3), 41 (1), 46 (3), 63 (1), 64 (1), 65 (1)
Kinder 18 (2)
Kinder- und Jugendlichenpflege 12 (3), 17 (2), 18, 28, 30 (2), 46 (1), 66, 74 (1), 75, 76
Kinder- und Jugendpflege 18
Kinderintensivpflege 68a
Kinderkranken- und Säuglingspflege 12 (3), 30 (1)
Kinderkrankenschwester(-pfleger) 12 (3), 111
Klient 4 (1), 5 (3), 9 (1), 14 (2), 84 (1)
kommissionelle Abschlußprüfung 92 (2), 100 (4), 102 (4), 103
kommissionelle Prüfung 25 (2), 32 (8), 65 (7), 107 (1), 108 (3)
Kommunikation 42, 66 (2), 68 (2), 69 (2), 70 (2), 71 (2), 72 (2), 93 (1)
komplementärer Bereich 19 (2)
komplementärmedizinische Methoden 42, 66 (2)
Konfliktbewältigung 42, 66 (2), 70 (2), 71 (2), 72 (2), 93 (1)
Kontrolle 14 (1)
körperliche Eignung 27 (1), 29 (6), 30 (6), 36 (2), 44 (1), 45 (1), 54 (1), 56 (1), 85 (1), 87 (6), 98 (1), 99 (1)
körperliche Erkrankung 11 (2)
Körperpflege 84 (3)
Körperverletzung 4 (3), 7 (1)
Kosmetiker 3 (3)
Kranken- und Diätkost 42, 66 (2), 93 (1)
Krankenanstalt 6 (2), 34 (4), 35 (1), 40 (3), 43 (1), 49 (1), 50 (2), 90, 95 (1), 107 (1)
Krankenbeobachtung 84 (3)
Krankenbett 43 (3)
Krankenhaushygiene 17 (2), 22, 30 (1) (2), 70
Krankenhaushygiene 22
Krankenhausinfektion 22 (1), 70 (2)
Krankenpflegefachdienst 60 (1), 106 (1), 110, 116, Art. II
Krankenpflegegesetz 3 (4), 12, 28, 31, 36 (1), 83 (1), 86, 88, 94 (1), 106 (1), 108, 109, 112, 113, 114, 115, 116, Art. II
Krankenpfleger 2, 12 (1), 29, 39 (1) (4)
Krankenpflegeschule 28, 112
Krankenschwester 2, 12 (1), 29
Krankheit 11 (1), 18 (2), 67 (2), 90
Krankheitsvorbeugung 14 (2)
Kreativitätstraining 42, 66 (2), 93 (1)
Krisenintervention 67 (2)

Stichwortverzeichnis

Krisensituation 66 (2)

L

Landeshauptmann 10 (1), 32 (1) (6) (7), 32a, 33 (3), 34 (1) (7), 36 (1) (5), 37 (3), 39 (1), 40 (1) (3), 50 (1) (3) (4), 52 (3), 64 (3) (4), 65 (5), 89 (1) (5), 91 (1) (3), 96 (1) (2) (3), 108 (2), 112, 113
Lebenslauf 55 (4), 98 (4)
Lebensrettende Soroftmaßnahmen 14a, 84a
Lehranstalt 12 (5)
Lehraufgaben 12 (2), 17 (3), 23–25, 30 (1) (2), 51 (1), 65 (1), 71, 97 (1), 109 (1), 114, 115
Lehrbetrieb 57 (1), 81, 104
Lehrer (in) für Gesundheits- und Krankenpflege 12 (2)
Lehrgang 54 (3), 95 (1), 99 (1), 113
Lehrgangsleitung 97
Lehrkräfte 25 (2), 43 (1), 49 (2), 52, 57 (1), 59 (1), 76 (2), 79 (2), 95 (1), 96 (1), 97 (1), 100 (1), 101 (1), 104
Lehrmittel 43 (1), 49 (2), 50 (2), 95 (1), 96 (1)
Lehrplan 24 (2), 57 (1), 73, 81, 104
Lehrpraxis 71 (2)
Lehrtätigkeit 17 (3), 23, 24
Leitung 17, 34 (4), 35, 104
- Gesundheits- und Krankenpflegeschulen 17 (3), 23, 25
- Sonderausbildung 17 (3), 23, 65 (4)
- Pflegehilfelehrgang 17 (3), 23
- Pflegedienst 17 (4), 26 (1)
- ärztliche 34 (4), 35, 90
- pflegerische 34 (4), 35, 90
- fachspezifische 51 (1), 97
- organisatorische 51 (1), 97
- medizinisch-wissenschaftliche 51 (2), 55 (1), 59 (1), 97, 101 (1)
Lichtbild 10 (1)

M

Magensonden 15 (5), 20 (4), 84 (4)
Management 71 (2), 72 (2)
Mangel 50 (3), 96 (2)
Masseur 3 (3)
Maßnahmen 5 (1), 9 (1), 11, 22
- gesundheitsfördernde 11 (1)
- präventive 11 (1)
- diagnostische 11 (1), 15 (1)
- therapeutische 11 (1), 15 (1)
- rehabilitative 11 (1)
- pflegerische 14 (1), 26 (1), 70 (2), 84

Stichwortverzeichnis

– medizinische 19 (2)
medizinisch-technischer Dienst 60 (1), 65 (2), 102 (1)
medizinische Wissenschaft 4 (2), 63 (1)
medizinsch-technischer Fachdienst Art. II
Medizinstudium 48, 94 (1)
Medizintechnik 69 (2)
Meldepflicht 8
Methode 42, 68
Mikrobiologie 70 (2)
Minderjähriger 7 (1)
Mitarbeit 11 (3)
Mitgestaltungsrechte 53 (3)
mitverantwortlicher Tätigkeitsbereich 13 (1), 15
Mitwirkung an der Schmerztherapie 20 (4)
Mobilisation 84 (3), 93 (1)
Monitoring 20 (4)
Moral 6 (2)
MTD-Gesetz 3 (4), 65 (2)
Musiktherapiegesetz 3 (4)

N

Nachbarschaftshilfe 3 (3)
Nachbetreuung 19 (2)
Nachweis 29, 30 (3), 32 (2), 34 (2), 36, 54 (2)
Narkose 20 (2)
nationale Sicherheit 6 (2)
Neonatologie 66 (2)
Neugeborenes 18 (2)
neurologische Erkrankung 19, 67 (2)
nichtinvasive Methode 20 (4), 68 (2)
Niederlassung 39 (3)
Niederlassungsrecht 29
Nierenersatztherapie 17 (2), 20, 30 (1) (2), 68
Nierentransplantation 20 (3)
Nostrifikant 33 (1), 89 (4)
Nostrifikation 31, 32, 47 (1), 48 (1), 88, 89
Nostrifikationsbescheid 31, 33 (3), 40 (2), 88, 89 (5), 91 (2)
Nostrifikationsverfahren 89 (2)
Notfallsanitäter 15 (6)

O

Offene Erwerbsgesellschaft 35 (1), 90
öffentliche Ruhe und Ordnung 6 (2)
Operationsbereich 17 (2), 21, 30 (1) (2), 69
Operationsbetrieb 21 (2)

Stichwortverzeichnis

Operationssaal 43 (3)
Ordnung 6 (2)
Organisation 14 (1), 26 (2), 69 (2), 70 (2)
Organisationseinheit 43 (1), 49 (2)
Organisationslehre 42, 71 (2), 72 (2)

P

Pädagogik 42, 66 (2), 70 (2), 71 (2), 72 (2)
pädagogische Betreuung 24 (2)
Palliativpflege 42, 93 (1)
Pathologie 42, 66 (2), 93 (1)
Pathophysiologie 68 (2)
Patient 4 (1), 5 (3), 9 (1), 14 (2), 20, 21 (2), 43 (2), 68 (3), 84 (1), 92 (3)
Personal 26 (2)
Personenbetreuung 3b
persönliche Ausübung 36 (4)
persönliche Assistenz 3c
persönliches Vertrauensverhältnis 7 (2), 8 (2)
Pflege im Operationsbereich 21
Pflege 11 (2), 14 (1), 18, 19, 20, 21, 39 (1), 42, 66 (2), 67 (2), 68 (2), 69, 84, 93 (1)
Pflegeabhängigkeit 14 (2)
Pflegeanamnese 5 (2), 14 (2)
Pflegebedürfnis 14 (2)
Pflegebedürftiger Mensch 4 (1), 5 (3), 9 (1), 26 (1), 34 (4), 35 (1), 43 (1), 82, 90
Pflegediagnose 5 (2), 14 (2)
Pflegedienst in Krankenanstalten 17 (4), 26 (1)
Pflegedokumentation 5
Pflegeevaluation 14 (2)
Pflegeforschung 14 (1) (2), 42, 71 (2), 72 (2)
Pflegeheim 95 (1)
Pflegehelfer(in) 33 (4), 36 (4), 44 (1), 83 (1), 86, 103, 113, Art. II
Pflegehilfe 1, 82, 84, 85, 87 (2), 88, 89, 90, 92, 93, 94, 95, 98 (1), 100 (3), 104, 116
Pflegehilfeausbildung 44 (3), 83, 86, 102 (1)
Pflegehilfelehrgang 17 (3), 24, 25 (1), 86, 89 (3), 92 (3), 95, 96, 98, 99, 101
Pflegemaßnahme 5 (2), 84 (3)
Pflegeorganisation 26 (2)
Pflegeplanung 5 (2), 14 (2)
Pflegeprozeß 14 (1) (2)
Pflegequalität 26 (2)
pflegerische Maßnahme – siehe Maßnahme
Pflegewissenschaft 42, 57 (2), 63 (1)
Pflichtverletzung 56 (1), 99 (1)
Pharmakologie 42, 68 (2), 93 (1)
Physiologie 42

Stichwortverzeichnis

physische Person 35 (1)
Planung 14 (1), 22 (4), 69 (2)
postoperative Betreuung 21 (2)
Praktikum 25 (2), 32 (8), 56 (4), 60, 62, 65 (6), 89 (3), 102
praktische Ausbildung 25 (2), 43 (2), 66, 95 (2), 96 (1), 99 (1), 100 (2)
präoperative Betreuung 21 (2)
präventive Maßnahmen 11 (1)
Praxis 41 (2)
primäre Gesundheitsversorgung 11 (2), 18 (2)
Projektmanagement 70 (2)
Prüfung 24 (2), 25 (2), 30 (5), 32 (2), 33 (2), 56 (4), 58, 60, 62, 64 (5), 65 (6), 73, 81, 89 (4), 100, 102, 104
Prüfungskommission 33 (2), 73, 89 (4), 101
Prüfungsverordnung 62
Prüfungszeugnis 29, 39 (1), 87 (1)
psychiatrische Gesundheits- und Krankenpflege 12 (4), 17 (2), 19, 28, 30 (2), 46 (1), 67, 74 (1), 78, 79
psychiatrische Krankenpflege 12 (4), 30 (1), 111
psychische Erkrankung 11 (2)
psychische Störung 19 (1), 67 (2)
Psychologengesetz 3 (4)
Psychologie 42, 66 (2), 67 (2), 71 (2), 72 (1), 93 (1)
Psychopathologie 67 (2)
psychosoziales Betreuung 14 (2), 19 (2)
Psychotherapie 67 (2)
Psychotherapiegesetz 3 (4)

Q

Quälen 7 (1)
Qualifikationsnachweis 27 (1), 29, 30, 31, 39 (4), 85 (1)
– Inland 28, 86
– EWR 29, 30, 87
– außerhalb des EWR 31, 88
qualifizierter Berufsangehöriger 30 (4)
Qualität der Pflege 26 (1)
Qualitätsmanagement 70 (2)

R

Reanimation 20 (4), 68 (2)
Rechte 6 (2)
Rechtsgrundlagen 42, 66 (2), 67 (2), 70 (2), 93 (1)
Rechtskunde 71 (2), 72 (2)
Rechtsträger 49 (4), 55 (1), 59 (1), 98 (2), 99 (2), 101 (1)
regelmäßige Ausübung 37 (1)
regelmäßige Fortbildung 4 (2)

Stichwortverzeichnis

Rehabilitation 11 (2), 18 (2), 19 (2), 67 (2), 93 (1)
rehabilitative Maßnahmen 11 (1)
Reifeprüfung 54 (3)
Reisepaß 32 (2)
Rettungssanitäter 15 (6)
Richtlinie EWG 29, 30, 87 (2)

S

Sachgebiete 42, 44 (3), 46 (3), 47 (3), 48 (3), 66 (2), 67 (2), 68 (2), 69 (2), 70 (2), 71 (2), 72 (2), 76 (1), 79 (1), 93 (1), 94 (2)
Sachverständigengutachten 32 (6)
Sachwalterschaft 67 (2)
Sanitätergesetz (SanG) 15
Sanitätsbeamter, leitender 55 (1), 59 (1), 99 (3), 101 (1)
Sanitätshilfsdienst Art. II
Sanitätsunteroffizier 45, 107 (1)
Sauerstoff 14a, 84a
Säugling 18 (2)
Shunt 15
Sicherheit 52 (3)
Sicherheitsbehörde 7 (1)
Somatologie 93 (1)
Sonderausbildung für Führungsaufgaben 72
Sonderausbildung für Lehraufgaben 71
Sonderausbildung in der Intensivpflege, in der Anästhesiepflege und in der Pflege bei Nierenersatztherapie 68
Sonderausbildung in der Kinder- und Jugendlichenpflege 66
Sonderausbildung in der Kinderintensivpflege 68a
Sonderausbildung in der Krankenhaushygiene 70
Sonderausbildung in der Pflege im Operationsbereich 69
Sonderausbildung in der psychiatrischen Gesundheits- und Krankenpflege 67
Sonderausbildung 12 (2), 13 (2), 17 (3), 24 (1), 25 (1), 51 (1), 65, 67, 68, 69, 70, 71, 72, 97 (1), 107 (1), 108, 114, 115
Sonderausbildungsverordnung 73
Sonderernährung 84 (4)
Sozialberuf 102 (1)
Sozialbetreuungsberufe 3a, 3b, 3c
soziale Dienste 43 (1)
Sozialhygiene 42, 66 (2), 93 (1)
Sozialraum 50 (2), 96 (1)
Sozialversicherung 6 (2)
Soziologie 42, 66 (2), 71 (2), 72 (2), 93 (1)
Soziotherapie 67 (2)
Spezialaufgaben 17 (2) (7), 65 (1), 108, 114, 115
Spezielle Grundausbildungen 74

Stichwortverzeichnis

Spezielle Sonderausbildung in der Kinderintensivpflege 68a
spezieller Tätigkeitsbereich 17 (1), 30 (4)
subkutane Infusion 15
subsidiär Schutzberechtigter 28a (3)
Supervision 42, 66 (2), 67 (2), 93 (1)
suprapubische Katheter 15

Sch

Schluß- und Übergangsbestimmungen 106–114
Schmerztherapie 20 (4)
Schocktherapie 20 (4), 68 (2)
Schulbetrieb 52 (3)
Schule – siehe Gesundheits- und Krankenpflegeschule
Schule für Kinder- und Jugendlichenpflege 49, 75, 112
Schule für psychiatrische Gesundheits- und Krankenpflege 49, 78, 112
Schulen für Gesundheits- und Krankenpflege 49–50
Schüler 14 (2), 43 (2), 49 (5), 52
Schülervertreter 55 (1)
Schülervertretung 53
Schulleitung 51, 52 (2), 57 (1)
Schulordnung 52, 56 (1)
Schulpflicht 98 (1)
Schulstufe 41 (3), 54 (1)
Schutz der Gesundheit 6 (2)
Schutz der Rechte und Freiheiten 6 (2)
Schweizerische Eidgenossenschaft 28a, 31, 32a, 39, 47, 48, 88
schwere Körperverletzung 7 (1)
Schwerkranker 11 (2)
Schwerstkranker 20 (1)

St

Staatsangehörigkeit 10 (2), 12 (5), 32 (5), 36 (3), 39 (3)
Staatsanwaltschaft 7 (1)
stationäre Betreuung 43 (1)
stationärer Bereich 19 (2)
Stationsgehilfe 94 (1)
Statistik 42, 71 (2), 72 (2)
Stellvertreter 51 (3)
Sterbender 11 (2)
Sterilisation 21 (2)
Stimmengleichheit 53 (8)
strafbare Handlung 6 (2), 7
Strafbestimmungen 105
Strafgesetzbuch 7 (1)
Strafregisterbescheinigung 36 (2)

Stichwortverzeichnis

Strahlenbereich 43 (4)
Strahlenschutz 42, 93 (1)
Studienberechtigungsprüfung 54 (3)
Stundenplan 24 (2)

T

Tagesarbeitszeit 43 (5)
Taschengeld 49 (5)
Tätigkeit 34 (1), 37 (1), 39 (1), 43 (2), 44 (1), 92 (3), 100 (3), 105 (1), 109
Tätigkeitsbereich 13, 14, 65, 84
– eigenverantwortlich 13 (1), 14
– mitverantwortlich 13 (1), 15
– interdisziplinär 13 (1)
– erweiterter 17 (1), 30 (4), 65 (1)
– spezieller 17 (1), 30 (4)
– Pflegehilfe 84
Teilbeschäftigung 17 (5), 36, 44 (1), 108 (2)
teilstationärer Bereich 19 (2)
Teilzeitausbildung 41 (5), 57 (1), 92 (2)
Temperatursonden 20 (4)
theoretische Ausbildung 25 (2), 66, 67, 68, 92, 96, 99 (1), 100 (2)
Theorie 41 (2)
therapeutische Maßnahmen 11 (1), 15 (1)
Therapie 42, 66 (2)
Tod 7 (1)
Träger der Krankenanstalt 6 (2)
Träger der Sozialversicherung 6 (2)
Transfusion 15 (5)

U

Übergangsbestimmungen 106–116
Übergangspflege 19 (2), 67 (2)
Übersetzung 32 (3)
Überwachung 14 (2), 20 (4), 26 (2), 68 (2)
Umsetzung von Gemeinschaftsrecht 2a
Unabhängiger Verwaltungssenat 39 (3), 40 (4), 91 (4)
UniAkkG 65a, 65b
Universitätslehrgang 65a, 65b
UniStG 65a, 65b
Universitätsgesetz 2002 65a, 65b
Universitätsstudium 60 (1), 65 (6), 102 (1)
unmittelbare Ausübung 36 (4)
Unmündiger 7 (1)
Unterbringung 67 (2)
Unterkunft 15 (3)

Stichwortverzeichnis

Unterlagen 5 (4), 29 (7)
Unterricht 24, 25 (2), 50 (2), 53 (3), 54 (2), 57 (1), 81, 102, 104
- theoretischer 24 (1), 50 (2), 54 (2), 60 (3), 81, 102 (3), 104
- praktischer 24 (1), 50 (2), 54 (2), 60 (3), 81, 102 (3), 104
Unterrichtsbetrieb 52 (1)
Unterrichtslehre 71 (2)
Unterstützung 36 (4)
Unzucht 7 (1)
Urkunde 30, 31, 32, 33 (4), 34 (1), 40 (3), 87 (1), 88, 91 (3)

V

Vene 15 (5)
Verabreichung von Arzneimitteln 15 (5)
- von Injektionen 15 (5)
Verhandlungsführung 71 (2), 72 (2)
Verhütung von Krankheiten 11, 18 (2)
Verkürzte Ausbildung für Hebammen 47
Verkürzte Ausbildung für Mediziner 48, 94
Verkürzte Ausbildung für Sanitätsunteroffiziere 45
Verkürzte Ausbildung als Pflegehelfer 44
Verkürzte Ausbildung nach einer speziellen Grundausbildung 46
verkürzte Ausbildung 49 (5), 57 (1), 104
Verkürzte Ausbildungen 94
Vermittlungsprogramm 54 (4)
Vernachlässigung 7 (1)
Verordnung 10 (3), 29 (1), 30 (8), 57 (1), 62, 65 (9), 73, 81, 87 (8), 104, 107 (2), 117
Verschwiegenheit 6 (1)
Verschwiegenheitspflicht 6
Versicherter 6 (2)
Versuch 105 (2)
Vertrauensverhältnis 7 (2), 8 (2)
Vertrauenswürdigkeit 27, 29 (6), 30 (6), 44 (1), 45 (1), 54 (1), 56 (1), 85 (1), 87 (6), 98 (1), 99 (1)
Vertreter, gesetzlicher – siehe gesetzlicher Vertreter
Verwaltungsübertretung 105 (1)
Verweilkanülen 15
Vollbeschäftigung 17 (5), 36, 44 (1), 108 (2)
Vollziehung 116
Vorbereitungsausbildung 40 (3)
Vorname 10 (2)
Vorschriften 4 (1), 30 (8), 52 (2), 62
Vorübergehende Erbringung von Dienstleistungen 39

Stichwortverzeichnis

W

Wahl 53
Wartung der Instrumente 21 (2)
Wehrloser 7 (1)
Weiterbildung 12 (2), 24 (1), 64, 65 (6), 104a, 107 (1), 115
Weiterbildungs- und Sonderausbildungsverordnung 73
Weiterbildungsverordnung 73, 104b
Werbebeschränkung 38
Werbung 38
Wiederherstellung der Gesundheit 11 (1)
Wiederholungsmöglichkeit 62, 81, 99 (4), 104, 107 (2)
wirtschaftliches Wohl 6 (2)
wissenschaftliche Erkenntnisse 4 (1)
Wochenarbeitszeit 43 (5)
Wunddrainage 15

Z

Zeugnis 36 (2), 62, 64 (5), 73, 81, 86, 88, 91 (2), 103, 104, 107 (2)
Zulassung 29 (6) (7), 30 (2), 33 (1), 87, 89 (4)
Zulassungsbescheid 40 (2), 91 (2)
Zusammenarbeit 36 (4)
Zusatzausbildung 30 (4), 68, 87 (4)
Zusatzbezeichnung 12 (2), 64 (6), 65 (8)
Zustellungsbevollmächtigter 32 (2)